Das politische System der Bundesrepublik Deutschland

Florian Grotz · Wolfgang Schroeder

Das politische System der Bundesrepublik Deutschland

Eine Einführung

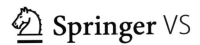

Florian Grotz
Politikwissenschaft, Helmut-Schmidt-
Universität Hamburg
Hamburg, Deutschland

Wolfgang Schroeder
FB Gesellschaftswissenschaften,
Universität Kassel
Kassel, Hessen, Deutschland

Wissenschaftszentrum Berlin für
Sozialforschung (WZB)
Berlin, Deutschland

ISBN 978-3-658-08637-4   ISBN 978-3-658-08638-1 (eBook)
https://doi.org/10.1007/978-3-658-08638-1

Die Deutsche Nationalbibliothek verzeichnet diese Publikation in der Deutschen Nationalbibliografie; detaillierte bibliografische Daten sind im Internet über http://dnb.d-nb.de abrufbar.

© Springer Fachmedien Wiesbaden GmbH, ein Teil von Springer Nature 2021
Das Werk einschließlich aller seiner Teile ist urheberrechtlich geschützt. Jede Verwertung, die nicht ausdrücklich vom Urheberrechtsgesetz zugelassen ist, bedarf der vorherigen Zustimmung des Verlags. Das gilt insbesondere für Vervielfältigungen, Bearbeitungen, Übersetzungen, Mikroverfilmungen und die Einspeicherung und Verarbeitung in elektronischen Systemen.
Die Wiedergabe von allgemein beschreibenden Bezeichnungen, Marken, Unternehmensnamen etc. in diesem Werk bedeutet nicht, dass diese frei durch jedermann benutzt werden dürfen. Die Berechtigung zur Benutzung unterliegt, auch ohne gesonderten Hinweis hierzu, den Regeln des Markenrechts. Die Rechte des jeweiligen Zeicheninhabers sind zu beachten.
Der Verlag, die Autoren und die Herausgeber gehen davon aus, dass die Angaben und Informationen in diesem Werk zum Zeitpunkt der Veröffentlichung vollständig und korrekt sind. Weder der Verlag noch die Autoren oder die Herausgeber übernehmen, ausdrücklich oder implizit, Gewähr für den Inhalt des Werkes, etwaige Fehler oder Äußerungen. Der Verlag bleibt im Hinblick auf geografische Zuordnungen und Gebietsbezeichnungen in veröffentlichten Karten und Institutionsadressen neutral.

Planung/Lektorat: Jan Treibel
Springer VS ist ein Imprint der eingetragenen Gesellschaft Springer Fachmedien Wiesbaden GmbH und ist ein Teil von Springer Nature.
Die Anschrift der Gesellschaft ist: Abraham-Lincoln-Str. 46, 65189 Wiesbaden, Germany

Vorwort

Dieses Buch bietet eine systematische Einführung in das politische System Deutschlands. Es wendet sich vornehmlich an Studierende der Politikwissenschaft, aber auch an alle Interessierten, die einen fundierten Überblick über die politischen Institutionen (im Englischen: „*polity*") und Prozesse („*politics*") in der Bundesrepublik gewinnen wollen.

1963 hat Thomas Ellwein die erste politikwissenschaftliche Gesamtdarstellung des bundesdeutschen Regierungssystems vorgelegt (Ellwein 1963; zuletzt Hesse und Ellwein 2012). Seitdem haben weitere Fachvertreterinnen[1] ähnliche Überblickswerke verfasst und immer wieder auf den neusten Stand gebracht (u. a. von Beyme 2017; Marschall 2018; Rudzio 2019; Schmidt 2021; Sontheimer et al. 2007). In dieses Spektrum reiht sich auch unser Lehrbuch ein, indem es das Regierungssystem der Bundesrepublik als Zusammenspiel von politischen Institutionen und Akteurinnen darstellt, seine Entwicklung beschreibt und seine charakteristischen Stärken und Schwächen herausarbeitet. Zwei Besonderheiten kennzeichnen das vorliegende Buch, wodurch es sich von den meisten anderen Einführungen unterscheidet. Zum einen untersuchen wir die Strukturelemente des deutschen Regierungssystems mithilfe eines einheitlichen Analyserahmens, der die *Funktionsweise der demokratischen Willensbildung und Entscheidungsfindung* in den Mittelpunkt rückt. Zum anderen betrachten wir die Politik in Deutschland aus einer institutionen- und akteursbezogenen Perspektive im Kontext eines *Mehrebenensystems, das von der Kommune über die Länder und den Bund bis zur europäischen Ebene reicht*.

Die bundesdeutsche Demokratie war schon immer ein zentraler Gegenstand der Politikwissenschaft. In den 1950er Jahren wurden die ersten politikwissenschaftlichen Professuren an westdeutschen Universitäten eingerichtet, um den Aufbau der jungen Demokratie durch akademische Forschung und Lehre zu unterstützen (Jesse und Liebold 2014). Noch heute haben fast alle politikwissenschaftlichen Bachelorstudiengänge hierzulande ein eigenes Modul zum politischen System der Bundesrepublik. Und dies aus gutem Grund, denn die genaue Kenntnis des deutschen Regierungssystems ist

---

[1] In diesem Buch verwenden wir grundsätzlich das generische Femininum, wenn Personen aller biologischen und sozialen Geschlechter gemeint sind.

in den meisten Berufsfeldern, die für Politikwissenschaftlerinnen infrage kommen, ein wichtiger Qualifikationsvorteil. Zudem soll ein Studium der Politikwissenschaft den Multiplikatorinnen der politischen Bildung – von der Grundschule über die Sekundarstufe bis zur Erwachsenenbildung – das erforderliche Rüstzeug an die Hand geben, um die Struktur und Funktionsweise unserer Demokratie angemessen vermitteln zu können. Gerade in Zeiten, in denen historische Fakten vermehrt in Zweifel gezogen werden und die repräsentative Demokratie von verschiedenen Seiten scharf kritisiert wird, erscheint ein empirisch wie normativ fundiertes „Demokratiewissen" wichtiger denn je.

Deswegen basiert unsere Darstellung des deutschen Regierungssystems auf einem demokratietheoretischen Analyserahmen, der sich wie ein roter Faden durch das gesamte Buch zieht und im ersten Kapitel genauer erläutert wird (Abschn. 1.1). Im Zentrum steht die Unterscheidung zwischen Mehrheits- und Konsensdemokratie, die in der international vergleichenden Politikforschung einen prominenten Stellenwert einnimmt (Lijphart 2012). Demnach hat jede Demokratie den Anspruch, die vielfältigen Interessen der Gesellschaft bestmöglich in die politische Willensbildung und Entscheidungsfindung einzubeziehen (Inklusion) und zugleich allgemein verbindliche Entscheidungen zu treffen und umzusetzen (Effizienz und Effektivität). Bei der Ausgestaltung konkreter Regierungssysteme lassen sich jedoch Akzente in die eine oder andere Richtung setzen. Einerseits kann man eine Verfassungsordnung so konstruieren, dass das demokratische Mandat der Regierung auf dem Willen der Bevölkerungsmehrheit beruht, wodurch die politische Handlungs- und Entscheidungsfähigkeit im Sinne der Mehrheitsdemokratie gestärkt wird. Andererseits kann man die politische Willensbildung und Entscheidungsfindung auch nach dem Prinzip größtmöglicher Inklusion gesellschaftlicher Interessen organisieren, also im Sinne der „Konsensdemokratie". Die meisten Demokratien entsprechen allerdings weder dem reinen Mehrheits- noch dem reinen Konsensmodell, sondern kombinieren mehrheits- und konsensdemokratische Elemente in spezifischer Weise, um eine gewisse Balance zwischen Integrationsfähigkeit und Entscheidungseffizienz zu erreichen.

Bei der Darstellung der politischen Institutionen und Akteurinnen des deutschen Regierungssystems in den folgenden Kapiteln interessiert also vor allem, welche mehrheits- und konsensdemokratischen Strukturmerkmale es jeweils gibt, wie sie ineinandergreifen und welche Funktionsmuster sich daraus für die politische Willensbildung und Entscheidungsfindung ergeben. Am Ende jedes Kapitels fragen wir immer danach, inwieweit es den jeweiligen Systemstrukturen gelingt, eine inklusive Willensbildung mit einer effizienten Entscheidungsfindung zu verbinden. In diesem Zusammenhang diskutieren wir auch ausgewählte Reformvorschläge, die in der wissenschaftlichen oder politischen Debatte vorgebracht wurden. Dadurch sollte jede Leserin angeregt werden, sich ihr eigenes Urteil über die Stärken und Schwächen der bundesdeutschen Demokratie zu bilden.

Die demokratische Willensbildung und Entscheidungsfindung in Deutschland ist nicht auf die nationale Ebene beschränkt, sondern vollzieht sich in einem komplexen Wechselspiel zwischen Bund, Ländern, Kommunen und der Europäischen Union (EU). In den letzten Jahrzehnten ist das *Regieren im Mehrebenensystem* für das Verständnis der bundesdeutschen Politik noch wichtiger geworden. Unser Buch trägt dieser Entwicklung in zweifacher Hinsicht Rechnung. Zum einen haben sich die deutschen Länder, die in der alten Bundesrepublik gesellschaftlich und politisch relativ homogen waren, seit den 1990er Jahren zunehmend unterschiedlich entwickelt. Aufgrund dieser größeren Vielfalt hat die Länderpolitik auch in der politikwissenschaftlichen Literatur verstärkte Aufmerksamkeit erfahren (u. a. Hildebrandt und Wolf 2016a; Knelangen und Boyken 2019; Schroeder und Neumann 2016). Daher enthält dieses Lehrbuch gesonderte Kapitel zu den politischen Systemen der Länder (Kap. 13) und der Kommunen (Kap. 14), die ebenfalls im Hinblick auf ihre mehrheits- und konsensdemokratischen Strukturmerkmale und Funktionsmuster betrachtet werden. Zum anderen hat die Entwicklung der Europäischen Union (EU) ein supranationales Regierungssystem hervorgebracht, das auch die demokratische Willensbildung und Entscheidungsfindung in der Bundesrepublik vielfältig beeinflusst (Beichelt 2015; Sturm und Pehle 2012). Deswegen findet sich in diesem Buch nicht nur ein eigenes Kapitel zum supranationalen Rahmen des deutschen Regierungssystems (Kap. 3), sondern auch alle anderen Kapitel befassen sich in einem eigenen Abschnitt mit der Frage, wie die jeweiligen politischen Institutionen und Akteurinnen in das europäische Mehrebenensystem „eingebettet" sind und welche bereichsspezifischen Wechselwirkungen sich daraus ergeben. Auf diese Weise hoffen wir, den Leserinnen ein annähernd vollständiges und übersichtliches Bild davon zu vermitteln, wie das demokratische Regierungssystem der Bundesrepublik Deutschland funktioniert.

Bei der Abfassung dieses Buches haben wir vielfältige Hilfe erfahren, für die wir außerordentlich dankbar sind. An vorderster Stelle stehen hier unsere Mitarbeiterinnen Lukas Kiepe, Jennifer Ten Elsen (beide Universität Kassel) und Martin Klausch (Helmut-Schmidt-Universität Hamburg), die die Entstehung der einzelnen Kapitel vom Erstentwurf bis zur Letztkorrektur mit unermüdlichem Einsatz unterstützt haben. Bei den umfangreichen Literatur- und Datenrecherchen und der formalen Aufbereitung des Manuskripts haben wir auch von der Zuverlässigkeit und Kompetenz unserer studentischen Hilfskräfte Sven Rader, Adrian Steube (beide Kassel), Maren Bestehorn, Leon Lenschen und Hanna Söhnholz (alle Hamburg) profitiert. Michael Bölke (HSU Hamburg) hat uns dankenswerterweise bei der grafischen Darstellung der Abbildungen geholfen, Ekpenyong Ani (WZB Berlin) hat das gesamte Buch präzise korrekturgelesen. Von großer Bedeutung waren Kritik und Anregungen von Hans-Jürgen Arlt (Berlin), Hans-Peter Bartels (Berlin), Frank Decker (Bonn), Samuel Greef (Kassel), Ulrich Hufeld (Hamburg), Sascha Kneip (Berlin), Thomas Kralinski (Berlin), Sabine Kropp (Berlin), Florian Meinl (Göttingen), Janbernd Oebbecke (Münster), Werner Reutter (Berlin), Winfried Suess (Potsdam), Heinrich Tiemann (Allensbach) und Aiko Wagner

(Berlin), die uns wichtige Hinweise zu einzelnen Kapitelentwürfen gegeben haben. Ein besonderer Dank gilt Jutta Allmendinger, Wolfgang Merkel und Bernhard Weßels (WZB Berlin), die durch vielfältige Gespräche und ihre Gastfreundschaft sehr zum Gelingen dieses Projektes beigetragen haben. Schließlich danken wir Jan Treibel vom Verlag Springer VS für die große Geduld, die er angesichts der mehrfach verzögerten Manuskriptabgabe gezeigt hat.

Berlin, im April 2021

Florian Grotz
Wolfgang Schroeder

Inhaltsverzeichnis

1 Das politische System der Bundesrepublik Deutschland: analytische und historische Grundlagen 1
    1.1 Konzeptionell-theoretischer Rahmen: das politische System zwischen Mehrheits- und Konsensdemokratie 2
    1.2 Der historische Kontext: Gründungsbedingungen und Entwicklungsphasen der Bundesrepublik Deutschland 10
    1.3 Zum Aufbau des Buches 22

2 Das Grundgesetz: der konstitutionelle Rahmen 25
    2.1 Zwischen Provisorium und vollständiger Verfassung: die Entstehung des Grundgesetzes 26
    2.2 Struktur und Entwicklung des Grundgesetzes 31
    2.3 Grundgesetz zwischen Länderverfassungen und Europarecht 42
    2.4 Fazit: flexibler oder rigider Verfassungsrahmen? 47
    Literaturhinweise 49

3 Die Europäische Union: der supranationale Rahmen 51
    3.1 Schrittweise Integration: die Entwicklung der europäischen Verfassungsordnung 51
    3.2 Das EU-Regierungssystem: Ansätze zu einer Mehrebenen-Demokratie 60
    3.3 Die Europäisierung der deutschen Innenpolitik: Mitgestaltung und Implementation 67
    3.4 Fazit: Erweiterung oder Einschränkung des demokratischen Regierens? 73
    Literaturhinweise 75

4 Bund und Länder: der föderalstaatliche Rahmen 77
    4.1 Die bundesstaatliche Ordnung: Aufgabenverteilung und Finanzverfassung 78

	4.2	Zwischen Politikverflechtung und Strukturdynamik: Regieren im kooperativen Föderalismus	90
	4.3	Horizontale Zusammenarbeit zwischen den Ländern	100
	4.4	Fazit: funktionale Arbeitsteilung oder immobile Staatsorganisation?	104
	Literaturhinweise		106
5	**Wahlen und Wahlsystem: Fundament der repräsentativen Demokratie**		**107**
	5.1	Wahlrecht und Wahlsystem auf Bundesebene	107
	5.2	Bundestagswahlen: Determinanten des Wählerverhaltens	118
	5.3	Parlamentswahlen im Mehrebenensystem	126
	5.4	Fazit: proportionale und konzentrierte Repräsentationsstrukturen?	135
	Literaturhinweise		137
6	**Parteien und Parteiensystem: organisatorischer Kern der demokratischen Interessenvermittlung**		**139**
	6.1	Parteien in Deutschland: rechtliche Grundlagen und organisatorische Rahmenbedingungen	140
	6.2	Das Parteiensystem auf Bundesebene: Struktur und Entwicklung	156
	6.3	Die deutschen Parteien im europäischen Mehrebenensystem	170
	6.4	Fazit: inklusive und effektive Interessenvermittlung?	175
	Literaturhinweise		177
7	**Verbände und Verbändesystem: die Vermittlung bereichsspezifischer Interessen**		**179**
	7.1	Verbände in Deutschland: Rahmenbedingungen und Binnenstruktur	180
	7.2	Verbändesystem: Integrationskraft und politische Einflussnahme	191
	7.3	Organisierte Interessen im europäischen Mehrebenensystem	201
	7.4	Fazit: Stütze demokratischen Regierens oder Gefährdung des Gemeinwohls?	206
	Literaturhinweise		209
8	**Medien und Mediensystem: die Herstellung politischer Öffentlichkeit**		**211**
	8.1	Massenmedien in Deutschland: Organisation und Regulierung	212
	8.2	Medien und Politik: gegensätzliche Funktionslogik und strukturelle Verzahnung	221
	8.3	Deutsches Mediensystem und europäische Integration	225
	8.4	Fazit: pluralistische und autonome Politikvermittlung im digitalen Zeitalter?	227
	Literaturhinweise		229
9	**Deutscher Bundestag: der parlamentarische Gesetzgeber**		**231**
	9.1	Der Bundestag im parlamentarischen Regierungssystem	231
	9.2	Binnenorganisation zwischen Rede- und Arbeitsparlament	237

	9.3	Das Funktionsprofil des Bundestages	251
	9.4	Der Bundestag im europäischen Mehrebenensystem	261
	9.5	Fazit: leistungsfähiges Parlament oder marginalisierte Instanz?	265
	Literaturhinweise		267
10	**Bundesregierung und Bundespräsident: die duale Exekutive**		**269**
	10.1	Kanzler, Kabinett und Ministerien: institutioneller Rahmen und Organisationsstruktur der Bundesregierung.	270
	10.2	Regieren zwischen Kanzlerdemokratie und Koalitionsmanagement.	279
	10.3	Die Bundesregierung im europäischen Mehrebenensystem	290
	10.4	Der Bundespräsident: zwischen neutraler Instanz und politischem Amt	294
	10.5	Fazit: Balance von exekutiver Gestaltungsmacht und Integrationsfähigkeit?.	303
	Literaturhinweise		306
11	**Bundesrat: das föderale Gegengewicht.**		**307**
	11.1	Strukturmerkmale und Aufgabenprofil	307
	11.2	Der Bundesrat zwischen Länderinteressen und Parteipolitik	314
	11.3	Die Länderkammer im europäischen Mehrebenensystem.	319
	11.4	Fazit: effektive Ländervertretung oder politisches Blockadeinstrument?	322
	Literaturhinweise		324
12	**Bundesverfassungsgericht: die oberste Kontrollinstanz**		**325**
	12.1	Strukturmerkmale und Aufgabenprofil	326
	12.2	Das Bundesverfassungsgericht zwischen Politisierung und Justizialisierung.	334
	12.3	Verfassungsrechtsprechung im europäischen Mehrebenensystem	340
	12.4	Fazit: neutraler Verfassungshüter oder politischer Gestalter?	346
	Literaturhinweise		347
13	**Die Regierungssysteme der Länder.**		**349**
	13.1	Die deutschen Länder: gesellschaftliche Rahmenbedingungen.	350
	13.2	Verfassungsinstitutionen der Länder	353
	13.3	Politik und Regieren in den Ländern.	369
	13.4	Die Länder im europäischen Mehrebenensystem	374
	13.5	Fazit: homogene oder vielfältige Demokratiemuster?	377
	Literaturhinweise		380
14	**Politik und Verwaltung auf kommunaler Ebene**		**381**
	14.1	Die Kommunen im deutschen Bundesstaat	382
	14.2	Kommunale Partizipationsformen und Entscheidungsstrukturen	386
	14.3	Politik in den Gemeinden: die Quadriga kommunalen Regierens	393

	14.4	Kommunale Interessenvertretung im Mehrebenensystem	398
	14.5	Fazit: Keimzelle der Demokratie oder Krise der Selbstverwaltung?	401
	Literaturhinweise		403
15	**Resiliente Demokratie? Das politische System Deutschlands auf dem Prüfstand**		**405**
	15.1	Vom Erfolgsmodell zur Krise der Demokratie	405
	15.2	Zehn Thesen zur Performanz des politischen Systems der Bundesrepublik	407
	15.3	Was braucht es zur Stärkung demokratischer Resilienz?	423
Literatur			**425**

Abkürzungsverzeichnis

A	Amtssammlung
a. F.	alte Fassung
AA	Auswärtiges Amt
AbgG	Abgeordnetengesetz
abs. M	absolute Mehrheit
ADAC	Allgemeiner Deutscher Automobil-Club
ADAV	Allgemeiner Deutscher Arbeiterverein
AdR	Europäischer Ausschuss der Regionen
AEUV	Vertrag über die Arbeitsweise der Europäischen Union
AfD	Alternative für Deutschland
AFP	Agence France-Presse
AG	Aktiengesellschaft
ALDE	Allianz der Liberalen und Demokraten für Europa
APO	Außerparlamentarische Opposition
ARD	Arbeitsgemeinschaft der öffentlich-rechtlichen Rundfunkanstalten
AUEV	Vertrag über die Arbeitsweise der Europäischen Union
AVMR	Richtlinie über audiovisuelle Mediendienste
AWO	Arbeiterwohlfahrt
BAföG	Bundesausbildungsförderungsgesetz
BAGP	Bundesarbeitsgemeinschaft der PatientInnenstellen und -Initiativen
BB	Bürgerbegehren
BBG	Bundesbeamtengesetz
BDA	Bundesvereinigung der Deutschen Arbeitgeberverbände
BDI	Bundesverband der Deutschen Industrie
BDZV	Bundesverband Digitalpublisher und Zeitungsverleger
BE	Bürgerentscheid
BEUC	Europäischer Verbraucherverband
BEZ	Bundesergänzungszuweisungen
BfV	Bundesamt für Verfassungsschutz
BGB	Bürgerliches Gesetzbuch

Bgm	Bürgermeister
BIP	Bruttoinlandsprodukt
BITKOM	Bundesverband Informationswirtschaft, Telekommunikation und neue Medien
BKAmt	Bundeskanzleramt
BM	Bundesminister
BMAS	Bundesministerium für Arbeit und Soziales
BMBF	Bundesministerium für Bildung und Forschung
BMEL	Bundesministerium für Ernährung und Landwirtschaft
BMF	Bundesministerium für Finanzen
BMFSFJ	Bundesministerium für Familie, Senioren, Frauen und Jugend
BMG	Bundesministerium für Gesundheit
BMI	Bundesministerium des Innern, für Bau und Heimat
BMinG	Bundesministergesetz
BMJV	Bundesministerium für Justiz und Verbraucherschutz
BMU	Bundesministerium für Umwelt, Naturschutz und nukleare Sicherheit
BMVg	Bundesministerium der Verteidigung
BMVI	Bundesministerium für Verkehr und digitale Infrastruktur
BMWi	Bundesministerium für Wirtschaft und Energie
BMZ	Bundesministerium für wirtschaftliche Zusammenarbeit und Entwicklung
BND	Bundesnachrichtendienst
BNE	Bruttonationaleinkommen
BP	Bayernpartei
BPA	Bundespresseamt
BPrA	Bundespräsidialamt
BPräsWahlG	Bundespräsidentenwahlgesetz
BRD	Bundesrepublik Deutschland
BremLV	Landesverfassung der Freien Hansestadt Bremen
BRH	Bundesrechnungshof
BT	Bundestag
BV	Bayrische Verfassung
BVerfG	Bundesverfassungsgericht
BVerfGE	Entscheidung des Bundesverfassungsgerichts
BVerfGG	Bundesverfassungsgerichtsgesetz
BvF	Registerzeichen des Bundesverfassungsgerichts für abstrakte Normenkontrollen
BvR	Registerzeichen des Bundesverfassungsgerichts für Verfassungsbeschwerden und Kommunalverfassungsbeschwerden
BWahlG	Bundeswahlgesetz
CALRE	Konferenz der Europäischen Regionalen Gesetzgebenden Parlamente
CdS	Chef der Staatskanzlei

CDU	Christlich Demokratische Union Deutschlands
COREPER	Ausschuss der Ständigen Vertreter der Mitgliedstaaten
CSU	Christlich-Soziale Union in Bayern
DBV	Deutscher Bauernverband
DDR	Deutsche Demokratische Republik
DGB	Deutscher Gewerkschaftsbund
DKG	Deutsche Krankenhausgesellschaft
DKP	Deutsche Kommunistische Partei
DLT	Deutscher Landkreistag
D-Mark	Deutsche Mark
DP	Deutsche Partei
dpa	Deutschen Presse-Agentur
DPhV	Deutscher Philologenverband
DST	Deutscher Städtetag
DStGB	Deutscher Städte- und Gemeindebund
DUH	Deutsche Umwelthilfe
DVU	Deutsche Volksunion
DZP	Deutsche Zentrumspartei
ECPM	Europäische Christliche Politische Bewegung
EDP	Europäische Demokratische Partei
EEA	Einheitliche Europäische Akte
EFA	Europäische Freie Allianz
EFSF	Europäische Finanzstabilisierungsfazilität
EG	Europäische Gemeinschaft
EGKS	Europäische Gemeinschaft für Kohle und Stahl
EGMR	Europäischer Gerichtshof für Menschenrechte
EGP	Europäische Grüne Partei
EGV	EG-Vertrag
einf. M	einfache Mehrheit
EKR	Europäische Konservative und Reformer
EL	Europäische Linke
EMK	Europaministerkonferenz
EMRK	Europäische Menschenrechtskonvention
EP	Europäisches Parlament
EPG	Europäische Politische Gemeinschaft
EPZ	Europäische Politische Zusammenarbeit
ER	Europäischer Rat
ESM	ESM-Finanzierungsgesetz
ESMFinG	ESM-Finanzierungsgesetz
ETUC	Europäischer Gewerkschaftsbund
EU	Europäische Union
EuGH	Europäischer Gerichtshof

EUGöD	Gericht für den öffentlichen Dienst der Europäischen Union
EURATOM	Europäische Atomgemeinschaft
EuRH	Europäischer Rechnungshof
EURO COOP	European Community of Consumer Co-operatives
EUROFER	Europäischer Stahlverband
EUV	Vertrag über die Europäische Union
EUZBBG	Gesetz über die Zusammenarbeit von Bundesregierung und Deutschem Bundestag in Angelegenheiten der Europäischen Union
EUZBLG	Gesetz über die Zusammenarbeit von Bund und Ländern in Angelegenheiten der Europäischen Union
EVG	Europäische Verteidigungsgemeinschaft
EVP	Europäische Volkspartei
EWG	Europäische Wirtschaftsgemeinschaft
EWK	Einpersonenwahlkreis
EWSA	Europäischer Wirtschafts- und Sozialausschuss
EZB	Europäische Zentralbank
FAG	Finanzausgleichsgesetz
FAP	Freiheitliche Deutsche Arbeiterpartei
fdGO	freiheitlich-demokratische Grundordnung
FDP	Freie Demokratische Partei
GASP	Gemeinsame Außen- und Sicherheitspolitik
GB/BHE	Gesamtdeutscher Block/Bund der Heimatvertriebenen und Entrechteten
G-BA	Gemeinsamer Bundesausschuss
GDL	Gewerkschaft Deutscher Lokomotivführer
GdP	Gewerkschaft der Polizei
GEW	Gewerkschaft Erziehung und Wissenschaft
GG	Grundgesetz
GGO	Gemeinsame Geschäftsordnung der Bundesministerien
GKV	Gesetzliche Krankenversicherung
GmbH	Gesellschaft mit beschränkter Haftung
GO-BR	Geschäftsordnung des Bundesrates
GOBReg	Geschäftsordnung der Bundesregierung
GO-BT	Geschäftsordnung des Deutschen Bundestages
GRCh	Grundrechtecharta der Europäischen Union
GUE/NGL	Vereinte Europäische Linke/Nordische Grüne Linke
GVK	Gemeinsame Verfassungskommission
HmbVerf	Verfassung der Freien und Hansestadt Hamburg
HV	Hessische Verfassung
ID	Identität und Demokratie
IfSG	Infektionsschutzgesetz
IG BCE	IG Bergbau, Chemie, Energie
IG Metall	Industriegewerkschaft Metall

IHK	Industrie- und Handelskammer
IMK	Innenministerkonferenz
IWF	Internationaler Währungsfonds
JMStV	Jugendmedienschutz-Staatsvertrag
KBV	Kassenärztliche Bundesvereinigung
KEF	Kommission zur Ermittlung des Finanzbedarfs
KEK	Kommission zur Ermittlung der Konzentration im Medienbereich
KMK	Kultusministerkonferenz
KoMbO	Kommission zur Modernisierung der bundesstaatlichen Ordnung
KPD	Kommunistische Partei Deutschlands
KZBV	Kassenzahnärztliche Bundesvereinigung
LDPD	Liberal-Demokratische Partei Deutschlands
LM	Landesminister
LP	Legislaturperiode
LSAVerf	Verfassung des Landes Sachsen-Anhalt
LV BW	Verfassung des Landes Baden-Württemberg
LVerfG	Landesverfassungsgericht
LV-NRW	Verfassung für das Land-Nordrhein-Westfalen
MAD	Militärischer Abschirmdienst
MaßstG	Maßstäbegesetz
MdB	Mitglied des Bundestages
MdEP	Mitglied des Europäischen Parlaments
MdL	Mitglied des Landtages
MdRT	Mitglied des Reichstags (bis 1932)
MDStV	Mediendienste-Staatsvertrag
MOE	Mittel- und Osteuropa
MP	Ministerpräsident
MPK	Ministerpräsidentenkonferenz
MStV	Medienstaatsvertrag
n. F.	neue Fassung
NATO	North Atlantic Treaty Organization
NGO	Nichtregierungsorganisation
NKF	Neues Kommunales Finanzmanagement
NL	Nationale Liste
NPD	Nationaldemokratische Partei Deutschlands
NPO	Non-Profit-Organisation
NS	Nationalsozialismus
NSDAP	Nationalsozialistische Deutsche Arbeiterpartei
NSM	Neue Steuerungsmodell
NSU	Nationalsozialistischer Untergrund
ÖDP	Ökologisch-Demokratische Partei
OECD	Organisation für wirtschaftliche Zusammenarbeit und Entwicklung

OEEC	Organisation für europäische wirtschaftliche Zusammenarbeit
OLAF	Europäisches Amt für Betrugsbekämpfung
OMT	Outright Monetary Transactions
OSZE	Organisation für Sicherheit und Zusammenarbeit in Europa
OVG	Oberverwaltungsgericht
P	Präsident
ParlStG	Gesetz über die Rechtsverhältnisse der Parlamentarischen Staatssekretäre
PARTEI	Partei für Arbeit, Rechtsstaat, Tierschutz, Elitenförderung und basisdemokratische Initiative
PartG	Parteiengesetz
PDS	Partei des Demokratischen Sozialismus
PGF	Parlamentarischer Geschäftsführer
PJZ	Polizeiliche und Justizielle Zusammenarbeit
PKGr	Parlamentarisches Kontrollgremium
PR	Land Preußen (bis 1932)
PSPP	Public Sector Purchase Programme
PStS	Parlamentarischer Staatssekretär
PUAG	Untersuchungsausschutzgesetz
PVW	Personalisierte Verhältniswahl
RAF	Rote Armee Fraktion
RBB	Rundfunk Berlin-Brandenburg
rel. M	relative Mehrheit
REP	Republikaner
RFinStV	Rundfunkfinanzierungsstaatsvertrag
RGebStV	Rundfunkgebührenstaatsvertrag
RGRE	Rat der Gemeinden und Regionen Europas
RhPfVerf	Verfassung für Rheinland-Pfalz
RKI	Robert Koch-Institut
RND	RedaktionsNetzwerk Deutschland
RStV	Rundfunkstaatsvertrag
RV	Reichsverfassung
S&D	Progressive Allianz der Sozialdemokraten
SAP	Sozialistische Arbeiterpartei Deutschlands
SDAP	Sozialdemokratische Arbeiterpartei
SED	Sozialistische Einheitspartei Deutschlands
SGB	Sozialgesetzbuch
SPD	Sozialdemokratische Partei Deutschlands
SPE	Sozialdemokratische Partei Europas
SRP	Sozialistische Reichspartei
SSW	Südschleswigscher Wählerverband

StäV	Ständige Vertretung
StGB	Strafgesetzbuch
StGH	Staatsgerichtshof
StS	Staatssekretär
ThürVerf	Verfassung des Freistaats Thüringen
TMG	Telemediengesetz
TVG	Tarifvertragsgesetz
UBA	Umweltbundesamt
UNO	Organisation der Vereinten Nationen
USA	Vereinigte Staaten von Amerika
ver.di	Vereinte Dienstleistungsgewerkschaft
VerfG	Verfassungsgericht
VerfGH	Verfassungsgerichtshof
VO (EU)	Verordnung der Europäischen Union
VP	Vizepräsident
VVE	Vertrag über eine Verfassung für Europa
WA	Wahlausschuss
WASG	Arbeit & soziale Gerechtigkeit – Die Wahlalternative
WB	Wahlberechtigte
WD	Wissenschaftliche Dienste des Deutschen Bundestages
WG	Wahlgang
WRV	Weimarer Reichsverfassung
WWU	Wirtschafts- und Währungsunion
ZDF	Zweites Deutsches Fernsehen
ZerlG	Zerlegungsgesetz

Das politische System der Bundesrepublik Deutschland: analytische und historische Grundlagen

„Alle Staatsgewalt geht vom Volke aus. Sie wird vom Volke in Wahlen und Abstimmungen und durch besondere Organe der Gesetzgebung, der vollziehenden Gewalt und der Rechtsprechung ausgeübt" (Art. 20 Abs. 2 GG). So beschreibt das Grundgesetz die Fundamente der bundesdeutschen Demokratie. Sie beruht auf allgemeinen, unmittelbaren, gleichen, geheimen und freien Wahlen, in denen die Bürgerinnen politische Vertreterinnen ermächtigen, gesamtgesellschaftlich verbindliche Entscheidungen zu treffen. Außerdem werden die staatlichen Gewalten – Legislative (Gesetzgebung), Exekutive (Gesetzesvollzug) und Judikative (Rechtsprechung) – von unterschiedlichen Institutionen ausgeübt, die sich wechselseitig kontrollieren und damit Machtmissbrauch verhindern sollen.

Wie ist das politische System Deutschlands aufgebaut und wie funktioniert es? Worin liegen seine charakteristischen Stärken und Schwächen? Welche institutionellen Alternativen und Reformansätze werden diskutiert, um seine Leistungsfähigkeit zu verbessern? Diese Fragen werden in unserem Lehrbuch systematisch und differenziert beantwortet. Das folgende Einführungskapitel erläutert die analytischen und historischen Grundlagen, die es braucht, um sich die wesentlichen Strukturen und Prozesse des politischen Systems erschließen zu können. Abschn. 1.1 erklärt, was wir unter einem demokratischen Regierungssystem verstehen und wie darin die politische Willensbildung und Entscheidungsfindung organisiert werden kann. Abschn. 1.2 zeichnet die zentralen Entwicklungsphasen der bundesdeutschen Politik mit Blick auf die gesellschaftlichen, wirtschaftlichen und internationalen Rahmenbedingungen nach. Abschn. 1.3 stellt die Strukturmerkmale des deutschen Regierungssystems im Überblick dar und skizziert, wie diese im weiteren Verlauf des Buches behandelt werden.

1.1 Konzeptionell-theoretischer Rahmen: das politische System zwischen Mehrheits- und Konsensdemokratie

Unser Alltag ist in vielfältiger Weise durch Politik geprägt. Dass ein Schwimmbad modernisiert wird, öffentliche Universitäten keine Studiengebühren erheben, Arbeitslose Lohnersatz erhalten, Staatsgrenzen innerhalb der Europäischen Union unkontrolliert passiert werden können – aber auch, dass wir unsere politische Meinung ungehindert sagen dürfen und uns gegen staatliche Maßnahmen gerichtlich wehren können: all das und vieles mehr geht auf Entscheidungen zurück, die von politischen Akteurinnen auf Kommunal-, Landes-, Bundes- oder EU-Ebene getroffen werden. So unterschiedlich die Gegenstände dieser Entscheidungen sind, haben sie doch eines gemeinsam: In der *liberalen Demokratie,* in der wir leben, bilden die *Interessen der Bürgerinnen die Grundlage und den Bezugspunkt öffentlichen Handelns.* Damit sind wir nicht nur Adressatinnen von Politik, sondern können diese auch aktiv mitgestalten.

Allerdings ist es nicht einfach zu verstehen, wie die Belange von Individuen und Gruppen in der bundesdeutschen Demokratie berücksichtigt werden. Das liegt zum einen an der Vielfalt und Heterogenität der gesellschaftlichen Interessen. Zum anderen findet die politische Willensbildung und Entscheidungsfindung auf mehreren Ebenen statt und es sind jeweils verschiedene Institutionen und Akteurinnen daran beteiligt. Außerdem sind die politischen Prozesse in unterschiedliche gesellschaftliche, ökonomische und mediale Kontexte eingebettet, wodurch die Handlungsspielräume der Entscheidungsträgerinnen begrenzt oder erweitert werden können. Angesichts dieser fragmentierten und komplexen Strukturen fällt es schwer, politische Entscheidungen im Einzelnen nachzuvollziehen und die dafür Verantwortlichen zu identifizieren. Ein solches Verständnis ist jedoch essenziell, um sich ein eigenes Urteil darüber bilden zu können, wie gut die Demokratie in Deutschland funktioniert.

Vor diesem Hintergrund gibt das vorliegende Lehrbuch einen systematischen Überblick über die politischen Institutionen und Prozesse in der Bundesrepublik. Um die Politik in Deutschland umfassend zu untersuchen, nutzen die meisten Einführungswerke zwar den Begriff „politisches System", allerdings definieren sie ihn häufig nicht explizit (u. a. von Beyme 2017; Marschall 2018; Schmidt 2016a; Sontheimer et al. 2007; Ausnahme: Definition bei Rudzio 2019, S. IX–X). Auch in der Alltagssprache ist der politische Systembegriff weit verbreitet und wird dort meist mit dem „demokratischen Regierungssystem" gleichgesetzt. Unser Buch knüpft an diese gängige Begriffsverwendung an, indem wir das *politische System als demokratisches Regierungssystem* verstehen, das den konzeptionell-theoretischen Rahmen für die folgende Darstellung bildet. Um diesen Rahmen nachvollziehbar herzuleiten, stellen wir zuerst den allgemeinen Begriff des politischen Systems vor, bevor wir erklären, warum wir uns auf das konkretere Konzept mehrheits- und konsensdemokratischer Regierungssysteme nach Arend Lijphart (2012) beziehen.

Um die institutionellen Bedingungen, Prozesse und Ergebnisse politischer Entscheidungen als zusammenhängendes Ganzes zu erfassen, hat David Easton (1965)

1.1 Konzeptionell-theoretischer Rahmen

den Begriff *politisches System* geprägt, der von Almond und Powell (1988) weiter ausdifferenziert wurde. Er dient in der Vergleichenden Politikwissenschaft bis heute als allgemeiner Bezugsrahmen, um die Politik in Nationalstaaten zu analysieren (Nohlen und Thibaut 2015). Nach dem Verständnis Eastons, das auf der allgemeinen Systemtheorie basiert, grenzt sich ein System von einer *Umwelt* ab, mit der es in vielfältigen Austauschbeziehungen steht. Intern setzt es sich aus verschiedenen Elementen *(Strukturen)* zusammen, die miteinander interagieren, um bestimmte *Funktionen* zu erfüllen. Die Erfüllung dieser Funktionen ist der eigentliche Sinn und Zweck des Systems und sichert damit seinen Bestand. Grundsätzlich können alle Bereiche einer modernen Gesellschaft als Teilsysteme verstanden werden, die je spezifische Ziele verfolgen. Das politische System ist für die „Produktion allgemein verbindlicher Entscheidungen zur Lösung gesellschaftlicher Probleme" (Merkel 2013a, S. 209) zuständig. Diese Problemlösung ist kein einmaliger Akt, sondern folgt idealtypisch einem Regelkreislauf, den man in sechs Phasen unterteilen kann (Abb. 1.1). Den Ausgangspunkt bildet ein Problem, das unter einer Vielzahl anderer Herausforderungen als dringlich erachtet wird und dessen Lösung von der Gesellschaft gefordert bzw. unterstützt wird. Dieser *Input* wird im politischen Entscheidungszentrum aufgegriffen und bearbeitet *(Throughput)*. Das Ergebnis ist eine allgemeinverbindliche Regelung *(Output)*, die in die Praxis umgesetzt wird *(Outcome)*. Die weiteren Auswirkungen *(Impact)* dieses Regelvollzugs werden von der Gesellschaft rezipiert und bewertet *(Feedback)*.

Der systemtheoretische Regelkreislauf lässt sich auf sämtliche politische Systeme anwenden, unabhängig davon, ob diese demokratisch verfasst sind oder nicht (Merkel 2013a). Das Besondere an Demokratien ist jedoch, dass das Volk („Demos") politische Repräsentantinnen wählt, die an seiner Stelle die gesamtgesellschaftlich relevanten Entscheidungen treffen. An diesen Wahlen können alle Bürgerinnen gleichberechtigt teil-

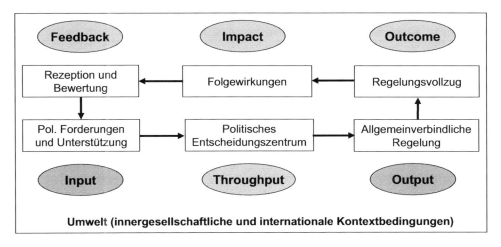

Abb. 1.1 Das politische System als Regelkreislauf. (Quelle: Eigene Darstellung)

nehmen, indem sie zwischen unterschiedlichen Kandidatinnen bzw. Parteien auswählen, die in einem freien und fairen Wettbewerb miteinander konkurrieren. Daraus entsteht ein politisches Abhängigkeitsverhältnis: Das Damoklesschwert der Wiederwahl setzt die Entscheidungsträgerinnen unter Druck, im Interesse ihrer Wählerinnen zu agieren. Über die Repräsentationsbeziehung zwischen Wählerinnen und Gewählten wird somit gewährleistet, „dass in Demokratien die Gesetze von denen ‚gemacht' werden, auf die sie angewendet werden" (Merkel 2013a, S. 214). Deswegen sind *allgemeine und wettbewerbsbezogene Wahlen das zentrale Definitionskriterium demokratischer Systeme* (Dahl 1971).

Für eine funktionierende Demokratie reichen Wahlen allein jedoch nicht aus. Zum einen muss sichergestellt werden, dass die politischen Entscheidungsträgerinnen über die gesamte Wahlperiode im Sinne der Bürgerinnen regieren und ihre Machtposition nicht ausnutzen. Deswegen braucht es eine *institutionalisierte Gewaltenteilung,* bei der die legislativen, exekutiven und judikativen Kompetenzen auf unterschiedliche Staatsorgane aufgeteilt werden, die sich wechselseitig kontrollieren. Zum anderen müssen die Kommunikationskanäle zwischen Gesellschaft und Entscheidungszentrum so organisiert werden, dass die Anliegen der unterschiedlichen Gruppierungen bei der Regelsetzung adäquat berücksichtigt werden. Diese *politische Interessenvermittlung* ist die wichtigste Aufgabe von *Parteien, Interessengruppen und Medien,* die auch als *intermediäre Organisationen* bezeichnet werden.

Um die Funktionsweise eines demokratischen Systems zu untersuchen, wird meist der Begriff *Regierungssystem* verwendet (Croissant 2010, S. 118). Er umfasst diejenigen Strukturen, die an der politischen Willensbildung und Entscheidungsfindung von der Input- bis zur Output-Phase beteiligt sind. Den Kern des Regierungssystems bilden die verfassungsrechtlich verankerten Staatsorgane, die die exekutiven und legislativen Funktionen ausüben und somit das politische Entscheidungszentrum darstellen: Staatsoberhaupt, Regierung und Parlament. Dazu kommen „die Gerichtsbarkeit und die Verwaltung sowie die für die politische Willensbildung relevanten Institutionen und Organisationen, wie Wahlsystem, politische Parteien, Interessengruppen und Medien" (ebd.).

Wie sollte ein demokratisches Regierungssystem aufgebaut sein, damit die politische Willensbildung und Entscheidungsfindung optimal funktioniert? Diese Frage ist von zentraler Bedeutung für die Theorie und Praxis der Demokratie und seit der griechischen Antike unzählige Male gestellt worden (Schmidt 2019). Eine allgemeine Antwort darauf fällt jedoch außerordentlich schwer. Der wichtigste Grund liegt darin, dass demokratische Regierungssysteme mit unterschiedlichen Erwartungen konfrontiert werden. Dabei sind es zwei Hauptfunktionen, die ihre gesellschaftliche *Legitimität* sichern (Scharpf 1970).[1]

---

[1] Darüber hinaus müssen alle politischen Systeme bestimmte Grundfunktionen erfüllen, wie die politische Sozialisation der Bürgerinnen, die Rekrutierung des politischen Personals und

1.1 Konzeptionell-theoretischer Rahmen

Tab. 1.1 Strukturprinzipien demokratischer Regierungssysteme

	Konsensprinzip	Mehrheitsprinzip
Zentrales Ziel	Widerspiegelung gesellschaftlicher Interessenvielfalt	Politische Handlungsfähigkeit
Normative Vorzüge	Inklusion Repräsentation	Effizienz Transparenz
Legitimitätsschwerpunkt	Input-Legitimation	Output-Legitimation
Idealtypisches Regierungssystem	Konsensdemokratie	Mehrheitsdemokratie

Quelle: Eigene Darstellung.

Zum einen sollte ein demokratisches Regierungssystem die gesellschaftliche Interessenvielfalt widerspiegeln (Tab. 1.1). Konkret bedeutet dies, dass alle Bürgerinnen und Gruppen gleichberechtigten Zugang zur politischen Willensbildung und Entscheidungsfindung haben *(Inklusion)* und darin im Verhältnis zu ihrer gesellschaftlichen Stärke vertreten sind *(Repräsentation)*. Darauf beruht die *Input-Legitimität* der Demokratie. Dieses Ziel wird in einer pluralistischen Gesellschaft am besten erreicht, wenn die Strukturen des Regierungssystems ein hohes Maß an institutioneller Machtstreuung aufweisen und möglichst alle gesellschaftlichen Gruppen einbeziehen, die sich einvernehmlich auf politische Lösungen verständigen (Konsensprinzip). Die idealtypische Form dieses Regierungssystems bezeichnet Lijphart (2012) als *Konsensdemokratie*.[2]

Zum anderen sollte eine Demokratie in der Lage sein, auch bei stark konfliktträchtigen Materien allgemein verbindliche Entscheidungen zu treffen und so ihre politische Handlungsfähigkeit unter Beweis zu stellen. Dazu wäre es am einfachsten, die Entscheidungsgewalt dauerhaft einer einzigen Person zu übertragen. Eine derartige Machtkonzentration ist jedoch mit der Idee der Demokratie unvereinbar. Folglich bedarf es neben der bereits angesprochenen Gewaltenteilung einer Verfahrensregel, die Entscheidungen mit geringstmöglichem Aufwand herbeiführt *(Effizienz)*, einfach nachzuvollziehen *(Transparenz)* und daher für die meisten Bürgerinnen akzeptabel ist: das Mehrheitsprinzip. Es besagt, dass die größere Zahl der an einer Entscheidung Teilnehmenden oder Teilnahmeberechtigten ausreicht, um einen gültigen Beschluss zu

---

die Kommunikation zwischen den Teilstrukturen bzw. Prozessphasen (Almond und Powell 1988). Außerdem kann man die für demokratische Legitimität erforderlichen Funktionen noch differenzierter erfassen (u. a. Kneip und Merkel 2020). Für den vorliegenden Zusammenhang konzentrieren wir uns auf die zentralen Input- bzw. Output-Funktionen.

[2] In der Literatur finden sich ähnliche Begriffe, die etwas andere Akzentuierungen vornehmen, wie Proporzdemokratie (Lehmbruch 1967; Powell 2000) oder Konkordanzdemokratie (Lehmbruch 1992).

fassen (Nohlen 2015a). Zwar produziert die Anwendung des Mehrheitsprinzips immer eine unterlegene Minderheit. Diese hat jedoch die Chance, künftig selbst zur Mehrheit zu gehören und dann ihre Interessen durchzusetzen, weil die politischen Entscheidungen einer Regierung grundsätzlich durch ihre Nachfolgerin revidiert werden können. Diese Aussicht ist in der Demokratie gegeben, weil die politischen Entscheidungsträgerinnen regelmäßig neu gewählt werden. Daher kann ein demokratisches Regierungssystem auch nach dem Mehrheitsprinzip organisiert werden. In dem Fall sichert es seine gesellschaftliche Anerkennung hauptsächlich über die Transparenz und Effizienz der politischen Entscheidungen *(Output-Legitimität)*. Dabei bildet die Regierung, die in den Wahlen die Mehrheit erlangt hat, das einzige Machtzentrum und erhält damit den größtmöglichen Handlungsspielraum, um ihr politisches Programm umzusetzen. Gleichzeitig ist die Regierung allein für die politischen Entscheidungen verantwortlich und muss sich nach Ablauf der Legislaturperiode wieder dem Votum der Wählerinnen stellen, die dann auch die ehemalige Minderheit zur neuen Mehrheit küren können. Die idealtypische Form dieses Regierungssystems heißt *Mehrheitsdemokratie* (Powell 2000; Lijphart 2012).

Selbstverständlich muss sich jede Demokratie sowohl über den Input- als auch den Output-Bereich legitimieren und daher versuchen, die unterschiedlichen gesellschaftlichen Interessen bestmöglich in die politische Willensbildung einzubeziehen und zugleich verbindliche Entscheidungen zu treffen. Bei der Umsetzung dieses doppelten Anspruchs ergibt sich jedoch ein *Zielkonflikt zwischen Inklusions- und Handlungsfähigkeit:* Je mehr Interessen man in einen Entscheidungsprozess einbezieht, desto schwieriger und langwieriger wird er; wenn man dagegen den politischen Prozess möglichst schlank und effizient organisiert, geht dies zulasten der Breite und Qualität der Interessenberücksichtigung. Kein Regierungssystem vermag dieses Spannungsverhältnis dauerhaft aufzulösen. Auch gibt es keines, das der Idee des Mehrheits- bzw. Konsensprinzips in Reinform entspricht. Allerdings kann ein Regierungssystem mehr mehrheits- oder mehr konsensdemokratische Elemente enthalten, was wiederum seine Funktionsweise maßgeblich prägt.

Um die mehrheits- und konsensdemokratischen Muster im internationalen Vergleich zu identifizieren, hat Lijphart (2012) 36 etablierte Demokratien untersucht. Dazu hat er zunächst *zehn Strukturmerkmale von Regierungssystemen* mit jeweils zwei Ausprägungen unterschieden (Grotz 2013a, S. 240):

(1) Parteiensystem: Sind im Parlament zwei oder mehrere Parteien repräsentiert?
(2) Regierungszusammensetzung: Sind eine oder mehrere Parteien an der Regierung beteiligt?
(3) Exekutiv-legislative Beziehungen: Gibt es eine Dominanz der Regierung über das Parlament oder eine Machtbalance zwischen beiden Institutionen?
(4) Wahlsystem: Wird das Parlament nach Mehrheitswahl oder Verhältniswahl gewählt?
(5) Verbändesystem: Steht die Regierung einer organisatorisch fragmentierten Verbändelandschaft gegenüber (Pluralismus) oder gibt es mächtige Spitzenverbände mit privilegiertem Regierungszugang (Korporatismus)?

1.1 Konzeptionell-theoretischer Rahmen

Tab. 1.2 Mehrheits- und konsensdemokratisches Regierungssystem (nach Lijphart)

	Mehrheitsdemokratisches Regierungssystem	Konsensdemokratisches Regierungssystem
Exekutive-Parteien-Dimension		
Parteiensystem	Zweiparteiensystem	Vielparteiensystem
Regierungszusammensetzung	Einparteiregierung	Mehrparteienregierung
Exekutiv-legislative Beziehungen	Regierungsdominanz	Machtbalance
Wahlsystem	Mehrheitswahl	Verhältniswahl
Verbändesystem	Pluralismus	Korporatismus
Föderal-Unitarische Dimension		
Staatsaufbau	Unitarisch-zentralisiert	Föderal-dezentralisiert
Parlamentsstruktur	Einkammerparlament	Zweikammerparlament
Verfassungsrahmen	Flexible Verfassung	Rigide Verfassung
Verfassungsgerichtsbarkeit	Kein Verfassungsgericht	Starkes Verfassungsgericht
Zentralbankautonomie	Abhängige Zentralbank	Unabhängige Zentralbank
Prototypische Fälle	Neuseeland Vereinigtes Königreich	Schweiz Bundesrepublik Deutschland

Quelle: Eigene Darstellung nach Grotz und Müller-Rommel (2011, S. 15) sowie Lijphart (2012).

(6) Staatsaufbau: Sind die politischen Kompetenzen auf nationalstaatlicher Ebene konzentriert (unitarisch-zentralisiert) oder zwischen Zentralstaat und subnationalen Gebietskörperschaften aufgeteilt (föderal-dezentralisiert)?
(7) Parlamentsstruktur: Besteht die Legislative aus einer oder zwei Kammern?
(8) Verfassungsrahmen: Kann die Verfassung von der Regierungsmehrheit verändert werden (flexible Verfassung) oder bestehen höhere Hürden (rigide Verfassung)?
(9) Verfassungsgerichtsbarkeit: Gibt es ein (starkes) Verfassungsgericht, das die politischen Entscheidungen des Parlaments und der Regierung überprüfen darf?
(10) Zentralbankautonomie: Ist die Zentralbank von der Regierung abhängig oder kann sie ihren geldpolitischen Kurs unabhängig verfolgen?

Demnach umfasst ein demokratisches Regierungssystem sowohl formal-institutionelle Merkmale, die durch die Verfassung und anderen Rechtsquellen definiert werden *(polity)*, wie z. B. das Wahlsystem oder den Staatsaufbau, als auch solche, die sich auf politische Akteurskonstellationen beziehen *(politics)*, wie das Parteien- und das Verbändesystem (Fuchs 2000, S. 41). Lijphart bündelt die zehn Strukturmerkmale des Regierungssystems in zwei Dimensionen. Die *„Exekutive-Parteien-Dimension"* besteht aus den ersten fünf Merkmalen, die den Kern der repräsentativ-demokratischen Willensbildung und Entscheidungsfindung ausmachen. Die *„Föderal-Unitarische-Dimension"* setzt sich aus den übrigen Merkmalen zusammen, die den rechtlich-institutionellen Rahmen des demokratischen Entscheidungszentrums bilden und dessen politischen Gestaltungsspielraum mehr oder weniger stark einschränken.

Insgesamt lassen sich die Ausprägungen der einzelnen Strukturmerkmale zu zwei gegensätzlichen Demokratiemodellen zusammenfassen (Tab. 1.2). Das *mehrheitsdemokratische Regierungssystem* ist idealtypisch durch ein parlamentarisches Zweiparteiensystem charakterisiert, das aus einem mehrheitsbildenden Wahlsystem hervorgeht und in dem die stärkere der beiden Parteien eine Alleinregierung bildet. Darüber hinaus ist eine Mehrheitsdemokratie als zentralisierter Einheitsstaat organisiert. Sie verfügt über ein pluralistisches Verbändesystem, eine regierungsabhängige Zentralbank sowie ein Einkammerparlament. Die Mehrheitsregierung kann die Verfassung mit einfacher Mehrheit ändern und unterliegt keiner verfassungsgerichtlichen Kontrolle. Damit ist das gesamte System nach dem Mehrheitsprinzip organisiert: Es konzentriert die Macht in den Händen der durch die Wählermehrheit legitimierten Regierung und eröffnet ihr einen großen Spielraum für die Umsetzung ihres politischen Programms. Von den Demokratien aus Lijpharts Studie kommen Neuseeland und das Vereinigte Königreich diesem Idealtyp am nächsten (Lijphart 2012, S. 244–245).

Das *konsensdemokratische Regierungssystem* weist die genau gegenteiligen Merkmalsausprägungen auf. Es ist durch ein parlamentarisches Vielparteiensystem gekennzeichnet, das aus einem Verhältniswahlsystem hervorgeht. Die Regierung setzt sich aus Parteienkoalitionen zusammen, denen ein hochgradig konzentriertes, korporatistisches Verbändesystem gegenübersteht. Das Kräfteverhältnis zwischen Regierung und Parlament ist ausbalanciert, die Zentralbank agiert weisungsunabhängig. Außerdem verfügt die Konsensdemokratie über einen föderal-dezentralisierten Staatsaufbau und basiert auf einer Verfassung, die nur durch breite Mehrheiten geändert werden kann. Schließlich ist die Legislativmacht zwischen zwei Parlamentskammern aufgeteilt, und das Letztentscheidungsrecht über die bestehende Gesetzgebung liegt bei einem starken Verfassungsgericht. Damit zieht sich das Konsensprinzip durch alle Strukturmerkmale, was eine weitgehende Beteiligung unterschiedlicher Gruppierungen an der demokratischen Willensbildung und Entscheidung gewährleistet. Zugleich ist die Regierung immer auf die Unterstützung weiterer Akteurinnen angewiesen und kann daher ihr eigenes Politikprogramm nur bedingt umsetzen. Die empirischen Fälle, die diesem Demokratiemodell am ehesten entsprechen, sind die Schweiz und die Bundesrepublik Deutschland (Lijphart 2012, S. 244–245).

Lijpharts Studie erlaubt somit eine international-vergleichende Einordnung des deutschen Regierungssystems. Stärker als die meisten anderen Demokratien ist es dadurch charakterisiert, dass viele verschiedene Institutionen und Akteurinnen in den politischen Prozess einbezogen sind und somit die Machtfülle der Regierungsmehrheit begrenzen. Dies deckt sich mit anderen Kennzeichnungen, die die Bundesrepublik in der politikwissenschaftlichen Literatur erfahren hat, wie „semisouveräner Staat" (Katzenstein 1987), „Staat der Großen Koalition" (Schmidt 2002) oder „Verhandlungsdemokratie" (Lehmbruch 1996).

1.1 Konzeptionell-theoretischer Rahmen

Darüber hinaus bietet Lijphart einen *theoretischen Bezugsrahmen, der für eine politikwissenschaftliche Einführung in das deutsche Regierungssystem* in mehrfacher Hinsicht besonders geeignet ist.[3] Erstens ermöglicht Lijpharts Ansatz die systematische Beschreibung aller Strukturelemente des politischen Systems der Bundesrepublik. Ob nun formal-institutionelle Arrangements wie das Wahlsystem oder Akteurskonstellationen wie das Parteiensystem im Blickpunkt stehen: immer kann untersucht werden, ob die jeweiligen Strukturen eher nach dem Mehrheits- oder nach dem Konsensprinzip aufgebaut sind. Zweitens erlaubt die Unterscheidung zwischen Inklusions- und Handlungsfähigkeit eine problemorientierte Perspektive auf die Funktionsweise des politischen Systems. Dabei interessiert besonders, inwieweit es durch einzelne Strukturelemente gelingt, die politische Willensbildung und Entscheidungsfindung inklusiv und effizient zu gestalten bzw. welche typischen Funktionsprobleme sich in dieser Hinsicht ergeben. Drittens erleichtert das Spannungsverhältnis zwischen mehrheits- und konsensdemokratischer Logik eine differenzierte Beurteilung institutioneller Reformvorschläge. Wer beispielsweise die Effekte des bestehenden Verhältniswahlsystems für unzureichend hält, um handlungsfähige Regierungen hervorzubringen, und daher ein stärker mehrheitsbildendes Wahlsystem fordert, muss auch darlegen, was diese Reform für die parlamentarische Repräsentation der gesellschaftlichen Interessenvielfalt bedeuten würde. Allgemeiner formuliert: Nur wer den Zielkonflikt zwischen Input-orientierter Inklusionsfähigkeit und Output-orientierter Handlungskapazität mitbedenkt, wird dem komplexen Funktionsprofil einer modernen Demokratie gerecht.

Aus den genannten Gründen greift unser Buch das Demokratiemodell von Lijphart auf, um die Struktur und Funktionsweise des deutschen Regierungssystems im Überblick darzustellen.[4] Gleichzeitig passen wir seinen Ansatz in zwei Hinsichten an. Zum einen deckt Lijpharts Modell nicht alle funktionsrelevanten Aspekte der bundesdeutschen Demokratie hinreichend ab. Deswegen nehmen wir einige Modifikationen und Ergänzungen der Strukturmerkmale vor, die in Abschn. 1.3 erklärt werden und an denen sich auch die Gliederung des Buches orientiert. Außerdem geht es uns weniger darum, die Strukturen des deutschen Regierungssystems als Ganzes dem Mehrheits- oder dem Konsensmodell zuzuordnen. Vielmehr zeigen wir mithilfe des Lijphart'schen Konzepts, welche verschiedenen mehrheits- und konsensdemokratischen Elemente es innerhalb ein und derselben Strukturdimension gibt und wie sie in der politischen Praxis zusammenwirken.

---

[3] Wir beziehen uns im Folgenden nur auf den konzeptionell-theoretischen Ansatz von Lijphart (2012) und nicht auf dessen Anwendung in seiner empirisch-vergleichenden Studie, die auch vielfältige Kritik erfahren hat. Vgl. dazu u. a. Ganghof (2005), Grotz (2013a, S. 241–245) und Schmidt (2019, S. 329–342).

[4] Ähnlich verfährt Adrian Vatter (2020) in seinem Lehrbuch zum politischen System der Schweiz.

Zum anderen spielt der historische Kontext eine zentrale Rolle, wenn man Kontinuität und Wandel des deutschen Regierungssystems verstehen will. Demokratische Verfassungsinstitutionen werden immer in bestimmten Situationen geschaffen. Ihr Aufbau ergibt sich dabei weniger aus einer rein funktionsbezogenen Diskussion unterschiedlicher Modelle. Vielmehr kommt historischen Strukturprägungen und Erfahrungen, politisch-kulturellen Traditionslinien und dem Eigennutz der politischen Entscheidungsträgerinnen eine zentrale Rolle zu (Hall und Taylor 1996). Nach ihrer Etablierung können sich diese Institutionen immer weiter verfestigen – mit dem Ergebnis, dass sie nicht mehr grundlegend zu verändern sind, sondern innerhalb des eingeschlagenen Pfades bleiben („Pfadabhängigkeit"; Werle 2007). Daher können die Gründungsbedingungen einer demokratischen Verfassung die institutionelle Struktur eines Regierungssystems mittel- und langfristig prägen. Auch die Funktionsweise eines demokratischen Systems wird maßgeblich von gesellschaftlichen, wirtschaftlichen und internationalen Rahmenbedingungen mitbestimmt. Wenn sich z. B. die gesellschaftlichen Lebenswelten aufgrund von Modernisierungsprozessen immer weiter ausdifferenzieren, kann sich diese Entwicklung in einer größeren Fragmentierung des Parteiensystems niederschlagen – mit dem Ergebnis, dass es zunehmend schwieriger wird, eine mehrheitsfähige Regierung zu bilden. Eine Demokratie kann also einen bedeutsamen Funktionswandel erfahren, obwohl ihre formalen Institutionen unverändert bleiben.

Vor diesem Hintergrund folgt nun ein kompakter und systematischer Überblick über die Gründungsbedingungen der Bundesrepublik Deutschland sowie die wichtigsten gesellschaftlichen, wirtschaftlichen und internationalen Faktoren, die ihre Entwicklung in den einzelnen Phasen geprägt haben.

1.2 Der historische Kontext: Gründungsbedingungen und Entwicklungsphasen der Bundesrepublik Deutschland

Die Bundesrepublik Deutschland wurde am 23. Mai 1949 gegründet. Sie ist das am längsten währende politische System auf deutschem Boden seit dem 19. Jahrhundert. Das Deutsche Kaiserreich (1871–1918), die Weimarer Republik (1918–1933), der Nationalsozialismus (1933–1945) und die Deutsche Demokratische Republik (DDR; 1949–1990) waren im Vergleich dazu weniger dauerhafte Regime, haben jedoch in unterschiedlicher Weise nachhaltige Wirkungen entfaltet. Dass die Bundesrepublik eine so stabile, international angesehene und erfolgreiche Demokratie werden würde, war keinesfalls von Anfang an klar. Denn die „Vergangenheitshypothek" (Wolfrum 2006, S. 17) war immens. Die bedingungslose Kapitulation der deutschen Wehrmacht am 8. Mai 1945 bildete keine „Stunde Null", die automatisch den Übergang vom NS-Regime zu einer demokratischen Verfassungsordnung geebnet hätte. Bezeichnenderweise wurde der 8. Mai erst 40 Jahre später – durch eine historische Rede des damaligen Bundespräsidenten Richard von Weizsäcker – als „Tag der Befreiung" im nationalen Gedenken verankert.

Tab. 1.3 Gründungsbedingungen und Entwicklungsphasen der Bundesrepublik Deutschland

Phasen	Regierungen	Außen- und sicherheitspolitischer Kontext	Gesellschaftspolitischer Kontext	Wirtschafts- und sozialpolitischer Kontext
1945–1949: Wiederaufbau und Staatsgründung	Alliierte Herrschaft in Besatzungszonen	• 8.5.1945: bedingungslose Kapitulation • Beginn des Ost-West-Konflikts (Truman-Doktrin; Berlinblockade) • Deutsche Teilung • Gründung der BRD und DDR	• „Zusammenbruchsgesellschaft" • Bewältigung der Kriegsfolgen; partielle Entnazifizierung • Demokratieaufbau in Kommunen und Ländern • Gründung von Parteien und Verbänden	• Marshallplan (1948–1952) • Einführung der D-Mark (1948) • Tarifautonomie
1949–1966: Wirtschaftswunder und konservative Dominanz	• 1949–1963: Adenauer I–IV (CDU/CSU-FDP u. a.) • 1963–1966: Erhard I-II (CDU/CSU-FDP)	• Kalter Krieg (Koreakrieg 1950; Mauerbau 1961; Kuba-Krise 1962 • Alleinvertretungsanspruch der BRD • Wiederbewaffnung (1954); NATO-Beitritt (1955) • Beginn der europäischen Integration (EGKS 1952; Römische Verträge 1957)	• Kulturelle Verwestlichung • Konsumgesellschaft • „Ende der Proletarität"	• Ökonomische Prosperität • Soziale Marktwirtschaft • Ausbau des Sozialstaats

(Fortsetzung)

Tab. 1.3 (Fortsetzung)

Phasen	Regierungen	Außen- und sicherheitspolitischer Kontext	Gesellschaftspolitischer Kontext	Wirtschafts- und sozialpolitischer Kontext
1966–1982: Gesellschaftlicher Aufbruch und sozialliberale Ära innerer Reformen	• 1966–1969: Kiesinger I (CDU/CSU-SPD) • 1969–1974: Brandt I-II (SPD-FDP) • 1974–1982: Schmidt I-II (SPD-FDP)	• Entspannungspolitik/ Neue Ostpolitik (1973): UNO-Beitritt BRD und DDR) • Ab 1979: „Zweiter Kalter Krieg" (Afghanistan-Krieg, NATO-Doppelbeschluss) • Ab 1973: Krise der europäischen Integration („Eurosklerose")	• Zivilgesellschaftliche Mobilisierung und Protest („68er"-Bewegung; Neue Soziale Bewegungen; Linksterrorismus (RAF); Anti-Atom-Bewegung; Gründung der Grünen) • Innere Reformen	• Keynesianische Globalsteuerung (1966–1975) • Ende des Bretton-Woods-Systems fester Wechselkurse 1973 • Ölpreiskrisen (1974, 1979/80) • Ende der Nachkriegsprosperität
1982–1990: „Abschied vom Provisorium" und Wiedervereinigung	• 1982–1990: Kohl I-III (CDU/CSU-FDP)	• Neue Dynamik der europäischen Integration (EEA 1985) • Endphase des Kalten Krieges (bis 1985) • Perestroika und Zerfall kommunistischer Regime in Osteuropa (ab 1985) • demokratische Revolution DDR/ Dt. Einheit	• Verstärktes Umweltbewusstsein (Waldsterben; Reaktorunfall von Tschernobyl) • Parlamentarische Verankerung der Grünen • Umstrittene Tendenzwenden („geistig-moralische Wende"; Historikerstreit) • Erfolge der rechtspopulistischen „Republikaner"	• Aufstieg des Neoliberalismus (Thatcherismus, Reaganomics) • Privatisierung staatlicher Unternehmen • Beginnender Umbau des Sozialstaats

(Fortsetzung)

Tab. 1.3 (Fortsetzung)

Phasen	Regierungen	Außen- und sicherheitspolitischer Kontext	Gesellschaftspolitischer Kontext	Wirtschafts- und sozialpolitischer Kontext
1990–2009: Deutsche Einheit, Umbauprozesse, internationale Rollensuche	• 1990–1998: Kohl IV-V (CDU/CSU-FDP) • 1998–2005: Schröder I-II (SPD-Grüne) • 2005–2009: Merkel I (CDU/CSU-SPD)	• Neuordnung Europas (Vertiefung/Erweiterung der EU; Jugoslawien-Krieg) • Erste bundesdeutsche Kriegsbeteiligung im Kosovo (1999) • „9/11", islamistischer Terrorismus/neue asymmetrische Kriege (Afghanistan, Irak)	• Transformation der ostdeutschen Gesellschaft (Institutionentransfer; Ernüchterung und Protest; Etablierung der PDS/Linken) • Asylkompromiss • Gesellschafts- und sozialpolitische Reformen (u. a. „Agenda 2010") • Rechtsterrorismus (u. a. NSU-Morde)	• Ökonomische Globalisierung • Transformation in Ostdeutschland und Osteuropa: Integration in deutsche Wertschöpfungsketten • Finanzkrise (Lehman-Pleite 2007) • Beschleunigte Neujustierung: Industrie und Dienstleistung (Internet/Outsourcing)
2009–2021: Ambivalenzen der Globalisierung und populistische Herausforderung	• 2009–2013: Merkel II (CDU/CSU-FDP) • 2013–2021: Merkel III-IV (CDU/CSU-SPD)	• Neuer Polyzentrismus (Aufstieg Chinas und anderer Regionalmächte; aggressive Außenpolitik Russlands) • Krise des Multilateralismus • Desintegrative Tendenzen in der EU (Demokratieprobleme in Osteuropa; Brexit)	• Rechtspopulistische Mobilisierung und Protest (PEGIDA, Gründung der AfD) • Neue umwelt-/klimapolitische Aktivitäten (Energiewende nach Fukushima; „Fridays for Future") • Flüchtlingskrise (2015) • Corona-Krise (2020/21)	• Exportorientierte Wirtschaft Lokomotive für Wirtschaftswachstum • Staatsschuldenkrise im Euroraum • Ansätze zum Rückbau des neoliberalen Paradigmas • Plattformkapitalismus/Datenkapitalismus • Corona Krise beendet Politik der schwarzen Null

Quelle: Eigene Darstellung.

Die bundesdeutsche Demokratie ist also nicht das Ergebnis eines vorgefertigten Plans, sondern vielmehr das, was zu Recht als „Geschichte einer Normalisierung" (Conze 2009) und als „langer Weg nach Westen" (Winkler 2015) bezeichnet wurde: das Resultat eines historischen Prozesses, den viele verschiedene Akteurinnen inner- wie außerhalb der Regierungsinstitutionen mitgestaltet haben. Ihre politischen Spielräume wurden nicht nur durch den bestehenden Verfassungsrahmen definiert, sondern auch maßgeblich durch innergesellschaftliche und internationale Kontextfaktoren geprägt. Im Folgenden geben wir einen Überblick über die wichtigsten Etappen der bundesrepublikanischen Geschichte (Tab. 1.3). Der Fokus liegt dabei auf den zentralen Ereignissen und Entwicklungen in den Bereichen Außen- und Sicherheitspolitik sowie Gesellschaft und Wirtschaft, die die Funktionsweise des Regierungssystems und das Handeln der politischen Akteurinnen nachhaltig beeinflusst haben. Die Unterteilung in sechs Phasen orientiert sich zum einen an den historischen Zäsuren, die von der Geschichtswissenschaft herausgearbeitet wurden: das Ende der Besatzungszeit durch die Gründung der beiden deutschen Teilstaaten 1949, der zivilgesellschaftliche Aufbruch Ende der 1960er Jahre und die Wiedervereinigung 1990. Zum anderen basiert die Einteilung auf bedeutsamen Regierungswechseln und den anschließenden Regierungszyklen, in denen sich je spezifische Herausforderungen und Probleme für die bundesdeutsche Politik ergaben. Die folgende Darstellung ist bewusst knapp gehalten. Wo bestimmte Entwicklungen in den weiteren Kapiteln des Buches ausführlicher behandelt werden, wird jeweils darauf verwiesen.

Die *erste Phase* umfasst die *unmittelbare Vorgeschichte der Bundesrepublik* von 1945 bis 1949. Der nach der bedingungslosen Kapitulation begonnene Weg vom Faschismus zur demokratischen Staatsgründung wurde maßgeblich durch die alliierten Besatzungsmächte vorgegeben und flankiert. Gleichzeitig hatte auch das politische Erbe der Weimarer Republik – der ersten Demokratie auf deutschem Boden – prägenden Einfluss, indem Persönlichkeiten aus den Emigrantenkreisen und dem Widerstand gegen das Hitler-Regime am Aufbau der jungen Demokratie mitwirkten. Zudem spielten ehemalige mittlere und untere Funktionseliten des NS-Staates eine nicht minder wichtige Rolle. Denn eine weitreichende „Entnazifizierung" jenseits der Nürnberger Prozesse (1945–1946), die gegen die Hauptkriegsverbrecher geführt wurden, fand nicht statt. Mithin war die Frage, die der Historiker Eckard Conze (2009, S. 10) seiner Geschichte der Bundesrepublik vorangestellt hat, noch weit über die unmittelbare Nachkriegszeit von Bedeutung: „Wie konnte eine Gesellschaft im Schatten des Nationalsozialismus, im Schatten des Zweiten Weltkriegs und der mit ihm untrennbar verbundenen Menschheitsverbrechen Normalität entwickeln?"

Im Rahmen der Besatzungsherrschaft und des von Mangel, Elend und Unsicherheit geprägten Alltags in der „Zusammenbruchsgesellschaft" (Kleßmann 1982) bildeten sich schrittweise demokratische Strukturen „von unten nach oben" heraus: Ausgehend von den Kommunen gründeten sich Parteien, Gewerkschaften und andere Verbände; auch die Kirchen spielten eine wichtige Rolle, um für die neue politische Ordnung zu werben und sie zu stabilisieren. Bald darauf wurden die Länder gegründet, deren Parlamente ab 1946 demokratisch gewählt wurden und die sich zum Teil bereits eigene Verfassungen gaben (Abschn. 2.3 und 13.1). Zudem kam den Ministerpräsidenten der Länder insofern eine politische Schlüsselposition zu, als sie mit den Alliierten über die weitere Ausgestaltung der Verfassungsordnung verhandelten.

Die Gründung der Bundesrepublik stand ganz im Zeichen des „Kalten Krieges" zwischen den USA und der Sowjetunion. Die mit der Truman-Doktrin (1947) postulierte Zweiteilung der Welt, die durch die US-amerikanischen Wirtschaftshilfen des Marshall-Plans (1948–1952) materiell unterfüttert wurde, ließ eine gesamtdeutsche Lösung in weite Ferne rücken. Spätestens seit der Londoner Viermächtekonferenz Ende 1947 war offensichtlich, dass es zur Spaltung zwischen der Sowjetischen Besatzungszone (SBZ) und den drei westdeutschen Besatzungszonen kommen würde, die 1948 mit der D-Mark eine gemeinsame Währung erhielten. Zwischen September 1948 und Mai 1949 erarbeitete der Parlamentarische Rat das Grundgesetz als Verfassung für den neuen westdeutschen Staat (Abschn. 2.1). Es trat am 23. Mai 1949 in Kraft und begründete zugleich die Bundesrepublik Deutschland. Sie verstand sich als deutscher „Kernstaat", der sich selbst eine „Magnetwirkung auf den Osten Deutschlands" zuschrieb (Wolfrum 2006, S. 41). Die DDR wurde am 7. Oktober 1949 gegründet. Vorausgegangen war die Bildung eines Volksrates, der die Vorbereitung einer eigenen Verfassung verantwortete, in der auch bürgerliche Prinzipien und Forderungen der Arbeiterbewegung formal aufgenommen wurden, welche allerdings keine Bindungswirkung auf die Politik in der DDR entfalteten. Mit dieser „doppelten Staatsgründung" wurde nicht nur die deutsche Teilung zementiert, sondern auch eine über 40-jährige „asymmetrisch verflochtene Parallel- und Abgrenzungsgeschichte" begründet (Kleßmann 1993).

Die *zweite Phase,* die von 1949 bis 1966 dauerte, ist außen- und sicherheitspolitisch durch die *Westintegration,* sozioökonomisch durch das *„Wirtschaftswunder"* und innenpolitisch durch die *Dominanz der CDU/CSU-geführten Regierungen* geprägt. Aus der Westbindung der Bundesrepublik ergaben sich ihr Beitritt zur NATO (1955) sowie die parallel stattfindende Wiederbewaffnung (Gründung der Bundeswehr), allerdings ohne den Status einer Atommacht. Zudem führte die Integration Westdeutschlands in die internationale Staatengemeinschaft über den Beitritt zur Europäischen Gemeinschaft für Kohle und Stahl (1952), die der Gründung der Europäischen Wirtschaftsgemeinschaft (Römische Verträge 1957) vorausging (Abschn. 3.1). Auf der Basis der Aussöhnung mit Israel (Luxemburger Abkommen 1952) und Frankreich (Élysée-Vertrag 1963) wurde die Bundesrepublik in Kooperation mit Frankreich zum Motor der europäischen Integration. Die Westintegration unter den Bedingungen einer gespaltenen Nation implizierte die Ablehnung der in der Stalin-Note (1952) angebotenen Wiedervereinigung und führte zu einem im Rahmen der Hallstein-Doktrin postulierten Alleinvertretungsanspruch der Bundesrepublik. Herausgefordert durch die hohe Zahl von Fachkräften, die in den 1950er Jahren aus der DDR in die Bundesrepublik flüchteten, entschied sich die DDR-Führung 1961 für den Bau einer militärisch abgesicherten Mauer an der innerdeutschen Grenze. In dem Maße, in dem offensichtlich wurde, dass die innenpolitische Stabilität der DDR nur durch immer mehr Zwangsmaßnamen erreicht werden konnte, trug sie zusätzlich zur Legitimitätssicherung der Bundesrepublik bei. Ungeachtet dessen hinkte die Bundesrepublik in wichtigen Feldern der Gesellschafts- und Sozialpolitik (u. a. Gleichstellung von Frauen und Homosexuellen) ihren eigenen verfassungsrechtlichen Ansprüchen hinterher.

Für die gesellschaftliche und politische Stabilisierung war neben der außenpolitischen Rahmung durch die Westintegration ein in dieser Form nie wieder erlebtes „Wirtschaftswunder" maßgeblich, das dem Muster einer scheinbar „immerwährenden Prosperität" (Lutz 1989) folgte. In den 1950er und 1960er Jahren gab es durchschnittliche jährliche Wachstumsraten von rund 5 %. Zur Akzeptanz der Sozialen Marktwirtschaft trugen aber nicht nur ihr wirtschaftlicher Erfolg, sondern auch die Strukturen der koordinierten Ökonomie bei, wozu vor allem die Tarifautonomie, die Mitbestimmung und die Betriebsverfassung zählen (Schroeder 2014a; Schroeder und Weßels 2017a). Mit dem Wirtschaftswachstum verband sich außerdem das „Ende der Proletarität" (Mooser 1984), eine neue Stufe des Massenkonsums sowie der in den späten 1950er Jahren beginnende Ausbau des Sozialstaats (Rentenreform 1957; Bundessozialhilfegesetz 1961), durch den das Streben nach sozialer Sicherheit neue überzeugende Antworten erhielt.

Zugleich wurde die sich in der Person Konrad Adenauers (1949–1963) verkörpernde „Kanzlerdemokratie" (Niclauß 2015) von Anfang an durch gewaltenteilende Gegenkräfte in ihrer Machtausübung limitiert. Diese institutionelle Konfiguration, die von Peter Katzenstein (1987) als „semi-souveräner Staat" bezeichnet wurde, war also nicht nur durch internationale Abhängigkeiten, sondern auch durch eine innere Machtstreuung geprägt.

Dass die konservative politische Vorherrschaft dieser Phase nicht ewig währte, lässt sich einerseits auf eine unzureichende Anpassungsfähigkeit der Unionsparteien an veränderte gesellschaftliche Verhältnisse zurückführen und andererseits auf den im Einklang mit der gesellschaftlichen Entwicklung verlaufenden Wandel der Sozialdemokratie und der Liberalen. Die SPD transformierte sich seit Mitte der 1950er Jahre von einer traditions- und milieubehafteten Klassen- zu einer pluralen Volkspartei neuen Typs (Klotzbach 1982), die FDP von einer national-konservativen zu einer sozial-liberalen, reformorientierten Partei (Dittberner 2010). Insofern waren die Elemente des Neuen, die sich ab Mitte der 1960er Jahre durchzusetzen begannen, bereits in früheren Entwicklungen angelegt. Dazu gehört, dass mit der außenpolitischen Westintegration auch eine kulturelle Verwestlichung einherging, wodurch sich seit Anfang der 1960er Jahre – vor allem vermittelt über Musik, Design und Konsum – der überwiegende Bezug auf die nationale Kultur zugunsten westlicher Einflüsse sukzessive relativierte.

Die *dritte Phase* von 1966 bis 1982, manchmal sogar als gesellschaftliche Neugründung im Sinne einer Pluralisierung, Liberalisierung und verstärkten Politisierung („partizipative Revolution") wahrgenommen, ist vor allem durch die sozialdemokratisch-liberale Regierungsära im Zeichen innerer Reformen und außenpolitischer Neuorientierung geprägt. Unter der Kanzlerschaft Willy Brandts wurde die bisherige „Westernisierung" durch eine neue Ostpolitik ergänzt, die auch von den USA unterstützt wurde und als Entspannungspolitik in die Geschichtsbücher eingehen sollte. Im Zuge dessen wurde die DDR einerseits international aufgewertet (gleichzeitige Aufnahme mit der Bundesrepublik in die UNO 1973); andererseits begann seit der Ausbürgerung des bekannten Liedermachers Wolf Biermann 1976 die innere Legitimation des Regimes zu erodieren. Mit dem 1979 erfolgten Einmarsch der Sowjetunion in Afghanistan und dem im gleichen Jahr erfolgten NATO-Doppelbeschluss setzte ein „Zweiter Kalter Krieg" ein, der auch in der Bundesrepublik zur Entstehung einer gesellschaftlich breit verankerten Friedensbewegung führte.

Das Ende der außerordentlichen ökonomischen Nachkriegsprosperität – abflachende Wachstumsraten, der Niedergang ehemaliger Schlüsselbranchen (u. a. Textil-, Stahl- und feinmechanische Industrie), Ölpreiskrisen (1973/1979) und das Scheitern des Bretton-Woods-Systems fester Wechselkurse (1973) – führte auch zum Ende der keynesianischen Globalsteuerung (1966–1975). Damit verband sich eine deutliche Zäsur. Denn nunmehr konnten die 1967 im Stabilitäts- und Wachstumsgesetz verankerten Ziele von Preisniveaustabilität, einem hohen Beschäftigungsstand, außenwirtschaftlichem Gleichgewicht und angemessenem Wirtschaftswachstum, die auch als „Magisches Viereck" bezeichnet wurden, nicht mehr gleichberechtigt verfolgt werden. Am deutlichsten zeigte sich dies hinsichtlich des Beschäftigungsziels. Mit den steigenden Arbeitslosenzahlen verschärften sich auch die gesellschaftlichen Widersprüche und sank die politische Akzeptanz. Da nun einzelne Reformen wieder zurückgenommen und sozialstaatliche Leistungsstandards abgesenkt wurden, wuchs in Teilen der Gesellschaft die Unzufriedenheit mit der sozialdemokratisch geführten Regierung.

Neben der sich seit den 1970er Jahren ausdehnenden Umweltbewegung bildeten die Friedens- und Frauenbewegung weitere große Protestströme. Als deren politischer Arm etablierte sich 1980 mit den Grünen eine neue Partei, die den bundesdeutschen Parteienwettbewerb längerfristig verändern sollte. Die Union kam 1969 erstmals in die Opposition, worin die neue Führungselite um Helmut Kohl den Auftrag erkannte, sich von der Kanzler- und Honoratiorenpartei zu einer modernen Volkspartei zu verändern (Schönbohm 1985). Zur gleichen Zeit suchte die sozial-liberale Koalition (1969–1982) durch Reformen, die zum Teil bereits in der Großen Koalition (1966–1969) angelegt waren, eine moderne Regierungs- und Gesellschaftspolitik zu praktizieren. Vor allem im Bereich der Bürgerrechte sowie in der Bildungs- und Wissenschaftspolitik wurden große Fortschritte erreicht. Andererseits etablierte sich auch ein offen agierender Linksterrorismus (RAF), der Gesellschaft und Politik in der zweiten Hälfte der 1970er Jahre massiv herausforderte. Zugleich, wenn auch öffentlich kaum wahrgenommen, existierte bereits damals ein verdeckt agierender Rechtsterrorismus (Oktoberfest-Attentat 1980).

Im Unterschied zur nachfolgenden vierten Phase ist diese Periode durch eine auffallende Mischung aus Kontinuität und Diskontinuität gekennzeichnet. Eine überwiegende Kontinuität besteht sowohl hinsichtlich der Regierungszusammensetzung (sozialliberale Ära ab 1969) als auch mit Blick auf den gesellschaftspolitischen Kontext (zivilgesellschaftliche Mobilisierung und Protest). In politisch-inhaltlicher Hinsicht dagegen glich die Zeit nach 1972 in mancherlei Hinsicht einer Pendelbewegung, denn einige der zuvor gewährten Freiheitsrechte wurden partiell und temporär wieder rückgängig gemacht. Angefangen hat dieser Backlash mit Berufsverboten bis hin zu temporär praktizierten Grundrechtseinschränkungen, die im Kontext der Bekämpfung des Linksterrorismus in der zweiten Hälfte der 1970er Jahre standen. Ebenso kann man im außen- und sicherheitspolitischen Bereich eine Zweiteilung rekonstruieren: zuerst Entspannung im Rahmen der Neuen Ostpolitik, dann neue Verhärtungen im Kalten Krieg (Afghanistan-Krieg, NATO-Doppelbeschluss). Ähnliches gilt für die Europapolitik: Während Ende der 1960er Jahre noch weitreichende Innovationen für die Weiterentwicklung der EG diskutiert wurden und 1973 mit Großbritannien ein großes Flächenland beitrat, dominierte danach die ökonomisch geprägte Debatte um die „Eurosklerose", in der die Skepsis gegenüber einer weitergehenden Integration überwog. Im wirtschaftlichen Bereich war das Ende der Nachkriegsprosperität erreicht, und es machte sich eine eher pessimistische Sicht breit, die den Nährboden für den nachfolgenden neoliberalen Höhenflug bereitete. Bei allen Divergenzen und Inkonsistenzen kann die Zeit von 1966 bis 1982 hinsichtlich des politischen Systems als eine Phase identifiziert werden, die vor allem durch zwei große Leistungen der sozialdemokratisch geführten Regierungen charakterisiert ist: die offensive und expansive Ausweitung von politisch-partizipativen und sozialen Bürgerrechten einerseits sowie deren Verteidigung unter politisch und ökonomisch schwierigen Bedingungen andererseits.

Im Zentrum der *vierten Phase* (1982 bis 1990), in der eine christdemokratischliberale Koalition unter Helmut Kohl regiert, steht der endgültige „Abschied vom Provisorium" (Wirsching 2006), der durch die Wiedervereinigung vollendet wurde. Pointiert umrissen wird dieser Prozess von Andreas Wirsching (2006, S. 11):

> „In den achtziger Jahren verabschiedete sich die ‚alte' Bundesrepublik endgültig von ihrem Selbstverständnis als Provisorium [...]. Sie war zu einem weitgehend souveränen deutschen Teilstaat mit einer eigenständigen Staatsräson und einem etablierten Platz im westlichen Bündnis geworden [...]. Nun gehört es zu den größten Ironien der neuesten deutschen Geschichte, dass der tatsächliche Abschied vom Provisorium zu eben jenem Zeitpunkt tatsächlich ‚passierte', als sich die ‚alte' Bundesrepublik definitiv von ihrem Selbstverständnis als Provisorium löste. 1989/90 vollzog sich der Abschied vom Provisorium also in ganz anderer Weise, als ihn die große Mehrheit der Westdeutschen gerade vorzunehmen im Begriff war."

Nahezu völlig unverhofft kam die Auflösung der bipolaren Blockkonfrontation, nachdem sich die Sowjetunion unter Michael Gorbatschow ab 1985 reformierte („Glasnost" und „Perestroika") und schließlich die kommunistische Herrschaft 1989/90 in ganz Mittel- und Osteuropa zusammenbrach. In diesem Kontext erfolgte auch die deutsche Wiedervereinigung, die der 40 Jahre währenden staatlichen Teilung ein Ende bereitete und ein neues Kapitel der bundesdeutschen Geschichte aufschlug. Zuvor hatte die westdeutsche Gesellschaft die Teilung als eine Folge des Faschismus mehrheitlich akzeptiert und sich in dieser Konstellation eingerichtet. Durch die von den ostdeutschen Bürgerinnen erzwungene Maueröffnung vom 9. November 1989 wurde diese scheinbare Alternativlosigkeit binnen kurzer Zeit ausgehebelt: Aus dem revolutionären Ruf „Wir sind das Volk" wurde „Wir sind ein Volk". Am 28. November 1989 legte Bundeskanzler Kohl ein „Zehn-Punkte-Programm zur Überwindung der Teilung Deutschlands und Europas" vor, mit dem er sowohl die deutsche Öffentlichkeit als auch das Ausland überraschte und das einen schrittweisen Weg zur deutschen Einheit skizzierte. International wurde Kohls Plan zunächst mit großer Skepsis und offener Ablehnung aufgenommen. Angesichts der dynamischen Entwicklung in der DDR änderte sich jedoch zunehmend das Bild: Aus der ersten freien Wahl der DDR-Volkskammer am 18. März 1990 ging die CDU-geführte Allianz für Deutschland als klare Siegerin hervor, die für eine rasche Wiedervereinigung eintrat. Nachdem auch die vier alliierten Mächte ihre grundsätzliche Zustimmung erteilt hatten, wurde am 31. August 1990 der Einigungsvertrag zwischen der Bundesrepublik und der DDR unterzeichnet, der die Auflösung der DDR und ihren Beitritt nach Art. 23 GG zum 3. Oktober 1990 vorsah. Am 12. September 1990 wurde in Moskau der „Zwei-plus-Vier-Vertrag" unterzeichnet, der dem wiedervereinten Deutschland die volle Souveränität zusicherte. Damit war die friedliche Vereinigung der beiden deutschen Staaten besiegelt.

Zu Beginn dieser Phase war auch noch nicht absehbar, ob und wie man der „Eurosklerose" entgegenwirken könnte. Allerdings kam schon bald neue Dynamik in das europäische Integrationsprojekt, die unter dem Kommissionspräsidenten Jacques Delors 1985 in der ersten Reform der Europäischen Verträge mündete (Einheitliche Europäische Akte). Vor dem Hintergrund des deutschen Einigungsprozesses wurde dann der Vertrag von Maastricht ausgehandelt und 1992 verabschiedet, der die jetzt umbenannte Europäische Union auf eine neue Grundlage stellte und die Einführung einer gemeinsamen Währung vorsah. Dabei bewährte sich die deutsch-französische Achse einmal mehr als Integrationsmotor. Gleichzeitig war die Vertiefung der EU auch eine wichtige Grundlage, um die deutsche Einheit im Rahmen der internationalen Allianzen konsensual abzusichern.

Das Ende der Nachkriegsprosperität wurde zunächst in den USA und Großbritannien mit einer ausgeprägten neoliberalen Politik – reduzierte staatliche Steuerung zugunsten freier Marktkräfte – beantwortet. Auch die Bundesrepublik schloss sich in manchen Feldern diesen neuen Leitideen an (z. B. durch die Privatisierung staatlicher Großunternehmen wie der Post). Zugleich wurde damit begonnen, das konservative Sozialstaatsmodell (Esping-Andersen 1990), das primär auf beitragsfinanzierten Sozialversicherungen beruht (Renten-, Kranken-, Arbeitslosen- und Unfallversicherung), an veränderte gesellschaftliche und demographische Anforderungen anzupassen (z. B. Rentenreform 1989). Insgesamt blieb jedoch in Deutschland die pfadabhängige Politik des sozialen Ausgleichs erhalten.

Durch den Reaktorunfall in Tschernobyl und öffentliche Debatten zum „Waldsterben" verfestigte sich ein politisches Umweltbewusstsein, das die Grünen zu einer neuen Kraft im Parteiensystem werden ließ. Aber auch die anderen Parteien begannen damit, sich auf die neuen gesellschaftlichen Herausforderungen einzustellen (Radkau 2011). Dabei kam der Versuch der Union, durch eine „geistig-moralische Wende" gegen den eher liberalen Zeitgeist anzugehen, jedoch nicht über das Stadium von Ankündigungen hinaus. Parallel dazu sorgten der Historikerstreit über die Singularität und Kausalität der Shoa (1986/87) sowie die rechtsradikale Partei der „Republikaner", die 1983 gegründet wurde und bei den folgenden Europa- und Landtagswahlen politische Sichtbarkeit erlangte, für intensive Debatten über die geistige Verfassung der Bundesrepublik.

Die *fünfte Phase* erstreckt sich über die ersten beiden Jahrzehnte nach der Wiedervereinigung (1990–2009). Sie ist geprägt durch die Folgen der deutschen Einheit, eine neue europäische Integrationsdynamik von gleichzeitiger Vertiefung und Erweiterung, die Suche nach Deutschlands Rolle in der Welt sowie durch einen globalisierungsorientierten Umbau des deutschen Wirtschafts- und Sozialmodells. Die Wiedervereinigung bedeutete nicht nur das Ende der deutschen Teilung, in der internationalen Politik (EU, NATO, UNO) war sie für die Bundesrepublik vielmehr auch mit neuen Herausforderungen verknüpft. Politisch besonders umstrittene Marksteine in diesem Zusammenhang waren die deutsche Beteiligung am Kosovo-Krieg (1999), aber auch die grundlegende Veränderung des Asylrechts (1993) und die neuen Zuwanderungsregelungen auf EU-Ebene (Dubliner Übereinkommen 1997). Mit dem Ende der bipolaren Spaltung der Welt, die nur kurzfristig als „Ende der Geschichte" (Fukuyama 1989) wahrgenommen wurde, nahmen die Unsicherheiten allenthalben zu. Wesentlich dazu beigetragen haben die islamistischen Anschläge des 11. September 2001 in den USA („9/11") und die darauffolgenden neuen Kriege wie beispielsweise in Afghanistan und im Irak. Parallel dazu kam es durch den Beitritt zahlreicher mittel- und osteuropäischer Staaten zu einer Neuordnung der EU. Damit wuchsen auch die Erwartungen an eine Führungsrolle Deutschlands in der erweiterten Union. Nicht zuletzt verlor die Bundesrepublik in dieser Zeit mit dem Abschied von der D-Mark und der Einführung des Euro (1999/2001) ihre geldpolitische Souveränität, die partiell identitätsbildend gewesen war.

1998 hatte die Koalition aus CDU/CSU und FDP das Land 16 Jahre regiert, als die SPD die Bundestagswahl gewann und unter Gerhard Schröder eine gemeinsame Regierung mit den Grünen bildete. Damit vollzog sich erstmals in der Geschichte der Bundesrepublik ein vollständiger Machtwechsel. Schon zuvor hatten die immer deutlicher werdenden Umbrüche in Wirtschaft und Gesellschaft dazu geführt, dass dem Narrativ eines „Reformstaus" bzw. einer „blockierten Republik" eine nie zuvor erreichte Öffentlichkeit zuteilwurde. Vor diesem Hintergrund liberalisierte die rot-grüne Regierung das Land weiter (Staatsbürgerschaftsrecht), schuf die Grundlagen für eine nachhaltigere Energiepolitik (Erneuerbare-Energien-Gesetz, Abschaltung der Atomkraftwerke), baute die arbeitsmarkt- und familienpolitischen Teile des Sozialstaates um (Agenda 2010 bzw. Hartz-Reformen) und versuchte auch, die Rolle Deutschlands auf internationaler Ebene neu zu definieren, nicht zuletzt durch die Beteiligung an militärischen Auslandseinsätzen unter der Führung von UNO und NATO.

Zunehmender Widerstand gegen diese Politik beendete nicht nur die rot-grüne Regierungszeit, sondern veränderte auch durch einen bislang nicht aufzuhaltenden Abstieg der Sozialdemokratie das Parteiensystem. Die 2005 gebildete Große Koalition aus CDU/CSU und SPD sollte kein Ausnahmefall bleiben. Denn durch die massiven Stimmenverluste der SPD und die Koalitionsunwilligkeit der 2007 neugegründeten Linkspartei wurde das linke Lager auf Bundesebene machtunfähig. Es entwickelte sich erstmals ein Fünfparteiensystem, indem lagerinterne Koalitionen schwieriger und lagerübergreifende Bündnisse wahrscheinlicher wurden (Abschn. 6.2 und 13.3).

Die *sechste Phase* beginnt mit der zweiten Regierung von Angela Merkel und reicht bis in die Gegenwart (2009–2021). Während die erste Merkel-Regierung (2005–2009) noch stark von den Nachwirkungen der rot-grünen Politik geprägt war, wurden nun die Ambivalenzen der Europäisierung und Globalisierung immer deutlicher. Sie manifestierten sich vor allem in multiplen Krisen, die qualitativ neue Herausforderungen für die politische Steuerung und Sicherung der ökonomischen und ökologischen Zukunftsfähigkeit der Bundesrepublik mit sich brachten. Gleichzeitig wuchs auch der Grad der innergesellschaftlichen Polarisierung.

Spätestens mit der 2008 einsetzenden Weltfinanzkrise zeigte sich, dass Krisenmanagement nur noch im kooperativen, supranationalen Verbund funktioniert. Diese Erkenntnis wiederholte sich angesichts der durch den drohenden Staatsbankrott Griechenlands erforderlichen Eurorettung (2011), der Flüchtlingskrise (2015/16) und der 2020 einsetzenden Corona-Pandemie. Trotz des wachsenden Problemdrucks wurde es gleichzeitig schwieriger, sich auf europäischer und internationaler Ebene auf gemeinsame Lösungen zu einigen. Der Grund dafür waren neue politische Konfliktlagen, die vor allem durch artikulationsstarke populistische Regierungen befördert wurden: von den dezidierten Vetopositionen Polens und Ungarns gegen den „Rechtsstaatsmechanismus" bei der Vergabe europäischer Finanzmitteln über den 2021 vollzogenen Austritt Großbritanniens aus der EU („Brexit") bis hin zum temporären Rückzug der USA aus den multilateralen Organisationen unter Präsident Donald Trump (2017–2021). Nicht zuletzt verband sich mit dem Aufstieg Chinas die Entstehung eines neuen Polyzentrismus, der von einer aggressiven Politik Russlands begleitet wurde.

In der Bundesrepublik war es letztlich die Corona-Pandemie, die die Haushaltspolitik der „schwarzen Null" (zumindest temporär) beendete und den Einfluss des neoliberalen Paradigmas zurückdrängte. Mit Aussetzung der Wehrpflicht (2011) und dem Ausstieg aus der Atomkraft (bis 2022) und Kohleenergie (bis 2038) vollzogen sich grundlegende Kurswechsel in der Verteidigungs- und Energiepolitik und damit auf zentralen Feldern nationaler (Ressourcen-)Souveränität. Obwohl das Thema Souveränität – von der grundlegenden Idee der Aufwertung des Nationalstaates bis hin zur digitalen Selbstbestimmung – auch in Deutschland eine immer wichtigere Rolle spielt, blieb der Kurs der Bundesregierungen bislang strikt proeuropäisch und multilateral ausgerichtet. Innenpolitisch führte die rechtspopulistische Mobilisierung der AfD gegen die EU und die Flüchtlingspolitik der Regierung Merkel zur Etablierung eines Sechsparteiensystems. Gleichzeitig beförderte die neue Klimaschutzbewegung, die sich seit 2019 insbesondere in den Schulstreiks und Protesten von „Fridays for Future" ausdrückte, vor allem die Grünen und verstärkte somit die Krise der „alten" Volksparteien.

Tab. 1.4 Strukturmerkmale des deutschen Regierungssystems und Aufbau des Buches

Inhaltsübersicht	Strukturmerkmale nach Lijphart (2012)
1. Das politische der Bundesrepublik Deutschland: analytische und historische Grundlagen	
Der Rahmen des politischen Mehrebenensystems	
2. Das Grundgesetz: der konstitutionelle Rahmen	Verfassungsrahmen
3. Die Europäische Union: der supranationale Rahmen	(Zentralbankautonomie)
4. Bund und Länder: der föderalstaatliche Rahmen	Staatsaufbau
Die Organisation demokratischer Willensbildung und Interessenvermittlung	
5. Wahlen und Wahlsystem: Fundament der repräsentativen Demokratie	Wahlsystem
6. Parteien und Parteiensystem: organisatorischer Kern der demokratischen Interessenvermittlung	Parteiensystem
7. Verbände und Verbändesystem: die Vermittlung bereichsspezifischer Interessen	Verbändesystem
8. Medien und Mediensystem: die Herstellung politischer Öffentlichkeit	—
Das Regierungssystem auf Bundesebene: politisches Entscheidungszentrum und Gewaltenkontrolle	
9. Deutscher Bundestag: der parlamentarische Gesetzgeber	Exekutiv-legislative Beziehungen
10. Bundesregierung und Bundespräsident: die duale Exekutive	Regierungsstruktur
11. Bundesrat: das föderale Gegengewicht	Parlamentsstruktur
12. Bundesverfassungsgericht: die oberste Kontrollinstanz	Verfassungsgerichtsbarkeit
Länder und Gemeinden: Demokratie auf den subnationalen Ebenen	
13. Die Regierungssysteme der Länder	—
14. Politik und Verwaltung auf kommunaler Ebene	—
15. Resiliente Demokratie? Das politische System Deutschlands auf dem Prüfstand	

Quelle: Eigene Darstellung.

1.3 Zum Aufbau des Buches

Das Demokratiemodell von Lijphart (2012) bildet die konzeptionell-theoretische Basis unseres Lehrbuchs zum politischen System Deutschlands (Abschn. 1.1). Für die Kapiteleinteilung gehen wir von den zehn Merkmalen der Mehrheits- bzw. Konsensdemokratie aus und ergänzen diese so, dass den politisch-strukturellen Besonderheiten der Bundesrepublik Rechnung getragen wird. Um die Gliederung möglichst übersichtlich

1.3 Zum Aufbau des Buches

zu gestalten, unterscheiden wir *vier Strukturdimensionen des Regierungssystems,* unter denen jeweils mehrere Strukturmerkmale zusammengefasst sind (Tab. 1.4).

Die erste Dimension umfasst drei Merkmale, die gemeinsam den *rechtlich-institutionellen Rahmen des politischen Mehrebenensystems* bilden. Den Ausgangspunkt bildet Kap. 2, in dem das *Grundgesetz* als Verfassungsrahmen der nationalstaatlichen Demokratie in seiner Entstehung, Struktur und Entwicklung dargestellt wird. Kap. 3 behandelt die *Europäische Union (EU)* als supranationalen Rahmen der deutschen Politik. Dadurch, dass immer mehr politische Gestaltungskompetenzen auf die EU-Ebene übertragen wurden, hat sich auch die Form und Funktionsweise der innerstaatlichen Institutionen in vielfacher Hinsicht verändert. Politik in Deutschland findet somit in einem *europäisch erweiterten Mehrebenensystem* statt. Am deutlichsten wird dies anhand der Europäischen Zentralbank (EZB), die in den Euro-Ländern die wichtigsten Aufgaben der nationalen Notenbanken übernommen hat. Insofern schließt das dritte Kapitel Lijpharts Kriterium der Zentralbankautonomie ein und führt zugleich deutlich darüber hinaus, da die EU noch in vielen weiteren Politikbereichen politische Entscheidungskompetenzen von souveränen Staaten übernommen hat.[5] Zum Rahmen des bundesdeutschen Mehrebenensystems gehört schließlich auch der *föderale Staatsaufbau,* der die rechtliche und politische Aufgabenverteilung zwischen Bund und Länder umfasst und in Kap. 4 behandelt wird.

Die *zweite Dimension* des deutschen Regierungssystems bündelt die Strukturmerkmale, die den *organisatorischen Kern der demokratischen Willensbildung und Interessenvermittlung* ausmachen. Zuerst nimmt Kap. 5 das institutionelle Arrangement in den Blick, das für die Legitimation der repräsentativen Demokratie von fundamentaler Bedeutung ist: *Wahlen und Wahlsystem.* Danach stehen die drei intermediären Organisationen im Fokus, die für die politische Kommunikation zwischen Bürgerinnen und Regierungszentrum essenziell sind. Kap. 6 stellt die *politischen Parteien* dar, die das organisatorische Zentrum der repräsentativ-demokratischen Willensbildung und Entscheidungsfindung bilden. Kap. 7 erläutert die Struktur und Funktionsweise der deutschen *Verbände,* die für die Vermittlung bereichsspezifischer Interessen zuständig sind. Kap. 8 greift dann wieder ein Strukturmerkmal auf, das in Lijpharts Typologie fehlt, jedoch zur Herstellung von Öffentlichkeit und politischer Kommunikation in einer Demokratie unabdingbar ist: die *Medien und das Mediensystem.*

Die *dritte Dimension* nimmt dann das *Regierungssystem auf Bundesebene* in den Blick. Es besteht aus *fünf obersten Bundesorganen,* die in vier Kapitel abgehandelt werden. Kap. 9 erläutert die Struktur und Funktionsweise des *Deutschen Bundes-*

---

[5] Auch Lijphart (2012, S. 233–234) ist bewusst, dass die Europäisierung öffentlicher Aufgaben eine Herausforderung für sein rein national orientiertes Demokratiemodell darstellt: „If I were to prepare a further update of this book in say 2025, the period of the internationalization of the central banks will have lasted so long that central bank independence should be dropped as a component of the federal-unitary dimension".

tages, der die zentrale Gesetzgebungsinstanz im parlamentarischen System darstellt. Zum politischen Entscheidungszentrum gehört ebenso die *Bundesregierung,* die zusammen mit dem *Bundespräsidenten* die Exekutive bildet. Beide Organe werden daher gemeinsam in Kap. 10 behandelt. Kap. 11 stellt daraufhin den *Bundesrat* vor, der die Interessenvertretung der Länder auf Bundesebene wahrnimmt und daher als spezielle Form einer Zweiten Kammer angesehen werden kann. Kap. 12 behandelt schließlich das *Bundesverfassungsgericht,* das die Position des „Hüters der Verfassung" (Lembcke 2007) einnimmt.

Die *vierte Dimension* trägt dem Umstand Rechnung, dass *demokratische Willensbildungs- und Entscheidungsprozesse* in der Bundesrepublik Deutschland auch *unterhalb der nationalen Ebene* stattfinden. Kap. 13 nimmt daher die *Regierungssysteme der Länder* in vergleichender Perspektive in den Blick, während sich Kap. 14 mit *Politik und Verwaltung auf kommunaler Ebene* beschäftigt. Diese beiden Ebenen kommen in Lijpharts Modell nicht vor, sind aber für ein vollständiges Verständnis des deutschen Regierungssystems unverzichtbar.

Abschließend führt Kap. 15 die zentralen Ergebnisse der einzelnen Kapitel unter der Frage zusammen, inwieweit das politische System der Bundesrepublik Deutschland in der Lage ist, seine Funktionalität auch unter schwierigen Rahmenbedingungen aufrechtzuerhalten.

Damit behandeln die Kapitel dieses Buches die einzelnen Strukturelemente des deutschen Regierungssystems je für sich und können auch separat gelesen und verstanden werden. Gleichzeitig sind sie durch den konzeptionell-theoretischen Rahmen miteinander verbunden. Auch die Binnenstruktur der Kapitel folgt einer einheitlichen Logik. Am Anfang steht immer eine zentrale Frage, die das grundsätzliche Spannungsverhältnis zwischen politischer Inklusionsfähigkeit und Handlungskapazität für das betreffende Strukturelement konkretisiert. Auf dieser Basis werden zunächst die rechtlichen, institutionellen und historischen Grundlagen dargestellt, daraufhin werden typische Funktionsmuster erklärt und etwaige Funktionsprobleme herausgearbeitet. In den meisten Kapiteln wird darüber hinaus die Stellung des jeweiligen Strukturelements im europäischen Mehrebenensystem erläutert. Am Ende jedes Kapitels steht ein Fazit, das die Eingangsfrage beantwortet und ausgewählte Reformvorschläge diskutiert.

Das Grundgesetz: der konstitutionelle Rahmen 2

Das Grundgesetz (GG) ist die Verfassung der Bundesrepublik Deutschland. 1949 als Provisorium konzipiert, bildet es bis heute das konstitutionelle Fundament einer „geglückten Demokratie" (Wolfrum 2006). Zum einen benennt das Grundgesetz die Ziele, Aufgaben und Organisationsstrukturen des Staates. Zum anderen enthält es einen Grundrechtsteil, der die staatlichen Zugriffsmöglichkeiten auf das Individuum begrenzt. Damit setzt es einen normativ verbindlichen Handlungsrahmen für alle Bürgerinnen und Politikerinnen der Bundesrepublik.

Verfassungen können erheblich zur Funktionsfähigkeit demokratischer Regierungssysteme beitragen (Schuppert 1995). Dazu müssen ihre Regelungen ein hohes Maß an „*Rigidität*" aufweisen, um eine grundlegende Erwartungssicherheit gegenüber den Verfahren der demokratischen Willensbildung und Entscheidungsfindung zu erzeugen und die Rechte gesellschaftlicher und politischer Minderheiten zu schützen, was aus *konsensdemokratischer* Perspektive besonders wichtig ist (Lijphart 2012, S. 204–205). Gleichzeitig muss eine Verfassung genügend „*Flexibilität*" bieten, damit die Regierung im Sinne der *mehrheitsdemokratischen* Perspektive den nötigen Handlungsspielraum erhält, um auf gesellschaftliche Veränderungen und neue Herausforderungen adäquat reagieren zu können. Inwieweit hat sich das Grundgesetz als ein solcher stabilitätsfördernder und zugleich anpassungsfähiger Verfassungsrahmen erwiesen?

Zur Klärung dieser Frage rekonstruiert Abschn. 2.1 die Entstehung des Grundgesetzes vor dem Hintergrund der gescheiterten Weimarer Demokratie, des menschenverachtenden NS-Regimes und der deutschen Teilung. Abschn. 2.2 erklärt den Aufbau des Grundgesetzes und zeichnet seine Entwicklung nach. Abschn. 2.3 behandelt sein Verhältnis zu den Verfassungen der deutschen Länder und zum Europarecht. Abschließend reflektiert Abschn. 2.4 die Bedeutung des Grundgesetzes für das demokratische Regierungssystem im Spannungsfeld von Flexibilität und Rigidität.

2.1 Zwischen Provisorium und vollständiger Verfassung: die Entstehung des Grundgesetzes

Keine andere deutsche Verfassung wirkte so lange als konstitutioneller Rahmen für das politische System wie das Grundgesetz, das mittlerweile über 70 Jahre alt ist. Bei seiner Verabschiedung 1949 wurde es noch ausdrücklich als Provisorium verstanden, da man die deutsche Teilung binnen kurzer Zeit zu überwinden hoffte. Deshalb erhielt es bewusst die Vorläufigkeit signalisierende Bezeichnung „Grundgesetz" anstelle von „Verfassung". Seine Entstehung ist zum einen durch die Situation unmittelbar nach dem Zweiten Weltkrieg geprägt; zum anderen spiegelt es eine über 150-jährige Tradition deutscher Verfassungsgeschichte wider.

Verfassungen enthalten grundlegende Regelungen zu den *Staatsaufgaben,* der *Staatsorganisation* und dem *Rechtsverhältnis zwischen Bürgerinnen und Staat* (Schwegmann 2015, S. 692). Diese drei Dimensionen bilden den inhaltlichen Kern jeder Verfassung. Außerdem genießen Verfassungsbestimmungen Vorrang vor allen anderen Rechtsvorschriften und stehen damit an der *Spitze der Normenhierarchie*. Alle Vertreterinnen der gesetzgebenden, ausführenden und rechtsprechenden Gewalt (Legislative, Exekutive, Judikative) sind in ihrem Handeln an die Verfassung gebunden. Wegen dieser unmittelbaren Bindungswirkung für alle Bürgerinnen und Politikerinnen können Verfassungsänderungen in den meisten Demokratien nicht mit einfacher Parlamentsmehrheit verabschiedet werden, sondern sind an ein höheres (qualifiziertes) Mehrheitsquorum gebunden.

Der moderne Konstitutionalismus bildete sich in England, Nordamerika und Frankreich vom 16. bis 18. Jahrhundert heraus. In Deutschland begann diese Entwicklung erst im 19. Jahrhundert (Vorländer 2009). Unter französischem Einfluss erhielt das Königreich Westphalen 1807 die erste moderne Verfassung auf deutschem Boden (Frotscher und Pieroth 2019, S. 93). Nach der napoleonischen Besatzung gaben sich verschiedene mitteldeutsche Kleinstaaten sowie die süddeutschen Staaten Bayern, Baden, Württemberg und Hessen-Darmstadt zwischen 1814 und 1824 „landständische Verfassungen", wie sie Art. 13 der Deutschen Bundesakte von 1815 vorschrieb (Frotscher und Pieroth 2019, S. 134–146). Der erste Versuch einer gesamtdeutschen Verfassung war die *Frankfurter Reichsverfassung von 1849,* die in der Frankfurter Paulskirche von einem demokratisch gewählten Parlament (Nationalversammlung) erarbeitet wurde. Obwohl die Paulskirchenverfassung am Widerstand der Großmächte Preußen und Österreich scheiterte, wirkte sie insbesondere durch die wegweisende Formulierung von Grundrechten über ihre Zeit hinaus (Frotscher und Pieroth 2019, S. 164–173).

Mit der *Bismarckschen Reichsverfassung von 1871* wurde die seit 1848/49 diskutierte „deutsche Frage" endgültig zugunsten der „kleindeutschen Lösung" (ohne Österreich) entschieden. Nachdem Preußen und 21 weitere Staaten 1866 den Norddeutschen Bund gebildet hatten, traten ihm Baden, Bayern, der restliche Teil Hessen-Darmstadts und Württemberg 1871 bei und vollendeten damit die nationale Einheit. Wie die Paulskirchenverfassung und die Verfassung des Norddeutschen Bundes sah auch die Reichsverfassung eine bundesstaatliche Ordnung vor, die nun aus 25 Gliedstaaten, darunter auch drei Stadtrepubliken, bestand. Außerdem enthielt sie bereits eine Kollisionsnorm zugunsten eines einheitlichen Rechtsraumes – „Reichsrecht bricht Landesrecht" (Art. 2 RV) –, die sich später ähnlich im GG wiederfand (Frotscher und Pieroth 2019, S. 199–221; Abschn. 4.1).

Nach der Revolution 1918/19 konstituierte die *Weimarer Reichsverfassung* die erste gesamtdeutsche Demokratie. Sie markierte insofern einen scharfen Bruch mit dem Kaiserreich, als sie das allgemeine Wahlrecht einführte und das neue politische System als parlamentarische Demokratie etablierte. Diese Zäsur wurde auch durch den Wechsel der Nationalfarben von Schwarz-Weiß-Rot zu Schwarz-Rot-Gold unterstrichen, wobei man mit der neuen Farbgebung unmittelbar an die Anfänge der deutschen Demokratiebewegung von 1832 (Hambacher Fest) anknüpfte. Allerdings gab es auch Kontinuitätslinien zum Regierungssystem des Kaiserreichs. So wurde der direkt gewählte Reichspräsident gewissermaßen als „Ersatzkaiser" mit umfangreichen Machtbefugnissen ausgestattet (Frotscher und Pieroth 2019, S. 249–274; Abschn. 10.4). Durch das scheinlegale *nationalsozialistische Ermächtigungsgesetz vom 24. März 1933* wurde die demokratische Ordnung der Weimarer Republik de facto durch das Führerprinzip ersetzt. Damit endete auch die bis dato freiheitlichste Verfassung auf deutschem Boden.

Mit der *bedingungslosen Kapitulation am 7. und 8. Mai 1945* – von Bundespräsident Richard von Weizsäcker in einer wegweisenden Rede 1985 als *„Tag der Befreiung"* bezeichnet (Abschn. 10.4) – war es mit dem NS-Regime endgültig vorbei. Schon in der letzten Phase des Zweiten Weltkriegs hatte sich in Deutschland das kollektive Gefühl eines umfassenden Niedergangs und der herannahenden Katastrophe breitgemacht, das die „Zusammenbruchgesellschaft" (Kleßmann 1982, S. 37) auch in der Folgezeit prägte. Dennoch markierte das Kriegsende keine „Stunde Null", weil die weitere Entwicklung Deutschlands von den strategischen Interessen der alliierten Siegermächte bestimmt wurde und nach 1945 relativ schnell wieder an die historisch gewachsenen Strukturen in Politik, Wirtschaft und Gesellschaft angeknüpft werden konnte.

Um eine europäische Nachkriegsordnung zu planen, hatten die Sowjetunion, die USA und das Vereinigte Königreich – später kam noch Frankreich hinzu – bereits auf den Konferenzen von Teheran (November/Dezember 1943), Jalta (Februar 1945) und Potsdam (Juli/August 1945) grundlegende Entscheidungen über die postfaschistische Ordnung in Deutschland getroffen. Dazu gehörten vor allem die Regierungsübernahme durch die vier Siegermächte, die Aufteilung in Besatzungszonen und die Bildung eines Rats der Militärgouverneure (Alliierter Kontrollrat), der die oberste Regierungsgewalt ausübte. Die Arbeit des Alliierten Kontrollrats orientierte sich an vier politischen Grundsätzen („4 Ds"): *De- bzw. Entnazifizierung* der deutschen Gesellschaft („Reeducation"), *Demokratisierung* des politischen Lebens, *Dezentralisierung* staatlicher und wirtschaftlicher Strukturen sowie eine völlige *Demilitarisierung* einschließlich der Rüstungsindustrie. Dementsprechend erfolgte der Aufbau der zweiten deutschen Demokratie „von unten nach oben": Parallel zur Zulassung von politischen Parteien, Interessengruppen und einer freien Presse wurde zunächst die Selbstverwaltung in den Kommunen wiedererrichtet (Abschn. 14.1), bevor in den einzelnen Besatzungszonen Länder gegründet wurden (Abschn. 13.1). Im Sinne der Dezentralisierung kam es auch zur Auflösung Preußens (Gesetz Nr. 46 des Alliierten Kontrollrats vom 25. Februar 1947), in dessen Größe und Politik manche den „Ursprung der deutschen Krankheit" sahen (Clark 2008, S. 9).

Der *beginnende Kalte Krieg* zwischen dem „Westen" unter Führung der USA und dem „Ostblock" unter Führung der Sowjetunion prägte die Entstehung des Grundgesetzes als provisorischer Verfassung eines westdeutschen Staates. Zunächst zementierten mehrere wirtschaftspolitische Entscheidungen den Weg zur deutschen Teilung. Am 1. Januar 1947 wurden die amerikanische und die britische Besatzungszone zu einem Vereinigten Wirtschaftsgebiet („Bizone") zusammengelegt, dem sich im März 1948 auch die französische Besatzungszone – ohne das Saarland – anschloss („Trizone"). Im Juni 1948 wurde dann die D-Mark als gesetzliches Zahlungsmittel in der Trizone eingeführt, woraufhin die Sowjetische Besatzungszone ebenfalls eine eigene Währung erhielt („Ostmark"). Für die über zwei Millionen Westberlinerinnen hatte die Währungsreform unmittelbare Folgen: Die Sowjetische Militäradministration blockierte den Güter- und Personenverkehr in die Westsektoren der Stadt und stellte die Wasser- und Stromversorgung ein. Vom 24. Juni 1948 an wurde Westberlin daher ausschließlich durch Flugzeuge der Westalliierten versorgt („Luftbrücke"), bis die Sowjetunion am 12. Mai 1949 – wenige Tage vor dem Inkrafttreten des Grundgesetzes – die Blockade aufhob.

Die Initiative zur Gründung eines westdeutschen Staates ging von den drei Westalliierten aus. Gleichwohl lag die Ausarbeitung der neuen Verfassungsordnung auf deutscher Seite, wobei sich die Besatzungsmächte das politisch letzte Wort vorbehielten. Dabei brauchte man nicht bei „Null" anzufangen, weil erste Konzepte einer Nachkriegsverfassung bereits während des Zweiten Weltkrieges von verschiedenen Widerstands- und Exilgruppen diskutiert worden waren (Feldkamp 2019, S. 17). Nach dem Krieg waren es dann vor allem Positionspapiere aus den politischen Parteien – z. B. die Grundsätze für eine Deutsche Bundesverfassung des Ellwanger Freundeskreises der CDU/CSU oder die Nürnberger Richtlinien der SPD (beide 1947) –, die den konstitutionellen Neuanfang mitprägten. Schließlich beeinflussten auch Politikerpersönlichkeiten wie Hermann Brill (SPD), Carlo Schmid (SPD) oder Adolf Süsterhenn (CDU) die Ausgestaltung einzelner Verfassungsregelungen. Der *Entstehungsprozess des Grundgesetzes* vollzog sich *in fünf Stufen:*

(1) Auf der *Londoner Sechsmächtekonferenz* (7. Juni 1948) verständigten sich die USA, das Vereinigte Königreich, Frankreich, die Niederlande, Belgien und Luxemburg, die drei westlichen Besatzungszonen zu einem gemeinsamen Staat mit einer föderalen Verfassung zu vereinigen (Feldkamp 2019, S. 19–21).

(2) Auf dieser Basis erhielten die Ministerpräsidenten der westdeutschen Länder am 1. Juli 1948 von den alliierten Militärgouverneuren die *Frankfurter Dokumente* (Feldkamp

2.1 Zwischen Provisorium und vollständiger Verfassung

2019, S. 21–28). Dokument Nr. I ermächtigte die Ministerpräsidenten, eine Verfassungsgebende Versammlung zur Schaffung einer „Regierungsform des föderalistischen Typs" einzuberufen, die von Vertreterinnen der Länder gebildet werden sollte. Dokument Nr. II enthielt einen Auftrag zur Überprüfung der Ländergrenzen und Dokument Nr. III die Grundzüge eines Besatzungsstatutes. Diese Dokumente waren der Ausgangspunkt für die Gründung eines westdeutschen Staates.

(3) Mit den *Koblenzer Beschlüssen* (8. bis 10. Juli 1948) nahmen die Ministerpräsidenten die Frankfurter Dokumente grundsätzlich an, wiesen allerdings die Gründung eines Weststaates zurück und sprachen sich stattdessen für ein organisiertes „Provisorium" aus. Auf der *Niederwald-Konferenz* am 21./22. Juli 1948 einigten sie sich schließlich mit den Militärgouverneuren auf ein Verfahren, das den vorläufigen Charakter der auszuarbeitenden Verfassungsordnung zum Ausdruck bringen sollte: Das Dokument sollte „Grundgesetz" und nicht „Verfassung" heißen, aus der „Verfassunggebenden Versammlung" wurde ein „Parlamentarischer Rat", dessen Mitglieder nicht direkt, sondern von den Länderparlamenten gewählt werden sollten, und das Grundgesetz sollte – entgegen der ursprünglichen Vorgabe der Alliierten – nicht durch ein Referendum, sondern durch die Länderparlamente ratifiziert werden (Feldkamp 2019, S. 28–34).

(4) Vom 10. bis 23. August 1948 tagte eine von den Länderregierungen gebildete Expertenkommission, die die inhaltliche Basis des späteren Grundgesetzes erarbeitete und als *Verfassungskonvent von Herrenchiemsee* in die Geschichte einging. Die elf stimmberechtigten Länderbevollmächtigten und ihre Mitarbeiter waren vor allem Beamte oder Berufspolitiker, die über administrative Erfahrungen verfügten und auf Ressourcen der Länderverwaltungen zurückgreifen konnten (Feldkamp 2019, S. 37–38). Zu den Hauptgedanken, über die im Herrenchiemseer Konvent Konsens hergestellt wurde, zählten u. a. das parlamentarische Zweikammersystem mit Bundestag und Bundesrat, die Wahl des Bundeskanzlers durch den Bundestag sowie ein Staatsoberhaupt mit nur geringfügigen Kompetenzen. Zudem wurden direktdemokratische Elemente abgelehnt. Nicht zuletzt sollten Grundgesetzänderungen, die sich gegen die freiheitlich-demokratische Grundordnung richten, unzulässig sein. Für jeden Streitpunkt mit größerer Tragweite wurden ausformulierte Alternativlösungen vorgelegt, über die dann der Parlamentarische Rat entscheiden sollte (Mußgnug 2003, S. 329).

(5) Auf Basis des Herrenchiemseer Berichts wurde das Grundgesetz vom *Parlamentarischen Rat* (1. September 1948–23. Mai 1949) in Bonn erarbeitet. Wie vorgesehen waren seine 65 stimmberechtigten Mitglieder – plus fünf Westberliner Repräsentanten mit beratender Funktion – von den Länderparlamenten gewählt worden. Die politische Willensbildung und Entscheidungsfindung im Parlamentarischen Rat erfolgte nicht nach Ländergruppen, sondern nach Parteizugehörigkeit (Morsey 1999, S. 49): CDU/CSU und SPD stellten jeweils 27 Mitglieder, die FDP fünf und die Deutsche Zentrumspartei (DZP), die Deutsche Partei (DP) und die KPD je zwei Mit-

glieder. Vorsitzender wurde der damals 72-jährige Konrad Adenauer (CDU), der den christdemokratischen Mitgliedern als ideale Übergangsfigur galt (Bommarius 2009, S. 63). Tatsächlich war der Posten für Adenauer nicht das Ende seiner politischen Karriere, sondern nur eine Zwischenstation auf dem Weg zu einer 14-jährigen Kanzlerschaft. Der Parlamentarische Rat war männlich dominiert – nur vier Frauen waren vertreten – und im Durchschnitt 55 Jahre alt, weshalb er auch als „Seniorenkonvent" bezeichnet wurde (Bommarius 2009, S. 18). Viele Mitglieder waren außerdem Opfer bzw. Gegner des NS-Regimes, während später in dem von ihnen begründeten Staat ehemalige NSDAP-Mitglieder mitunter hohe Ämter in Politik, Justiz und Verwaltung einnahmen bzw. rehabilitiert wurden. Elf Ratsmitglieder waren vor 1933 Abgeordnete im Deutschen Reichstag. Wilhelm Heile (DP), Paul Löbe (SPD) und Helene Weber (CDU) hatten bereits an der Verabschiedung der Weimarer Reichsverfassung 1919 mitgewirkt (Bommarius 2009, S. 18).

Am 8. Mai 1949, kurz vor Mitternacht und damit auf den Tag genau vier Jahre nach der bedingungslosen Kapitulation, nahm der Parlamentarische Rat das Grundgesetz in dritter Lesung mit 53 zu 12 Stimmen an. Die Gegenstimmen kamen von sechs Abgeordneten der CSU und von jeweils zwei der KPD, DP und DZP. Vom 18. bis 21. Mai 1949 wurde das Grundgesetz in den einzelnen Länderparlamenten diskutiert und angenommen. Nur der Bayerische Landtag stimmte dagegen, nachdem er zuvor beschlossen hatte, das Grundgesetz anzuerkennen, wenn es von mindestens zwei Dritteln der westdeutschen Länder ratifiziert würde. Dies war der Fall, sodass *das Grundgesetz am 23. Mai 1949 verkündet* wurde, was zugleich den *Gründungsakt der Bundesrepublik Deutschland* darstellte. Am 7. Oktober 1949 wurde dann auf dem Gebiet der Sowjetischen Besatzungszone die Deutsche Demokratische Republik (DDR) mit eigener Verfassung gegründet.

Insgesamt haben also die Ministerpräsidenten der Länder, denen auf westdeutscher Seite die Regie auf dem Weg zur staatlichen Neugründung oblag, nichts unversucht gelassen, den vorläufigen Status des Grundgesetzes herauszustellen, um einer dauerhaften Teilung Deutschlands entgegenzuwirken. Der *Provisoriumscharakter* manifestiert sich vor allem in der symbolträchtigen Vermeidung des Verfassungsbegriffs, aber auch in einem verfassunggebenden Verfahren, das auf die unmittelbare Legitimation durch die Bürgerinnen verzichtete (indirekte Wahl des Parlamentarischen Rates, keine Volksabstimmung). Außerdem verwies die Erstfassung der Präambel auf die Absicht der Mütter und Väter des Grundgesetzes, „dem staatlichen Leben [nur] für eine Übergangszeit eine neue Ordnung zu geben" und forderte das „gesamte Deutsche Volk" auf, „in freier Selbstbestimmung die Einheit und Freiheit Deutschlands zu vollenden". Auch der Schlussartikel des Grundgesetzes, wonach es „seine Gültigkeit an dem Tage [verliert], an dem eine Verfassung in Kraft tritt, die von dem deutschen Volke in freier Entscheidung beschlossen worden ist" (Art. 146 GG a. F.), dokumentierte die Intention einer befristeten Geltung. Darüber hinaus fanden sich im Grundgesetz von 1949 auch einige „Leerstellen", die teils mit der anfangs beschränkten Souveränität der Bundesrepublik zu tun hatten (z. B. fehlende Wehrverfassung) und teils darauf zurückgingen, dass der Parlamentarische Rat in bestimmten Fragen keine Einigung erzielen konnte und daher eine Entscheidung vertagte, wie z. B. die Verteilung spezifischer Steuerarten (Art. 107 Abs. 1 GG a. F.) oder die territoriale Neugliederung der Länder (Art. 29 GG a. F.; Abschn. 4.2).

Allerdings ändern die genannten Punkte nichts daran, dass das Grundgesetz *von Anfang an* als *Vollverfassung* gelten kann. Bereits seine erste Fassung enthielt einen ausdifferenzierten Grundrechtsteil, benannte die Ziele und Strukturprinzipien der staatlichen Ordnung und definierte die Zuständigkeiten und Kompetenzen der obersten Bundesorgane und ihre Beziehungen zu den anderen Ebenen des politisch-administrativen Systems. Somit umfasst das Grundgesetz seit 1949 alle wesentlichen Komponenten, die eine demokratische Verfassung auszeichnen.

2.2 Struktur und Entwicklung des Grundgesetzes

Ursprünglich war das Grundgesetz in elf Abschnitte mit insgesamt 146 Artikeln unterteilt. Inzwischen ist der Text durch später eingefügte Unterartikel – z. B. Art. 12a GG – auf insgesamt 197 Artikel (plus fünf später gestrichene Artikel) und 14 Abschnitte angewachsen (Stand: 31.12.2020). Diese Zahlen verdeutlichen, dass es nicht einfach ist, ein systematisches Verständnis von der *Struktur und Entwicklung der bundesdeutschen Verfassung* zu gewinnen. Deswegen wird im Folgenden zuerst der formale Aufbau des Grundgesetzes vorgestellt, bevor seine Strukturprinzipien näher betrachtet werden. Schließlich wird untersucht, inwieweit sich das Grundgesetz seit 1949 verändert hat.

Die *Gliederung des Grundgesetzes* in Abschnitte vermittelt „keinen guten Eindruck von der Struktur des Textes" (Möllers 2019, S. 39). Für den folgenden Überblick fassen wir sie daher zu *sechs Teilen* zusammen (Tab. 2.1):

(1) Wie die meisten anderen Verfassungen beginnt das Grundgesetz mit einer feierlichen Erklärung *(Präambel)*. Nach der Wiedervereinigung wurde sie wie folgt neu gefasst:

> „Im Bewußtsein seiner Verantwortung vor Gott und den Menschen, von dem Willen beseelt, als gleichberechtigtes Glied in einem vereinten Europa dem Frieden der Welt zu dienen, hat sich das Deutsche Volk kraft seiner verfassungsgebenden Gewalt dieses Grundgesetz gegeben. Die Deutschen […] haben in freier Selbstbestimmung die Einheit und Freiheit Deutschlands vollendet. Damit gilt dieses Grundgesetz für das gesamte Deutsche Volk" (Präambel GG n. F.).

Dieser Einleitungspassus hat zwar keine unmittelbare Rechtswirkung, ist jedoch für die Interpretation anderer (Verfassungs-)Normen von grundlegender Bedeutung. Besonders wichtig ist das ausdrückliche Bekenntnis zur europäischen Integration (Abschn. 2.3), aber auch, dass der provisorische Charakter des Grundgesetzes seit 1990 endgültig der Vergangenheit angehört.

Tab. 2.1 Aufbau des Grundgesetzes

Teile des Grundgesetzes	Abschnitte des Grundgesetzes		Zugehörige Artikel
(1) Präambel	–		–
(2) Grundrechtskatalog	I.	Die Grundrechte	Art. 1–19 GG
(3) Grundlagen der Staatsorganisation	II.	Der Bund und die Länder	Art. 20–37 GG
(4) Aufbau und Kompetenzen der Bundesorgane	III.	Der Bundestag	Art. 38–49 GG
	IV.	Der Bundesrat	Art. 50–53 GG
	IVa.	Gemeinsamer Ausschuss	Art. 53a GG
	V.	Der Bundespräsident	Art. 54–61 GG
	VI.	Die Bundesregierung	Art. 62–69 GG
(5) Strukturen und Verfahren der Staatstätigkeit	VII.	Die Gesetzgebung des Bundes	Art. 70–82 GG
	VIII.	Die Ausführung von Bundesgesetzen und die Bundesverwaltung	Art. 83–91 GG
	VIIIa.	Gemeinschaftsaufgaben, Verwaltungszusammenarbeit	Art. 91a–91e GG
	IX.	Die Rechtsprechung	Art. 92–104 GG
	X.	Das Finanzwesen	Art. 104a–115 GG
	Xa.	Verteidigungsfall	Art. 115a–115l GG
(6) Übergangs- und Schlussbestimmungen	XI.	Übergangs- und Schlussbestimmungen	Art. 116–146 GG

Quelle: Eigene Darstellung.

(2) Am Anfang des eigentlichen Verfassungstextes steht der *Grundrechtskatalog (Art. 1–19 GG)*. Die darin aufgeführten Menschen- und Bürgerrechte sind nicht bloß „Deklamationen, Deklarationen oder Direktiven" (Carlo Schmid in Deutscher Bundestag und Bundesarchiv 1996, S. 37), sondern für alle Trägerinnen der legislativen, exekutiven und judikativen Gewalt unmittelbar verbindlich (Art. 1 Abs. 3 GG). Die zentrale Stellung individueller Abwehrrechte gegenüber dem Staat zeigt sich auch daran, dass der Grundrechtsteil – anders als in allen Vorläufern der deutschen Verfassungsgeschichte (Mußgnug 2003, S. 334) – am Anfang des Grundgesetzes steht. Nirgendwo kommt die Abwendung von dem NS-Regime deutlicher zum Ausdruck als in Art. 1 Abs. 1 GG, von dem sich die komplette Verfassung gedanklich ableiten lässt: „Die Würde des Menschen ist unantastbar. Sie zu achten und zu schützen ist Verpflichtung aller staatlichen Gewalt." Vor diesem Hintergrund verstehen sich auch andere „Grundrechtsinnovationen" (Hornung 2015), wie das Recht auf Kriegsdienstverweigerung (Art. 4 Abs. 3 GG), das umfassende Diskriminierungsverbot (Art. 3. Abs. 3 GG) oder das Recht auf politisches Asyl (Art. 16a GG). Andere Grundrechte wie die Unverletzlichkeit der Wohnung (Art 13. Abs. 1 GG) sind dagegen schon aus der Paulskirchenverfassung bzw. der Weimarer Reichsverfassung (WRV) bekannt. Der Grundrechtskatalog des Grundgesetzes spiegelt auch den unterschiedlichen Einfluss gesellschaftlicher Interessengruppen wider.

So konnten sich die Gewerkschaften mit ihren Ideen für eine gerechte Wirtschafts- und Sozialordnung nicht durchsetzen; daher fanden soziale Grundrechte wie der Schutz der Arbeitskraft (Art. 157 WRV) keinen Niederschlag im Grundgesetz. Dagegen gelang den christlichen Kirchen die Übernahme des Weimarer Kirchenrechts (Art. 136–141 WRV), die Akzeptanz von Bekenntnisschulen mit Religionsunterricht (Art. 7 GG) sowie die Verankerung des Elternrechts, für ihre Kinder zu sorgen (Art. 6 GG). Auch die Gleichbehandlung von Frauen und Männern (Art. 3 Abs. 2 GG), die von Elisabeth Selbert im Parlamentarischen Rat gefordert und schließlich durchgesetzt wurde, war kein „Selbstläufer", sondern bedurfte massiver gesellschaftlicher Unterstützung u. a. durch Briefe und Proteste (BMFSFJ 2019, S. 5).

(3) Der nächste Teil des Grundgesetzes besteht aus dem Abschnitt „Der Bund und die Länder" (Art. 20–37 GG). Er enthält *grundlegende Regelungen der Staatsorganisation*, die für das Binnen- wie Außenverhältnis der deutschen Politik von fundamentaler Bedeutung sind. Beginnend mit den unten erläuterten Strukturprinzipien (Art. 20 GG) finden sich dort vereinzelte Staatszielbestimmungen wie der Schutz der natürlichen Lebensgrundlagen (Art. 20a GG), die im Gegensatz zu den Grundrechten nicht unmittelbar einklagbar sind. Außerdem wird den Parteien erstmals in der deutschen Geschichte Verfassungsrang eingeräumt und ein Mitwirkungsrecht an der politischen Willensbildung zuerkannt (Art. 21 GG; Abschn. 6.1). Neben Fragen der gesamtstaatlichen Repräsentation (Bundeshauptstadt und Bundesflagge in Art. 22 GG) sind hier die Grundregeln des Bund-Länder-Verhältnisses verankert (Abschn. 4.1): die prinzipielle Allzuständigkeit der Länder (Art. 30 GG), der Vorrang des Bundesrechts vor Landesrecht (Art. 31 GG), die primäre Zuständigkeit des Bundes für die auswärtigen Beziehungen (Art. 32 GG), die mögliche Neugliederung des Bundesgebiets (Art. 29 GG), die wechselseitige Verpflichtung zur Rechts- und Amtshilfe (Art. 35 GG) sowie die Verpflichtung des Vollzugs von Bundesgesetzen durch die Länder (Bundeszwang; Art. 37 GG). Darüber hinaus werden auch Strukturfragen der kommunalen Selbstverwaltung geregelt (Art. 28 GG; Abschn. 14.1). Ferner finden sich generelle Vorgaben für die auswärtigen Beziehungen, wie das Verbot eines Angriffskrieges als explizite Lehre aus dem Zweiten Weltkrieg (Art. 26 GG) und die unmittelbare Geltung des Völkerrechts als Bundesrecht (Art. 25 GG), das bereits in Art. 4 WRV verankert war. Nicht zuletzt eröffnet Art. 24 Abs. 1 GG die Möglichkeit, Hoheitsrechte durch Bundesgesetz auf zwischenstaatliche Organisationen zu übertragen. Dieser Passus war die konstitutionelle Voraussetzung für die Integration der Bundesrepublik in die Europäischen Gemeinschaften, bis der 1992 neugefasste Art. 23 GG die Mitwirkungsrechte der Bundesrepublik und ihrer Verfassungsorgane an der Entwicklung der Europäischen Union festschrieb (Abschn. 3.1 und 9.3).

(4) Der vierte Teil des Grundgesetzes regelt den *Aufbau und die Kompetenzen der obersten Bundesorgane.* An erster Stelle steht der *Deutsche Bundestag,* der als einziges Bundesorgan über eine direkte Legitimation durch die Bürgerinnen verfügt (Art. 38–49

GG; Kap. 9). Während dieser Grundgesetzabschnitt diverse Vorgaben zum Abgeordnetenrecht und zur Binnenorganisation des Bundestages enthält, sind für seine Wahl nur die individuellen Wahlrechtsgrundsätze in Art. 38 GG festgeschrieben, während das Wahlsystem und die Wahlorganisation in einem einfachen Gesetz geregelt werden (Abschn. 5.1). Darauf folgt der *Bundesrat,* der als Zweite Kammer die Interessen der Länder bei der Bundesgesetzgebung und -verwaltung sowie in EU-Angelegenheiten vertritt (Art. 50–53 GG; Kap. 11). Dazwischengeschoben ist der Abschnitt *„Gemeinsamer Ausschuss",* der nur aus einem Artikel besteht und als Teil der Notstandsverfassung 1968 eingefügt wurde. Der nächste Abschnitt befasst sich mit dem *Bundespräsident* als repräsentativem Staatsoberhaupt, das von der Bundesversammlung – bestehend aus den Bundestagsabgeordneten und ebenso vielen Vertreterinnen der Länder – gewählt wird und über nur geringe Machtbefugnisse verfügt (Art. 54–61 GG; Abschn. 10.4). Den Abschluss bildet die *Bundesregierung* als politische Exekutive, die aus dem Bundeskanzler und den Bundesministern besteht (Art. 62–69 GG). Im Zentrum steht hier der Bundeskanzler, der als einziges Regierungsmitglied vom Bundestag gewählt wird und auch von ihm abberufen werden kann, wenn er zugleich einen neuen Kanzler wählt (konstruktives Misstrauensvotum; Abschn. 10.1–10.3). Dagegen erhielt das *Bundesverfassungsgericht* keinen eigenen Abschnitt im Grundgesetz. Seiner Zuständigkeiten und Zusammensetzung sind unter „Rechtsprechung" geregelt (Art. 92–94 GG; s. unten). Dies reflektiert den anfänglich unklaren Status des Karlsruher Gerichts. Nachdem es sich bald den Rang als oberstes Bundesorgan selbst erkämpft hatte (Leibholz 1957), wurde seine Rolle als Letztinterpret der Verfassung nicht mehr infrage gestellt, obwohl es in deren Text nach wie vor keine herausgehobene Rolle spielt (Kap. 12).

(5) Der darauffolgende Teil des Grundgesetzes befasst sich mit den *Strukturen und Verfahren der Staatstätigkeit,* für die die verschiedenen Organe der legislativen, exekutiven und judikativen Gewalt zuständig sind. Die zugehörigen Artikel beziehen sich größtenteils auf die Kompetenzverteilung zwischen Bund und Ländern (Abschn. 4.1). So wird im Abschnitt *„Gesetzgebung"* detailliert geregelt, in welchen Aufgabenbereichen der Bund legislativ tätig werden darf und wie der Bundesrat zu beteiligen ist (Art. 70–82 GG). Dort ist auch das Verfahren zur Änderung des Grundgesetzes festgelegt (Art. 79 GG; s. unten). Der Abschnitt *„Ausführung von Bundesgesetzen"* definiert die Grundlagen des Gesetzesvollzugs durch Bundes- und Länderverwaltungen (Art. 83–91 GG). Der erst 1970 eingefügte Abschnitt „Gemeinschaftsaufgaben" regelt Politikbereiche, in denen der Bund bei der Erfüllung von Länderaufgaben maßgeblich mitwirkt (Art. 91a–91e GG). Der Abschnitt *„Finanzwesen"* umfasst die wesentlichen Bestimmungen zur Steuergesetzgebung und zum föderalen Finanzausgleich (Art. 104a–115 GG). Unter *„Rechtsprechung"* finden sich grundlegende Regelungen zur Gerichtsbarkeit des Bundes und der Länder (Art. 92–104 GG). Der Abschnitt *„Verteidigungsfall"* fällt schließlich als Teil der später eingefügten Notstandsverfassung aus dem systematischen Textaufbau heraus (Art. 115a–115 l GG); glücklicherweise mussten seine Bestimmungen noch nie angewendet werden.

2.2 Struktur und Entwicklung des Grundgesetzes

(6) Der letzte Teil des Grundgesetzes besteht aus den *Übergangs- und Schlussbestimmungen* (Art. 116–146 GG). Geht man von der Anzahl der Artikel aus, ist dies der umfangreichste Abschnitt der Verfassung. Dort finden sich Regelungen, die bei der Entstehung des Grundgesetzes bedeutsam waren, aber inzwischen nicht mehr relevant sind, wie die Finanzierung der Kriegsfolgelasten (Art. 120 GG). Hinzu kommen diverse Bestimmungen zu älteren Normenbeständen, die für die Bundesrepublik übernommen wurden („vorkonstitutionelles Recht"; Art. 123–125 GG). Den Abschluss bildet der bereits erwähnte Art. 146 GG, der eine Ersetzung des Grundgesetzes nur durch eine neue Verfassung vorsieht.

Die *Inhalte des Grundgesetzes* sind das Ergebnis einer *differenzierten Auseinandersetzung mit der deutschen Verfassungsgeschichte*. Im Gegensatz zu anderen postautoritären Staaten orientierte sich der Parlamentarische Rat nicht an einem externen Modell wie z. B. der US-amerikanischen Verfassung, sondern knüpfte in vielerlei Hinsicht an die nationale Rechtstradition an (Nolte 2020, S. 13). Dies gilt z. B. für einige Grundrechte und die Struktur der bundesstaatlichen Ordnung, die bereits in der Paulskirchenverfassung von 1849 verankert waren. Dazu kommt die Übernahme des vorkonstitutionellen – grundgesetzkonformen – Rechts (Art. 123–125 GG), wozu u. a. das Bürgerliche Gesetzbuch gehört. Insofern ist das Grundgesetz durch eine „*ausgeprägte Pfadabhängigkeit*" (Nolte 2020, S. 32) gekennzeichnet. Gleichzeitig enthält der Verfassungstext des Parlamentarischen Rates *zahlreiche Innovationen*, die zwei zentrale Lehren aus der unmittelbaren Vergangenheit widerspiegeln. Zum einen war dies die „*unmissverständliche Absage an die Jahre der NS-Diktatur*" (Dreier und Wittreck 2019, XV), die sich insbesondere im Grundrechtsteil – und dort zuallererst in der konstitutionell garantierten Unantastbarkeit der Menschenwürde (Art. 1 Abs. 1 GG) – manifestiert. Zum anderen war es die Erfahrung, dass die Weimarer Verfassung den Zusammenbruch der parlamentarischen Demokratie und die pseudolegale Etablierung eines totalitären Regimes, die mit dem Ermächtigungsgesetz vom 23. März 1933 begann, nicht hatte verhindern können. Deswegen ist der *konstitutionelle Rahmen des deutschen Regierungssystems* durch spezifische „*Lehren aus Weimar*" (Frotscher und Pieroth 2019, S. 369) geprägt, wie im Folgenden deutlich wird.

Um eine Aushöhlung der demokratischen Verfassungsordnung durch politische Mehrheiten zu verhindern, hat der Parlamentarische Rat mehrere Vorkehrungen getroffen. Erstens bedürfen Grundgesetzänderungen einer *Zweidrittelmehrheit in Bundestag und Bundesrat* (Art. 79 Abs. 2 GG), während die Weimarer Verfassung bereits durch eine Zweidrittelmehrheit im Reichstag geändert werden konnte (Art. 76 WRV). Zweitens sind Verfassungsänderungen nur als *ausdrückliche Änderungen des Grundgesetzes* erlaubt, dem die einfache Gesetzgebung in der Normenhierarchie untergeordnet ist (Art. 79 Abs. 1 GG; Art. 20 Abs. 3 GG). In der Weimarer Republik hingegen konnten konstitutionelle Regelungen auch in einfachen Gesetzen festgeschrieben werden. Drittens ist eine Änderung der „in den Artikeln 1 und 20 niedergelegten Grundsätze" unzulässig (Art. 79 Abs. 3 GG). Das Grundgesetz verfügt also über einen *unabänderlichen „Verfassungskern"* (Grimm 2009, S. 604), der auch als „Staatsfundamentalnorm"

(Gröpl et al. 2020, S. 340) bezeichnet wird und vor allem in den ersten drei Absätzen des Art. 20 GG prägnant zum Ausdruck kommt:

> „(1) Die Bundesrepublik Deutschland ist ein demokratischer und sozialer Bundesstaat.
> (2) Alle Staatsgewalt geht vom Volke aus. Sie wird vom Volke in Wahlen und Abstimmungen und durch besondere Organe der Gesetzgebung, der vollziehenden Gewalt und der Rechtsprechung ausgeübt.
> (3) Die Gesetzgebung ist an die verfassungsmäßige Ordnung, die vollziehende Gewalt und die Rechtsprechung sind an Gesetz und Recht gebunden."

In diesen wenigen Worten sind *fünf Strukturprinzipien der bundesdeutschen Verfassungsordnung* genannt, die durch die „Ewigkeitsklausel" des Art. 79 Abs. 3 GG geschützt sind: *Demokratie, Republik, Sozialstaat, Rechtsstaat* und *Bundesstaat*. Diese Prinzipien waren auch schon in der Weimarer Reichsverfassung verankert (Art. 1, 2, 102–108, 119–134 und 151–165 WRV), aber zum Teil anders konkretisiert (Dreier 2019; Tab. 2.2).

Am deutlichsten unterscheiden sich die Weimarer Verfassung und das Grundgesetz in der *Ausgestaltung des Demokratieprinzips*, nach dem die „Staatsgewalt vom Volke aus[geht]" (Art. 1 Abs. 2 WRV; Art. 20 Abs. 2 GG). Obwohl das Grundgesetz von „Wahlen und Abstimmungen" spricht, ruht dort die gesamte demokratische Legitimitätslast auf der Wahl des Deutschen Bundestages, welche in Art. 38 Abs. 1 GG konkretisiert wird (Dreier und Wittreck 2019, XXIII). Direktdemokratische Verfahren sind lediglich auf den Ausnahmefall einer Länderneugliederung beschränkt (Art. 29 Abs. 2), während die Weimarer Verfassung Volksbegehren und Volksentscheide zu politischen Sachfragen kannte (Art. 73–76 WRV). Die wohl wichtigste „Lehre", die die Mütter und Väter des Grundgesetzes aus den Weimarer Erfahrungen zogen, steht in Zusammenhang mit dem Amt des Staatsoberhaupts. Im semipräsidentiellen System der Weimarer Republik wurde der Reichspräsident nicht nur direkt gewählt, sondern besaß auch weitreichende Befugnisse innerhalb der Exekutive, etwa bei der Ernennung und Entlassung des Reichskanzlers (Art. 53 WRV), sowie legislative Vollmachten in Krisensituationen (Notverordnungsrecht, Art. 48 WRV). Da der letzte Reichspräsident Paul von Hindenburg seine Kompetenzfülle in demokratieabträglicher Weise eingesetzt und schließlich Adolf Hitler zum Reichskanzler ernannt hatte, sah der Parlamentarische Rat mit dem Bundespräsident ein deutlich geschwächtes Staatsoberhaupt vor, das von der Bundesversammlung – bestehend aus Bundestagsabgeordneten und Vertreterinnen der Länder – gewählt wird und überwiegend repräsentative Funktionen hat (Abschn. 10.4). Damit folgt das Grundgesetz dem Ideal eines rein parlamentarischen Systems, indem es das Verfahren der Regierungsbildung konsequent in die Hände des Bundestages legt und die Bundesregierung nur noch vom Vertrauen des Bundestages, aber nicht mehr vom Staatsoberhaupt abhängig ist (Abschn. 9.1). Zugleich wurde die Position des Regierungschefs sowohl gegenüber dem Parlament (konstruktives Misstrauensvotum, Art. 67 GG) als auch innerhalb des Kabinetts (Richtlinienkompetenz, Art. 65 GG) gestärkt, weswegen die Bundesrepublik auch als „Kanzlerdemokratie" (Niclauß 2015) bezeichnet wird (Abschn. 10.1). Darüber hinaus hebt das Grundgesetz die zentrale Rolle der Parteien bei

Tab. 2.2 Strukturprinzipien der Weimarer Verfassung und des Grundgesetzes

Strukturprinzipen	Weimarer Verfassung	Grundgesetz
Demokratie	Repräsentativ mit direktdemokratischen Elementen Semipräsidentielles System Starke Stellung des Staatsoberhaupts Keine Stärkung des Reichskanzlers Parteien ohne Verfassungsrang Keine konstitutionellen Vorkehrungen für den Schutz der demokratischen Verfassung	Repräsentativ ohne direktdemokratische Elemente Parlamentarisches System Schwache Stellung des Staatsoberhaupts Kanzlerdemokratie Parteien mit Verfassungsrang Konstitutionelle Vorkehrungen für den Schutz der demokratischen Verfassung („wehrhafte Demokratie")
Republik	Abkehr von der Monarchie (auf Zeit gewähltes Staatsoberhaupt)	Abkehr von der Monarchie (auf Zeit gewähltes Staatsoberhaupt)
Bundesstaat	Kooperativer Föderalismus Reichsrat als Ländervertretung	Kooperativer Föderalismus Bundesrat als Ländervertretung
Rechtsstaat	Grundrechte mit Rechtswirkung Gewaltenteilung, Gesetzmäßigkeit staatlichen Handelns, Justizgrundrechte Staatsgerichtshof als Prüfinstanz (ohne Verfassungsbeschwerde)	Starke Sicherung und Wirkkraft der Grundrechte Gewaltenteilung, Gesetzmäßigkeit staatlichen Handelns, Justizgrundrechte Bundesverfassungsgericht als Prüfinstanz (mit Verfassungsbeschwerde)
Sozialstaat	Soziale Grundrechte als Programmsätze	Sozialstaatsprinzip ohne Konkretisierung
Offener Staat	–	Einfachgesetzliche Übertragung von Hoheitsrechten an zwischenstaatliche Einrichtungen

Quelle: Eigene Darstellung nach Dreier (2019) und Haug (2014, S. 76).

der politischen Willensbildung hervor (Art. 21 GG; Abschn. 6.1), während diese in der Weimarer Verfassung keine besondere Erwähnung fanden.

Zu den verfassungspolitischen Lehren aus Weimar gehört nicht zuletzt, dass sich das Grundgesetz als Grundlage für eine *„wehrhafte"* oder *„streitbare Demokratie"* versteht (Papier und Durner 2003; Thiel 2003): Es sieht Mittel und Wege gegen Personen und Organisationen vor, die die freiheitlich-demokratische Grundordnung (fdGO) beseitigen wollen. So kann das Bundesverfassungsgericht die Verwirkung diverser Grundrechte aussprechen, wenn diese zum Kampf gegen die fdGO verwendet werden (Art. 18 GG). Außerdem können verfassungsfeindliche Organisationen (Art. 9 Abs. 2 GG) und Parteien (Art. 21 Abs. 2 GG) verboten werden, letztere wiederum nur durch das Bundesverfassungsgericht. Ferner erwähnt das Grundgesetz spezielle Behörden des Bundes und der Länder, die für den Schutz der Verfassung zuständig sind (Art. 73 und Art. 87 GG). Schließlich haben alle Bürgerinnen ein individuelles Widerstandsrecht „gegen jeden, der es unternimmt, diese Ordnung zu beseitigen" (Art. 20 Abs. 4 GG).

Im Unterschied zum Demokratieprinzip sind die anderen Grundsätze der Staatsfundamentalnorm weit weniger von den negativen Erfahrungen der Weimarer Zeit geprägt. So findet sich das *Republikprinzip,* das als Staatsoberhaupt keinen lebenslang amtierenden Monarchen, sondern einen auf Zeit gewählten Präsidenten vorsieht, ebenso im Grundgesetz wie in der Weimarer Verfassung. Auch bei der Ausgestaltung des *Bundesstaatsprinzips* überwiegen die Kontinuitäten: In beiden Verfassungen ist die föderale Kompetenzverteilung so organisiert, dass die Gesetzgebung überwiegend dem Gesamtstaat (Bund) obliegt, während die Länder für den administrativen Vollzug zuständig sind (kooperativer Föderalismus; Abschn. 4.1). Auch die Vertretungsorgane der Länder auf der gesamtstaatlichen Ebene – Reichsrat und Bundesrat – sind insofern ähnlich, als sie nicht aus direkt gewählten Abgeordneten, sondern aus Mitgliedern der Länderregierungen bestehen bzw. bestanden. Nur die Vetovollmachten des Bundesrates waren von Anfang an stärker ausgebaut als die des Reichrats (Abschn. 11.1).

Der Begriff *Rechtsstaat* fällt erst in Art. 28 Abs. 1 GG, doch werden in Art. 20 GG mit der Gewaltenteilung und der Bindung an Recht und Gesetz seine wesentlichen Kennzeichen benannt. Außerdem schreibt der (ebenfalls unabänderliche) Art. 1 Abs. 1 GG die Bindung aller Staatsgewalten an die Grundrechte fest. Als weitere Merkmale kommen die Rechtsschutzgarantie (Art. 19 Abs. 4 GG), die richterliche Unabhängigkeit (Art. 97 GG) und bestimmte Rechte bei Gerichtsverfahren (Justizgrundrechte; Art. 101–104 GG) hinzu. In der Weimarer Verfassung waren die Grundrechte zwar nicht so ausdrücklich abgesichert und herausgestellt wie im Grundgesetz, doch auch dort integraler Bestandteil des konstitutionellen Rahmens und galten „mit unmittelbarer, aktueller Rechtswirkung" (Dreier 2019, S. 23). Außerdem verfügte schon die Weimarer Republik mit dem Staatsgerichtshof über eine verfassungsrechtliche Prüfinstanz – mit dem wichtigen Unterschied, dass es damals noch keine Verfassungsbeschwerde gab, mit der sich die Bürgerinnen an das Verfassungsgericht wenden können, wenn sie sich in ihren Grundrechten verletzt sehen (Dreier 2019, S. 24; Abschn. 12.1).

Der *Sozialstaat* bildet das fünfte und letzte Prinzip der Staatsfundamentalnorm. Allerdings ist er im Grundgesetz nicht weiter präzisiert und nur an einer anderen Stelle nochmals allgemein erwähnt (Art. 28 GG). Seine konkrete Ausgestaltung wurde mithin dem Gesetzgeber und dem Bundesverfassungsgericht überlassen. Demgegenüber kannte die Weimarer Verfassung etliche soziale Grundrechte, die aber nicht einklagbar waren und somit nur den Status von programmatischen Aussagen hatten (Hartwich 1977, S. 21).

Obwohl nicht in der Staatsfundamentalnorm verankert, ist noch ein *sechstes Strukturprinzip des Grundgesetzes* zu nennen: der *„Offene Staat"* (Schmidt 2016a, S. 31). Es manifestiert sich in Art. 24 Abs. 1 GG, nach dem der Bund „durch Gesetz Hoheitsrechte auf zwischenstaatliche Einrichtungen übertragen" kann. Diese ausdrückliche Offenheit gegenüber einer internationalen Integration war nicht nur ein „absolutes Novum in der

2.2 Struktur und Entwicklung des Grundgesetzes

deutschen Verfassungsgeschichte" (Sturm und Pehle 2012, S. 43), sondern auch im internationalen Vergleich eine konstitutionelle Innovation (Giegerich 2003, S. 1188–1198). Sie stellte eine bewusste Entscheidung des Parlamentarischen Rats dar, der in seiner überwiegenden Mehrheit der Auffassung war, dass die Einbindung in internationale und speziell europäische Organisationen dem besiegten Deutschland „am ehesten die Chance eines baldigen Wiederaufstiegs eröffnen würde" (Bermanseder 1998, S. 202). Damit verfügte die Bundesregierung von Anfang an über einen wirkmächtigen „Integrationshebel" (Ipsen 1972, S. 58), mit dem sie staatliche Souveränitätsrechte mit einfacher Bundestagsmehrheit übertragen und sich so relativ flexibel an supranationalen Projekten wie den Europäischen Gemeinschaften beteiligen konnte (Abschn. 3.1). Zugleich stand diese Regelung in einem latenten Spannungsverhältnis zur generellen Rigidität des Grundgesetzes, dessen Änderungen Zweidrittelmehrheiten in Bundestag und Bundesrat erfordern. Mit Fortgang der europäischen Integration wurde daher Art. 24 Abs. 1 GG durch den neuen Art. 23 GG ergänzt (Abschn. 2.3).

Im Lichte der Weimarer Erfahrungen hat sich der Parlamentarische Rat also die Verteidigung der demokratischen Verfassungsordnung zur besonderen Aufgabe gemacht und das Grundgesetz entsprechend rigide ausgestaltet. Wie „robust" ist aber der Schutz, den das Grundgesetz gegen einen ernsthaften Angriff auf die Demokratie bieten würde (Steinbeis 2019)? In der Geschichte der Bundesrepublik gab es einige Fälle, in denen sich der demokratische Verfassungsstaat durch rechts- wie linksextreme Parteien (SRP, KPD, NPD) oder terroristische Vereinigungen (RAF, NSU) herausgefordert sah, diesen Herausforderungen aber auf Basis des Grundgesetzes erfolgreich begegnen konnte. Doch bereits ein Blick in andere Länder wie Polen und Ungarn, die sich teilweise am Grundgesetz orientiert haben, zeigt, dass demokratisch gewählte Mehrheiten ihre politische Machtstellung auch innerhalb eines soliden Verfassungsrahmens missbrauchen und so die Prinzipien von Demokratie und Rechtsstaatlichkeit unterminieren können (Steinbeis 2019, S. 7). Es lässt sich daher immer kritisch prüfen, ob gewisse einfachgesetzliche Normen wie das Wahlsystem zum Deutschen Bundestag oder der Wahlmodus der Bundesverfassungsrichter im Grundgesetz festgeschrieben werden sollten, um so die Hürden gegen demokratiegefährdende Entwicklungen zu erhöhen (Steinbeis 2019, S. 9). Doch auch die bestmöglichen Verfassungsregeln bieten keine Gewähr der demokratischen Ordnung, wenn diese nicht von einer breiten Mehrheit der Politikerinnen und Bürgerinnen verteidigt wird.

Wie stellt sich nun die *Entwicklung des Grundgesetzes seit 1949* dar? Überwiegen die Kontinuitäten des konstitutionellen Rahmens oder hat er sich substanziell verändert? Zur Beantwortung dieser Fragen können *zwei Formen des Verfassungswandels* unterschieden werden (Jellinek 1906, S. 3). Am offensichtlichsten ist der „explizite Verfassungswandel", der die formalen Änderungen des Grundgesetzes nach Art. 79 GG umfasst. Daneben kann sich der Bedeutungsgehalt konstitutioneller Regeln auch verändern, ohne dass sich dies im Verfassungstext selbst niederschlägt, indem Grundgesetzbestimmungen in der Gesetzgebungspraxis von Parlament und Regierung anders ausgelegt bzw. vom

Verfassungsgericht neu interpretiert werden (Hönnige et al. 2011, S. 11). In solchen Fällen handelt es sich um einen „impliziten Verfassungswandel".

Eine wichtige Bedingung für den Umfang des *expliziten Verfassungswandels* ist die Ausgestaltung des Änderungsverfahrens. Wie bereits ausgeführt, besteht für Grundgesetzänderungen mit dem Erfordernis einer Zweidrittelmehrheit in Bundestag und Bundesrat ein deutlich höheres Quorum als für die einfache Gesetzgebung (Art. 79 Abs. 3 GG). Im Vergleich etablierter Demokratien liegt diese Änderungshürde im oberen Mittelfeld (Lijphart 2012, S. 208): So kann das britische Unterhaus Verfassungsregeln schon mit einfacher Mehrheit ändern, während Änderungen der US-Verfassung neben Zweidrittelmehrheiten in beiden Kammern noch die Zustimmung von drei Vierteln der Staatenparlamente erfordern. Trotz dieser Hürde sind *Grundgesetzänderungen* keine Seltenheit. Zwischen 1949 und 2020 gab es insgesamt 65 „Gesetze zur Änderung des Grundgesetzes", wobei nicht selten mehrere Artikel betroffen waren (Dreier und Wittreck 2019, S. 9). Damit gehört das Grundgesetz im internationalen Vergleich zu den häufiger geänderten Verfassungen (Lorenz 2008). Allerdings sind die bisherigen Textmodifikationen sehr ungleich über das Grundgesetz verteilt (Busch 2006, S. 48): Manche Artikel wurden mehrfach geändert, während rund die Hälfte der ursprünglich 146 Artikel unverändert geblieben ist. Am häufigsten wurden die Abschnitte zur Gesetzgebungskompetenz des Bundes sowie zum Finanzwesen verändert. Hingegen haben die Abschnitte zum Bundespräsidenten und zur Bundesregierung bis heute nur marginale Modifikationen erfahren.

In den ersten beiden Jahrzehnten des Grundgesetzes kam es zu zwei *„nachholenden" Verfassungsänderungen,* die 1948/49 aufgrund des Besatzungsstatutes nicht zur Klärung anstanden. 1954/56 wurde eine *Wehrverfassung* geschaffen, die den konstitutionellen Rahmen für die Gründung der Bundeswehr und den zeitgleichen Beitritt der Bundesrepublik zur NATO am 6. Mai 1955 schuf (u. a. Art. 12a, 17a, 45b, 87a und 87b GG). Weil größere Teile der Bevölkerung Vorbehalte gegen eine Wiederbewaffnung hegten, ging diese Entscheidung mit massiven politischen Konflikten einher (von Bredow 2008, S. 87–91). Ähnlich umstritten war die *Notstandsverfassung,* die 1968 unter der ersten Großen Koalition von CDU/CSU und SPD eingeführt wurde. In den entsprechenden Grundgesetzartikeln werden der Spannungsfall (Art. 80a GG) und der Verteidigungsfall (Art. 115a bis 115 l GG) geregelt. Zudem wurde mit dem Gemeinsamen Ausschuss ein neues Verfassungsorgan geschaffen, das im Verteidigungsfall die Aufgaben von Bundestag und Bundesrat übernimmt (Art. 53a und 115e GG; nicht zu verwechseln mit dem Gesetzgebungsnotstand nach Art. 81 GG). Auch dieser Grundgesetzreform waren heftige innenpolitische Friktionen vorausgegangen, die zu einem bedeutenden Resonanzverstärker für die Außerparlamentarische Opposition (APO) wurde (Rolke 1987, S. 195–241). Die zuvor gegen die Notstandsverfassung eingestellte SPD stimmte erst zu, nachdem sie sich mit der Idee durchgesetzt hatte, die einfachgesetzliche Verfassungsbeschwerde und das individuelle Widerstandsrecht (Art. 20 Abs. 4 GG) im Grundgesetz festzuschreiben (Möllers 2019, S. 77). Offen bleibt indes, ob die Notstandsverfassung im Ernstfall die Funktionsfähigkeit des Regierungssystems aufrechterhalten könnte.

2.2 Struktur und Entwicklung des Grundgesetzes

Vor diesem Hintergrund erscheint sie eher „als Ausdruck eines gewissen legalistischen Perfektionismus, der auch Zustände zu regeln versucht, die sich schwerlich regeln lassen" (Möllers 2019, S. 76–77).

Mit der *Wiedervereinigung* ergab sich dann ein „*constitutional moment*" (Ackerman 1999) im Sinne einer besonderen Gelegenheit zu einer fundamentalen Veränderung der Verfassungsordnung. Zu Beginn des Einigungsprozesses wurde das Grundgesetz zum Gegenstand intensiver gesellschaftlicher Diskussionen (Stein 2020). Insbesondere kam es zu einer kontroversen Debatte, ob es eine komplett neue Verfassung für das vereinte Deutschland nach Art. 146 GG geben oder der Beitritt der DDR zur Bundesrepublik gemäß Art. 23 GG a. F. vollzogen werden sollte. Angesichts der sich dynamisch entwickelnden Situation („Wir sind ein Volk") fiel jedoch schon früh die Entscheidung zugunsten der Beitrittslösung, was zugleich bedeutete, dass es keine Verfassunggebende Versammlung und keine per Volksentscheid ratifizierte neue Verfassung geben würde. Allerdings empfahl Art. 5 des Einigungsvertrags vom 31. August 1990 künftige Verfassungsänderungen. Diesem Auftrag kamen Bundestag und Bundesrat Ende 1991 insoweit nach, als dass eine *Gemeinsame Verfassungskommission* (GVK) eingesetzt wurde, die den einigungsbedingten Anpassungsbedarf des Grundgesetzes diskutieren und entsprechende Reformempfehlungen erarbeiten sollte. Der 1993 vorgelegte Abschlussbericht der GVK enthielt zahlreiche Vorschläge für punktuelle Grundgesetzänderungen, von denen allerdings nur relativ wenige umgesetzt wurden (Batt 2003, S. 187–255). Dazu zählten u. a. kleinere Modifikationen der föderalen Kompetenzordnung sowie die Neufassung des Art. 23 GG, der vom „Beitritts"- zum „Europaartikel" wurde (Abschn. 2.3). Somit war der inhaltliche Bezug dieser Grundgesetzreform „zum auslösenden Moment der deutschen Einigung [..] am Ende kaum noch sichtbar" (Busch 2006, S. 40). Augenscheinlich bot das als Provisorium gestartete Grundgesetz einen hinreichend flexiblen Rahmen, um den Beitritt der ehemaligen DDR mit rund 17 Mio. ostdeutschen Bürgerinnen und fünf neuen Ländern zu ermöglichen. Zugleich blieb das Gefühl, dass dieser Modus des stillen Beitritts eine gewisse Legitimationslücke hinterließ, die für die Akzeptanz des politischen Systems in Ostdeutschland eine Bürde bedeutet (Stein 2020).

Die meisten und umfangreichsten Änderungen des Grundgesetzes betrafen die Kompetenzverteilung zwischen Bund und Ländern. Bereits seit Mitte der 1950er Jahre kam es immer wieder zu *Reformen der bundesstaatlichen Ordnung,* deren Schlagzahl sich in der jüngsten Vergangenheit erhöht hat (2006, 2009, 2019). Diese häufigen Eingriffe haben mitunter ein gewisses Unbehagen ausgelöst, da die Verfassung „das Fundament des politischen Gemeinwesens sein soll" und daher Verfassungsänderungen „eher die seltene Ausnahme als routiniertere Alltagspraxis sein" sollten (Dreier und Wittreck 2019, XXVI). Trotz der zahlreichen Grundgesetzänderungen in diesem Bereich hat sich jedoch die Grundstruktur des kooperativen Föderalismus kaum verändert (Abschn. 4.2).

Wie „rigide bzw. flexibel Verfassungsrecht letztlich ist, hängt entscheidend von seiner Anwendungspraxis ab" (Schuppert 1995, S. 88). Eine vollständige Betrachtung der Grundgesetzentwicklung muss daher auch den *impliziten Verfassungswandel* einschließen. In diesem Zusammenhang ist die *Rechtsprechung des Bundesverfassungsgerichts* (BVerfG) von herausragender Bedeutung, da sie die maßgebliche Interpretation der Verfassungsregelungen vorgibt. Dabei findet die Karlsruher Spruchpraxis nicht in einem „klinischen Umfeld" statt, sondern steht in vielfältiger Verbindung zu den politischen und gesellschaftlichen Wertmaßstäben, die im Zeitverlauf der Veränderung unterworfen sind. Ein damit einhergehender Interpretationswandel zeigt sich exemplarisch am „Schutz der Ehe" (Art. 6 Abs. 1 GG): War das BVerfG 1957 noch der Auffassung, Homosexualität sei grundsätzlich sittenwidrig, weswegen die entsprechenden Strafvorschriften des § 175 StGB verfassungskonform seien (BVerfGE 6, 389), ist die „Ehe für alle" heute Teil des gesellschafts- und verfassungspolitischen Grundkonsenses, was sich auch in der neueren Karlsruher Rechtsprechung etwa zum Adoptionsrecht (BVerfGE 133, 59) oder zum Ehegattensplitting gleichgeschlechtlicher Lebenspartnerschaften (BVerfGE 133, 377) widerspiegelt.

Bei dieser und vielen anderen Grundrechtsfragen, aber auch bei staatsorganisatorischen Regeln wie dem Wahlrecht hat das BVerfG rechtsfortbildend gewirkt und damit das normative Verständnis der entsprechenden Grundgesetzpassagen verändert (Abschn. 12.2). Das genaue Ausmaß dieses impliziten Verfassungswandels ist nur schwer messbar; zudem werden einzelne Entscheidungen der Karlsruher Richterinnen immer wieder in Wissenschaft und Öffentlichkeit kontrovers diskutiert. Ungeachtet dessen bleibt für die Funktionsfähigkeit des demokratischen Regierungssystems entscheidend, dass die Grundgesetzinterpretation des BVerfG sowohl hinreichend klar ist als auch in Politik und Gesellschaft breite Akzeptanz findet. Nur so werden die Erwartungssicherheit und Verbindlichkeit erzeugt, die zu einer stabilitätsfördernden Rigidität des konstitutionellen Rahmens beitragen. Gleichzeitig müssen die Verfassungsrichterinnen bei ihren normativen Vorgaben darauf achten, den demokratisch gewählten Akteurinnen in Parlament und Regierung genügend inhaltliche und verfahrensbezogene Flexibilität zur politischen Gestaltung zu lassen. Dieser Balanceakt ist dem BVerfG – bei aller berechtigten Detailkritik – bislang gelungen (Abschn. 12.4).

2.3 Grundgesetz zwischen Länderverfassungen und Europarecht

Der verfassungsrechtliche Rahmen des deutschen Regierungssystems wird zwar maßgeblich, aber nicht ausschließlich durch das Grundgesetz bestimmt. Konstitutionelle Regelungen finden sich auch auf subnationaler Ebene in den *Verfassungen der deutschen Länder* sowie auf supranationaler Ebene im *Recht der Europäischen Union*. Beide stehen mit dem Grundgesetz in einer komplexen Wechselbeziehung und prägen die demokratische Willensbildung und Entscheidungsfindung im politischen Mehrebenensystem in je spezifischer Weise (Hönnige et al. 2011, S. 13).

2.3 Grundgesetz zwischen Länderverfassungen und Europarecht

Wie in Abschn. 2.1 dargestellt, wurden in den *deutschen Ländern* bereits unter der alliierten Besatzung demokratische Regierungssysteme etabliert. Die Länder, die in der amerikanischen Zone lagen, gaben sich zwischen 1946 und 1947 eigene *Verfassungen,* die von einer verfassunggebenden Versammlung ausgearbeitet, von der jeweiligen Besatzungsmacht genehmigt und in den allermeisten Fällen per Volksentscheid ratifiziert wurden (Reutter 2008, S. 46). 1947 folgten die Länder der französischen Zone mit ihrer Verfassungsgebung. In chronologischer Reihung hatten damit die folgenden Länder schon vor Inkrafttreten des Grundgesetzes eine Verfassung: Württemberg-Baden, Hessen, Bayern, Bremen, Rheinland-Pfalz, Baden, Württemberg-Hohenzollern sowie das Saarland, das 1947 als formal autonomer Staat aus der französischen Zone herausgelöst wurde und erst 1957 der Bundesrepublik beitrat. Diese „vorgrundgesetzlichen" Länderverfassungen enthielten neben staatsorganisatorischen Regelungen auch relativ ausführliche Grundrechts- und Staatszielbestimmungen. Die Länder der britischen Zone – Schleswig–Holstein, Nordrhein-Westfalen, Niedersachsen und Hamburg – sowie das mit einem Sonderstatus ausgestattete West-Berlin gaben sich erst nach Gründung der Bundesrepublik Verfassungen, die stark vom Geist des Grundgesetzes geprägt waren: Sie wurden ebenfalls als vorläufig verstanden, nicht per Volksentscheid ratifiziert (Ausnahme: Nordrhein-Westfalen) und enthielten – wenn überhaupt – nur wenige Grundrechtsbestimmungen in Ergänzung zum Grundrechtskatalog des Art. 1 bis 19 GG (Ausnahme: West-Berlin). In diese Gruppe reihte sich 1953 auch die Verfassung des neugegründeten Baden-Württemberg ein. Nach der Wiedervereinigung traten zwischen 1992 und 1994 noch die Verfassungen der fünf ostdeutschen Länder hinzu, die in Brandenburg, Thüringen und Mecklenburg-Vorpommern vom Volk bestätigt wurden, während sich Sachsen und Sachsen-Anhalt gegen Verfassungsreferenden entschieden. 1995 gab sich schließlich das wiedervereinigte Berlin eine neue Landesverfassung.

Bereits in einer seiner ersten Entscheidungen aus dem Jahr 1951 hat das BVerfG festgestellt, dass die Länder „mit eigener – wenn auch gegenständlich beschränkter – nicht vom Bund abgeleiteter, sondern von ihm anerkannter staatlicher Hoheitsmacht" ausgestattet sind und damit ihre interne Ordnung eigenständig regeln dürfen (BVerfGE 1, 14, 34). Dennoch stehen die *Länderverfassungen im „Schatten des Grundgesetzes"* (Möstl 2005). Zwar überlässt Art. 70 GG den Ländern alle Gesetzgebungszuständigkeiten, die nicht ausdrücklich dem Bund vorbehalten sind. Aufgrund der entsprechenden Bestimmungen der Art. 72 bis 74 GG verbleiben ihnen jedoch nur wenige Bereiche mit autonomen Regelungskompetenzen, insbesondere in der Bildungs- und Kulturpolitik sowie im Polizei-, Ordnungs- und Rundfunkrecht (Abschn. 4.1). Zugleich lässt das Grundgesetz keinen Zweifel daran, wer das Sagen hat: „Bundesrecht bricht Landesrecht" (Art. 31 GG). Diese sogenannte *Kollisionsnorm* gilt auch für Verfassungsregeln. Z. B. sah Art. 27 der Hessischen Verfassung ursprünglich die Möglichkeit der Todesstrafe „bei besonders schweren Verbrechen" vor. Da jedoch Art. 102 GG die Todesstrafe für „abgeschafft" erklärt, war diese hessische Verfassungsbestimmung seit 1949 bedeutungslos; 2018 wurde sie auch formal aus der Verfassung gestrichen.

Darüber hinaus wird die verfassungspolitische Autonomie der Länder durch das *Homogenitätsgebot* in Art. 28 Abs. 1 GG begrenzt, nach dem ihre Ordnung „den Grundsätzen des republikanischen, demokratischen und sozialen Rechtsstaates im Sinne des Grundgesetzes entsprechen" muss. Während Republik- und Rechtstaatsprinzip kaum Möglichkeiten für eine individuelle Ausgestaltung zulassen, setzen die einzelnen Länderverfassungen bei den anderen Strukturprinzipien eigene Akzente (Reutter 2008, S. 42). So ist das *Sozialstaatsprinzip* in den jeweiligen Grundrechtsbestimmungen unterschiedlich konkretisiert. Besonders umfangreiche Regelungen finden sich etwa in Hessen, wo die SPD in der verfassungsberatenden Versammlung in einer Mehrheitsposition war. Dort sind u. a. das Recht auf Arbeit (Art. 28 HV), das Streik- und Koalitionsrecht (Art. 29 HV), der Achtstundentag als gesetzliche Regel (Art. 31 HV), ein Mindestanspruch auf bezahlten Urlaub (Art. 34 HV), das Sozialversicherungsprinzip (Art. 35 HV) und die betriebliche Mitbestimmung (Art. 37 HV) verfassungsrechtlich kodifiziert. Besonders bemerkenswert ist Art. 41 HV, der die Sozialisierung von Schlüsselindustrien ermöglicht. In anderen Ländern wie Bayern und Baden-Württemberg, wo die Christdemokratie die Verfassungsgebung dominierte, sind soziale Grundrechte weniger umfangreich und präzise gefasst. Stattdessen findet sich dort ein Gottesbezug in der Präambel; außerdem werden christliche Werte in den Abschnitten zu Ehe und Familie und zu Erziehung und Schule besonders betont.

Auch bei der Konkretisierung des *Demokratieprinzips* weichen die konstitutionellen Regelungen auf Länderebene in einigen Hinsichten vom Grundgesetz ab. Z. B. sehen inzwischen alle Länderverfassungen die Möglichkeit der Volksgesetzgebung und ein Selbstauflösungsrecht des Parlaments vor. Dazu kommen spezifische Regelungen einzelner Verfassungen beim gesetzlichen Wahlalter, bei der Wahl und Abwahl der Landesregierung oder bei der Zusammensetzung des Landesverfassungsgerichts (Abschn. 13.2). Gemessen an dem theoretischen Spielraum, der den Ländern bei der Ausgestaltung ihrer Regierungssysteme zur Verfügung steht, ist ihr staatsorganisatorischer Verfassungsrahmen relativ homogen. Zudem haben sie häufig auf Neujustierungen im Grundgesetz reagiert, indem sie die entsprechenden Regelungen übernommen haben (Pestalozza 2014, S. XXXVII–XLVII). So ist die „Schuldenbremse", die 2009 in Art. 109 und 115 GG verankert wurde, inzwischen in elf der 16 Länderverfassungen festgeschrieben.

Schließlich weisen die Länderverfassungen hinsichtlich ihrer *formalen Rigidität* deutliche Unterschiede auf. Besonders hohe Hürden für Verfassungsänderungen gelten etwa in Bayern und Hessen, wo neben einer Zweidrittelmehrheit im Landtag ein obligatorischer Volksentscheid vorgesehen ist (Reutter 2020b, S. 232). In Berlin und im Saarland hingegen werden Verfassungsänderungen nur vom Parlament mit qualifizierter Mehrheit verabschiedet, während sie in allen anderen Ländern auch über Volksinitiativen bzw. Volksbegehren eingebracht werden können. Auch der tatsächliche Umfang der Verfassungsänderungen variiert erheblich im Ländervergleich. So wurden die Verfassungen Niedersachsens (1993) und Berlins (1995) komplett erneuert, andere wurden z. T. mehrfach umfassend reformiert (z. B. Schleswig–Holstein 1990 und 2014), wiederum andere erfuhren nur punktuelle Veränderungen (z. B. Sachsen; Reutter 2020b, S. 225). Bislang

2.3 Grundgesetz zwischen Länderverfassungen und Europarecht

haben sich die Länderverfassungen insgesamt als ein belastbarer Rahmen erwiesen, damit die Landespolitik flexibel auf veränderte Bedingungen eingehen konnte. Ob dies angesichts der veränderten politischen Kräfteverhältnisse (Fragmentierung und Segmentierung des Parteiensystems) in einigen Ländern weiterhin möglich ist, wird sich erst zeigen müssen.

Während das Grundgesetz klaren Vorrang gegenüber den Länderverfassungen genießt, ist sein genaues Verhältnis zum *internationalen Recht* weniger eindeutig bestimmt (Streinz 2019). Durch den oben erwähnten „Integrationshebel" (Art. 24 Abs. 1 GG) und die Qualifizierung der Regeln des Völkerrechts als „Bestandteil des Bundesrechts" (Art. 25 GG) präsentiert es sich als grundsätzlich „offene" Verfassungsordnung. Allerdings haben völkerrechtliche Regelungen den Status eines einfachen Bundesgesetzes (Art. 59 Abs. 2 GG). Damit stehen sie nicht über den Bestimmungen des Grundgesetzes, sondern werden nur ergänzend berücksichtigt, wie z. B. die Europäische Menschenrechtskonvention (EMRK) bei der Behandlung von Verfassungsbeschwerden (Streinz 2011, S. 132). Auch die Auslieferung deutscher Staatsbürgerinnen an einen internationalen Gerichtshof darf nur erfolgen, „soweit rechtsstaatliche Grundsätze gewahrt sind" (Art. 16 Abs. 2 GG), und unterliegt somit der Prüfkompetenz des BVerfG.

Beim *Recht der Europäischen Union* (Europarecht) ist die Ausgangssituation grundlegend anders, weil es sich dabei um *supranationale Regelungen* handelt, die einheitlich und unmittelbar in allen Mitgliedstaaten gelten (Abschn. 3.1). Demnach ist sowohl das Primärrecht der EU, das den in den europäischen Verträgen niedergelegten „Verfassungsrahmen" bildet, als auch ihr Sekundärrecht, das „einfachgesetzliche" Normen umfasst (Verordnungen, Richtlinien und Beschlüsse), dem Recht des Bundes und der Länder prinzipiell übergeordnet. Zu Beginn der europäischen Integration stellte dies kein größeres Problem für die Verfassungsordnung des Grundgesetzes dar, da sich die Europäische Gemeinschaft für Kohle und Stahl (EGKS), die 1951 von Deutschland und fünf weiteren Staaten gegründet wurde, auf den Bereich der Montanindustrie beschränkte. Über Art. 24 Abs. 1 GG konnte die Bundesregierung an diesem supranationalen Integrationsprojekt flexibel teilnehmen, ohne eine Grundgesetzänderung herbeiführen zu müssen (Wollenschläger 2015, S. 569). Auch bei den nächsten größeren Integrationsschritten – den Römischen Verträgen (1957) und der Einheitlichen Europäischen Akte (1985) – wurden nationalstaatliche Zuständigkeiten über den „Integrationshebel" des Art. 24 Abs. 1 GG auf die supranationale Ebene übertragen. Die europäische Integration blieb somit „eine Art Nebenrechtsordnung", deren Regelungen „den Inhalt des Grundgesetzes bis auf den Verlust bestimmter Kompetenzen nicht wesentlich berührten" (Möllers 2019, S. 90).

Der *Vertrag von Maastricht* (1992), der die Europäische Union als „Dach" des bisherigen Vertragswerks begründete und den Übergang zu einer gemeinsamen Währung (Euro) vorsah, markierte eine Wegscheide in dieser Entwicklung. Zum einen machte die bis dato umfangreichste Vergemeinschaftung nationaler Regelungskompetenzen *„europabedingte"* Anpassungen des Grundgesetzes erforderlich (Streinz 2011, S. 137–139). Dazu zählte das Wahlrecht von EU-Bürgerinnen bei Kommunalwahlen

(Art. 28 Abs. 1 GG; Abschn. 5.1) sowie die Übertragungsmöglichkeit geldpolitischer Kompetenzen auf die Europäische Zentralbank (Art. 88 GG). Darüber hinaus wurde die Mitwirkung der Bundesrepublik an der Entwicklung der Europäischen Union im *neugefassten Art. 23 GG* genauer geregelt. Für eine Übertragung von Hoheitsrechten an die EU gelten seitdem die gleichen Bestimmungen wie für andere Verfassungsänderungen: Zweidrittelmehrheiten in Bundestag und Bundesrat, wobei eine Änderung der Staatsfundamentalnorm ausgeschlossen ist (Art. 23 Abs. 1 GG). Außerdem erhielten Bundestag und Bundesrat je spezifische Beteiligungsrechte bei der europapolitischen Willensbildung und Entscheidungsfindung (Art. 23 Abs. 2–6 GG; Abschn. 9.3 und 11.3). In diesem Zusammenhang hat der Bundestag einen eigenen EU-Ausschuss einzurichten (Art. 45 GG), während der Bundesrat eine Europakammer bilden kann (Art. 52 Abs. 3a GG).

Auch danach kam es zu einigen Grundgesetzänderungen infolge europäischer Normvorgaben. Seit 2000 dürfen Frauen in der Bundeswehr freiwillig „Dienst mit der Waffe" leisten, weil der EuGH in dem vorhergehenden Verbot von Art. 12a Abs. 4 GG eine Verletzung der europarechtlich vorgeschriebenen Gleichbehandlung von Männern und Frauen im Arbeitsleben sah (Streinz 2011, S. 140). Angesichts des Europäischen Haftbefehls, der durch den Vertrag von Amsterdam begründet wurde, ermöglicht das Grundgesetz seit 2000 die Auslieferung deutscher Staatsbürgerinnen an andere EU-Mitgliedstaaten (Art. 16 Abs. 2 GG). Als Reaktion auf die haushaltspolitischen Vorgaben der Währungsunion wurden 2009 eine „Schuldenbremse" für Bund und Länder sowie eine föderale Lastenteilung etwaiger Strafzahlungen an die EU grundgesetzlich verankert (Art. 109 GG; Abschn. 4.1). Schließlich wurden die EU-bezogenen Kompetenzen von Bundestag und Bundesrat im Lichte des Vertrags von Lissabon (2009) modifiziert (Streinz 2011, S. 144–145; Abschn. 9.3 und 11.3).

Insgesamt hat der europäische Integrationsprozess zu einem deutlichen, aber noch überschaubaren expliziten Wandel des Grundgesetzes geführt. Im Vergleich dazu ist der *implizite Verfassungswandel,* der durch europäische Rechtsnormen bewirkt wird, nicht nur substanzieller, sondern unterliegt auch kontroverser Diskussion. Beispielsweise gelten gewisse Grundrechte wie die Berufsfreiheit (Art. 12 GG) inzwischen auch für Unionsbürgerinnen, ohne dass dies im Grundgesetz ausdrücklich erwähnt wird. Zudem müssen die Grundrechte durch deutsche Gerichte europarechtskonform ausgelegt werden, wobei der Grundrechtecharta der EU, die seit 2009 zum Primärrecht zählt, besondere Bedeutung zukommt. Nicht zuletzt haben die Regierungen der EU-Mitgliedstaaten und die Europäische Zentralbank zur Bewältigung der Eurokrise seit 2010 erhebliche finanzielle Mittel bereitgestellt, die keine ausdrückliche Grundlage im Primärrecht der EU haben und die Haushaltsspielräume der Mitgliedstaaten mittel- und langfristig erheblich begrenzen. Daher stellt sich die Frage, inwieweit diese auf EU-Ebene getroffenen Beschlüsse die politischen Gestaltungskompetenzen des parlamentarischen Gesetzgebers ungebührlich einschränken und damit das in Art. 20 Abs. 1 GG geschützte Demokratieprinzip verletzen. Dementsprechend wurde das BVerfG mit zahlreichen Klagen gegen die europäischen Hilfsprogramme konfrontiert. Wie in seinen früheren

Entscheidungen zu EU-Angelegenheiten hat das Karlsruher Gericht auch hier versucht, einen Mittelweg zu finden zwischen einer integrationsstützenden Position, die auf der Europafreundlichkeit des Grundgesetzes basiert, und der Aufrechterhaltung der demokratischen Verfassungsordnung, die letztlich auf der Vorstellung nationalstaatlicher Souveränität gründet (Abschn. 12.3). Aufgrund der Fortentwicklung der EU wird es indes immer schwerer, die Rigidität des grundgesetzlichen Verfassungsrahmens mit seiner gleichermaßen erwünschten Flexibilität gegenüber der europäischen Integration im Einklang zu halten.

2.4 Fazit: flexibler oder rigider Verfassungsrahmen?

Auch wenn die Initiative für das Grundgesetz von den alliierten Besatzungsmächten ausging, ist es letztlich das Werk deutscher Verfassungsexpertinnen und Politikerinnen. Anlässlich seines 70-jährigen Bestehens erhielt das Grundgesetz viel Lob und Anerkennung: In einem Kommentar wurde es sogar als „Bibel der Deutschen" bezeichnet (Kohler 2019). Außerdem erfreut es sich einer ausgesprochen hohen Legitimität: 2019 waren 88 % der Bürgerinnen der Meinung, es habe sich bewährt (Infratest Dimap 2019). Eine derart breite Zustimmung war 1949 keineswegs absehbar. In seinen Anfängen wurde dem Grundgesetz noch große Skepsis entgegengebracht, da es als Beitrag zur deutschen Teilung verstanden wurde und nur als Übergangsbasis für den Weststaat gedacht war. Wie sehr es inzwischen zum symbolischen Ausdruck eines gesamtgesellschaftlichen Basiskonsenses geworden ist, wird nicht zuletzt deutlich, wenn man seine breite Akzeptanz mit den erheblich geringeren Zustimmungswerten zu Parlamenten, Regierungen und Parteien vergleicht.

Eine Erklärung für diese Erfolgsgeschichte liegt sicherlich darin, dass das Grundgesetz bestimmte Eigenschaften eines *sowohl rigiden als auch flexiblen Verfassungsrahmens* in sich vereint. Das rigide Moment der Verfassung ergab sich vor allem aus der unmittelbaren Erfahrung der gescheiterten Weimarer Demokratie und der totalitären NS-Diktatur. Deshalb hat der Parlamentarische Rat den Verfassungskern der rechtsstaatlichen Demokratie besonders robust ausgestaltet und institutionelle Vorkehrungen gegen eine Destabilisierung des parlamentarischen Regierungssystems getroffen. Das flexible Moment der Verfassung ergab sich zunächst aus seinem Provisoriumscharakter, der aufgrund der eingeschränkten Souveränität der Bundesrepublik keine abschließenden Regelungen in allen Bereichen zuließ. Sodann entwickelte sich durch die fortschreitende Bedeutung der europäischen Integration die Notwendigkeit, das von Anfang bestehende Bekenntnis zum „vereinten Europa" im Sinne des bestehenden „Integrationshebels" (Art. 24 Abs. 1 GG) zu konkretisieren.

Ein weiterer Beleg für die Flexibilität des Grundgesetzes sind die vielen Verfassungsänderungen: Zwischen 1949 und 2020 wurde ungefähr jeder zweite Artikel verändert, einige sogar mehrfach. Dadurch wurden nicht nur anfängliche „Leerstellen" wie die Wehr- und Notstandsverfassung gefüllt. Auch im deutschen Einigungsprozess bot das

Grundgesetz einen geeigneten Rahmen zur verfassungsrechtlichen Integration der ostdeutschen Länder. Gleichzeitig wurde seine Kompatibilität mit der sich dynamisch entwickelnden Rechtsordnung der Europäischen Union durch gezielte Änderungen des Verfassungstextes aufrechterhalten.

Trotz dieser 65 Änderungsgesetze blieben die Grundzüge der demokratischen Verfassungsordnung weitestgehend erhalten. Zwar erfuhr die Kompetenzverteilung zwischen Bund und Ländern seit den 1950er Jahren zahlreiche Veränderungen, die Struktur des kooperativen Föderalismus wurde davon aber nicht wesentlich tangiert. Zur substanziellen Rigidität des konstitutionellen Rahmens trägt auch die relativ hohe Änderungshürde bei: Da sich Zweidrittelmehrheiten in Bundestag und Bundesrat nur unter Einbeziehung beider großer Volksparteien erzielen lassen, ist es bislang nur zu breit getragenen Grundgesetzreformen gekommen.

Dass Rigidität und Flexibilität auch in der „gelebten" Verfassung der Bundesrepublik gut ausbalanciert wurden, ist nicht zuletzt das Verdienst der politischen Akteurinnen. Dazu zählen insbesondere die Parteien, die sich in verfassungspolitischen Grundfragen immer wieder kompromissfähig gezeigt haben. Aber auch das Bundesverfassungsgericht hat das Verständnis der Grundgesetznormen im Einklang mit den gesellschaftlichen Wertvorstellungen moderat weiterentwickelt und so dafür gesorgt, dass der damit verbundene implizite Verfassungswandel breite Akzeptanz fand.

Die positive Leistungsbilanz des Grundgesetzes ist freilich keineswegs für die Zukunft garantiert. Angesichts einer steigenden Fragmentierung des Parteiensystems und zunehmend heterogener Koalitionsregierungen in Bund und Ländern könnten notwendige Anpassungen von Verfassungsregeln öfters in Bundestag und Bundesrat scheitern. Damit würde die Rigidität des Grundgesetzes dysfunktionalen Charakter annehmen. Zugleich ergibt sich aus der faktischen Entwicklung einer Europäischen Finanzunion, die durch das umfangreiche Corona-Hilfspaket nochmals massiv verstärkt wurde, die große Herausforderung, den rigiden Verfassungsrahmen des demokratischen Regierungssystems zu bewahren, ohne seine integrationsfreundliche Ausrichtung zu beeinträchtigen.

Vor diesem Hintergrund werden unterschiedliche Reformperspektiven diskutiert. Einerseits finden sich Forderungen nach spezifischen Ergänzungen des Grundgesetzes, die einen noch besseren Schutz des Verfassungsrahmens vor „demokratiefeindlichen" Regierungsmehrheiten bieten und somit seine Rigidität erhöhen könnten (Steinbeis 2019, S. 9). Andererseits wird Kritik daran laut, dass die bisherigen Änderungen des Grundgesetzes immer detaillierter geworden sind und damit sowohl seinen konstitutiven Charakter als auch seine Flexibilität beeinträchtigen könnten.

Um die Reichweite solcher Vorschläge adäquat beurteilen zu können, bietet sich nochmals ein Blick auf den Entstehungskontext des Grundgesetzes an. Weil der Parlamentarische Rat den Übergang in die NS-Diktatur auch in den Konstruktionsfehlern der Weimarer Reichsverfassung begründet sah, versuchte er daraus verfassungsrechtliche Schlussfolgerungen zu ziehen und die demokratische Ordnung des Grundgesetzes möglichst rigide auszugestalten. Auch wenn solche „Lehren aus Weimar" wichtig waren, um die bundesdeutsche Demokratie zu stärken, besteht heute ein breiter Konsens, dass das Scheitern der Weimarer Republik keinesfalls monokausal auf die Funktionsschwächen der damaligen Verfassung zurückführen ist (Gusy 2018; Kielmansegg 2019). Konstitutionelle Regeln sind kein hinreichender Garant demokratischer Stabilität. Zwar bedarf Demokratie einer gewaltenteilenden Verfassung mit individuellen Grund- und kollektiven Minderheitsrechten, sie ist aber vor allem darauf angewiesen, dass ihre tragenden Prinzipien akzeptiert und praktiziert werden.

Literaturhinweise

Dreier, Horst, und Fabian Wittreck. 2019. *Grundgesetz: Textausgabe mit sämtlichen Änderungen und weitere Texte zum deutschen und europäischen Verfassungsrecht*, 12. Aufl. Tübingen: Mohr Siebeck.
Hönnige, Christoph, Sascha Kneip, und Astrid Lorenz, Hrsg. 2011. *Verfassungswandel im Mehrebenensystem*. Wiesbaden: VS.
Lüdicke, Lars, Hrsg. 2020. *Deutschland in bester Verfassung? 70 Jahre Grundgesetz*. Berlin: be.bra wissenschaft.
Möllers, Christoph. 2019. *Das Grundgesetz: Geschichte und Inhalt*, 2. Aufl. München: Beck.

3 Die Europäische Union: der supranationale Rahmen

Im internationalen Umfeld Deutschlands hat die *Europäische Union (EU)* eine Sonderstellung inne. Zum einen war die Bundesrepublik bereits an der Gründung der seinerzeitigen Europäischen Gemeinschaften beteiligt und hat als größter Mitgliedstaat deren Entwicklung maßgeblich mitbestimmt. Zum anderen hat die EU *supranationalen Charakter:* Ihre Organe treffen in vielen Politikbereichen gesetzgeberische Entscheidungen, die in allen Mitgliedstaaten umzusetzen sind. Die Bundesrepublik hat daher ein „europäisiertes Regierungssystem" (Sturm und Pehle 2012, S. 5): Ohne die EU kann man die deutsche Innenpolitik nicht vollständig verstehen.

Wie sieht der *europäische Rahmen des deutschen Regierungssystems* aus? Schränkt er die demokratische Willensbildung und Entscheidungsfindung ein? Oder erweitert er den Aktionsradius der demokratisch legitimierten Akteurinnen, indem er ihnen erlaubt, gesamteuropäische Rechtsnormen mitzugestalten? Zur Beantwortung dieser Fragen zeichnet Abschn. 3.1 die Entwicklung der europäischen Verfassungsordnung nach. Daraufhin beschreibt Abschn. 3.2 das Regierungssystem auf EU-Ebene und erklärt, inwiefern es als Mehrebenen-Demokratie angesehen werden kann. Abschn. 3.3 zeigt dann auf, welche vielfältigen Auswirkungen die europäische Politik für die bundesdeutschen Institutionen und Akteurinnen hat. Abschn. 3.4 fasst die zentralen Ergebnisse zusammen und erörtert unterschiedliche Handlungsoptionen, die auf eine Verbesserung des demokratischen Regierens im Mehrebenensystem zielen.

3.1 Schrittweise Integration: die Entwicklung der europäischen Verfassungsordnung

Die Europäische Union hat gegenwärtig 27 Mitgliedstaaten und nimmt ein breites Spektrum öffentlicher Aufgaben wahr, die zuvor in nationaler Hand lagen. Ihre politischen Entscheidungen haben bedeutsame Konsequenzen für alle Institutionen und

Akteurinnen des deutschen Regierungssystems. Zwar basiert die EU auf zwischenstaatlichen Verträgen und ist insofern ein Konstrukt des Völkerrechts. Allerdings ist die *Rechtsetzung auf supranationaler Ebene* sowohl für die EU-Institutionen als auch für die Mitgliedstaaten *bindend* (ausführlich dazu Haltern 2017; Bieber et al. 2019). Daher ist das Europarecht dem nationalstaatlichen Recht in ähnlicher Weise übergeordnet wie in Deutschland das Bundesrecht dem Landesrecht (Art. 31 GG; Abschn. 2.3). Selbst Verfassungsbestimmungen der Mitgliedstaaten können mit Europarecht in Konflikt geraten. Vor diesem Hintergrund hat sich auch das Bundesverfassungsgericht immer wieder mit den Auswirkungen von EU-Regelungen auf die Ordnung des Grundgesetzes befasst (Abschn. 2.3 und 12.3).

Das Europarecht gliedert sich in das Primärrecht, das den konstitutionellen Rahmen der EU bildet, und das Sekundärrecht, das aus den politischen Entscheidungen innerhalb dieses Rahmens hervorgeht. Den *Kern des Primärrechts* bilden die *Grundrechtecharta der Europäischen Union (GRCh)*, der *Vertrag über die Europäische Union (EUV)*, der die Grundprinzipien der Union enthält, sowie der *Vertrag über die Arbeitsweise der Europäischen Union (AEUV)*, der die inhaltlichen Zuständigkeiten der EU sowie ihre institutionellen Strukturen und Verfahren näher bestimmt. Damit haben diese primärrechtlichen Dokumente die gleiche Funktion wie Verfassungen im nationalstaatlichen Kontext. Gleichwohl unterscheidet sich das „Europäische Verfassungsrecht" (von Bogdandy und Bast 2009) von nationalen Verfassungen in einem zentralen Punkt: Die EU-Organe können ihren konstitutionellen Rahmen nicht eigenständig verändern, sondern dürfen nur die Aufgaben wahrnehmen, die ihnen darin zugewiesen sind (Prinzip der begrenzten Einzelermächtigung). Reformen des EUV und des AEUV bedürfen immer eines einstimmigen Votums aller Mitgliedstaaten. Allerdings enthalten die Verträge auch Bestimmungen zur Rechtsangleichung (Art. 114–115 AEUV) und Kompetenzabrundung (Art. 352 AEUV), mit denen das Prinzip der begrenzten Einzelermächtigung unterlaufen werden kann.

Das *Sekundärrecht,* das von den EU-Organen beschlossen wird, umfasst unterschiedliche Formate: *Verordnungen* sind „Europäische Gesetze", die in den Mitgliedstaaten unmittelbare Wirksamkeit und Verbindlichkeit entfalten; *Richtlinien* sind „Europäische Rahmengesetze", deren Inhalte nach einer jeweils vorgegebenen Frist in nationales Recht umzusetzen sind; *Beschlüsse* sind unmittelbar verbindliche Regelungen für Einzelfälle; *Stellungnahmen und Empfehlungen* haben dagegen keine rechtliche Verbindlichkeit, werden jedoch häufig bei der Setzung anderer Rechtsnormen berücksichtigt.

Anders als das deutsche Grundgesetz wurde die heutige *Verfassungsordnung der EU* nicht zu einem bestimmten Zeitpunkt geschaffen, sondern ist das *Ergebnis eines zweidimensionalen Integrationsprozesses.* Zum einen wurde der ursprüngliche Vertrag zur Gründung der Staatengemeinschaft immer wieder reformiert und ergänzt, wodurch die europäische Ebene immer mehr politische Zuständigkeiten und Kompetenzen erhielt *(Vertiefung).* Gleichzeitig traten ihr immer mehr Staaten bei *(Erweiterung).* Im

3.1 Schrittweise Integration

Folgenden werden die wichtigsten Schritte dieser supranationalen Verfassungsentwicklung nachgezeichnet.[1]

Pläne zur Schaffung eines geeinten Europas wurden bereits nach dem Ersten Weltkrieg entwickelt (Loth 1996, S. 10–12). Nach 1945 erlebten sie eine Renaissance. Angesichts des Leids und der Zerstörung, die der Zweite Weltkrieg verursacht hatte, verstand sich die Grundidee gleichsam von selbst: Durch die Integration der europäischen Nationalstaaten sollte die wirtschaftliche Wohlfahrt gesteigert und Kriege zwischen ihnen ein für alle Mal verhindert werden. In diesem Zusammenhang wurden verschiedene Regionalorganisationen gegründet, wie 1948 die Organisation für europäische wirtschaftliche Zusammenarbeit (OEEC; Vorgängerorganisation der OECD) oder 1949 der Europarat. Das erfolgreichste Integrationsprojekt des Kontinents begann jedoch 1951, als die *Europäische Gemeinschaft für Kohle und Stahl (EGKS)* auf Initiative des französischen Außenministers Robert Schuman nach einer Idee des französischen Planungskommissars Jean Monnet ins Leben gerufen wurde. Dabei verpflichteten sich die sechs Gründungsmitglieder (Belgien, Deutschland, Frankreich, Italien, Luxemburg, Niederlande), ihre Kohle- und Stahlsektoren einer überstaatlichen Hohen Behörde zu unterstellen, die von einem Rat der nationalen Minister, einer Versammlung nationaler Parlamentarier und einem Gerichtshof flankiert wurde. Abgesehen von wirtschaftlichen Erwägungen standen unterschiedliche außen- und sicherheitspolitische Interessen im Mittelpunkt. So ging es Frankreich hauptsächlich darum, den neugegründeten westdeutschen Staat durch die supranationale Aufsicht über kriegswichtige Schlüsselindustrien zu kontrollieren. Dagegen bot die EGKS der jungen Bundesrepublik erstmals einen eigenständigen Zugang zur internationalen Bühne (Haftendorn 2001).

Frankreich und Deutschland wurden damit zum *„Motor" der europäischen Integration* (Weidenfeld 2020, S. 19). Wenn sich ihre integrationspolitischen Interessen deckten, gelang es ihnen auch meist, die anderen Mitgliedstaaten von einer weitergehenden Integration zu überzeugen. Dabei wurde die von Monnet entwickelte Methode beibehalten: Sie ließ die endgültige Form („Finalität") des supranationalen Rahmens offen und setzte stattdessen auf *schrittweisen Souveränitätstransfer,* wo immer er konsensfähig war. Damit verband sich die Hoffnung, dass die Vergemeinschaftung einzelner Sektoren auf weitere Politikfelder übertragen und in eine Politische Union münden würde.

Bald darauf verzeichnete das Integrationsprojekt den ersten Rückschlag. Im August 1954 scheiterte das Vorhaben des französischen Premierministers René Pleven, die EGKS um eine Europäische Verteidigungsgemeinschaft (EVG) zu ergänzen, an der französischen Nationalversammlung. Damit war zugleich der Plan auf Eis gelegt, eine Europäische Politische Gemeinschaft (EPG) mit einer eigenen Verfassung zu etablieren.

---

[1] Die weiteren Ausführungen basieren auf Grotz und Kretschmer (2015, S. 111–118). Genauere Darstellungen einzelner Integrationsphasen finden sich u. a. bei McCormick (2015), Tömmel (2014), Schimmelfennig und Winzen (2020) und Weidenfeld (2020).

1957 unterzeichneten die sechs EGKS-Staaten die *Römischen Verträge* zur Gründung der *Europäischen Wirtschaftsgemeinschaft (EWG)* und der *Europäischen Atomgemeinschaft (Euratom)*. Das wichtigste Ziel des EWG-Vertrags war ökonomischer Natur: die Schaffung einer Zollunion und eines gemeinsamen Marktes. 1967 wurden die drei Europäischen Gemeinschaften (EG) institutionell fusioniert, d. h. EGKS, EWG und Euratom hatten von nun an nur noch eine Kommission (ehemals Hohe Behörde), einen Ministerrat und ein Parlament (ehemals Parlamentarische Versammlung). Kurz zuvor war es zu einer weiteren Integrationskrise gekommen, als sich Frankreich dem Übergang von der Einstimmigkeitsregel zur qualifizierten Mehrheit im Ministerrat widersetzte und daher den Ratssitzungen fernblieb („Politik des leeren Stuhls"). Zwar konnte dieser Dissens mit dem sogenannten Luxemburger Kompromiss beendet werden, der jedem Mitgliedstaat bei wichtigen nationalen Interessen ein Vetorecht zugestand. Allerdings wurden damit erneut die Grenzen der supranationalen Integrationsbereitschaft deutlich, weswegen man in der Folgezeit stärker auf zwischenstaatliche („intergouvernementale") Arrangements setzte. Sichtbarster Ausdruck dieser Entwicklung waren die Treffen der Staats- und Regierungschefs, die ab 1974 unter der Bezeichnung Europäischer Rat in regelmäßigen Abständen stattfanden, um integrationspolitische Blockaden zu beseitigen. Außerdem wurde 1970 die *Europäische Politische Zusammenarbeit (EPZ)* als koordinatives Verfahren außerhalb der EG-Verträge etabliert, um die Außenpolitik der Mitgliedstaaten besser aufeinander abzustimmen.

Ähnlich zögerlich wie die Vertiefung der EG verlief ihre *Erweiterung*. Bereits in den 1960er Jahren hatte das Vereinigte Königreich zweimal einen Mitgliedsantrag gestellt, war aber jeweils am Veto des französischen Staatspräsidenten Charles de Gaulle gescheitert. Erst 1973 konnte es gemeinsam mit Irland und Dänemark der EG beitreten. Norwegen hatte ebenfalls Beitrittsverhandlungen erfolgreich abgeschlossen, wurde jedoch kein EG-Mitglied, weil dort eine Mehrheit der Wählerinnen in einem Referendum dagegen stimmte. Das Ende der autoritären Regime in Südeuropa führte zu einer erneuten Erweiterung: 1981 trat Griechenland bei, Spanien und Portugal folgten 1986. Damit hatte sich die Anzahl der Mitgliedstaaten auf zwölf verdoppelt.

Mitte der 1980er Jahre kam es zu einer intensiven integrationspolitischen Debatte, aus der die erste Änderung der Gründungsverträge hervorging: die *Einheitliche Europäische Akte (EEA)*, die 1985 von den Mitgliedstaaten ratifiziert wurde. Ihr zentrales Ziel war die Vollendung des europäischen Binnenmarkts bis Ende 1992. Außerdem wurden die EPZ und neue Zuständigkeiten der EG in der Umwelt-, Technologie- und Sozialpolitik vertraglich verankert. Nicht zuletzt änderte man das Entscheidungsverfahren im Rat von Einstimmigkeit in qualifizierte Mehrheit, wobei allerdings zahlreiche Ausnahmetatbestände blieben.

Der Zusammenbruch des Ostblocks 1989/90 stellte die EG vor ungeahnte Herausforderungen. Zum einen ging es um die künftige Stellung des wiedervereinigten Deutschlands. Zwar wurden die *Länder der ehemaligen DDR mit ihrem Beitritt zur Bundesrepublik* am 3. Oktober 1990 auch *in die EG aufgenommen*, ohne dass sie ein Beitrittsverfahren durchlaufen mussten. Allerdings blieb zunächst offen, wie man die

3.1 Schrittweise Integration

Machtbalance in der Gemeinschaft angesichts der vergrößerten Wirtschaftsdominanz Deutschlands erhalten konnte. Zum anderen ging es um die Beitrittsperspektiven der neuen Demokratien Mittel- und Osteuropas (MOE), deren politische und ökonomische Stabilität ungewiss schien. Vor diesem Hintergrund kam es zur bislang weitreichendsten Reform der europäischen Verfassungsordnung: dem *Vertrag von Maastricht*, der 1992 ratifiziert wurde. Erneut erwies sich das „deutsch-französische Tandem" – diesmal unter Führung von Staatspräsident François Mitterrand und Bundeskanzler Helmut Kohl – als entscheidende Erfolgsbedingung. Außerdem hatte der Präsident der Europäischen Kommission, Jacques Delors, erheblichen Einfluss auf den Kern des Maastrichter Vertragswerks: die Wirtschafts- und Währungsunion (WWU), die den Binnenmarkt ergänzte und mit dem Übergang zu einer supranationalen Geldpolitik und gemeinsamen Währung („Euro") für eine neue Qualität der Europäisierung stand.

Darüber hinaus wurde mit dem EUV ein gemeinsames Dach für die „drei Säulen" der EU geschaffen: den EG-Vertrag (EGV), in dem der bisherige EWG-Vertrag aufging; die Gemeinsame Außen- und Sicherheitspolitik (GASP); sowie die Polizeiliche und Justizielle Zusammenarbeit (PJZ). Das Bild symmetrischer Säulen verschleierte freilich ihre grundlegenden Unterschiede. Nur in der ersten Säule verfügte die jetzt umbenannte Europäische Gemeinschaft über weitreichende Kompetenzen und supranationale Entscheidungsverfahren, bei denen auch das Europäische Parlament bedeutsame Mitwirkungsrechte erhielt. In den beiden anderen Säulen fand dagegen kein Souveränitätstransfer auf die supranationale Ebene statt, sodass es hier bei zwischenstaatlichen Strukturen blieb. Aber auch innerhalb der ersten Säule zeigten sich Grenzen des Integrationskonsenses: So ließen sich das Vereinigte Königreich und Dänemark in einem Zusatzprotokoll zusichern, nicht an der gemeinsamen Währung teilnehmen zu müssen.

Die bevorstehende Erweiterung um die MOE-Staaten veranlasste die EU zu weiteren Reformschritten. 1993 verabschiedeten die Staats- und Regierungschefs die bis heute gültigen Kopenhagener Kriterien, die die Voraussetzungen für eine EU-Mitgliedschaft konkretisieren. Demnach muss ein Beitrittskandidat eine demokratische und rechtsstaatliche Ordnung aufweisen, über eine funktionierende Marktwirtschaft verfügen sowie den gesamten Rechtsbestand der EU *("acquis communautaire")* übernehmen. Bevor mit den ersten MOE-Staaten Beitrittsverhandlungen aufgenommen wurden, traten 1995 Österreich, Finnland und Schweden bei, wodurch die EU auf 15 Mitglieder anwuchs.

Um die Union „fit" für die Osterweiterung zu machen, wurde der Vertrag von Maastricht schon kurz nach seinem Inkrafttreten einer Revision unterzogen. Das Ergebnis war der 1997 unterzeichnete *Vertrag von Amsterdam*, der vor allem Modifikationen in der zweiten und dritten Säule vorsah. Ferner sollten künftige Integrationsschritte durch die Möglichkeit einer „Verstärkten Zusammenarbeit" erleichtert werden, indem eine kleinere Gruppe von Mitgliedstaaten unter bestimmten Bedingungen enger kooperieren kann. Nicht zuletzt wurde das Schengener Abkommen in den EU-Rahmen überführt. In diesem zwischenstaatlichen Vertrag hatten sich Deutschland, Frankreich und die Benelux-Staaten bereits 1985 auf die Abschaffung von Personengrenzkontrollen verständigt. Nach der Aufnahme in den Amsterdamer Vertrag wurde die Regelung in allen EU-Staaten sowie in Norwegen, Liechtenstein und der Schweiz umgesetzt; nur das Vereinigte Königreich und Irland behielten die Personenkontrolle an ihren EU-Grenzen bei.

Mit dem Vertrag von Amsterdam gelang es allerdings nicht, die Union „erweiterungsfest" zu machen. Wenige Monate nach seinem Inkrafttreten begann daher die nächste Reformrunde, die 2001 in den *Vertrag von Nizza* mündete. Doch erneut fanden sich nur Lösungen auf dem kleinsten gemeinsamen Nenner. So wurde keine substanzielle Verkleinerung der Kommission erreicht, die deren Funktionsfähigkeit nach dem Beitritt der MOE-Staaten hätte sichern sollen. Für den Ministerrat wurde eine komplizierte „dreifache" Mehrheitsregel vereinbart, ohne dass der Anwendungsbereich solcher Mehrheitsentscheidungen nennenswert ausgeweitet worden wäre. Die Regelungen zur Verstärkten Zusammenarbeit wurden etwas vereinfacht, fanden aber weiterhin keine Anwendung auf die GASP. Nicht zuletzt wurde die Charta der Grundrechte feierlich proklamiert, erhielt aber zunächst keine Rechtsverbindlichkeit.

Mit dem Vertrag von Nizza verabschiedeten die Staats- und Regierungschefs eine Erklärung zur Zukunft der EU, welche Eckpunkte für den weiteren Reformprozess formulierte. Die dadurch angestoßene Debatte mündete 2002 in die Einberufung eines Konvents über die Zukunft Europas, der aus Vertreterinnen der nationalen Regierungen, der EU-Kommission, des Europäischen Parlaments sowie der nationalen Parlamente bestand. Dieses Gremium, das unter dem Vorsitz des ehemaligen französischen Staatspräsidenten Valéry Giscard d'Estaing öffentlich tagte, bildete nicht nur einen verfahrenstechnischen Kontrapunkt zu den bisherigen Vertragsrevisionen, die von Regierungsvertreterinnen „hinter geschlossenen Türen" ausgehandelt worden waren. Vielmehr sollte der Konvent auch einen neuartigen *Vertrag über eine Verfassung für Europa (VVE)* erarbeiten. Der Textentwurf, den der Konvent Mitte 2003 vorlegte und der bald als „Europäische Verfassung" bezeichnet wurde, enthielt einige bemerkenswerte Neuerungen. Im Wesentlichen führte er jedoch die Bestandteile des bisherigen Vertragswerks in einem Dokument zusammen (Hesse und Grotz 2005, S. 27–31). Gleichwohl dauerte es bis Herbst 2004, ehe sich die Staats- und Regierungschefs der EU auf eine endgültige Version des VVE einigen konnten. Am Ende scheiterte der Verfassungsvertrag am demokratischen Souverän: Im Frühjahr 2005 sprachen sich die Bürgerinnen Frankreichs und der Niederlande in Referenden mehrheitlich dagegen aus. Angesichts dieser Negativvoten in den beiden Gründungsländern der EG wurde der weitere Ratifikationsprozess ausgesetzt. Das Projekt einer „Europäischen Verfassung" war damit gescheitert.

In der Folgezeit konzentrierten sich die integrationspolitischen Bemühungen wieder auf einen Reformvertrag. Der 2007 unterzeichnete *Vertrag von Lissabon* vermied jegliche Verfassungsterminologie und -symbolik; inhaltlich basierte er jedoch weitgehend auf dem gescheiterten VVE. Darin wurden umfassende Änderungen und Ergänzungen des EUV und des AEUV (vormals EGV) vereinbart. Zu den wichtigsten Neuerungen zählten die Abschaffung der Säulenstruktur, die Überführung der EG in die EU und die Verbindlichmachung der Grundrechtecharta. Überdies wurde mit dem Präsidenten des Europäischen Rates ein neues Spitzenamt geschaffen; der Anwendungsbereich für qualifizierte Mehrheitsentscheidungen im Rat ausgeweitet; sowie die Mitentscheidung des Europäischen Parlaments zum „ordentlichen Gesetzgebungsverfahren" erklärt. Der Ratifikationsprozess gestaltete sich erneut schwierig. Diesmal fand nur in Irland ein Referendum statt, das zunächst zu einer Ablehnung führte, die in einem zweiten Referendum korrigiert wurde. Kurz zuvor hatte auch das Bundesverfassungsgericht dessen Vereinbarkeit mit dem Grundgesetz festgestellt (Abschn. 12.3). Am 1. Dezember 2009 konnte der Vertrag von Lissabon in Kraft treten. Er bildet den bis heute gültigen Kern des Primärrechts.

Parallel dazu erlebte die EU mit dem *Beitritt der MOE-Staaten* die größte Erweiterung ihrer Geschichte. Nachdem Ende der 1990er Jahre die ersten Beitrittsverhandlungen begonnen hatten, wurden 2004 zunächst zehn Länder aufgenommen (Estland, Lettland, Litauen, Polen, Tschechien, Slowakei, Slowenien, Ungarn, Malta und Zypern). Bulgarien und Rumänien folgten 2007, Kroatien trat 2013 bei. Damit wuchs die EU auf 28 Mitgliedstaaten.

Seit 2009 wurde kein erneuter Anlauf zu Vertragsreformen unternommen. Gleichwohl besteht weiterhin erheblicher Änderungsbedarf. Dies gilt insbesondere für die WWU, deren Konstruktion sich nur als bedingt tragfähig erwiesen hat. Bislang haben 19 EU-Staaten ihre nationale Währung durch den Euro ersetzt. Bevor ein Land den Euro einführt, muss es die im Maastrichter Vertrag festgelegten Konvergenzkriterien in Bezug auf Preisniveau, Zinsen, Wechselkurse und Staatsverschuldung erfüllen, die 1997 durch den sogenannten Stabilitäts- und Wachstumspakt weiter konkretisiert wurden (Hesse und Grotz 2005, S. 50–68). Auch und gerade für die deutsche Bundesregierung war dabei entscheidend, dass eine wechselseitige Haftung für Staatsschulden ausgeschlossen wurde (*„no bailout";* jetzt Art. 125 AEUV). Ebenso wurde der für die Geldpolitik zuständigen Europäischen Zentralbank (EZB) untersagt, Kredite an Mitgliedstaaten zu vergeben bzw. neu ausgegebene Staatsanleihen aufzukaufen.

Durch die *Staatsschuldenkrise,* die ab 2010 einige Euro-Länder erheblich betraf und damit auch die Stabilität der gemeinsamen Währung bedrohte, wurde dieser vertragsrechtliche Rahmen auf eine harte Probe gestellt. In diesem Zusammenhang einigten sich die Euro-Staaten auf einen bis dahin beispiellosen Notfallplan. Mit dem Europäischen Stabilisierungsmechanismus spannten sie gemeinsam mit der EU und dem Internationalen Währungsfonds (IWF) einen „Rettungsschirm" in Höhe von 750 Mrd. € auf, der Griechenland und die anderen durch die Krise bedrohten Euro-Länder absichern sollte. Dazu wurde die Europäische Finanzstabilisierungsfazilität (EFSF) außerhalb der EU-Verträge gegründet, die danach im Europäischen Stabilitätsmechanismus (ESM) aufging. Flankiert wurde dies durch den 2012 unterzeichneten „Europäischen Fiskalpakt", der die Einführung einer Schuldenbremse in den nationalen Verfassungen vorsah (Abschn. 4.2), sowie eine Reform der Europäischen Finanzmarktaufsicht. Außerdem beschloss die EZB ein groß angelegtes Ankaufprogramm für Staatsanleihen der Euro-Mitglieder. Durch diese außergewöhnlichen Anstrengungen gelang es, die akute Staatsschuldenkrise einzudämmen.

Allerdings befinden sich seit 2010 wesentliche Elemente der WWU außerhalb des primärrechtlichen Rahmens und sind damit der Kontrolle durch die EU-Organe entzogen. Daher wurde einerseits gefordert, die Eurozone der Aufsicht einer Parlamentarischen Versammlung zu unterstellen und so zu demokratisieren (Hennette et al. 2017). Andererseits wurden zahlreiche Klagen gegen die Eurorettungspolitik eingereicht – auch vor dem Bundesverfassungsgericht (Abschn. 12.3). Die Klägerinnen monierten vor allem, dass der Rettungsschirm die *„No bailout"*-Klausel verletze und die EZB mit ihrem Anleihekaufprogramm unzulässige Staatsfinanzierung betreibe. Selbst wenn alle noch anhängigen Klagen abgewiesen werden, bleibt am Ende die Frage, wie das außervertragliche Fundament der WWU in die Verfassungsordnung der EU integriert werden kann.

Angesichts der *Corona-Pandemie* kam es zu einer weiteren schweren Belastungsprobe des europäischen Verfassungsrahmens. Auf deutsch-französische Initiative hin verständigten sich die EU-Regierungen mit dem EP im November 2020 auf einen *„Wiederaufbaufonds"* von insgesamt 750 Mrd. €, der neben Krediten von 360 Mrd. € auch nicht-rückzahlbare Finanzhilfen im Umfang von 390 Mrd. € vorsieht, für die die EU erstmals selbst Schulden aufnehmen und bis 2058 zurückzahlen will (Matthes 2020). Diese Hilfen sollen primär den süd- und osteuropäischen Mitgliedstaaten zugutekommen, die von den ökonomischen Folgen der Pandemie besonders hart betroffen sind. Zugleich hat vor allem das EP einen „Rechtsstaatsmechanismus" durchgesetzt, durch den Mitgliedstaaten, die gegen grundlegende Standards von Demokratie und Rechtsstaatlichkeit verstoßen, die zugewiesenen EU-Mittel gekürzt werden können. Daraufhin drohten die Regierungen Ungarns und Polens, den gleichzeitig zu verabschiedenden mehrjährigen Unionshaushalt mit einem Veto zu blockieren. Dies machte einmal mehr deutlich, wie brüchig der Integrationskonsens unter den EU-Mitgliedern geworden ist.

Auch hinsichtlich der *territorialen Weiterentwicklung* gibt es *ungelöste Probleme*. Momentan hat die EU fünf Beitrittskandidaten: Albanien, Montenegro, Nordmazedonien (bis 2019: Mazedonien), Serbien und die Türkei. Als weitere Kandidaten kommen Bosnien-Herzegowina und das Kosovo in Betracht. Ob und wann diese Staaten EU-Mitglieder werden, ist nicht abzusehen. Vor allem ein Beitritt der Türkei gilt als unrealistisch. Darüber hinaus hat die EU seit Mitte der 2000er Jahre verschiedene Partnerschafts- und Handelsabkommen mit den südlichen Mittelmeeranrainern, den Kaukasusstaaten, Moldawien, Belarus und der Ukraine aufgelegt. Inwieweit dadurch Stabilität und Wohlstand in den genannten Nachbarstaaten gefördert und so regionale Spaltungslinien an den EU-Außengrenzen überwunden werden, lässt sich nicht genau abschätzen.

Den schwerwiegendsten Einschnitt der bisherigen Integrationsgeschichte markiert der *EU-Austritt des Vereinigten Königreichs*. Nachdem der „Brexit" im Juni 2016 in einem Referendum eine Wählermehrheit gefunden hatte, wurde er zum 31. Januar 2020 vollzogen. Dies ist freilich nur der Kulminationspunkt einer gesamteuropäischen Entwicklung, die durch eine stärkere Akzentuierung nationaler Eigeninteressen und desintegrative Tendenzen gekennzeichnet ist (Schimmelfennig und Winzen 2020). Ange-

3.1 Schrittweise Integration

sichts der Euro- und Flüchtlingskrise haben EU-skeptische Parteien weiter an Bedeutung gewonnen, was in den nationalen Parteiensystemen zu einer stärkeren Polarisierung hinsichtlich der europäischen Integration geführt hat (Hutter und Kriesi 2019). Somit scheint die Idee einer „immer engeren Union der Völker Europas" (Art. 1 EUV) die selbstverständliche Attraktivität verloren zu haben, die ihr zu Beginn des supranationalen Projekts innewohnte.

Tab. 3.1 fasst die wichtigsten Entwicklungsschritte der europäischen Verfassungsordnung zusammen. Dabei zeigt sich eine *doppelte Integrationsdynamik*. Seit Mitte der 1980er Jahre hat der Kompetenzumfang der EU stark zugenommen; gleichzeitig hat sich

Tab. 3.1 Die Entwicklung der europäischen Verfassungsordnung: Politische Vertiefung und territoriale Erweiterung

Jahr	Politische Vertiefung (Europäische Verträge und ihre Reformen)	Territoriale Erweiterung (Gründungsmitglieder, Beitritte, Austritte)
1952	Europäische Gemeinschaft für Kohle und Stahl	Deutschland, Frankreich, Italien, Belgien, Niederlande, Luxemburg
1954	*Europäische Verteidigungsgemeinschaft*	
1958	Römische Verträge (EWG, EURATOM)	
1973		Vereinigtes Königreich, Irland, Dänemark
1981		Griechenland
1986		Spanien, Portugal (EG-12)
1987	Einheitliche Europäische Akte	
1990		Ostdeutschland (ehemalige DDR)
1993	Vertrag von Maastricht	
1995		Finnland, Schweden, Österreich (EU-15)
1999	Vertrag von Amsterdam	
2003	Vertrag von Nizza	
2004		Estland, Lettland, Litauen, Polen, Tschechien, Slowakei, Slowenien, Ungarn, Malta, Zypern (EU-25)
2005	*Vertrag über eine Verfassung für Europa*	
2007		Bulgarien, Rumänien (EU-27)
2009	Vertrag von Lissabon	
2013		Kroatien (EU-28)
2020		*Austritt des Vereinigten Königreichs* (EU-27)

Quelle: Eigene Darstellung nach Grotz und Kretschmer (2015, S. 117). Gescheiterte Vertiefungsschritte bzw. Desintegrationsschritte sind kursiv gesetzt. Bei den Europäischen Verträgen ist jeweils das Jahr ihres Inkrafttretens angegeben; ihre Unterzeichnung erfolgte in der Regel ein oder zwei Jahre früher (siehe Text).

die Anzahl ihrer Mitglieder mehr als verdoppelt. Daraus resultieren zwei *Konsequenzen für das deutsche Regierungssystem.* Zum einen ist die *EU-Politik* mittlerweile *integraler Bestandteil der innenpolitischen Willensbildung und Entscheidungsfindung.* Der supranationale Aufgabenbestand erzeugt einen erheblichen Anpassungsbedarf der innerstaatlichen Strukturen und politisch-administrativen Routinen, damit die deutschen Interessen in einer Union mit 27 Mitgliedstaaten effektiv artikuliert und die europarechtlichen Normen regelkonform umgesetzt werden können. Zum anderen erfordert die Europäisierung der Gesetzgebung eine *demokratisch legitimierte Willensbildung und Entscheidungsfindung auf supranationaler Ebene,* um die Akzeptanz der EU bei den Bürgerinnen zu gewährleisten.

3.2 Das EU-Regierungssystem: Ansätze zu einer Mehrebenen-Demokratie

Die *Grundstruktur des EU-Regierungssystems* war bereits im EGKS-Vertrag angelegt: eine supranationale Hohe Behörde, die später in Europäische Kommission umbenannt wurde und die wichtigsten Exekutivaufgaben übernahm; ein Rat nationaler Minister, der die politischen Entscheidungen traf und dabei von einer Versammlung nationaler Parlamentarier beraten wurde, aus der dann das Europäische Parlament (EP) hervorging; sowie ein Europäischer Gerichtshof (EuGH), der für die Rechtsprechung der Gemeinschaft zuständig war. Damit hatte das europäische Regierungssystem von Anfang an gewaltenteilige Züge, die an nationalstaatliche Verfassungstraditionen angelehnt waren (Jachtenfuchs 2002). Zugleich ist die EU bis heute eine Staatenunion geblieben und unterscheidet sich damit von den demokratischen Verfassungsordnungen ihrer Mitglieder.

Wie demokratisch ist das Regierungssystem der EU? Diese Frage hat im Zeitverlauf an Brisanz gewonnen. Wenn über immer mehr politische Sachfragen auf EU-Ebene entschieden wird, reicht es nicht mehr, diese Entscheidungen gegenüber den Bürgerinnen mit ihrer inhaltlichen Angemessenheit zu rechtfertigen (Output-Legitimation; Scharpf 1999). Vielmehr muss die europäische Politik über institutionalisierte Partizipations- und Repräsentationsstrukturen an den Volkssouverän rückgebunden werden, um dem Anspruch einer Demokratie zu genügen (Input-Legitimation). Weil es sich bei der EU aber um ein Mehrebenensystem handelt, ist grundsätzlich von *„zwei Volkssouveränitäten"* (Kielmansegg 2009, S. 232) auszugehen: der Souveränität der Unionsbürgerinnen und der Souveränität der Bürgerinnen der einzelnen Mitgliedstaaten. Folglich können zwei unterschiedliche Typen demokratischer Institutionen zur Input-Legitimation der EU beitragen. *Supranationale Institutionen* zielen auf die Partizipations- und Repräsentationsgleichheit der einzelnen Unionsbürgerinnen. *Intergouvernementale Institutionen* sichern dagegen die gleiche Partizipation und Repräsentation der demokratisch gewählten Regierungen der Mitgliedstaaten, die wiederum die Interessen ihrer Bürgerinnen vertreten. Das EU-Regierungssystem benötigt also sowohl supranationale

3.2 Das EU-Regierungssystem: Ansätze zu einer Mehrebenen-Demokratie

als auch intergouvernementale Institutionen, um seine demokratische Legitimation sicherzustellen. Ihre konkrete Ausgestaltung ist jedoch eine besondere Herausforderung, wenn alle 27 Mitgliedstaaten mit ihrer unterschiedlichen Größe angemessen eingebunden werden sollen und zugleich die Entscheidungsfähigkeit des Regierungssystems sichergestellt werden soll. Dieses „Demokratie-Dilemma" wird beim Blick auf die einzelnen EU-Institutionen deutlich (Steffani 1995; Hodson und Peterson 2017).

Der *Rat der EU,* auch als Ministerrat oder kurz Rat bezeichnet (Art. 16 EUV), setzt sich aus je einem Vertreter der nationalen Regierungen zusammen und repräsentiert somit die Interessen der Mitgliedstaaten. Er entscheidet über die europäischen Gesetzgebungsakte, eine Aufgabe, die er sich in den meisten Zuständigkeitsbereichen mit dem Europäischen Parlament teilt. Der Rat tagt je nach Entscheidungsmaterie in verschiedenen Zusammensetzungen. Nachdem zeitweise bis zu 20 Ratsformationen existierten, ist ihre Anzahl seit dem Lissabonner Vertrag auf zehn begrenzt. Besondere Bedeutung kommt dem Rat der Außenminister zu, der sowohl für „Außenbeziehungen" als auch für „Allgemeine Angelegenheiten" zuständig ist und daher die Arbeit der anderen Fachministerräte koordiniert. Das Vertragsrecht definiert die Kriterien für die Ratsmitgliedschaft relativ allgemein. Deswegen können dort auch deutsche Landesminister die Vertretung der Bundesrepublik in bestimmten Bereichen übernehmen (Abschn. 11.3). Die Ratspräsidentschaft wechselt halbjährlich zwischen den Mitgliedstaaten. Um gleichwohl eine gewisse Kontinuität zu gewährleisten, gibt es seit 2007 „Trio-Präsidentschaften", bei denen jeweils drei aufeinanderfolgende Vorsitzstaaten ihr Arbeitsprogramm koordinieren. Allein der Rat für Auswärtige Angelegenheiten tagt unter dem ständigen Vorsitz des Hohen Vertreters für Außen- und Sicherheitspolitik (Art. 18 EUV). Darüber hinaus überwacht der Rat die Umsetzung des EU-Rechts. Dazu besteht ein System von etwa 250 Ausschüssen („Komitologie"), die sich aus nationalen Ministerialbeamtinnen und Expertinnen zusammensetzen und unter dem Vorsitz der Kommission tagen.

Die *Abstimmungsregeln im Rat* haben sich im Zeitverlauf verändert. In der Frühphase der europäischen Integration galt durchgängig Einstimmigkeit als Entscheidungsregel. Mit zunehmender Anzahl und Heterogenität der Mitgliedstaaten ließ sich dieses rein intergouvernementale Verfahren nicht aufrechterhalten, weil sonst die Blockadeanfälligkeit des Systems massiv gestiegen wäre. Heute entscheidet der Rat in den meisten Politikfeldern mit qualifizierter Mehrheit. Deren Ausgestaltung war lange Zeit hochumstritten, weil einzelne Regierungen überstimmt werden können und die Entscheidungen trotzdem „zuhause" umsetzen müssen. Nach dem Lissaboner Vertrag gilt nun die *doppelte Mehrheit* als Standardverfahren: Demnach müssen 55 % der Mitgliedstaaten zustimmen, die zugleich 65 % der EU-Bevölkerung repräsentieren; für eine Sperrminorität sind mindestens vier Mitgliedstaaten erforderlich (Art. 16 EUV). Somit wurde ein Übergang in Richtung eines supranationalen Abstimmungsmodus vollzogen, wobei nach wie vor hohe Konsenshürden gelten und außerdem die unterschiedliche Bevölkerungsgröße der Mitgliedstaaten berücksichtigt wird.

Bei seinen Legislativaufgaben wird der Rat von einem Ausschuss der Ständigen Vertreter (frz. Abkürzung: COREPER) unterstützt, der sich aus den EU-Botschafterinnen der Mitgliedstaaten (COREPER II) bzw. ihren Stellvertretern (COREPER I) zusammensetzt (Art. 240 AEUV). Da sich der Ausschuss kontinuierlich trifft, wird die zwischenstaatliche Konsensbildung erheblich erleichtert. Dieser Korpsgeist hat dem COREPER die ironische Bezeichnung „Ständige Verräter" eingetragen – was zeigt, wie stark intergouvernementale und supranationale Handlungsorientierungen ineinandergreifen (Abschn. 10.3).

Ein weiteres intergouvernementales EU-Organ ist der *Europäische Rat (ER)*. Er besteht aus den Staats- und Regierungschefs der 27 Mitgliedsländer, einem Ratspräsidenten sowie dem Präsidenten der Europäischen Kommission (Art. 15 EUV). An seinen Treffen nehmen auch der Hohe Vertreter für die Außen- und Sicherheitspolitik sowie je nach Thema weitere Regierungs- und Kommissionsmitglieder teil. Der Ratspräsident wird vom ER mit qualifizierter Mehrheit für eine Amtszeit von zweieinhalb Jahren gewählt und kann einmal wiedergewählt werden (Art. 15 Abs. 6 EUV).

In den EG-Gründungsverträgen war der ER noch nicht vorgesehen. Seit Mitte der 1970er Jahre tagt er in regelmäßigen Abständen, doch erst mit dem Lissabonner Vertrag erhielt er den Status eines EU-Organs und einen ständigen Präsidenten. Anders als der Ministerrat wird er „nicht gesetzgeberisch tätig", sondern fungiert als Impulsgeber der Integration, indem er die „allgemeinen politischen Zielvorstellungen und Prioritäten" festlegt (Art. 15 Abs. 1 EUV). Darüber hinaus ist er die Letztinstanz für alle politischen Streitfragen in der EU. Der ER trifft sich mindestens viermal pro Jahr und präsentiert dann seine „Schlussfolgerungen" der Öffentlichkeit. Sie enthalten sowohl politische Absichtserklärungen als auch konkrete Aufforderungen an die Kommission, in bestimmten Bereichen tätig zu werden. Obwohl der ER grundsätzlich „im Konsens" entscheidet (Art. 15 Abs. 4 EUV) und sich damit am intergouvernementalen Prinzip orientiert, kommt es nur selten zu offenen Blockaden. Gerade die informelle Atmosphäre der Treffen hat mit dazu beigetragen, dass der ER auch in schwierigen Konstellationen handlungsfähig geblieben ist und weitergehende Integrationsschritte befördert hat (Fabbrini und Puetter 2016).

Das *Europäische Parlament* ist das einzige direkt gewählte EU-Organ und repräsentiert damit die europäische Bürgerschaft. Es umfasst derzeit 705 Abgeordnete, die für fünf Jahre gewählt werden, wobei die Parlamentssitze nach festgelegten Kontingenten auf die 27 Mitgliedstaaten verteilt werden (Art. 14 EUV). Der Verteilungsschlüssel basiert auf dem Prinzip der „degressiven Proportionalität", das einen Ausgleich zwischen der Repräsentationsgleichheit der Mitgliedstaaten (intergouvernemental) und der Unionsbürgerinnen (supranational) herzustellen sucht. Deswegen erhält Deutschland als bevölkerungsreichster Staat 96 Sitze, während Malta als kleinstes Land sechs Abgeordnete entsendet. Somit entfallen in Deutschland etwa 865.000 Einwohnerinnen auf eine Abgeordnete; in Malta sind es gut 82.000 (eigene Berechnung auf Basis von Eurostat 2019). Die EP-Mandate werden innerhalb der nationalen Kontingente nach Verhältnisprinzip vergeben. Da die Mitgliedstaaten die konkreten Wahlrechtsbestimmungen

3.2 Das EU-Regierungssystem: Ansätze zu einer Mehrebenen-Demokratie

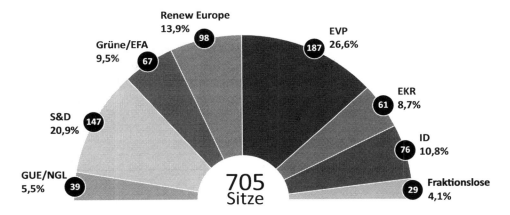

Abb. 3.1 Fraktionen im Europäischen Parlament (2019–2024).
Quelle: Eigene Darstellung. Sitzverteilung am 1. Februar 2020 (nach Brexit). Da einem spanischen Abgeordneten das Mandat aberkannt wurde, ist ein Sitz unbesetzt

für ihre Mandatskontingente autonom regeln dürfen, fallen die Repräsentationshürden für kleine Parteien unterschiedlich aus (Abschn. 5.3).

Trotz des national segmentierten Wahlsystems organisieren sich die Mitglieder des Europäischen Parlaments (MdEP) nach parteipolitischen Orientierungen in transnationalen Fraktionen (Abschn. 6.3). Allerdings gibt es auf EU-Ebene keine klassischen Parteien, sondern nur mehr oder minder lose Zusammenschlüsse nach ideologischen Familien, denen auch die meisten deutschen Parteien beigetreten sind. Derzeit sind im EP sieben Fraktionen repräsentiert (Abb. 3.1). Darunter stellt die Europäische Volkspartei (EVP), der CDU und CSU angehören, die größte Gruppierung, gefolgt von der Progressiven Allianz der Sozialdemokraten (S&D), der sich die SPD angeschlossen hat. Die Abgeordneten der FDP und der Freien Wähler sind der liberalen „Renew Europe"-Fraktion beigetreten. Die Grünen haben mit ihren europäischen Schwesterparteien die Fraktion „Die Grünen/Europäische Freie Allianz" gebildet; darunter finden sich auch Abgeordnete weiterer deutscher Parteien (ÖDP, Piraten), ein in Deutschland gewählter Abgeordneter der transnationalen Bewegung „Volt" sowie ein parteiloser Abgeordneter (ehemals PARTEI). Die AfD ist Mitglied der Fraktion „Identität und Demokratie" (ID), die aus diversen rechtspopulistischen und -extremen Parteien besteht. Hinzu tritt eine Fraktion konservativer und EU-skeptischer Parteien (EKR); aus Deutschland ist darin nur die Familien-Partei mit einem Abgeordneten vertreten. Die kleinste Fraktion bildet „Die Linke im Europäischen Parlament (GUE/NGL)", der verschiedene sozialistische und kommunistische Parteien – darunter Die Linke – angehören. Etwa vier Prozent der MdEP (29) sind fraktionslos; die meisten davon kommen von unterschiedlichen Kleinparteien (aus Deutschland: ein Abgeordneter der PARTEI).

Den Parlamentsvorsitz hat ein Präsident inne, der für zweieinhalb Jahre vom Plenum gewählt wird. Die Binnenorganisation des EP folgt dem Modell des Arbeitsparlaments, d. h. Beratung und Beschlussfassung finden größtenteils in den 20 Fachausschüssen statt, die proportional zum Plenum besetzt sind – ähnlich wie im Deutschen Bundestag (Abschn. 9.2). Die wichtigste Aufgabe des EP ist die Entscheidung über Gesetzesakte, die es sich in den meisten Politikbereichen mit dem Rat teilt. Allerdings hat es kein Initiativrecht, sondern kann nur die Europäische Kommission dazu auffordern, einen Gesetzesentwurf vorzulegen. Außerdem entscheidet es gemeinsam mit dem Rat über den jährlichen Haushaltsentwurf der Kommission. Nicht zuletzt kontrolliert es die Einsetzung der Kommission und kann sie auch unter bestimmten Voraussetzungen abwählen (s. unten).

Seit Beginn des Integrationsprozesses wurde das EP von allen EU-Organen am meisten gestärkt. Daher gilt es als die Institution, in der sich die schrittweise Demokratisierung des EU-Regierungssystems am deutlichsten manifestiert. Zugleich weist es noch immer strukturelle Defizite im Vergleich zu den demokratischen Parlamenten der Mitgliedstaaten auf. Dazu zählen vor allem das fehlende Initiativrecht, das eingeschränkte Haushaltsrecht und das begrenzte Kontrollrecht gegenüber der Kommission. Hinzu kommt die ungleiche Repräsentation durch die degressive Proportionalität. Nicht zuletzt macht dem EP sein geringer Stellenwert in der europäischen Öffentlichkeit zu schaffen. Obwohl die Beteiligung bei den letzten Europawahlen von 42,6 % (2014) auf 50,6 % (2019) angestiegen ist, gelten sie in den Augen der Bürgerinnen nach wie vor als „zweitrangig" (Braun und Tausendpfund 2020; Abschn. 5.3).

Die *Europäische Kommission* ist das zentrale Exekutivorgan der EU. Wie das EP ist auch sie eine supranationale Institution: Ihre Hauptaufgabe besteht darin, die allgemeinen Interessen der Union zu fördern (Art. 17 Abs. 1 EUV). Die Kommission besteht aus 27 Mitgliedern (je einem pro Mitgliedstaat) sowie aus der diesem Kollegium unterstellten Verwaltungsbehörde. Jeder Kommissar hat ein eigenständiges Ressort, ähnlich wie Bundes- oder Landesminister in Deutschland. Ein Mitglied bekleidet das Amt des Kommissionspräsidenten; der Hohe Vertreter für die GASP ist zugleich einer der Vizepräsidenten.

Die Kommission wird nach jeder Europawahl neu gebildet. Dazu schlägt der ER mit qualifizierter Mehrheit eine Person für das Amt des Kommissionspräsidenten vor, wobei das Ergebnis der Europawahlen zu „berücksichtigen" ist (Art. 17 Abs. 7 EUV). Diese Person muss dann vom EP bestätigt werden. Danach werden die restlichen Kommissionsmitglieder von den einzelnen Regierungen nominiert und als einheitliche Vorschlagsliste dem EP zur Zustimmung vorgelegt. Bei einem positiven Parlamentsvotum wird die Kommission vom ER mit qualifizierter Mehrheit ernannt. Nach ihrer Einsetzung ist die Kommission politisch weitgehend unabhängig. Sie kann allein durch das EP mit Zwei-Drittel-Mehrheit abberufen werden. Bislang fand nur eine Kommission ein vorzeitiges Ende: 1999 trat das von Jacques Santer geleitete Kollegium zurück, da es sich mit Korruptionsvorwürfen konfrontiert sah und so einem parlamentarischen Misstrauensvotum zuvorkam. Die Kommission fasst ihre Beschlüsse nach Mehrheitsprinzip;

faktisch wird meist ein Konsens angestrebt. Jeder Kommissar verfügt über einen persönlichen Beraterkreis, bestehend aus sechs bis neun Beamtinnen („Kabinett"), die der jeweils zugeordneten Ressortverwaltungen („Generaldirektionen") weisungsbefugt sind. Dem Kommissionspräsident kommt eine herausragende Rolle zu: Er repräsentiert das Kollegium nach außen, legt die Leitlinien der Kommissionspolitik fest und kann sogar die einzelnen Mitglieder der Kommission zum Rücktritt zwingen.

Die Kommission nimmt eine Reihe von Aufgaben wahr, die dem Kompetenzprofil nationaler Exekutiven ähneln, aber auf ihre spezielle Rolle als supranationale Institution zugeschnitten sind. Bei der EU-Gesetzgebung verfügt sie als einziges Organ über das Initiativrecht. Diese Regelung hat zu einer integrationsfreundlichen Rechtsetzung beigetragen, die in vielen Fällen über den kleinsten gemeinsamen Nenner der mitgliedstaatlichen Interessen hinausging. Außerdem ist sie *die* Garantin des Binnenmarkts, indem sie den ökonomischen Wettbewerb beaufsichtigt und gegen unerlaubte staatliche Beihilfen vorgeht. Zu den Aufgaben der Kommission gehören ferner die Umsetzung des EU-Haushalts sowie die Überwachung des gemeinschaftlichen Rechtsvollzugs (Abschn. 3.3).

Das oberste rechtsprechende Organ der EU ist der *Europäische Gerichtshof*. Er besteht aus 27 Richtern (je eine pro Mitgliedstaat), die von den nationalen Regierungen einstimmig für sechs Jahre nach Anhörung vor einem Sachverständigenausschuss ernannt werden (Art. 255 AEUV). Eine Wiederernennung ist möglich. Dazu kommen neun Generalanwälte, die das Richtergremium mit Entscheidungsvorschlägen und Gutachten unterstützen. Der Präsident des EuGH, der für drei Jahre aus dessen Mitte gewählt wird, sitzt den Anhörungen und Beratungen vor und leitet die Gerichtsverwaltung. Der Gerichtshof tagt nur selten im Plenum, sondern tritt meist als Große Kammer (13 Richter) oder kleinere Kammern (mit je 3–5 Richter) zusammen.

Der EuGH ist für die einheitliche und verbindliche Auslegung des Unionsrechts zuständig. Dabei verfügt er auch über die Kompetenzen eines Verfassungsgerichts (Höreth 2008). Durch seine integrationsfreundliche Rechtsprechung hat er entscheidend zur supranationalen Entwicklung der EU beigetragen. Bereits 1963 stellte er in der „Van Gend & Loos"-Entscheidung fest, dass die EWG „eine neue Rechtsordnung des Völkerrechts" sei, die in den Mitgliedstaaten einheitlich und unmittelbar anzuwenden sei. Diese Judikatur wurde durch die „Costa/ENEL"-Entscheidung von 1964 und weitere Urteile bestätigt und ergänzt. Von besonderer Bedeutung ist dabei das Vorabentscheidungsverfahren, in dem sich nationale Gerichte bei Auslegungsschwierigkeiten des Unionsrechts direkt an den EuGH wenden können (Art. 267 AEUV). Das betreffende Gericht hat dann die entsprechende Auskunft des EuGH zu berücksichtigen. 2014 hat auch das Bundesverfassungsgericht erstmals davon Gebrauch gemacht (Abschn. 12.3). Außerdem kann die Europäische Kommission den EuGH im Rahmen eines Vertragsverletzungsverfahrens anrufen. Bei einer Nichtigkeitsklage überprüft er, ob EU-Organe gegen Unionsrecht verstoßen, wenn andere Organe, juristische oder natürliche Personen klagen. Schließlich können Mitgliedstaaten, EU-Organe oder betroffene Personen eine Untätigkeitsklage anstrengen, wenn sie EU-Institutionen europarechtswidriges Nichthandeln zur Last legen. Unterstützt wird der EuGH durch das Gericht der Europäischen Union

(EuG; vor 2009: Gericht Erster Instanz) und das Gericht für den öffentlichen Dienst der Europäischen Union (EUGöD), die ihm beide nachgeordnet sind.

Darüber hinaus gibt es noch zwei weitere EU-Organe mit speziellen Funktionen. Die *Europäische Zentralbank,* die 1998 nach dem Modell der deutschen Bundesbank eingerichtet wurde, hat die primäre Aufgabe, die Preisstabilität des Euro zu gewährleisten (Art. 282 Abs. 2 AEUV). Ihr wichtigstes Entscheidungsorgan ist der EZB-Rat, dem das Direktorium (Präsident, Vizepräsident und vier weitere Mitglieder, alle von den Staats- und Regierungschefs der Mitgliedsländer einvernehmlich für acht Jahre ernannt) und die Zentralbankpräsidenten der Euro-Länder angehören. Das EZB-Direktorium ist für die gemeinsame Geldpolitik zuständig, wobei es gegenüber den Zentralbanken der Euro-Gruppe weisungsberechtigt ist. Außerdem obliegen der EZB die Durchführung von Devisengeschäften, die Verwaltung der mitgliedstaatlichen Währungsreserven und die Förderung eines reibungslosen Zahlungsverkehrs.

Der *Europäische Rechnungshof (EuRH)* ähnelt weitgehend den Rechnungshöfen, die es in Deutschland auf Bundes- und Länderebene gibt (Abschn. 9.2). Für Rechnungsprüfung und Haushaltskontrolle zuständig, legt er einen jährlichen Bericht zur Verwendung der EU-Finanzen vor. Im Fall von Unregelmäßigkeiten informiert er das Europäische Amt für Betrugsbekämpfung (OLAF), das dann ermittelnd tätig wird.

Schließlich sind zwei Gremien zu erwähnen, die eine beratende Funktion bei der europäischen Willensbildung und Entscheidungsfindung innehaben. Dies ist zum einen der *Europäische Wirtschafts- und Sozialausschuss (EWSA),* der bereits seit den Römischen Verträgen (1957) existiert und Vertreterinnen verschiedener Interessengruppen umfasst (Arbeitgeberinnen, Arbeitnehmerinnen, Verbraucherinnen etc.). Zum anderen vereint der *Europäische Ausschuss der Regionen (AdR)* Repräsentantinnen der subnationalen Regionen, Städte und Gemeinden und soll so den dezentralen Interessen auf EU-Ebene Gehör verschaffen. Beide Ausschüsse umfassen jeweils 329 Mitglieder, die von den nationalen Regierungen entsandt werden. Der Verteilungsschlüssel auf die Mitgliedstaaten folgt dabei der degressiven Proportionalität. Im Unterschied zum Europäischen Parlament ist Deutschland hier den zweitgrößten Mitgliedstaaten Frankreich und Italien gleichgestellt: Alle drei entsenden jeweils 24 Mitglieder in den EWSA und den AdR. Aufgrund der geringen Kompetenzausstattung der beiden Ausschüsse ergibt sich daraus keine substanzielle Beeinträchtigung des supranationalen Demokratieprinzips.

Abb. 3.2 stellt das Beziehungsgefüge der EU-Institutionen im Überblick dar. Daraus lassen sich zwei Schlussfolgerungen ableiten, die für das Verständnis des supranationalen Rahmens der bundesdeutschen Politik wichtig sind. Erstens: Das EU-Regierungssystem besteht aus einer *Kombination aus intergouvernementalen und supranationalen Institutionen.* Obwohl die einzelnen Institutionen schwerpunktmäßig jeweils einem Repräsentationsprinzip zuzuordnen sind, weist ihre Binnenorganisation auch Elemente des anderen Prinzips auf. Wenn man davon ausgeht, dass sowohl das intergouvernementale als auch das supranationale Prinzip zur demokratischen Input-Legitimation beitragen, kann man die EU als eine *Mehrebenen-Demokratie mit*

3.3 Die Europäisierung der deutschen Innenpolitik

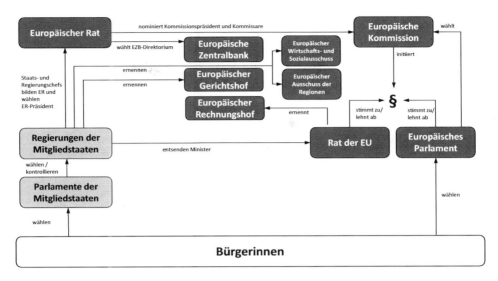

Abb. 3.2 Das EU-Regierungssystem.
Quelle: Eigene Darstellung

Abstrichen bezeichnen. Die Abstriche ergeben sich daraus, dass das intergouvernementale Prinzip auf EU-Ebene stärkeres Gewicht hat als in einem demokratischen Bundesstaat und umgekehrt das direkt gewählte EP als Sitz des „Unionsvolks" schwächere Kompetenzen hat als die nationalen Volksvertretungen.

Zweitens: Das EU-Regierungssystem hat aufgrund seiner ausgeprägten Gewaltenteilung *konsensdemokratische Züge* (Costa und Magnette 2003). Politische Akteurinnen aus Deutschland sind dabei an verschiedenen Stellen repräsentiert. Doch obwohl die Bundesrepublik der mit Abstand größte Mitgliedstaat ist, verfügt sie auf EU-Ebene über kein absolutes Vetorecht, geschweige denn eine alleinige Gestaltungsmacht. Daher müssen deutsche Interessenvertreterinnen Kooperationen mit anderen nationalen und europäischen Akteurinnen eingehen, um ihre politischen Positionen durchzusetzen.

3.3 Die Europäisierung der deutschen Innenpolitik: Mitgestaltung und Implementation

So ausdifferenziert die Politik auf EU-Ebene ist, so vielfältig sind ihre Auswirkungen auf die nationalstaatliche Politik. Da inzwischen „alle Bereiche des Politischen […] von Europäisierungstendenzen betroffen" sind (Sturm und Pehle 2012, S. 347), müssen sich auch die Institutionen und Akteurinnen der bundesdeutschen Demokratie an den supranationalen Rahmen anpassen. Zum einen beginnt die *europapolitische Mitgestaltung* in Bund, Ländern und Kommunen. Wer supranationale Entscheidungen im Sinne der Bürgerinnen beeinflussen will, muss möglichst früh und umfassend über die politischen

Prozesse auf EU-Ebene informiert sein, die eigenen Interessen kohärent formulieren und strategische Bündnisse schmieden. Zum anderen erfolgt die *Implementation europäischer Rechtsnormen* durch die Mitgliedstaaten im Einklang mit den Vorgaben der Grundrechtecharta (Art. 51 Abs. 1 GRCh). Dafür braucht es nicht nur besondere administrative Kapazitäten, sondern auch politisches Know-how, wie EU-Regelungen rechtskonform umgesetzt werden können, ohne dass es zu innenpolitisch unerwünschten Änderungen der bisherigen Regierungs- und Verwaltungspraxis kommt.

Der funktionale Anpassungsbedarf und die tatsächlichen Veränderungen aufgrund der europäischen Integration stellen sich für die Strukturdimensionen des deutschen Regierungssystems unterschiedlich dar. Sie werden in den weiteren Kapiteln des Buchs ausführlich behandelt. Um diese Einzeldarstellungen besser einordnen zu können, geben wir im Folgenden einen *systematischen Überblick über die Europäisierung der deutschen Innenpolitik*. Zunächst wird die inhaltliche Bandbreite der EU-Politik skizziert, um zu verdeutlichen, wie wichtig die politische Mitgestaltung auf supranationaler Ebene ist. Daraufhin geht es um typische Probleme bei der Implementation europäischer Regelungen, woraus ebenfalls spezifische Anforderungen an das nationale Regierungssystem resultieren. Abschließend werden die wichtigsten Herausforderungen und Konsequenzen benannt, die sich daraus für die Institutionen und intermediären Organisationen in der Bundesrepublik ergeben.

Das *inhaltliche Spektrum europarechtlicher Regelungen* hat sich im Laufe des Integrationsprozesses kontinuierlich erweitert. Inzwischen gibt es fast keinen öffentlichen Aufgabenbereich mehr, in dem die EU überhaupt keine Kompetenzen besitzt. Der AEUV teilt die bereichsspezifischen Kompetenzen der Union in fünf Kategorien ein (Art. 2–6 AEUV):

- Bei *ausschließlicher Zuständigkeit* kann nur die EU Rechtsakte erlassen. Die Mitgliedstaaten dürfen lediglich tätig werden, wenn sie von der Union dazu ermächtigt werden. Dieser Bereich umfasst die Zollunion, die Wettbewerbspolitik, die Währungspolitik der Euro-Länder, die Außenhandelspolitik und den maritimen Artenschutz.
- Bei *geteilter Zuständigkeit* ist der EU ein bestimmter Teil der gesetzgeberischen Tätigkeit übertragen, während die Mitgliedstaaten für den anderen Teil zuständig sind. Dies gilt für eine breite Palette von Aufgabenbereichen: Binnenmarktregulierung, Struktur- und Regionalpolitik, Landwirtschaft und Fischerei, Umwelt, Verbraucherschutz, Verkehr und transeuropäische Netze, Energie, Entwicklungszusammenarbeit sowie Teile der Forschungs-, der Innen- und Justiz-, der Sozial- und der Gesundheitspolitik.
- Darüber hinaus nimmt die Union die *Koordinierung in der Wirtschafts-, Sozial- und Beschäftigungspolitik* zwischen den Mitgliedstaaten wahr.
- Ferner ist sie für *Unterstützungs- und Ergänzungsmaßnahmen nationalstaatlicher Politik* in verschiedenen Feldern zuständig (Gesundheitsschutz, Industrie, Kultur,

Tourismus, allgemeine und berufliche Bildung, Jugend und Sport, Katastrophenschutz und Verwaltungszusammenarbeit).
- Schließlich kommt die *Weiterentwicklung der Gemeinsamen Außen-, Sicherheits- und Verteidigungspolitik* hinzu (vgl. Art. 21–46 EUV).

Dieser Katalog vermittelt einen ersten Eindruck davon, wie sehr die *Entscheidungskompetenzen der EU nach Politikfeldern variieren*. Zudem haben die Unionsorgane sehr unterschiedlichen Gebrauch davon gemacht (Sturm 2016, S. 225–228). Heute sind die Handels-, Wettbewerbs- und Währungspolitik als ausschließliche Zuständigkeitsbereiche der EU dem nationalen Gesetzgeber weitestgehend entzogen. Ähnliches gilt für die Agrarpolitik sowie weite Teile der Umwelt-, Struktur- und Regionalpolitik, die allesamt in der geteilten Zuständigkeit angesiedelt sind. In diesen Bereichen findet die demokratische Interessenvermittlung also überwiegend auf europäischer Ebene statt. Andere Politikfelder wie Justiz und Inneres sind zwar noch nicht so lange und auch nur partiell durch supranationale Regelungen geprägt, haben aber gerade in jüngster Zeit eine zunehmende Europäisierung erfahren.

Ähnlich wie die nationale Gesetzgebung nutzt auch die europäische Rechtsetzung *verschiedene Steuerungsinstrumente,* um politische Ziele zu erreichen. In den meisten Politikfeldern der EU liegt der Schwerpunkt auf *regulativen Maßnahmen,* die bestimmte Vorgaben machen und so unionsweit einheitliche Spielregeln schaffen (Majone 1994). Dies kann entweder durch den Abbau staatlicher Wettbewerbs- und Handelsbeschränkungen („negative Integration") oder durch die Schaffung neuer Standards erreicht werden („positive Integration"; Scharpf 1999, S. 49). Regulative Politiken sind nur scheinbar mit geringem Ressourcenaufwand verbunden. Tatsächlich können sie erhebliche Folgekosten für die öffentliche Verwaltung, Wirtschaft und Gesellschaft nach sich ziehen. Beispielsweise wurde die deutsche Luftreinhaltepolitik, die traditionell auf Emissionsvermeidung setzte, durch die Europäisierung fundamental verändert, weil die europarechtlichen Normen auf Umweltqualitätsstandards abstellen und damit die erreichten Ziele überprüfen (Jörgens und Saerbeck 2016).

Demgegenüber sind die europäischen Politiken, die durch die Umverteilung finanzieller Ressourcen zustande kommen *(redistributive Maßnahmen),* in ihrer Wirkmächtigkeit stärker begrenzt als auf nationalstaatlicher Ebene. Zum einen ist das EU-Budget, dessen Rahmen die Staats- und Regierungschefs in regelmäßigen Abständen festlegen (Hesse und Grotz 2005, S. 216–221), deutlich geringer als die öffentlichen Haushalte der Mitgliedstaaten. Allein der deutsche Bundeshaushalt sah für 2019 – noch vor der Corona-Krise – Ausgaben in Höhe von 357 Mrd. € vor, während der gesamte Unionshaushalt für dasselbe Jahr 166 Mrd. € umfasste. Zum anderen setzt das EU-Budget andere Schwerpunkte: Während der größte Teil des Bundeshaushalts mit etwa 40 % auf „Arbeit und Soziales" entfällt, fließen etwa drei Viertel der EU-Finanzmittel in die Landwirtschaft und die Struktur- und Regionalförderung. Diese Ressourcen werden wiederum nicht proportional unter den Mitgliedstaaten aufgeteilt, sondern sind überwiegend für die strukturschwachen Regionen der süd- und osteuropäischen Länder bestimmt. Gleichwohl hat die europäische Strukturpolitik auch in der Bundesrepublik eine bedeutsame Rolle gespielt (Zimmermann 2016). Dies gilt insbesondere für die ostdeutschen Länder, die nach der Wiedervereinigung als relativ „arme" Regionen umfangreiche Fördermittel aus Brüssel erhalten haben. Da sich das sozioökonomische Niveau Ostdeutschlands im Vergleich zu anderen EU-Regionen inzwischen verbessert hat, sinken auch die entsprechenden Mittelzuweisungen und damit deren Einfluss auf die innerdeutsche Struktur- und Regionalförderung.

Ein Europäisierungsdruck auf das deutsche Regierungssystem ergibt sich nicht nur aus dem Erfordernis, die supranationale Rechtsetzung aktiv mitzugestalten, sondern auch daraus, dass die *EU-Normen durch die Mitgliedstaaten fristgerecht und vollständig implementiert werden müssen.* Dies gilt insbesondere für die beiden wichtigsten Rechtsakte der EU (Abschn. 3.1): die Verordnungen, die unmittelbar wirksam sind und daher direkt von den Verwaltungen zu vollziehen sind, und die Richtlinien, die erst in nationales Recht umgewandelt werden müssen und damit auch die jeweiligen Parlamente beanspruchen, bevor sie administrativ vollzogen werden. Die Einhaltung des Rechtsvollzugs in den Mitgliedstaaten wird von der Europäischen Kommission überwacht. Bei Verstößen kann sie ein *Vertragsverletzungsverfahren* vor dem EuGH anstrengen, was im Falle einer Verurteilung zu erheblichen Strafzahlungen führen kann (Art. 258 AEUV). Beispielsweise haben Bundestag und Bundesrat im März 2020 nach jahrelangem Ringen schärfere Düngeregeln für Landwirte beschlossen, die aufgrund entsprechender EU-Vorgaben für Nitrat im Grundwasser erforderlich wurden. Anderenfalls hätten der Bundesrepublik Strafzahlungen in Höhe von 850.000 € pro Tag gedroht (Schulz 2020).

Dieses Beispiel illustriert, dass die Implementation des Unionsrechts in Deutschland keine Selbstverständlichkeit ist. Tatsächlich zählt die Bundesrepublik zu den EU-Staaten, gegen die Ende 2018 die meisten Vertragsverletzungsverfahren anhängig waren (Abb. 3.3; Europäische Kommission 2019a, b). Die überwiegende Mehrheit dieser Fälle ist in den Bereichen Umwelt, Verkehr, Steuern und Binnenmarkt angesiedelt. Dass die Umsetzung europarechtlicher Vorgaben mitunter länger als zulässig hinausgeschoben wird oder unterhalb der vorgeschriebenen Mindeststandards bleibt, kann verschiedene Gründe haben. Beispielsweise wurde die Antirassismus-Richtlinie (2000) stark verzögert umgesetzt, weil die rot-grüne Bundesregierung deutlich über die von der EU gesetzten Standards hinausgehen wollte und damit zunächst am Widerstand der bürgerlichen Oppositionsparteien und der deutschen Wirtschaft scheiterte (Treib 2008). Im Umweltbereich kam es zu wiederholten Konflikten zwischen Bund und Ländern, weil letztere für den administrativen Vollzug von EU-Richtlinien zuständig sind und die erforderlichen Anpassungen der Verwaltungsverfahren nicht vornehmen wollten (Sturm und Pehle 2012, S. 264–289). Selbst im Bereich der Europäischen Währungsunion, die „weitgehend nach dem deutschen Vorbild einer unabhängigen Notenbank und einer an Preisstabilität ausgerichteten Geldpolitik gestaltet" wurde (Börzel 2006, S. 500), stand die deutsche Innenpolitik nicht immer in Einklang mit den supranationalen Vorgaben. So nahm die rot-grüne Bundesregierung Anfang der 2000er Jahre einen Bruch des Stabilitäts- und Wachstumspaktes in Kauf, weil die für eine Haushaltskonsolidierung

3.3 Die Europäisierung der deutschen Innenpolitik

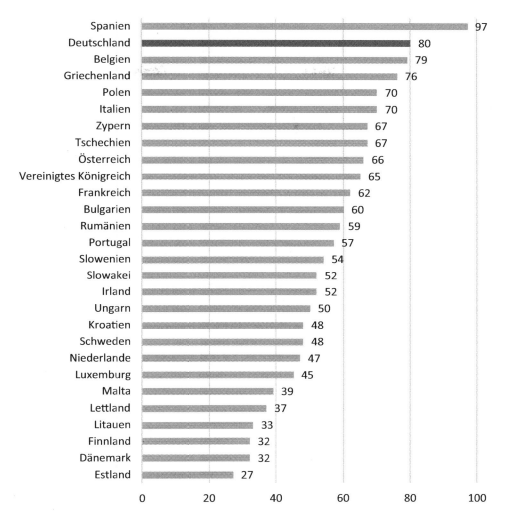

Abb. 3.3 Vertragsverletzungsverfahren gegen EU-Recht: Deutschland im Vergleich.
Quelle: Eigene Darstellung auf Grundlage von Europäische Kommission 2019a, b; Stand: Ende 2018

erforderlichen Maßnahmen bei der deutschen Wählerschaft unpopulär waren. Dadurch wurde mittelfristig die Glaubwürdigkeit des Paktes untergraben und die Anreize zu einer restriktiven Haushaltspolitik in allen Mitgliedstaaten verringert (Wenzelburger 2019, S. 68).

Die genannten Beispiele zeigen, wie unterschiedlich die Implementationsprobleme europäischer Rechtsnormen sind. Gleichwohl haben sie eines gemeinsam: Sie stehen immer in unmittelbarem Zusammenhang mit dem vorangegangenen Politikprozess auf EU-Ebene. In den Fällen, in denen bundesdeutsche Akteurinnen die zentralen „*policy shapers"* (Börzel 2006, S. 501) waren und ihre inhaltlichen Interessen bei der supranationalen Regelsetzung geltend machten, gab es bei der nationalen Umsetzung keine größeren Schwierigkeiten. Folglich ist Politik im EU-Mehrebenensystem keine Einbahnstraße „von oben nach unten", sondern ein interaktiver Prozess, in dem sich die Vertreterinnen der Mitgliedstaaten auf supranationaler Ebene einbringen müssen, um dort die Willensbildung und Entscheidungsfindung in ihrem Sinn zu beeinflussen.

Aus dem Erfordernis, die EU-Politik aktiv mitzugestalten und zugleich deren Ergebnisse innerstaatlich umzusetzen, ergeben sich unterschiedliche Konsequenzen für die einzelnen Komponenten des deutschen Regierungssystems (Abschn. 1.3). Die *Bundesregierung* ist über den Europäischen Rat und den Ministerrat an der supranationalen Entscheidungsfindung beteiligt und hat somit legislative Vollmachten. Daher muss sie inhaltlich abgestimmte Positionen zu den Entscheidungsvorlagen in den unterschiedlichen Ratsformationen entwickeln. Europapolitische Koordination zwischen Bundeskanzleramt und Bundesministerien wird somit zur wichtigsten Herausforderung (Abschn. 10.3). Der *Bundestag* hat dagegen durch die Europäisierung der Gesetzgebung an politischer Gestaltungsautonomie verloren (Töller 2014; Abschn. 9.3). Gleichwohl bleibt er als demokratisches Parlament für die EU-Politik mitverantwortlich (Hufeld 2018, S. 40). Insbesondere bei der Umsetzung europäischer Richtlinien spielt er eine Schlüsselrolle. Dabei muss er seine Informations- und Kontrollkapazitäten sowohl gegenüber der Bundesregierung als auch gegenüber der EU verstärken, um nicht marginalisiert zu werden. Das *Bundesverfassungsgericht* hat in seiner EU-bezogenen Rechtsprechung die prinzipielle Integrationsoffenheit des Grundgesetzes zu berücksichtigen, ohne dass der Kern der demokratischen Verfassungsstaatlichkeit tangiert wird. Diese grundsätzliche Argumentationslinie erweist sich als zunehmend schwieriger Balanceakt (Abschn. 12.3).

Ähnlich wie der Bund haben auch die *deutschen Länder* etliche Gesetzgebungskompetenzen an die supranationale Ebene abgegeben. Zugleich müssen sie den Großteil der europarechtlichen Vorgaben vollziehen. Um diesen Kompetenzverlust zu kompensieren, haben sich die *Länderregierungen* über den *Bundesrat* substanzielle Mitwirkungsrechte in EU-Angelegenheiten gesichert (Abschn. 8.3), während die *Länderparlamente* weiter geschwächt wurden (Abschn. 13.4). Auch die *Kommunen* sind im Rahmen ihrer Auftragsverwaltung mit dem Vollzug von EU-Recht befasst und bei ihren Selbstverwaltungsaufgaben in vielerlei Hinsicht von europarechtlichen Vorgaben tangiert. Der Auf- und Ausbau europabezogener Verwaltungskapazitäten wird hier zur entscheidenden Frage (Abschn. 14.4).

Schließlich sind die *intermediären Organisationen,* die nach wie vor überwiegend nationalstaatlich strukturiert und orientiert sind, durch die fortschreitende Europäisierung besonders gefordert. Auch wenn die deutschen Bürgerinnen der europäischen Integration noch immer mehrheitlich positiv gegenüberstehen, hat sich ihre vorbehaltlose Zustimmung seit den 1990er Jahren „merklich abgekühlt" (Knelangen 2018, S. 131). Zugleich haben sich im *deutschen Parteiensystem,* das über Jahrzehnte von einem breiten Integrationskonsens geprägt war, mit der Linkspartei und der AfD EU-skeptische Kräfte gebildet (Abschn. 6.3). Vor diesem Hintergrund bestünde auch für die anderen Parteien Anlass, differenziertere Positionen zur europäischen Integration zu entwickeln und so zu einer substanziellen Politisierung der EU beizutragen (Treib 2018).

Bei den *Verbänden* stellt sich die Ausgangslage insofern anders dar, als sie sich bereichsspezifische Zugänge zu den Organen und Einrichtungen der EU schaffen und sich mit Schwesterorganisationen aus anderen Mitgliedstaaten vernetzen müssen, um die supranationale Willensbildung und Entscheidungsfindung effektiv zu beeinflussen (Abschn. 7.3). Gleichwohl bleibt auch hier die innenpolitische Positionierung zur europäischen Integration eine wichtige Aufgabe. Dabei stehen vor allem die Gewerkschaften vor einem Dilemma (Schroeder 2018a): Einerseits entfernt sich die EU immer weiter von ihrer Vorstellung eines sozialen Europas und erscheint dementsprechend kritikwürdig, andererseits gibt es keine wirkliche Alternative zu dem bestehenden Integrationsprojekt, das den Erfolg des exportorientierten Modells der deutschen Wirtschaft und ihrer Beschäftigten in ähnlicher Weise sichern würde. Nicht zuletzt ist auf das *Mediensystem* der Bundesrepublik zu verweisen, das sich zum einen mit Forderungen konfrontiert sieht, die europapolitische Berichterstattung stärker zu akzentuieren, und zum anderen auch selbst mit seinem Programmangebot ins Visier der europäischen Wettbewerbshüter gerät (Abschn. 8.3).

3.4 Fazit: Erweiterung oder Einschränkung des demokratischen Regierens?

Aufgrund ihrer umfangreichen Entscheidungskompetenzen wirkt die EU in vielfältiger Weise auf die Innenpolitik ihrer Mitgliedstaaten ein. Sie bildet daher den *supranationalen Rahmen des deutschen Regierungssystems.* Für die Funktionsweise der Demokratie hat dies *ambivalente Konsequenzen.* Einerseits *erweitert* die EU-Ebene den *Aktionsradius der demokratisch legitimierten Repräsentantinnen,* indem sie ihnen die Mitwirkung an politischen Entscheidungen erlaubt, die unionsweit verbindlich sind. So konnte ein europäischer Binnenmarkt geschaffen werden, der bis heute zu einer erheblichen Wohlfahrtssteigerung führt (Mion und Ponattu 2019). Dies gilt auch und gerade für Deutschland, wo mehr als die Hälfte der Exporte in andere EU-Länder gehen. Außerdem hat die europäische Integration eine friedenssichernde Wirkung entfaltet, die zu Beginn des supranationalen Projekts kaum vorstellbar war. Gerade für die Bundesrepublik kann man also zurecht von einem „Souveränitätsgewinn durch Souveränitätsverzicht" (Haftendorn 2001, S. 436) sprechen, der aus der EU-Mitgliedschaft resultiert.

Andererseits *schränkt* die fortlaufende Europäisierung die *demokratische Willensbildung und Entscheidungsfindung* in zweifacher Hinsicht *ein.* Zum einen entspricht das EU-Regierungssystem nicht vollständig den normativen Maßstäben, nach denen die parlamentarischen Demokratien der Mitgliedstaaten organisiert sind. Zwar kann man sie als Mehrebenen-Demokratie verstehen, die supranationale und intergouvernementale Elemente von Volkssouveränität kombiniert. Gleichwohl bleiben defizitäre Aspekte bestehen, wie z. B. die mangelnde Repräsentationsgleichheit der Unionsbürgerinnen im Europäischen Parlament. Zum anderen begrenzen die europarechtlichen Vorgaben den inhaltlichen Gestaltungsspielraum der nationalen Gesetzgebung. Dabei kommt es zu einer nicht unproblematischen Funktionsverschiebung zwischen den demokratischen Kerninstitutionen, die auch aus dem deutschen „Exekutivföderalismus" bekannt ist (Abschn. 4.1): Die nationalen Regierungen nehmen legislative Aufgaben auf EU-Ebene wahr, während den Parlamenten nur die politische Kontrolle bleibt.

Wie kann man die Demokratiequalität im EU-Mehrebenensystem verbessern? Gerade angesichts der zunehmenden Europaskepsis ist diese Frage aktueller denn je. Mögliche Antworten setzen auf unterschiedlichen Ebenen an. So wird seit langem kontrovers debattiert, wie sich das „Demokratiedefizit" auf EU-Ebene abbauen lässt (Schäfer 2006). In diesem Zusammenhang finden sich zahlreiche *institutionelle Reformvorschläge,* wie eine erhöhte Repräsentationsgleichheit des Europäischen Parlaments, ein parlamentarisches Gesetzesinitiativrecht oder eine Direktwahl des Kommissionspräsidenten (Decker und Sonnicksen 2009). Allerdings sind dabei immer „Risiken und Nebenwirkungen" zu bedenken. Wenn etwa die Mandate des EP vollständig proportional auf die Mitgliedstaaten verteilt würden, würde es wegen seiner gewaltigen Größe schnell an die Grenzen der Arbeitsfähigkeit stoßen. Außerdem müsste bei dieser und allen anderen Institutionenreformen berücksichtigt werden, ob die damit einhergehende Verschiebung zwischen dem supranationalen und dem intergouvernementalen Repräsentationsprinzip auf breite Akzeptanz bei den „Völkern Europas" stößt. Entgegen mancher Fundamentalkritik scheint der Architektur der EU „ein erstaunliches Maß an institutioneller Vernunft" innezuwohnen (Kielmansegg 2009, S. 234).

Die Gründe für die geringe gesellschaftliche Akzeptanz der EU-Politik liegen auch in einer *unzureichenden Rückbindung über intermediäre Organisationen.* Die meisten Parteien, Verbände und Medien konzentrieren sich noch immer auf die innerstaatliche Interessenvermittlung. Europäische Themen werden nur bedingt öffentlich diskutiert und verhandelt. Zudem hat sich die politische Heterogenität der Mitgliedstaaten in der EU-27 erhöht. Daher würde selbst die Ausweitung von Mehrheitsentscheidungen kaum zu einer verbesserten Output-Legitimation beitragen, wenn die überstimmten Länder die Beschlüsse nicht oder nur unvollständig umsetzen. Die Flüchtlingspolitik ist dafür ein illustratives Beispiel (Bendel 2017).

Nicht zuletzt hängt das Funktionieren der Demokratie von der *„Europafähigkeit" des deutschen Regierungssystems* ab. Seine wichtigsten Institutionen müssen die erforderlichen Kapazitäten bereitstellen und die darin handelnden Akteurinnen in der Lage sein, die Politik auf supranationaler Ebene aktiv mitzugestalten und sie zugleich regelkonform und kontextangemessen umzusetzen. In den weiteren Kapiteln dieses Buchs wird daher die EU-Dimension immer gesondert berücksichtigt.

Literaturhinweise

Haltern, Ulrich. 2017. *Europarecht. Dogmatik im Kontext. Band I: Entwicklung – Institutionen – Prozesse*, 3. Aufl. Tübingen: Mohr Siebeck.
Schimmelfennig, Frank, und Thomas Winzen. 2020. *Ever looser union? Differentiated European integration*. Oxford: Oxford University Press.
Scharpf, Fritz W. 1999. *Regieren in Europa: Effektiv und demokratisch?* Frankfurt a. M.: Campus.
Sturm, Roland, und Heinrich Pehle. 2012. *Das neue deutsche Regierungssystem*, 3. Aufl. Wiesbaden: Springer VS.
Weidenfeld, Werner. 2020. *Die Europäische Union*, 5. Aufl. Stuttgart: UTB.

4 Bund und Länder: der föderalstaatliche Rahmen

Bundesstaatlichkeit, auch *Föderalismus* genannt, ist ein Strukturprinzip des Grundgesetzes (Art. 20 Abs. 1 GG). Es besagt, dass die öffentliche Gewalt zwischen Zentralstaat (Bund) und Gliedstaaten (Ländern) aufgeteilt ist. Eine föderale Verfassungsordnung verleiht den Gliedstaaten Rechte zur eigenständigen Politikgestaltung *(self-rule)* und verpflichtet zugleich Zentralstaat und Gliedstaaten zur Zusammenarbeit *(shared rule;* Elazar 1987). Weil dadurch der Handlungsspielraum der Zentralregierung begrenzt wird, weist jedes föderale Regierungssystem konsensdemokratische Züge auf (Lijphart 2012, S. 174–186).

In Deutschland ist die Dimension des *shared rule* besonders stark ausgeprägt: Bund und Länder wirken in den meisten Politikfeldern zusammen *(kooperativer Föderalismus).* Die Leistungsfähigkeit des deutschen Bundesstaats wird kontrovers beurteilt. Einerseits wird positiv hervorgehoben, dass er territoriale Interessen angemessen einbeziehe und eine koordinierte Aufgabenerfüllung ermögliche (Hesse und Benz 1990). Andererseits wird die föderale Willensbildung und Entscheidungsfindung dafür kritisiert, dass sie intransparent sei, Kompromisse auf dem „kleinsten gemeinsamen Nenner" produziere und zu „Reformblockaden" führe (Scharpf 2009, S. 13; Abromeit 1992). Bildet der kooperative Föderalismus einen *funktionalen Rahmen für das demokratische Regieren* oder eine *immobile Staatsorganisation,* die grundlegender Veränderungen bedarf?

Zur Beantwortung dieser Frage arbeitet Abschn. 4.1 die historisch geprägten Strukturmerkmale der bundesstaatlichen Ordnung heraus und erklärt die föderale Aufgabenverteilung und Finanzverfassung. Abschn. 4.2 befasst sich dann mit dem Regieren im kooperativen Föderalismus. Dabei wird auch thematisiert, wie sich das Beziehungsgefüge zwischen Bund und Ländern infolge der Wiedervereinigung und der fortschreitenden Europäisierung verändert hat. Abschn. 4.3 blickt auf die horizontale Zusammenarbeit zwischen den Ländern, die auch jenseits institutioneller Kooperationszwänge stattfindet. Abschn. 4.4 bilanziert die wichtigsten Ergebnisse und erörtert Möglichkeiten und Grenzen einer Bundesstaatsreform.

4.1 Die bundesstaatliche Ordnung: Aufgabenverteilung und Finanzverfassung

Die *föderale Tradition Deutschlands* reicht historisch weit zurück (Rokkan 2000, S. 185–274). Seit dem Mittelalter bestand das Heilige Römische Reich aus einer Vielzahl unterschiedlicher Territorien. Anders als in Frankreich, Spanien oder Portugal entwickelte sich kein politisch-administratives Zentrum, das den Aufbau eines Einheitsstaates forcierte. Mit der Gründung des Deutschen Reiches 1871 erfolgte die staatliche Einigung nicht nur relativ spät, sondern auch in einem föderalen Verfassungsrahmen, in dem die deutschen Länder als eigenständige Gliedstaaten erhalten blieben. Auf diese Weise konnte Otto von Bismarck, der als preußischer Ministerpräsident den Einigungsprozess vorantrieb, den süddeutschen Staaten die Aufgabe ihrer völkerrechtlichen Souveränität „annehmbar" machen (Lehmbruch 2002, S. 79).

Die *Reichsverfassung (1871)* sah eine vertikale Aufgabenverteilung nach Staatsfunktionen vor, die bereits in der Verfassung der Paulskirche (1849) und des Norddeutschen Bundes (1867) angelegt war. Die Länder waren für den Vollzug der überwiegend auf Reichsebene beschlossenen Gesetze zuständig. Zugleich waren die Landesfürsten über den Bundesrat, der ein starkes Gegengewicht zum demokratisch gewählten Parlament (Reichstag) bildete, an der Gesetzgebung beteiligt. Der bündische Charakter spiegelte sich auch darin wider, dass das Reich keine eigenen Ministerien unterhielt, kaum Verwaltungspersonal beschäftigte und von den Finanzbeiträgen der Länder abhängig war. Dass die süddeutschen Länder der weitgehenden Zentralisierung der Gesetzgebung und damit der Aufgabe ihrer politischen Gestaltungsautonomie zustimmten, lag nicht nur an der wirtschaftlichen und militärischen Vormachtstellung Preußens, sondern entsprach auch den Präferenzen des liberalen Bürgertums für reichsweit einheitliche Rechtsstandards (Lehmbruch 2002, S. 71–74). So kam es nach 1871 zu einem „massiven Unitarisierungsschub, der die Lebenswelt der deutschen Bürger in den 25 Einzelstaaten einander anglich" (Weichlein 2012, S. 113).

Die *Weimarer Verfassung (1919)* übernahm die wesentlichen Komponenten des „Exekutivföderalismus": den Gesetzgebungsvorrang der nationalen Ebene bei gleichzeitig starker Stellung der Länderregierungen, die über den Reichsrat in die gesamtstaatliche Willensbildung und Entscheidungsfindung eingebunden waren (Lehmbruch 2002, S. 92–97). Außerdem wurde das Steuersystem weitgehend zentralisiert. Als „Kostgänger des Reiches" (Weichlein 2012, S. 118) verfügten die Länder nun über keine hinreichenden Finanzmittel mehr, obwohl sich ihr Aufgabenbestand ständig vergrößerte. Nach der Weltwirtschaftskrise 1929 trug diese Konstruktion auch zur Delegitimierung des Weimarer Regierungssystems bei. Infolge der nationalsozialistischen Machtübernahme wurden die Länder „gleichgeschaltet", blieben aber größtenteils als territoriale Verwaltungseinheiten erhalten.

Bei der *Gründung der Bundesrepublik* wurde die „föderative Tradition" wiederaufgegriffen (Boldt 2003; Grotz 2007, S. 82–87). Die alliierten Besatzungsmächte waren vor allem daran interessiert, den Zentralstaat des künftigen Deutschlands zu schwächen. Deswegen wurden in den amerikanischen, britischen und französischen Zonen bis Mitte 1947 zwölf Länder gegründet, die im Vergleich zur Weimarer Republik weitgehend neu zugeschnitten wurden (Abschn. 13.1).[1] Besondere Bedeutung kam dabei der Zerschlagung Preußens zu, das nicht nur als Inbegriff des deutschen Militarismus galt, sondern auch die bundesstaatlichen Beziehungen dominiert hatte (Lehmbruch 2002, S. 98–100). Außerdem schrieben die Frankfurter Dokumente, die die alliierten Militärgouverneure den Ministerpräsidenten der Länder am 1. Juli 1948 übergaben, eine „Regierungsform föderalistischen Typs" für den westdeutschen Staat vor (Kilper und Lhotta 1996, S. 81). Im Parlamentarischen Rat, der anschließend zusammentrat, waren sich alle Parteien über die föderale Struktur der Bundesrepublik einig – außer der KPD, die einen Einheitsstaat bevorzugte. Gleichzeitig sprachen sich SPD, FDP und große Teile der CDU für umfassende Regelungskompetenzen der Bundesebene aus; nur die bayerische CSU war an einer stärkeren Länderautonomie interessiert (Kilper und Lhotta 1996, S. 85–92).

Im Ergebnis legte der Parlamentarische Rat die bis heute gültigen *Strukturmerkmale der bundesstaatlichen Ordnung* fest:

- Die *föderale Staatsform* ist *verfassungsrechtlich abgesichert.* Nach Art. 79 Abs. 3 GG dürfen weder die „Gliederung des Bundes in Länder" noch die „grundsätzliche Mitwirkung der Länder bei der Gesetzgebung" abgeschafft werden („Ewigkeitsklausel"). Außerdem benötigen alle Änderungen der föderalen Kompetenzordnung eine Zwei-Drittel-Mehrheit im Bundesrat, der das Vertretungsorgan der Länder bildet (Art. 79 Abs. 2 GG). Aufgrund dieses konstitutionellen Vetorechts sind die Länder keine politisch nachgeordneten Regionen, sondern begegnen dem Bund „auf Augenhöhe".
- Die traditionelle *Aufgabenverteilung nach Staatsfunktionen* wurde insofern übernommen, als der Bund das Primat der Gesetzgebung innehat, während die Länder den Großteil des Gesetzesvollzugs übernehmen („Vollzugsföderalismus"). Die *Präferenz für unitarische Regelungen* kommt vor allem dadurch zum Ausdruck, dass der Bund in vielen Bereichen ein Gesetzgebungsrecht hat, wenn dies der „Wahrung der Rechts- oder Wirtschaftseinheit" und der „Herstellung gleichwertiger Lebensverhältnisse" dient (vor 1994: „Einheitlichkeit der Lebensverhältnisse"; Art. 72 Abs. 2 GG). Die Ausrichtung an einheitlichen Politikstandards wird durch das in Art. 20 und 28 GG verankerte Sozialstaatsprinzip verstärkt, das den Gesetzgeber allgemein verpflichtet, „ungleiche Teilhabechancen abzufedern" (Kropp 2010, S. 17).

---

[1] Darunter hatte West-Berlin bis 1990 einen Sonderstatus inne.

- Bei der *föderalen Finanzverfassung* entschied sich der Parlamentarische Rat ebenfalls für *bundesweit einheitliche Strukturen* (Renzsch 1991, S. 54–74). Demnach sollten die Steuergesetzgebung und die Finanzverwaltung auf Bundesebene angesiedelt werden und die ertragreichsten Steuern (Umsatz-, Einkommen- und Körperschaftsteuer) in einem gesamtstaatlichen „Verbund" zusammengeführt werden („Verbundföderalismus"). Da den Alliierten diese Zentralisierung der Ressourcenstrukturen zu weit ging, wurde die Finanzverwaltung schließlich den Ländern übertragen (Art. 108 GG) und der angestrebte Steuerverbund erst später realisiert (s. unten). Außerdem sieht das Grundgesetz einen Finanzausgleich vor, durch den „die Einheitlichkeit der Lebensverhältnisse im Bundesgebiet gewahrt wird" (Art. 106 Abs. 3 GG).
- Neben umfangreichen Verwaltungszuständigkeiten haben die Länder über den *Bundesrat* ein *Mitwirkungsrecht an der gesamtstaatlichen Gesetzgebung* (Art. 50 GG; „Beteiligungsföderalismus"). Damit sind sie immer an der Regelsetzung des Bundes beteiligt. Zugleich wird dadurch die „Exekutivlastigkeit" (Schmidt 2001, S. 474) der bundesstaatlichen Beziehungen verstärkt, weil nicht die Parlamente, sondern die Regierungen der Länder im Bundesrat repräsentiert sind (Abschn. 11.1).

Innerhalb dieses allgemeinen Rahmens ist die politisch-administrative Zuständigkeitsverteilung zwischen Bund und Ländern stark ausdifferenziert. Diese konkreten Kompetenzregelungen sind wichtig, um das *grundlegende Spannungsverhältnis* zu verstehen, das *demokratisches Regieren im Föderalismus* kennzeichnet. Einerseits brauchen die Länder autonome Gestaltungsspielräume, damit ihre Parlamente souveräne Entscheidungen im Sinne der Wählerinnen treffen können *(self-rule)*. Außerdem können die einzelnen Länderregierungen dann mit politischen Lösungen experimentieren und im Wettbewerb um *„best practices"* voneinander lernen (Benz 2012). Andererseits braucht es in vielen Aufgabenbereichen eine deutschlandweit einheitliche Politik, um den individuellen Ansprüchen der Bürgerinnen (z. B. soziale Sicherung), grenzüberschreitenden Problemen (z. B. Kriminalitätsbekämpfung) oder neuartigen Herausforderungen (z. B. Digitalisierung) gerecht zu werden. In solchen Fällen müssen Bund und Länder nicht nur bei der Regelsetzung und Implementation zusammenwirken *(shared rule)*. Vielmehr benötigen die Länder auch eine vergleichbar ähnliche, solidarisch geprägte Ressourcenausstattung, um bundeseinheitliche Standards herzustellen. Somit muss jede föderale Ordnung eine spezifische Balance zwischen *self-rule* und *shared rule* finden.

Vor diesem Hintergrund geht die folgende Darstellung auf die Gesetzgebungszuständigkeiten, die Verwaltungszuständigkeiten und die Finanzverfassung des deutschen Föderalismus ein und zeigt, wie die Kompetenzregelungen zwischen den Polen „Vielfalt und Einheitlichkeit" bzw. „föderaler Wettbewerb und bündische Solidarität" zu verorten sind. Der Bundesrat wird in einem gesonderten Kapitel dieses Buches behandelt (Kap. 11).

Das Grundgesetz weist das *Recht der Gesetzgebung* prinzipiell den Ländern zu, nennt dann aber zahlreiche Politikfelder, in denen der Bund Regelungsbefugnisse hat (Art. 70–74 GG). Die daraus resultierenden Zuständigkeitsbereiche kann man in vier Kategorien unterteilen:

4.1 Die bundesstaatliche Ordnung

(1) Bei der *ausschließlichen Gesetzgebung* besitzt der Bund die alleinige Regelungsbefugnis. Die Länder haben nur entsprechende Rechte, sofern sie dazu per Bundesgesetz ermächtigt werden (Art. 71 GG). Zu dieser Kategorie gehören klassische Aufgaben eines Gesamtstaates (Art. 73 GG): auswärtige Angelegenheiten, Verteidigung, Staatsangehörigkeitsrecht, das Währungs-, Geld- und Münzwesen, Zoll und Außenhandel sowie Grenz- und Kulturgüterschutz. Davon sind inzwischen einige Bereiche der Europäischen Union übertragen worden, wie z. B. die Geld- und Außenhandelspolitik (Abschn. 3.3). Darüber hinaus regelt der Bund zahlreiche Fragen der überregionalen Infrastruktur: das Postwesen und die Telekommunikation, den Luftverkehr, das bundesweite Eisenbahnnetz sowie die zivile Nutzung der Kernenergie. Nicht zuletzt ist er für länderübergreifende Materien der Inneren Sicherheit zuständig, wie die Abwehr von Gefahren des internationalen Terrorismus oder das Waffen- und Sprengstoffrecht.

(2) Bei der *konkurrierenden Gesetzgebung* besitzen die Länder nur die Regelungsbefugnis, wenn der Bund auf dem Feld noch nicht tätig geworden ist (Art. 72 Abs. 1 GG). Anders als der Begriff „konkurrierend" suggeriert, hat der Bund auch hier die Oberhand, weil nach seinem „Zugriff" das Gesetzgebungsrecht der Länder grundsätzlich erlischt. Darunter fällt ein breites Spektrum politisch bedeutsamer Regelungsmaterien, die in Art. 74 Abs. 1 GG detailliert aufgelistet sind: das bürgerliche Recht und das Strafrecht, das Wirtschafts- und Arbeitsrecht, weite Teile des Umwelt- und Verkehrsrechts sowie zentrale Bereiche der sozialen Sicherung und des Gesundheitswesens. Auf einige Materien der konkurrierenden Gesetzgebung darf der Bund nur zugreifen, wenn dies für die „Herstellung gleichwertiger Lebensverhältnisse im Bundesgebiet" bzw. die „Wahrung der Rechts- oder Wirtschaftseinheit" erforderlich ist (Art. 72 Abs. 2 GG). Diese Klausel hat den Bund allerdings nicht davon abgehalten, von seinem Zugriffsrecht ausgiebig Gebrauch zu machen und so eine „Vielzahl von den Länderkompetenzen abzuschöpfen" (Mende 2010, S. 67). Seit 2006 dürfen die Länder in bestimmten Materien der konkurrierenden Gesetzgebung von bundesrechtlichen Vorgaben abweichen und eigene gesetzliche Regelungen treffen. Dies gilt etwa für das Jagdwesen, den Naturschutz und die Landschaftspflege, die Raumordnung sowie die Hochschulzulassung und -abschlüsse (Art. 72 Abs. 3 GG). Die letztgenannten Bereiche fielen zuvor überwiegend in die Kategorie der Rahmengesetzgebung, in der der Bund allgemeine Vorschriften erlassen durfte, die von den Ländern zu konkretisieren waren; die Rahmengesetzgebung wurde 2006 abgeschafft (Art. 75 GG a. F.).

(3) *Gemeinschaftsaufgaben* sind besondere Gesetzgebungsmaterien, die von gesamtstaatlicher Bedeutung sind und daher die Mitwirkung des Bundes erfordern (Art. 91a GG). Dazu zählt die Verbesserung der regionalen Wirtschaftsstruktur, der Agrarstruktur und des Küstenschutzes. Die konkreten Aufgaben sowie die Einzelheiten der Bund-Länder-Koordinierung werden durch ein Bundesgesetz geregelt, das der Zustimmung des Bundesrates bedarf. Darüber hinaus erwähnt das Grundgesetz einige Bereiche, in denen Bund und Länder zusammenwirken können. Dazu zählen die Förderung von

Wissenschaft, Forschung und Lehre sowie die Feststellung der Leistungsfähigkeit des deutschen Bildungswesens (Art. 91b GG); die Entwicklung informationstechnischer Systeme für ihre Verwaltungen (Art. 91c GG); die Messung der Leistungsfähigkeit ihrer Verwaltungen (Art. 91d GG); sowie die Leistungserbringung bei der Grundsicherung für Arbeitsuchende (Art. 91e GG).

(4) Schließlich gibt es noch die *Bereiche autonomer Ländergesetzgebung*. Sie werden im Grundgesetz nicht ausdrücklich genannt, sondern bestehen aus den Materien, die nicht vom Bundesgesetzgeber geregelt werden. Dazu gehören der größte Teil der Bildungspolitik und der Inneren Sicherheit, das Staatsorganisations- und Kommunalrecht der Länder sowie bestimmte Bereiche des Medien-, Umwelt-, Agrar- und Sozialrechts.

Somit ist die Gesetzgebung im deutschen Föderalismus auf der Bundesebene konzentriert. Gleichwohl verfügt der Bundestag über keine Gestaltungsautonomie, weil die Länderregierungen über den Bundesrat maßgeblich an den Gesetzesentscheidungen beteiligt sind (Kap. 11).

Wenden wir uns nun den *Verwaltungszuständigkeiten* im deutschen Föderalismus zu. Gesetze müssen durch öffentliche Verwaltungen vollzogen werden. Diese Tätigkeit ist keineswegs politisch irrelevant, da bei der Ausführung von Gesetzesregelungen immer erhebliche Ermessensspielräume bestehen. Verwaltung bedeutet daher „Herrschaft im Einzelfall" (Benz 2017, S. 411). Das Grundgesetz unterscheidet vier Typen von Verwaltungszuständigkeiten:

(1) Den Regelfall bildet die *Ausführung von Bundesgesetzen als „eigene Angelegenheit" der Länder* (Art. 83 GG). Dabei entscheiden die Länderregierungen über die einzurichtenden Behörden und Verwaltungsverfahren, stellen das Personal bereit und übernehmen die anfallenden Kosten. Der Bund kann lediglich die Gesetzeskonformität des Verwaltungsvollzugs überwachen, hat aber keinen Einfluss darauf, wie z. B. die Einbürgerung von Ausländerinnen vonstattengeht, die Abschiebung abgelehnter Asylbewerberinnen erfolgt oder Personalausweise ausgestellt werden (Pötzsch 2009, S. 116–119). Außerdem steht es den Ländern frei, die Ausführung bundesgesetzlicher Regelungen den Kommunen zu übertragen (Abschn. 14.1). Eine direkte Beauftragung der Gemeinden durch den Bund ist grundsätzlich untersagt (Art. 85 Abs. 1 GG). Wenn Bundesgesetze den Ländern verwaltungsbezogene Vorschriften für ihren eigenverantwortlichen Vollzug machen, dürfen sie davon abweichende Regelungen treffen. Bundesgesetze, die verwaltungsbezogene Regelungen ohne Abweichungsmöglichkeit vorsehen, brauchen die Zustimmung des Bundesrates (Art. 84 Abs. 1 GG). Gleiches gilt, wenn ein Bundesgesetz Geldleistungen begründet, die von den Ländern zu tragen sind (Art. 104a Abs. 4 GG). Mit dieser Vetokompetenz des Bundesrates verfügen die Länderregierungen über ein wirkungsvolles Instrument, um ihre Verwaltungsautonomie zu verteidigen (Hesse und Ellwein 2012, S. 293). Gleichwohl haben sie häufig einem „Hineinregieren des Bundes" zugestimmt (Abschn. 4.2).

4.1 Die bundesstaatliche Ordnung

(2) In bestimmten Bereichen können die Länder den Gesetzesvollzug im Auftrag des Bundes übernehmen (Art. 85 GG; *Bundesauftragsverwaltung*). Dazu zählen die Verwaltung von Bundesstraßen (Art. 90 Abs. 3 GG) und Bundeswasserstraßen (Art. 89 Abs. 2 GG), des Luftverkehrs (Art. 87d GG) und der Erzeugung und Nutzung von Atomenergie (Art. 87c GG). In solchen Fällen ist der Bund den zuständigen Landesbehörden gegenüber formal weisungsbefugt (Art. 85 Abs. 3 GG) und trägt die Verwaltungskosten (Art. 104a Abs. 2 GG).

(3) Einige gesetzliche Aufgaben vollzieht der Bund durch eigene Behörden (Art. 86–89 GG; *bundeseigene Verwaltung*). Darunter fallen die unterschiedlichen Bereiche der Außen- und Sicherheitspolitik und des Grenzschutzes, die durch den Auswärtigen Dienst, die Bundespolizei, das Bundeskriminalamt, die Nachrichtendienste des Bundes, die Bundeswehr und die Zollverwaltung übernommen werden. Zudem gibt es auf dem Gebiet der überregionalen Infrastruktur eigene Bundesbehörden, wie die Wasserstraßen- und Schifffahrtsverwaltung. Für den bundeseigenen Vollzug können auch Gesellschaften privaten Rechts eingerichtet werden, wie die „Autobahn GmbH des Bundes", die ab 2021 für die Planung, den Bau und den Erhalt der Autobahnen zuständig ist (Art. 90 Abs. 2 GG). Dadurch dass Bahn, Post und Telekommunikation seit den 1980er Jahren privatisiert wurden, hat der Bund seine unmittelbare Verwaltung erheblich verschlankt (König und Benz 1997).

(4) Schließlich gibt es einzelne Fälle von *Mischverwaltungen*, in denen der administrative Vollzug von Behörden unterschiedlicher Ebenen gemeinsam wahrgenommen wird. Da sie eigentlich der Logik der föderalen Gliederung zuwiderlaufen, stellen Mischverwaltungen eine Ausnahme dar, die im Grundgesetz ausdrücklich erwähnt werden muss. Sie sind etwa für die Grundsicherung von Arbeitssuchenden (Art. 91e GG) sowie für bestimmte Bereiche der Steuerverwaltung (Art. 108 Abs. 4 GG) vorgesehen.

Die *Finanzverfassung* bildet das „*Herzstück der bundesstaatlichen Ordnung*" (Schuppert 2012, S. 242). Erst durch die Bereitstellung hinreichender Steuermittel werden Bund, Länder und Gemeinden in die Lage versetzt, ihre Regelungs- und Vollzugsaufgaben wahrzunehmen. Außerdem muss die Mittelverteilung bei einer veränderten Aufgabenverteilung oder der Zuweisung neuer Aufgaben angepasst werden. Deswegen ist eine föderale Finanzverfassung immer besonders dynamisch und politisch umkämpft. Für das Verständnis der Finanzbeziehungen im deutschen Föderalismus ist zum einen zu klären, wie die Steuern festgesetzt und auf die politisch-administrativen Ebenen verteilt werden (Einnahmenseite) und zum anderen, welche Regeln für die Haushaltsausgaben auf den unterschiedlichen Ebenen gelten (Ausgabenseite).

Auf der *Einnahmenseite* ist zunächst die *Kompetenzverteilung in der Steuergesetzgebung* von Bedeutung, d. h. wer die einzelnen Steuerarten, ihre Höhe und

Bezugsbasis (Bemessungsgrundlage) festlegen darf. Laut Grundgesetz hat der Bund die ausschließliche Gesetzgebungskompetenz bei den Zöllen sowie eine konkurrierende Gesetzgebungskompetenz bei den übrigen Steuern, sofern ihm diese ganz oder teilweise zufließen oder die Erforderlichkeitsklausel nach Art. 72 Abs. 2 GG zutrifft (Art. 105 Abs. 1 und 2 GG). In der Realität bedeutet das, dass die Steuergesetzgebung fast vollständig auf Bundesebene erfolgt. Eine Ausnahme stellt die Möglichkeit der Länder dar, die künftige Bewertung von Grundsteuerobjekten abweichend zu regeln (Art. 72 Abs. 3 GG; Art. 105 Abs. 2 GG; Art. 125b Abs. 3 GG). Darüber hinaus dürfen die Länder nur die Grunderwerbsteuer autonom festsetzen und die kommunalen Verbrauch- und Aufwandsteuern, wie z. B. Zweitwohnsitz- oder Vergnügungssteuer, eigenständig regeln (Art. 105 Abs. 2a GG). Daher sind ihre Spielräume, zusätzliche Einnahmen zu generieren, eng begrenzt (Heinemann 2017, S. 210, 212). Allerdings hat der Bundesrat ein absolutes Vetorecht bei der Regelung der Steuern, die den Ländern und Gemeinden ganz oder teilweise zufließen (Art. 105 Abs. 3 GG) und ein suspensives Vetorecht bei allen anderen Steuern. Insofern verfügt auch der Bund nur über eine begrenzte Autonomie in der Steuerpolitik. Die Gemeinden dürfen schließlich die Hebesätze bei der Grund- und Gewerbesteuer innerhalb eines gesetzlich vorgegebenen Rahmens bestimmen (Art. 106 Abs. 6 GG). Außerdem können sie eigene Verbrauch- und Aufwandsteuern einführen, sofern ihnen dies nicht bundes- oder landesrechtlich untersagt ist (Abschn. 14.1).

Etwas unübersichtlicher wird das Bild bei der Frage, welche gebietskörperschaftliche Ebene welche Steuererträge erhält (Ertragshoheit). Die *Aufkommensverteilung der Steuerarten* erfolgt nach zwei unterschiedlichen Systemen (Abb. 4.1). Die Erträge der meisten Einzelsteuern gehen jeweils komplett an eine Ebene *(Trennsystem)*. Der Bund erhält die Mehrzahl der Verbrauchsteuern (Energiesteuer, Tabaksteuer etc.), die Versicherungsteuer (Art. 106 Abs. 1 GG) und den Solidaritätszuschlag. Die Länder bekommen die Erträge der Erbschaftsteuer, der meisten Verkehrsteuern sowie einiger weiterer Steuerarten mit geringem Aufkommen, wie der Biersteuer (Art. 106 Abs. 2 GG; BMF 2019a, S. 2). Den Gemeinden gehören die Einnahmen aus der Grund- und Gewerbesteuer sowie den örtlichen Verbrauch- und Aufwandsteuern (Art. 106 Abs. 6 GG). Der Europäischen Union fließen die Zölle und Zuckerabgaben zu (Hacke 2012, S. 6). Die weiteren „EU-Eigenmittel" bestehen nicht aus eigenen Steuern, sondern aus Zuweisungen der Mitgliedstaaten, die sich an der Höhe der Umsatzsteuereinnahmen und am Bruttonationaleinkommen (BNE) orientieren (Weiß 2017; Abschn. 3.3).[2] Die drei ertragreichsten Steuerarten – Einkommen-, Körperschaft- und Umsatzsteuer – sind Gemeinschaftssteuern, d. h. sie werden anteilig zwischen Bund und Ländern aufgeteilt (Art. 106 Abs. 3 GG; *Verbundsystem*). An der Einkommen- und Umsatzsteuer sind außerdem noch die Gemeinden mit jeweils 15 % beteiligt (BMF 2019a, S. 2).

---

[2] Im EU-Kontext werden die Zuweisungen der Mitgliedstaaten, die auf den Umsatzsteuereinnahmen beruhen, als „Mehrwertsteuereigenmittel" bezeichnet.

4.1 Die bundesstaatliche Ordnung

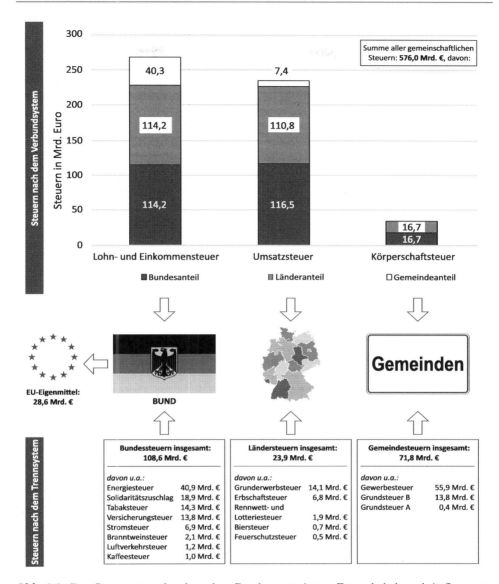

Abb. 4.1 Das Steuersystem im deutschen Bundesstaat: Arten, Ertragshoheit und Aufkommen. Quelle: Eigene Darstellung auf der Datenbasis von BMF 2019c und Statistisches Bundesamt 2019a, b; Stand: 2018

Anschließend erfolgt die *Verteilung der Steuermittel auf die einzelnen Länder.* Sie ist ein zentrales Element der föderalen Finanzbeziehungen, weil sie sicherstellen soll, dass die Länder über eine aufgabengerechte Ressourcenausstattung verfügen, und zugleich zeigt, wie groß die Solidarität zwischen leistungsstarken und -schwachen Ländern in einem Bundesstaat ist, der sich der „Gleichwertigkeit der Lebensverhältnisse" (Art. 72 Abs. 2 GG) verschrieben hat.

Die rechtlichen Grundlagen der föderalen Finanzverteilung finden sich in Art. 106 und 107 GG, die durch drei zustimmungsbedürftige Bundesgesetze konkretisiert werden: das Zerlegungsgesetz (ZerlG), das Maßstäbegesetz (MaßstG) und das Finanzausgleichsgesetz (FAG). Insbesondere das FAG wurde mehrfach verändert, da es den Verteilungsschlüssel der Umsatzsteuer und der Bundesergänzungszuweisungen detailliert regelt. Dabei kam es immer wieder zu Verteilungskonflikten zwischen Bund und Ländern, in denen das Bundesverfassungsgericht als Schlichtungsinstanz agierte (Geske 2007; Abschn. 12.2).

Für die Steuerzuweisung auf die einzelnen Länder gilt zunächst das *Prinzip des örtlichen Aufkommens,* d. h. alle Ländersteuern und Länderanteile an den Gemeinschaftssteuern, die durch die Finanzbehörden eines Landes eingenommen wurden, fließen in den dortigen Haushalt (Art. 107 Abs. 1 GG). Die Einkommensteuer geht an den Wohnort der Steuerpflichtigen, die Körperschaftsteuer an alle Länder, in denen das steuerzahlende Unternehmen Betriebsstätten unterhält (BMF 2019a, S. 2). Die Umsatzsteuer hat einen Sonderstatus: Sie wird zentral abgeführt und anschließend nach einem bestimmten Schlüssel verteilt (s. unten). Da das Aufkommen der Umsatzsteuer außerdem weniger konjunkturabhängig ist als das der Einkommen- und Körperschaftsteuer, bietet sie sich als flexibles Steuerungselement an, um „auf Verschiebungen im Verhältnis zwischen den Einnahmen und Ausgaben des Bundes und der Länder reagieren zu können" (Kropp 2010, S. 97).

Nach Art. 107 Abs. 2 GG „ist sicherzustellen, dass die unterschiedliche Finanzkraft der Länder angemessen ausgeglichen wird". Dies passiert im Rahmen des *föderalen Finanzausgleichs,* der im FAG detailliert geregelt ist (ausführlich Tappe und Wernsmann 2019, S. 73–99). Den ersten Schritt bildete bis 2019 der *Umsatzsteuervorwegausgleich,* der maximal 25 % des Länderanteils am Umsatzsteueraufkommen umfasste. Dabei erhielten jene Länder mehr Zuweisungen („Ergänzungsanteile"), deren Aufkommen aus der Einkommensteuer, der Körperschaftsteuer und den Landessteuern pro Einwohnerin unter dem bundesweiten Durchschnitt lag. Der Rest des Umsatzsteueraufkommens (2018: 85 %) wurde nach der Einwohnerzahl zugewiesen. Durch diesen Umverteilungsschritt wurden 2018 insgesamt 9,1 Mrd. € anders zugewiesen als nach dem Einwohnerschlüssel (BMF 2019b). Darauf folgte der *Länderfinanzausgleich,* bei dem finanzkräftigere Länder („Geberländer") Ausgleichszahlungen an finanzschwächere Länder („Nehmerländer") leisteten. Dazu wurde die Einnahmesituation jedes Landes vor dem Finanzausgleich ermittelt (Finanzkraftmesszahl) und dem Finanzbedarf je Einwohnerin gegenübergestellt (Ausgleichsmesszahl), wobei die Einwohnerinnen der Stadtstaaten und dünn besiedelter Länder höher gewichtet wurden („Einwohnerveredelung"). War die Finanzkraftmesszahl geringer als die Ausgleichsmesszahl, bekamen die Länder Geld von den Ländern, deren Finanzkraft ihren errechneten Bedarf überstieg. 2018 profitierte Berlin am meisten von dieser Ausgleichsstufe (+4,4 Mrd. €), während Bayern am meisten einzahlte (−6,7 Mrd. €).

4.1 Die bundesstaatliche Ordnung

Durch das *Gesetz zur Neuregelung des bundesstaatlichen Finanzausgleichssystems* von 2017 wurde der Länderfinanzausgleich ab 2020 abgeschafft. Allerdings gibt es nach wie vor einen horizontalen Ausgleichsmechanismus zwischen „reicheren" und „ärmeren" Ländern, da bei der Verteilung des Länderanteils an der Umsatzsteuer – jetzt „Finanzkraftausgleich" genannt – ein neuer, grundsätzlich einwohnerbezogener Verteilungsschlüssel gilt, der für finanzstarke Länder Abschläge und für finanzschwache Länder Zuschläge vorsieht (Benz 2017, S. 404). Gleichzeitig bleibt in den Kassen der finanzstarken Länder, insbesondere Bayerns, mehr Geld als zuvor, das in den Haushalten der finanzschwachen Länder fehlt.

Deshalb hat sich der Bund verpflichtet, den Fehlbetrag im Rahmen der *Bundesergänzungszuweisungen (BEZ)* zu kompensieren, die die letzte Stufe des Finanzausgleichs bilden. Nach Art. 107 Abs. 2 GG dienen BEZ dazu, fortbestehende Differenzen zwischen den Einnahmen und Finanzbedarfen leistungsschwacher Länder und ihrer Gemeinden weiter zu verringern. Der Umfang dieser „Fehlbetrags-BEZ" ist kontinuierlich angestiegen, weil sich die Länder bei den regelmäßigen Neuverhandlungen über den Finanzausgleich häufig zuerst untereinander geeinigt haben und der Bund dann die strittigen finanziellen Verpflichtungen übernommen hat, um eine Kompromisslösung zu ermöglichen (Martens 2003, S. 32). Daneben gibt es auch „Sonderbedarfs-BEZ", die „auf den Ausgleich besonderer, nur vorübergehend bestehender Finanzbedarfe bestimmter Länder" zielen (BMF 2019b). Dazu zählen beispielsweise Infrastrukturdefizite und strukturelle Arbeitslosigkeit, aber auch die enormen Unterstützungsleistungen für die ostdeutschen Länder im Rahmen des „Solidarpaktes", der Ende 2019 auslief (Lenk und Glinka 2018). Hinzu kommen diverse Zahlungen des Bundes für temporäre oder dauerhafte Belastungen der Länder, wie den öffentlichen Personennahverkehr (Art. 106a GG), die Übertragung der Kfz-Steuer auf den Bund (Art 106b GG) oder die Unterbringung von Geflüchteten. Insgesamt werden die Finanzmittel, die der Bund aufgrund der Neuregelung von 2017 an die Länder zahlt, auf etwa 9,5 Mrd. € pro Jahr geschätzt (Büttner und Görbert 2016, S. 818). Die Finanzverfassung enthält also zunehmend vertikale Ausgleichsmechanismen.

Abb. 4.2 zeigt die *umverteilende Wirkung des Finanzausgleichs*. Während 2018 vier der fünf ostdeutschen Länder vor dem Ausgleich weniger als 60 % der bundesweiten Finanzkraft pro Einwohnerin aufwiesen, lagen die entsprechenden Werte von Baden-Württemberg, Bayern, Hessen und Hamburg zwischen 116 und 157 %. Nach dem Ausgleich bewegten sich die Unterschiede aller Länder nur noch zwischen 98 und 107 %. Auch wenn Abb. 4.2 nicht alle föderalen Finanzströme erfasst und eine vollständige Angleichung der Finanzkraftunterschiede zwischen den Ländern rechtlich untersagt ist (BVerfGE 101, 158), wird der „hohe Nivellierungsgrad" der Finanzverfassung deutlich (Kropp 2010, S. 107). Im Hintergrund steht dabei auch das Sozialstaatsprinzip, das darauf zielt, allen Bürgerinnen die gleichen Chancen auf gesellschaftliche Teilhabe zu ermöglichen. Da die Länder die meisten Sozialleistungsgesetze des Bundes auf eigene Kosten ausführen müssen und sie nicht immer aus eigenen Quellen finanzieren können, benötigen sie eine äquivalente Ressourcenausstattung.

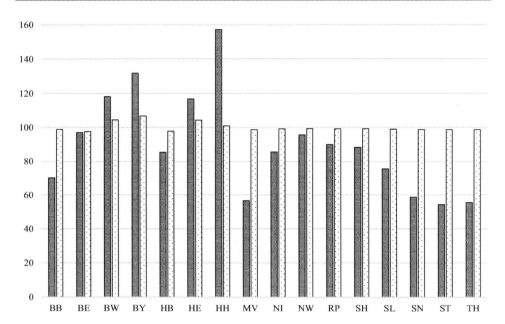

■ Länderanteile an Einkommen- und Körperschaftsteuer sowie Einnahmen aus Landessteuern je Einwohner in Prozent des Durchschnitts, vor Umsatzsteuerverteilung (vorläufiger Stand 2018)

□ Finanzkraft in Prozent des Länderdurchschnitts (nach Finanzausgleich und allgemeinen Bundesergänzungszuweisungen), genauer: in Prozent der Ausgleichsmesszahl (vorläufiger Stand 2018)

Abb. 4.2 Finanzausstattung der Länder vor und nach Ausgleich. (Quelle: BMF 2019b)

Für die *Ausgabenseite* gilt zunächst, dass Bund und Länder „in ihrer Haushaltswirtschaft selbstständig und voneinander unabhängig" sind (Art. 109 Abs. 1 GG). Der Grundsatz getrennter Haushalte wird allerdings durch weitere Verfassungsbestimmungen und die föderale Staatspraxis eingeschränkt. Zum einen gibt es *Mischfinanzierungen,* bei denen der Bund an den Kosten für Aufgaben beteiligt ist, die eigentlich in die Zuständigkeit der Länder fallen. Dazu zählen etwa die erwähnten Gemeinschaftsaufgaben nach Art. 91a GG, aber auch Finanzhilfen, die der Bund den Ländern und Gemeinden „für besonders bedeutsame Investitionen" (Art. 104b GG) zur Verfügung stellen kann, etwa im Bereich der Städtebauförderung oder der kommunalen Bildungsinfrastruktur (Art. 104c GG). Außerdem beteiligt sich der Bund über Geldleistungsgesetze nach Art. 104a GG an der Finanzierung diverser Unterstützungs- und Fördermaßnahmen. Beispielsweise übernimmt er die Hälfte des Wohngeldes, das einkommensschwache Haushalte als Mietzuschuss erhalten. Mischfinanzierungen werden vor allem von den zuständigen Fachpolitikerinnen in den Länderministerien und -parlamenten verteidigt: Um ihr Ressort vor allfälligen Budgetkürzungen zu schützen, können sie gegenüber dem Finanzministerium darauf verweisen, dass bei einer Beendigung mischfinanzierter Maßnahmen die Bundeszuschüsse „verschenkt" würden (Kropp 2010, S. 88).

Zum anderen sind Bund und Länder einer *strikten Haushaltsdisziplin* unterworfen. Nach Art. 109 Abs. 2 GG müssen ihre Haushalte „grundsätzlich ohne Einnahmen aus Krediten" ausgeglichen werden. Während der Bund noch jährliche Kredite im Umfang von bis zu 0,35 % des BIP aufnehmen darf, ist den Ländern gar keine Neuverschuldung erlaubt. Da die Länder keine Steuerfindungskompetenzen haben, sind Ausgabenkürzungen die einzige Möglichkeit, ihren Haushalt auszugleichen. Weil diese 2009 verabschiedete Regelung die am höchsten verschuldeten Länder am meisten betrifft, wurden Berlin, Bremen, Saarland, Sachsen-Anhalt und Schleswig–Holstein für den Zeitraum 2011 bis 2019 Konsolidierungshilfen aus dem Bundeshaushalt zugesagt (Art. 143d Abs. 2 GG). Außerdem können Bremen und das Saarland ab 2020 weitere Sanierungshilfen vom Bund erhalten (Art. 143d Abs. 2 GG). Ausnahmen vom Kreditaufnahmeverbot sind nur bei „einer von der Normallage abweichenden konjunkturellen Entwicklung" möglich sowie bei „Naturkatastrophen oder außergewöhnliche(n) Notsituationen, die sich der Kontrolle des Staates entziehen und die staatliche Finanzlage erheblich beeinträchtigen" (Art. 109 Abs. 3 GG). Deswegen ist auch die enorme Neuverschuldung verfassungskonform, die Bund und Länder 2020 infolge der Corona-Pandemie beschlossen haben. Allerdings ist für eine solche außerordentliche Kreditaufnahme „eine entsprechende Tilgungsregelung vorzusehen" (Art. 109 Abs. 3 GG).

Im Hintergrund dieser „Schuldenbremse" stehen *europarechtliche Vorgaben*. So verpflichtet Art. 126 AEUV (ex-Art. 104 EGV) die EU-Mitgliedstaaten, ihre jährliche Neuverschuldung unter 3 % des Bruttoinlandsprodukts (BIP) zu halten sowie ihren öffentlichen Schuldenstand unter die Marke von 60 % des BIP zurückzuführen. Bei Zuwiderhandlung kann die EU-Kommission ein Defizitverfahren gegen den betreffenden Staat einleiten, das bis zur Verhängung empfindlicher Geldbußen führen kann (Abschn. 3.3). Solche Strafzahlungen haben Bund und Länder „im Verhältnis 65 zu 35" zu begleichen; davon wird der Länderanteil zu 35 % von der Ländergesamtheit entsprechend ihrer Einwohnerzahl getragen und zu 65 % von den einzelnen Ländern „entsprechend ihrem Verursachungsbeitrag" (Art. 109 Abs. 5 GG).

Zur Einhaltung der haushaltspolitischen Leitlinien wurde 2009 der *Stabilitätsrat* eingerichtet (Art. 109a GG). Er ist das Nachfolgeorgan des Finanzplanungsrats, der nur unverbindliche Empfehlungen abgeben konnte (Heinz 2016, S. 298). Der Stabilitätsrat besteht aus den Finanzministern von Bund und Ländern sowie dem Bundeswirtschaftsminister. Er kann drohende Haushaltsnotlagen feststellen und bei Bedarf verbindliche Sanierungsverfahren einleiten (Hacke 2012, S. 9). In diesem Fall müssen die betreffenden Minister ihre Haushalte vor dem Stabilitätsrat rechtfertigen und einen entsprechenden Konsolidierungspfad beschreiten. Mindestens genauso wichtig wie diese Sanktionsmechanismen ist die verbesserte Transparenz: Die Berichte des Stabilitätsrats geben Parlamenten, Ratingagenturen, Banken und anderen Akteurinnen konkrete Einblicke in die Haushaltslage von Bund und Ländern (Heinz 2016, S. 297). Dieser öffentliche Vergleich hat nachweislich zu Disziplinierungseffekten bei einzelnen Länderregierungen geführt (Kropp und Sturm 2015, S. 103).

Insgesamt ist die institutionelle Struktur des deutschen Bundesstaats durch ein hohes Maß an *Politikverflechtung* gekennzeichnet (Scharpf et al. 1976). Das bedeutet, dass Bund und Länder bei der Erfüllung ihrer politisch-administrativen Aufgaben zur Zusammenarbeit gezwungen sind (Kropp 2010, S. 12). Diese ebenenübergreifende Kooperation zielt vor allem darauf ab, deutschlandweit einheitliche Standards herzustellen und so für die grundgesetzlich vorgesehene „Gleichwertigkeit der Lebensverhältnisse im Bundesgebiet" zu sorgen. Im Gegensatz zu vielen anderen Bundesstaaten, die territorial differenzierte Lösungen anstreben, liegt dem deutschen Föderalismus eine *unitarische Leitidee* zugrunde (Hesse 1962; Lehmbruch 2004). Trotz sozioökonomischer Disparitäten zwischen den Ländern sind regionale Politikansätze, die sich stark voneinander unterscheiden, eher verpönt: *„Einheitlichkeit" geht klar vor „Vielfalt".*

4.2 Zwischen Politikverflechtung und Strukturdynamik: Regieren im kooperativen Föderalismus

Der kooperative Föderalismus hat grundsätzlich *ambivalente Auswirkungen* auf die Funktionsweise des demokratischen Regierungssystems (Benz 2009). Einerseits bietet er ein hohes Maß an Bürgernähe und stellt sicher, dass unterschiedliche regionale Interessen in die gesamtstaatliche Willensbildung und Entscheidungsfindung einbezogen werden. Zugleich ermöglicht die Ausrichtung an bundeseinheitlichen Standards ein hohes Niveau an individueller Chancengleichheit. Andererseits kann man aufgrund der Politikverflechtung nur schwer erkennen, wer für politische Entscheidungen verantwortlich ist, da immer verschiedene Parteien aus Bund und Ländern daran mitwirken. Weil so viele Akteurinnen an den föderalen Verhandlungen beteiligt sind und sich Partei- und Länderinteressen überlagern, kommt es häufig zu politischen Kompromissen auf dem „kleinsten gemeinsamen Nenner". Außerdem können gesamtstaatliche Reformprojekte blockiert werden, wenn einzelne Länder aufgrund ihrer spezifischen Interessen oder der Parteizugehörigkeit ihrer Regierungen ihre Vetomacht nutzen.

Ob in der Realität die vorteilhaften oder problematischen Aspekte des kooperativen Föderalismus überwiegen, wird wesentlich durch die gesellschaftlichen Kontextbedingungen beeinflusst. Besondere Bedeutung kommt dabei dem *Ausmaß an territorialer Homogenität* zu (Erk 2007): Je deutlicher sich die Länder in sozioökonomischer und soziokultureller Hinsicht voneinander unterscheiden, umso stärker differieren ihre Gewinne und Verluste, die sie aus bundeseinheitlichen Regelungen und finanzieller Umverteilung ziehen. Damit sinkt auch die politische Konsensbereitschaft unter den Ländern, die für die Funktionsfähigkeit des kooperativen Föderalismus essenziell ist. Wenn also die territoriale Heterogenität zunimmt, steigt der Koordinationsbedarf des politikverflochtenen Systems – und damit auch seine Blockadeanfälligkeit.

4.2 Zwischen Politikverflechtung und Strukturdynamik

Vor diesem Hintergrund war das Regieren im deutschen Föderalismus seit 1949 durch unterschiedliche Herausforderungen und politische Dynamiken geprägt.

Nach Gründung der Bundesrepublik wurde der *kooperative Föderalismus weiter ausgebaut* (Grotz 2007, S. 89–91). Bereits ab den 1950er Jahren kam es zu einer Zentralisierung der Gesetzgebungstätigkeit, weil der Bund von seinem Zugriffsrecht auf die konkurrierende Gesetzgebung (Art. 74 Abs. 1 GG) und die Rahmengesetzgebung (Art. 75 GG a. F.) umfangreichen Gebrauch machte. Dabei durfte er weitgehend autonom festsetzen, ob das Erfordernis einheitlicher Gesetzesregelungen nach Art. 72 Abs. 2 GG vorlag – eine Staatspraxis, die auch das Bundesverfassungsgericht akzeptierte (Oeter 1998, S. 207). Als Gegenleistung für die erweiterten Legislativvollmachten des Bundes wurde die Vetoposition der Länderregierungen über den Bundesrat gestärkt. Der Bundesgesetzgeber machte den Ländern häufig Verwaltungsvorschriften, weswegen für die betreffenden Gesetze nach Art. 81 Abs. 1 GG a. F. die Zustimmung des Bundesrates erforderlich wurde (Ossenbühl 1974). Daher stieg der Anteil der zustimmungsbedürftigen Gesetze von 42 % (1949–1953) auf 56 % (1957–1961; Dästner 2001, S. 293). So wurden die Mitwirkungsrechte der Länderkammer ohne formale Verfassungsänderung aufgewertet.

Während die erweiterte Entscheidungsverflechtung in breitem Konsens vonstattenging, war die *Weiterentwicklung der Finanzverfassung* stark umstritten. Da der Parlamentarische Rat die „endgültige Verteilung der der konkurrierenden Gesetzgebung unterliegenden Steuern" (Art. 107 GG a. F.) bewusst offengelassen hatte, ergab sich verfassungsrechtlicher Handlungsbedarf. Diesbezüglich standen sich zwei Positionen gegenüber (Renzsch 1991, S. 130–169). Die damals finanzstarken Länder Bremen, Hamburg, Hessen und Nordrhein-Westfalen forderten eine flexible Verteilung des Steueraufkommens, während sich die finanzschwachen Länder von einem umfassenden Steuerverbund Vorteile versprachen und dazu eine Zweckallianz mit dem Bund eingingen, der ebenfalls an einer unitarischen Lösung interessiert war. Als Kompromiss wurde mit der *Finanzreform von 1955* ein „kleiner Steuerverbund" geschaffen, der nur die Einkommen- und Körperschaftsteuer, aber nicht die Umsatzsteuer einbezog. Außerdem hob man die Zielmarge des Finanzausgleichs auf 90 % der durchschnittlichen Finanzkraft an, wodurch die Einnahmenseite der Länderhaushalte homogenisiert wurde. Auch danach hielt der Unitarisierungstrend an. Der Bund vergab immer mehr zweckgebundene Finanzhilfen, die vor allem die finanzschwachen Länder gern entgegennahmen. Durch diese „goldenen Zügel" konnte er auf die Planung und Durchführung politischer Vorhaben Einfluss nehmen, die eigentlich in die Zuständigkeit der Landesgesetzgeber fielen (Kilper und Lhotta 1996, S. 167). So entstand eine komplexe Aufgaben- und Ausgabenverflechtung, die sich in einer „verfassungsrechtlichen Grauzone" (Oeter 1998, S. 275) bewegte.

1967/69 kam es unter der ersten Großen Koalition zu einer *Föderalismusreform,* die die bisherige Entwicklung zu einem Planungs- und Finanzierungsverbund verfassungsrechtlich verankerte (Renzsch 1991, S. 209–260; Grotz 2013b, S. 334–337). Vorausgegangen war ein mehrjähriger Verhandlungsprozess, der erneut durch den Gegensatz zwischen den Autonomieinteressen der finanzstarken Länder und den Präferenzen der finanzschwachen Länder und des Bundes für eine gemeinschaftliche Aufgabenwahrnehmung und Ressourcenausstattung geprägt war. Letztlich kam ein Kompromisspaket zustande, weil die Regierungsparteien jeweils intern die kontroversen Bund-Länder-Positionen vermitteln konnten – allen voran die SPD, der die meisten Ministerpräsidenten der damals finanzstarken Länder angehörten. Im Grundgesetz wurden die Kataloge der konkurrierenden Gesetzgebung und der Rahmengesetzgebung um einige Materien ergänzt (Grotz 2007, S. 96). Darüber hinaus sah der neue Art. 91a GG die „Mitwirkung des Bundes zur Verbesserung der Lebensverhältnisse" bei vier „Gemeinschaftsaufgaben" vor (Ausbau und Neubau von Hochschulen, Verbesserung der regionalen Wirtschaftsstruktur sowie der Agrarstruktur und des Küstenschutzes). Ferner konnte der Bund über den neuen Art. 104a GG in bestimmten Bereichen Investitionshilfen an die Länder vergeben und so politisch Einfluss nehmen. Nicht zuletzt wurde der bis heute existierende „große Steuerverbund" geschaffen, der nun auch die Umsatzsteuer umfasste (Art. 106 Abs. 3 GG). Außerdem wurden der Länderfinanzausgleich und die Ergänzungszuweisungen des Bundes so verändert, dass die Finanzkraftunterschiede zwischen den Ländern weiter eingeebnet wurden (Zabel 1985, S. 386).

Die sozialliberale Regierung Brandt, die der Großen Koalition nachfolgte, unternahm einen Versuch zur territorialen Homogenisierung des Föderalismus, die die Funktionsfähigkeit des politikverflochtenen Systems verbessern sollte. Ausgehend von dem im Grundgesetz verankerten Auftrag, „Länder zu schaffen, die nach Größe und Leistungsfähigkeit die ihnen obliegenden Aufgaben wirksam erfüllen können" (Art. 29 Abs. 1 GG a. F.), sollte eine *Neugliederung des Bundesgebiets* erfolgen. Dazu setzte die Regierung 1970 eine Expertenkommission ein, die empfahl, anstelle der bisherigen zehn Länder fünf oder sechs ähnlich große Gliedstaaten zu bilden. Dieser Vorschlag wurde jedoch von den betroffenen Länderregierungen kategorisch abgelehnt, weswegen die Bundesregierung seine Umsetzung verschob. Schließlich wurde das Neugliederungsgebot in Art. 29 GG durch eine „Kann"-Bestimmung ersetzt (Oeter 1998, S. 304). Obwohl es auch danach immer wieder zu Debatten über eine Länderneugliederung kam, wurde bislang kein weiterer Versuch unternommen, das Bundesgebiet gesamthaft umzustrukturieren.[3]

Bis Ende der 1980er Jahre erfuhr die föderale Kompetenzverteilung keine nennenswerten Veränderungen. Unter den gegebenen Bedingungen profitierten nahezu alle politisch Verantwortlichen in Bund, Ländern und Gemeinden von dem Aufgaben- und Finanzierungsverbund. Daher verfestigten sich die Strukturen der Politikverflechtung trotz einiger Funktionsdefizite weiter (Scharpf et al. 1976, S. 233). Nur unter der Regierung Schmidt versuchte der Bund, aufgrund der prekären Haushaltslage seine

---

[3] 1994 kamen die Regierungen von Berlin und Brandenburg überein, ihre beiden Länder zu fusionieren. Das Vorhaben wurde jedoch 1996 in einem Volksentscheid abgelehnt (von Beyme 2019, S. 89–92).

4.2 Zwischen Politikverflechtung und Strukturdynamik

Beteiligung an bestimmten Gemeinschaftsaufgaben und Mischfinanzierungen zu verringern (Benz 1989). Ohne finanzielles Kompensationsangebot an die Länder war dieser Reformansatz jedoch zum Scheitern verurteilt. Auch während der ersten Amtsperioden von Kanzler Kohl blieb der föderale Verfassungsrahmen unverändert. Allerdings kam es zu einigen Verschiebungen bei der Aufgabenwahrnehmung, indem sich der Bund etwa aus den Mischfinanzierungen der Studienförderung und des Krankenhausbaus „kostenneutral" zurückzog und auf die Mitwirkung in der Bildungsplanung verzichtete. Gerade in dieser Phase wurde dem deutschen Bundesstaat ein hohes Maß an positiver Dynamik und Anpassungsfähigkeit bescheinigt (Hesse und Benz 1990, S. 152–158).

Anfang der 1990er Jahre fanden zwei Ereignisse statt, die die weitere Entwicklung der föderalstaatlichen Beziehungen nachhaltig prägten. Zum einen wurde am 3. Oktober 1990 die *Wiedervereinigung* nach Art. 23 GG a. F. über den *Beitritt der fünf ostdeutschen Länder* vollzogen, die unmittelbar nach der friedlichen Revolution in der DDR wiedererrichtet worden waren (Brandenburg, Mecklenburg-Vorpommern, Sachsen, Sachsen-Anhalt und Thüringen). Infolge dessen erhöhte sich nicht nur die Anzahl der politischen Akteurinnen im Bundesstaat, sondern es wurden auch die sozioökonomischen und soziokulturellen Unterschiede zwischen den Ländern verstärkt. Da dies die Funktionsfähigkeit des kooperativen Föderalismus unmittelbar tangierte, sah Art. 5 des Einigungsvertrags vor, dass sich Bundestag und Bundesrat innerhalb von zwei Jahren mit dem Anpassungsbedarf des Grundgesetzes „in Bezug auf das Verhältnis zwischen Bund und Ländern" befassen sollten.

Zum anderen wurde im Dezember 1991 der *Vertrag von Maastricht* verabschiedet, durch den die Europäische Union gegründet wurde und der weitere umfangreiche Veränderungen des europäischen Primärrechts mit sich brachte (Abschn. 3.1). Dies intensivierte die Debatte über die Auswirkungen der Europäisierung auf die bundesstaatliche Ordnung, die bereits seit Mitte der 1980er Jahre geführt wurde (Hrbek 1986). Weil auch die Länder Gesetzgebungsvollmachten an die supranationale Ebene abgaben und zugleich deren politische Entscheidungen administrativ vollziehen mussten, aber nur die Bundesregierung im Rat der EU Sitz und Stimme hatte, gewann die Frage an Brisanz, wie die Länder für diese Kompetenzverluste entschädigt werden sollten. Zwar hatten sich die Länderregierungen bereits zuvor über den Bundesrat ein Vetorecht bei der Ratifikation Europäischer Verträge gesichert, erachteten dies aber noch nicht als hinreichende Kompensation (Abschn. 11.3). Da der Maastrichter Vertrag Anfang 1993 in Kraft treten sollte, fiel seine Ratifikation zeitlich mit der einigungsbedingten Anpassung der bundesstaatlichen Ordnung zusammen.

Die anstehende *Grundgesetzreform* wurde von einer *Gemeinsamen Verfassungskommission (GVK)* vorbereitet, die aus je 32 Mitgliedern des Bundestages und des Bundesrates bestand und für Beschlüsse eine Zwei-Drittel-Mehrheit benötigte (Bremers 2001; Grotz 2013b, S. 337–339). Damit blieben die Hauptakteurinnen des kooperativen Föderalismus gleichsam unter sich; weder die Länderparlamente noch die Zivilgesellschaft wurden in die verfassungspolitische Willensbildung und Entscheidungsfindung einbezogen. Folglich war der Reformprozess, der von 1991 bis 1994 dauerte, von Beginn an durch eine starke Status-quo-Orientierung gekennzeichnet. Am Ende kam es nur zu punktuellen Änderungen der bundesstaatlichen Ordnung. So knapp nach der Wiedervereinigung wäre eine umfangreiche Verfassungsreform ohnehin schwierig gewesen, weil Parlament und Regierung mit der erforderlichen Anpassung der Wirtschafts- und Sozialordnung voll ausgelastet waren. Der wichtigste Grund für diese bescheidene Reformbilanz war allerdings, dass die Länderregierungen sehr unterschiedliche Interessen hatten. Zwar hatten sie sich schon vor Zusammentritt der GVK in einer Bundesratskommission „Verfassungsreform" koordiniert, aber keine gemeinsamen Positionen zur Neuausrichtung der Finanzverfassung oder zur Rückverlagerung von Gesetzgebungsmaterien in die Länderzuständigkeit entwickelt. Stattdessen konzentrierten sich ihre Forderungen auf zwei Aspekte. Zum einen sollten Anwendungsbedingungen des Bundeszugriffs auf die konkurrierende Gesetzgebung in Art. 72 Abs. 2 GG präzisiert werden. Daher wurde das Kriterium der „Einheitlichkeit der Lebensverhältnisse" durch „Gleichwertigkeit" ersetzt, was der gestiegenen Heterogenität zwischen den Ländern Rechnung tragen sollte. Zum anderen herrschte unter den Länderregierungen Einvernehmen, dass ihre verfassungsmäßigen Mitwirkungsrechte in EU-Angelegenheiten ähnlich umfangreich wie bei innerstaatlichen Angelegenheiten sein sollten. Daher wurde Art. 23 GG neu gefasst, der nun weitreichende Kompetenzen des Bundesrates in der europapolitischen Willensbildung und Entscheidungsfindung vorsah (Abschn. 11.3).

Parallel zu den Arbeiten der GVK verständigten sich die Regierungen von Bund und Ländern im Juni 1993 auf die Verteilung der durch die Wiedervereinigung entstandenen Finanzlasten. Im Rahmen des sogenannten *Solidarpakts I,* der den 82,4 Mrd. € umfassenden Fonds Deutsche Einheit ablöste (BMWi 2020a) und auf zehn Jahre angelegt war (1995–2004), wurden die neuen Länder in den föderalen Finanzausgleich einbezogen. Außerdem wurden die Fehlbetrags-Bundesergänzungszuweisungen eingeführt, um eine weitgehend homogene Finanzkraft aller Länder zu gewährleisten (Renzsch 1994). Vor allem der Bund machte dabei erhebliche finanzielle Zugeständnisse, nachdem sich die Länder erfolgreich um eine gemeinsame Verhandlungsposition bemüht hatten. Über den Solidarpakt I erhielten die ostdeutschen Länder und Gemeinden insgesamt Transferzahlungen in Höhe von 106 Mrd. €, die vom Bund und den westdeutschen Ländern geleistet wurden (BMWi 2020a). Dies zeigt, dass der kooperative Föderalismus auch den enormen finanziellen Herausforderungen der deutschen Vereinigung grundsätzlich gewachsen war (Jeffery 1995, S. 267–268).

Allerdings kam die *Diskussion um eine Bundesstaatsreform* nicht zur Ruhe. Seit Mitte der 1990er Jahre wurde der Verbundföderalismus in der neoliberalen Debatte zum „Standort Deutschland" zunehmend als Hemmschuh für die ökonomische Wettbewerbsfähigkeit betrachtet (Fischer und Große Hüttmann 2001, S. 131–135). Diese Position vertraten auch die unionsgeführten Regierungen der wirtschaftsstarken Länder Süddeutschlands (Bayern, Baden-Württemberg, Hessen), die sich von einer Aufgaben- und Ressourcentrennung innerhalb und zwischen den föderalen Ebenen erhebliche Vorteile versprachen. Daher reichten sie 1998 Verfassungsklage gegen den bestehenden Finanzausgleich ein

4.2 Zwischen Politikverflechtung und Strukturdynamik

und forderten zugleich unter dem Leitbild eines „Wettbewerbsföderalismus", die bundesstaatliche Ordnung stärker zu differenzieren. Das diesbezügliche Urteil des Bundesverfassungsgerichts vom November 1999 gab den Klägerinnen insofern Recht, als es ein „Maßstäbegesetz" vorschrieb, das klare Kriterien für den weiteren Finanzausgleich definieren sollte. 2001 kamen die Regierungen von Bund und Ländern den verfassungsgerichtlichen Vorgaben nach und einigten sich außerdem auf die Fortführung des Solidarpakts *(Solidarpakt II),* der den ostdeutschen Ländern von 2005 bis 2019 Finanzmittel in Höhe von 156 Mrd. € gewährte (BMWi 2020a). Dabei stellte der Bund erneut zusätzliche Ressourcen bereit, um den Verteilungskonflikt zwischen „reicheren" und „ärmeren" Ländern zu entschärfen. Gleichwohl beharrten die Regierungen der süddeutschen Länder auf ihrer Forderung nach einer Rückverlagerung von Gesetzgebungskompetenzen, weil sie hofften, sich durch den Zugewinn an Gestaltungsautonomie gegenüber ihrer Wählerschaft zu profilieren (Knodt 2002, S. 225).

Gleichzeitig geriet die starke Vetoposition des Bundesrates im Gesetzgebungsprozess zunehmend in die Kritik. Nachdem die SPD-geführte Bundesratsmehrheit 1997 eine von der Kohl-Regierung geplante Steuerreform verhindert hatte, wurde intensiv diskutiert, wie man die „Blockademacht" der Länderkammer beschränken könnte (Lhotta 1998). Diese Debatte setzte sich fort, als die unionsgeführten Länder ab 2002 die Bundesratsmehrheit innehatten und zentrale Gesetzesprojekte der rot-grünen Bundesregierung in den Vermittlungsausschuss zwangen (Abschn. 11.2). Da sich sowohl SPD als auch CDU/CSU zu diesem Zeitpunkt Chancen ausrechneten, nach der kommenden Wahl die Bundesregierung anzuführen, gab es ein breites Interesse unter den Bundestagsparteien, die Vetovollmachten des Bundesrates zu schwächen (Renzsch 2004, S. 96–97).

Vor diesem Hintergrund beschlossen Bund und Länder im Juni 2003, eine *Kommission zur Modernisierung der bundesstaatlichen Ordnung (KoMbO)* einzusetzen. Mit jeweils 16 Mitgliedern des Bundestages und des Bundesrates, die durch beratende Vertreterinnen der Landtage (sechs), der Bundesregierung (vier) und der kommunalen Spitzenverbände (drei) ergänzt wurden, ähnelte ihre Zusammensetzung der GVK. Im Mittelpunkt der Kommissionsarbeit sollte die „Entflechtung" der bundesstaatlichen Aufgaben- und Entscheidungsstrukturen stehen. Damit verband sich ein für beide Seiten vorteilhaftes Tauschgeschäft (Grotz und Poier 2010, S. 243–244): Während sich die wirtschaftsstarken Länder von einer Rückverlagerung der Gesetzgebungszuständigkeiten Vorteile versprachen, bestand für die Bundesregierung die Aussicht, durch einen Abbau von Zustimmungsrechten des Bundesrates an politischer Handlungsfähigkeit zu gewinnen. Auf dieser Basis gelang es der KoMbO, eine Reihe konsensfähiger Reformvorschläge zu erarbeiten. Gleichwohl ging sie Ende 2004 ohne Gesamtergebnis auseinander, weil sich die rot-grüne Bundesregierung und die unionsgeführten Länder nicht über die Kompetenzverteilung in der Bildungspolitik verständigen konnten. Als jedoch nach der Bundestagswahl 2005 eine Große Koalition aus CDU/CSU und SPD gebildet wurde, erlebte die Föderalismusreform ein ungeahntes Comeback. Da die Regierungsparteien in diesem Bereich bereits über einen ausgearbeiteten Kompromiss verfügten, verabschiedeten Bundestag und Bundesrat im Frühjahr 2006 die KoMbO-Vorschläge ohne größere Änderungen; die Punkte, die zunächst offengeblieben waren, wurden nun überwiegend zugunsten der Länderseite gelöst.

Diese *Föderalismusreform I* war nicht nur die bislang umfangreichste Änderung des Grundgesetzes, sondern auch ein Ausnahmefall in der bundesstaatlichen Entwicklung, weil sie eine *moderate Entflechtung der Kompetenzordnung* vorsah (von Blumenthal 2010). So wurden die Rahmengesetzgebung abgeschafft (Art. 75 GG) und der Hochschulbau (weitgehend) und die Bildungsplanung (ganz) aus der Liste der Gemeinschaftsaufgaben gestrichen (Art. 91a und 91b GG). Gerade die letztgenannten Punkte waren aus Sicht der unionsgeführten Länder ein besonderer Erfolg, da sie den Einfluss des Bundes in der Bildungspolitik weitgehend zurückdrängten. Deswegen wurde dieser Teil der Reform auch als „Kooperationsverbot" bezeichnet, obwohl eine Bund-Länder-Zusammenarbeit in engerem Rahmen weiterhin möglich war. In der konkurrierenden Gesetzgebung wurden einige Bereiche in die ausschließliche Kompetenz des Bundes überführt (z. B. Melde- und Ausweiswesen, Waffen- und Sprengstoffrecht, Kernenergie), andere wurden den Ländern übertragen (z. B. Versammlungsrecht, Heimrecht, Ladenschluss, Beamtenbesoldung). Außerdem wurden bestimmte konkurrierende Gesetzesmaterien von der Erforderlichkeitsklausel nach Art. 72 Abs. 2 GG befreit (Strafrecht, öffentliche Fürsorge oder Recht der Wirtschaft), was den Gestaltungsspielraum des Bundes stärkte. Umgekehrt erhielten die Länder die Möglichkeit, in bestimmten Bereichen von Bundesgesetzen abzuweichen (z. B. Jagdwesen, Naturschutz und Raumordnung; Art. 72 Abs. 3 GG).

Die Vetovollmachten des Bundesrates sollten über eine Neufassung von Art. 84 Abs. 1 GG reduziert werden, die u. a. ein Abweichungsrecht der Länder von bundesgesetzlichen Verwaltungsvorschriften vorsah. Aufgrund dessen wurde eine deutliche Verringerung der zustimmungsbedürftigen Gesetze erwartet. Gleichzeitig wurde auch ein neuer Zustimmungstatbestand bei Kostenfolgen von Bundesgesetzen eingeführt (Art. 104a Abs. 4 GG). Insgesamt sank der Anteil der Zustimmungsgesetze mittelfristig von über 50 % auf ein Niveau zwischen 35 und 40 %. Gerade bei den politisch bedeutsamen, finanzwirksamen Gesetzen behielt der Bundesrat jedoch sein absolutes Vetorecht (Reus und Zohlnhöfer 2015). Schließlich kam es noch zu zwei EU-bezogenen Anpassungen. Zum einen wurden Bund und Länder verpflichtet, die europarechtlichen Vorgaben zur Haushaltsdisziplin gemeinsam zu erfüllen und etwaige Sanktionsmaßnahmen solidarisch zu tragen (Art. 109 Abs. 5 GG; Abschn. 11.1). Zum anderen wurden die Vertretungsrechte des Bundesrats im EU-Ministerrat auf die „Gebiete der schulischen Bildung, der Kultur oder des Rundfunks" begrenzt (Art. 23 Abs. 6 GG; Abschn. 11.3).

Unmittelbar nach Abschluss der Föderalismusreform I einigten sich Bund und Länder auf einen zweiten Reformschritt, bei dem die *Neugestaltung der bundesstaatlichen Finanzbeziehungen* im Zentrum stand. Dazu richteten Bundestag und Bundesrat Ende 2006 eine weitere Kommission ein, die ähnlich wie die KoMbO aufgebaut war. Der Arbeitsauftrag orientierte sich wiederum am Leitbild der Entflechtung: Demnach sollte die Kommission Reformempfehlungen erarbeiten, die zu einer „verstärkten Eigenverantwortung der Gebietskörperschaften" und einer „aufgabenadäquaten Finanzaus-

4.2 Zwischen Politikverflechtung und Strukturdynamik

stattung" führen sollten (zitiert nach ZSE-Redaktion 2008, S. 382). Allerdings zeigte sich schnell, dass angesichts der verteilungspolitischen Interessengegensätze keine größeren Änderungen des Steuer- und Finanzverbunds erfolgen würden. Daher rückte die verfassungsrechtliche Begrenzung der Staatsverschuldung ins Zentrum der Kommissionsarbeit. Doch auch in dieser Hinsicht gab es lange keine Verhandlungsfortschritte. Erst „unter dem Druck der Finanzmarkt- und Konjunkturkrise" (Oettinger 2009, S. 13) wurde im Frühjahr 2009 ein Kompromiss erreicht, der wenige Wochen später im Grundgesetz verankert wurde.

Die wichtigste Änderung der *Föderalismusreform II* bestand in der Begrenzung der Kreditaufnahmemöglichkeiten von Bund und Ländern in Art. 109 und 115 GG, die meist verkürzt als „Schuldenbremse" bezeichnet wird. Für die fünf Länder mit besonders schwieriger Haushaltssituation wurden Konsolidierungshilfen seitens des Bundes vorgesehen (Art. 143d Abs. 2 und 3 GG). Außerdem erhielt der Bund das Recht, „im Falle von Naturkatastrophen oder außergewöhnlichen Notsituationen" den Ländern auch ohne Gesetzgebungsbefugnisse Finanzhilfen zu gewähren (Art. 104b Abs. 1 GG). Darüber hinaus wurden Kooperationsmöglichkeiten von Bund und Ländern im IT-Bereich (Art. 91c GG n. F.) sowie bei Leistungsvergleichen im Verwaltungsbereich (Art. 91d GG n. F.) festgeschrieben. Vor allem der letztgenannte Aspekt erinnerte an die Leitidee des Wettbewerbsföderalismus. Allerdings konnten sich Bund und Länder bislang weder auf Themen noch auf Verfahren für solche Leistungsvergleiche verständigen (Benz 2019a, S. 95). Somit vollzogen die Grundgesetzänderungen von 2009 „keine weitere Abkehr vom ‚unitarischen Bundesstaat'" (Benz et al. 2016, S. 308).

Nach der Föderalismusreform I haben die *Länder* ihre *neuen Gesetzgebungskompetenzen unterschiedlich genutzt* und dabei auch „eigenständige Akzente" gesetzt (Hildebrandt und Wolf 2016b, S. 398). Dies gilt insbesondere für das Beamtenlaufbahn- und das Heimrecht, aber auch für die meisten anderen rückübertragenen Bereiche wie das Strafvollzugs-, Ladenschluss- und Gaststättenrecht (Reus und Vogel 2018). Außerdem haben einzelne Länder wie Bayern eine zunehmend hohe Bereitschaft gezeigt, „‚eigene' Gesetze zu verabschieden und Policies eigenwillig zu prägen" (Sack und Töller 2018, S. 609). In Einzelfällen kam es auch zu kompetenzrechtlich strittigen Regelungen. So verabschiedete die rot-rot-grüne Regierungsmehrheit in Berlin Anfang 2020 ein Gesetz, das für die Mehrzahl der Wohnungen in der Hauptstadt Höchstmieten pro Quadratmeter festlegt. Dagegen reichten die Bundestagsfraktionen von FDP und CDU/CSU eine Normenkontrollklage beim Bundesverfassungsgericht ein mit der Begründung, dass der Bundesgesetzgeber von seiner entsprechenden Regelungskompetenz im Rahmen der konkurrierenden Gesetzgebung abschließend Gebrauch gemacht habe und daher keine landesrechtlichen Regelungen zulässig seien. Im April 2021 erklärte das Gericht den Berliner „Mietendeckel" tatsächlich für verfassungswidrig – nicht wegen seiner inhaltlichen Ausgestaltung, sondern aufgrund fehlender Zuständigkeit des Landesgesetzgebers.

Trotz der genannten Entwicklungstendenzen hat sich die *Policy-Varianz zwischen den Ländern* nur moderat erhöht (Jeffery und Pamphilis 2016). Bei den meisten hinzugewonnenen Länderkompetenzen handelt es sich um relativ eng begrenzte Gesetzesmaterien, „die nicht unmittelbar auf andere Politikfelder ausstrahlen" (Reus und Vogel 2018, S. 641). Außerdem gehen abweichende Gesetzesregelungen nicht immer auf parteipolitische Präferenzen der Landesregierung zurück, sondern sind auch Ausdruck der jeweiligen Haushaltslage. Ein illustratives Beispiel ist das Besoldungsrecht der Landesbeamten, das seit 2006 den Ländern obliegt. Inzwischen zeigt sich, dass Länder mit hohem Schuldenstand ihre Beamtengehälter deutlich weniger erhöht haben als geringer verschuldete Länder (Dose et al. 2020, S. 36). Unter dem Druck der „Schuldenbremse" und fehlender Einnahmenautonomie haben sich die finanzschwachen Länder also für ein geringeres Gehaltsniveau entschieden, um weiterhin ausreichend Personal vorzuhalten und zugleich haushaltskonform zu agieren.

Vor diesem Hintergrund kam es auch zu einer *„Rückverflechtung" im Wissenschafts- und Bildungsbereich,* den die Föderalismusreform I überwiegend in die Länderautonomie überführt hatte (Kropp und Behnke 2016, S. 673–677). Weil viele Länder mit der eigenständigen Finanzierung ihrer Bildungs- und Forschungsausgaben Schwierigkeiten hatten, vereinbarten Bund und Länder seit Mitte der 2000er Jahre gemeinsame Fördermaßnahmen der inner- und außeruniversitären Forschung sowie der Hochschullehre (Pakt für Forschung und Innovation 2005; Hochschulpakt 2007; Exzellenzinitiative 2009). Seit 2014 gibt es wieder die Möglichkeit einer dauerhaften Bund-Länder-Kooperation bei der Förderung von Wissenschaft, Forschung und Lehre „in Fällen überregionaler Bedeutung", wobei „Vereinbarungen, die im Schwerpunkt Hochschulen betreffen" alle Länder zustimmen müssen (Art. 91b GG). Im Gegenzug verpflichtete sich der Bund, die Kosten für die staatlichen Ausbildungshilfen für Schülerinnen und Studentinnen (BAföG) ganz zu übernehmen. Im Mai 2019 beschlossen Bund und Länder, die Digitalisierung in allgemeinbildenden Schulen mit 5 Mrd. € aus Bundesmitteln zu fördern. Diesem „DigitalPakt Schule" gingen langwierige Verhandlungen voraus, bei denen sich insbesondere die baden-württembergische Regierung unter Winfried Kretschmann (Grüne) gegen eine Einflussnahme des Bundes aussprach und umgekehrt die Bundestagsmehrheit eine strikte Ausgabenkontrolle der Finanzmittel forderte (Träger 2019). Schließlich wurde dazu auch Art. 104c GG angepasst, der nun befristete Finanzhilfen des Bundes „zur Steigerung der Leistungsfähigkeit der kommunalen Bildungsinfrastruktur" ermöglicht. Zur „Gewährleistung der zweckentsprechenden Mittelverwendung kann die Bundesregierung Berichte und anlassbezogen die Vorlage von Akten verlangen".

Auch die *jüngste Reform der Finanzverfassung* hat die Politikverflechtung tendenziell verstärkt. Da das Finanzausgleichsgesetz Ende 2019 auslief, war eine Neuregelung der föderalen Finanzbeziehungen verfassungsrechtlich geboten. Dabei konnten sich Bund und Länder auf keine gemeinsame Kommission verständigen. Stattdessen wurde die Reform von den Finanzministern und Regierungschefs ausgehandelt. Zwar gab es anfangs Vorschläge einer begrenzten finanziellen Entflechtung, die sich aber als nicht konsensfähig erwiesen (Benz 2017, S. 403). 2017 kam es zu einer *Neuregelung des Finanzausgleichs,* die das Ausgleichsverfahren etwas vereinfachte, doch in der Substanz keine weitreichenden Änderungen bewirkte (Gamper 2017; Abschn. 11.1). Der Bund machte erneut finanzielle Zugeständnisse, wodurch der Verteilungskonflikt zwischen den Ländern gelöst werden konnte. Im Gegenzug erhielt der Bund u. a. die Zuständigkeit für die Autobahnverwaltung. Diese administrative Zentralisierung führte allerdings zu keiner wirklichen Kompetenzentflechtung, sondern zu einem „Nebeneinander von zwei miteinander neu verflochtenen Systemsträngen" (Fischer und Pennekamp 2018, S. 453): einer zentralisierten Verwaltung der Bundesautobahnen und einer Verwaltung der Bundesstraßen durch die Länder. Dadurch drohen bisherige Synergieeffekte verloren zu gehen; zugleich zieht der Verwaltungsumbau erhebliche Kosten nach sich (PNP 2019).

Schließlich spiegelt das *Krisenmanagement während der Corona-Pandemie* die Vorzüge und Probleme des Regierens im kooperativen Föderalismus exemplarisch wider. Als das Virus Sars-CoV-2 Anfang 2020 Deutschland erreichte, schien die bundesstaatliche Ordnung für eine effektive Reaktion auf das Infektionsgeschehen kaum gerüstet (Kropp 2020). Die Zuständigkeit für Gefahrenabwehr lag bei den Ländern, die auch alle je eigene Katastrophenschutzgesetze haben. Der Bundesgesundheitsminister verfügte dagegen nur über koordinierende Kompetenzen und durfte den Ländern lediglich Empfehlungen erteilen. Dennoch einigten sich die Regierungen von Bund und Ländern relativ rasch auf einheitliche Lockdown-Regeln, auch wenn die konkreten Maßnahmen teilweise stark variierten (Behnke 2020, S. 13). In dieser Situation erwiesen sich die föderalen Kooperationsgremien und -verfahren als handlungseffizient und vermittelten der Öffentlichkeit zugleich das Bild eines breit getragenen Konsenses aller Beteiligten.

Die Kontakt- und Ausgangsbeschränkungen wurden von den Länderregierungen per Verordnung (und damit ohne die Beteiligung der Parlamente) erlassen, erfolgten allerdings auf Grundlage des bundesweit gültigen Infektionsschutzgesetzes (IfSG), das „in einem rekordverdächtigen Gesetzgebungsverfahren von wenigen Tagen" nachgebessert wurde (Kropp 2020). Außerdem billigte der Bundesrat als Reaktion auf die Krisenfolgen das umfangreichste Hilfs- und Unterstützungspaket in der Geschichte der Bundesrepublik, stimmte den Steuerhilfen und der befristeten Mehrwertsteuersenkung zu und unterstützte die EU-Maßnahmen zur Krisenbewältigung (Bundesrat 2020a, b). Dabei kooperierten die Länder eng mit dem Bund, indem sie auf die üblichen Beratungsfristen verzichteten und somit eine Gesetzgebung im Schnellverfahren ermöglichten (Bundesrat 2020b). Die raschen Hilfsmaßnahmen führten allerdings auch zu erheblichen Vollzugsproblemen. So gelang es den zuständigen Landesbehörden nur unzureichend, unter den zahlreichen Anträgen von Soloselbstständigen und Kleinstunternehmerinnen auf Soforthilfen Betrugsfälle zu identifizieren (Abbas et al. 2020).

Während die föderale Krisenpolitik bis Herbst 2020 hochgradig koordiniert verlief, wuchs im weiteren Verlauf die „Vielstimmigkeit". Die Gründe lagen in unterschiedlichen Problemlagen und ungleichmäßiger Betroffenheit der Länder, aber auch im politischen Profilierungswillen einzelner Ministerpräsidentinnen und ihrer Regierungen angesichts bevorstehender Wahlen. So fiel es immer schwerer, die „Vielfalt der Lockerungsmaßnahmen in den Ländern und die ihnen zugrunde liegenden, sich widersprechenden Begründungen" nachzuvollziehen (Kropp 2020). Die zunehmend offensichtlichen Koordinationsprobleme zwischen Bund und Ländern erreichten im

März 2021 ihren vorläufigen Höhepunkt, als die Bundeskanzlerin und die Ministerpräsidentinnen in einer Nachtsitzung relativ spontan eine „Osterruhe" beschlossen, die kurz darauf wegen rechtlicher Probleme wieder zurückgenommen werden musste. Angesichts massiver öffentlicher Kritik an diesem Entscheidungsverfahren stimmten die Länderregierungen daraufhin einer erneuten Änderung des IfSG zu, die bundeseinheitliche Lockdown-Maßnahmen vorsieht, wenn die Neuinfektionen bestimmte Schwellenwerte übersteigen („Bundesnotbremse").

Im Frühjahr 2021 ist es für eine Bilanz der Corona-Krise noch viel zu früh. Ungeachtet dessen wird die Leistungsfähigkeit des kooperativen Föderalismus in den nächsten Jahren vor allem danach beurteilt werden, wie Bund, Länder und Gemeinden die immensen Folgekosten der Pandemie bewältigen. Dann werden auch andere Herausforderungen der bundesstaatlichen Ordnung wieder verstärkt in den Blickpunkt rücken, wie die Bund-Länder-Kooperation bei der Energiewende, der inneren Sicherheit und Cyberkriminalität, bei Geldwäsche- und Finanzdelikten sowie beim Aufbau digitaler Verwaltungsdienstleistungen.

4.3 Horizontale Zusammenarbeit zwischen den Ländern

In den Politikbereichen, in denen die Länder autonome Gesetzgebungs- und Verwaltungskompetenzen besitzen, müssen sie nicht unbedingt zusammenarbeiten. Im Grundgesetz finden sich nur wenige allgemeine Kooperationsnormen, wie die Verpflichtung zur gegenseitigen Rechts- und Amtshilfe (Art. 35 Abs. 1 GG), zur Unterstützung bei Naturkatastrophen oder besonders schweren Unglücksfällen (Art. 35 Abs. 2 GG) sowie zur Polizeihilfe bei Gefährdung der freiheitlichen demokratischen Grundordnung (Art. 91 Abs. 1 GG). Gleichwohl existieren *vielfältige Formen freiwilliger Länderzusammenarbeit.* Dafür gibt es mehrere Motive. Zunächst sind die Länder bestrebt, auch in ihren autonomen Zuständigkeitsbereichen wie der Bildungspolitik ein hohes Maß an einheitlichen Standards sicherzustellen, da dies von der überwiegenden Mehrheit der Bürgerinnen präferiert wird (Petersen und Grube 2017). Außerdem können sie durch Selbstkoordination grenzüberschreitende Probleme lösen – und damit auch dem Vorwand einer Eingriffsnotwendigkeit durch den Bund begegnen (Kropp 2010, S. 130–131). Ferner ermöglichen die verschiedenen Ländergremien einen kontinuierlichen Informations- und Erfahrungsaustausch und damit wechselseitiges Lernen. Nicht zuletzt dienen sie der Erarbeitung gemeinsamer politischer Positionen.

Am deutlichsten manifestiert sich die horizontale Länderkooperation in rechtlichen Vereinbarungen (Kropp 2010, S. 135). Darunter fallen zum einen *Verwaltungsabkommen,* in denen die Länderregierungen z. B. überregionale Planungskonzepte festlegen oder die Gründung gemeinsamer Einrichtungen verabreden. Zum anderen schließen sie *Staatsverträge,* die die Zustimmung der Länderparlamente benötigen. Dazu zählen etwa die Rundfunk- bzw. Medienstaatsverträge, durch die die öffentlich-rechtlichen Medienanstalten wie ARD und ZDF begründet wurden und weiter

4.3 Horizontale Zusammenarbeit zwischen den Ländern

fortbestehen (Abschn. 8.1). Von besonderer Bedeutung ist auch das *Königsteiner Staatsabkommen,* auf das sich die westdeutschen Länder bereits im März 1949 verständigten, um die gemeinsame Finanzierung außeruniversitärer Forschung zu regeln (Hohn 2016, S. 555–556). Daraus ging 1977 die „Blaue Liste" überregional bedeutsamer Forschungsinstitute hervor, an deren Finanzierung sich der Bund über Art. 91b GG hälftig beteiligt und die 1997 in „Wissenschaftsgemeinschaft Gottfried Wilhelm Leibniz" umbenannt wurde. Als noch wirkmächtiger hat sich die gemeinsame Finanzierungsregel des Königsteiner Abkommens erwiesen, nach der sich die jeweiligen Länderbeiträge zu zwei Dritteln aus den Steuereinnahmen und zu einem Drittel aus der Bevölkerungszahl errechnen. Dieser *Königsteiner Schlüssel* wurde auch in der Folgezeit immer wieder herangezogen und blieb selbst nach der Wiedervereinigung erhalten. Gegenwärtig liegen die Anteile des Königsteiner Schlüssels zwischen 21,1 % (Nordrhein-Westfalen) und 1,0 % (Bremen; GWK 2018). Die Formel wird inzwischen auf über 100 Einzelfälle angewendet, wie die Festsetzung der Personalanteile der Länder in internationalen Polizeimissionen (Wehe 2017, S. 1214), die Verteilung von Asylsuchenden (Bartl 2019) oder die Mittelzuweisung des Digitalpakts an die Länder (Scheller 2019, S. 15). Die Lasten- und Ressourcenverteilung bei der Länderzusammenarbeit ist somit stark institutionalisiert, obwohl es keine verfassungsrechtlichen Vorgaben gibt.

Der wichtigste Teil der politischen Länderkoordination findet auf Regierungsebene statt. An der Spitze steht die *Ministerpräsidentenkonferenz (MPK),* zu der die Regierungschefs der 16 Länder mindestens viermal pro Jahr zusammenkommen. Sie ist kein Verfassungsorgan und auch nicht im Grundgesetz festgeschrieben, verfügt aber über eine eigene Geschäftsordnung. Der Vorsitz wechselt jährlich zwischen den Ministerpräsidenten nach einer festgelegten Reihenfolge. Die MPK geht auf den Länder- bzw. Zonenbeirat der Regierungschefs während der alliierten Besatzungszeit zurück (Martens 2003, S. 5–7). 1948 setzte sie den Verfassungskonvent von Herrenchiemsee ein, hatte dann aber keinen direkten Einfluss auf die Arbeit des Parlamentarischen Rats. Nach Gründung der Bundesrepublik konstituierte sich die MPK erst wieder 1954 als dauerhaftes Gremium, als deutlich wurde, dass nicht alle Länderangelegenheiten im Rahmen des Bundesrats hinreichend bearbeitet werden konnten (Martens 2003, S. 17). Die MPK befasst sich mit den zentralen Themen der Länderpolitik im deutschen Bundesstaat: der Reform des Föderalismus und der föderalen Finanzbeziehungen, der Europapolitik sowie mit Grundfragen der Bildungspolitik und der Inneren Sicherheit. Beschlüsse der MPK haben zwar keine Rechtsverbindlichkeit, aber eine hohe politische Bindungskraft (Martens 2003, S. 36). Das Abstimmungsquorum wurde 2004 von Einstimmigkeit auf eine qualifizierte Mehrheit (13 von 16 Stimmen) gelockert, um die Entscheidungsfähigkeit zu stärken (Kropp 2010, S. 136). Um Koordinationsprobleme zu vermeiden, diskutiert die MPK keine Vorlagen, die zeitgleich im Bundesrat behandelt werden. Vorherige Absprachen zu Gesetzgebungsprozessen sind allerdings möglich und üblich (Hegele und Behnke 2013, S. 539). Ähnlich wie im Bundesrat versammeln sich die Ministerpräsidentinnen der A-Länder (SPD-geführt) und der B-Länder (CDU/CSU-geführt) getrennt vor den Plenarsitzungen, um ihre Positionen abzustimmen. Daneben gibt es regelmäßige Treffen kleinerer Koordinationsrunden wie der „MPK-Ost", der die Regierungschefinnen der fünf ostdeutschen Länder und Berlins angehören.

Ähnlich wie auf Ebene der Ministerpräsidenten bestehen auch für die Regierungsressorts der Länder jeweils eigene Koordinationsgremien. Diese *Ministerkonferenzen* sind grundsätzlich ähnlich aufgebaut, variieren aber hinsichtlich ihres Aufgabenprofils und ihres politischen Gewichts (Hegele und Behnke 2013). Besonders prominent ist die Kultusministerkonferenz (KMK). Sie wurde bereits 1948 gegründet und verfügt über eine ausdifferenzierte Verwaltung mit ca. 220 Mitarbeiterinnen, die auch Aufgaben bei der Anerkennung ausländischer Schulabschlüsse übernehmen und den Pädagogischen Austauschdienst koordinieren (KMK 2015, S. 10–11). In der KMK werden alle politischen Fragen in den Bereichen Bildung, Wissenschaft und Kultur besprochen, die von länderübergreifender Bedeutung sind. Außerdem stimmt sie sich in der auswärtigen Kulturpolitik und in der internationalen Zusammenarbeit im Bildungswesen ab. Die Beschlüsse der KMK sind nicht rechtsverbindlich, werden aber in aller Regel von den Kultusverwaltungen der Länder befolgt und umgesetzt. Aufgrund dieser mächtigen Position wurde die KMK immer wieder kritisiert. 2004 kam es zu einem Eklat, als der niedersächsische Ministerpräsident Wulff (CDU) drohte, sein Land werde die KMK verlassen, weil sie aufgrund der Einstimmigkeitsregel nur Entscheidungen auf dem „kleinsten gemeinsamen Nenner" produziere und den Bedürfnissen der einzelnen Länder nicht genügend Rechnung trage. Schließlich wurde die Abstimmungsregel der KMK – wie in der MPK – von Einstimmigkeit auf qualifizierte Mehrheit (13 von 16 Stimmen) verändert, und Niedersachsen blieb Mitglied (Kropp 2010, S. 141–143).

Ebenfalls von hoher politischer Relevanz ist die Innenministerkonferenz (IMK), die sich vor allem mit der Aufgabe befasst, deutschlandweit einheitliche Sicherheitsstandards herzustellen (Hofmann 2018, S. 64). Wie in den anderen Ministerkonferenzen ist dort auch der zuständige Bundesminister vertreten, in einigen Ministerkonferenzen sogar mit Stimmrecht (Hegele und Behnke 2013, S. 23). In den diversen Vorbereitungsrunden kommen außerdem Fachpolitikerinnen aus den Regierungsfraktionen des Bundestages hinzu (Kropp 2010, S. 141). Diese erweiterte Zusammensetzung liegt darin begründet, dass die Ministerkonferenzen eine breite Themenpalette behandeln: Sie beschränken sich nicht auf die Koordination der sektoralen Ländergesetzgebung, sondern loten auch Mehrheiten für gesamtstaatliche Projekte aus, tauschen Informationen über administrative Umsetzungsprobleme aus, richten Finanzierungsgesuche an den Bund und werben für die Unterstützung europapolitischer Positionen. Die exekutive Länderkooperation ist also nicht von den Strukturen der vertikalen Politikverflechtung abgekoppelt, sondern darin integriert. Folglich dient sie nur bedingt dazu, die politische Autonomie der Länder im Mehrebenensystem zu schützen (Hegele und Behnke 2017, S. 537–538). Außerdem führt die starke Ausdifferenzierung der exekutiven Gremien zu überlappenden Zuständigkeiten, die auch die Transparenz und Effizienz der politischen Willensbildung beeinträchtigen. Ein Beispiel ist die Europaministerkonferenz (EMK), die 1992 als Fachkonferenz der für Europapolitik zuständigen Länderminister gegründet wurde. Ihr inhaltlicher Aufgabenbereich überschneidet sich nicht nur mit den meisten anderen Ministerkonferenzen, sondern auch mit der MPK, die die EU-bezogenen Leitlinien der Länderregierungen abstimmt. Der eigentliche Mehrwert der EMK beschränkt sich daher auf die Rolle als Informationsplattform und kreative Impulsgeberin zu europapolitischen Fragen (Schöne 2018, S. 339–340).

Neben den Koordinationsgremien auf Regierungsebene besteht eine breite Palette *grenzüberschreitender Verwaltungskooperationen*, die von einzelnen Ländern zur Lösung spezifischer Probleme vereinbart wurden. Dazu zählen Zweckverbände und Verkehrsverbünde, um die Metropolregionen der Stadtstaaten Berlin, Bremen und Hamburg weiterzuentwickeln, gemeinsame Einrichtungen im Bereich Hochwasserschutz oder Energieversorgung, die ein Land nicht allein realisieren könnte, oder gemeinsame Standortwerbung im Ausland, durch die die Sichtbarkeit der einzelnen Länder erhöht wird (Benz et al. 2015, S. 22). Gerade die Zusammenarbeit von Fachverwaltungen benachbarter Länder ist häufig weiter fortgeschritten als diejenige der Länderregierungen und -parlamente, aber auch instabiler, da sie sich „in variablen, funktional definierten Räumen" entwickelt und „Partner aus verschiedenen Gebieten" einbezieht (Benz et al. 2015, S. 24).

Schließlich gibt es noch verschiedene *Kooperationsformate zwischen den Länderparlamenten* (Kropp 2010, S. 199–204). Im deutschen Föderalismus befinden sich die Volksvertretungen der Länder in einer besonders schwierigen Lage. Obwohl sie als einzige Länderorgane über eine unmittelbare demokratische Legitimation verfügen, belässt ihnen das Grundgesetz nur wenige autonome Gesetzgebungsbereiche. Diese werden zusätzlich durch die fortschreitende Europäisierung sowie die politischen Vereinbarungen der Ministerkonferenzen eingeschränkt. Ein zentrales Ziel der interparlamentarischen Zusammenarbeit ist daher, gemeinsame Positionen zum Parlamentarismus im deutschen Bundesstaat sowie zur Rolle subnationaler Parlamente in der Europäischen Union zu entwickeln und diese öffentlichkeitswirksam zu vertreten. Vor diesem Hintergrund tritt die Konferenz der Landtagspräsidenten einmal im Jahr zusammen, an der auch die Präsidenten des Bundestages und des Bundesrates teilnehmen. Dieses Gremium hat immer wieder eine stärkere Beteiligung der Parlamente bei den Reformen der bundesstaatlichen Ordnung und der Bund-Länder-Finanzbeziehungen angemahnt. 2003 berief sie sogar einen „Konvent der Landesparlamente" ein, der im Vorfeld der Föderalismusreform I eine umfassende Rückverlagerung von Gesetzgebungszuständigkeiten auf die Länder forderte (Thaysen 2004). Allerdings war diese Initiative nur begrenzt erfolgreich (Abschn. 4.2). Daneben finden nach Parteien getrennte Konferenzen der Fraktionsvorsitzenden des Bundestages und der Länderparlamente statt, die die parteipolitischen Linien der Gesetzgebung innerhalb und zwischen den Ebenen abstimmen. Ferner werden regelmäßig gemeinsame Ausschusssitzungen mehrerer Landtage organisiert, um den Informationsaustausch zu verbessern und länderübergreifende Projekte parlamentarisch zu begleiten. Nicht zuletzt existieren diverse internationale Parlamentskooperationen, an denen auch die deutschen Landtage beteiligt sind. So haben sich subnationale Volksvertretungen aus acht EU-Staaten in der „Conference of the European Regional Legislative Assemblies" zusammengeschlossen, die sich mit Fragen der Subsidiarität und regionaler Demokratie befasst (CALRE 2018). Allerdings hat dieses Forum bisher wenig Wirksamkeit entfaltet; infolge dessen ist auch die Teilnahmebereitschaft der deutschen Landtagsabgeordneten gesunken (Bußjäger 2015, S. 320–322).

4.4 Fazit: funktionale Arbeitsteilung oder immobile Staatsorganisation?

Das Regieren im deutschen Föderalismus ist durch zwei Besonderheiten geprägt. Zum einen zwingen die institutionellen Strukturen der *Politikverflechtung* Bund und Länder, bei der Erfüllung der wichtigsten Staatsaufgaben zusammenzuarbeiten. Die Gesetzgebung findet überwiegend auf Bundesebene statt, allerdings unter Mitwirkung der Länderregierungen im Bundesrat. Die meisten Bundesgesetze werden durch die Länderverwaltungen eigenverantwortlich umgesetzt, enthalten aber häufig detaillierte Vorschriften für den administrativen Vollzug. Außerdem nimmt der Bund über seine finanzielle Beteiligung bei Gemeinschaftsaufgaben und Investitionshilfen auf Politikbereiche Einfluss, die in der Zuständigkeit der Länder liegen. Nicht zuletzt werden die Erhebung und Verteilung der meisten Steuern gemeinschaftlich festgesetzt. Somit ist die politische Autonomie von Bund und Ländern stark eingeschränkt.

Zum anderen zielt die Politikgestaltung im kooperativen Föderalismus darauf ab, die Lebensverhältnisse deutschlandweit anzugleichen. Dieses *unitarische Leitbild* rechtfertigt sowohl den Bundeszugriff auf wichtige Gesetzesmaterien (Art. 72 Abs. 2 GG) als auch den hohen Nivellierungsgrad des föderalen Finanzausgleichs (Art. 106 Abs. 3 GG). Die Präferenz für bundeseinheitliche Standards dominiert auch in weiten Teilen der Gesellschaft (Petersen und Grube 2017). Außerdem erfordern neuartige Staatsaufgaben, wie Abwehr terroristischer Gefahren, Ausbau der Energienetze und der Digitalisierung, überregionale Lösungsansätze. Daher stimmen sich die Länderregierungen sowohl untereinander als auch mit dem Bund selbst in den Politikfeldern ab, in denen sie eigentlich autonom sind.

In der alten Bundesrepublik wurde die Politikverflechtung ausgebaut, da dies den Eigeninteressen der beteiligten Akteurinnen entsprach. Die *Wiedervereinigung und fortschreitende Europäisierung* markierten eine Zäsur in der Entwicklung des Föderalismus, da die Zunahme an territorialer Heterogenität eine Entflechtung der bundesstaatlichen Ordnung nahelegte (Sturm 2007). Die Föderalismusreform I von 2006 trug dieser Forderung begrenzt Rechnung. Dennoch kam es zu keiner grundlegenden Neuausrichtung des kooperativen Bundesstaats, weil die neuen Gesetzgebungskompetenzen der Länder auf wenige Materien beschränkt blieben und sich so nur ein „sanfte[r], bereichsweise[r] Wettbewerbsföderalismus" herausbilden konnte (Hildebrandt und Wolf 2016b, S. 392). Außerdem engt die „Schuldenbremse", die 2009 in der Föderalismusreform II vereinbart wurde, die fiskalischen Spielräume der Länder ein, was die Wahrnehmung ihrer politischen Gestaltungsaufgaben erschwert. Daher kam es seit 2013 zu *neuen*

4.4 Fazit: funktionale Arbeitsteilung oder immobile Staatsorganisation?

Zentralisierungs- und Verflechtungstendenzen, die in Teilen der Literatur als „bedenklich" kritisiert wurden (Benz 2017, S. 410).

Vor diesem Hintergrund fällt die *Leistungsbilanz des deutschen Föderalismus* ambivalent aus (Kropp 2010, S. 237–243; Benz 2019b). Dabei zeigen sich die *typischen Vorzüge und Probleme konsensdemokratischer Arrangements.* Einerseits hat die institutionalisierte Kooperation von Bund und Ländern zu homogenen Standards in zentralen Politikfeldern geführt, die die überwiegende Mehrheit der Bürgerinnen bevorzugt. Durch den kontinuierlichen Austausch in den föderalen Gremien sind die Regierungsvertreterinnen aus Bund und Ländern politisch eingebunden und inhaltlich informiert, was ihre Kompromissbereitschaft fördert und wechselseitige Lernprozesse begünstigt. Auf diese Weise konnten politische Blockaden weitgehend vermieden werden. Zudem hat der bundeseinheitliche Ausbau des Sozialstaats dazu beigetragen, territoriale Konflikte zwischen zentralen und peripheren Regionen abzumildern. Selbst angesichts säkularer Herausforderungen hat sich der deutsche Föderalismus als anpassungs- und handlungsfähig erwiesen: Nach der Wiedervereinigung konnten Bund und Länder eine finanzielle Lastenteilung vereinbaren, und auch während der ersten Phase der Corona-Pandemie haben sie relativ koordiniert agiert und sich zügig auf das größte Hilfspaket der bundesdeutschen Geschichte geeinigt.

Andererseits steht der deutsche Föderalismus aufgrund seiner unzureichenden Effizienz und Effektivität in der Kritik (Scharpf 2009, S. 30–44). So werden etwa die Negativanreize bemängelt, die sich aus der nivellierenden Wirkung des Finanzausgleichs ergeben (Hofmann 2009): Es lohnt sich weder für die „Nehmerländer", eine ambitionierte wirtschafts- und finanzpolitische Reformpolitik zu betreiben, noch zahlt es sich für die „Geberländer" aus, wenn sie erfolgreich gewirtschaftet haben. Daneben wird dem kooperativen Bundesstaat ein erhebliches Transparenzdefizit attestiert. Aufgrund der Vielfalt und komplexen Verzahnung der föderalen Gremien findet ein Großteil der politischen Willensbildung und Entscheidungsfindung im „Schatten der Öffentlichkeit" statt. Eine klare Zurechnung politischer Verantwortlichkeiten ist daher kaum möglich. Nicht zuletzt erscheint es aus demokratietheoretischer Sicht nicht unproblematisch, dass die Bund-Länder-Koordination im Wesentlichen von den Exekutiven getragen wird. Die direkt gewählten Parlamente – der Bundestag, aber vor allem auch die Landtage – haben demgegenüber das Nachsehen.

Um die Strukturprobleme des deutschen Bundesstaats zu beheben, gibt es zahlreiche *Reformvorschläge,* die teilweise schon jahrzehntealt sind und immer wieder neu diskutiert werden. Zum einen geht es dabei um die *Neugliederung des Bundesgebiets* (zusammenfassend Benz et al. 2015, S. 19–21). Deren Befürworterinnen erhoffen sich die Schaffung weniger, territorial homogener Länder mit ähnlicher Leistungsfähigkeit, die dann effizienter und effektiver kooperieren. Zweifellos würde vor allem die Zusammenlegung der Stadtstaaten mit den sie umgebenden Flächenländern diverse räumliche Probleme besser lösen und mittelfristig Effizienzrenditen erzielen. Allerdings würde eine solche Territorialreform kaum die erforderliche Zustimmung erhalten, zumal in allen betroffenen Ländern verbindliche Volksabstimmungen stattfinden müssten (Art. 29 Abs. 3 GG). Doch selbst dann wäre fraglich, ob sich die Zusammenarbeit zwischen vergrößerten Ländern in Nord- und Ostdeutschland und den wirtschaftsstarken süddeutschen Ländern harmonischer und effektiver gestalten würde. Deswegen werden schon länger länderübergreifende Verwaltungskooperationen als Alternative zur Neugliederung diskutiert und praktiziert.

Zum anderen befasst sich die Reformdebatte mit den Möglichkeiten, durch eine *klarere Aufgabentrennung zwischen den Ebenen* die Transparenz der bundesstaatlichen Ordnung zu erhöhen und zugleich die Länderparlamente zu stärken (Sturm 2015, S. 316–317). Dabei wurde auch darüber nachgedacht, den Ländern mehr Abweichungsrechte von bundesgesetzlichen Regelungen zuzugestehen, um so die Flexibilität des Gesamtsystems zu steigern und der gewachsenen territorialen Heterogenität besser Rechnung zu tragen (Schultze 2004). Allerdings lehren die Erfahrungen der Föderalismusreform I, dass eine komplette Rückverlagerung größerer Aufgabenbereiche wie der Bildungs- und Forschungspolitik neue Funktionsprobleme erzeugt, die am Ende zu neuen Verflechtungstatbeständen führt (Benz 2019b, S. 79). Jede Entflechtung der Gesetzgebung müsste deswegen mit einer größeren Flexibilität der Finanzverfassung einhergehen. Solange freilich dem Finanzausgleich der Grundsatz der „Einheitlichkeit der Lebensverhältnisse" (Art. 106 Abs. 3 GG) vorangestellt ist, kann kaum vom bisherigen Ausgleichsniveau abgewichen werden (Kropp und Sturm 2015, S. 99). Mithin müsste man sich zuerst vom Leitbild des „unitarischen Bundesstaats" (Hesse 1962) verabschieden, bevor es zu einer weitgehenden „Entflechtung" kommt. Da ein solches Szenario weder unter den Bürgerinnen noch den politischen Entscheidungsträgerinnen mehrheitsfähig ist, wird es auf absehbare Zeit bei inkrementellen Anpassungen der bundesstaatlichen Ordnung bleiben.

Literaturhinweise

Benz, Arthur, Jessica Detemple, und Dominic Heinz. 2016. *Varianten und Dynamiken der Politikverflechtung im deutschen Bundesstaat*. Baden-Baden: Nomos.
Härtel, Ines. Hrsg. 2012. *Handbuch Föderalismus. Band I: Grundlagen des Föderalismus und der deutsche Bundesstaat*. Berlin: Springer.
Kropp, Sabine. 2010. *Kooperativer Föderalismus und Politikverflechtung*. Wiesbaden: VS.
Scharpf, Fritz W. 2009. *Föderalismusreform: Kein Ausweg aus der Politikverflechtungsfalle?* Frankfurt a. M.: Campus.
Sturm, Roland. 2015. *Der deutsche Föderalismus: Grundlagen – Reformen – Perspektiven*. Baden-Baden: Nomos.

5

Wahlen und Wahlsystem: Fundament der repräsentativen Demokratie

Wahlen sind die zentrale Partizipationsform [Mitbestimmung] in einem demokratischen Regierungssystem. Zwar gibt es vielfältige Möglichkeiten der politischen Beteiligung. Bei demokratischen Wahlen können jedoch alle Bürgerinnen ihre politischen Präferenzen gleichberechtigt, sichtbar und effektiv zum Ausdruck bringen, indem sie über die Besetzung politischer Spitzenämter entscheiden und dazu zwischen unterschiedlichen inhaltlichen und personellen Alternativen auswählen. Inwiefern tragen die Parlamentswahlen in Deutschland zu einer angemessenen politischen Vertretung der Bürgerinnen bei? Führen sie zu einer *proportionalen Repräsentation* im Sinne der Konsensdemokratie, die die gesellschaftlichen Interessen nach ihrer jeweiligen Stärke im Parlament abbildet, und zugleich zu einer *konzentrierten Repräsentation* im Sinne der Mehrheitsdemokratie, die die Bildung klarer und handlungsfähiger Regierungsmehrheiten erlaubt?

Vor diesem Hintergrund behandelt Abschn. 5.1 die institutionellen Grundlagen der Bundestagswahlen: das Wahlrecht, das die formalen Voraussetzungen der Wahlteilnahme festschreibt, sowie das Wahlsystem, das die Übertragung von Stimmen in Mandate regelt. Daraufhin befasst sich Abschn. 5.2 mit soziostrukturellen, sozialpsychologischen und ökonomischen Faktoren, die das Wählerverhalten bei Bundestagswahlen erklären. Abschn. 5.3 untersucht die Parlamentswahlen der deutschen Länder und der Europäischen Union, wobei auch deren Wechselbeziehungen mit der Bundesebene thematisiert werden. Abschn. 5.4 bilanziert die Repräsentationsleistung der Wahlen in Deutschland und erörtert verschiedene Vorschläge zur Wahlreform.

5.1 Wahlrecht und Wahlsystem auf Bundesebene

Aus Parlamentswahlen gehen in der Regel Regierungsmehrheiten hervor, die gesamtgesellschaftlich verbindliche Entscheidungen treffen. Diese Entscheidungen betreffen auch Bürgerinnen, die die Regierung nicht gewählt haben. Für die Akzeptanz der Demokratie ist es daher zentral, dass das Wahlergebnis auch von der Verliererseite anerkannt wird. Eine zentrale Voraussetzung dafür sind transparente und faire Verfahrensregeln. Dazu zählt zunächst das *Wahlrecht*, d. h. die formale Möglichkeit zu wählen (aktives Wahlrecht) und gewählt zu werden (passives Wahlrecht). Die Ausgestaltung des demokratischen Wahlrechts orientiert sich weltweit an *vier Prinzipien*, die sich in einem langen historischen Prozess durchgesetzt haben und heute weitestgehend unstrittig sind (Behnke et al. 2017, S. 22–32). Sie sind auch im Grundgesetz verankert (Art. 38 Abs. 1 GG) und in den Wahlgesetzen des Bundes und der Länder konkretisiert.

(1) *Allgemeines Wahlrecht* bedeutet, dass alle Bürgerinnen an der Wahl teilnehmen dürfen – unabhängig von Geschlecht, Bildung, Einkommen oder sonstigen Merkmalen. In Deutschland war vor allem das Frauenwahlrecht historisch umkämpft; wie in anderen westeuropäischen Ländern wurde es nach dem Ersten Weltkrieg (1919) eingeführt und seitdem nicht mehr angezweifelt. Allerdings gibt es bestimmte Einschränkungen des Allgemeinheitskriteriums, die noch immer als legitim gelten. So ist die Wahlteilnahme an ein *Mindestalter* gebunden. Dieser Voraussetzung liegt die Vorstellung politischer Mündigkeit zugrunde, die in der Regel mit der Volljährigkeit verknüpft ist (Grotz 2000). In der Bundesrepublik wurde das Wahlalter 1970 von 21 auf 18 Jahre verringert; 1974 wurde auch die Volljährigkeit entsprechend angepasst. Der Trend geht in Richtung einer weiteren Absenkung: Mehrere Länder haben das aktive Wahlrecht ab 16 Jahren eingeführt (Abschn. 5.3).

Außerdem war die Wahlteilnahme in der Bundesrepublik lange Zeit an die *Staatsangehörigkeit* und einen *inländischen Wohnsitz* gebunden. Infolgedessen durften weder Auslandsdeutsche noch in Deutschland lebende Ausländerinnen wählen. Inzwischen hat sich die Lage für beide Personengruppen verändert (Caramani und Grotz 2016). 1985 führte der Bundestag erstmals das Wahlrecht für im Ausland lebende Deutsche ein. Heute dürfen deutsche Staatsangehörige mit ausländischem Wohnsitz an Bundestagswahlen teilnehmen, wenn sie „nach Vollendung ihres vierzehnten Lebensjahres mindestens drei Monate ununterbrochen in der Bundesrepublik Deutschland eine Wohnung innegehabt oder sich sonst gewöhnlich aufgehalten haben und dieser Aufenthalt nicht länger als 25 Jahre zurück liegt oder aus anderen Gründen persönlich und unmittelbar Vertrautheit mit den politischen Verhältnissen in der Bundesrepublik Deutschland erworben haben und von ihnen betroffen sind" (BWahlG, § 12 Abs. 2). Bei Landtags- und Kommunalwahlen haben Auslandsdeutsche jedoch kein Wahlrecht.

In Deutschland lebende Ausländerinnen dürfen nur an Kommunalwahlen teilnehmen. Diese Möglichkeit wurde 1992 infolge des Vertrags von Maastricht geschaffen (Abschn. 3.1) und gilt ausschließlich für Bürgerinnen der EU-Staaten. Versuche, ein allgemeines Ausländerwahlrecht auf Landes- und kommunaler Ebene einzuführen, wie in Schleswig–Holstein und Hamburg 1989/90, sind am Bundesverfassungsgericht gescheitert. Demnach können nur deutsche Staatsangehörige Trägerinnen und Subjekte der Staatsgewalt im Sinne des Grundgesetzes sein (BVerfGE 83, 37; BVerfGE 83, 60).

5.1 Wahlrecht und Wahlsystem auf Bundesebene

Obwohl diese Verfassungsinterpretation nicht unumstritten ist (Meyer 2016), wurde sie vom Bremer Staatsgerichtshof 2014 erneut bestätigt.

Schließlich kann die Berechtigung zur Wahlteilnahme bei politischen Straftaten (z. B. Hochverrat, Wahlbetrug) von Gerichten temporär aberkannt werden; in der Praxis hat dies bisher keine Rolle gespielt. Seit 2019 dürfen auch Behinderte, die von einer Hilfsperson betreut werden, an Bundestags- und Europawahlen teilnehmen. Sie können bei der Stimmabgabe die Unterstützung anderer Menschen in Anspruch nehmen, sofern dadurch nicht ihre selbstbestimmte Willensbildung oder Entscheidung verändert wird (BWahlG, § 14 Abs. 5).

(2) *Gleiches Wahlrecht* besagt, dass die Stimmen der einzelnen Wählerinnen die gleichen Einflusschancen auf die Auswahl der politischen Amtsträgerinnen haben („Zählwertgleichheit"). Grob verletzt wurde dieser Grundsatz beispielsweise im Preußischen Zensuswahlrecht (1849–1918), das die männlichen Wähler nach ihrem Steueraufkommen in drei Gruppen einteilte; damals übertraf das Stimmgewicht der reichsten Bürger das der ärmsten um das bis zu 20fache. Heute ist die Wahlrechtsgleichheit essentieller Bestandteil der Verfassungsordnung. Ein Problem in diesem Zusammenhang ergibt sich für die Repräsentation nationaler Minderheiten, die vor allem aus konsensdemokratischer Perspektive erwünscht ist. Gerade wenn es sich um zahlenmäßig kleine Minderheiten handelt, kann das Wahlrecht Ausnahmeregelungen vorsehen, die Minderheitsparteien begünstigen und somit in einem Spannungsverhältnis zur individuellen Wahlrechtsgleichheit stehen. In Deutschland sind Parteien nationaler Minderheiten bei Bundestagswahlen und bei Landtagswahlen in Brandenburg und Schleswig-Holstein von der 5 %-Sperrklausel ausgenommen. Praktische Auswirkungen hatte diese Bestimmung bislang nur für den Südschleswigschen Wählerverband (SSW), der die dänische Minderheit in Schleswig-Holstein vertritt.

(3) Das Prinzip des *geheimen Wahlrechts* sieht vor, dass die Wahlentscheidung für niemanden einsehbar ist und nicht im Nachhinein rekonstruiert werden kann. Deswegen findet die Wahl in einem öffentlich zugänglichen Wahllokal statt, während die Stimmabgabe in einer Kabine auf einem anonymisierten Zettel erfolgt, der wiederum in eine versiegelte Wahlurne geworfen wird. Auf diese Weise können die Wählerinnen ihre politischen Präferenzen frei von äußerem Zwang zum Ausdruck bringen. Allerdings können sie nicht überprüfen, ob ihre Stimmen bei der Auszählung berücksichtigt werden, sondern müssen darauf vertrauen, dass die Wahl korrekt abläuft.

(4) Nach dem Grundsatz der *unmittelbaren oder direkten Wahl* bestimmen die Bürgerinnen ihre Repräsentantinnen, ohne dass ein weiteres Gremium dazwischengeschaltet ist. Dazu müssen nicht alle politischen Spitzenämter durch Volkswahl besetzt werden. Ebenso wenig sind Regierungssysteme, in denen mehrere Staatsorgane direkt gewählt werden, demokratischer als andere. Die Ausgestaltung des Direktwahlprinzips hängt vielmehr vom Typ des Regierungssystems ab (Abschn. 9.1): Im parlamentarischen

System wird nur das Parlament, aber nicht die Exekutivspitze direkt gewählt. Daher wird in Deutschland der Bundestag, aber nicht der Bundeskanzler durch Volkswahl bestimmt. Von den obersten Bundesorganen könnten allenfalls noch der Bundespräsident oder die Mitglieder des Bundesrats direkt gewählt werden. Darüber ist immer wieder diskutiert worden; letztlich überwiegen jedoch die Gründe dagegen (Abschn. 10.4 und 11.4).

Neben den vier genannten Wahlrechtsgrundsätzen erwähnt Art. 38 Abs. 1 GG noch die *freie Wahl*. Allerdings ist strittig, ob diese Formulierung eine zusätzliche Aussage über das individuelle Wahlrecht enthält (Nohlen 2014, S. 43). 1977 hat das Bundesverfassungsgericht sie so interpretiert, dass „der Akt der Stimmabgabe frei von Zwang und unzulässigem Druck bleibt" (BVerfGE 44, 125, 139). Das sollte bereits durch die geheime Wahl gewährleistet sein. Wenn man jedoch Wahlfreiheit im weiteren Sinn versteht, kann man dazu auch alle Regelungen rechnen, die einen fairen Wahlprozess garantieren. Dazu gehören etwa eine unabhängige Medienberichterstattung, das Verbot staatlicher Wahlkampffinanzierung und eine politisch neutrale Wahlorganisation. Jedenfalls steht das Freiheitskriterium in keinem Widerspruch zu einer möglichen Wahlpflicht. Diese zwingt die Bürgerinnen, ihr Wahlrecht auszuüben, schränkt aber nicht ihre freie Auswahlentscheidung ein, zumal die Abgabe ungültiger Stimmen erlaubt bleibt. Wahlpflicht besteht in einigen westlichen Demokratien wie Australien, Belgien oder Italien; in Deutschland hat es sie nie gegeben.

Die *Wahlorganisation* liegt in den Händen des Bundeswahlleiters (Bundestagswahlen) bzw. der Landeswahlleiter (Landtagswahlen). Diese Aufgabe wird traditionell von den Präsidenten der Statistischen Bundes- bzw. Landesämter wahrgenommen. Anders als in vielen Demokratien hat es in der Bundesrepublik keine ernsthaften Probleme bei der Abhaltung freier und fairer Wahlen gegeben (Norris 2014). Vereinzelte Pannen, wie die Ausgabe fehlerhafter Stimmzettel bei der Kölner Oberbürgermeisterwahl 2015, oder kleinere Probleme, die eine Beobachtungsmission der Organisation für Sicherheit und Zusammenarbeit in Europa (OSZE) bei der Bundestagswahl 2009 angemahnt hat (Schmedes 2010), ändern nichts am Gesamtbild einer hochprofessionellen Wahlorganisation durch die zuständigen Bundes- und Landesbehörden.

Von allen wahlrechtlichen Regelungen hat das *Wahlsystem* in der Bundesrepublik die größte Aufmerksamkeit erfahren. Wahlsysteme legen die Form der Stimmabgabe sowie die Umrechnung der Stimmen in Mandate fest (Behnke et al. 2017, S. 57–62). Sie haben bedeutsamen Einfluss auf die Funktionsweise parlamentarischer Demokratien. Schon geringfügige Modifikationen wahlsystematischer Regelungen, wie das Anheben oder Absenken einer Sperrklausel, können die Mehrheitsverhältnisse im Parlament und damit die parteipolitische Zusammensetzung der Regierung maßgeblich verändern. Hinsichtlich der Auswirkungen von Wahlsystemen kann man zwei institutionelle Grundformen unterscheiden. *Mehrheitswahlsysteme* zielen auf die Konzentration des parlamentarischen Parteiensystems und die Förderung von Einparteiregierungen im Sinne der Mehrheitsdemokratie. Deswegen sind sie so konstruiert, dass sie größere Parteien bei der Mandatsvergabe begünstigen. Zugleich beeinträchtigen sie meist die Proportionalität zwischen Stimmen und Mandaten. Die Leidtragenden sind vor allem

5.1 Wahlrecht und Wahlsystem auf Bundesebene

kleinere Parteien, die nur geringe Chancen auf den Einzug ins Parlament haben. Bei *Verhältniswahlsystemen* besteht das wichtigste Ziel darin, einen möglichst exakten Proporz zwischen Stimmen und Mandaten im Sinne der Konsensdemokratie zu erreichen. So wird auch die parlamentarische Repräsentation kleinerer Parteien sichergestellt. Wegen dieser Proporzwirkung können Verhältniswahlsysteme jedoch eine Fragmentierung des Parteiensystems meist nicht verhindern.

Seit jeher wird kontrovers diskutiert, ob Mehrheitswahl oder Verhältniswahl günstiger für die Funktionsweise der parlamentarischen Demokratie ist. Auch in den ersten Jahrzehnten der Bundesrepublik wurde über die grundsätzliche Ausrichtung des Wahlsystems debattiert. In der Politikwissenschaft gab es damals eine klare Präferenz für Mehrheitswahl. So behauptete Ferdinand A. Hermens (1968, S. V), dass die Demokratie in der Weimarer Republik nicht „als solche" gescheitert sei, sondern lediglich „ihre durch Verhältniswahl geschwächte Variante". Die *Struktur des Bundestagswahlsystems* wurde jedoch nicht durch solche vermeintlichen Lehren aus Weimar geprägt. Im Parlamentarischen Rat plädierte nur die CDU/CSU für die relative Mehrheitswahl britischen Typs, während die anderen Parteien ein Verhältniswahlsystem favorisierten (Jesse 1985, S. 92). Am Ende kam ein politischer Kompromiss zwischen beiden Seiten zustande. Demnach hatte jede Wählerin eine Stimme, die zweifach gezählt wurde: für eine Kandidatin in einem Einpersonenwahlkreis (EWK) und zugleich für die bundesweite Parteiliste dieser Kandidatin. Die eine Hälfte der Abgeordneten sollte in EWK nach relativer Mehrheit besetzt werden (Direktmandate), die andere über die Parteilisten nach Proporzprinzip (Listenmandate). Dennoch war es keine symmetrische Kombination von Mehrheits- und Verhältniswahl: Weil die Direktmandate einer Partei auf ihre Listenmandate anzurechnen waren, wurde der *Proporz zum entscheidenden Kriterium der Mandatsvergabe*. Nur wenn eine Partei mehr Direkt- als Listenmandate erhielt, durfte sie diese sogenannten *Überhangmandate* behalten, ohne dass die anderen Parteien einen Ausgleich bekamen. Diese institutionelle Grundstruktur besteht bis heute fort. Dabei haben die nach Mehrheitsregel vergebenen Direktmandate keinen Einfluss auf die parteipolitischen Mehrheitsverhältnisse im Parlament, sondern lediglich auf dessen personelle Zusammensetzung. Deswegen wird das Bundestagswahlsystem als *„personalisierte Verhältniswahl"* bezeichnet. 1949 war es weltweit einzigartig; heute wird es auch in einigen anderen Demokratien wie Neuseeland angewendet.

Der Wahlgesetzentwurf des Parlamentarischen Rates wurde noch vor Inkrafttreten von den Ministerpräsidenten der Länder und den Alliierten verändert. Die wichtigste Ergänzung war eine Sperrklausel: Demnach musste eine Partei in einem Bundesland mindestens fünf Prozent der gültigen Stimmen erhalten, um an der Mandatsvergabe beteiligt zu werden. Ausgenommen davon waren Parteien, die mindestens ein Direktmandat gewannen (Grundmandatsklausel). Außerdem wurden die Direktmandate leicht aufgestockt (von 50 % auf 60 % der Gesamtmandate) und die bundesweiten Parteilisten durch Landeslisten ersetzt. Nach der Bundestagswahl 1949 versuchte die CDU/CSU erneut, ein Mehrheitswahlsystem einzuführen, zumal sie nun als stärkste Kraft besonders davon profitiert hätte. Allerdings traf diese Initiative auf den entschiedenen Widerstand der kleineren Regierungsparteien (FDP, DP) und der oppositionellen SPD. Daher blieb die personalisierte Verhältniswahl erhalten. Für die Wahl von 1953 verständigte man sich lediglich auf die bundesweite Anwendung der 5 %-Sperrklausel. Außerdem wurde das Einstimmensystem durch ein Zweistimmensystem ersetzt: die „Erststimme" für eine Wahlkreiskandidatin und die „Zweitstimme" für eine Landesliste. 1956 kam es abermals zu kleineren Modifikationen: Die Grundmandatsklausel wurde von eins auf drei erhöht und die proportionale Mandatsverrechnung von der Landes- auf die Bundesebene verschoben.

1966 öffnete sich mit der Großen Koalition aus CDU/CSU und SPD wieder ein Reformfenster. Nun befürwortete auch die SPD ein Mehrheitswahlsystem, weil sich damit die Aussicht auf ein Zweiparteiensystem und eine potenzielle Alleinregierung verband. Am Ende machte sie jedoch einen Rückzieher, weil sie aufgrund des Mehrheitswahlrechts eine dauerhafte Hegemonie der Union befürchtete und ihr durch die koalitionspolitische Umorientierung der FDP eine alternative Machtperspektive erwuchs. Mit Bildung der sozialliberalen Regierung 1969 wurde die „große Wahlreform" (Sternberger 1964) endgültig obsolet. Bis zur Wiedervereinigung wurde das Bundestagswahlsystem nur noch marginal verändert.[1] In der Folgezeit fand es auch immer breitere Akzeptanz. Hatte die personalisierte Verhältniswahl anfangs noch als provisorische Verlegenheitslösung gegolten, avancierte sie in den 1980er Jahren sogar zum internationalen Modell, das das „Beste beider Welten" – der Mehrheitswahl und der Verhältniswahl – zu vereinen schien (Shugart und Wattenberg 2001).

Die positive Bewertung des Bundestagswahlsystems erklärt sich aus seinen *politischen Auswirkungen*. Tab. 5.1 zeigt einen *deutlichen Anstieg der Proportionalität*. In den 1970er und 1980er Jahren lagen die Indexwerte nahe am idealen Proporz – ein Ergebnis, das normalerweise nur ein reines Verhältniswahlsystem hervorbringt. Verantwortlich dafür war die veränderte Wirkung der Sperrklausel. Hatte die bundesweite Prozenthürde 1953 und 1957 etlichen Parteien den Einzug ins Parlament verwehrt und dadurch bis zu zehn Prozent „verlorene Stimmen" produziert, hielt sie danach immer mehr Wählerinnen davon ab, ihre Stimme Kleinparteien zu geben. Bei den Wahlen von 1972, 1976 und 1983 entfiel nur noch weniger als ein Prozent der Stimmen auf Parteien, die nicht im Bundestag repräsentiert waren. Bemerkenswerterweise ging die hohe Proportionalität mit einer *zunehmenden Konzentration des parlamentarischen Parteiensystems* einher. Die größte Bundestagspartei erhielt regelmäßig zwischen 45 % und 49 % der Mandate und die zweitgrößte lag knapp dahinter, sodass die Effektive Parteienzahl – ein gängiger Indikator für die Konzentration des Parteiensystems (Abschn. 6.2) – zwischen 1961 und 1980 weniger als 2,5 betrug.

---

[1] 1985 wurde das Verrechnungsverfahren modifiziert (von der Methode d'Hondt zu Hare-Niemeyer). Bei der ersten gesamtdeutschen Bundestagswahl 1990 wurde die 5 %-Sperrklausel einmalig getrennt auf Ost- und Westdeutschland angewendet (Nohlen 2014, S. 369–371).

5.1 Wahlrecht und Wahlsystem auf Bundesebene

Tab. 5.1 Auswirkungen des Bundestagswahlsystems (1949–2017)

Wahl	Proportionalität[a]	Verlorene Stimmen[b]	Mandatsanteil der stärksten Partei[c]	Effektive Parteien im Parlament[d]	Überhang- bzw. Zusatzmandate[e]
1949	91,4	1,1[f]	34,6	4,0	2
1953	92,7	10,6	49,9	2,9	3
1957	93,1	10,3	54,3	2,4	3
1961	94,3	5,7	48,4	2,5	5
1965	96,4	3,6	49,4	2,4	–
1969	94,5	5,6	48,8	2,2	–
1972	98,9	0,9	46,4	2,3	–
1976	99,1	0,9	49,0	2,3	–
1980	97,9	2,0	45,5	2,4	1
1983	99,2	0,4	49,0	2,5	2
1987	98,6	1,3	44,9	2,8	1
1990	91,9	4,2	48,2	2,7	6
1994	96,5	3,6	43,8	2,9	16
1998	94,0	5,9	44,5	2,9	13
2002	93,3	3,0[g]	41,6	2,8	5
2005	96,0	3,9	36,8	3,4	16
2009	94,0	6,0	38,4	4,0	24
2013	84,3	15,7	49,3	2,8	33
2017	94,9	5,1	34,7	4,6	111

Quelle: Grotz (2009b); aktualisiert auf Grundlage von www.bundeswahlleiter.de.
Anmerkungen: [a] Der Index, dessen Werte zwischen 100 (idealer Proporz) und 0 (maximaler Disproporz) liegen, errechnet sich aus der von 100 subtrahierten halbierten Summe der Differenzbeträge von Stimmen- und Mandatsanteilen der einzelnen Parteien. [b] Aggregierter Zweitstimmenanteil der Parteien, die nicht im Bundestag vertreten waren (Ausnahme 1949: Einstimmensystem). [c] CDU und CSU werden hier als eine Partei gezählt. [d] Die Effektive Parteienzahl ergibt sich aus dem Quotienten von 1 und der Summe der quadrierten Sitzanteile aller Bundestagsparteien (Laakso und Taagepera 1979). [e] Bis 2009 nur Überhangmandate, seit 2013 Überhang- *und* Ausgleichsmandate. 2013 waren von den 33 Zusatzmandaten 4 Überhangmandate (alle CDU), 2017 gab es unter den 111 Zusatzmandaten 46 Überhangmandate (36 CDU, 7 CSU, 3 SPD). [f] 1949 wurde die 5 %-Klausel nur auf Landesebene angewendet. [g] Die PDS scheiterte mit einem Zweitstimmenanteil von 4,0 % an der Sperrklausel, war aber aufgrund von zwei Direktmandaten trotzdem mit zwei Sitzen im Bundestag vertreten.

Nicht zuletzt ermöglichte das Zweitstimmensystem eine politisch differenzierte Stimmabgabe. Besondere Bedeutung hat dabei das *Stimmensplitting*, bei dem eine Wählerin ihre Erststimme für die Kandidatin einer Partei vergibt und mit der Zweitstimme eine andere Partei wählt. In den 1970er und 1980er Jahren profitierte davon vor allem die FDP (Nohlen 2014, S. 380–385). Da jeweils vor der Wahl bekannt war, mit welcher großen Partei (CDU/CSU bzw. SPD) die Liberalen koalieren würden, entschieden sich zahlreiche Wählerinnen dafür, ihre Zweitstimme der FDP zu geben und mit der Erststimme die Wahlkreiskandidatin der größeren Koalitionspartei zu wählen. Durch diese strategisch vergebenen Zweitstimmen, die überwiegend von Anhängerinnen der Union bzw. der SPD stammten und daher als „Leihstimmen" bezeichnet wurden, gelang es den Liberalen in dieser Phase stets, in den Bundestag einzuziehen und an die Regierung zu kommen.

Seit 1990 zeigte das Bundestagswahlsystem *deutlich veränderte Auswirkungen.* Zum einen ging die Proportionalität zurück, weil nun mehr Stimmen an der Sperrklausel scheiterten. Den Höhepunkt dieser Entwicklung markierte die Wahl 2013, als 15,8 % der gültigen Zweitstimmen auf Parteien unter der 5 %-Marke entfielen und somit nicht im Bundestag repräsentiert waren. Zum anderen sank die Mandatskonzentration, weil CDU/CSU und SPD nun mit drei kleineren Parteien – FDP, Bündnis 90/Die Grünen und PDS/Die Linke – in einer offeneren Wettbewerbssituation konkurrierten und diese meist mehr als 5 % der Zweitstimmen erhielten. Bei der Bundestagswahl 2017 stieg die Fragmentierung des parlamentarischen Parteiensystems durch den Einzug der AfD weiter an; die Proportionalität erhöhte sich entsprechend.

Eine sichtbare Funktionsänderung ergab sich auch bei den *Überhangmandaten.* Bis 1987 waren sie nur vereinzelt entstanden, nach 1990 traten sie stets in größerer Zahl auf. Die Zunahme an Überhangmandaten war ebenfalls auf die gestiegene Fragmentierung des Parteiensystems zurückzuführen. Der Hauptgrund war die relative Zweitstimmenschwäche der jeweils stärksten Partei (Weinmann und Grotz 2020): Dadurch erhielt sie weniger proportionale Mandate, errang aber gleichwohl in vielen Wahlkreisen die Erststimmenmehrheit und damit einen überproportionalen Anteil an Direktmandaten. Besondere Brisanz erlangte dieses Phänomen bei der Wahl 1994, als die CDU 16 Überhangmandate gewann und so ihre äußerst knappe Bundestagsmehrheit mit der FDP absichern konnte. Da die konservativ-liberale Koalition die Überhangmandate nicht abschaffen wollte, zog die oppositionelle SPD dagegen vor das Bundesverfassungsgericht, das die Klage 1997 – wenn auch knapp – zurückwies (BVerfGE 95, 335). Als die SPD bei der Wahl 1998 zur stärksten Partei wurde und nun selbst in den Genuss von Überhangmandaten kam, verlor sie das Interesse an einer Reform. Machtpolitisch schien nun das Problem entschärft zu sein, da immer die stimmenstärkste Partei von den Überhangmandaten profitierte und somit das Wahlsystem keine parteipolitisch einseitigen Vorteile produzierte.

In der Öffentlichkeit wurden die Überhangmandate weiterhin kritisch diskutiert. Besonders problematisiert wurde ein Mechanismus, der sich aus der Kombination von Einerwahlkreisen und proportional vergebenen Gesamtmandaten ergab und durch die verrechnungstechnisch verbundenen Landeslisten verstärkt wurde: das *negative Stimmgewicht.* Demnach konnte eine Partei mit weniger Zweitstimmen mehr Überhangmandate erhalten; umgekehrt konnte ein Stimmenzuwachs für eine Partei die Entstehung eines Überhangmandats verhindern und ihr somit effektiv schaden. Als dieser paradoxe Mechanismus bei einer Nachwahl in Dresden 2005 erstmals manifest wurde, nahmen dies die Betreiber der Internetplattform „wahlrecht.de" zum Anlass, das Bundesverfassungsgericht anzurufen. Im Juli 2008 gab es der Beschwerde Recht und dem Bundestag bis zum 30. Juni 2011 Zeit, das negative Stimmgewicht zu beseitigen und so wieder ein verfassungskonformes Wahlrecht herzustellen.

Die Bundestagsparteien ließen sich mit der Reform bis kurz vor Fristende Zeit, sodass die Wahl 2009 noch nach dem alten, verfassungsrechtlich fragwürdigen Wahlsystem stattfand. Die konservativ-liberale Koalition wollte zwar das negative Stimmgewicht beseitigen, aber die Überhangmandate erhalten, wovon vor allem die CDU/CSU profitiert hätte. Obwohl die Oppositionsparteien diesen Reformvorschlag einhellig ablehnten, wurde er im Herbst 2011 von den Regierungsfraktionen mit einfacher Mehrheit verabschiedet. SPD, Grüne und Die Linke riefen daraufhin erneut das Bundesverfassungsgericht an, das im Juli 2012 das neue Wahlgesetz für ungültig erklärte. Knapp 14 Monate vor der nächsten Bundestagswahl verständigten sich nun Regierung und Opposition auf eine Wahlgesetzänderung, der alle Fraktionen – mit Ausnahme der Linkspartei – zustimmten und die im Mai 2013 in Kraft trat.

Durch die *Reform von 2013* wurde das Bundestagswahlsystem in zwei entscheidenden Hinsichten verändert. Zum einen wurde eine weitere Verrechnungsebene eingeführt, die der bisherigen Ober- und Unterverteilung vorgeschaltet ist (Ausgangsverteilung). Zum anderen wurde ein bundesweiter Mandatsausgleich eingebaut: Wenn eine Partei bei der Ausgangsverteilung gemessen an ihrem bundesweiten Zweitstimmenanteil zu viele Sitze erhält, bekommen die anderen Bundestagsparteien bei der Oberverteilung so viele zusätzliche Sitze, bis der innerparlamentarische Proporz wiederhergestellt ist. Damit trug das Wahlsystem von 2013 den wesentlichen Auflagen des Bundesverfassungsgerichts Rechnung, da es das Auftreten nichtkompensierter Überhangmandate verhindert, die dem negativen Stimmgewicht seine politische Bedeutung verliehen haben. Allerdings hatte es auch gravierende Nachteile (Behnke et al. 2017). Erstens wurde die Mandatszuteilung weit komplexer. In seinem Urteil von 2008 hatte das Bundesverfassungsgericht noch ausdrücklich angemahnt, das „kaum noch nachzuvollziehende Regelungsgeflecht der Berechnung der Sitzzuteilung im Deutschen Bundestag auf eine neue, normenklare und verständliche Grundlage zu stellen" (BVerfGE 121, 266, 316). Davon war das neue Bundeswahlgesetz jedoch weiter entfernt als zuvor. Zweitens konnte es zu einer noch stärkeren Vergrößerung des Bundestages führen, weil bei der Ausgangsverteilung nach wie vor Überhangmandate entstehen können, die bei der Oberverteilung durch weitere Mandate ausgeglichen werden müssen. Schließlich war die neue Ausgangsverteilung nicht nur funktional überflüssig, sondern konnte auch zusätzliche Mandate ohne „echte Überhänge" hervorbringen, wenn das vorab fixierte Sitzkontingent eines Landes durch weniger Zweitstimmen gedeckt war als in anderen Ländern und daher überproportional in die bundesweite Mandatsverteilung einging (Grotz 2014, S. 135–137).

Bei der ersten Anwendung des neuen Wahlsystems 2013 hielt sich die Vergrößerung des Parlaments mit 33 Zusatzmandaten noch in Grenzen. Bei der Wahl 2017 wuchs der Bundestag allerdings um 111 auf insgesamt 709 Mandate an. Das war aber noch nicht die Maximalgröße, mit der man angesichts der zunehmenden Fragmentierung des deutschen Parteiensystems rechnen musste. Laut Umfragen, die zwischen Ende 2017 und Anfang 2020 durchgeführt wurden, erschien ein Bundestag mit weit über 800 Mandaten als durchaus realistisch (Pukelsheim 2019; Weinmann und Grotz 2020).

> **Das Wahlsystem zum Deutschen Bundestag (gültig ab 2021)**
> Jede Wählerin hat zwei Stimmen, die unabhängig voneinander vergeben werden können und auch ihrer Bedeutung nach unterschiedlich sind. Mit der *Erststimme* wählt sie eine Kandidatin in einem der 299 EWK. Die Kandidatin, die die meisten Erststimmen erhält, zieht in den Bundestag ein (Direktmandat). Mit der *Zweitstimme* wählt sie die *Landesliste* einer Partei. Aus dem bundesweiten Zweitstimmenproporz ergeben sich die Mandatsanteile der einzelnen Parteien. Da die Direktmandate einer Partei auf deren Listenmandate angerechnet werden und bei mehr Direkt- als Listenmandaten für eine Partei die anderen Bundestagsparteien einen Mandatsausgleich erhalten, ist der Zweitstimmenproporz das Vergabekriterium für die parteipolitische Zusammensetzung des Bundestags. Die nach Mehrheitsregel vergebenen Direktmandate dienen der Personalisierung der Mandatsvergabe (*personalisierte Verhältniswahl*). Die Regelgröße des Bundestages beträgt 598 Abgeordnete; um eine bundesweit proportionale Mandatsverteilung zu erreichen, kann die reale Parlamentsgröße deutlich höher ausfallen. Die Mandatszuteilung erfolgt in drei Schritten:
>
> (1) *Bestimmung von Mindestsitzen (Ausgangsverteilung)*. Vor der Wahl werden die Bundestagsmandate auf die 16 Länder nach dem Sainte-Laguë-Verfahren nach Bevölkerungsproporz verteilt. Innerhalb dieser Länderwahlgebiete werden die Mandate nach Zweitstimmenanteilen nach dem Sainte-Laguë-Verfahren denjenigen Parteien zugewiesen, die mehr als 5 % der bundesweiten Zweitstimmen oder mindestens drei Direktmandate erhalten haben. Jede dieser Parteien erhält dann in jedem Land eine vorläufige Mandatszahl, die der Anzahl der Direktmandate entspricht, wenn diese größer oder gleich den dort nach Proporz vergebenen Mandaten ist. Wenn die Anzahl der Direktmandate geringer ist als die der Proporzmandate, wird die vorläufige Mandatszahl aus dem aufgerundeten Mittelwert zwischen Direktmandatsanzahl und der Anzahl der Proporzmandate gebildet. Dieser Verfahrensschritt bewirkt, dass nicht durch den Zweitstimmenproporz gedeckte Direktmandate (Überhangmandate), die eine Partei in einem Land erzielt, auf eine ihrer anderen Landeslisten angerechnet werden kann. Durch diese parteiinterne Kompensation kann die Anzahl der im nächsten Schritt auszugleichenden Überhangmandate verringert werden. Die Summe der vorläufigen Mandatszahlen in den einzelnen Ländern ergibt dann die Mandatszahl, die jede Partei mindestens erhält (Mindestanspruch).

> (2) *Bundesweite Zuteilung an die Parteien (Oberverteilung).* Die zweite Stufe dient der Ermittlung der Mandate der einzelnen Bundestagsparteien. Dazu wird die Gesamtzahl der Mandate so lange erhöht, bis jede Partei proportional zu ihren bundesweiten Zweitstimmen (nach Sainte-Laguë) so viele Mandate hat, wie ihr nach dem Mindestanspruch aus (1) zustehen. Bei dieser Erhöhung bleiben bis zu drei Überhangmandate unberücksichtigt. So findet ein proportionaler Ausgleich zwischen den Bundestagsparteien statt, der sich an der Partei orientiert, die in der Ausgangsverteilung am stärksten überrepräsentiert ist. Dadurch kann die Bundestagsgröße erheblich anwachsen. Zugleich können eine oder mehrere Parteien durch die drei nichtkompensierten Überhangmandate einen (kleinen) „Bonus" erzielen.
>
> (3) *Parteiinterne Mandatszuteilung (Unterverteilung).* Die Mandate aller Bundestagsparteien aus (2) werden nach ihren Zweitstimmen auf ihre Landeslisten nach Sainte-Laguë verteilt. Dabei erhält jede Partei in jedem Land mindestens so viele Mandate, wie ihr dort in der Ausgangsverteilung zugewiesen wurden. Nach Abzug der Direktmandate werden die restlichen Mandate der einzelnen Parteien nach der Listenreihenfolge besetzt, wobei erfolgreiche Direktkandidatinnen übersprungen werden.
>
> Quelle: Eigene Darstellung nach Behnke et al. (2017, S. 183–184) bezogen auf das BWahlG in der Fassung vom 14. November 2020 (BGBl. I, S. 2395).

Vor diesem Hintergrund einigten sich CDU, CSU und SPD nach langwierigen Verhandlungen im Herbst 2020 auf eine *erneute Wahlsystemreform*, die die übermäßige Vergrößerung des Bundestages eindämmen sollte. Dazu sollen ab der Bundestagswahl 2021 bis zu drei Überhangmandate unausgeglichen bleiben; außerdem werden bei der Ausgangsverteilung die Überhang- und Proporzmandate zwischen den Mandatskontingenten der gleichen Partei teilweise verrechnet (s. Kasten). Ab der übernächsten Bundestagswahl (2025) soll dann die Anzahl der Wahlkreise von 299 auf 280 reduziert werden. Nach weitverbreiteter Ansicht war diese Reform in mehrfacher Hinsicht missglückt (Grotz und Pukelsheim 2020). Erstens ist die absehbare „Dämpfung" des Mandatsaufwuchses gering. Daher sind auch weiterhin Bundestage mit mehr als 750 Abgeordneten wahrscheinlich. Zweitens wurde mit den unausgeglichenen Überhangmandaten ein Wahlsystemelement wiedereingeführt, das in vielfältiger Hinsicht kritikwürdig ist und verfassungsrechtliche Probleme aufwirft. Nicht zuletzt stimmt es bedenklich, dass die Wahlsystemreform von den Regierungsparteien gegen den geschlossenen Widerstand der Opposition „durchgedrückt" wurde. Aufgrund seiner Entstehungsbedingungen zählt das Bundeswahlgesetz zu den wenigen Grundregeln des deutschen Regierungssystems, für deren Änderung keine Zwei-Drittel-Mehrheit erforderlich ist. Allerdings ist jede Bundesregierung gut beraten, die Oppositionsparteien bei allen Wahlrechtsänderungen gleichberechtigt einzubeziehen. Denn diese können gegen eine solche „einseitige" Reform vor dem Bundesverfassungsgericht klagen, was FDP, Grüne und Linke auch im Februar 2021 taten.

5.2 Bundestagswahlen: Determinanten des Wählerverhaltens

Bei jeder freien Wahl müssen die Wahlberechtigten zwei grundlegende Entscheidungen treffen: über die *Wahlteilnahme* und, sofern sie teilnehmen, über die *Auswahl der Kandidatinnen bzw. Parteien*. Empirisch fundierte Erklärungen dieser Wahlentscheidungen sind voraussetzungsvoll. Aufgrund des Wahlgeheimnisses ergibt sich das methodische Problem, dass die Motive der Wählerinnen nur indirekt zu erschließen sind. Wahlanalysen können lediglich repräsentative Umfragen heranziehen, in denen die Befragten auch falsche Angaben machen können, oder aggregierte Daten der Sozialstatistik nutzen, die nicht auf einzelne Wählerinnen rückführbar sind. Außerdem resultieren Wahlentscheidungen aus verschiedenen Faktoren, die auf unterschiedlichen Ebenen angesiedelt sind: dem inhaltlichen und personellen *Angebot*, das die Kandidatinnen bzw. Parteien den Wählerinnen unterbreiten; der *Nachfrage* nach bestimmten Politiken, die sich aus den Interessen und Wertorientierungen der Wählerinnen ergibt; sowie den *institutionellen und politischen Rahmenbedingungen* einer Wahl, die wiederum das Angebot der Parteien und die Nachfrage der Wählerinnen beeinflussen.

Politikwissenschaftliche Untersuchungen des Wahlverhaltens gehen meist von der Nachfrageseite aus. Dabei lassen sich drei *Erklärungsansätze* unterscheiden (Niedermayer 2013d, S. 271–278). Nach dem *soziologischen Ansatz* werden die Wahlpräferenzen durch gesellschaftliche Gruppenzugehörigkeiten bestimmt. Bürgerinnen, die die gleichen soziostrukturellen Merkmale aufweisen (z. B. Beruf oder Konfession), sollten auch ähnliche politische Interessen und Überzeugungen haben. Nach der Theorie von Lipset und Rokkan (1967) haben sich in westeuropäischen Gesellschaften während des 19. Jahrhunderts vier zentrale Konfliktlinien (*cleavages*) herausgebildet: der sozioökonomische Klassenkonflikt zwischen Arbeit und Kapital; der Stadt-Land-Konflikt zwischen urbanem Bürgertum und Agrarinteressen; der kulturelle Konflikt zwischen (katholischer) Kirche und (säkularem) Staat; sowie der Zentrum-Peripherie-Konflikt zwischen dem Zentralstaat und regional konzentrierten, ethnisch-kulturellen Minderheiten. Diese Konfliktlinien waren in den westeuropäischen Ländern unterschiedlich ausgeprägt. Ihre politische Bedeutung erlangten sie dadurch, dass bestimmte Parteien (Liberale, Christdemokratie, Sozialdemokratie etc.) die Interessenvertretung der einzelnen Gruppen übernahmen, welche wiederum diese Parteien unterstützten. Besonders eng wurde die Bindung an bestimmte Parteien innerhalb von „sozialmoralischen Milieus" (Lepsius 1966), die lebensweltliche Interessen- und Wertegemeinschaften bildeten und daher auch in ihren politischen Orientierungen besonders homogen waren. Als Anfang des 20. Jahrhunderts das allgemeine Wahlrecht eingeführt wurde, wurden die gesellschaftlichen Konfliktlinien zum Fundament des nationalen Parteienwettbewerbs und stabilisierten diesen insofern, als sie den einzelnen Parteien zu einer soziostrukturell gebundenen Stammwählerschaft verhalfen.

5.2 Bundestagswahlen: Determinanten des Wählerverhaltens

Der *sozialpsychologische Ansatz* erklärt das Wählerverhalten nicht mit dem gesellschaftlichen Umfeld der Bürgerinnen, sondern mit ihren politischen Wahrnehmungen, Einstellungen und Bewertungen. Der wirkungsmächtigste Faktor ist die *Parteiidentifikation,* d. h. die affektive Bindung an eine Partei, die über politische Sozialisationsprozesse erworben wird und langfristig stabil bleibt. Wenn diese „gefühlte Parteimitgliedschaft" stark ist, führt sie normalerweise zur Wahl dieser Partei. Ist sie schwächer ausgeprägt, gewinnen zwei kurzfristige Faktoren größere Bedeutung. Zum einen sind es *Sachthemen (issues),* denen die Bürgerinnen besondere Relevanz beimessen und die von den Parteien unterschiedlich akzentuiert werden (z. B. die Zukunftsfähigkeit des Rentensystems). Demzufolge entscheidet sich eine Wählerin für die Partei, deren Programm ihren Vorstellungen am nächsten kommt und die aus ihrer Sicht die beste Kompetenz besitzt, diese programmatischen Inhalte zu realisieren. Zum anderen wird das Wahlverhalten von der Beurteilung der *Spitzenkandidatinnen* beeinflusst: Werden sie als besonders führungsstark, kompetent und sympathisch wahrgenommen, befördert das die Wahlchancen ihrer Partei (Brettschneider 2002).

Der *ökonomische Ansatz* führt das Wahlverhalten auf zweckrationale Kosten-Nutzen-Kalküle zurück. Demnach entscheidet sich eine Wählerin für die Partei, deren politisches Angebot am ehesten mit ihren Eigeninteressen übereinstimmt. In welchen gesellschaftlichen Kontexten solche Interessen entstehen, wird nicht untersucht. Stattdessen konzentriert sich der Ansatz auf kurzfristige Faktoren, die auch der sozialpsychologische Ansatz heranzieht: Sachthemen und Spitzenkandidatinnen. Die daraus resultierende Wahlentscheidung basiert freilich nicht auf affektiven Wahrnehmungen, sondern auf rationaler Abwägung. Dabei orientiert sich die Wählerin entweder an der Leistungsbilanz der Parteien in der zurückliegenden Wahlperiode (retrospektives Wählen) oder an der politischen Performanz, die sie künftig von ihnen erwartet (prospektives Wählen). In diesem Zusammenhang kann sie auch strategisch wählen, indem sie sich z. B. nicht für ihre eigentlich präferierte Partei entscheidet, sondern so abstimmt, dass eine bestimmte Parteienkoalition an die Regierung kommt, deren Politik ihren Interessen am ehesten entspricht (Behnke et al. 2017, S. 134–136).

Alle genannten Erklärungsansätze stellen die politischen Interessen und Orientierungen der Wählerinnen ins Zentrum. Daher kann man sie auch in einem *Gesamtmodell des Wahlverhaltens* zusammenführen (Campbell et al. 1960; Rudi und Schoen 2014). Darin finden sich *langfristige Einflussfaktoren* wie soziostrukturelle Merkmale, gesellschaftliche Gruppenzugehörigkeiten und die Parteiidentifikation. Hinzu kommen Sachthemen und Kandidatenprofile, die sich auch *kurzfristig* – zwischen zwei Wahlen oder während eines Wahlkampfs – verändern können. Wenn die langfristigen Faktoren starke Prägekraft besitzen, wirken sie wie eine „rosa Brille" auf die Anhängerinnen einer Partei, die diese dann selbst bei einem wenig attraktiven Angebot wählen. Umgekehrt können falsche programmatische Positionierungen oder unbeliebte Spitzenkandidatinnen dazu führen, dass Wählerinnen ihrer Stammpartei den Rücken kehren. Solche Veränderungen der Wählerpräferenzen sind umso wahrscheinlicher, je schwächer die politische Prägekraft des gesellschaftlichen Umfelds ausfällt.

Die deutschlandbezogene Wahlforschung hat alle drei Ansätze für ihre Analysen herangezogen. Die Untersuchungsergebnisse dieser umfangreichen Literatur können hier nicht im Detail dargestellt werden (u. a. Falter und Schoen 2014; Korte und Schoofs 2019; Roßteutscher et al. 2019; Schmitt-Beck 2011). Stattdessen beschränkt sich die folgende Darstellung auf vier zentrale Befunde zum *Wählerverhalten bei Bundestagswahlen* (Daten in Tab. 5.2).

(1) *Dominanz der Volksparteien und stabiler Parteienwettbewerb bis Ende der 1980er Jahre.* Wie viele erste Parlamentswahlen nach einem demokratischen Systemwechsel fand die Bundestagswahl 1949 in einer noch ungefestigten Wettbewerbssituation statt. Daher waren im ersten Bundestag elf verschiedene Parteien vertreten. Trotzdem votierten mehr als 60 % der Wählerinnen für die CDU/CSU oder die SPD. Danach verstetigte sich der Trend zur starken Stimmenkonzentration. Bis 1957 stieg der gemeinsame Anteil der beiden Volksparteien auf über 80 % und fiel bis 1987 nicht mehr darunter. Zugleich blieb das Parteiensystem hochgradig stabil: Die Stimmenanteile von Union und SPD schwankten von Wahl zu Wahl nur um jeweils drei bis vier Prozentpunkte; auch die aggregierte Wählerfluktuation (Volatilität) blieb auf sehr geringem Niveau. Die hohe Kontinuität des Wählerverhaltens zwischen Ende der 1950er und Ende der 1980er Jahre wurde durch die wirtschaftliche Prosperität und die politische Stabilität befördert. Die gesellschaftliche Basis für die weitgehend konstanten Parteipräferenzen bildeten zwei *cleavages* (Lipset und Rokkan 1967): der *Klassenkonflikt,* in dem die SPD die parteipolitische Vertretung der Arbeiterschaft übernahm, und der *Religionskonflikt,* in dem kirchengebundene Wählerinnen in den konfessionsübergreifend organisierten Unionsparteien (CDU/CSU) ihre politische Heimat fanden. Beide Gruppen waren in der frühen Bundesrepublik nicht nur zahlenmäßig groß, sondern bildeten auch homogene sozialmoralische Milieus. Die Sozialdemokratie hatte ihre Kernwählerschaft im gewerkschaftlich organisierten Arbeitermilieu, während sich die Union der Unterstützung durch die kirchengebundene Wählerinnen sicher sein konnte (Pappi und Brandenburg 2010).

Die geringfügigen Stimmenverschiebungen zwischen den Parteien in dieser Phase erklären sich vor allem aus der Akzentuierung politischer Sachthemen und der Performanz der Spitzenkandidatinnen. Exemplarisch lässt sich dies an den größten Wahlerfolgen der beiden Volksparteien verdeutlichen. 1957 gewann die CDU/CSU das erste und einzige Mal bei einer Bundestagswahl eine absolute Stimmenmehrheit und konnte damit ihr vorhergehendes Ergebnis um fünf Prozentpunkte übertreffen.[2] Dieser Sieg

---

[2] Trotzdem bildete die Union keine Alleinregierung, sondern koalierte mit den Liberalen und der Deutschen Partei (Abschn. 10.2).

Tab. 5.2 Ergebnisse der Bundestagswahlen (1949–2017)

Wahljahr	Wahl-beteili-gung	Stimmenanteile (in %)[a]												Volatilität[c]
		CDU/CSU	SPD	FDP	KPD	BP	DP	Zentrum	WAV	GB/BHE	GDP	NPD	Grüne	Andere[b]	
1949	78,5	31,0	29,2	11,9	5,7	4,2	4,0	3,1	2,9	–	–	–	–	8,0[d]	–
1953	86,0	45,2	28,8	9,5	2,2	–	3,3	–	–	5,9	–	–	–	5,3	12,0
1957	87,8	50,2	31,8	7,7	–	–	3,4	–	–	4,6	–	–	–	2,4	7,2
1961	87,7	45,4	36,2	12,8	–	–	–	–	–	–	2,8	–	–	2,9	8,3
1965	86,8	47,6	39,3	9,5	–	–	–	–	–	–	–	2,0	–	1,6	5,0
1969	86,7	46,1	42,7	5,8	–	–	–	–	–	–	–	4,3	–	1,1	5,7
1972	91,1	44,9	45,8	8,4	–	–	–	–	–	–	–	–	–	0,9	3,6
1976	90,7	48,6	42,6	7,9	–	–	–	–	–	–	–	–	–	0,9	3,7
1980	88,6	44,5	42,9	10,6	–	–	–	–	–	–	–	–	–	2,0	4,1
1983	89,1	48,4	38,2	7,0	–	–	–	–	–	–	–	–	5,6	0,5	6,9
1987	84,3	44,3	37,0	9,1	–	–	–	–	–	–	–	–	8,3	1,4	5,5

(Fortsetzung)

Tab. 5.2 (Fortsetzung)

Wahljahr	Wahl-beteili-gung	Stimmenanteile (in %)[a]									Volatilität[c]
		CDU/CSU	SPD	FDP	Grüne	PDS/Linke	REP	Piraten	AfD	Andere[b]	
1990	77,8	43,8	33,5	11,0	3,8	2,4	2,1	–	–	2,1	5,6
1994	79,0	41,5	36,4	6,9	7,3	4,4	–	–	–	3,6	8,2
1998	82,2	35,1	40,9	6,2	6,7	5,1	–	–	–	5,9	7,6
2002	79,1	38,5	38,5	7,4	8,6	4,0	–	–	–	3,0	6,5
2005	77,7	35,2	34,2	9,8	8,1	8,7	–	–	–	3,9	8,1
2009	70,8	33,8	23,0	14,6	10,7	11,9	–	2,0	–	4,0	11,7
2013	71,5	41,5	25,7	4,8	8,4	8,6	–	2,2	4,7	4,0	13,0
2017	76,2	33,0	20,5	10,7	8,9	9,2	–	–	12,6	5,0	14,3

Quelle: Eigene Zusammenstellung und Berechnung nach www.bundeswahlleiter.de

Anmerkungen: [a] Bundesweite Anteile der gültigen Zweitstimmen (seit 1953). [b] Parteien mit weniger als 2 % der Stimmen. [c] Der Volatilitätsindex resultiert aus der halbierten Summe der Differenzbeträge der Stimmenanteile der einzelnen Bundestagsparteien im Verhältnis zur vorhergehenden Wahl (Pedersen 1979). [d] Darunter auch die Stimmen für unabhängige Kandidatinnen (4,8 %).

Abkürzungen: AfD = Alternative für Deutschland; BP = Bayernpartei; CDU = Christlich Demokratische Union; CSU = Christlich Soziale Union; DP = Deutsche Partei; FDP = Freie Demokratische Partei; GB/BHE = Gesamtdeutscher Block/Bund der Heimatvertriebenen und Entrechteten; GDP = Gesamtdeutsche Partei; KPD = Kommunistische Partei Deutschlands; NPD = Nationaldemokratische Partei Deutschlands; PDS = Partei des demokratischen Sozialismus (seit 2005: Die Linke); REP = Republikaner; SPD = Sozialdemokratische Partei Deutschlands; WAV = Wirtschaftliche Aufbau-Vereinigung.

gründete auf einer Wahlkampagne, in der die Union ihren Kanzler zum außen- und sicherheitspolitischen Stabilitätsgaranten stilisierte („Keine Experimente! Konrad Adenauer"), sowie auf der Ankündigung, die Altersrenten massiv zu erhöhen. Die SPD erzielte ihren historischen Stimmenrekord 1972 mit knapp 46 %. Auch dieses Ergebnis verdankte sich einem polarisierten Wahlkampf, in dem die von Kanzler Brandt begonnene Ostpolitik das Schlüsselthema darstellte und mit seiner Person verknüpft wurde („Willy wählen!"). Seit Ende der 1970er Jahre mehrten sich die Anzeichen, dass die Prägekraft der sozialmoralischen Milieus erodierte und die Anzahl der Stammwählerinnen zurückging. Damit verbesserten sich auch die Wahlchancen neuer Parteien.

(2) *Erosion der Volksparteien und höhere Wählerdynamik nach 1990.* Mit der Wiedervereinigung veränderte sich das Wählerverhalten nachhaltig. Am deutlichsten war die rückläufige Unterstützung der Volksparteien. Bei der ersten gesamtdeutschen Bundestagswahl 1990 lag der gemeinsame Stimmenanteil von CDU/CSU und SPD bei 77 % und damit auf dem geringsten Niveau seit 1953. In der Folgezeit sank dieser Wert kontinuierlich weiter und erreichte 2017 – nach einem kurzen „Zwischenhoch" 2013 – den bisherigen Tiefpunkt, als nur noch 53,5 % für Union und SPD votierten. Zugleich nahm die Wählerfluktuation zu: 2017 lag die aggregierte Volatilität bei über 14 Prozentpunkten und damit höher als in der Anfangsphase der Bundesrepublik (Tab. 5.2). Der tatsächliche Anteil der Wechselwählerinnen war noch deutlich größer: Knapp die Hälfte der Wählerinnen, die an der Bundestagswahl 2013 teilgenommen hatten, stimmten 2017 für eine andere Partei. Davon konnten vor allem die FDP und die AfD profitieren (Schoen 2019).

Die stärkere Dynamik des Wahlverhaltens hat unterschiedliche Gründe (Niedermayer 2013d, S. 274–276; Schmitt-Beck 2011). Zunächst setzte sich eine Entwicklung fort, die schon vor 1990 begonnen hatte: Aufgrund des sozialen Wandels schrumpfen die sozialmoralischen Milieus und damit die Stammwählerschaft von CDU/CSU und SPD immer weiter. Zwar bedeutet das nicht, dass die traditionellen Konfliktlinien überhaupt keine Prägekraft mehr haben. Auch bei der Bundestagswahl 2017 haben katholische Kirchgängerinnen überwiegend für die Unionsparteien gestimmt, während gewerkschaftlich organisierte Wählerinnen überproportional häufig für die SPD votierten (Weßels 2019). Da jedoch diese Gruppen zahlenmäßig weiter zurückgehen, können beiden Parteien nicht mehr allein auf ihre Kernklientel setzen, um Wahlen zu gewinnen.

Der genannte Trend wurde durch die deutsche Einheit verstärkt. Da die Sozialisationsbedingungen in Ostdeutschland vor 1990 ganz andere waren als in der alten Bundesrepublik, konnten sich dort keine langfristigen Parteibindungen entwickeln, die auf gesellschaftlichen Konfliktlinien basierten. Zusammen mit den transformationsbedingten Umbrüchen, die die ostdeutsche Gesellschaft erfuhr, hat dies dazu geführt, dass sich die politischen Wahl- und Einstellungsmuster zwischen Ost- und Westdeutschland unterscheiden und sich die Parteipräferenzen im Osten schneller verändern

(Arzheimer 2016). Auch bei der Bundestagswahl 2017 wurden entsprechende Unterschiede deutlich (Jung et al. 2019).

Mit der rückläufigen Relevanz soziostruktureller Faktoren geht eine größere Bedeutung kurzfristiger Faktoren einher. Der Einfluss, den Sachthemen und Spitzenkandidatinnen auf das Wahlverhalten haben, variiert jedoch von Wahl zu Wahl. Besonders deutlich wird dies an den Präferenzen für den jeweiligen Kanzler (Glinitzer und Jungmann 2019). So schlug sich die Popularität von Gerhard Schröder bei der Bundestagswahl 2002 besonders deutlich in Stimmen für die SPD nieder; 2013 konnte Angela Merkel das Ergebnis der CDU/CSU in ähnlichem Umfang „nach oben" ziehen (Schoen und Weßels 2016, S. 9–10). Bei den anderen Bundestagswahlen seit der Wiedervereinigung spielten die Kandidateneffekte eine deutlich geringere Rolle für das Wahlverhalten.

(3) *Etablierung neuer Parteien.* Auch nachdem sich die politischen Wettbewerbsstrukturen Anfang der 1960er Jahre verfestigt hatten, gab es immer wieder neue Parteien, die bei einzelnen Wahlen nennenswerte Stimmenanteile gewannen (Tab. 5.2). Bisher gelang es allerdings nur den Grünen (seit 1983), der PDS/Die Linke (seit 1990) und der AfD (seit 2017), in den Bundestag einzuziehen. Alle drei Parteien besetzten inhaltliche Positionen, die durch die etablierten Parteien nicht oder nicht hinreichend repräsentiert waren. Die Hintergründe und Verläufe ihres Wahlerfolgs waren indes unterschiedlich.

Seit Ende der 1970er Jahre stellen die *Grünen* die Themen Ökologie und umweltfreundliche Energiegewinnung (Anti-Atomkraft) in den Mittelpunkt und verbinden sie mit Forderungen nach gesellschaftlicher Gleichberechtigung von Frauen und Minderheiten sowie internationaler Gerechtigkeit, Weltfrieden und nachhaltiger Entwicklung. Mit dieser Programmatik gelang es der Partei, ein wachsendes Segment der Wählerschaft mit „postmaterialistischen" Wertorientierungen an sich zu binden (Müller-Rommel 2015).

Die *PDS* war dagegen ein Produkt der Wiedervereinigung. Als Nachfolgeorganisation der ehemaligen Staatspartei der DDR stellte sie die Interessenvertretung der neuen Länder ins Zentrum. Diese Positionierung als „ostdeutsche Regionalpartei" (Niedermayer 2013d, S. 273) traf auf beträchtliche Nachfrage: Bis Mitte der 2000er Jahre war die Wählerschaft der PDS fast ausschließlich auf die ostdeutschen Länder begrenzt. Selbst nachdem sich die Partei mit der WASG zur gesamtdeutschen „Linken" zusammengeschlossen hatte, fielen ihre Wahlergebnisse in Ostdeutschland immer noch deutlich besser aus als im Westen der Republik. Auch 2017 erreichte sie unter ostdeutschen Wählerinnen einen doppelt so hohen Stimmenanteil wie insgesamt (Weßels 2019, S. 199–200).

Die *AfD* wurde 2013 im Kontext der EU-Staatsschuldenkrise gegründet und profilierte sich zunächst mit einer euroskeptischen Programmatik. Schon bald nahm sie rechtspopulistische und nationalistische Positionen ein und erfuhr infolge der Flüchtlingskrise im Herbst 2015 einen massiven Aufschwung in der Wählergunst. Empirischen Analysen zufolge ist die Wählerschaft der AfD durch bestimmte soziokulturelle Orientierungen charakterisiert, wie Überfremdungs- und Zukunftsangst, und unterscheidet sich dadurch klar von den anderen Parteien (Bergmann et al. 2017; Pickel 2019). Ob damit eine dauerhafte Konfliktlinie zwischen einer „offenen" und einer „geschlossenen" Gesellschaft etabliert wird, steht noch nicht fest. Dies wird auch davon abhängen, ob sich die AfD klar innerhalb des demokratischen Spektrums verortet oder rechtsextreme Kräfte innerparteilich die Oberhand gewinnen (Schroeder und Weßels 2019).

(4) *Rückläufige Wahlbeteiligung.* Zwischen 1953 und 1987 lag die Beteiligung bei Bundestagswahlen kontinuierlich über 84 %. Den höchsten Stand erreichte sie 1972, als 91 % der Wahlberechtigten an die Urne gingen – ein Wert, der für eine Demokratie ohne Wahlpflicht außergewöhnlich hoch ist. Nach der Wiedervereinigung pendelte die Partizipationsrate nur noch um die 80 %-Marke, bevor sie 2009 einen historischen Tiefpunkt erreichte (70,8 %) und zuletzt wieder anstieg (2017: 76,5 %). In der Demokratietheorie wird die Höhe der Wahlbeteiligung unterschiedlich bewertet (Schäfer 2015, S. 30–36). Aus Sicht des Republikanismus kann eine freiheitliche Verfassungsordnung nur durch die aktive Mitwirkung der Bürgerinnen aufrechterhalten werden. Eine geringe Wahlbeteiligung ist daher prekär für die Demokratie. Aus Sicht des Liberalismus obliegt es dagegen der Entscheidungsfreiheit des Individuums, von seinen politischen Rechten Gebrauch zu machen. Wahlenthaltung kann demnach auch als grundsätzliche Zufriedenheit mit der Demokratie interpretiert werden. Welche der beiden Positionen im konkreten Fall besser passt, hängt auch davon ab, wie die Nichtwahl zu erklären ist. Dazu unterscheidet die Wahlforschung vier idealtypische Profile (Niedermayer 2013d, S. 282).

„Unechte" Nichtwählerinnen hätten sich grundsätzlich an der Wahl beteiligt, sind aber durch äußere Umstände daran gehindert worden (z. B. kurzfristige Erkrankung oder irrtümliche Zustellung der Wahlunterlagen). Dieser Grund ist normativ eher unproblematisch. Allerdings trifft er meist nur für einen kleinen Anteil der Nichtwählerschaft zu. *„Abwägende" Nichtwählerinnen* machen ihre Beteiligung dagegen von der Bedeutsamkeit einer Wahl abhängig. Damit lassen sich die strukturellen Beteiligungsunterschiede zwischen der Bundesebene und der Länder- bzw. EU-Ebene erklären (Abschn. 5.3). Ebenso steigt die Zahl abwägender Nichtwählerinnen, wenn das Ergebnis einer Bundestagswahl im Vorfeld festzustehen scheint und es somit „um nichts mehr geht". Diese Art von Wahlabstinenz ist weiter verbreitet als die „unechte" Nichtwahl, doch stellt auch sie keine ernstzunehmende Bedrohung der demokratischen Legitimität dar.

Wiederum anders verhält es sich bei *„unzufriedenen" Nichtwählerinnen*. Sie bleiben am Wahltag zuhause, weil sie sich in dem inhaltlichen und personellen Angebot der Parteien nicht wiederfinden. Diese Form der Wahlenthaltung signalisiert kein stillschweigendes Einverständnis mit dem politischen Status quo, sondern birgt ein Wählerreservoir für populistische und antidemokratische Kräfte. Empirische Analysen zeigen, dass Nichtwählerinnen eine höhere politische Unzufriedenheit aufweisen als Bürgerinnen, die sich an der Wahl beteiligt haben (Stövsand und Roßteutscher 2019, S. 151). Bei wie vielen Personen diese Unzufriedenheit der ausschlaggebende Faktor für die Nichtwahl ist, lässt sich nicht genau sagen. Immerhin besteht die Möglichkeit, einen Teil dieser Gruppe durch veränderte Politikangebote oder neue Parteien an die Wahlurne zurückzuholen.

„Politikferne" Nichtwählerinnen schließlich haben wenig bis gar kein Interesse an Politik. Sie würden sich daher nie von sich aus an Wahlen beteiligen. Nur wenn Wählen in ihrem Umfeld üblich ist, werden sie es auch tun. Je mehr die gesellschaftliche Norm der Wahlteilnahme an Prägekraft verliert, desto weniger werden politikferne Bürgerinnen ihre Stimme abgeben. Daher kann die Erosion der sozialmoralischen Milieus auch erklären, warum die Wahlbeteiligung in allen westlichen Demokratien seit den 1970er Jahren rückläufig ist. Demokratietheoretisch ist diese Entwicklung vor allem deswegen problematisch, weil politische Partizipation meist eine „soziale Schieflage" aufweist. Die internationale Wahlforschung hat schon länger entdeckt, dass Bürgerinnen mit hohem sozioökonomischem Status (Bildung, Beruf, Einkommen) politisch interessierter sind und sich daher häufiger und intensiver beteiligen als andere (Verba und Nie 1972). Wenn nun Wählen keine gesellschaftliche Norm mehr ist, betrifft dies Personen mit geringem sozioökonomischen Status ganz besonders: Nichtwahl ist damit kein zufälliges oder bewusstes Fernbleiben der Bürgerin von der Urne, sondern eine Frage der Schichtzugehörigkeit – und beeinträchtigt damit das demokratische Versprechen politischer Gleichheit. In Deutschland wird die „soziale Selektivität" der Wahlbeteiligung seit einiger Zeit verstärkt diskutiert und analysiert (Schäfer 2015). Auch bei der Bundestagswahl 2017 zeigte sich ein deutlicher Zusammenhang zwischen geringem Bildungsgrad und geringem Einkommen einerseits und einer Wahlenthaltung andererseits, obwohl er aufgrund der insgesamt gestiegenen Beteiligung etwas weniger stark ausfiel als zuvor (Stövsand und Roßteutscher 2019).

5.3 Parlamentswahlen im Mehrebenensystem

Neben dem Bundestag werden auch die Parlamente der deutschen Länder und der Europäischen Union von den Bürgerinnen gewählt.[3] Bei der Ausgestaltung ihres Wahlrechts haben die Länder große Freiräume. Gleichwohl nutzen die meisten von ihnen die personalisierte Verhältniswahl mit 5 %-Sperrklausel; nur Bremen und das Saarland wenden Verhältniswahlsysteme ohne personalisierte Direktmandate an (Tab. 5.3). Damit sind die Wahlsysteme in Bund und Ländern hochgradig homogen. Das war nicht immer so. Nur in Niedersachsen und Nordrhein-Westfalen besteht die personalisierte Verhältniswahl seit der ersten Landtagswahl 1947. Die anderen westdeutschen Länder zogen erst später nach, zuletzt Rheinland-Pfalz im November 1989. Kurz darauf wurde die personalisierte Verhältniswahl auch von den ostdeutschen Ländern übernommen (Trefs 2008, S. 333).

---

[3] Außerdem werden die kommunalen Vertretungsorgane (Stadt- bzw. Gemeinderäte und Kreistage) direkt gewählt. Da diese Wahlen weniger von den im Folgenden beschriebenen Wechselwirkungen im Mehrebenensystem als von den Besonderheiten der kommunalen Ebene geprägt sind, werden sie in Abschn. 14.2 behandelt.

Tab. 5.3 Wahlrecht und Wahlsysteme in den deutschen Ländern

Land	Wahlperiode (Jahre)	Wahlalter (aktiv/passiv)	Wahlsystemtyp	Listenform	Stimmenzahl	Mandate (EWK)	Sperrklausel	Grundmandate[i]	Ausgleichsmandate	Verrechnungsverfahren
Baden-Württemberg	5	18/18	Personalisierte Verhältniswahl	Keine[a]	1	120 (70)	5 %	nein	ja[j]	Sainte-Laguë
Bayern	5	18/18	Personalisierte Verhältniswahl	Lose geb.[b]	2	180 (92)	5 %	nein	ja[j]	Hare/Niemeyer
Berlin	5	18/18	Personalisierte Verhältniswahl	Starr	2	130 (78)	5 %[f]	ja (1)	ja	Hare/Niemeyer
Brandenburg	5	16/18	Personalisierte Verhältniswahl	Starr	2	88 (44)	5 %[g]	ja (1)	ja	Hare/Niemeyer
Bremen	4	16/18	Verhältniswahl	Offen[c]	5	83 (–)	5 %[h]	–	–	Sainte-Laguë
Hamburg	5	16/18	Verhältniswahl	Offen[d]	10	121 (71[e])	5 %	nein	ja	Sainte-Laguë
Hessen	5	18/21	Personalisierte Verhältniswahl	Starr	2	110 (55)	5 %	nein	ja	Hare/Niemeyer
Mecklenburg-Vorpommern	5	18/18	Personalisierte Verhältniswahl	Starr	2	71 (36)	5 %	nein	ja	Hare/Niemeyer
Niedersachsen	5	18/18	Personalisierte Verhältniswahl	Starr	2	135 (87)	5 %	nein	ja	d'Hondt
Nordrhein-Westfalen	5	18/18	Personalisierte Verhältniswahl	Starr	2	181 (128)	5 %	nein	ja	Sainte-Laguë
Rheinland-Pfalz	5	18/18	Personalisierte Verhältniswahl	Starr	2	101 (51)	5 %	nein	ja	Sainte-Laguë
Saarland	5	18/18	Verhältniswahl	Starr	1	51 (–)	5 %	–	–	d'Hondt

(Fortsetzung)

Tab. 5.3 (Fortsetzung)

Land	Wahlperiode (Jahre)	Wahlalter (aktiv/passiv)	Wahlsystemtyp	Listenform	Stimmenzahl	Mandate (EWK)	Sperr-klausel	Grund-mandate[i]	Ausgleichs-mandate	Verrechnungs-verfahren
Sachsen	5	18/18	Personalisierte Verhältniswahl	Starr	2	120 (60)	5 %	ja (2)	ja	d'Hondt
Sachsen-Anhalt	5	18/18	Personalisierte Verhältniswahl	Starr	2	91 (45)	5 %	nein	ja	Hare/Niemeyer
Schleswig-Holstein	5	16/18	Personalisierte Verhältniswahl	Starr	2	69 (35)	5 %[g]	ja (1)	ja	Sainte-Laguë
Thüringen	5	18/18	Personalisierte Verhältniswahl	Starr	2	88 (44)	5 %	nein	ja	Hare/Niemeyer

Quelle: Eigene Zusammenstellung nach Weinmann und Grotz (2021). Stand: 30.04.2020

Anmerkungen: [a] In Baden-Württemberg hat jede Wählerin eine Stimme, mit der sie eine Direktkandidatin und zugleich deren Partei wählt. Die Gesamtsitze werden für jede Partei dann auf die vier Regierungsbezirke nach den dort erreichten Stimmenzahlen verteilt. Neben den siegreichen Direktkandidatinnen erhalten dabei die Kandidatinnen ihrer Partei des Regierungsbezirks am besten abgeschnitten haben. [b] In Bayern kann die Zweitstimme entweder an eine Parteiliste auf Bezirksebene oder an eine Kandidatin innerhalb dieser Liste vergeben werden (lose gebundene Liste). Für die Ermittlung der innerhalb der Bezirkswahlkreise vergebenen Proporzmandate werden Erst- und Zweitstimmen zusammengezählt. [c] In Bremen hat jede Wählerin 5 Stimmen, die sie beliebig auf die Kandidatinnen/Listen aller Parteien verteilen kann. [d] In Hamburg hat jede Wählerin 10 Stimmen: 5 für Kandidatinnen in den (personalisierten) Mehrpersonenwahlkreisen und 5 Landesstimmen, die sie beliebig für Kandidatinnen auf den Parteilisten vergeben oder auch auf eine Liste konzentrieren kann. [e] In Hamburg werden die Direktmandate in Mehrpersonenwahlkreisen mit zwischen 3 und 5 Mandate umfassen. Daher stellt es das Wahlsystem einen Grenzfall der personalisierten Verhältniswahl dar (andere Klassifikation bei Weinmann und Grotz 2021). [f] In Berlin werden bei der Berechnung der 5 %-Hürde die ungültigen Stimmen einbezogen. [g] Parteien der sorbischen Minderheit (Brandenburg) bzw. der dänischen Minderheit (Schleswig-Holstein) sind von der Sperrklausel ausgenommen. [h] Sperrklausel gilt getrennt für Bremen und Bremerhaven. [i] Parteien mit Direktmandaten sind von der Sperrklausel ausgenommen. Die Anzahl der dafür erforderlichen Direktmandate ist in Klammern angegeben. [j] Ausgleichsmandate werden in Baden-Württemberg und Bayern auf Bezirksebene vergeben.

Die wahlrechtlichen Regelungen der Länder unterscheiden sich auch in einigen Hinsichten von der Bundesebene. So werden die Länderparlamente alle fünf Jahre gewählt; nur Bremen hält an der vierjährigen Wahlperiode des Bundestages fest. Außerdem haben Bremen, Brandenburg, Hamburg und Schleswig–Holstein das aktive Wahlalter auf 16 Jahre gesenkt. Die Wahlsysteme der Länder weisen ebenfalls einige Spezifika auf. In allen Fällen von personalisierter Verhältniswahl werden Überhangmandate seit längerem durch Ausgleichsmandate für die anderen Parlamentsparteien kompensiert (Weinmann und Grotz 2021); der Bund hat eine ähnliche Regelung erst 2013 eingeführt (Abschn. 5.1). Eine Grundmandatsklausel, die Parteien mit Direktmandaten von der Sperrklausel befreit, kennen nur Berlin, Brandenburg, Sachsen und Schleswig–Holstein. Bei der personalisierten Verhältniswahl in Baden-Württemberg haben die Wählerinnen nur eine Stimme – wie bei der ersten Bundestagswahl. In Bayern kann die Zweitstimme auch an einzelne Listenkandidatinnen vergeben werden. Außerdem werden in Bayern Erst- und Zweitstimme zur Ermittlung der Gesamtmandate zusammengerechnet. In beiden süddeutschen Ländern spielt zudem die regionale Bezirksebene bei der Stimmgebung und Stimmenverrechnung eine wichtige Rolle. Bremen und Hamburg wiederum haben ihr Wahlsystem Mitte der 1990er Jahre grundlegend verändert. Diese Reformen wurden durch Volksinitiativen ausgelöst, die eine „beteiligungsfreundlichere" Stimmgebung durchsetzen konnten. Seitdem gibt es in beiden Stadtstaaten ein Mehrstimmensystem, das die Abgabe und Auszählung der Stimmen relativ kompliziert macht (Tiefenbach 2015).

Die *politischen Auswirkungen der Länderwahlsysteme* gleichen weitgehend jenen des Bundestagswahlsystems. Dies gilt sowohl für die Proportionalität zwischen Stimmen und Mandaten als auch für die Konzentration des Parteiensystems (Raabe et al. 2014). Außerdem haben sich einzelne Länderparlamente durch Überhang- und Ausgleichsmandate immer wieder erheblich vergrößert – ganz ähnlich wie der Bundestag 2017. Besonders häufig kam dies in Berlin, Baden-Württemberg, Nordrhein-Westfalen und Sachsen-Anhalt vor (Weinmann und Grotz 2021).

Hinsichtlich des *Wählerverhaltens* zeigen sich insofern grundsätzliche Ähnlichkeiten zwischen Bundes- und Landtagswahlen, als die Parteipräferenzen durch die gleichen soziostrukturellen, sozialpsychologischen und interessenbezogenen Faktoren bestimmt werden (Müller und Debus 2012). Allerdings gibt es auch einen fundamentalen Unterschied: Bei Landtagswahlen steht „weniger auf dem Spiel", weil im deutschen Föderalismus die wichtigsten Gesetze auf Bundesebene gemacht werden (Abschn. 4.1). Diese nachgeordnete Bedeutung der Landespolitik schlägt sich auch im Wählerverhalten nieder.

Erstens fällt die *Wahlbeteiligung* bei Landtagswahlen meist *niedriger* aus als bei Bundestagswahlen. Dabei wiesen die ostdeutschen Länder lange Zeit ein deutlich geringeres Niveau auf als die westdeutschen (Arzheimer und Falter 2005). Den historischen Tiefststand markierte die Landtagswahl in Sachsen-Anhalt 2006, als nur noch 44,4 % der registrierten Wählerinnen zur Urne gingen. Seitdem die AfD in die Länderparlamente eingezogen ist und infolge dessen auch die Polarisierung des Parteiensystems stärker wurde, ist auch die Wahlbeteiligung wieder angestiegen (Haußner und Leininger

2018). Besonders hoch ist die Partizipation bei Landtagswahlen immer dann, wenn sie am selben Tag wie die Bundestagswahl stattfinden und in deren „Windschatten" mehr Wählerinnen anziehen können. Seit 1949 gab es jedoch nur zehn Fälle von gleichzeitigen Bundestags- und Landtagswahlen (zuletzt 2013 in Hessen).

Zweitens haben *nicht-etablierte Parteien* auf Landesebene *bessere Wahlchancen* als auf Bundesebene. Weil die Wählerinnen der Landespolitik geringere Bedeutung beimessen, neigen sie hier eher dazu, mit ihrer Stimme zu „experimentieren". Für neue politische Kräfte, aber auch für radikale Parteien ist daher die Repräsentationsschwelle bei Landtagswahlen niedriger als bei Bundestagswahlen, obwohl die gleiche Sperrklausel gilt. So saßen die Grünen schon in vielen Länderparlamenten, bevor sie auf Bundesebene die 5 %-Hürde übersprangen. Ähnliches gilt für die AfD, die vor ihrem Einzug in den Bundestag bereits in zehn Landtagen repräsentiert war (Schroeder und Weßels 2019). Seit den 1960er Jahren waren auch rechtsextreme Parteien wie die NPD, die Republikaner oder die DVU immer wieder in Landtagen vertreten; bei Bundestagswahlen sind sie dagegen stets an der 5 %-Klausel gescheitert.

Drittens steht die *Parteienwahl auf Länderebene im „Schatten der Bundespolitik"* (Grotz und Bolgherini 2011). Weil die Parteien, die im Bundestag vertreten sind, zugleich für die Länderparlamente kandidieren, richten sich die Wählerinnen nicht nur an dem landespolitischen Angebot der Parteien aus, sondern auch an ihrer bundespolitischen Performanz. Vor allem bieten Landtagswahlen eine Gelegenheit, den im Bund regierenden Parteien einen „Denkzettel" zu verpassen. Daher hat sich die Politikwissenschaft ausführlich mit der bundespolitischen Durchdringung von Landtagswahlen befasst (Burkhart 2005; Decker und von Blumenthal 2002; Gabriel und Holtmann 2007). Dabei wurde die These vertreten, dass „Denkzettelvoten" hauptsächlich in der Mitte der Legislaturperiode auf Bundesebene auftreten, wenn die Beliebtheit der Bundesregierung ihren Tiefpunkt erreicht hat (Dinkel 1977).

Gibt es bei Landtagswahlen tatsächlich „Denkzettel" für die Bundesregierung? Abb. 5.1 zeigt die Veränderungen der aggregierten Stimmenanteile, die die Regierungs- und Oppositionsparteien auf Bundesebene bei Landtagswahlen zwischen 1970 und 2020 erreicht haben. Für die erste Hälfte des Zeitraums legt der Kurvenverlauf einen bundespolitisch geprägten Wahlzyklus nahe (Decker und Best 2014). Bis 1994 sind die Verluste der Regierungsparteien und die Gewinne der Oppositionsparteien meist in der Mitte der Legislaturperiode am größten. Danach verliert sich das zyklische Muster, wobei der Denkzettelmechanismus fortzubestehen scheint. Auch wenn die Regierungsparteien im Bund immer wieder Erfolge bei einzelnen Landtagswahlen erringen konnten, haben sie zusammengenommen seit 2002 keine signifikanten Stimmengewinne mehr verbucht (Abb. 5.1). Von 2012 bis 2017 verzeichneten aber auch die Oppositionsparteien keine Zuwächse. Stattdessen entfielen die Stimmen auf nicht im Bundestag vertretenen Parteien. Bis 2013 geht dieser Trend im Wesentlichen auf die Piratenpartei zurück, danach auf die AfD. Seit 2017 hat sich keine weitere Partei etabliert, die nicht im Bundestag vertreten ist, aber bei Landtagswahlen größere Stimmenerfolge erzielt.

5.3 Parlamentswahlen im Mehrebenensystem

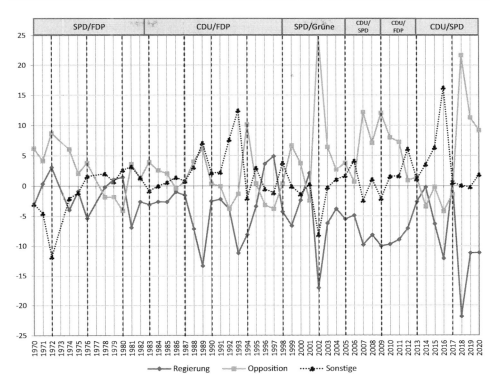

Abb. 5.1 Stimmenveränderungen der Regierungs- und Oppositionsparteien bei Landtagswahlen (1970–2020).
Quelle: Eigene Darstellung nach Decker und Best (2014, S. 180) sowie Daten der Bundes- und Landeswahlleiter. Dargestellt sind die Veränderungen der Stimmenanteile bei Landtagswahlen im Vergleich zur jeweils vorhergehenden Landtagswahl. „Regierung" fasst die Parteien zusammen, die die Bundesregierung stellten (obere Leiste der Grafik); „Opposition" jene, die im Bundestag vertreten, aber nicht an der Regierung beteiligt waren; „Sonstige", die nicht im Bundestag vertreten waren. Bei mehreren Landtagswahlen in einem Jahr sind die durchschnittlichen Stimmengewinne bzw. -verluste der genannten Parteigruppen angegeben. Wenn Parteien innerhalb eines Jahres die Kategorie wechselten, z. B. durch den Einzug in den Bundestag oder einen Regierungswechsel, und im selben Jahr noch mindestens eine Landtagswahl stattfand, wurde das bei der Berechnung anteilig berücksichtigt (relevant für 1982 und 2017). Die Landtagswahlen, die zeitgleich mit der Bundestagswahl stattfanden, wurden nicht einbezogen. Die vertikalen, gestrichelten Linien markieren die Jahre mit Bundestagswahlen.

Gleichwohl werden Landtagswahlen nicht ausschließlich durch bundespolitische Einflüsse entschieden. Einer der wenigen Ausnahmefälle bildet die „Agenda 2010", die von der rot-grünen Bundesregierung seit 2003 durchgeführt wurde und auf viel Kritik und Protest traf. Bei allen folgenden Landtagswahlen verzeichnete die SPD massive Stimmenverluste, bis Bundeskanzler Schröder nach der Wahlniederlage in Nordrhein-Westfalen 2005 die Vertrauensfrage stellte und dadurch vorzeitige Bundestagswahlen herbeiführte (Grotz 2005, S. 470–471). Ebenso selten wird das Ergebnis einer Landtagswahl nur durch landespolitische Faktoren entschieden. Ein Beispiel war die geplante Bildung eines Linksbündnisses in Hessen unter Andrea Ypsilanti (SPD), nachdem die Sozialdemokratie aus der Landtagswahl von 2008 als Siegerin hervorgegangen war. Da Ypsilanti zuvor jegliche Zusammenarbeit mit der Linkspartei ausgeschlossen hatte, wurde ihr schließlich von Mitgliedern ihrer eigenen Fraktion das Vertrauen entzogen. Daher kam es zu vorgezogenen Neuwahlen, bei denen der Stimmenanteil der SPD von 36,7 % auf 23,7 % einbrach. In den allermeisten Fällen wird der Ausgang einer Landtagswahl jedoch durch eine Kombination von bundes- und landespolitischen Faktoren bestimmt. Erklärungen, die die Gründe ausschließlich im jeweiligen Land oder in „Berlin" sehen, greifen meist zu kurz.

Die enge Verknüpfung von Bundespolitik und Landtagswahlen hat *ambivalente Konsequenzen für das demokratische Regierungssystem*. Aus mehrheitsdemokratischer Perspektive ist die bundespolitische Überformung von Landtagswahlen in zweifacher Hinsicht problematisch. Zum einen verstärkt sie die *Verwischung politischer Verantwortlichkeiten*. So kann eine Landesregierung nur deswegen abgewählt werden, „weil die Wahl zu einem Zeitpunkt stattfindet, an dem sich das Ansehen der Bundesregierung auf einem Tiefpunkt befindet"; umgekehrt kann sie auch „von einem für sie günstigen Termin kurz vor oder nach der Bundestagswahl profitier[en]" (Decker und Best 2014, S. 185). Zum anderen *beeinträchtigt* der Wahlkalender auf Länderebene die *politische Handlungsfähigkeit* auf Bundesebene. Angesichts bevorstehender Landtagswahlen werden die Regierungsparteien im Bund kaum einschneidende Reformen anstoßen, um ihren Wahlerfolg in dem betreffenden Land nicht zu gefährden. Sind dann noch die Landtagswahltermine über die Legislaturperiode des Bundestages verteilt, droht ein „Dauerwahlkampf" (Schmidt 2016a, S. 217), der den Gestaltungswillen der Bundesregierung permanent beeinträchtigt.

Aus konsensdemokratischer Sicht führt die wahlpolitische Kopplung von Bundes- und Länderebene dagegen zu einer *höheren Responsivität der Bundespolitik*. Wenn die Regierungsparteien im Bund bei einer Landtagswahl schlecht abschneiden, werden sie ihre Agenda überdenken und unter Umständen korrigieren. So haben die Bürgerinnen einen wirksamen Hebel, die Politik der Bundesregierung während der Legislaturperiode zu beeinflussen. Dies kann wiederum *stabilisierende Wirkung* entfalten: Nachdem die Bürgerinnen die Bundesregierung durch Landtagswahlen zu einer Kurskorrektur veranlasst haben, sinkt für sie der Anreiz, bei der nächsten Bundestagswahl einen Regierungswechsel herbeizuführen (Decker und von Blumenthal 2002, S. 145–146).

Seit 1979 wird auch das *Europäische Parlament* (EP) direkt gewählt (Abschn. 3.2). Die rechtlichen Grundlagen dieser Europawahlen beruhen auf einer Kombination aus europäischen und nationalstaatlichen Regelungen (Grotz und Weber 2016b, S. 496–497). Im *EU-Vertrag* sind die 5-jährige Wahlperiode sowie die Abgeordnetenzahl des EP festgelegt. Als größtes EU-Mitglied stellt Deutschland 96 der 705 Europaabgeordneten. Darüber hinaus gibt es auf EU-Ebene den *Direktwahlakt,* der einheitliche Grundsätze für die Europawahlen definiert. Demnach erfolgt die Wahl allgemein, unmittelbar, frei

5.3 Parlamentswahlen im Mehrebenensystem

und geheim, wobei jede Wählerin – auch mit doppelter Staatsangehörigkeit – nur einmal wählen darf. Außerdem ist festgelegt, dass die Mandate in allen Mitgliedstaaten nach Verhältniswahl vergeben werden. Dazu können die einzelnen Staaten Wahlkreise einrichten oder ihr Wahlgebiet auf andere Weise unterteilen. Zusätzlich können sie eine Sperrklausel einführen, die landesweit nicht mehr als 5 % der abgegebenen Stimmen betragen darf.

Innerhalb dieses Rahmens regeln *nationale Europawahlgesetze* die Ausgestaltung des Wahlsystems. In Deutschland werden die MdEP in einem bundesweiten Wahlkreis nach Verhältniswahl bestimmt. Jede Wählerin hat eine Stimme für eine starre Liste – wie im Wahlsystem des Saarlands. Parteien können ihre Listen entweder als einheitliche Bundesliste oder als Länderlisten einreichen. Die Mandatsverteilung wird nach der Methode Sainte-Laguë/Schepers berechnet. Außerdem galt seit der ersten Direktwahl des EP eine *5 %-Sperrklausel*, die das Bundesverfassungsgericht 1979 bestätigte (BVerfGE 51, 222). In einem weiteren Urteil von 2011 erklärte das Gericht jedoch die 5 %-Hürde für *verfassungswidrig* und wies danach auch eine 3 %-Klausel zurück, die der Bundestag inzwischen verabschiedet hatte (BVerfGE 129, 300; BVerfGE 135, 259). In der politikwissenschaftlichen Literatur wurden diese Karlsruher Entscheidungen scharf kritisiert (Hrbek 2013). Als besonders problematisch erschien das Hauptargument des Gerichts, dass sich das EP in Struktur und Funktionsweise erheblich vom Bundestag unterscheide und daher eine die Wahl- und Chancengleichheit einschränkende Sperrklausel für die EU-Ebene nicht zu rechtfertigen sei. Vor diesem Hintergrund wurde der Direktwahlakt 2018 dahingehend reformiert, dass nun eine Sperrklausel zwischen 2 % und 5 % in Wahlkreisen mit mehr als 35 Sitzen vorgeschrieben ist. Damit ist auch Deutschland verpflichtet, in Zukunft wieder eine Sperrklausel einzuführen. Bis allerdings das Zustimmungsverfahren in allen Mitgliedstaaten abgeschlossen ist, werden die deutschen Europaabgeordneten nach *reiner Verhältniswahl* gewählt. Damit ist die Repräsentationsschwelle für kleine Parteien niedriger als in allen anderen EU-Staaten (Grotz und Weber 2016b). Dies schlägt sich auch im Wahlergebnis nieder: 2019 zogen 14 Parteien aus Deutschland ins EP ein; hätte die 5 %-Hürde fortbestanden, wären es nur sieben gewesen.

Mit Blick auf das *Wählerverhalten* haben Europawahlen und Landtagswahlen eine grundlegende Gemeinsamkeit: Im Vergleich zu Bundestagswahlen gelten beide als weniger bedeutsam. Europawahlen sind vor allem deswegen „*second-order elections*" (Reif und Schmitt 1980), weil die Bürgerinnen nur schwer nachvollziehen können, wie sich ihre Wahlentscheidung in konkrete EU-Politik übersetzt; zugleich investieren die Parteien weniger in europäische Wahlkampagnen, und auch die mediale Berichterstattung fällt weniger umfangreich aus. Diese Situation hat sich bis heute kaum geändert (Braun und Tausendpfund 2020). Daher fällt die *Wahlbeteiligung* auf EU-Ebene *besonders gering* aus. Bei der ersten Europawahl 1979 gingen in Deutschland 65,7 % der Wahlberechtigten zur Urne – bei der Bundestagswahl 1976 waren es 90,7 %. In den 2000er Jahren sank die Beteiligung an Europawahlen sogar unter die 45 %-Marke (2004: 43,0 %; 2009: 43,3 %); zuletzt war allerdings ein moderater Anstieg zu verzeichnen (2014: 47,9 %; 2019: 50,6 %).

In den Wahlergebnissen zum Europäischen Parlament spiegeln sich weitere Merkmale politischer Nachrangigkeit. Abb. 5.2 zeigt, dass die *sonstigen Parteien*, die nicht im Bundestag vertreten sind, bei Europawahlen *bessere Chancen* haben: Abgesehen von der Wahl 1999 erhielten sie immer höhere Stimmenanteile als bei Bundestagswahlen. Umgekehrt schneiden die *Regierungsparteien im Bund* bei Europawahlen *konstant schlechter* ab. Ihr „Malus" im Vergleich zur vorangegangenen Bundestagswahl oszilliert zwischen 4,6 % und 14 %. Die nationale Prägung des Wahlverhaltens manifestiert sich nicht zuletzt darin, dass in den Kampagnen zu Europawahlen innenpolitische Sachfragen häufig größere Relevanz besitzen als EU-bezogene Themen. Daher können die Wahlen zum Europäischen Parlament nach wie vor als „*nationale Nebenwahlen*" bezeichnet werden (Braun und Tausendpfund 2020).

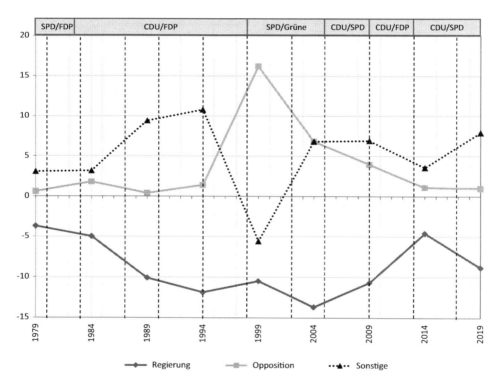

Abb. 5.2 Europawahlen in Deutschland (1979–2019): Stimmenveränderungen der Regierungs- und Oppositionsparteien auf Bundesebene.
Quelle: Eigene Darstellung und Berechnung nach Daten des Bundeswahlleiters. Dargestellt sind die Veränderungen der Stimmenanteile bei Europawahlen im Vergleich zur jeweils vorhergehenden Bundestagswahl (vertikale, gestrichelte Linien). „Regierung" fasst Parteien zusammen, die die Bundesregierung stellten (obere Leiste der Grafik); „Opposition", diejenigen, die im Bundestag vertreten, aber nicht an der Regierung beteiligt waren; „Sonstige", diejenigen, die nicht im Bundestag vertreten waren

5.4 Fazit: proportionale und konzentrierte Repräsentationsstrukturen?

Wahlen sind das Fundament der repräsentativen Demokratie. In der Bundesrepublik Deutschland haben sie *erheblich zur Stabilität und Legitimität des Regierungssystems beigetragen*. Das gilt insbesondere für die Phase zwischen Ende der 1950er und Ende der 1980er Jahre. In diesem Zeitraum brachte das Bundestagswahlsystem eine nahezu perfekte Proportionalität zwischen Stimmen und Mandaten hervor, die mit einem hochkonzentrierten Parteiensystem einherging. So wurde die personalisierte Verhältniswahl zu einem internationalen Modell, an dem sich bis heute die Reformdebatten in vielen Demokratien orientieren (Grotz 2019). Außerdem gab es bei Bundestagswahlen hohe Beteiligungsraten. Auf diese Weise wurde sowohl die konsensdemokratische Norm einer breiten Inklusion der Wählerschaft als auch das mehrheitsdemokratische Ziel eines klar konturierten und konzentrierten Parteienwettbewerbs erreicht.

Seit den 1990er Jahren fällt die Bilanz weniger positiv aus. Durch die stärkere Filterwirkung der Sperrklausel ist die Proportionalität zwischen Stimmen und Mandaten gesunken; gleichzeitig hat sich die Fragmentierung des parlamentarischen Parteiensystems erhöht. Darüber hinaus ist die Wahlbeteiligung auf allen Systemebenen rückläufig. Problematisch daran ist vor allem die soziale Spaltung zwischen „bessergestellten" Wählerinnen und „unterprivilegierten" Nichtwählerinnen, die die demokratische Gleichheit unterminiert (Merkel und Petring 2012). Außerdem haben sich die parteipolitischen Präferenzen erheblich ausdifferenziert und dynamisiert. Daher fällt es zunehmend schwer, stabile Regierungsbündnisse jenseits Großer Koalitionen zu bilden (Abschn. 6.3). Nicht zuletzt verstärken die Wechselwirkungen zwischen Bundespolitik und Landtagswahlen die Komplexität und Fluidität des Parteienwettbewerbs.

Insgesamt hat also die *Repräsentationsqualität der Wahlen aus mehrheits- wie konsensdemokratischer Perspektive abgenommen*. Die wichtigsten Ursachen sind aber nicht institutioneller Natur, sondern liegen in gesellschaftlichen Entwicklungen, die sich teils in allen westlichen Demokratien wiederfinden (z. B. schwächere Parteibindungen) und teils kontextspezifisch sind (z. B. Folgen der Wiedervereinigung). Daher kann die enge Verbindung von proportionaler und konzentrierter Interessenrepräsentation, die die ersten Jahrzehnte der Bundesrepublik prägte, kaum durch institutionelle Reformen wiederhergestellt werden. Gleichwohl lohnt es sich zu überlegen, wie man den rechtlichen Rahmen weiterentwickeln könnte, um die Repräsentationsqualität der Wahlen zu verbessern.

Ein erster Strang der Reformdiskussion dreht sich um die *Erweiterung des Wahlrechts*. So wird schon länger über eine *Senkung des Wahlalters* nachgedacht. Vertreterinnen einer moderateren Variante plädieren für ein deutschlandweit einheitliches Wahlrecht ab 16 Jahren. Davon erhoffen sie sich auch eine höhere Wahlbeteiligung, weil die Jugendlichen dann noch durch politische Bildung im schulischen Rahmen begleitet werden und so den Sinn demokratischer Beteiligung besser erfahren können

(Vehrkamp et al. 2015, S. 22–25). Eine radikalere Senkung der Altersgrenze wäre die Einführung des Kinderwahlrechts. Dabei könnten die Eltern das Wahlrecht ihrer Kinder bis zu deren Volljährigkeit ausüben oder Kinder altersabhängig ein Teilstimmrecht erhalten (z. B. beginnend mit einer 1/7-Stimme im Alter von 12 Jahren), das nach und nach bis zum 18. Lebensjahr auf eine volle Stimme anwächst. Aus liberaldemokratischer Sicht erscheint ein Wahlrecht für Kinder umso problematischer, je weiter es von der Schwelle der Volljährigkeit entfernt ist. Außerdem würde eine stellvertretende Stimmabgabe durch die Eltern dem Grundsatz der direkten Wahl in der bisherigen Form zuwiderlaufen. 2008 hat der Bundestag die Einführung eines Kinderwahlrechts mit großer Mehrheit abgelehnt; dennoch wird weiter darüber nachgedacht (Gründiger 2016).

Daneben wird erörtert, *Ausländerinnen mit dauerhaftem Wohnsitz in Deutschland* das *Wahlrecht* zu verleihen und so die Inklusionsfähigkeit des Regierungssystems zu erhöhen. Normativ lässt sich dies vor allem für die kommunale Ebene rechtfertigen, zumal dort ansässige Bürgerinnen aus anderen EU-Staaten bereits jetzt mitwählen dürfen (Bauböck 2016; Abschn. 14.2). Eine politische Inklusion des betreffenden Personenkreises kann man allerdings auch durch vereinfachte Regeln zur Einbürgerung erreichen. Diesen Weg verfolgt die Bundesrepublik seit den 2000er Jahren, etwa durch Erleichterungen für eine doppelte Staatsbürgerschaft (Hailbronner und Farahat 2015).

Ein zweiter Diskussionsstrang kreist um die *Reform des Bundestagswahlsystems.* Zwar wurde das Wahlsystem bereits 2013 und 2020 verändert. Das zentrale Funktionsproblem – die Entstehung zahlreicher Überhang- und Ausgleichsmandate und eine daraus resultierende massive Vergrößerung des Bundestages – hat aber auch die jüngste Reform nicht beseitigt. Die unkalkulierbar große Mandatsaufstockung könnte auch zu einem Legitimitätsproblem für die repräsentative Demokratie werden: Wenn Parteien mit geringeren Stimmenanteilen als bei der vorangegangenen Wahl gleich viele oder sogar mehr Mandate erhalten, wird die Absicht der Wählerinnen konterkariert. Wenn man die Grundstruktur der personalisierten Verhältniswahl beibehalten will, ohne dass sich der Bundestag massiv vergrößert, bieten sich unterschiedliche Reformoptionen an (Behnke et al. 2017). Beispielsweise könnte man durch eine deutliche Verringerung des Direktmandatsanteils die Entstehung von Überhangmandaten faktisch vermeiden. Dazu müsste die Anzahl der Wahlkreise von derzeit 299 auf etwa 200 abgesenkt werden, um die Regelgröße des Bundestages von 598 auch bei stärker fragmentierten Wahlergebnissen zu garantieren (Weinmann und Grotz 2020).

Selbstverständlich könnte der unkontrollierte Mandatsaufwuchs auch durch einen Wechsel des Wahlsystemtyps beseitigt werden. So könnte man ein Verhältniswahlsystem ohne personalisierte Direktmandate einführen, wie es für die Wahl zum Europäischen Parlament angewendet wird. Generell gilt, dass alle Alternativen zum aktuellen Wahlsystem bestimmte „Risiken und Nebenwirkungen" haben. Diese Feststellung sollte aber dem Bundestag nicht als Vorwand dienen, sich mit der jetzt gefundenen „Lösung" zufrieden zu geben. Bei einer erneuten Änderung des Wahlsystems wäre auch dafür Sorge zu tragen, dass sie – anders als 2020 – eine breite Zustimmung im Parlament findet. Wenn nämlich eine Wahlsystemreform nur für die Regierungsmehrheit akzeptabel ist, steigt die Wahrscheinlichkeit, dass sie von einer neu zusammengesetzten Regierung rückgängig gemacht wird. So droht das Wahlsystem zu einem „Spielball" zu werden, den die jeweilige Mehrheit nach Belieben verändern kann. Die Stabilität und Legitimität der repräsentativen Demokratie könnten dadurch erheblich in Mitleidenschaft gezogen werden.

Ein dritter Strang der Reformdiskussion zielt auf die *Steigerung der Wahlbeteiligung*. In diesem Zusammenhang gibt es zahlreiche Vorschläge, die *Stimmabgabe zu vereinfachen* (Decker und Küppers 2016). Dazu gehören längere Öffnungszeiten der Wahllokale, die Ausdehnung der Briefwahlfristen, eine Stimmabgabe an unkonventionellen Orten wie Supermärkten oder Wählen per Internet („E-Voting"). Abgesehen von dem damit verbundenen finanziellen und administrativen Aufwand ist nicht gesichert, dass die Anreizwirkung dieser Maßnahmen die Wahlbeteiligung tatsächlich erhöht. Effektiver wäre zweifellos eine *Wahlpflicht,* bei der ein Fernbleiben von der Wahl durch Geldbußen oder andere Strafen sanktioniert würde. Dies hätte den Vorteil, dass sich jene sozialen Gruppen stärker an der Wahl beteiligen, die ihr bisher dauerhaft fernbleiben (Schäfer 2015). Trotz positiver Erfahrungen, die anderenorts gemacht wurden, stößt eine Wahlpflicht bei den deutschen Bürgerinnen jedoch auf große Skepsis (Klein et al. 2014).

Ein vierter Reformdiskurs befasst sich mit einer *Synchronisierung der Parlamentswahlen im Mehrebenensystem.* Um die politische Verantwortungsdiffusion zwischen Bundes- und Länderebene einzudämmen und gleichzeitig die Wahlbeteiligung zu erhöhen, wird immer wieder vorgeschlagen, Landtagswahlen entweder am selben Tag mit der Bundestagswahl oder an einem gemeinsamen Termin in der Mitte der Legislaturperiode abzuhalten (Detterbeck 2006; Sitsen 2007). Außerdem könnte die politische Handlungsfähigkeit auf Bundesebene erhöht werden, wenn es keinen Dauerwahlkampf auf Länderebene mehr gäbe. Allerdings würde die bundespolitische Durchdringung von Landtagswahlen durch einen einheitlichen Wahltermin eher verstärkt, weil sie dann noch mehr den Charakter „nationaler Zwischenwahlen" bekämen. Schließlich haben unterschiedlich terminierte Landtagswahlen auch Vorteile. Zum einen sind sie „politische Seismographen", auf die die Bundespolitik reagieren kann; zum anderen unterstreichen separate Wahltermine die politische Eigenständigkeit der Länder, die sich auch in einer zunehmenden regionalen Diversifizierung des Parteienwettbewerbs manifestiert (Abschn. 13.3). Daher würde eine Zusammenlegung von Wahlterminen wohl weniger zum Positiven verändern als es zunächst scheint.

Literaturhinweise

Behnke, Joachim, Frank Decker, Florian Grotz, Robert Vehrkamp, und Philipp Weinmann. 2017. *Reform des Bundestagswahlsystems: Bewertungskriterien und Reformoptionen*. Gütersloh: Verlag Bertelsmann Stiftung.

Falter, Jürgen. W., und Harald Schoen, Hrsg. 2014. *Handbuch Wahlforschung*, 2. Aufl. Wiesbaden: VS.

Mörschel, Tobias, Hrsg. 2016. *Wahlen und Demokratie: Reformoptionen des deutschen Wahlrechts*. Baden-Baden: Nomos.

Roßteutscher, Sigrid, Rüdiger. Schmitt-Beck, Harald Schoen, Bernhard Weßels, und Christian Wolf, Hrsg. 2019. *Zwischen Polarisierung und Beharrung: Die Bundestagswahl 2017*. Baden-Baden: Nomos.

Schmitt-Beck, Rüdiger., Hrsg. 2011. *Wählen in Deutschland*. *PVS-Sonderheft 45*. Baden-Baden: Nomos.

6 Parteien und Parteiensystem: organisatorischer Kern der demokratischen Interessenvermittlung

Parteien bilden den organisatorischen Kern der repräsentativen Demokratie. Sie vertreten die Interessen der Bürgerinnen, indem sie die politischen Ämter in Parlament und Regierung besetzen, um ihr Programm zu realisieren und anschließend wiedergewählt zu werden. Durch die Vermittlungsfunktion der Parteien zwischen Gesellschaft und politischem Entscheidungszentrum kann sich das politische System gegenüber den Bürgerinnen als responsiv erweisen. Diese zentrale Rolle der Parteien findet sich auch im Grundgesetz wieder: „Die Parteien wirken bei der politischen Willensbildung des Volkes mit" (Art. 21 Abs. 1 GG). Dabei sind sie allerdings mit schwierigen Herausforderungen konfrontiert. Sinkende Mitgliederzahlen und rückläufige gesellschaftliche Akzeptanz scheinen ihren Anspruch zu untergraben, für breite Bevölkerungsgruppen zu sprechen. Gleichzeitig hat sich das deutsche Parteiensystem inhaltlich und organisatorisch ausdifferenziert, was die Bildung von Mehrheitsregierungen erschwert. Vor diesem Hintergrund wird immer wieder eine „Krise der Parteien" diagnostiziert (von Alemann et al. 2018, S. 245–258). Inwieweit gelingt es den Parteien im deutschen Regierungssystem, die Vielfalt der gesellschaftlichen Interessen in die demokratische Willensbildung einzubinden und zugleich die politische Entscheidungsfindung effizient zu gestalten?

Um diese Frage zu beantworten, präsentiert Abschn. 6.1 die rechtlichen Grundlagen und organisatorischen Rahmenbedingungen der Parteien in Deutschland. Abschn. 6.2 skizziert die Profile der im Bundestag vertretenen Parteien und zeichnet die Parteiensystementwicklung auf Bundesebene nach. Abschn. 6.3 erklärt die Mitwirkung der deutschen Parteien auf EU-Ebene und beschreibt die Rückwirkungen der europäischen Integration auf den nationalen Parteienwettbewerb. Abschn. 6.4 zieht ein Resümee und diskutiert ausgewählte Vorschläge zur Reform der Parteiendemokratie.

6.1 Parteien in Deutschland: rechtliche Grundlagen und organisatorische Rahmenbedingungen

Parteien sind dauerhaft angelegte Vereinigungen von Bürgerinnen, die gemeinsame politische Auffassungen vertreten und sich an demokratischen Wahlen beteiligen, um politische Entscheidungspositionen zu übernehmen (Decker 2018b, S. 11–21). Diese Zielsetzung unterscheidet sie von anderen gesellschaftlichen Gruppierungen, wie Vereinen, Interessenverbänden oder Sozialen Bewegungen, die keine direkte Vertretung in staatlichen Institutionen anstreben und sich folglich nicht zur Wahl stellen (Abschn. 7.1). In der Parteienforschung hat sich mittlerweile auch ein differenzierter Blick durchgesetzt, der zwischen der Partei als Mitgliederorganisation (*party on the ground*), als steuernder Parteizentrale (*party in central office*) und als Regierungspartei in staatlichen Institutionen (*party in public office*) unterscheidet (Katz und Mair 1993). Parteien agieren als politische Vermittlerinnen zwischen Gesellschaft und Regierungssystem (*intermediäre Organisationen*), wodurch sie einen erheblichen Beitrag zur Inklusions- und Funktionsfähigkeit der repräsentativen Demokratie leisten können. Dabei nehmen die Parteien vielfältige Aufgaben wahr, die sich zu *vier grundlegenden Funktionen* zusammenfassen lassen (ähnlich bei Decker 2011a, S. 14–16): (1) *Interessenrepräsentation,* (2) *politische Gestaltung,* (3) *Integration* und (4) *Elitenrekrutierung.*

(1) Die Funktion der *Interessenrepräsentation* besagt, dass Parteien die vielfältigen Interessen der pluralistischen Gesellschaft artikulieren, selektieren und bündeln und sie damit im politischen Raum sichtbar machen. Um inhaltliche Positionen zu entwickeln, muss jede Partei die unterschiedlichen Ansichten innerhalb ihrer Wähler- und Mitgliedschaft möglichst ausgewogen berücksichtigen. Dabei ist es eine besondere Herausforderung, mit dem programmatischen Angebot ihre traditionelle Stammklientel anzusprechen und zugleich neue Zielgruppen zu erschließen, ohne die ein Wahlerfolg angesichts des dynamischen Wandels der Gesellschaft schwierig wird (Saalfeld 2007, S. 117–119). Daher können innerparteiliche Willensbildungsprozesse durchaus konfliktreich verlaufen. Für den politischen Erfolg der Partei ist indes entscheidend, dass intern gefundene Kompromisse anschließend als „gemeinsame Politik" (Lösche 1994, S. 14) dargestellt und im Wahlkampf, in öffentlichen Debatten und im Parlament offensiv vertreten werden. Selbst wenn das Programm einer Partei die divergierenden Positionen ihrer Mitglieder einigermaßen ausbalanciert, reflektiert es nicht automatisch das breite Meinungsbild der Gesellschaft. Im Gegenteil: Als einzelne Organisationen artikulieren Parteien durchaus partikulare Interessen und geben sich ein spezielles Profil, um ein bestimmtes Spektrum des Elektorats an sich zu binden. Für die Funktionsfähigkeit der Demokratie ist es allerdings essentiell, dass alle Parteien zusammen – als Parteiensystem – das gesamte Spektrum der gesellschaftlich relevanten Interessen ansprechen und repräsentieren können. Wenn dies nicht gelingt oder sich bestimmte Gruppen mit ihren politischen Auffassungen nicht mehr durch die etablierten Parteien vertreten fühlen, können „Repräsentationslücken" entstehen, die die Legitimität des

Regierungssystems beeinträchtigen bzw. einen Aktionsraum für neue Parteien eröffnen (Merkel 2017).

(2) Parteien nehmen eine *politische Gestaltungsfunktion* wahr, indem sie inhaltliche Vorschläge in den Prozess der parlamentarischen Willensbildung und Entscheidungsfindung einbringen und durchzusetzen versuchen. Eine Regierungsbeteiligung schafft dafür besonders günstige Voraussetzungen. Aber auch aus der Opposition heraus können Parteien die Politik mitgestalten (Helms 2002). Dies gilt insbesondere dann, wenn sie – wie in Deutschland – nach der konsensdemokratischen Logik in die parlamentarische Ausschussarbeit kooperativ eingebunden sind (Abschn. 9.2) und über andere politische oder rechtliche Kontrollinstrumente verfügen, wie z. B. eine Vetoposition im Bundesrat (Abschn. 11.2) oder eine Klagerecht vor dem Bundesverfassungsgericht (Abschn. 12.1). Außerdem können Oppositionsparteien die Regierung in den Parlamentsdebatten mit ihren inhaltlichen Vorschlägen konfrontieren, wie es in Mehrheitsdemokratien üblich ist. Auch wenn sie damit in der Regel die unmittelbar anstehenden Entscheidungen nicht beeinflussen, verschaffen sie sich so mitunter mittelfristige Vorteile im politischen Wettbewerb. Schließlich können Parteien ihre Oppositionsrolle auch in destruktiver Weise nutzen, indem sie keine inhaltlichen Alternativen vorschlagen, sondern die „herrschenden Eliten" bzw. das parlamentarische System zu desavouieren versuchen. Dieses Verhalten ist für populistische bzw. extremistische Parteien charakteristisch, die in der Regel nicht als regierungs- bzw. koalitionsfähig gelten. Sie können die politischen Entscheidungen der Regierungsmehrheit nur durch ihr elektorales „Erpressungspotential" beeinflussen (Sartori 1976; Saalfeld 2007, S. 175).

(3) Darüber hinaus erfüllen Parteien eine *politische Integrationsfunktion,* indem sie ihren Mitgliedern und Anhängerinnen Partizipationsmöglichkeiten bieten, spezifische Informations- und Meinungsangebote machen und so zu ihrer Sozialisation als aktive und interessierte Bürgerinnen beitragen. Neben traditionellen Vermittlungswegen, wie Versammlungen, Kundgebungen, Seminaren und Veröffentlichungen, spielen dabei auch zunehmend soziale Medien eine Schlüsselrolle. Facebook, Twitter und andere Messengerdienste bieten den Parteien die Chance, direkt zu kommunizieren, ihre Reichweite zu erhöhen und neue Zielgruppen anzusprechen. Zugleich sind damit große Herausforderungen und Risiken verbunden, wie die schnelle Verbreitung von Fake News und die Entstehung von „Filterblasen" zeigen (Abschn. 8.2).
In Deutschland werden die Parteien bei ihren Kommunikations- und Sozialisationsaufgaben durch *politische Stiftungen* unterstützt (Heisterkamp 2018, S. 170–180). Diese Stiftungen sind rechtlich als eingetragene Vereine organisiert und formal unabhängig, stehen aber jeweils einer im Bundestag vertretenen Partei nahe und werden für ihre Aktivitäten im Bereich der politischen Bildung und Wissensvermittlung aus dem Bundeshaushalt finanziert. Gegenwärtig gibt es sieben politische Stiftungen: die Friedrich-Ebert-Stiftung (SPD), die Konrad-Adenauer-Stiftung (CDU), die Hanns-Seidel-Stiftung (CSU), die Friedrich-Naumann-Stiftung (FDP) – als einzige eine „echte"

Stiftung privaten Rechts –, die Heinrich-Böll-Stiftung (Bündnis 90/Die Grünen), die Rosa-Luxemburg-Stiftung (Die Linke) sowie die Desiderius-Erasmus-Stiftung (AfD). Letztere kann nach den allgemein gültigen Bestimmungen erst dann öffentliche Mittel erhalten, wenn die AfD zum zweiten Mal in den Bundestag eingezogen ist. Über Begabtenstipendien, Veranstaltungen und Publikationen bieten die Stiftungen vielfältige Möglichkeiten der politischen Bildung und des politischen Austauschs, die in erster Linie von den jeweiligen Parteimitgliedern und -anhängerinnen genutzt werden, aber grundsätzlich allgemein zugänglich sind. Dabei gewährleistet die weltanschauliche Pluralität der Stiftungslandschaft, dass es den Bürgerinnen frei steht, welches Angebot sie wahrnehmen möchten und sie dadurch auch zu einem weitergehenden parteipolitischen Engagement motiviert werden.

(4) Nicht zuletzt obliegt den Parteien ein wesentlicher Teil der *politischen Rekrutierung*. Konkret geht es darum, die legislativen und exekutiven Wahlämter auf den unterschiedlichen politisch-administrativen Ebenen mit geeigneten Personen der eigenen Partei zu besetzen. Allein für die Legislativorgane sind das im Falle Deutschlands 96 Sitze im Europäischen Parlament, mindestens 598 Sitze im Bundestag, knapp 1.900 Sitze in den 16 Länderparlamenten sowie ca. 200.000 Sitze in den Räten der Städte, Gemeinden und Kreise, wobei dort auch etliche Sitze an freie Wählerlisten und Parteilose vergeben werden (Jun 2015, S. 21). Da alle genannten Organe über kompetitive Wahlen besetzt werden, bedarf es noch einer deutlich höheren Anzahl an Personen, die sich zu einer Kandidatur bereiterklären. Darüber hinaus müssen die Parteien qualifiziertes Personal für die politischen Exekutivpositionen in Bund, Ländern und Gemeinden, aber auch für ihre Zentralen, Geschäftsstellen, Abgeordnetenbüros und Parlamentsfraktionen sowie für Führungsposten in der Ministerialbürokratie finden. Dazu kommt die Besetzung weiterer Positionen im (para-)staatlichen Bereich, wie in den Aufsichtsgremien von Stadtwerken und anderen öffentlichen Unternehmen, den Rundfunkräten sowie in der obersten Gerichtsbarkeit.

Parteien fungieren somit als „Türsteher" (*gatekeeper*) für eine Fülle öffentlicher Ämter, von denen die meisten prestigeträchtig und gut dotiert, aber auch mit vielfältigen Anforderungen und Erwartungen verbunden sind. Z. B. sollten Bundestagskandidatinnen „öffentlich vorzeigbar, loyal und zugleich aktiv in ihrer Partei sein und immer auch frischen Wind von außerhalb der Partei mit einbringen" (Cordes und Hellmann 2020, S. 83). Ein solches Profil aus hoher Sachkompetenz, Parteiloyalität und Unabhängigkeit vermag kaum jemand vollständig zu erfüllen. Daher bergen parteipolitische Personalentscheidungen sowohl internes als auch gesellschaftliches Konfliktpotenzial, zumal die zu besetzenden Ämter in der Regel hart umkämpft und öffentlich sichtbar sind. Nicht selten werden die unterschiedlichen Positionen auf der parteipolitischen Karriereleiter weniger nach sachlichen Kriterien, sondern eher nach politischen Opportunitäten (Proporz, Füllen von Repräsentationslücken, Interessenbefriedung von Flügeln und Strömungen) vergeben, mitunter auch „für treue Dienste", wie schon Max Weber in seiner Kritik der „Ämterpatronage" festgestellt hat (Weber 1920 [1919], S. 406). Daher wird immer wieder gefordert, Spitzenpositionen in der öffentlichen Verwaltung dem Zugriff der Parteien zu entziehen und nach einem strikt transparenten, wettbewerbsorientierten Verfahren („Bestenauslese") zu vergeben (Wiesendahl 2012, S. 151).

Angesichts dieser für die Demokratie essentiellen Funktionen nehmen die Parteien in der *Verfassungsordnung der Bundesrepublik* – anders als in der Weimarer Verfassung – eine *Schlüsselrolle bei der politischen Interessenvermittlung* ein (Art. 21 GG; Abschn. 2.2). Ergänzt und konkretisiert wird dies durch das Parteiengesetz (PartG) von 1967. Demnach wirken die Parteien „an der Bildung des politischen Willens des Volkes auf allen Gebieten des öffentlichen Lebens mit" (§ 1 Abs. 2 PartG). Damit diese herausgehobene Rolle nicht gefährdet wird und demokratischen Grundsätzen entspricht, sind ihre Aktivitäten in drei zentralen Hinsichten geregelt: (1) durch die *Möglichkeit des Parteienverbots,* (2) die Vorgaben zur *innerparteilichen Demokratie* sowie (3) die Bestimmungen zur *Parteienfinanzierung.*

(1) Parteien, die sich nicht im Rahmen des Grundgesetzes bewegen und darauf zielen, die Demokratie zu bedrohen, können nach Art. 21 Abs. 2 GG verboten werden. Im Hintergrund dieser Regelung stand die historische Erfahrung, dass die demokratiefeindliche NSDAP in der Weimarer Republik über Wahlen an die Macht kommen konnte. Gleichwohl ist ein *Parteienverbot* immer ein schwerwiegender Eingriff in den politischen Wettbewerb und geht mit einer Einschränkung der Organisations- und Meinungsfreiheit einher. Deswegen sind die rechtlichen Hürden außerordentlich hoch: Nur das Bundesverfassungsgericht kann Parteien für verfassungswidrig erklären, sofern ein entsprechender Antrag von der Bundesregierung, dem Bundestag oder dem Bundesrat gestellt wurde (§ 43 Abs. 1 BVerfGG; Abschn. 12.1).
In der Geschichte der Bundesrepublik kam es nur zu wenigen *Verfahren über ein Parteienverbot* (Foschepoth 2017; Heinig und Schorkopf 2019). Tatsächlich verboten wurden 1952 die neonazistische Sozialistische Reichspartei (SRP) und 1956 die linksextreme Kommunistische Partei Deutschlands (KPD). 1993 wurden zwei weitere Verbotsverfahren gegen rechtsextreme Organisationen angestrengt: die Freiheitliche Deutsche Arbeiterpartei (FAP) und die Nationale Liste (NL). Allerdings wies das Bundesverfassungsgericht die Klagen aufgrund des fehlenden Parteicharakters sowohl der FAP als auch der NL zurück, woraufhin beide vom jeweils zuständigen Innenministerium verboten wurden (Wietschel 1996). Schließlich wurden zwei Verfahren gegen die rechtsextreme Nationaldemokratische Partei Deutschlands (NPD) eröffnet. Der erste Prozess wurde 2003 aufgrund von Verfahrenshindernissen eingestellt. Auch das zweite Verfahren gegen die Partei endete 2017 nicht mit einem Verbot. Allerdings betonten die Karlsruher Richterinnen ausdrücklich, dass die NPD verfassungsfeindliche Ziele verfolgt (BVerfGE 144, 20, 22–23). Da die Partei jedoch nur über eine geringe Wähler- und Mitgliederbasis verfügt, finanzielle Probleme hat und keine gesellschaftspolitische Verankerung aufweist, fehlten hinreichend konkrete und gewichtige Anhaltspunkte dafür, dass ihr grundgesetzwidriges Handeln „zum Erfolg führt" (BVerfGE 144, 20, 23). Diese Begründung verdeutlicht, wie vorsichtig das Bundesverfassungsgericht

„die schärfste und überdies zweischneidige Waffe des demokratischen Rechtsstaats" (BVerfGE 144, 20, 20) gebraucht.

Allerdings wies das BVerfG in seinem NPD-Urteil auch auf eine Sanktionsmöglichkeit jenseits eines Parteienverbots hin, die von Bundestag und Bundesrat 2017 im Grundgesetz verankert wurde: Nach Art. 21 Abs. 3 GG besteht nunmehr die Option, einer verfassungsfeindlichen Partei die staatliche Finanzierung und steuerliche Begünstigung zu entziehen, auch wenn sie nicht über hinreichende Voraussetzungen verfügt, um ihre grundgesetzwidrigen Ziele zu erreichen (BVerfGE 144, 20, 242). Darüber hinaus können Parteien vom *Verfassungsschutz* als *Prüf- oder Verdachtsfall* behandelt werden und damit zum Gegenstand nachrichtendienstlicher Beobachtung werden. Aber auch dies muss – wie die Fälle der Linkspartei und der AfD zeigen – an substanziell begründete, empirisch belegbare Praktiken der betreffenden Parteien rückgebunden sein (Droste 2007, S. 175–181; Thrun 2019).

(2) Um zu garantieren, dass Parteien als maßgebliche Instanzen zur Förderung der Demokratie wirken, muss ihre innere Ordnung *„demokratischen Grundsätzen entsprechen"* (Art. 21 Abs. 1 GG). Mit diesem Rechtsrahmen wird auch „den einzelnen Mitgliedern eine angemessene Mitwirkung an der Willensbildung der Partei" (§ 7 Abs. 1 PartG) garantiert. Damit bewirkt das Parteiengesetz, dass sich die deutschen Parteien in ihrer *Organisationsstruktur* grundsätzlich ähneln, wobei ihnen Spielräume für eigene Akzente bleiben, um z. B. – wie bei den Grünen – einer besonders ausgeprägten Partizipationsorientierung ihrer Mitglieder nachzukommen (Poguntke 2002, S. 261).

Zum einen gibt das Parteiengesetz vor, dass sich die Parteien entsprechend den Ebenen des föderalen Staatsaufbaus in vertikale *„Gebietsverbände"* gliedern (§ 7 Abs. 1 PartG; Poguntke 2002, S. 261–262; Tab. 6.1). Die untersten Organisationseinheiten sind auf der

Tab. 6.1 Organisationsstruktur deutscher Parteien

	Legitimationsorgane („Legislative")	Leitungsorgane („Exekutive")	Schiedsinstanzen („Judikative")
Bund	Bundesparteitag, Bundesausschuss/-Konvent	Bundesvorstand, Präsidium, Parteizentrale	Bundesparteigericht
Land	Landesparteitag, Landesausschuss	Landesvorstand, Landesgeschäftsstelle	Landesparteigericht
Kreis	Kreisparteitag Kreisausschuss	Kreisvorstand, Regionalbüro	Kreisparteigericht
Gemeinde/Stadtteil	Mitgliederversammlung[a]	Ortsvorstand	–

Quelle: Eigene Darstellung.
Anmerkung: [a] Auf Ortsebene sind Versammlungen aller Mitglieder die Regel. Auf den höheren Ebenen setzen sich die Parteitage meist aus Delegierten zusammen, die von den jeweils untergeordneten Organisationseinheiten bestimmt werden.

Ebene der Gemeinden bzw. Stadtteile angesiedelt, die z. B. bei der CDU als Stadt- bzw. Gemeindeverbände und bei der SPD als Ortsvereine firmieren. Während es in manchen ländlichen Regionen nicht genügend Mitglieder einer Partei gibt, um einen Ortsverband zu gründen, bestehen in den meisten Städten mehrere Ortsverbände derselben Partei. Kreisverbände (SPD: Unterbezirke) bilden die nächsthöhere Organisationsgliederung. Sie bündeln die lokalen Einheiten und korrespondieren mit den Stadt- und Landkreisgrenzen. Wenn eine Partei aufgrund fehlender Mitgliederbasis – wie dies beispielsweise bei den Grünen und Linken der Fall ist – in bestimmten Regionen keine Ortsverbände hat, bilden die Kreisverbände die unterste Organisationsebene. Die Landesverbände als nächsthöhere Ebene entsprechen in der Regel der Gliederung der Bundesländer. Darüber hinaus haben manche Parteien wie die SPD eine Organisationsebene zwischen Länder- und Kreisebene eingerichtet (Bezirke) (Poguntke 2002, S. 261–262). Der Bundesverband ist die oberste Organisationseinheit einer Partei. Im Falle der auf Bayern begrenzten CSU bildet der Landesverband die höchste Einheit.

Zum anderen gibt es auf jeder Ebene einer Parteiorganisation unterschiedliche Gremien, die nach der Logik *horizontaler Gewaltenteilung* strukturiert sind. Dabei bildet der Parteitag die „Legislative", Vorstand und Präsidium die „Exekutive" und das Schiedsgericht die „Judikative" (Spier und von Alemann 2013, S. 446).

Der *Parteitag,* auf der untersten Ebene „Hauptversammlung" (§ 9 Abs. 1 PartG) genannt, umfasst grundsätzlich die Mitglieder eines Gebietsverbands (Bukow und Poguntke 2013, S. 182). In der Parteisatzung kann auch festgelegt werden, dass „in den überörtlichen Verbänden an die Stelle der Mitgliederversammlung eine Vertreterversammlung tritt, deren Mitglieder für höchstens zwei Jahre durch Mitglieder- oder Vertreterversammlungen der nachgeordneten Verbände gewählt werden" (§ 8 Abs. 1 PartG). Ab der Kreisebene finden Parteitage daher meist als Delegiertenversammlungen statt. Der Parteitag tritt „mindestens in jedem zweiten Kalenderjahr einmal zusammen" (§ 9 Abs. 1 PartG). Ergänzend können Gebietsverbände einer Partei in ihrer Satzung auch Organe, wie beispielsweise Beiräte, vorsehen, um die innerparteiliche Willensbildung zu unterstützen (§ 8 Art. 2 PartG). Diese zusätzlichen Einrichtungen können den Parteitag aber nicht ersetzen. Als höchstes Legitimations- und Beschlussorgan entscheidet er über inhaltliche und organisatorische Grundsatzfragen, wie Wahlprogramme und Satzungsänderungen. Außerdem wählt der Parteitag die innerparteilichen Amtsträgerinnen des Gebietsverbands, wie z. B. den Vorsitzenden und die Vorstandsmitgliedern (§ 9 Abs. 4 PartG). Aufgrund des Delegiertenprinzips kann die Parteibasis den Bundes- oder Landesvorstand nicht direkt bestimmen. „Urwahlen" der Parteivorsitzenden, wie sie zuletzt die SPD 2019 durchgeführt hat, haben daher „nur konsultativen Charakter und müssen in ihrem Ergebnis von Parteitagen bestätigt werden" (Detterbeck 2018, S. 131). In zahlreichen anderen Fragen steht es einer Partei aber frei, von unterschiedlichen Verfahren der innerparteilichen Willensbildung Gebrauch zu machen. So hat beispielsweise die SPD Mitgliederbefragungen über den Eintritt in die Großen Koalitionen 2013 und 2018 durchgeführt, die auch vom Bundesverfassungsgericht nicht beanstandet wurden (Jun 2018, S. 940).

Als exekutive Gremien sind *Vorstand* und *Präsidium* mit der Leitung der Parteiorganisation beauftragt (Bukow und Poguntke 2013, S. 182). Genauso wie jeder Gebietsverband eigenständige Parteitage abhält, gibt es auf allen Ebenen Vorstandsgremien. Sie bestehen aus Mitgliedern, die von den Parteitagen gewählt werden, und weiteren Personen, die aufgrund ihres Amtes Teil des Gremiums sind. So gehören dem CDU-Bundesvorstand automatisch u. a. der Bundeskanzler, der Präsident oder Vizepräsident des Bundestages und der Fraktionsvorsitzende des Bundestages an, sofern sie CDU-Mitglieder sind (§ 33 Abs. 1 Statut der CDU). In den Parteizentralen stehen den Parteiführungen auf Bundes- und Länderebene professionelle Mitarbeiterstäbe zur Seite (Bukow und Poguntke 2013, S. 192), die für die strategische Steuerung und die alltägliche Parteiarbeit unerlässlich sind (Bukow und Poguntke 2013, S. 192–194). Geleitet werden die Parteizentralen von den Generalsekretären bzw. Geschäftsführern, die die laufenden Aktivitäten bündeln, zwischen den verschiedenen Ebenen, Vereinigungen und Arbeitsgemeinschaften vermitteln und einen Großteil der öffentlichen Kommunikation übernehmen (Korte et al. 2018; Bukow 2010).

Parteischiedsgerichte entscheiden in Konfliktfällen zwischen einem Gebietsverband und einzelnen Mitgliedern sowie bei Streitigkeiten in Satzungsfragen (§ 14 Abs. 1 PartG) und bilden somit die „Judikative" der Parteiorganisation. Die Mitglieder eines Schiedsgerichts werden für maximal vier Jahre gewählt und dürfen weder einem Vorstandsgremium angehören noch in einem „Dienstverhältnis zu der Partei" stehen (§ 14 Abs. 2 PartG). Rechtlich vorgeschrieben sind Schiedsgerichte nur für Gebietsverbände der höchsten Stufe. Falls eine Partei auch unterhalb der Landesverbände Schiedsgerichte einrichtet, kann ein Gericht auch für mehrere Kreisverbände zuständig sein (§ 14 Abs. 1 PartG).

Diese horizontal und vertikal ausdifferenzierte Organisationsstruktur zeigt, dass Parteien vielschichtige Formationen sind (Bukow und Poguntke 2013, S. 183–187). Darüber hinaus existieren in den meisten Parteien weitere, mehr oder weniger formalisierte Organisationseinheiten. Dazu zählen *innerparteiliche Vereinigungen,* die sich nach den soziostrukturellen Merkmalen ihrer Mitglieder organisieren (Frauen, Seniorinnen, Arbeitnehmerinnen, Selbständige etc.) oder *Arbeitsgruppen,* die sich mit bestimmten Aufgabenfeldern befassen (Sozialpolitik, Wirtschaftspolitik etc.). Jede im Bundestag vertretene Partei hat darüber hinaus einen offiziellen *Jugendverband.* Jugendliche ab 14 Jahren und junge Erwachsene, in der Regel bis zum Alter von 35 Jahren, können in die Nachwuchsorganisationen eintreten, zumeist ohne zwangsläufig auch Mitglied in der Mutterpartei werden zu müssen (Gruber 2009, S. 109–110). Zwar besteht eine „organisatorische[.] Verklammerung" (Gruber 2009, S. 110) zwischen Jugendverband und Mutterpartei, doch agieren die Jugendorganisationen relativ unabhängig, indem sie eigenständige politische Standpunkte formulieren, zu Personalfragen Stellung beziehen oder sich wie die Jungen Liberalen (FDP) selbst verwalten.

Ferner gibt es in den meisten Parteien *ideologische Flügel bzw. Strömungen* (Müller-Rommel 1982)*, die teilweise formalisiert sind und teilweise als informelle Netzwerke wirken* und denen sowohl bei der internen Austragung inhaltlicher Konflikte als auch bei der programmatischen Weiterentwicklung der Partei eine wichtige Rolle zukommen kann. Manchmal versuchen solche Strömungen auch von außen auf Parteien einzuwirken. Ein Beispiel dafür ist die „Werteunion", die sich 2017 als eigenständiger Verein außerhalb der CDU gegründet hat und vom Parteivorstand nicht als Untergliederung anerkannt wird, der aber gleichwohl CDU-Mitglieder angehören. Dieses Netzwerk hat sich zum Ziel gesetzt, das konservative Profil der Union stärker zur Geltung zu bringen und wird wegen seines ungeklärten Verhältnisses zur AfD vielfach kritisiert (Oppelland 2020, S. 60). Die diversen parteiinternen Gruppierungen agieren teils unterhalb der Schwelle öffentlicher Wahrnehmung, teils suchen sie die mediale Aufmerksamkeit, um die personelle und inhaltliche Ausrichtung der Gesamtpartei zu beeinflussen. Auch wenn sie keine satzungsmäßig zugewiesene Entscheidungskompetenz besitzen, sind sie ein wichtiger Teil der innerparteilichen Willensbildung und Entscheidungsfindung, die in einem „Spannungsverhältnis zwischen Formalität und Informalität" steht (Korte et al. 2018, S. 78).

Im Gegensatz zu anderen Demokratien wie den USA und Frankreich sind Parteien in Deutschland rechtlich als Vereinigungen „natürliche[r] Personen" definiert und müssen folglich *individuelle Mitglieder* vorweisen (§ 2 Abs. 1 PartG). Mitglieder sind von entscheidender Bedeutung, damit Parteien ihre Funktionen als intermediäre Organisationen wahrnehmen können (Scarrow 2017, S. 13–14). Zunächst sind die Mitgliedsbeiträge eine wichtige Einnahmequelle für die Parteiorganisation (s. unten). Darüber hinaus leisten Mitglieder durch Gespräche im persönlichen Umfeld sowie durch ihre Mitwirkung bei Veranstaltungen und im Wahlkampf einen wichtigen Beitrag zur öffentlichen Präsenz und politischen Mobilisierungsfähigkeit ihrer Partei. Auch wenn viele ehemals ehrenamtliche Parteiaktivitäten mittlerweile von professionellen Mitarbeiterinnen übernommen werden, ist das Engagement „einfacher" Mitglieder nach wie vor unverzichtbar, damit die Partei als selbstorganisierter, authentischer Teil der Gesellschaft in Erscheinung tritt und somit ihrer Integrationsfunktion nachkommen kann. Gleichzeitig befördern die Mitglieder die Qualität der Interessenrepräsentation, indem sie gesellschaftliche Wahrnehmungen und Problemlagen bei innerparteilichen Diskussionen und Entscheidungsprozessen artikulieren. Auf diese Weise beeinflussen sie die programmatischen Positionen der Partei, die für die Wahrnehmung ihrer Gestaltungsfunktion unerlässlich sind. Allerdings kann eine zu starke Fixierung der Partei auf die Interessen ihrer aktiven Mitglieder auch problematische Konsequenzen haben, wenn sich etwa die Präferenzen dieser parteiinternen Aktivistinnen von denen ihrer potenziellen Wählerschaft entfernen und dadurch ihr Wahlerfolg gefährdet wird. Nicht zuletzt bilden die Parteimitglieder einen Personalpool für die Besetzung innerparteilicher Positionen sowie der öffentlichen Ämter auf den unterschiedlichen Systemebenen, was wiederum eine entscheidende Voraussetzung ist, dass die Partei ihre Rekrutierungsfunktion erfüllen kann.

Vor diesem Hintergrund ist es folgerichtig, dass die *rückläufigen Mitgliederzahlen* „als eines der augenfälligsten empirischen Symptome der Krise der Parteiendemokratie gedeutet" werden (Klein et al. 2011, S. 19). Tatsächlich haben die im Bundestag

Tab. 6.2 Mitgliederentwicklung der Bundestagsparteien (1985–2019)

	CDU	CSU	SPD	FDP	Grüne	PDS/Linke[a]	AfD	Gesamt
1985	718.590	182.852	916.383	65.425	37.024	–	–	1.920.274
1990	789.609	186.198	943.402	168.217	41.316	280.882	–	2.409.624
1995	657.643	179.647	817.650	80.431	46.410	114.940	–	1.896.721
2000	616.722	181.021	734.667	62.721	46.631	83.475	–	1.725.237
2005	571.881	170.117	590.485	65.022	45.105	61.270	–	1.503.880
2010	505.314	153.890	502.062	68.541	52.991	73.658	–	1.356.456
2015	444.400	144.360	442.814	53.197	59.418	58.989	16.385	1.219.563
2019	405.816	139.130	419.340	65.479	96.487	60.862	34.751	1.221.865
Δ (1985–2019)	-312.774 -43,5 %	-43.722 -23,9 %	-497.043 -54,2 %	+54 +0,1 %	+59.463 +160,6 %	–	–	-698.409 -36,4 %
Δ (2000–2019)[b]	-210.906 -34,2 %	-41.891 -23,1 %	-315.327 -42,9 %	+2.758 +4,4 %	+49.856 +106,9 %	-10.849 -15,1 %	+17.064 +96,5 %	-503.372 -29,2 %

Quelle: Eigene Darstellung nach Niedermayer (2020a, 2020b, S. 6–7). Stand: 31.12. des jeweiligen Jahres.
Anmerkungen: [a] Bis 2005 Angaben für die PDS, die 2007 mit der WASG zur Partei Die Linke fusionierte. [b] Bei der Linken und der AfD sind die Veränderungen zu den Mitgliederzahlen im jeweiligen Gründungsjahr angegeben (Die Linke 2007: 71.711; AfD 2013: 17.687 Mitglieder).

vertretenen Parteien in den vergangenen Jahrzehnten erheblich an Mitgliedern verloren (Tab. 6.2): Zwischen 1985 und 2019 ist ihre Gesamtzahl von 1,9 Mio. auf 1,2 Mio. und damit um mehr als ein Drittel (-36,4 %) gesunken, obwohl die Bevölkerung der Bundesrepublik durch die Wiedervereinigung um 30 % gewachsen ist und mit der PDS/Die Linke und der AfD zwei neue Parteien hinzugekommen sind. Zwar gab es 1990 einen erheblichen Anstieg der Parteimitglieder auf insgesamt 2,4 Mio., doch war dies einem Sondereffekt der deutschen Einheit geschuldet. Zum einen übernahm die PDS als Rechtsnachfolgerin der Sozialistischen Einheitspartei Deutschlands (SED) all jene Mitglieder, die die ehemalige DDR-Staatspartei nicht verlassen hatten (Neugebauer und Stöss 1996). Damit wurde sie kurzfristig zur drittstärksten Mitgliederpartei im wiedervereinten Deutschland, erlebte aber danach einen deutlichen Rückgang; inzwischen hat Die Linke als PDS-Nachfolgerin weniger Mitglieder als die Grünen oder die FDP. Zum anderen verzeichneten CDU und FDP nach 1989 sprunghafte Mitgliederzuwächse, da sie die Ost-CDU bzw. die LDPD, die in der DDR als formal eigenständige, aber politisch gleichgeschaltete „Blockparteien" existierten und über einen beträchtlichen Mitgliederbestand verfügten, in ihre Organisationen aufnahmen. Viele dieser Mitglieder traten nach der Fusion mit den westdeutschen Schwesterparteien aus, sodass die Mitgliederzahlen von CDU und FDP bereits Ende der 1990er Jahre wieder deutlich unter dem Stand von 1985 lagen (Dittberner 2010, S. 65–66; Schmidt 1997, S. 126–127). Dagegen konnten sich SPD und Grüne nicht auf „ererbte" Ressourcenstrukturen in Ostdeutschland stützen und dort nur relativ wenige Mitglieder gewinnen (Tiemann 1993; Hoffmann 1998).

Hinter dem generellen Mitgliederrückgang seit Mitte der 1980er Jahre verbergen sich indes *erhebliche Differenzen zwischen den Bundestagsparteien*. Mit Abstand am meisten Mitglieder hat die SPD verloren (−54,2 %), gefolgt von der CDU (−43,5 %). Auch die CSU hat heute weit weniger Mitglieder als vor dreieinhalb Jahrzehnten (−23,9 %), allerdings begann der Rückgang erst in den 2000er Jahren. Außerdem ist die CSU im Verhältnis zur (bayerischen) Bevölkerung und zu ihren Wählerstimmen nach wie vor die mitgliederstärkste Partei Deutschlands. Bei den kleineren Bundestagsparteien zeigt sich eine positive Gesamtbilanz: Die FDP konnte ihre Mitgliederzahl seit 2000 mit leichten Schwankungen relativ konstant halten (+4,4 %), die Grünen haben sie im selben Zeitraum sogar mehr als verdoppelt (+106,9 %). Auch die AfD hat seit ihrer Gründung 2013 einen erheblichen Zulauf erfahren (+96,5 %), doch blieb ihre Mitgliederzahl bislang überschaubar und war zuletzt leicht rückläufig (Wehner 2021). Die Linkspartei, die 2007 aus PDS und WASG entstand, erlebte nach ihrer Gründung einen Aufwärtstrend, verzeichnete aber danach einen Rückgang und konnte sich schließlich auf niedrigerem Niveau stabilisieren. Darüber hinaus gibt es einen *deutlichen Ost-West-Unterschied*. In den fünf ostdeutschen Ländern ist die Mitgliederstärke aller Parteien relativ zur Bevölkerung nach wie vor nur etwa halb so groß wie im Westen der Republik (Niedermayer 2020b, S. 58). Allein Die Linke und in geringerem Ausmaß die AfD bilden hier Ausnahmen (Niedermayer 2020b, S. 22). Damit gleichen die ostdeutschen Parteiorganisationen eher jenen in den anderen postsozialistischen Ländern Mittel- und Osteuropas, die ebenfalls über nur wenige Mitglieder verfügen (Decker 2018b, S. 272–273).

So differenziert sich die Mitgliederentwicklung der Bundestagsparteien darstellt, so vielfältig sind die diesbezüglichen Erklärungen und Bewertungen. Einige sehen in dem generellen Mitgliederrückgang eine ernsthafte Bedrohung der repräsentativen Demokratie, andere deuten ihn als „Prozess der Normalisierung" (Klein et al. 2011, S. 20), der sich auch in anderen westlichen Demokratien beobachten lässt (Scarrow 2017, S. 6–8). Ein wichtiger Grund für das geringe gesellschaftliche Interesse, einer Partei beizutreten, liegt sicherlich darin, dass sich die Möglichkeiten zur politischen Partizipation seit den 1970er Jahren erheblich vermehrt und ausdifferenziert haben (Gabriel und Niedermayer 2002, S. 280). Weitere Gründe finden sich auch im Angebot der einzelnen Parteien. So konnten die beiden Volksparteien in den 1970er und 1980er Jahren vor dem Hintergrund der „stark polarisierenden Konkurrenzsituation zwischen dem sozialliberalen Regierungslager und dem oppositionellen Unionslager" (Wiesendahl 2006, S. 32) zahlreiche Mitglieder hinzugewinnen bzw. halten, während ihnen dies in der jüngeren Vergangenheit nicht mehr gelungen ist. Umgekehrt scheinen die Grünen mit ihrem programmatischen Profil und ihrer partizipationsorientierten Binnenstruktur zunehmend für jene Bürgerinnen attraktiv zu sein, die sich parteipolitisch engagieren wollen.

Mindestens genauso bedeutsam wie die Anzahl der Parteimitglieder ist ihre *soziostrukturelle Zusammensetzung*. In der Regel sind die einzelnen Parteien aufgrund ihres ideologischen Profils für verschiedene gesellschaftliche Gruppen attraktiv, weswegen sich auch ihre Mitgliederbasis unterscheiden kann. Idealerweise sollten jedoch, nimmt man *alle* Parteien zusammen, die wichtigsten Gruppen proportional zur Gesamtbevölkerung vertreten sein, weil „mit einer sozial verzerrten Zusammensetzung ihrer Mitgliedschaften auch die Gefahr einer sozial verzerrten politischen Repräsentation einher[geht]" (Klein et al. 2019, S. 98).

Trotz des Anspruches, dass die Parteien die Zusammensetzung der Bevölkerung repräsentativ abbilden sollten, zeichnet sich deren Mitgliederstruktur durch erhebliche Asymmetrien aus. 2017 machten *Frauen* nur 28 % aller Parteimitglieder aus und sind damit eindeutig unterrepräsentiert (Klein et al. 2019, S. 86). Zugleich variiert der Frauenanteil erheblich: Bei Bündnis 90/Die Grünen ist er am höchsten (41 %), bei der AfD (rund 18 %) am niedrigsten (Niedermayer 2020b, S. 23). Hinsichtlich der *Altersstruktur* zeigt sich eine deutliche Verschiebung hin zu den über 65-Jährigen: Lag deren Anteil unter allen Parteimitgliedern 1998 noch bei 25 % und damit ungefähr auf dem Niveau der Gesamtbevölkerung, so machte diese Altersgruppe 2017 bereits 48 % der Parteimitglieder aus, während ihr Anteil in der Gesamtbevölkerung nur leicht auf 27 % anstieg (Klein et al. 2019, S. 87). Gleichzeitig sind jüngere Menschen in Parteien unterrepräsentiert. Somit zeigt sich ein „Prozess der massiven Überalterung" (Klein et al. 2019, S. 87), wobei es auch hier deutliche Unterschiede gibt: Die Linke und die Grünen hatten 2017 mit 15 % bzw. 14 % relativ gesehen die meisten Mitglieder unter 35 Jahren, während CDU und CSU mit einem Anteil von 7 % bzw. 6 % die Schlusslichter in dieser Kategorie bilden (Klein et al. 2019, S. 87–88). Gleichzeitig ist in allen Parteien das *zertifizierte Bildungsniveau* der Mitglieder zwischen 1998 und 2017 weiter angestiegen: So wuchs der Anteil von (Fach-)Hochschulabsolventinnen von 37 % auf 44 % und liegt damit nach wie vor klar über dem Bevölkerungsdurchschnitt, obwohl sich auch der Gesamtanteil von Personen mit höheren Bildungsabschlüssen vergrößert hat (Klein et al. 2019, S. 88–90).

Die *Berufsstruktur* der Parteimitglieder weicht ebenfalls von der Gesamtbevölkerung ab. Vor allem Selbändige, Freiberuflerinnen und Beschäftigte des öffentlichen Dienstes sind unter Parteimitgliedern überrepräsentiert (Klein et al. 2019, S. 91) – allerdings nicht in allen Parteien gleichermaßen. 2017 verzeichnete die CSU den höchsten (28 %) und die SPD (7 %) den niedrigsten Anteil an Selbständigen. Beamtinnen und Angestellte im öffentlichen Dienst machten bei SPD und Grünen je 44 % der Mitglieder aus, während die FDP in dieser Gruppe mit 27 % den geringsten Anteil aufweist. Zugleich waren nur 3 % der FDP-Mitglieder Arbeiterinnen; bei der SPD und Linkspartei lagen die entsprechenden Anteile mit 16 % bzw. 17 % weit höher (Klein et al. 2019, S. 91–92).

Der Anteil der Gewerkschafterinnen unter den Mitgliedern der SPD ist zwischen 1998 und 2017 von 45 % auf 35 % gesunken. Dennoch gelingt es nach wie vor keiner anderen Partei, so viele Gewerkschaftsmitglieder an sich zu binden. In der Bevölkerung waren

2017 lediglich 13 % Mitglied einer Gewerkschaft (Klein et al. 2019, S. 94–95). Bei der konfessionellen Bindung der Parteimitglieder liegt dagegen die Union unangefochten an der Spitze: 2017 waren 52 % der CDU- und 78 % der CSU-Mitglieder Katholikinnen; die entsprechenden Anteile der Protestantinnen betrugen 38 % (CDU) und 15 % (CSU). Der Anteil der Konfessionslosen lag dagegen bei der Linkspartei mit rund 78 % besonders hoch (Klein et al. 2019, S. 95–97).

Ungeachtet der Profilschwerpunkte der einzelnen Parteien sind also *Frauen, Jüngere und geringer Gebildete* unter Parteimitgliedern *strukturell unterrepräsentiert*. Allerdings kann man auch beobachten, dass sich jüngere Personen mit hohen Bildungsabschlüssen weit stärker innerparteilich engagieren als die überwiegend „passiven" Durchschnittsmitglieder (Decker 2018b, S. 273–274). Dadurch wird zwar das altersbezogene Repräsentationsdefizit etwas abgemildert, aber zugleich die bildungsbezogene Kluft noch verstärkt.

(3) Um ihre vielfältigen Aufgaben wahrzunehmen, benötigen Parteien eine angemessene finanzielle Ressourcenausstattung, deren Herkunft und Verwendung mit den *rechtlichen Regelungen der Parteienfinanzierung* in Einklang stehen muss. Zunächst sollten alle finanziellen Zuwendungen an Parteien für die Öffentlichkeit nachvollziehbar gemacht werden, um zu verhindern, dass sie von zahlungskräftigen Personen, Organisationen oder Unternehmen „hinter den Kulissen" dominiert werden (*Transparenz*). Außerdem sollte insofern *Chancengleichheit* herrschen, als Parteien mit ressourcenschwachen Anhängerinnen keine strukturellen Wettbewerbsnachteile gegenüber anderen haben, die von finanzstarken Gruppen unterstützt werden. Dafür sind Ausgleichsleistungen erforderlich, die aus öffentlichen Mitteln nach klaren Regeln vergeben werden. Gleichzeitig dürfen die Parteien nicht ausschließlich vom Staat finanziert werden (*Staatsferne*), wenn sie „ihren Charakter als gesellschaftliche, im Volk wurzelnde Organisationen nicht verlieren" sollen (Pehle 2018, S. 4).

Die Schaffung eines „Parteienfinanzierungsregimes" (Koß 2015, S. 134), das diesen Anforderungen gerecht wird, hat sich nur zögerlich herausgebildet. Ursächlich dafür war auch, dass der Bundestag über die gesetzlichen Regelungen beschließt und somit die dort vertretenen Parteien „in eigener Sache" (Lang 2007) entscheiden. Zentrale Marksteine auf dem Weg zu einem anspruchsvolleren Parteienfinanzierungsregime bildeten *Urteile des Bundesverfassungsgerichts* (Pehle 2018, S. 5). Ein wichtiger Wendepunkt war ein Urteil aus dem Jahr 1958: Damals erklärten die Karlsruher Richterinnen die bis dato unbegrenzte steuerliche Absetzbarkeit von Parteispenden für verfassungswidrig, weil dadurch höhere Einkommen aufgrund des progressiven Steuertarifs unzulässig begünstigt wurden (BVerfGE 8, 51). Zugleich eröffneten sie die Möglichkeit für eine Parteienfinanzierung aus Steuermitteln, die die Bundestagsparteien aufgriffen. 1966 begrenzte das BVerfG dann die zulässige öffentliche Parteienfinanzierung auf die Erstattung von Wahlkampfkosten (BVerfGE 20, 56). Allerdings wurde in der Folgezeit deutlich, dass sich die Aufwendungen für Wahlkämpfe nicht klar von der Finanzierung der sonstigen Parteiaktivitäten trennen ließen. 1992 revidierte das Karlsruher Gericht daher seine vorhergehende Auffassung und ließ eine staatliche Teilfinanzierung für das gesamte Tätigkeitsspektrum der Parteien zu (BVerfGE 85, 264). Gleichzeitig schob es „dem vollständigen Zugriff der Parteien auf die öffentlichen Kassen einen Riegel vor" (Volkmann 1992, S. 325), indem es sowohl den Anteil staatlicher Zuwendungen an den Parteifinanzen (relative Obergrenze) als auch das Gesamtvolumen der staatlichen Parteienfinanzierung (absolute Obergrenze) beschränkte. Dieses Urteil führte 1994 zu einer grundlegenden Reform des Parteiengesetzes.

Die Neufassung des Gesetzes schrieb vor, dass der Bundespräsident eine Sachverständigenkommission zu Fragen der Parteienfinanzierung einberuft.[1] Als besonders einflussreich erwies sich die von Bundespräsident Rau (1999–2004) eingesetzte Kommission. Unter dem Eindruck mehrerer Parteispendenskandale um die Jahrtausendwende schlug sie u. a. vor, strafrechtliche Sanktionen für vorsätzlich falsche Rechnungslegung einzuführen, die seither die finanziellen Strafen ergänzen (BT-Drucksache 15/3140, S. 14–15; Koß 2015, S. 142). Die Hauptaufgabe der Kommissionen war es allerdings, einen „parteispezifischen Preisindex" zu ermitteln, der die typischen Ausgaben von Parteien reflektiert (BT-Drucksache 15/3140, S. 12). Damit sollte die Höhe der staatlichen Parteienfinanzierung automatisch an die Inflation angepasst werden. Im Sommer 2018 verabschiedeten die Bundestagsfraktionen der Großen Koalition jedoch im Schnellverfahren ein Gesetz, mit dem die absolute Obergrenze um 25 Mio. € angehoben wurde (Merten 2020, S. 76). Dagegen haben die Oppositionsfraktionen Klage beim BVerfG eingereicht; eine Entscheidung steht noch aus (Lenz und Gollasch 2021).

Die gegenwärtige Finanzierung der deutschen Parteien basiert also auf einem relativ detaillierten und differenzierten Regelwerk. Das Prinzip der *Transparenz* ist verfassungsrechtlich verankert: Nach Art. 21 Abs. 1 GG sind die Parteien verpflichtet, „über die Herkunft und Verwendung ihrer Mittel sowie über ihr Vermögen öffentlich Rechenschaft" abzulegen. Dies geschieht durch jährliche Rechenschaftsberichte, die der Bundestagspräsident prüft und veröffentlicht (§ 23 und § 23a PartG). Alle Spenden, die den Wert von 10.000 € pro Jahr übersteigen, sind offenzulegen. Wenn eine Partei eine Spende von mehr als 50.000 € erhält, muss sie dies dem Bundestagspräsident „unverzüglich" anzeigen (§ 25 Abs. 3 PartG). Unter Angabe der Zuwenderin wird die Spende als Bundestagsdrucksache veröffentlicht (§ 25 Abs. 3 PartG). Zudem weist das Parteiengesetz eine Reihe von Organisationen und Gruppen aus, die nicht an Parteien spenden dürfen, wie z. B. Parlamentsfraktionen oder öffentliche Unternehmen (§ 25 Abs. 2). Eine Straftat liegt vor, wenn im Rechenschaftsbericht absichtlich Falschangaben gemacht werden oder die öffentliche Rechenschaftslegung umgangen wird (§ 31d PartG).

Die *staatlichen Zuwendungen* orientieren sich „am Maß der Verwurzelung einer Partei in der Gesellschaft" (Gösele und Holste 1995, S. 423). Der jeweilige Betrag wird auf Basis ihrer Wahlerfolge bei Europa-, Bundestags- und Landtagswahlen sowie ihren

---

[1] Seit 2004 ist die Einberufung der Sachverständigenkommission zur Parteienfinanzierung nicht mehr obligatorisch (§ 18 Abs. 6 PartG).

Einnahmen aus Mitglieds- bzw. Mandatsträgerbeiträgen und Spenden ermittelt (§ 18 Abs. 1 PartG). Zum einen erhalten Parteien eine *Wahlkampfkostenerstattung,* wenn sie „nach dem endgültigen Wahlergebnis der jeweils letzten Europa- oder Bundestagswahl mindestens 0,5 vom Hundert oder einer Landtagswahl 1,0 vom Hundert der für die Listen abgegebenen gültigen Stimmen erreicht haben" (§ 18 Abs. 4 PartG). Für die ersten vier Millionen Stimmen erhalten die Parteien dann jeweils 1,03 €, für jede weitere Stimme 0,85 € (Deutscher Bundestag 2020, S. 3). Zum anderen wird jeder Euro, den die Parteien aus *Beiträgen ihrer Mitglieder, Mandatsträgerinnen oder durch Spenden* erhalten, um 0,45 € aus staatlichen Mitteln aufgestockt, wobei diese Zuschüsse nur bis zu einer Höhe von 3.300 € pro Person und Jahr gewährt werden (§ 18 Abs. 3 PartG). Außerdem darf die Höhe der staatlichen Zuschüsse die von einer Partei selbst erwirtschafteten Einnahmen nicht übersteigen (*relative Obergrenze*). Nicht zuletzt gilt eine *absolute Obergrenze* für die staatlichen Zuwendungen an alle Parteien. Sie wird jedes Jahr auf Grundlage des parteienspezifischen Preisindexes an die Kostenentwicklung angepasst und liegt nach der umstrittenen Anhebung von 2018 bei 190 Mio. € (§ 18 Abs. 2 PartG).

Vor diesem Hintergrund steht die *Einnahmesituation* einer Partei grundsätzlich im Verhältnis zu ihrer Größe bzw. ihrem politischen Erfolg (Tab. 6.3). Absolut gesehen verfügen SPD und CDU über die meisten Einnahmen (2017: 166 bzw. 157 Mio. €), danach folgen CSU, FDP und Grüne mit jeweils um die 40 Mio. € sowie die Linke mit etwa 30 Mio. € pro Jahr. Am Schluss steht die AfD, die als noch neue Partei über ein deutlich geringeres Budget verfügt, das sich aber zwischen 2013 und 2017 mehr als verdoppelt hat, während das Einnahmenniveau der anderen Parteien seit 2009 relativ konstant geblieben ist. Bei den *Einnahmearten* lassen sich *unterschiedliche Profilmuster* erkennen. Bei allen Parteien machen die *Mitgliederbeiträge* einen wichtigen Posten des Budgets aus, was erneut die Bedeutung der Parteimitglieder unterstreicht. Besonders hoch liegt ihr Anteil bei SPD und der Linkspartei, besonders gering ist er bei AfD und FDP. Beim *Spendenaufkommen* zeigt sich ein gegenteiliges Bild: Bei den Zuwendungen durch natürliche Personen verzeichnen SPD und Die Linke die geringsten Einnahmeanteile, bei den Spenden durch Unternehmen (juristische Personen) sind sie marginal.

Umgekehrt kann die FDP in Relation zu ihren Gesamteinnahmen besonders viel finanzielle Unterstützung von Privatpersonen und Unternehmen mobilisieren, was angesichts ihrer wirtschaftsfreundlichen Programmatik kaum überrascht. Bei den weiteren Kategorien fallen noch einzelne Sondereffekte auf, wie die relativ hohen Einnahmeanteile, die die SPD aus ihren Vermögenswerten (u. a. Immobilien) und Unternehmensbeteiligungen realisiert. Einkünfte aus Veranstaltungen und Publikationen sind vor allem für die CSU, aber auch für CDU und SPD von gewisser Bedeutung.

Besonders interessant ist schließlich, dass die *staatlichen Zuwendungen* unter allen Einnahmequellen der Parteien mit ungefähr 30 % den relativ größten Posten ausmachen – mit Ausnahme der SPD, bei der die Mitgliederbeiträge noch etwas stärker ins Gewicht fallen. Am höchsten ist der staatliche Finanzierungsanteil bei AfD und Linkspartei, aber selbst dort liegt er deutlich unter der relativen Obergrenze von 50 %. Allerdings fehlt in dieser Statistik die staatliche Förderung der politischen Stiftungen,

Tab. 6.3 Einnahmen der Bundestagsparteien (2009–2017)

Partei	Jahr	Gesamt (in Mio. €)	Einnahmearten (in %)							Spenden		Sonstige	Staatliche Zuwendungen
			Mitglieds-beiträge	Mandats-abgaben	Vermögen	Unternehmens-tätigkeit/ Beteiligungen	Veranstal-tungen/ Publikationen		Natürliche Personen	Juristische Personen		
SPD	2009	173,3	26,6	12,9	6,3	5,9	10,4	8,4	2,4	4,4	22,9
	2013	164,6	30,1	14,4	5,5	2,0	9,3	7,3	1,8	0,6	29,1
	2017	166,1	31,1	15,8	4,1	3,2	7,0	6,9	1,9	0,4	29,6
CDU	2009	162,7	25,4	11,3	2,5	0,0	8,7	16,1	9,2	1,0	25,8
	2013	151,1	25,6	11,6	1,9	0,0	7,7	13,3	7,1	1,0	31,8
	2017	156,7	24,0	12,8	1,3	0,0	8,2	14,4	8,1	0,4	30,9
CSU	2009	42,0	22,3	7,2	1,2	0,0	19,0	11,8	9,8	0,8	27,9
	2013	47,6	21,0	6,7	0,5	0,0	15,4	18,0	12,8	0,4	25,2
	2017	43,4	23,8	8,5	2,8	0,0	14,5	12,6	10,2	0,6	27,2
FDP	2009	43,3	18,1	6,0	0,9	1,0	6,9	24,0	13,4	0,5	29,2
	2013	33,3	19,7	8,4	1,4	0,4	5,4	21,6	11,1	0,4	31,5
	2017	38,7	20,3	5,4	1,0	0,3	3,5	27,0	11,9	0,3	30,3
Grüne	2009	30,6	19,6	18,7	0,9	0,0	3,0	14,8	3,0	3,8	36,3
	2013	40,2	21,7	22,4	0,4	0,0	2,1	10,7	1,7	3,5	37,5
	2017	43,5	22,5	22,4	0,4	0,0	1,6	11,3	2,2	3,3	36,4
Linke	2009	27,3	36,6	9,8	1,2	0,0	0,9	9,9	0,7	1,6	39,3
	2013	27,6	33,2	13,0	0,6	0,0	0,9	9,0	0,3	2,6	40,4
	2017	31,6	31,8	15,3	0,1	0,3	0,8	8,5	0,0	4,5	38,6

(Fortsetzung)

Tab. 6.3 (Fortsetzung)

Partei	Jahr	Gesamt (in Mio. €)	Einnahmearten (in %)					Spenden		Sonstige	Staatliche Zuwendungen
			Mitgliedsbeiträge	Mandatsabgaben	Vermögen	Unternehmenstätigkeit/ Beteiligungen	Veranstaltungen/ Publikationen	Natürliche Personen	Juristische Personen		
AfD	**2013**	7,7	19,9	0,0	0,0	0,0	0,1	53,7	2,2	0,0	24,0
	2017	18,4	16,3	3,6	0,0	1,2	0,2	35,9	0,9	0,8	41,1

Quelle: Eigene Darstellung nach Rudzio (2019, S. 146–149), BT-Drucksache 18/4301 und BT-Drucksache 19/7000. Angegeben sind jeweils die Jahre der Bundestagswahl.

deren Umfang mehr als dreimal so hoch ist wie die gesamte staatliche Parteienfinanzierung (Pehle 2018, S. 8). Ebenso wenig sind die Gelder erfasst, die an die Abgeordneten und Fraktionen der Parteien im Bundestag und in den Länderparlamenten fließen. Rechnet man diese „indirekten Zahlungen" hinzu, würde die öffentliche Parteienfinanzierung ein weitaus höheres Niveau erreichen. Allerdings hat das BVerfG in einem Urteil von 1986 festgestellt, dass die politischen Stiftungen „ihre satzungsgemäßen Aufgaben in hinreichender organisatorischer und personeller Unabhängigkeit von den ihnen nahestehenden Parteien" erfüllten und dadurch keine „verdeckte Parteienfinanzierung" bewirkt werde (BVerfGE 73, 1, 31).

Zusammengenommen haben die genannten Rahmenbedingungen dazu beigetragen, dass sich die Parteien in der Bundesrepublik organisatorisch konsolidiert haben und über hinreichende Ressourcen verfügen, um ihren vielfältigen Aufgaben nachzukommen. Ob sie aber auch in der Lage sind, die gesellschaftlichen Interessen im Prozess der politischen Willensbildung und Entscheidungsfindung inklusiv und effizient zu vermitteln, kann erst beurteilt werden, wenn man sich die Struktur des Parteienwettbewerbs bzw. des Parteiensystems ansieht.

6.2 Das Parteiensystem auf Bundesebene: Struktur und Entwicklung

Als *Parteiensystem* bezeichnet man das Interaktionsverhältnis aller Parteien, die in einem demokratischen Regierungssystem miteinander konkurrieren und kooperieren (Niedermayer 2013b, S. 84; Caramani 2020, S. 232). Die Parteien spiegeln die Interessenvielfalt und -konflikte der Gesellschaft nur in ihrer Gesamtheit wider. Daher zeigt das Parteiensystem, inwieweit das gesellschaftliche Meinungsspektrum auf politischer Ebene repräsentiert ist. In etablierten Demokratien hat das Parteiensystem meist eine feste Grundstruktur, in der die einzelnen Parteien bestimmte unterscheidbare inhaltliche Positionen besetzen. Zugleich verändert es sich fortwährend, weil die Parteien im politischen Wettbewerb zueinander stehen und sich mit ihrem Programmangebot ständig neu profilieren müssen, um möglichst viele Wählerstimmen zu gewinnen. Allerdings müssen sie auch bereit sein, im Parlament zusammenzuarbeiten, um ihre Ziele zu verfolgen und so ihrer politischen Gestaltungsfunktion nachzukommen.

Wie in anderen europäischen Ländern entstanden die *Parteien in Deutschland* vor dem Hintergrund *gesellschaftlicher Konfliktlinien* (*cleavages*), die zur Bildung unterschiedlicher Milieus mit eigenen Weltanschauungen und Interessenlagen führten (Lipset und Rokkan 1967). Um diese politisch zu vertreten, formierten sich Parteien, die in scharfer Abgrenzung zueinander standen und sich nach ihrer ideologischen Grundorientierung verschiedenen *Parteienfamilien* zuordnen lassen (Jun und Höhne 2012). In Deutschland haben sich fünf Konfliktlinien als dominant erwiesen, die in unterschiedlichen historischen Phasen entstanden sind und bis heute das inhaltliche Profil der im Bundestag vertretenen Parteien prägen (Tab. 6.4).

6.2 Das Parteiensystem auf Bundesebene: Struktur und Entwicklung

Tab. 6.4 Gesellschaftliche Konfliktlinien und Parteienfamilien in Deutschland

Konfliktlinie	Entstehungsperiode	Parteienfamilie	Bundestagsparteien
Staat vs. Kirche	Frühes 19. Jhdt.	[Liberale vs.] Christdemokratie	FDP CDU, CSU
Arbeit vs. Kapital	Spätes 19. Jhdt.	Sozialdemokratie	SPD
Reform vs. Revolution	Frühes 20. Jhdt.	Kommunisten/Linke	Die Linke
Materialismus vs Post-Materialismus	Spätes 20. Jhdt.	Grüne	Bündnis 90/Die Grünen
Offene vs. geschlossene Gesellschaft	Frühes 21. Jhdt.	Rechtspopulisten	AfD

Quelle: Eigene Darstellung nach Caramani (2020, S. 233).

Die frühe Entwicklung des deutschen Parteiensystems wurde durch zwei gesellschaftliche Konfliktlinien bestimmt. Zum einen war dies die Auseinandersetzung zwischen liberalen Kräften, die seit dem frühen 19. Jahrhundert für einen säkularen Staat frei von kirchlichem Einfluss eintraten, und konservativen Kräften, die die dominante Rolle der (katholischen) Kirche in der Gesellschaft bewahren wollten. Ab den 1860er Jahren formierten sich in Deutschland mehrere liberale Parteien, von denen die einen stärker auf eine nationale Einigung drängten und die anderen eher eine Demokratisierung einforderten (Winkler 1995, S. 63–68). Diese organisatorische Spaltung zwischen einem nationalliberalen und einem linksliberalen Lager setzte sich auch in der Weimarer Republik fort und wurde erst 1948 mit der Gründung der FDP, die bis heute die wichtigste liberale Partei darstellt, überwunden. Dagegen wurde der politische Katholizismus seit 1870 von der Zentrumspartei vertreten, zu der in der Weimarer Republik noch die Bayerische Volkspartei hinzutrat. Nach dem Zweiten Weltkrieg wurden die beiden katholischen Parteien von zwei christdemokratischen Parteien mit überkonfessioneller Orientierung – CDU und CSU – abgelöst.

Zum anderen war die Politik ab Mitte des 19. Jahrhunderts durch den Konflikt zwischen kapitalistischem Unternehmertum und Arbeiterschaft bestimmt. Die Forderungen der Arbeiterschaft nach politischer Gleichheit und sozialer Gerechtigkeit vertrat im Wesentlichen die bis heute bestehende SPD. Nach der Russischen Revolution von 1917 trat innerhalb des Arbeiterlagers eine neue Parteienfamilie auf den Plan, die sich für die Etablierung eines kommunistischen Regimes Moskauer Prägung einsetzte. In Deutschland wurde die Position zuerst von der KPD propagiert, die in der Weimarer Zeit erheblichen Zulauf hatte, aber in der Bundesrepublik 1956 verboten wurde. 1968 gründete sich die Deutsche Kommunistische Partei (DKP), die finanzielle Unterstützung aus der DDR erhielt und zeitweise an westdeutschen Hochschulen eine gewisse Bedeutung erlangte, allerdings als Kleinpartei nur in einigen wenigen Kommunen reüssieren konnte (Roik 2006). Nach der Wiedervereinigung zog dann mit der PDS eine Partei in den Bundestag ein, die das organisatorische Erbe der DDR-Staatspartei angetreten hatte und somit in kommunistischer Tradition stand. Als Nachfolgerin der PDS hat daher auch Die Linke ihre historischen Wurzeln in dieser Parteienfamilie, die heute meist als „post-kommunistisch" oder „links" bezeichnet wird (Grotz 2015b; Spier 2012).

In der jüngeren Vergangenheit haben sich zwei weitere Konfliktlinien herausgebildet, die ebenfalls neue Parteienfamilien hervorbrachten (Caramani 2020, S. 236). Seit den 1970er Jahren hat der Gegensatz zwischen „materialistischen" und „postmaterialistischen" bzw. „emanzipativen" Wertorientierungen an Bedeutung gewonnen (Inglehart und Welzel 2005). Im Zentrum dieser Position stehen programmatische Ziele wie Umwelt- und Klimaschutz, Abrüstung, Gleichstellung und Toleranz. Sie werden in Westeuropa vor allem von Grünen Parteien vertreten. Die Bundesrepublik gehörte zu den ersten Ländern, in denen die Grünen ins Parlament einzogen (Müller-Rommel 2015). Schließlich hat auch die fortschreitende Globalisierung zu einer gesellschaftlichen Spaltungslinie geführt. In dieser Hinsicht stehen kosmopolitisch eingestellte Bürgerinnen, die eine „offene" Gesellschaft ohne Hindernisse für Migration, Reisen und Warenverkehr begrüßen, anderen gegenüber, die sich eher als Benachteiligte der Globalisierung begreifen und daher eine „geschlossene" und homogenere Gesellschaft ohne Zuwanderung favorisieren. Die letztere Position wird besonders von rechtspopulistischen Parteien akzentuiert, die in vielen westeuropäischen Demokratien bereits ab Mitte der 1980er Jahre einen Aufschwung erfahren haben. Im Deutschen Bundestag ist diese Parteienfamilie erst seit 2017 durch die AfD repräsentiert.

Anhand dieser Konfliktlinien lassen sich die wichtigsten Parteien in der Bundesrepublik nach ihren historischen Ursprüngen und ideologischen Grundorientierungen verorten. Daneben gibt es auch vielfältige Sonderinteressen, die sich mitunter parteipolitisch organisiert haben. Beispiele für solche „Ein-Punkt-Parteien" sind das Bündnis Grundeinkommen, das sich für die Einführung eines bedingungslosen Grundeinkommens einsetzt, oder die Tierschutzpartei, die aus der Tierrechtsbewegung hervorgegangen ist. Wie andere Kleinparteien spielen sie für den politischen Wettbewerb in Deutschland nur eine marginale Rolle (im Einzelnen dazu Decker und Neu 2018). Umgekehrt richten sich die im Bundestag vertretenen Parteien nicht immer strikt am ideologischen Profil ihrer Parteienfamilie aus. So haben etwa CDU und CSU, aber auch die SPD ihr programmatisches Angebot bewusst breiter gefasst, um ihre Wählerbasis umfassend anzulegen. Daher werden sie auch als *Volksparteien* bezeichnet (Kirchheimer 1965; Wiesendahl 2015). Darüber hinaus sind für die politische Identität der einzelnen Bundestagsparteien weitere inhaltliche und historische Prägungen von Bedeutung, wie aus den folgenden Kurzporträts deutlich wird (ausführlich dazu Decker 2018b, S. 149–270).

Die *Christlich Demokratische Union Deutschlands* (CDU) und die *Christlich Soziale Union* (CSU) wurden 1945 als überkonfessionelle Parteien mit explizit volksparteilichem Anspruch gegründet (Zolleis und Schmid 2013, S. 417; Mintzel 1975, S. 83–89). Im Sinne einer territorialen Arbeitsteilung ist die CSU bis heute auf Bayern beschränkt und kandidiert nicht bei Wahlen im übrigen Bundesgebiet; umgekehrt ist die CDU in Bayern nicht vertreten. Das inhaltliche Profil der Unionsparteien vereint liberale, konservative und christlich-soziale Elemente (Schönbohm 1979, S. 43). Ihr politisches Handeln orientiert sich an einem christlichen Menschenbild, an pragmatischen Grundüberlegungen wie dem Prinzip von „Maß und Mitte", aber auch besonders an Strategien der Machterringung und Machterhaltung, weshalb häufig vom „Kanzlerwahlverein" die Rede ist (Zolleis und Schmid 2015, S. 27–32). Tatsächlich stellte die CDU mit Konrad Adenauer nicht nur den ersten Bundeskanzler und mit Helmut Kohl den Kanzler der Deutschen Einheit, sondern hatte das höchste Regierungsamt auch die meiste Zeit seit 1949 inne (Abschn. 10.2). Bis in die 1970er Jahre hatte die CDU angesichts einer schwach ausgeprägten Mitgliederorientierung noch eher den Charakter einer Honoratiorenpartei; erst danach entwickelte sie sich zu einer „moderne[n] Volkspartei" mit deutlicher Mittelstandsorientierung (Schönbohm 1985). Im Gegensatz zur SPD verstand sich die CDU nie als „Programmpartei", die ihr politisches Handeln aus ihrem Grundsatzprogramm ableitet (Kroll 2020, S. 374–378). Gleichwohl hat sie ihre programmatischen Grundlagen immer wieder neu formuliert und angepasst (Ahlener Programm 1947, Düsseldorfer Leitsätze 1949, Ludwigshafener Programm 1978, Hamburger Programm 1994, Hannoveraner Programm 2007). Unter der Führung von Konrad Adenauer wurden die Westintegration der Bundesrepublik sowie die Soziale Marktwirtschaft zu Markenzeichen von CDU und CSU (Abschn. 1.2). Noch heute prägt das Bekenntnis beider Parteien zur Europäischen Union sowie zur Sicherung des Wirtschaftsstandorts Deutschlands in einer zunehmend globalisierten Welt ihr öffentliches Erscheinungsbild. Unter der Kanzlerschaft von Angela Merkel haben sich die sozial- und gesellschaftspolitischen Positionen der Union verschoben, indem sie zunehmend vom konservativen Frauen- und Familienbild abgerückt sind (Lau 2009). Infolge der Flüchtlingskrise kam es 2015 zunehmend zu Spannungen zwischen CDU und CSU. Letztere drohte sogar damit, die Fraktionsgemeinschaft mit der CDU im Bundestag zu beenden. Allerdings gelang es beiden Parteien, den Streit beizulegen – ähnlich wie 1976, als die CSU nach der verlorenen Bundestagswahl mit dem „Kreuther Trennungsbeschluss" die Gründung einer eigenen Fraktion ankündigte, aber dann doch nicht realisierte. Schon vor dem Ende der Kanzlerschaft von Angela Merkel (2021) ließ sich beobachten, dass die Union deutlich an Zuspruch verlor, womit die Frage nach dem inhaltlichen und personellen Profil der CDU zunehmend an Brisanz gewann (weiterführend siehe Lammert 2020; Walter et al. 2014).

Die *Sozialdemokratische Partei Deutschlands* (SPD) hat die längste Historie aller Parteien, die derzeit in der Bundesrepublik existieren. 1875 schlossen sich der Allgemeine Deutsche Arbeiterverein (ADAV) und die Sozialdemokratische Arbeiterpartei (SDAP) zur Sozialistischen Arbeiterpartei Deutschlands (SAP) zusammen. Der ADAV war 1863 von Ferdinand Lassalle gegründet worden, während die SDAP seit 1869 bestand und von August Bebel und Wilhelm Liebknecht angeführt wurde. 1890 benannte sich die SAP in SPD um und wurde in der Folgezeit zur wichtigsten politischen Vertretung der Arbeiterschaft. Wegen ihrer marxistischen Ideologie war die SPD im Kaiserreich starken Repressionen ausgesetzt („Sozialistengesetze"), gewann aber gleichwohl immer mehr Mitglieder und Wählerstimmen und wurde nach Gründung der Weimarer

Republik zu einer tragenden Säule der parlamentarischen Demokratie. Als einzige im Reichstag vertretene Partei stimmte sie am 23. März 1933 mit ihren anwesenden 93 Abgeordneten gegen das nationalsozialistische Ermächtigungsgesetz und litt danach besonders stark unter der Verfolgung durch die NS-Diktatur. 1945 wurde die SPD wiedergegründet und ging aus der ersten Bundestagswahl 1949 als zweitstärkste Partei nach der CDU/CSU hervor, behielt aber zunächst ihr Profil als reformorientierte Klassenpartei bei (Wiesendahl 2011, S. 50–51; Walter 2018). Angesichts des Erfolgs der Sozialen Marktwirtschaft und der Westintegration vollzog sie dann eine ideologische De-Radikalisierung, die im Godesberger Programm von 1959 mündete. Darin bekannte sich die SPD zur marktwirtschaftlichen Ordnung und formulierte den Anspruch, eine Volkspartei sein zu wollen (Klotzbach 1982). Tatsächlich etablierte sie sich danach als wesentliche Alternative zur CDU/CSU und wurde von 1969 bis 1982 zur führenden Regierungspartei. Stilbildend für ihr Image in dieser Zeit waren der Wille zu „Mehr Demokratie" und die neue Entspannungs- und Ostpolitik unter Kanzler Willy Brandt (1969–1974), aber auch die Konsolidierungspolitik unter schwierigen wirtschaftlichen und gesellschaftlichen Bedingungen unter der Kanzlerschaft von Helmut Schmidt (1974–1982). Die Regierungszeit des bislang letzten SPD-Kanzlers Gerhard Schröder (1998–2005) war in der Rückschau vor allem durch den umfangreichen Umbau des deutschen Arbeitsmarkts und Sozialsystems geprägt. Die als „Agenda 2010" bekannten Reformmaßnahmen waren mittelfristig durchaus effektiv, führten aber zu einem massiven Vertrauensverlust bei vielen SPD-Anhängerinnen und stürzten die Partei in eine der tiefsten Krisen ihrer Geschichte (Hassel und Schiller 2010). Seither gibt es diverse Bemühungen innerhalb der SPD, das Profil sozialdemokratischer Politik auf der Höhe der Zeit fortzuentwickeln (weiterführend siehe Grunden et al. 2017; Walter 2018).

Die 1948 gegründete *Freie Demokratische Partei* (FDP) steht in der Tradition des politischen Liberalismus. Weil sie seit 1949 abwechselnd sowohl mit der CDU/CSU als auch mit der SPD eine Koalition einging und damit die Rolle als „Mehrheitsbeschafferin" einnahm, wurde sie in der alten Bundesrepublik trotz ihrer relativ geringen Größe zur Partei mit der längsten Regierungsbeteiligung. Inhaltlich propagierte die FDP zunächst die Prinzipien der freien Marktwirtschaft und positionierte sich ebenso entschieden gegen Sozialismus und kirchlichen Klerikalismus. Nachdem sie 1969 ein Regierungsbündnis mit der SPD geschlossen hatte, entwickelte sich ihre Programmatik für einige Jahre in Richtung eines Sozialen Liberalismus, der weniger auf Marktfreiheit als auf gesellschaftspolitische Reformen setzte und 1972 im Grundsatzprogramm der Partei („Freiburger Thesen") verankert wurde. Als jedoch die sozialliberale Koalition 1982 zerbrach, nahm die FDP auch vom Sozialen Liberalismus Abschied. Bis heute betont die Partei die Selbstverantwortung des Einzelnen. Seit den 2000er Jahren führten Versuche, die Partei nach rechts zu entwickeln wie auch eurokritische Positionen zu innerparteilichen Kontroversen. Ein Mitgliederentscheid gegen die Eurorettungspolitik, die von der FDP in der gemeinsamen Regierung mit der Union mitgetragen wurde, scheiterte 2011 nur knapp (Treibel 2014, S. 181–186). Bei der Bundestagswahl 2013 blieb die Partei erstmals unter der Fünf-Prozent-Hürde, was u. a. an der Verengung ihres

Images als „Steuersenkungspartei" lag. 2017 gelang ihr durch eine personelle Neuaufstellung und behutsamere programmatische Akzentuierungen der Wiedereinzug in den Bundestag (weiterführend siehe Dittberner 2010; Treibel 2014).

Die Partei *Bündnis 90/Die Grünen* hat ihren Ursprung in den Neuen Sozialen Bewegungen der 1970er und frühen 1980er Jahre, die sich aktiv für die Realisierung postmaterialistischer Ziele wie Umweltschutz, Frieden und Geschlechtergerechtigkeit einsetzten (Fuchs 1984). Der Namenszusatz „Bündnis 90" geht auf die organisatorische Vereinigung der DDR-Bürgerrechtsbewegung zurück, die zur ersten und einzigen freien Volkskammerwahl 1990 antrat und schließlich 1993 mit den Grünen verschmolz (Hoffmann 1998). Diese hatten sich im Januar 1980 als Bundespartei gegründet. In ihrer Entstehungsphase wurden die Grünen nicht nur als Protestpartei wahrgenommen, sondern verstanden sich auch selbst als „Anti-Parteien-Partei". Heute gelten sie als etablierte Kraft im parlamentarischen Regierungssystem (Switek 2017). Mit der schrittweisen Entwicklung von einer heterogenen Bewegung zu einer professionell organisierten Partei verschoben sich auch die Gewichte zwischen den beiden innerparteilichen Hauptströmungen: den „Fundis" und den „Realos". Während die Fundis einer Regierungsbeteiligung grundsätzlich kritisch gegenüberstanden und diese als Verrat an den eigenen Gründungsmotiven verstanden, zielten die Realos auf eine evolutionäre Umsetzung ihrer Ziele und praktizierten deshalb auch eine pragmatische Kooperation mit anderen Parteien. Nachdem 1985 in Hessen die erste rot-grüne Regierung auf Länderebene gebildet worden war, rückte die Partei zunehmend in die Mitte des politischen Spektrums. 1998 bildete sie erstmals mit der SPD eine Regierungskoalition auf Bundesebene, 2011 wurde in Baden-Württemberg der erste grüne Ministerpräsident vereidigt. Inzwischen haben sich die Grünen als eine Partei positioniert, die in unterschiedlichen Koalitionskonstellationen handlungsfähig erscheint. Deshalb kommt ihnen bei der Regierungsbildung in den Ländern immer häufiger eine Schlüsselfunktion zu (Abschn. 13.3); auf Bundesebene ist 2017 der Versuch einer Jamaika-Koalition aus CDU, Grünen und FDP nur knapp gescheitert. Das Markenzeichen grüner Programmatik ist das Eintreten für eine aktive Bürgergesellschaft, mehr Demokratie und eine ökologische Transformation der Gesellschaft. Während ihrer bisherigen Regierungsbeteiligungen im Bund und in den Ländern kam es immer wieder zu Entscheidungen, die in offenem Konflikt zu den Grundwerten der Partei standen. Beispielhaft dafür steht die Zustimmung zum NATO-Einsatz im Kosovo-Krieg 1999, bei der die Realos nach erbitterten innerparteilichen Auseinandersetzungen letztlich die Oberhand behielten (weiterführend siehe Switek 2015; Raschke 2001). Mit dem Pariser Klimaschutzabkommen (2015) wurde die Klimaproblematik zunehmend von einer gesellschaftlichen Mehrheit als zentrale politische Herausforderung der Zeit begriffen und es formierte sich auch eine eigene Bewegung (Fridays for Future), was den Grünen einen enormen gesellschaftlichen Rückenwind verschaffte, der weit über ihre bisher adressierten Gruppen hinausreichte.

Die Linke wurde 2007 als gesamtdeutsche „Anti-Hartz-IV-Partei" gegründet. Ihre Mitglieder stammten hauptsächlich aus der reformsozialistischen PDS, die wiederum aus der ehemals staatssozialistischen SED hervorgegangen war und ihren organisatorischen wie elektoralen Schwerpunkt in Ostdeutschland hatte. Hinzu kam die Wahlalternative Arbeit und soziale Gerechtigkeit (WASG), die 2005 von Gewerkschafts- und früheren SPD-Mitgliedern sowie Kräften aus diversen linken westdeutschen Splittergruppen gegründet wurde. Einerseits stand dahinter der Protest gegen die Sozialstaatsreformen der rot-grünen Bundesregierung, andererseits sah ein Teil der linken Splittergruppen darin ein Gelegenheitsfenster, um eine größere Bühne für die eigene Politik zu entwickeln. Mit der Fusion von PDS und WASG vereinte Die Linke verschiedene linksgerichtete Strömungen, womit sie zugleich eine Repräsentationslücke im gesamtdeutschen Parteiensystem füllte (Nachtwey und Spier 2007). Einerseits versteht sie sich als post-kommunistische Partei, was noch in ihrem Erfurter Programm von 2011 zum Ausdruck kommt. Ihre Vergangenheitsbewältigung als SED-Nachfolgerin war mühsam und erschwerte auch den innerparteilichen Zusammenhalt (Malycha und Winters 2009). Andererseits schöpft Die Linke auch aus sozialdemokratischen, grünen und anderen emanzipatorischen Traditionen. Sie fordert einen umfassenden Ausbau des Sozialstaates, der durch Umverteilung finanziert werden soll. Ihre EU- und NATO-skeptischen Positionen sowie ihre grundlegende Ablehnung der sozialdemokratischen Sozialstaatsreformen haben maßgeblich dazu beigetragen, dass eine Regierungsbeteiligung der Linkspartei auf Bundesebene bislang nicht ernsthaft in Erwägung gezogen wurde, obwohl eine Koalition aus SPD, Grünen und Linken nach einigen Bundestagswahlen eine parlamentarische Mehrheit gehabt hätte. Auf Länderebene dagegen war die PDS bzw. Linke seit Ende der 1990er Jahre immer wieder an Regierungen beteiligt (Abschn. 13.3). In Thüringen ist es ihr 2014 erstmals gelungen, den Ministerpräsidenten zu stellen (weiterführend siehe Oppelland und Träger 2014).

Die *Alternative für Deutschland* (AfD) wurde 2013 als Reaktion auf die Politik der Eurorettung gegründet. Sie wird allgemein der rechtspopulistischen Parteienfamilie zugeordnet (Berbuir et al. 2015; Lewandowsky 2015). Während ihrer Anfangsphase galt sie vor allem als national-konservativ, neoliberal und eurokritisch. Mit der Flüchtlingskrise wurde dann die Ablehnung von Zuwanderung und kultureller „Überfremdung" zu ihrem Kernthema, wobei auch ihre Kritik an den „Systemparteien" und den „Mainstream-Medien" an Schärfe gewann. Außerdem sticht die AfD durch geschichtsrevisionistische Aussagen hervor und präferiert ein traditionelles Gesellschafts- und Familienbild. Zugleich zeigt sie die Fähigkeit, weitere politische Konfliktfelder wie den Klimaschutz oder die Verkehrswende rechtspopulistisch aufzuladen. Mit diesem inhaltlichen Profil, flankiert durch eine professionelle, auf Social-Media-Kommunikation gestützte Vorgehensweise, gelang der Partei innerhalb von fünf Jahren der Einzug in alle deutschen Länderparlamente (Abschn. 13.2). Zwischen 2017 und 2021 war sie die größte Oppositionsfraktion im Deutschen Bundestag. Angesichts wiederholter innerparteilicher Richtungsstreitigkeiten und der umkämpften Grenzziehung zum rechtsextremen Rand ist noch immer unklar, in welche inhaltliche Richtung sich die AfD entwickelt und welche Position sie mittelfristig im deutschen Parteiensystem einnehmen wird (weiterführend siehe Schroeder und Weßels 2019).

6.2 Das Parteiensystem auf Bundesebene: Struktur und Entwicklung

Um die *ideologisch-programmatischen Parteipositionen* systematisch einzuordnen, wird meist die Unterscheidung zwischen *Links und Rechts* herangezogen (Bobbio 1994; Decker 2018a, S. 23–24). Sie geht historisch auf die Sitzordnung in der französischen Abgeordnetenkammer von 1814 zurück: Rechts saßen die konservativen Kräfte, die eine Wiederherstellung der Monarchie befürworteten, und links die progressiven Kräfte, die für einen weitergehenden Wandel von Politik und Gesellschaft im Sinne der Volkssouveränität eintraten. Auch in modernen Demokratien erfolgt die Platzierung der Parteien im politischen Wettbewerbsspektrum auf Basis der Links-Rechts-Unterscheidung. Die entscheidende Differenz liegt im jeweiligen Verständnis politischer Gleichheit (Bobbio 1994, S. 76–78): Linke Parteien betonen die grundsätzliche Gleichheit der Menschen und streben nach einer egalitären Gesellschaft, in der alle Bürgerinnen die gleichen Entfaltungschancen unabhängig von ihren individuellen Fähigkeiten und ihrer sozialen Herkunft haben. Rechte Parteien akzentuieren dagegen die – historisch, kulturell, sozial oder familiär bedingte – Ungleichheit zwischen Individuen und Gruppen und suchen diese Unterschiede im Rahmen der Gesellschaftsordnung zu bewahren.

Entsprechend der heterogenen Gleichheitsideen fallen auch die Policy-Präferenzen der beiden Lager grundsätzlich unterschiedlich aus. Dies gilt sowohl hinsichtlich sozioökonomischer Verteilungsfragen als auch hinsichtlich soziokultureller Wertefragen. Daher lassen sich die Links-Rechts-Unterschiede in einem *zweidimensionalen Wettbewerbsmodell* verorten (Kitschelt 1988; Marks et al. 2006; Abb. 6.1). Auf der *sozioökonomischen Dimension* treten linke Parteien idealtypisch für eine staatlich gesteuerte

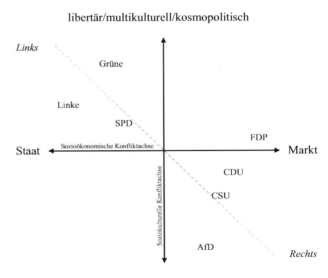

Abb. 6.1 Das bundesdeutsche Parteiensystem im zweidimensionalen Wettbewerbsmodell. Quelle: Eigene Darstellung nach Decker (2018a). Die Platzierungen der im Bundestag vertretenen Parteien basieren auf deren ungefähren inhaltlichen Positionen während der letzten Legislaturperiode (2017–2021)

Wirtschaft und soziale Umverteilung ein, während rechte Parteien staatliche Eingriffe in den freien Markt ablehnen. Auf der *soziokulturellen Dimension* folgen linke Parteien libertären und kosmopolitischen Wertorientierungen, die eine gesellschaftliche Gleichstellung individueller Lebensmodelle und verschiedener Kulturen unabhängig von der Staatsbürgerschaft oder anderen gruppenbezogenen Merkmalen zum Ziel haben. Rechte Parteien versuchen dagegen, die traditionellen Hierarchien, Autoritäten und Ordnungsmuster in Staat und Gesellschaft zu erhalten, indem sie etwa ein konservatives Familienmodell befürworten, den privilegierten Status der christlichen Kirchen bewahren und eine Erweiterung des Staatsbürgerschaftsrechts zurückweisen.

Abb. 6.1 zeigt, wie die Bundestagsparteien in dieses Modell einzuordnen sind. Auf der sozioökonomischen Achse sind die Positionen der Linkspartei und der FDP am weitesten voneinander entfernt, auf der soziokulturellen Achse stehen sich Grüne und AfD polar gegenüber. SPD, CDU und CSU vertreten in beiden Wettbewerbsdimensionen moderatere Positionen links und rechts der Mitte. Insgesamt wird deutlich, dass die *Hauptachse des bundesdeutschen Parteienwettbewerbs zwischen einem linken und einem rechten Lager* verläuft. Innerhalb dieser Lager fallen die programmatischen Distanzen geringer aus, was eine inhaltliche Kooperation zwischen den betreffenden Parteien grundsätzlich erleichtert. Gleichzeitig konkurrieren die Parteien innerhalb beider Lager besonders intensiv um die Stimmen der „linken" bzw. „rechten" Wählerinnen. Daraus ergibt sich vor allem für CDU/CSU und SPD eine strategische Herausforderung: Aufgrund ihres Selbstverständnisses als Volksparteien vertreten sie stärker inklusive Positionen, die deswegen auch weniger prononciert ausfallen. Daher können sie ihre Wählerbasis nicht allein über programmatische Profilierung mobilisieren. Gerade bei den Volksparteien spielen daher die ihnen zugeschriebene Problemlösungskompetenz sowie das Image ihrer Spitzenkandidatinnen eine zunehmend wichtige Rolle im Wahlkampf (Abschn. 5.2).

Das zweidimensionale Wettbewerbsmodell dient hauptsächlich dazu, die programmatische Angebotsstruktur der politischen Parteien gegenüber den Wählerinnen gesamthaft zu erfassen. Die Funktionsweise des *parlamentarischen Parteiensystems* wird jedoch vor allem durch die Frage bestimmt, inwiefern die dort vertretenen Parteien stabile und handlungsfähige Mehrheiten bilden können, um in der Regierung ihre Wahlversprechen zu erfüllen und damit auch die Responsivität der repräsentativen Demokratie sicherzustellen. Vor diesem Hintergrund zieht die vergleichende Politikwissenschaft mehrere Strukturmerkmale heran, um das Interaktionsgefüge der Parteien zu beschreiben (Sartori 1976; Niedermayer 2013b).

Zunächst sind die *numerischen Eigenschaften des Parteiensystems* von grundlegender Bedeutung. Dabei geht es nicht nur um die bloße Anzahl der Parteien (*Format*), sondern auch um ihre Größenverhältnisse. Für die Bildung stabiler Parlamentsmehrheiten macht es nämlich einen deutlichen Unterschied, „ob ein Parteiensystem mit einer bestimmten Anzahl von Parteien auf wenige große Parteien konzentriert oder in viele kleine Parteien zersplittert ist" (Niedermayer 2013b, S. 86). Den Grad an parteipolitischer Zersplitterung bzw. Konzentration der Parlamentsmandate bezeichnet man als *Fragmentierung;* sie

6.2 Das Parteiensystem auf Bundesebene: Struktur und Entwicklung

wird in der Regel über die Effektive Parteienzahl ermittelt.[2] Außerdem spielt noch das numerische Verhältnis der beiden größten Parteien eine wichtige Rolle (*Asymmetrie*). Wenn die mandatsstärkste Partei für längere Zeit deutlich vor der zweitstärksten liegt, tendiert sie dazu, die Koalitionsbildung dauerhaft zu bestimmen. Eine solche Dominanz einer Partei erschwert die Formierung alternierender Parteienregierungen, auf der die Idee der Mehrheitsdemokratie beruht (Niedermayer 2013b, S. 87).

Neben den numerischen Merkmalen bestimmen zwei *inhaltliche Eigenschaften des Parteiensystems* die Bildung und Arbeitsweise von Koalitionsregierungen. Zum einen erfasst die *Polarisierung* „die ideologisch-programmatischen Distanzen zwischen den Parteien" im politischen Wettbewerbsraum (Niedermayer 2013b, S. 89). Je weiter die Positionen einzelner Parteien zu zentralen politischen Streitfragen auseinanderliegen, umso schwieriger wird eine inhaltsbezogene Zusammenarbeit in der Regierung. Zum anderen gibt die *Segmentierung* „den Grad der gegenseitigen Abschottung der einzelnen Parteien wieder" (Niedermayer 2013b, S. 97). In nicht-segmentierten Systemen sind grundsätzlich alle Parteien miteinander koalitionsfähig, während in stark segmentierten Systemen die meisten Parteien eine wechselseitige Regierungszusammenarbeit kategorisch ablehnen. In vielen Systemen werden bestimmte Parteien von der Koalitionsbildung ausgeschlossen, wie z. B. extremistische Parteien, die sich gegen die Demokratie stellen, aber auch neue Parlamentsparteien, deren Verhalten für die anderen noch nicht hinreichend berechenbar erscheint (Grotz und Weber 2016a, S. 451–455).

Mithilfe dieser Strukturmerkmale lässt sich auch die *Entwicklung des bundesdeutschen Parteiensystems* nachzeichnen, die man *in vier Phasen* einteilen kann (ausführlichere Darstellungen siehe u. a. bei von Alemann et al. 2018, S. 51–111 und Niedermayer 2013a, S. 744–756).

(1) *Fragmentierte und polarisierte Startphase (1945–1953).* Nach dem Krieg bildete sich in den westlichen Besatzungszonen unter Aufsicht der Alliierten ein Parteiensystem heraus, das „zum einen durchaus in der Kontinuität des relativ hoch fragmentierten, segmentierten und polarisierten Weimarer Systems stand, zum anderen aber auch wesentliche Züge des Neubeginns trug" (Niedermayer 2013a, S. 744). Wichtigster Ausdruck dieses Neubeginns war neben der Gründung der FDP die Formierung von CDU und CSU als christdemokratische Parteien mit explizit überkonfessionellem Anspruch. Dagegen blieben SPD und KPD wie zu Weimarer Zeiten getrennt. In der Sowjetischen Besatzungszone wurden politische Parteien noch früher zugelassen als in den Westzonen. Allerdings kam es dort schon bald zu einer Zwangsvereinigung von SPD und KPD zur

---

[2] Die „effective number of parties" (Laakso und Taagepera 1979) ergibt sich, indem man 1 durch die Quadratsumme der Sitzanteile der parlamentarischen Parteien dividiert. Durch die Quadrierung werden größere Parteien stärker gewichtet als kleinere. Das heißt: Wenn die Sitzanteile zwischen den Parteien genau gleich verteilt sind, entspricht die Effektive Parteienzahl der tatsächlichen Anzahl (Format). Wenn aber wenige große Parteien fast alle Sitze und kleine Parteien jeweils nur ganz wenige besetzen, wird die Effektive Parteienzahl kleiner, was einen höheren Konzentrationsgrad des Parteiensystems anzeigt.

SED, während die anderen Parteien in ein nicht-kompetitives Blockparteiensystem unter der Hegemonie der SED eingegliedert wurden (Niedermayer 2013a, S. 744).

Bei der ersten Bundestagswahl 1949 entfielen fast drei Viertel der Mandate auf CDU/CSU (34,6 %), SPD (32,6 %) und FDP (12,9 %) (Schindler 1987, S. 186). Darüber hinaus gelang sieben kleineren Parteien der Einzug ins Parlament. Somit waren von den 13 zur Wahl angetretenen Parteien zehn im Bundestag vertreten. Dieses bisher höchste Parteienformat in der Parlamentsgeschichte der Bundesrepublik kam auch dadurch zustande, dass die 5 %-Klausel 1949 nur auf Länderebene angewendet wurde (Abschn. 5.1). Dagegen fiel der Fragmentierungswert mit 4,0 deutlich geringer aus, weil die kleinen Fraktionen jeweils nur wenige Mandate innehatten. So stellten die Bayernpartei (BP) und die Deutsche Partei (DP) als viertgrößte Fraktionen jeweils 4 % der Abgeordneten. Da sich die Mandatsanteile zwischen CDU/CSU und SPD nur um zwei Prozentpunkte unterschieden, war die Asymmetrie sehr gering ausgeprägt. Dagegen war die Polarisierung relativ stark: Nicht nur war mit der KPD eine extremistische Kraft im Bundestag repräsentiert, sondern auch die inhaltlichen Positionen der systembejahenden Parteien lagen in zentralen Fragen weit auseinander, wie z. B. hinsichtlich der Ausgestaltung der Wirtschaftsordnung oder der außenpolitischen Orientierung der Bundesrepublik.

(2) *Konsolidiertes Zweieinhalb-Parteiensystem mit wechselnden Koalitionsmustern (1953–1983)*. Diese Phase war durch einen deutlichen Konzentrationsprozess geprägt, in dessen Folge CDU/CSU, SPD und FDP als einzige Parteien im Parlament verblieben (Niedermayer 2013a, S. 745–747). Da der überwiegende Teil der Mandate auf Union und Sozialdemokratie entfiel, pendelte sich die Fragmentierung von Ende der 1950er bis Anfang der 1980er Jahre auf einen Durchschnittswert von 2,5 ein (Tab. 5.1). Daher wird für diesen Zeitraum häufig von einem „Zweieinhalb-Parteiensystem" gesprochen (von Alemann et al. 2018, S. 52). Für diese enorme Konzentration gab es mehrere Gründe. So wurde die 5 %-Klausel nun bundesweit angewendet. 1953 konnte daher nur noch der Gesamtdeutsche Block/Bund der Heimatvertriebenen und Entrechteten (GB/BHE) als vierte Partei die Hürde knapp überwinden. Mit dem wachsenden zeitlichen Abstand zum Krieg büßte der GB/BHE zudem immer mehr an Bedeutung ein. Die DP konnte 1953 und 1957 nur aufgrund ihrer Direktmandate in den Bundestag einziehen. Vor der Bundestagswahl 1961 traten dann ihre Abgeordneten zur CDU über. Nicht zuletzt wurde das einsetzende „Wirtschaftswunder" allgemein als politischer Erfolg von CDU und CSU verbucht, was beiden Parteien zu einem enormen Aufschwung in der Wählergunst verhalf. Zusammengenommen führten diese Entwicklungen zu „einer strukturellen Asymmetrie zugunsten der Union" (Niedermayer 2013a, S. 745). Von 1957 bis 1961 verfügte sie sogar als erste und bisher einzige Bundestagsfraktion über eine absolute Mandatsmehrheit; dennoch bildete sie keine Einparteienregierung (Abschn. 10.2). Selbst während ihrer Oppositionszeit zwischen 1969 und 1982 stellte die CDU/CSU meist die stärkste Fraktion; nur von 1972 bis 1976 wurde sie in dieser Position von der SPD

abgelöst. Trotz der geringen Fragmentierung blieb eine absolute Mandatsmehrheit die Ausnahme. Sowohl die CDU/CSU als auch die SPD waren daher bei der Koalitionsbildung auf die FDP angewiesen, die sich in der Mitte zwischen beiden positionierte und so als „Zünglein an der Waage" fungierte (von Alemann et al. 2018, S. 78).

Die Segmentierung des parlamentarischen Parteiensystems wurde in dieser Phase vollständig abgebaut, da sich die SPD mit ihrem Godesberger Programm (1959) breiter aufstellte und weiteren Bevölkerungsgruppen zugänglich machte und die FDP mit den Freiburger Thesen (1972) ihr Profil von einer nationalkonservativen und wirtschaftsliberalen zu einer sozialliberalen Partei änderte. Dadurch wurden die drei im Bundestag vertretenen Parteien „prinzipiell allseitig koalitionsfähig" (Niedermayer 2013a, S. 747). Tatsächlich kamen in dieser Phase alle theoretisch denkbaren Regierungsbündnisse zustande: zwischen Union und FDP (1961–1965), Union und SPD (1965–1969) und SPD und FDP (1969–1982). Gleichwohl bestanden die inhaltlichen Differenzen hinsichtlich politischer, ökonomischer und kultureller Grundfragen zwischen den beiden Volksparteien fort, die aber den bundesdeutschen Basiskonsens von Westintegration und Sozialer Marktwirtschaft nicht infrage stellten (Weßels 1991).

Das Ende dieser Phase wird in der Literatur teilweise bereits auf das Jahr 1976 datiert, als sich infolge der Neuausrichtung der sozialdemokratischen Wirtschafts-, Energie- und Verteidigungspolitik eine deutliche Annäherung zwischen SPD und Union vollzog (Niedermayer 2013a, S. 746–747; von Alemann et al. 2018, S. 52). Vor allem innerhalb der SPD führte diese Entwicklung zu starken Widersprüchen, sodass sich nach und nach Raum für eine neue Partei links der Sozialdemokratie eröffnete. Auf Bundesebene endete die Phase des Zweieinhalb-Parteiensystems erst mit dem nachhaltigen Koalitionswechsel der FDP zur Union (1982) und dem erstmaligen Einzug der Grünen in den Bundestag (1983).

(3) *Bipolare Lagerbildung und Ausdifferenzierung des linken Spektrums (1983–2005).* In dieser Phase entwickelte sich eine bipolare Wettbewerbskonstellation zwischen SPD und Grünen einerseits und Union und FDP andererseits. Durch die parlamentarische Repräsentation der Grünen erhöhte sich das Format des Parteiensystems von drei auf vier. Daraus resultierten zunächst keine erweiterten Bündnisoptionen, weil die Grünen weder selbst koalitionswillig waren noch von anderen Parteien als koalitionsfähig angesehen wurden (Niedermayer 2013a, S. 749). Besonders betroffen vom Erstarken der Grünen war die SPD: Einerseits wanderten Wählerinnen zu der neuen Partei ab, was bis zum Ende der Ära Kohl (1998) die strukturelle Asymmetrie zugunsten der Union zementierte. Andererseits fehlte der Sozialdemokratie eine strategische Bündnispartnerin, da eine Mehrheitskoalition mit der FDP weder rechnerisch gegeben war noch aufgrund der programmatischen Differenzen möglich erschien.

Während der 1980er Jahre gewann auch der soziale Wandel an Dynamik: Die traditionell mit Union und SPD verbundenen Milieus der (katholischen) Kirchgängerinnen und gewerkschaftlich organisierten Arbeiterschaft lösten sich zunehmend auf, während „postmaterialistische" Wertorientierungen weiter an Bedeutung gewannen, wovon die Grünen strukturell profitierten (Walter 2011). In den Volksparteien kam es vor diesem Hintergrund zu Richtungsstreitigkeiten und innerparteilichen Reformen. Gleichwohl konnten sie die dauerhafte Etablierung der Grünen nicht verhindern, was die SPD dazu veranlasste, Koalitionsoptionen mit der neuen Partei auszuloten. Begünstigt wurden die Annäherungsversuche durch den „Pragmatisierungskurs" (Niedermayer 2013a, S. 753), den die Grünen einschlugen, nachdem sie 1990 den Einzug in den Bundestag verpasst hatten.[3] Als 1998 die SPD erstmals wieder als stärkste Partei aus den Bundestagswahlen hervorging, bildete sie mit den Grünen eine Regierungskoalition.

Die rot-grüne Mehrheit war möglich geworden, obwohl seit 1990 mit der PDS eine weitere Partei des linken Spektrums im Bundestag repräsentiert war. Als Nachfolgerin der SED positionierte sich die PDS nicht nur „als Interessenvertreterin der Ostdeutschen gegenüber dem westdeutsch dominierten Gesamtdeutschland" (Niedermayer 2013a, S. 750), sondern wurde auch weitgehend als Anti-System-Partei wahrgenommen, die außerdem mit ihrer euroskeptischen und NATO-kritischen Haltung ein Alleinstellungsmerkmal aufwies. Ein Regierungsbündnis mit ihr kam daher für keine andere Partei in Betracht. Trotz des erhöhten Formats blieb die Fragmentierung des parlamentarischen Parteiensystems bis 2005 durchgängig unterhalb des Werts von 3,0, weil Union und SPD weiterhin den überwiegenden Teil der Bundestagsabgeordneten stellten (Niedermayer 2013a, S. 750).

(4) *Dynamisches Vielparteiensystem mit Tendenz zur Großen Koalition (seit 2005).* Während der letzten eineinhalb Jahrzehnte hat sich das bundesdeutsche Parteiensystem in mehrfacher Hinsicht gewandelt: einerseits durch die erneute Zunahme des Parlamentsformats auf sechs, die durch den Einzug der AfD 2017 zustande kam; andererseits durch den Anstieg der Fragmentierung, der nur 2013 unterbrochen wurde, als FDP und AfD knapp an der Sperrklausel scheiterten. Zwischen 2017 und 2021 betrug die Effektive Parteienanzahl im Bundestag 4,6 (Abschn. 5.1, Pappi und Bräuninger 2018, S. 208). Der wichtigste Grund dafür liegt in der deutlichen Schwächung der beiden Volksparteien, wobei die SPD besonders drastisch in der Wählergunst verloren hat. Zwischen 1998 und 2017 hat sich ihr Stimmenanteil bei Bundestagswahlen von knapp 41 % auf 20,5 % halbiert. Auch die Union ist mittlerweile weit von ihrer früheren Untergrenze von 40 % entfernt, wenn man von dem Ausnahmefall der Wahl in 2013 absieht. Gleichzeitig hat sich die Asymmetrie zwischen CDU/CSU und SPD auf einen

---

[3] Bei der ersten gesamtdeutschen Bundestagswahl 1990 wurde die 5 %-Klausel einmalig getrennt auf Ost- und Westdeutschland angewendet (Abschn. 5.1). Da die West-Grünen getrennt von der Listenvereinigung Bündnis 90/Grüne-BürgerInnenbewegungen antraten, übersprang nur Bündnis 90 die Prozenthürde in Ostdeutschland und zog in den Bundestag ein (Bundeswahlleiter 2018, S. 26).

6.2 Das Parteiensystem auf Bundesebene: Struktur und Entwicklung

zweistelligen Prozentpunktewert erhöht. Daher ist die Union trotz historisch geringer Stimmenanteile nach wie vor die größte Regierungspartei und stellte damit bis zuletzt die Bundeskanzlerin.

In ideologisch-programmatischer Hinsicht hat sich das Parteiensystem ebenfalls dynamisch entwickelt. Die CDU hat sich mit ihrer gesellschaftspolitischen Öffnung während der Kanzlerschaft Angela Merkels an gesellschaftspolitische Positionen der SPD und der Grünen angenähert (Niedermayer 2013a, S. 755). Darüber hinaus herrscht zwischen FDP, Grünen und der 2007 neu formierten Linkspartei eine offenere Wettbewerbssituation, während die AfD mit ihren rechtspopulistischen und teils rechtsextremen Positionen die Polarisierung zwischen sich und den anderen Bundestagsparteien deutlich verschärft hat. Da auf Bundesebene weder die AfD noch Die Linke als koalitionsfähig gelten, waren Mehrheitsregierungen innerhalb des rechten oder linken Lagers nicht mehr möglich. In der Rückschau erweist sich die Bildung einer schwarz-gelben Koalition 2009 als Ausnahme. Stattdessen waren seit 2005 Große Koalitionen von Union und SPD die Regel, wobei die Fraktionen der beiden Volksparteien 2017 nur noch 56,3 % der Sitze stellten und daher erstmals keine Zweidrittelmehrheit im Bundestag mehr innehatten. Vor diesem Hintergrund werden unterschiedliche lagerübergreifende Bündnisse jenseits der Großen Koalition, wie es sie bereits in vielen Bundesländern gibt (Abschn. 13.3), intensiv diskutiert. Allerdings haben 2017 die schwerfälligen und letztlich gescheiterten Verhandlungen zwischen Union, FDP und Grünen über die Bildung einer „Jamaika"-Koalition offenbart, dass zwar neue Bündnisformate auch auf Bundesebene von vielen gewünscht werden, aber zugleich – obwohl numerisch möglich – auf beträchtliche Hindernisse stoßen (Siefken 2018b).

Aufs Ganze betrachtet lässt sich die Entwicklung des deutschen Parteiensystems mit zwei zentralen Veränderungen beschreiben. *Erstens* erhöhten sich seit Anfang der 1980er Jahre die Anzahl und Fragmentierung der Parlamentsparteien, wodurch die Dominanz der Volksparteien, die den Parteienwettbewerb über Jahrzehnte maßgeblich prägten, erodierte. *Zweitens* wird die zurückgehende Integrationskraft von CDU/CSU und SPD von einer zunehmenden Polarisierung und Segmentierung des Parteiensystems begleitet, die sich nach 2005 dynamisierten. Mit den zwei großen Volksparteien und der damit verbundenen Links-Rechts-Distinktion entwickelte das Parteiensystem bis 2005 eine spezifische Lagerbildung, die eher dem Charakter der Mehrheitsdemokratie entsprach. Das änderte sich in der Folgezeit. Angesichts volatiler Wählermärkte, der Stärke von nicht koalitionswilligen und -fähigen Parteien (Linke und AfD; temporär die FDP) sowie damit einhergehender schwieriger parlamentarischer Mehrheitsverhältnisse befassten sich die Unionsparteien sowie die SPD mit für sie neuen Koalitionsoptionen. Jenseits einer lagerübergreifenden Koalition von Union und SPD und einer Koalition von Union und Grünen sind gegenwärtig nur lagerübergreifende Regierungsbündnisse von drei Parteien realistisch – wie sie für Konsensdemokratien typisch sind. Damit verbinden sich wiederum neue Schwierigkeiten bei der Regierungsbildung, wie die gescheiterten „Jamaika"-Verhandlungen 2017 gezeigt haben.

6.3 Die deutschen Parteien im europäischen Mehrebenensystem

Parteien agieren nicht nur auf Bundesebene, sondern auch in den deutschen Ländern und Kommunen sowie auf Ebene der Europäischen Union (EU). Trotz einiger regionaler Besonderheiten weisen die Parteiensysteme in den *Ländern* weitgehende Ähnlichkeiten zur Bundesebene auf (Abschn. 13.3). Außerdem sind die bundesweit etablierten Parteien in den *Kommunen* verwurzelt und besetzen dort die meisten Wahlämter, wobei sie vor allem in kleineren Gemeinden zunehmend Konkurrenz durch lokale Wählervereinigungen und unabhängige Kandidatinnen erfahren (Abschn. 14.3). Die *EU-Ebene* nimmt demgegenüber eine Sonderstellung ein (Kap. 3). Das Europäische Parlament (EP), das die wichtigste Arena des Parteienwettbewerbs bildet, wird erst seit 1979 direkt gewählt und verfügt noch nicht über die Kompetenzausstattung eines demokratischen Vollparlaments, obwohl es im Zeitverlauf immer mehr Mitwirkungsrechte erhalten hat. Außerdem werden die Mitglieder der Europäischen Kommission, des Exekutivorgans der EU, durch die nationalstaatlichen Regierungen nominiert und damit nicht nach einheitlichen parteipolitischen Gesichtspunkten besetzt. Nur bei der Wahl des Kommissionspräsidenten muss das Ergebnis der EP-Wahl „berücksichtigt" werden (Art. 17 Abs. 7 EUV).

In diesem institutionellen Kontext stehen die deutschen Parteien vor der schwierigen Herausforderung, sich mit ihren Schwesterorganisationen aus den anderen 26 Mitgliedstaaten so zu koordinieren, dass sie ihre zentralen Funktionen als intermediäre Organisationen erfüllen können. Die *„Europafähigkeit" der Parteien* ist von besonderer Bedeutung, weil inzwischen zahlreiche Entscheidungen auf EU-Ebene getroffen werden, die unmittelbare Konsequenzen für die Bürgerinnen haben und damit einer demokratischen Legitimation bedürfen, die auch und gerade durch Parteien vermittelt wird. Ob die deutschen Parteien diese Rolle bei der politischen Willensbildung und Entscheidungsfindung im EU-Mehrebenensystem erfüllen, zeigt sich zum einen daran, inwiefern sie sich organisatorisch und programmatisch auf die europäische Integration eingestellt haben („Top-down-Europäisierung"; von dem Berge und Poguntke 2013, S. 876). Zum anderen geht es darum, inwieweit sie in die institutionellen und organisatorischen Strukturen auf EU-Ebene eingebunden sind und dort gestaltend tätig werden („Bottom-up-Europäisierung"; von dem Berge und Poguntke 2013, S. 883).

Die *Organisationsstrukturen* der deutschen Parteien haben sich infolge der Europäisierung nur begrenzt verändert. Zwar werden führende Europaabgeordnete und andere europäische Amtsträgerinnen meist in die Steuerungsgremien ihrer Parteien kooptiert. So gehört etwa Kommissionspräsidentin Ursula von der Leyen qua Amt dem CDU-Bundesvorstand an (§ 33 Abs. 1 Statut der CDU). Gleichwohl ist der Einfluss von EU-Politikerinnen in den nationalen Parteiorganisationen nach wie vor gering. Auch die Europaabgeordneten suchen eher den Kontakt zu ihrer regionalen Parteiführung und ihrer lokalen Wählerbasis, die meist über die Fortführung des EU-Mandats entscheiden, als zur Führungsebene ihrer Bundespartei (von dem Berge und Poguntke 2013, S. 879). Gleichzeitig hat die Exekutivzentriertheit des europäischen Regierens die

6.3 Die deutschen Parteien im europäischen Mehrebenensystem

Position nationaler Regierungsmitglieder in den Führungsgremien ihrer Parteien weiter aufgewertet und damit einen bereits bestehenden Trend verstärkt (Carter und Poguntke 2010).

Auf der *programmatischen Ebene* bietet die Europäische Union den nationalen Parteien eine besondere Möglichkeit zur Profilierung, weil sie sich für eine weitere Vergemeinschaftung öffentlicher Aufgaben einsetzen oder umgekehrt eine stärkere (Re-) Nationalisierung fordern können, um so den integrationsfreundlichen bzw. -skeptischen Wählergruppen ein differenziertes Angebot zu machen. In der Bundesrepublik herrschte unter den etablierten Parteien lange Zeit Konsens, dass die politische Einigung Europas zum „Kern deutscher Staatsräson" (Knelangen 2005, S. 25) gehört. Daher wurden die *Grundorientierung für eine europäische Integration* zwischen ihnen nicht kontrovers debattiert, obwohl es in der deutschen Bevölkerung immer auch europaskeptische Gruppen gab (Hertner und Sloam 2012, S. 37–38). Lediglich die PDS/Linke ging seit den 1990er Jahren auf Distanz zum proeuropäischen Parteienkonsens, womit sie lange Zeit ein Alleinstellungsmerkmal im Parteienwettbewerb besaß. Das änderte sich durch die 2013 gegründete AfD, die als dezidierte Gegnerin sowohl der Eurorettungspolitik als auch des gesamten Integrationsprojekts einen Großteil der euroskeptischen Wählerinnen hinter sich versammeln konnte (Lewandowsky 2016). Seitdem ist das deutsche Parteiensystem hinsichtlich der europapolitischen Grundausrichtung stärker polarisiert und hat sich in dieser Hinsicht der Wettbewerbsstruktur in den meisten anderen EU-Staaten angeglichen (Braun et al. 2019).

Ungeachtet dessen befassen sich alle deutschen Parteien immer intensiver mit den *politischen Sachfragen* (*policy issues*), die auf EU-Ebene entschieden werden, und nehmen dazu inhaltlich differenzierte Positionen ein. Insofern ist eine „fortschreitende Europäisierung der Wahlprogramme" zu beobachten (Pollex 2020, S. 129). Allerdings bewegen sich viele dieser Parteipositionen entlang der „klassischen Lagerstruktur" (Wimmel 2019): Beispielsweise unterstützten SPD, Grüne und Linkspartei bei der Europawahl 2019 die Einführung nationaler Mindestlöhne in allen EU-Staaten auf nationalstaatlicher Ebene, während dies von CDU/CSU, FDP und AfD abgelehnt wurde. Umgekehrt befürworteten die Parteien des rechten Lagers eine Einschränkung der Sozialleistungen für EU-Ausländerinnen, während sich die Parteien des linken Lagers dagegen aussprachen. Zwar gibt es auch einige *issues,* bezüglich derer sich die Parteien nicht nach dem Links-Rechts-Schema positionieren, wie z. B. einer gemeinsamen Außen- und Verteidigungspolitik der EU, doch ist daraus *keine europapolitische Konfliktlinie* entstanden, „die quer zu den bekannten Mustern des Parteienwettbewerbs in der nationalen Politik liegt" (Wimmel 2019, S. 192).

Um ihre programmatischen Positionen zu realisieren, müssen sich die Parteien aktiv in den Prozess der politischen Willensbildung und Entscheidungsfindung auf europäischer Ebene einbringen. Im Vergleich zur nationalen Ebene bietet das *EU-Regierungssystem* aber nur *begrenzte Möglichkeiten für parteipolitische Gestaltung*. So setzt sich der *Rat der EU* aus den jeweiligen Fachministerinnen der nationalen Regierungen zusammen, die in der Regel alle einer Partei angehören. Daher könnten

Tab. 6.5 Deutsche Parteien im EU-Parlament und in Europäischen Parteien

Partei	Europäisches Parlament		Europäische Partei (Gründungsjahr)[a]
	Sitze	Fraktion	
CDU	23	EVP	EVP (1976)
CSU	6		
SPD	16	S&D	SPE (1974)
Grüne	21	Grüne/EFA	EGP (1983)
ÖDP	1		–
Piratenpartei	1		–
Volt Europa	1		–
FDP	5	Renew Europe	ALDE (1976)
Freie Wähler	2		EDP (2004)
Die Linke	5	GUE/NGL	EL (2004)
AfD	11	ID	–
Familien-Partei	1	EKR	ECPM (2002)
Die Partei[b]	1	–	–
parteilos[c]	1		–

Quelle: Eigene Darstellung nach Behörde für europäische politische Parteien und europäische politische Stiftungen; Europäisches Parlament; Weigl (2019, S. 166); Stand: 15. März 2021.

Anmerkungen: [a] Es sind nur Parteien aufgeführt, die von der Behörde für europäische politische Parteien und europäische politische Stiftungen anerkannt sind. Dazu zählen nicht die Europäische Piratenpartei, Volt Europa und Animal Politics EU, denen die jeweils in Deutschland registrierten Parteien (Piratenpartei, Volt Europa, Tierschutzpartei) angehören. [b] Von ursprünglich zwei EP-Abgeordneten der „Partei" trat einer der Fraktion Grüne/EFA bei und verließ danach die „Partei". [c] Ehemals Tierschutzpartei.

Abkürzungen: ALDE = Allianz der Liberalen und Demokraten für Europa; ECPM = Europäische Christliche Politische Bewegung; EDP = Europäische Demokratische Partei; EGP = Europäische Grüne Partei; EKR = Europäische Konservative und Reformer; EL = Partei der Europäischen Linken; EVP = Europäische Volkspartei; Grüne/EFA = Die Grünen/Europäische Freie Allianz; GUE/NGL = Vereinte Europäische Linke/Nordische Grüne Linke; ID = Identität und Demokratie; S&D = Progressive Allianz der Sozialdemokraten; SPE = Sozialdemokratische Partei Europas.

sich die Ratsmitglieder nach Parteienfamilien in länderübergreifenden Gruppen organisieren, wie es etwa im deutschen Bundesrat der Fall ist (Abschn. 11.2). Tatsächlich richten sie ihr Abstimmungsverhalten jedoch stärker nach nationalen Interessen aus als nach programmatischen Positionen ihrer Partei (Keading und Selck 2005). Ähnliches gilt für die *Europäische Kommission,* deren Mitglieder von nationalen Regierungsparteien nominiert werden und daher auch Parteipolitikerinnen sind. Ihre Arbeit als EU-Kommissarinnen wird jedoch überwiegend von der Logik des jeweiligen Ressorts und allenfalls noch von nationalen Interessen, aber kaum von ihrer Parteizugehörigkeit bestimmt (Wonka 2008).

Dagegen hat sich das *Europäische Parlament* schon frühzeitig nicht nach nationalen Abgeordnetengruppen, sondern in transnationalen parteipolitischen Fraktionen organisiert und dies bis heute beibehalten. Tab. 6.5 zeigt, welchen Fraktionen die 14 *deutschen Parteien* im gegenwärtigen EP angehören: CDU und CSU der EVP-Fraktion, die SPD der aus sozialdemokratischen Parteien bestehenden S&D-Fraktion, die Grünen der Fraktion Grüne/EFA, die FDP der liberalen Renew Europe, die Linkspartei der linken GUE/NGL-Fraktion sowie die AfD der Fraktion Identität und Demokratie, die sich aus verschiedenen nationalistischen und rechtsradikalen Parteien zusammensetzt. Darüber hinaus sind 2019 verschiedene Kleinparteien über das deutsche Mandatskontingent ins EP gewählt worden und anschließend verschiedenen größeren Fraktionen beigetreten. Allerdings handelt es sich dabei um einen Sondereffekt, der durch die Aufhebung der nationalen Sperrklausel im Jahr 2014 bewirkt wurde. Sobald die Änderung des Direktwahlakts, die die Einführung einer Prozenthürde vorsieht, von allen Mitgliedstaaten ratifiziert ist, wird sich die starke Zersplitterung des deutschen Parteienformats wieder reduzieren (Abschn. 5.3).

Obwohl die einzelnen EP-Fraktionen aus zahlreichen nationalen Parteien bestehen, weisen sie bei Abstimmungen einen hohen Grad an Geschlossenheit auf (Hix et al. 2007). Diese überraschend *starke Fraktionsdisziplin* kommt dadurch zustande, dass sich die Abgeordneten in der Regel an die Vorgaben ihrer nationalen Parteiendelegationen halten, deren Führungen wiederum die politische Linie der gesamten Fraktion aushandeln und am Ende verbindlich festsetzen. Damit ist das EP „die einzige EU-Institution, in der die Debatten und Abstimmungen hauptsächlich der traditionellen Links-Rechts-Dimension folgen" (Hix et al. 2005, S. 231; Übersetzung FG/WS).

Die deutschen Parteien kooperieren mit ihren europäischen Schwesterorganisationen nicht nur innerhalb der Parlamentsfraktionen, sondern auch im Rahmen *Europäischer Parteien*, denen sie jeweils angehören (Tab. 6.5). Diese wurden von den nationalen Parteien als organisatorischer Rahmen zum wechselseitigen Austausch und zur Koordination ins Leben gerufen (Weigl 2019, S. 166). Zuerst wurde 1974 die Sozialdemokratische Partei Europas (SPE) gegründet, der 1976 die Europäische Volkspartei (EVP) folgte, die aus verschiedenen christdemokratischen, bürgerlichen und konservativen Parteien besteht. Im selben Jahr fanden sich die liberalen Parteien unter dem Dach der Allianz der Liberalen und Demokraten für Europa (ALDE) zusammen. Später traten weitere hinzu, darunter die Europäische Grüne Partei sowie mehrere Dachorganisationen, in denen sich verschiedene europaskeptische und rechtsradikale Parteien zusammengeschlossen haben (Mittag und Steuwer 2010, S. 60–63; Bukow und Höhne 2013, S. 822–824).

Die Europäischen Parteien sind inzwischen auch *im EU-Recht verankert* (Abschn. 3.1). Im Vertrag von Maastricht (1993) wurden sie erstmals erwähnt. Nach Art. 10 Abs. 4 des aktuell gültigen Vertrags über die Europäische Union (EUV) sollen die Parteien auf europäischer Ebene „zur Herausbildung eines europäischen politischen

Bewusstseins und zum Ausdruck des Willens der Bürgerinnen und Bürger der Union" beitragen. Des Weiteren ermächtigt Art. 224 AEUV das EP und den Rat, die Rechtsgrundlagen für Europäische Parteien einschließlich ihrer Finanzierung zu schaffen. Auf dieser Basis wurde 2003 eine Verordnung verabschiedet, die „vorrangig die Parteienfinanzierung" regelte (Morlok und Merten 2018, S. 241; VO (EG) Nr. 2004/2003). Zuvor waren die Europäischen Parteien finanziell und personell stark von der Unterstützung ihrer jeweiligen Fraktionen im EP abhängig gewesen (Mittag und Steuwer 2010, S. 85). Nachdem der Europäische Rechnungshof und der Europäische Gerichtshof diese „Quersubventionierung" (Mittag und Steuwer 2010, S. 85) mehrfach scharf kritisiert hatten, wurde sie durch die Verordnung unterbunden.

2017 trat mit der Verordnung (EU, Euratom) Nr. 1141/2014 ein umfassendes *europäisches Parteienrecht* in Kraft, das in der Folgezeit durch zwei weitere Verordnungen ergänzt wurde. Dieses Regelwerk umfasst drei zentrale Bereiche. Erstens sind die Bedingungen festgeschrieben, unter denen eine Organisation offiziell als Europäische Partei anerkannt wird. Dazu braucht sie Mitglieder aus mindestens sieben EU-Staaten, die in den dortigen Versammlungen vertreten sind oder bei Europawahlen erfolgreich waren. Im Gegensatz zu deutschen Parteien ist in Europäischen Parteien „eine gleichzeitige Mitgliedschaft von Parteien und Einzelpersonen möglich" (Koch 2018, S. 72). Tatsächlich sind jedoch nationale Parteien als Mitglieder die Regel, während individuelle Mitgliedschaften auf Mandatsträgerinnen beschränkt sind (Morlok und Merten 2018, S. 249). Darüber hinaus müssen Europäische Parteien die Absicht bekunden, an Europawahlen teilzunehmen, über eine Satzung verfügen und ein Programm haben, das „mit grundlegenden Werten der Union in Einklang" steht (Koch 2018, S. 72). Das letztgenannte Kriterium schließt nicht aus, dass auch dezidiert integrationsskeptische Parteien anerkannt werden.

Zweitens ist geregelt, wie der Parteienstatus wieder aberkannt werden kann (Morlok und Merten 2018, S. 252). Die Entscheidung darüber trifft die 2017 geschaffene Behörde für europäische politische Parteien und europäische politische Stiftungen, der ein unabhängiges Expertengremium zur Seite steht. Die Initiative zu einem solchen Verfahren muss vom EP oder vom Europäischen Rat ausgehen. Durch die Aberkennung des Parteienstatus kann demokratiefeindlichen Parteien der Zugang zu öffentlichen Mitteln verwehrt werden.

Drittens ist festgelegt, dass registrierte Parteien „Mittel zur Finanzierung ihrer Arbeit aus dem Gesamthaushaltsplan der Europäischen Union" erhalten können (Koch 2018, S. 74). Anders als in Deutschland gibt es auf EU-Ebene keine absolute Obergrenze für die öffentliche Parteienfinanzierung. Zwischen 2004 und 2019 hat sich die jährliche Gesamtsumme dieser Mittel auf über 47 Mio. € mehr als verzehnfacht. Aufgrund des Brexits war der Haushaltsposten 2021 mit rund 43 Mio. € leicht rückläufig (Europäisches Parlament 2021). 10 % der Mittel werden unter allen berechtigten Parteien, die einen Antrag gestellt haben, gleichmäßig aufgeteilt. Der große Rest geht an die im EP vertretenen Parteien im Verhältnis zu ihren Mandatsanteilen. Davon dürfen die Europäischen Parteien 90 % ihrer Ausgaben bestreiten (relative Obergrenze). Ihr restliches Budget wird überwiegend durch Zahlungen der nationalen Mitgliedsparteien aufgebracht. Außerdem können Europäische Parteien Spenden und Zuwendungen annehmen, für die Höchstgrenzen gelten und über die sie Rechenschaft ablegen müssen. Die Tätigkeiten, für die sie ihre Gelder aufwenden dürfen, sind rechtlich stark eingegrenzt, um eine Mittelentfremdung zu verhindern. Außerdem muss jede Partei einen jährlichen Finanzbericht einschließlich einer Liste der „Zuwendungsleistenden" vorlegen und sich der Kontrolle der EU-Behörden unterziehen (Koch 2018, S. 77). Bei Verstößen drohen finanzielle Sanktionen für die Parteien und weitere Strafmaßnahmen für die beteiligten Personen (Koch 2018, S. 77–78).

Trotz dieser rechtlichen Verankerung, die mit den nationalen Regelungsstandards in Deutschland weitgehend vergleichbar sind, haben die Europäischen Parteien noch immer sehr begrenzten Einfluss auf die politische Willensbildung und Entscheidungsfindung der EU. Bei den Europawahlen treten überwiegend nationale Parteien an, die ihre Wahlprogramme jeweils für sich formulieren und ihre eigenen Kandidatinnen rekrutieren (Bukow und Höhne 2013, S. 827–829). Seit 2017 besteht mit „Volt Europa" eine transnationale Bürgerbewegung, die in mehreren EU-Staaten als Partei registriert ist. 2019 trat sie auch bei der Europawahl an, stieß dabei aber mit 0,7 % (Deutschland), 1,9 % (Niederlande) und 2,1 % der Stimmen (Luxemburg) auf kaum spürbare Resonanz. Über diesen Einstieg hat sich Volt zwischenzeitlich mit ersten Achtungserfolgen bei den Kommunalwahlen in deutschen Universitätsstädten weiter entwickelt (Schroeder zitiert nach Benninghoff 2021).

Insgesamt hat sich der Aktionsraum der politischen Parteien durch das EU-Regierungssystem und vor allem das direkt gewählte EP erheblich erweitert. Gleichwohl spielt die „europäische Musik" des Parteienwettbewerbs hauptsächlich auf der nationalen Ebene. In diesem Sinn haben sich auch die deutschen Parteien an die Europäisierung angepasst, was insbesondere an der programmatischen Aufwertung EU-bezogener Themen, aber auch an der zunehmenden Politisierung der supranationalen Integration durch das Hinzutreten der dezidiert euroskeptischen AfD deutlich wird. Gleichwohl ist die Bedeutungszunahme der EU-Politik für den nationalen Parteienwettbewerb nicht so stark, dass dieser Themenbereich zu einem eigenständigen, entscheidenden Kriterium für die Wahlentscheidung wird. Auch den deutschen Parteien ist es bislang nicht gelungen, „die Politikgestaltung auf europäischer Ebene hinreichend mit den politischen Präferenzen der europäischen Bürger[innen] zu verknüpfen" (von dem Berge und Poguntke 2013, S. 895). Dieses strukturelle Defizit der politischen Interessenvermittlung ist zugleich ein entscheidendes Handicap für den weiteren Demokratisierungsprozess der EU.

6.4 Fazit: inklusive und effektive Interessenvermittlung?

Parteien sind das *zentrale Bindeglied zwischen Bürgerschaft und Regierungssystem*. Indem ihre Kandidatinnen in Parlamente und Regierungen gewählt werden, repräsentieren sie die gesellschaftliche Interessenvielfalt und gestalten die Politik nach ihrem Programmangebot. Als Mitgliederorganisationen tragen sie zur politischen

Integration unterschiedlicher sozialer Gruppen bei und sorgen als *gatekeeper* dafür, dass öffentliche Führungspositionen mit qualifiziertem Personal besetzt werden.

Die *bundesdeutschen Parteien* wurden diesen Funktionsanforderungen lange Zeit in hohem Maße gerecht. Ihre überwiegend positive Bilanz verband sich vor allem mit den Volksparteien CDU/CSU und SPD, denen es jeweils gelang, heterogene gesellschaftliche Gruppen an sich zu binden und die zentralen politischen Interessenkonflikte zu moderieren. Hohe Mitgliederzahlen und ein großer Wählerzuspruch waren über viele Jahre ein Beleg für die Inklusivität des demokratischen Willensbildungsprozesses (Wiesendahl 2011, S. 11–43; S. 124–132). Gleichzeitig sorgten die starke Konzentration und gemäßigte Polarisierung des Parteiensystems dafür, dass sich inhaltlich kohärente Mehrheitskoalitionen rechts und links der Mitte bildeten, die die Regierungspolitik weitgehend im Sinne ihrer Wählerinnen gestalten konnten.

Seit den 1970er Jahren kam es zu wirtschaftlichen und gesellschaftlichen Modernisierungsprozessen, die nicht nur zu einer Abnahme traditioneller Parteibindungen führten, sondern auch einen Wertewandel bewirkten, aufgrund dessen neue politische Konfliktlinien entstanden. Ab den 1990er Jahren traten die sozioökonomischen Folgen der Wiedervereinigung hinzu, die im Osten Deutschlands eine verbreitete Unzufriedenheit hervorriefen, welche die etablierten „Westparteien" nicht hinreichend kanalisierten. Nicht zuletzt führte die fortschreitende Europäisierung zu einer Verlagerung politischer Entscheidungen auf die supranationale Ebene, die die nationalen Parteien nicht effektiv an die Interessenlagen der Bürgerinnen rückkoppeln konnten. Daher gelang es den Volksparteien auch immer weniger, die zunehmend unterschiedlichen sozialen Milieus gleichermaßen an sich zu binden. Kontinuierlich rückläufige Mitgliederzahlen und abnehmende Wählerunterstützung waren die Konsequenz. Die so entstandenen Repräsentationslücken wurden sukzessive von neuen Parteien genutzt – zunächst von den Grünen, dann von der PDS/Die Linke und schließlich von der AfD. Infolgedessen erhöhte sich sowohl die Fragmentierung als auch die Polarisierung des bundesdeutschen Parteiensystems, was wiederum die Bildung von Mehrheitsregierungen mit profiliertem Gestaltungsanspruch erschwerte.

Vor diesem Hintergrund wird immer wieder überlegt, wie die Parteien ihre verfassungsmäßig zugewiesene Rolle als intermediäre Organisationen zwischen Bürgerinnen und Staat auch unter den veränderten gesellschaftlichen Bedingungen ausfüllen können. Da sich die Problemdiagnose nicht selten auf die unzureichende Integrationskraft von CDU/CSU und SPD konzentriert, ist häufig pointiert von der „*Volksparteienkrise*" die Rede (siehe u. a. Wiesendahl 2011, S. 150). In diesem Zusammenhang wurden viele Diskussionen geführt, inwieweit die Volksparteien durch neue, zukunftsfähige Parteitypen abgelöst werden könnten, wie z. B. die „professionalisierte Wählerpartei" (Panebianco 1988; von Beyme 2002), die „moderne Kaderpartei" (Koole 1996) oder die „Medienkommunikationspartei" (Jun 2013). Ein funktionales Äquivalent zu den Volksparteien hat sich jedoch bislang ebenso wenig durchgesetzt wie grundsätzliche Alternativen zur Parteiendemokratie: Expertenräte, Verbände oder direktdemokratische Entscheidungsverfahren können die allgemeinpolitische

Interessenvermittlung durch politische Parteien produktiv ergänzen, aber keinesfalls ersetzen (Caramani 2017; Schroeder 2017).

Daher richtet sich die Debatte auf die Möglichkeiten konkreter *Parteienreformen*. In dieser Hinsicht werden drei Ansätze unterschieden (von Alemann et al. 2018, S. 260–264): Entweder gibt man den *Wählerinnen* mehr Macht, indem man sie z B. in die parteiinterne Kandidatenauswahl einbezieht; oder man bietet den *Mitgliedern* mehr Partizipationsmöglichkeiten und Mitentscheidungsrechte, um sie dauerhaft an die Partei zu binden; oder aber man setzt auf *Expertinnen* (durch interne Professionalisierung und externe Beratung), die das öffentliche Image der Partei spürbar verbessern. Die deutschen Parteien haben je verschiedene Maßnahmen in alle drei Richtungen unternommen (Decker 2018b, S. 279–298). Allgemein haben die wählerzentrierten Aktivitäten der Parteizentralen an Bedeutung gewonnen. Darüber hinaus wird die Relevanz des Mitgliedsstatus durch Urwahlen von Kandidatinnen und Vorsitzenden oder durch sachbezogene Mitgliederentscheide aufgewertet. Ferner haben Interessierte die Möglichkeit, die Parteiarbeit durch Gast- bzw. Schnuppermitgliedschaften kennenzulernen. Ergänzt wird dies durch eine verbesserte Direktkommunikation mit den eigenen Mitgliedern. Zugleich folgen die meisten Parteien der „verbreiteten Neigung zum projektbezogenen Engagement" (Decker 2011a, S. 122). Dazu gehört auch eine „themenorientierte, digitale Vernetzung der Mitglieder", die zu einer Effizienzsteigerung der Parteiarbeit beitragen soll (Michels und Borucki 2021, S. 135). Diese erweiterten Kommunikations- und Partizipationsformen können einerseits zur politischen Mobilisierung beitragen und neues Interesse an den „altbackenen" Parteien wecken. Andererseits bergen sie auch die Gefahr, dass die mittleren Ebenen der Parteiorganisation und die langfristig engagierten Parteimitglieder, welche die tragenden Säulen der traditionellen Parteiarbeit bilden, an Einfluss verlieren (Ignazi 2020).

Genauso wie die Parteien die Gesellschaft und den Staat brauchen, sind letztere auch auf die Parteien angewiesen. Parteien können nicht die alleinigen Architektinnen der Demokratie des 21. Jahrhunderts sein, aber es wird auch nicht ohne ihre Fähigkeit gehen, die gesellschaftlichen Interessen über den programmbezogenen Wettbewerb im Prozess der politischen Willensbildung sichtbar zu machen und sie bei der Entscheidungsfindung effektiv umzusetzen.

Literaturhinweise

Decker, Frank. 2018. *Parteiendemokratie im Wandel*, 2. Aufl. Baden-Baden: Nomos.
Jun, Uwe, und Oskar Niedermayer, Hrsg. 2020. *Die Parteien nach der Bundestagswahl 2017. Aktuelle Entwicklungen des Parteienwettbewerbs in Deutschland*. Wiesbaden: Springer VS.
Niedermayer, Oskar, Hrsg. 2013. *Handbuch Parteienforschung*. Wiesbaden: VS.
von Alemann, Ulrich, Philipp Erbentraut, und Jens Walther. 2018. *Das Parteiensystem der Bundesrepublik Deutschland: Eine Einführung*. Wiesbaden: Springer VS.

7 Verbände und Verbändesystem: die Vermittlung bereichsspezifischer Interessen

Interessen sind das „Salz in der Suppe" der Demokratie. Jedes demokratische System hat den Anspruch, die Vielfalt gesellschaftlicher Interessen bei der politischen Willensbildung angemessen einzubeziehen (*Input*-Seite) und bei der Entscheidungsfindung einen allgemein akzeptierten Ausgleich zwischen konkurrierenden Interessen herbeizuführen (*Output*-Seite). In diesem Prozess nehmen *Verbände* eine zentrale Stellung ein: Als bürokratisch institutionalisierte Organisationen versuchen sie, die bereichsspezifischen Interessen ihrer Mitglieder bestmöglich zu artikulieren und durchzusetzen. Allerdings wird ihr Beitrag zur Inklusions- und Handlungsfähigkeit der Demokratie kontrovers beurteilt (Armingeon 2011, S. 151–156). Einerseits können Verbände die politische Interessenvermittlung positiv befördern, indem sie das liberale Versprechen individueller Selbstbestimmung und gesellschaftlicher Pluralität zum Ausdruck bringen. Andererseits können besonders durchsetzungsstarke Verbandsorganisationen ihren Eigeninteressen über Gebühr Geltung verschaffen und damit das demokratische Ideal politischer Gleichheit unterminieren. Angesichts eines Mitgliederrückgangs in wichtigen Verbänden, zurückgehender Loyalität innerhalb der Verbände und des Aufstiegs von Lobbyakteurinnen jenseits der Verbände wird außerdem ein Bedeutungsverlust verbandlicher Interessenvermittlung vermutet. Welche Rolle spielen Verbände im deutschen Regierungssystem: Unterstützen sie seine Funktionsfähigkeit durch ihre Integrationskraft oder gefährden sie durch die Verfolgung ihrer Partikularinteressen das Gemeinwohl?

Vor diesem Hintergrund gibt Abschn. 7.1 einen systematischen Überblick über die Vielfalt von Verbänden in Deutschland und beschreibt ihre Binnenstrukturen. Abschn. 7.2 widmet sich dem Einfluss organisierter Interessen im politischen Prozess. Besondere Aufmerksamkeit gilt dabei den Beziehungsmustern zwischen Verbänden und Regierung, wobei die idealtypische Unterscheidung zwischen Pluralismus und Korporatismus zentral ist. Abschn. 7.3 zeichnet die bereichsspezifische Interessenvermittlung im europäischen Mehrebenensystem nach, bevor Abschn. 7.4 die Leistungsbilanz des deutschen Verbändesystems zusammenfassend beurteilt.

7.1 Verbände in Deutschland: Rahmenbedingungen und Binnenstruktur

Menschen handeln interessengeleitet. Diese Interessen können sehr unterschiedliche Motive haben: die Befriedigung individueller Grundbedürfnisse, die Maximierung des Eigennutzes oder die Verfolgung ideeller, d. h. immaterieller bzw. nicht am Eigennutz orientierter Ziele (von Alemann 1989, S. 27). In jedem Fall bestimmen Interessen politisches Handeln und sind damit integraler Bestandteil demokratischen Regierens. Auffallend vielfältig sind die Bezeichnungen für die Organisationen, die Interessen artikulieren und durchsetzen: Assoziation, Bürgerinitiative, Interessengruppe (*interest group*), Lobby, Nichtregierungsorganisation (NGO), Non-Profit-Organisation (NPO), organisierte Interessen, *pressure group,* Verband oder Verein. Im Folgenden steht der spezifisch deutschsprachige Begriff *Verband* im Zentrum. Er bezeichnet eine auf Dauer gestellte Interessengruppe, die meist eine Rechtsform besitzt und über eine ausdifferenzierte Organisationsstruktur verfügt, um gemeinsame Ziele zu verfolgen (Speth und Zimmer 2009, S. 268). Durch den arbeitsteiligen Aufbau von Verbänden ergibt sich eine hohe Rollenspezifikation zwischen „einfachen" Mitgliedern sowie ehrenamtlichen und hauptamtlichen Funktionärinnen. In der Diktion von Max Weber kann auch von einem „Herrschaftsverband" gesprochen werden, der durch die Trias von Organisation, Führung und Gefolgschaft geprägt ist (Weber 1985, S. 26). Diese innerverbandliche Machtstruktur, die immer wieder neu hergestellt und legitimiert werden muss, ist eine grundlegende Bedingung für erfolgreiches verbandspolitisches Handeln.

Verbände unterscheiden sich von anderen intermediären Organisationen, die ebenfalls zwischen Gesellschaft und Staat vermitteln. Anders als *Soziale Bewegungen* verfügen sie über eine feste Organisationsstruktur mit formalen Mitgliedschaftsregeln, spezifischen Beteiligungsoptionen und Leistungsangeboten. In Abgrenzung zu reinen *Freizeitvereinen* steht bei Verbänden die Vermittlung von partikularen Interessen in politischen Entscheidungsprozessen im Vordergrund, wofür auch ein höheres Maß an professioneller Außendarstellung notwendig ist. Schließlich unterscheiden sich Verbände von politischen *Parteien,* die an allgemeinen Wahlen teilnehmen, um politische Ämter zu erlangen (Kap. 6), während Verbände ihre Interessen gegenüber Parlament und Regierung zu vertreten suchen.

Aufgrund ihres intermediären Charakters interagieren Verbände mit zwei unterschiedlichen Umwelten: „nach innen" mit ihren Mitgliedern und „nach außen" mit dem Regierungssystem, wo sie gemeinsam mit vielen anderen Akteurinnen um politischen Einfluss ringen. Ihr Handeln ist daher von zwei gegensätzlichen Logiken geprägt (Streeck 1987, S. 473): der *Mitgliedschaftslogik* und der *Einflusslogik.* Folglich erbringen Verbände sowohl *Funktionen für ihre Mitglieder* als auch *für das Regierungssystem,* die sich jeweils den drei idealtypischen Phasen der politischen Willensbildung und Entscheidungsfindung (*Input – Throughput – Output,* siehe auch Abschn. 1.1) zuordnen lassen (Tab. 7.1).

7.1 Verbände in Deutschland: Rahmenbedingungen und Binnenstruktur

Tab. 7.1 Funktionen von Verbänden

	Soziale Integration (*Input*)	Interessenvertretung (*Throughput*)	Leistungserbringung (*Output*)
Funktionen für Mitglieder	Innerverbandliche *Partizipation* und spezielles *Serviceangebot*	Politische *Artikulation* der Mitgliederinteressen	Politische *Durchsetzung* der Mitgliederinteressen
Funktionen für Regierungssystem	Politische *Sozialisation* („Schule der Demokratie")	*Repräsentation* bereichsspezifischer Interessen	*Unterstützung und Entlastung des Staates* bei Gesetzgebung und Politikvollzug

Quelle: Eigene Darstellung.

Auf der *Input*-Seite des politischen Prozesses tragen Verbände grundsätzlich zur *sozialen Integration* bei, indem sie den Bürgerinnen ermöglichen, sich nach gesellschaftlichen Gruppenzugehörigkeiten zu organisieren, um ihre Interessen zu verfolgen. So hat beispielsweise die Inkorporation der Arbeiterwohlfahrt (AWO) und der Caritas in den Sozialstaat der Weimarer Republik die damals randständigen Arbeiter- bzw. katholischen Milieus aufgewertet und dadurch die politischen Konfliktlinien zwischen Arbeit und Kapital bzw. Staat und Kirche abgemildert (Boeßenecker 2017).

Auch heutzutage bietet eine Verbandsmitgliedschaft verschiedene Möglichkeiten der *internen Partizipation*, etwa in den diversen ehren- und hauptamtlichen Positionen, die es in allen größeren Interessenorganisationen gibt. Für die Mitglieder bestehen darüber hinaus spezielle verbandliche Informations-, Kommunikations- und Beratungsangebote. Durch diesen *Mitgliederservice* erfahren sie zum einen, wie die Verbandsinteressen im politischen System Anerkennung und Aufnahme finden. Zum anderen ergeben sich daraus konkrete Vorteile für die Mitglieder, indem sie Zugang zu exklusiven Hilfs- und Unterstützungsangeboten haben, wie z. B. dem Rechtsschutz des Deutschen Gewerkschaftsbundes (DGB), der nur Gewerkschaftsmitgliedern zur Verfügung steht. Solchen speziellen Serviceangeboten, die auch als „selektive Güter" bezeichnet werden, kommt eine immer größere Bedeutung zu. Einige Verbände haben dafür eigene Abteilungen eingerichtet, weil sie so mehr Mitglieder zu gewinnen hoffen und damit ihr politisches Gewicht vergrößern können. Außerdem tragen die innerverbandlichen Partizipationsstrukturen zur *politischen Sozialisation* der Mitglieder bei, indem sie die Prozesse kollektiver Willensbildung und Entscheidungsfindung unmittelbar erfahrbar machen und damit als „Schule der Demokratie" fungieren, die wichtige Kenntnisse und Fertigkeiten für politische Tätigkeiten vermittelt (Zimmer 1996, S. 65). Einige Verbände geben auch weltanschauliche Orientierung und können ihre Mitglieder politisieren, beispielsweise in der Gewerkschaftsjugend. Nicht zuletzt werden Teile der politisch-administrativen Elite direkt über Verbände rekrutiert: So besetzen Arbeitgeberverbände und Gewerkschaften ehrenamtliche Richterstellen am Sozialgericht oder bestimmen mit, wer die Sozialversicherungen leitet.

In der *Throughput*-Phase findet die *politische Interessenvertretung im engeren Sinne* statt. Um die Anliegen ihrer Mitglieder bestmöglich zur Geltung zu bringen (Interessenartikulation), müssen die Verbände zuerst intern deren unterschiedliche Auffassungen sammeln (Interessenaggregation) und filtern (Interessenselektion). Verbände haben meist keine ausreichenden Ressourcen, um gleichzeitig alle Mitgliederinteressen erfolgreich im Regierungssystem zu adressieren. Die *Interessenartikulation* steht also am Ende verbandsinterner Prozesse. Bei der Darstellung interessenpolitischer Positionen, die beispielsweise in Form öffentlicher Kampagnen geschehen kann, muss jeder Verband genau abwägen, inwiefern er tatsächlich die inhaltlichen (Maximal-)Forderungen seiner Mitglieder artikuliert oder bereits Kompromissbereitschaft signalisiert, was ihm unter Umständen einen größeren Einfluss auf den Entscheidungsprozess ermöglicht. Auch für das Regierungssystem ist die Präsenz der Verbände in der Throughput-Phase wichtig, da sie die *Repräsentation bereichsspezifischer Interessen* übernehmen und so die allgemeinpolitische Vertretung der Bürgerinnen durch die Parteien ergänzen kann (Abschn. 6.1). In dieser Hinsicht ist die Vielfalt der Verbände mit ihren je spezifischen, teils widerstreitenden Interessen ein Zeichen gelebter demokratischer Pluralität. Dabei kann es auch sein, dass die Interessen bestimmter Gruppierungen effektiver organisiert und deutlicher artikuliert werden als andere, die mitunter einen breiteren Rückhalt in der Gesellschaft haben. Dadurch droht das demokratische Ideal der Repräsentationsgleichheit unterminiert zu werden.

Auf der *Output*-Seite steht schließlich die *Leistungserbringung durch Verbände* im Mittelpunkt. Innerverbandlich ist dabei die *politische Durchsetzung der Mitgliederinteressen* von essentieller Bedeutung (Sebaldt und Straßner 2004, S. 70): Wenn große Teile der Mitgliedschaft den Eindruck haben, dass ihre Interessen nicht oder nur unzureichend in relevante politische Entscheidungen einfließen, kann dies die interne Akzeptanz eines Verbands massiv schwächen und mittelfristig sogar seine Existenz gefährden. Darüber hinaus tragen die Verbände erheblich zur Leistungsfähigkeit des demokratischen Regierungssystems bei, indem sie die *staatlichen Institutionen* in vielfältiger Weise bei ihrer Aufgabenerfüllung *unterstützen und entlasten*. Dies ist etwa der Fall, wenn Träger der freien Wohlfahrtspflege – wie die AWO, der Paritätische Wohlfahrtsverband, der katholische Caritasverband oder die evangelische Diakonie – den administrativen Vollzug gesetzlicher Sozialleistungen übernehmen. Auch viele weitere öffentliche Aufgaben werden von Verbänden eigenverantwortlich erfüllt, wie die Setzung und Überwachung berufsständischer Regeln durch Anwalts-, Ärzte- und Handwerkskammern. Wenn die Tarifpolitik zwischen Arbeitgebervereinigungen und Gewerkschaften funktioniert (Abschn. 7.2), müssen sich Bundestag und Bundesregierung keine Gedanken über gesetzliche Lohnvorschriften machen, die parteipolitisch höchst umstritten sind. Auch indem Verbände die heterogenen Auffassungen ihrer Mitglieder intern vorselektieren und aggregieren, entlasten sie den Staat „bereits im Vorfeld von der Verarbeitung einer Vielzahl von (individuellen) Interessen und Forderungen" (Weßels 2004, S. 26). Nicht zuletzt unterstützen Verbände Parlament und Regierung im Gesetzgebungsprozess, indem sie branchenspezifische Informationen übermitteln oder ihre kontextuelle Expertise bei der Politikformulierung zur Verfügung stellen. Allerdings kann die Kooperation zwischen Staat und Verbänden auch zu einseitigen Problemlösungen führen, wenn sich starke partikulare Interessen durchsetzen. Auch können politische Reformprojekte blockiert werden, wenn mächtige Verbände mit Widerstand drohen.

Für die *Entstehung moderner Verbände* waren die Meinungs-, Vereinigungs- und Koalitionsfreiheit grundlegende Voraussetzungen. Diese Freiheiten haben sich in Deutschland seit der zweiten Hälfte des 19. Jahrhunderts herausgebildet und gaben damit zugleich den Startschuss für die Gründung erster Verbände, die aus den mittelalterlichen Zünften, Gilden und Ständen hervorgegangen sind oder sich an deren Vorbild orientiert haben. Im Unterschied zu diesen frühen berufsständischen Korporationen verfügen Verbände über eine eigene Rechtspersönlichkeit und beruhen in der Regel auf dem Prinzip der mitgliedschaftlichen Selbstorganisation (Kleinfeld 2007, S. 52). Der eigentliche Wachstumsschub des deutschen Verbändewesens erfolgte im Kaiserreich (1871–1918), wo sich mit den Unternehmervereinigungen, den Gewerkschaften und den Kammern Interessenorganisationen etabliert haben, deren wesentliche Strukturmerkmale bis heute fortbestehen (Ullmann 2010, S. 35–37). Dazu zählen insbesondere die vertikale Ausdifferenzierung der Verbandsgliederung nach politischen Systemebenen (national – regional – lokal) sowie ein arbeitsteiliger, auf hauptamtliche Kräfte gestützter Organisationsaufbau, der häufig mit zentralisierten Macht- und Ressourcenstrukturen einhergeht.

Seit dem 19. Jahrhundert ist die deutsche Verbändelandschaft durch drei *zentrale Entwicklungstendenzen* gekennzeichnet (Reutter 2018). Erstens haben sich Verbände in immer mehr gesellschaftlichen Bereichen gebildet (*Expansion*). Während die Interessenorganisationen im Kaiserreich noch primär auf die Felder Wirtschaft, Soziales und Kultur beschränkt blieben, wurden im Laufe der Zeit auch in vielen weiteren Politikbereichen Verbände gegründet (z. B. Freizeit, Umwelt oder Verbraucherschutz). Zweitens haben sich die einzelnen Verbände auf immer speziellere Interessenfelder fokussiert (*Differenzierung*). So hat sich aus dem verbandlichen Einflussbereich der Elektro- und Maschinenbauindustrie ein eigener Unternehmerverband für die Digitalwirtschaft (BITKOM) gegründet oder aus dem Deutschen Bauernverband (DBV) hat sich der Bundesverband deutscher Milchviehhalter abgespalten. Drittens wurden einigen Verbänden auch Aufgaben durch den Staat übertragen (*Funktionserweiterung;* Zimmer 2007, S. 407).

Die schärfste Zäsur in der deutschen Verbändegeschichte markierte die nationalsozialistische Machtübernahme im Januar 1933. Binnen weniger Monate gelang es dem NS-Regime, nahezu alle Interessenorganisationen zu zerschlagen bzw. gleichzuschalten und damit „als Massenbasis für einen autoritären Obrigkeitsstaat verfügbar zu machen" (Ullmann 1988, S. 183). Gleichwohl konnten sich die meisten Verbände aus der Weimarer Zeit nach 1945 wiedergründen und in der neuen Demokratie dauerhaft etablieren. Dabei lag die Zulassung von Verbänden und Vereinen zunächst in den Händen der alliierten Besatzungsmächte, die meist darauf drängten, dass die interne Organisation der Verbände an die Ansprüche des repräsentativ-demokratischen Systems angepasst wurde (Kleinfeld 2007, S. 76).

1949 wurde die *Anerkennung der gesellschaftlichen Interessenvielfalt im Grundgesetz* verankert: „Alle Deutschen haben das Recht, Vereine und Gesellschaften zu bilden" (Art. 9 Abs. 1 GG). Diese *Vereinigungsfreiheit* wird durch die in Art. 9 Abs. 3 GG ausgeführte *Koalitionsfreiheit* ergänzt, die den Interessenvertretungen der Arbeitgeberinnen und Arbeitnehmerinnen eine Sonderstellung einräumt. So wird nicht nur das Existenzrecht von Gewerkschaften und Arbeitgeberverbänden verfassungsrechtlich kodifiziert, sondern auch ihr Recht, die Arbeitsbeziehungen unabhängig von staatlichem Einfluss zu regeln und insbesondere Tarifverträge zu schließen (*Tarifautonomie*). Tatsächlich wurde die wirtschafts- und sozialpolitische Entwicklung der Bundesrepublik von den 1950er Jahren bis in die 1980er Jahre stark durch die *Arbeitgeber- bzw. Wirtschaftsverbände,* also die Bundesvereinigung der deutschen Arbeitgeberverbände (BDA) und den Bundesverband der deutschen Industrie (BDI), sowie die DGB-*Gewerkschaften* geprägt (Schroeder und Weßels 2017b; Schmidt 2016b, S. 113–121). Eine ähnlich bedeutsame Rolle in den Staat-Verbände-Beziehungen der Bonner Republik nahmen der *DBV* und die beiden „*Volkskirchen*" ein.

Dagegen kannte das autoritäre *System der DDR* keinen interessenpolitischen Pluralismus. Dort gab es zwar ebenfalls Verbände, die allerdings nur die Funktion von „Transmissionsriemen" für die *Top-down*-Steuerung der Gesellschaft durch die Sozialistische Einheitspartei Deutschlands (SED) besaßen. Diese Massenorganisationen wurden fast alle 1989/90 aufgelöst. Nach der Wiedervereinigung transferierten die meisten westdeutschen Verbände ihre Strukturen in die neuen Länder, was zu einer Angleichung der ostdeutschen Verbändelandschaft führte (Schroeder 2000). Allerdings zeigte sich bald, dass sich die etablierten Verbände in der ostdeutschen Gesellschaft weit weniger verankern konnten als in Westdeutschland. Noch heute haben sie in vielen Fällen deutlich weniger Mitglieder und eine geringere Integrations- und Gestaltungskraft (Schroeder und Greef 2020).

Anhand der beim Bundestag registrierten Verbände kann man das *Wachstum und* die *zunehmende Ausdifferenzierung der Verbändelandschaft* erahnen (Abb. 7.1): Zwischen 1974 und 2020 hat sich ihre Anzahl von 635 auf 2.317 erhöht und somit fast vervierfacht. Diese Organisationen machen jedoch nur einen kleinen Teil der tatsächlichen Verbändelandschaft aus. Bei der Deutschen Gesellschaft für Verbandsmanagement werden rund 15.000 „Verbände" geführt (Lietzau 2018). Dahinter verbirgt sich eine heterogene Vielzahl von Interessenorganisationen, die sich vor allem nach Größe und territorialer Verankerung unterscheiden. Der Deutsche Olympische Sportbund und der ADAC haben beide mehr als 20 Mio. Mitglieder, während viele kleinere Verbände nur einige Handvoll Mitglieder in ihren Listen führen. Die Größenunterschiede zeigen sich u. a. daran, dass nur etwas mehr als die Hälfte der 15.000 „Verbände" (8.700) über eine hauptamtlich geführte Geschäftsstelle verfügen. Davon wiederum gaben nur rund 1.800 Berlin als Haupt- oder Nebensitz ihrer Geschäftsstelle an, was zeigt, dass die meisten Interessenorganisationen auf den subnationalen Ebenen des föderalen Systems verankert sind.

7.1 Verbände in Deutschland: Rahmenbedingungen und Binnenstruktur

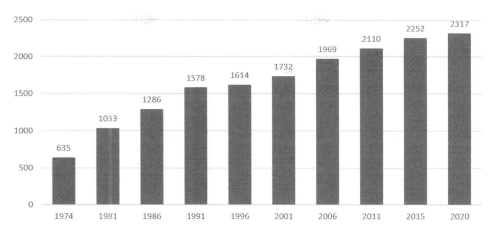

Abb. 7.1 Anzahl der beim Bundestag registrierten Verbände (1974–2020).
Quelle: Eigene Darstellung nach Deutscher Bundestag (2019, 2020)

Um sich der Vielfalt der bundesdeutschen Verbändelandschaft systematisch anzunähern, können *sechs zentrale Unterscheidungskriterien* herangezogen werden. Erstens unterscheiden sich die Verbände in Deutschland nach ihrem *rechtlichen Status*. In der Regel sind sie Vereine nach §§ 21–79 BGB oder Körperschaften des öffentlichen Rechts (Speth und Zimmer 2009, S. 268). Einige Verbände haben über die für alle geltende Vereinigungsfreiheit hinaus eine besondere verfassungsrechtliche Stellung inne. Dies gilt für die Religionsgemeinschaften (Religionsfreiheit nach Art. 4 GG; religionsgemeinschaftliches Selbstbestimmungsrecht nach Art. 140 GG) sowie für die Arbeitgeber- und Arbeitnehmervertretungen (Tarifautonomie nach Art. 9 Abs. 3 GG). Viele weitere Verbände sind durch die Pflichtmitgliedschaft der zugehörigen Berufsgruppen, die auch durch das Bundesverfassungsgericht bestätigt wurde (BVerfGE 146, 164–215), einfachgesetzlich privilegiert, wie die Industrie- und Handelskammern (IHK) und berufsständischen Körperschaften (Ärztekammern, Handwerkskammern, etc.). Außerdem verfügen Verbraucher-, Umwelt-, Tierschutz- und Behindertenorganisationen in ihren jeweiligen Politikbereichen über ein gesetzlich festgeschriebenes *Verbandsklagerecht*, mit dem sie vor Gericht ziehen können, wenn allgemeine Interessen verletzt werden, ohne dass sie davon unmittelbar betroffen sein müssen. Somit haben Organisationen wie die Deutsche Umwelthilfe (DUH) ein anwaltliches Vertretungsrecht für bestimmte Allgemeininteressen, selbst wenn sie nur wenige Mitglieder aufweisen (DUH: ca. 450; Töller 2020). Andere Verbände, etwa im Sport- und Kulturbereich, werden durch den Staat finanziell gefördert oder mit der Erfüllung öffentlicher Aufgaben betraut (u. a. Sozialpartner, Wohlfahrtsverbände).

Zweitens können Verbände nach den *Handlungsfeldern* klassifiziert werden, in denen sie hauptsächlich aktiv sind (Tab. 7.2). Schätzungsweise die Hälfte aller deutschen Verbände ist im Feld Arbeit und Wirtschaft tätig (Deutsches Verbände Forum 2018).

Tab. 7.2 Klassifikation von Verbänden nach Handlungsfeldern

Handlungsfeld[a]	Anteil	Beispiele
Arbeit/Wirtschaft	~50 %	Industriegewerkschaft Metall, Bundesverband der Deutschen Industrie, Deutscher Bauernverband, Verbraucherzentrale Bundesverband
Gesundheit/Soziales	~20 %	Deutscher Blinden- und Sehbehindertenverband, Arbeiterwohlfahrt
Bildung/Wissenschaft	~10 %	Deutscher Volkshochschul-Verband, Deutsche Vereinigung für Politikwissenschaft
Kultur/Freizeit	~9 %	ADAC, Deutscher Kulturrat, Deutscher Olympischer Sportbund
Sonstige/Gesellschaftspolitische Bereiche	~11 %	Naturschutzbund Deutschland, Bund der Steuerzahler, Amnesty International, Deutscher Städtetag

Quellen: Eigene Darstellung nach von Alemann (1989, S. 71), Deutsches Verbände Forum (2018) und Lietzau (2018).
Anmerkung: [a] Die Zuordnung der Verbände zu den (stark gebündelten) Handlungsfeldern erfolgt nach ihrem jeweiligen Tätigkeitsschwerpunkt.

In diesem Feld unterhalten die meisten zugehörigen Verbände enge Beziehungen zu Parlament und Regierung. Ähnliches gilt für die Organisationen, die Interessen in verschiedenen gesellschaftspolitischen Bereichen – von Umweltschutz und Menschenrechten über Steuerpolitik bis zu kommunalen Gebietskörperschaften – vertreten (ca. 11 % aller Verbände). Weniger präsent im politischen Prozess sind dagegen die Verbände in den Feldern Kultur und Freizeit (ca. 9 %), Bildung und Wissenschaft (ca. 10 %) sowie Gesundheit und Soziales (ca. 20 %). Darunter sind allerdings auch einige stark im bundespolitischen Lobbying engagiert, wie die Krankenkassen oder die Wohlfahrtsverbände; die Mehrzahl der in diesen Feldern engagierten Organisationen ist jedoch eher für die Erbringung spezifischer Leistungen bekannt, wie z. B. der ADAC (Pannenservice).

Drittens sind Verbände auf unterschiedlichen politisch-administrativen Ebenen tätig (*Organisationsebene*). Die meisten Interessenorganisationen in Deutschland sind im lokalen oder regionalen Raum angesiedelt und nehmen nur natürliche Personen als Mitglieder auf (*Verbände ersten Grades*). Das gilt beispielsweise für territorial gegliederte Sportverbände von der kommunalen bis zur Landesebene. Dach- oder Spitzenverbände sind dagegen *Verbände zweiten Grades,* weil ihnen keine individuellen Mitglieder, sondern andere Verbände angehören, die auf untergeordneten Ebenen oder in bestimmten Teilbereichen tätig sind. In diesem Sinne umfasst etwa die BDA sowohl ihre eigenen Landesverbände (Hamburg, Bayern etc.) als auch die Arbeitgeberverbände in den unterschiedlichen Wirtschaftssektoren (Chemische Industrie, Metall- und Elektroindustrie, Einzelhandel etc.). Mittlerweile sind die meisten nationalen Spitzenverbände zugleich Teil transnationaler, europäischer oder globaler Organisationen. Hierbei handelt es sich um *Verbände dritten Grades,* wie BUSINESSEUROPE (Abschn. 7.3).

7.1 Verbände in Deutschland: Rahmenbedingungen und Binnenstruktur

Viertens können Verbände nach ihrer *Binnenorganisation* unterschieden werden. Im Vergleich zu den Parteien (Abschn. 6.1) gibt es für sie weniger strikte Vorgaben, ihre innere Ordnung nach demokratischen Grundsätzen auszugestalten. Gleichwohl haben die meisten Interessenorganisationen in Deutschland eine ausdifferenzierte Binnenstruktur, die derjenigen von Parteien ähnelt. Die überwiegende Mehrzahl der Verbände ist als (eingetragener) Verein organisiert. Als solcher müssen sie über einen Vorstand verfügen, der durch eine Mitglieder- bzw. Delegiertenversammlung bestellt wird. Diese ist das oberste Beschlussorgan, tritt aber nur selten zusammen, da der Vorstand die Geschäfte des Vereins im Rahmen der Satzung führt. Neben der Versammlung als Legitimationsorgan und dem Vorstand als Steuerungszentrum verfügen viele Verbände auch über eigene Revisions- und Kontrollausschüsse, sodass ihr Aufbau der Logik der Gewaltenteilung folgt. Allerdings kann die innerverbandliche Willensbildung und Entscheidungsfindung in mehrfacher Hinsicht vom demokratischen Prinzip der freien und gleichen Mitgliederbeteiligung abweichen (Rudzio 2019, S. 60): So gibt es manche Unternehmerverbände, die das Stimmrecht bei Vorstandswahlen nicht nach individuellen Mitgliedern gleich vergeben, sondern nach Mitgliedsbeitrag, Wirtschaftskraft oder Branchenproporz staffeln. Außerdem werden in vielen Verbänden die eigentlichen Entscheidungen nicht wie offiziell vorgesehen vom Vorstand getroffen, sondern in kleinere Gremien wie Ausschüsse oder Präsidien verlagert. Schließlich verfügen die hauptamtlichen Geschäftsführer, die sich auf die Verbandsbürokratie stützen können, in einigen Fällen über mehr Macht als die gewählten Vorstände und prägen dementsprechend stärker die Verbandspolitik.

Fünftens ist der *Organisationsgrad* eines Verbandes von hoher Bedeutung. Er gibt Auskunft darüber, wie viele der Menschen, deren bereichsspezifisches Interesse vertreten werden soll, auch tatsächlich in einem Verband organisiert sind (z. B. die Mitglieder einer Gewerkschaft in Relation zu allen in einer Branche Beschäftigten). Damit spiegelt der Organisationsgrad sowohl die Repräsentativität des von einem Verband vertretenen Interesses als auch seine politische Relevanz und Stärke wider. Generell gilt: „Je höher der Organisationsgrad, desto einflussreicher ist der Verband, desto eher kann er seinen Einfluss auf die Politik ausüben oder sein Interesse im Wettstreit mit anderen Verbänden durchsetzen" (Sebaldt und Straßner 2004, S. 27). In dieser Hinsicht unterscheiden sich die bundesdeutschen Verbände erheblich. So organisiert der Bund der Steuerzahler nicht einmal 0,5 % der Steuerzahlerinnen, während der DBV oder der Deutsche Landkreistag nahezu alle potenziellen Mitglieder umfassen. Außerdem haben Verbände, die in einem Sektor miteinander konkurrieren, wie die Gewerkschaft Erziehung und Wissenschaft (GEW) und der Deutsche Philologenverband (DPhV) bei den Lehrerinnen, zwangsläufig einen geringeren Organisationsgrad als Verbände mit einem faktischen Repräsentationsmonopol, wie z. B. die Apothekerkammer.

Dass der Organisationsgrad so stark variiert, hat verschiedene Gründe, zu denen u. a. historisch-kulturelle Traditionen, homogene oder heterogene Interessenlagen innerhalb eines Organisationsbereichs, die machtpolitischen Ressourcen und der politische Einfluss eines Verbandes sowie die Attraktivität seiner Mitgliederangebote gehören. Eine strukturelle Ursache liegt in der *unterschiedlichen Organisierbarkeit von Interessen*. Nicht jede Personengruppe mit gleichgelagerten Interessen kann sich gleich gut organisieren. So stehen Zeit- und Geldmangel oder ein fehlendes Zusammengehörigkeitsgefühl, wie z. B. bei Arbeitslosigkeit, einer interessenpolitischen Organisation eher entgegen. Umgekehrt ist die Organisationsfähigkeit von Gruppen, die ein bestimmtes Interesse teilen (z. B. Taxifahrerinnen), höher als bei allgemeinen Gruppen (Gesamtheit der Autofahrerinnen). Grundsätzlich gilt: Je spezieller ein Interesse ist und je homogener die davon betroffene Gruppe, desto größer ist die Organisationsfähigkeit und damit perspektivisch der Organisationsgrad eines Verbandes (Olson 1971). Auch die Möglichkeiten, wirtschaftliche und politische Ressourcen zu mobilisieren, sind ungleich verteilt. Daher können gesellschaftliche Gruppen wie Kinder oder Obdachlose ihre Anliegen nur begrenzt von sich aus artikulieren und sind somit in der politischen Interessenkonkurrenz benachteiligt (von Winter und Willems 2000, S. 14). Solche „schwachen Interessen" bedürfen in der Regel einer starken Unterstützung durch andere Akteurinnen, um sich Gehör zu verschaffen. In diesen Fällen wird auch von einer (sozial-)anwaltschaftlichen Interessenvertretung gesprochen. Auch die beschränkte Organisationsfähigkeit eines allgemeinen Interesses kann durch „Advokatoren" kompensiert werden, indem beispielsweise Verbraucher- und Patientenverbände staatliche Unterstützung erhalten und in die politische Willensbildung und Entscheidungsfindung einbezogen werden (Abschn. 7.2).

Jenseits der strukturellen Organisationsfähigkeit sind bei der individuellen Entscheidung für oder gegen eine Verbandsmitgliedschaft auch Kosten-Nutzen-Kalküle von Bedeutung. In diesem Zusammenhang spielt das sogenannte „*Trittbrettfahrerproblem*" eine zentrale Rolle (Olson 1971). Wenn Verbände kollektive Güter produzieren, von denen auch Nichtmitglieder profitieren, geht davon kein Anreiz aus, einen eigenen Beitrag in Form von Mitgliedsgebühren und ehrenamtlicher Arbeit für die Produktion des Kollektivguts zu leisten. Ein Beispiel sind Tarifverträge, die für alle Arbeitnehmerinnen unabhängig von der Gewerkschaftsmitgliedschaft gelten. Um der Logik des „Trittbrettfahrens" entgegenzuwirken, setzen viele Verbände auf die oben erwähnten „selektiven" Service- und Dienstleistungen, die nur Mitgliedern zugänglich sind und so den unmittelbaren Nutzen einer Mitgliedschaft vor Augen führen. Dies ist bei den Gewerkschaften insbesondere der Rechtsschutz.

Sechstens unterscheiden sich Verbände hinsichtlich ihres *Sanktionspotenzials*, das sie zur Durchsetzung ihrer Interessen einsetzen können. Generell sind Interessenorganisationen, die glaubhaft mit einer „systemrelevanten Leistungsverweigerung" drohen können (Offe 1971, S. 169), konfliktfähiger und damit durchsetzungsstärker als solche ohne Sanktionspotenzial. In Deutschland sind etwa die Lokführerinnen und Pilotinnen nicht nur gewerkschaftlich hochorganisiert (Gewerkschaft der Lokführer, GdL bzw. Vereinigung Cockpit), sondern auch in der Lage, mit einem Streik weite Teile der Verkehrsinfrastruktur lahmzulegen. Daher können sie ihre Forderungen weit besser durchsetzen als Schülerinnen, die sich zu einem „Klimastreik" versammeln. Bei Verbänden mit hoher Sanktionsmacht reicht häufig schon die Androhung der Leistungsverweigerung, weil Arbeitgeberinnen, Politik und Öffentlichkeit diese Fähigkeit

7.1 Verbände in Deutschland: Rahmenbedingungen und Binnenstruktur

anerkennen und deshalb auf eine konfliktminimierende Beteiligungs-, Verhandlungs- und Kompromissstrategie setzen.

Diese sechs Kriterien zur Charakterisierung von Verbänden sollen nun am *Beispiel der Industriegewerkschaft Metall* (kurz: IG Metall), der größten deutschen Gewerkschaft, systematisch illustriert werden (Schmitz 2020). Dem *rechtlichen Status* nach ist die IG Metall ein nicht eingetragener Verein, der über 2,2 Mio. individuelle Mitglieder hat (2020). Juristische Personen wie Aktiengesellschaften oder GmbHs können nicht beitreten. Als Verband ersten Grades gehört die IG Metall dem Deutschen Gewerkschaftsbund (DGB) an, einem Verband zweiten Grades, der wiederum Mitglied des Europäischen Gewerkschaftsbundes (ETUC) ist (Verband dritten Grades). Zusammen mit weiteren nationalen Branchengewerkschaften bildet die IG Metall den Europäischen Gewerkschaftsverband IndustriALL Europe, der ebenfalls dem ETUC angehört.

Das *Handlungsfeld* der IG Metall ist vergleichsweise heterogen. Dazu gehören die weitverzweigten Branchen der Metall- und Elektroindustrie, der Holz- und Kunststoffbereiche, der Textilindustrie, des metallbasierten Handwerks (Kfz, Heizung und Sanitär etc.) und nicht zuletzt der Stahlindustrie. Ebenso unterschiedlich wie die Branchen ist die Größe der betreffenden Unternehmen, die vom kleinen Handwerksbetrieb bis zum Weltkonzern reichen. Das organisationspolitische Herz der IG Metall ist der Automobilsektor, der von der Kfz-Produktion bis zu den Zulieferern etwa 2,2 Mio. Beschäftigte umfasst. Angesichts des Strukturwandels der Produktion durch Leiharbeit, Outsourcing und neuen Wertschöpfungsketten flammen immer wieder Abgrenzungskonflikte mit anderen Gewerkschaften auf – vor allem mit der Vereinigten Dienstleistungsgewerkschaft (ver.di) und der Industriegewerkschaft Bergbau, Chemie, Energie (IG BCE) –, bei denen es darum geht, wer legitimiert ist, die dort Beschäftigten zu organisieren und zu vertreten (Seeger 2017).

Die *Organisationsebenen* sind in allen DGB-Gewerkschaften grundsätzlich ähnlich aufgebaut, weisen aber zugleich kleinere Unterschiede auf. Bei der IG Metall reicht die vertikale Gliederung von der Orts- über die Bezirks- bis zur Bundesebene. Wenn sich der innerverbandliche Aufbau mit der Gliederung des politisch-administrativen Systems deckt, wie bei der Gewerkschaft Erziehung und Wissenschaft (GEW), heißt die subnationale Organisation Landesverband. Die IG Metall hat dagegen sieben Bezirke, deren Struktur auf historische und branchenspezifische Gründe zurückgeht und zuletzt auch durch eine territoriale Konzentrationspolitik geprägt wurde, die angesichts finanzieller Sparmaßnahmen erforderlich war. Daher erstreckt sich der Bezirk Küste mittlerweile über fünf Bundesländer. Ver.di ist zusätzlich zur Gliederung in Bundes-, Bezirks- und Ortsebene nach Fachbereichen (u. a. Handel, Verkehr und Sozialversicherung) und Personengruppen (u. a. Jugend, Migrantinnen und Erwerbslose) unterteilt, woraus sich eine dreidimensionale Matrixstruktur ergibt.

Auf allen drei Ebenen ist die *Binnenorganisation* der IG Metall repräsentativ-demokratisch strukturiert, es werden also keine Mitglieder-, sondern Delegiertenversammlungen durchgeführt (Tab. 7.3). Das zentrale Repräsentationsorgan und höchste Entscheidungsgremium ist der Gewerkschaftstag (auch Kongress genannt), der rund 500

Tab. 7.3 Organisationsstrukturen deutscher Gewerkschaften

Ebene	Repräsentative Organe	Steuerungsorgane	Kontrollorgane
Bundesebene	Gewerkschaftstag/-kongress Beirat bzw. Ausschüsse	(Haupt-)Vorstand	Kontrollausschuss
Landes-/Bezirksebene	Landes-/Bezirksversammlung	Landes-/Bezirksvorstand	Revision
Örtliche Ebene	Delegiertenversammlung	Ortsvorstand	Revision

Quelle: Eigene Darstellung.

gewählte Delegierte umfasst und alle vier Jahre zusammentritt. Zwischen den Gewerkschaftstagen ist der Beirat (auch Ausschuss oder Rat genannt) das zentrale Beschlussorgan. Er umfasst 113 Mitglieder, von denen 36 aus dem Vorstand kommen und 77 von den Bezirksversammlungen gewählt werden. Die Steuerung der Gewerkschaftsarbeit obliegt primär dem geschäftsführenden Vorstand (sieben Mitglieder), den von ihm eingesetzten sieben Bezirksleitungen sowie den 155 örtlichen Geschäftsstellen. Daneben engagieren sich zahlreiche Ehrenamtliche auf allen Ebenen; insgesamt sind dies rund 100.000 Betriebsräte und Vertrauensleute. Nicht zuletzt kontrollieren (ehrenamtliche) Revisorinnen die Finanzen. Auf Bundesebene besteht dazu ein siebenköpfiger Kontrollausschuss, der vom Gewerkschaftstag gewählt wird und überprüft, dass die Satzung eingehalten wird und Beschlüsse des Gewerkschaftstages umgesetzt werden.

Fast alle deutschen Gewerkschaften verzeichnen seit den 1970er Jahren kontinuierlich sinkende Mitgliederzahlen. Die entscheidendste Reaktion auf diese Mitgliederrückgänge bestand in einem Umbau der Gewerkschaftslandschaft (Schroeder 2014b, S. 29–32): Seit den 1980er Jahren wurde durch Integration und Fusion die Zahl der DGB-Gewerkschaften von 17 auf 8 reduziert. Mehr als 75 % aller individuellen DGB-Mitglieder gehören heute der IG Metall, ver.di und der IG BCE an. Im Gegensatz zur allgemeinen Entwicklung konnten einige Gewerkschaften diesen Rückgang aufhalten oder zumindest vorübergehend stoppen. Neben der GEW und der Gewerkschaft der Polizei (GdP) zählt dazu auch die IG Metall, die in der jüngeren Vergangenheit spezifische Instrumente zur Mitgliedergewinnung und -aktivierung entwickelt hat (Schroeder 2018c). Die IG Metall ist zwar die mitgliederstärkste Gewerkschaft im DGB (Greef 2014, S. 692), doch ihr *Organisationsgrad* nicht der höchste. Beim Verhältnis von Mitgliedern zur jeweiligen Anzahl der Beschäftigten schneiden kleinere Gewerkschaften wie die GdP, die eine homogene Bezugsgröße haben, besser ab. Zum Organisationsgrad der IG Metall liegen keine konkreten Daten vor, was auch damit zu tun hat, dass sie als Multibranchengewerkschaft sektoral unterschiedlich stark verankert ist. Der für ihr öffentliches Ansehen und ihre politische Durchsetzungsfähigkeit wichtigste Sektor sind die Automobilunternehmen, wo sie hoch organisiert ist.

Streiks sind der sichtbarste Ausdruck des *Sanktionspotenzials* der IG Metall. Ein solcher Arbeitskampf kann sich über Monate hinziehen, wie der Streik zur Einführung der 35-Stunden-Woche 1984 zeigte. Der letzte größere Streik in der Metall- und Elektroindustrie fand 1996 statt. Seither ist es vor allem die Sanktionsdrohung („das Schwert an der Wand"), mit dem die IG Metall ihren Einfluss geltend macht (Greef 2014, S. 710; Schroeder 2016). In diesem Zusammenhang sind die regelmäßig stattfindenden Warnstreiks von Bedeutung, mit denen die Beschäftigten der Automobilindustrie und deren Zulieferbetriebe ihren besonderen Anspruch untermauern.

7.2 Verbändesystem: Integrationskraft und politische Einflussnahme

Verbände haben eine zentrale Position bei der demokratischen Interessenvermittlung, weil sie bestrebt sind, die spezifischen Belange ihrer Mitglieder im Prozess der politischen Willensbildung und Entscheidungsfindung zu artikulieren und durchzusetzen. Doch wie genau nehmen die einzelnen Verbände auf die gewählten Volksvertreterinnen Einfluss? Inwieweit wird dabei sichergestellt, dass konkurrierende Einzelinteressen gleichberechtigt und nachvollziehbar berücksichtigt werden? Zur Klärung dieser Fragen befassen wir uns zunächst mit den Möglichkeiten und Problemen interessenpolitischer Einflussnahme (Lobbying). Danach werden die Beziehungsmuster zwischen Regierung und konkurrierenden Verbänden anhand des idealtypischen Gegensatzes zwischen Pluralismus und Korporatismus herausgearbeitet. Schließlich wird an den Beispielen der Gesundheits- und Tarifpolitik gezeigt, dass die Staat-Verbände-Beziehungen in der Bundesrepublik durch bereichsspezifische Kombinationen von pluralistischen und korporatistischen Elementen geprägt sind.

Für die konkreten Aktivitäten zur direkten interessenpolitischen Einflussnahme hat sich der Begriff *Lobbying* eingebürgert, abgeleitet von der englischen Bezeichnung für die Vorhalle (Lobby) eines Parlaments (Zimmer und Speth 2015a, S. 12). Im alltäglichen Sprachgebrauch werden Interessenvertretung und Lobbying häufig synonym verwendet (Nohlen 2015b). Der Fokus beim Lobbying liegt allerdings weniger auf der Organisation und Repräsentation bestimmter Interessen, sondern auf der unmittelbaren politischen Einflussnahme. Diesen Prozess für alle Beteiligten fair zu gestalten, ist für eine pluralistische Demokratie eine immerwährende Herausforderung.

Lobbyaktivitäten gegenüber politischen Entscheidungsträgerinnen können verschiedene Ziele verfolgen: So richtet sich das „Beschaffungslobbying" auf die Einwerbung öffentlicher Aufträge, während das „Gesetzgebungslobbying" versucht, die Ausgestaltung bereichsspezifischer Rechtsnormen im eigenen Interesse zu beeinflussen (Lianos und Hetzel 2003, S. 16). Darüber hinaus gibt es unterschiedliche Lobbystrategien. Beim *direkten oder „Inside"-Lobbying* suchen die Interessenvertreterinnen den unmittelbaren Kontakt zu politischen Entscheidungsträgerinnen, um sie durch relevante Informationen und Stellungnahmen zu beeinflussen (Binderkrantz 2005, S. 696). Dazu nutzen die Verbände etwa die verschiedenen Beteiligungsmöglichkeiten, die in der Geschäftsordnung des Deutschen Bundestages (GOBT) und der Gemeinsamen Geschäftsordnung der Bundesministerien (GGO) vorgesehen sind

(Abschn. 9.3 und 10.2). So dürfen „Zentral- und Gesamtverbände" zu Gesetzentwürfen der Bundesregierung frühzeitig Stellung nehmen (§ 47 GGO). Auch im weiteren Gesetzgebungsverfahren haben sie formale Einflussmöglichkeiten, indem sie sich etwa bei Sachverständigenanhörungen in den Ausschüssen des Bundestages äußern können (§ 70 GOBT). Freilich versuchen die Verbände ihren Einfluss geltend zu machen, noch weit bevor ein Gesetzentwurf der Bundesregierung vorliegt, indem sie ihre Sicht der Dinge kommunizieren (Framing) und dadurch die politische Agenda in ihrem Sinn prägen.

Das *indirekte oder „Outside"-Lobbying* adressiert dagegen die Öffentlichkeit, um die relevanten politischen Entscheiderinnen mittelbar zu beeinflussen (Binderkrantz 2005, S. 696). Dazu gehört der enge Kontakt zu Journalistinnen, aber auch das Veröffentlichen von Expertisen und Studien. Ferner können Lobbyaktivistinnen durch Kommunikation in den Sozialen Medien, Unterschriftenlisten, Kampagnen, Demonstrationen oder zivilen Ungehorsam politischen Druck aufbauen. Inzwischen gibt es eine zunehmende Zahl an Interessenorganisationen (u. a. Attac, DUH), die ohne größere Mitgliederbestände und ausdifferenzierte Binnenstrukturen auskommen und hauptsächlich auf Outside-Lobbying setzen. Prototyp dieser neuen, auf Kampagnen aufbauenden Organisationsform ist Greenpeace, ein 1971 in Kanada gegründeter „internationaler NGO-Multi mit nationalen Dependancen" (Zimmer und Speth 2015b, S. 41), der seit 1980 auch in Deutschland tätig ist. Während klassische Verbände eher auf kontinuierliche Öffentlichkeitsarbeit setzen, wobei ein möglicher Höhepunkt die Mitgliedermobilisierung für Demonstrationen ist, geht das „Bewegungsunternehmen" (Nullmeier 1989, S. 11) primär kampagnenorientiert vor. Greenpeace (2020) mobilisiert zwar ein durchaus erhebliches Unterstützungspotenzial in Form von rund 600.000 Fördermitgliedschaften, die aber nicht Teil eines binnendemokratisch organisierten Verbandes sind. Daher ist Greenpeace bei seinen Aktionen nicht auf Beschlüsse einer Mitgliederversammlung angewiesen bzw. durch die Rücksichtnahme auf bestimmte Mitgliederinteressen begrenzt. Was gemacht wird, entscheiden die hauptamtlichen Akteurinnen vor Ort. So kann Greenpeace bereits mit einer Handvoll Aktivistinnen kurzfristig am Brandenburger Tor, vor den Berliner Parteizentralen oder mit einer Projektion ans Kanzleramt gezielt medienstarke Bilder erzeugen. Gegen den Vorwurf, dass bei dieser Organisationsarchitektur die mitgliederbasierte innerverbandliche Demokratie fehle, verweisen Aktivistinnen darauf, dass so eine schnelle, effektive und von internen Machtstrukturen unabhängige Positionierung möglich sei, die der originären Zielsetzung – dem Schutz des Ökosystems – diene. Der Konflikt um eine demokratische Einflussnahme von „unten" führte bereits 1983 zur Abspaltung der Organisation Robin Wood, die ebenso wie Greenpeace kampagnenorientiert arbeitet, aber in Regionalgruppen mit stimmberechtigten Mitgliedern organisiert ist (Amm 2007).

Inzwischen greifen auch klassische Verbände teilweise auf das kampagnenförmige Repertoire von Greenpeace und Co. zurück, beispielsweise wenn die Kassenärztliche Vereinigung Studentinnen und Arbeitslose als Demonstrantinnen „mietet" (Spiegel. de 2006). Teilweise bedienen sich auch Gewerkschaften kampagnenartiger Methoden, etwa wenn sie – mit dem aus dem US-amerikanischen Gewerkschaftswesen kommenden

Organizing-Ansatz – Beschäftigte aktivieren, ihre Interessen gegen ihre Arbeitgeberin selbst zu vertreten und nicht durch den Betriebsrat oder die gewerkschaftlichen Funktionärinnen. Dabei kann es um das Einhalten von Tarifverträgen, innerbetriebliche Missstände oder um den Eintritt der Arbeitgeberin in den Arbeitgeberverband gehen (Schroeder 2018c). In gewisser Weise kann dieser neue Aktivismus der Verbände als Reaktion auf ihre Mitgliederkrise begriffen werden.

Dass Verbände ihre bereichsspezifischen Interessen über Lobbyaktivitäten bestmöglich zu vertreten versuchen, ist in der liberalen Demokratie nicht nur legitim, sondern auch notwendig, damit die Pluralität der gesellschaftlichen Perspektiven und Interessen sichtbar zum Ausdruck kommt. Trotzdem entzündet sich daran immer wieder heftige Kritik. Bereits 1955 stellte Theodor Eschenburg die Frage nach der „*Herrschaft der Verbände*", indem er anhand einiger Fallbeispiele auf die Gefahr einer Okkupation des Staates durch Partikularinteressen aufmerksam machte (Eschenburg 1955). Auch heute wird Lobbying häufig kritisch gesehen. Allerdings geht es dabei immer weniger um die politische Machtposition der Verbände, sondern vielmehr um den übermäßigen Einfluss stark partikularer – in der Regel ökonomischer – Interessen: Politik werde „hinter verschlossenen Türen" gemacht, gewählte Regierungen verträten vor allem die Belange der Wirtschaft (Crouch 2008, S. 10).

In einigen Bereichen lässt sich auch eine *Erosion verbandlicher Integrations- und Steuerungskraft* beobachten. So haben z. B. viele Unternehmerverbände Probleme, ihre Mitglieder auf die Einhaltung gemeinsamer Normen sowie ein gemeinsames Vorgehen zu verpflichten, weil dies „vom spezifischen Unternehmensinteresse abweichen kann" (Wehrmann 2007, S. 41). Gleichzeitig gelingt es ihnen immer weniger, neue Mitglieder zu gewinnen und von anderen politischen Akteurinnen akzeptiert zu werden. Stattdessen machen Unternehmen stärker von individualisierten Formen der Interessenvermittlung Gebrauch. Große Konzerne unterhalten in Berlin und Brüssel eigene Dependancen. Wer sich das nicht leisten kann oder will, greift häufig auf Dienstleisterinnen wie Public Affairs-Agenturen, Consultants oder Anwaltskanzleien zurück. Die zunehmende Bedeutung dieser Lobbyakteurinnen ist also keine Folge der Stärke der Verbände, sondern ihrer Schwäche. So gesehen findet im Bereich der Unternehmerinteressen ein Übergang vom „Zeitalter der Verbände zum Zeitalter der Mitglieder" statt (Schroeder und Weßels 2017b, S. 3), wobei letztere inzwischen deutlich unabhängiger agieren.

Angesichts der zunehmenden Vielfalt und Komplexität außerverbandlicher Lobbyakteurinnen und -aktivitäten hat sich die Diskussion darüber intensiviert, wie die *Transparenz der Interessenvermittlung* erhöht werden kann. Dies betrifft insbesondere die Fragen einer gesetzlichen Definition von Lobbying sowie einer verpflichtenden Offenlegung von Lobbyaktivitäten (Rasch 2020, S. 351). In diesem Zusammenhang wird schon seit längerem über die *Einführung eines Lobbyregisters auf Bundesebene* debattiert. Ein solches Instrument besteht bereits in sieben deutschen Ländern, allerdings gilt es nur in Rheinland-Pfalz und Brandenburg gleichermaßen für Landtag und Landesregierung. Wie in Sachsen-Anhalt besteht dort eine Pflicht für Lobbyistinnen, sich registrieren zu lassen, wenn sie an parlamentarischen Anhörungen teilnehmen wollen.

Harte Sanktionen bei Verstößen gegen diese Registrierungspflicht existieren aber nicht (Rasch 2020).

Seit 1972 führt der Deutsche Bundestag eine Öffentliche Liste über die Registrierung von Verbänden und deren Vertreterinnen (Deutscher Bundestag o. J.), die damit einen erleichterten Parlamentszugang erwerben können. Aus Sicht der Befürworterinnen von mehr Transparenz erfasst diese Liste jedoch nicht alle relevanten Lobbyakteurinnen, gibt nur unzureichend Auskunft über die eingetragenen Verbände und bindet sie nicht an bestimmte Verhaltensregeln. Deshalb wird gelegentlich eine gesetzliche Registrierungspflicht für Lobbyistinnen gefordert, bei der auch Rechtsanwaltskanzleien erfasst sind und als Adressat nicht nur das Parlament, sondern auch die Regierung einbezogen wird (LobbyControl 2020). Zudem werden ein einheitlicher Verhaltenskodex, eine unabhängige Stelle, die das Register führt und kontrolliert, sowie harte Sanktionen bei Verstößen verlangt. Weiter sollten nicht nur die Auftraggeberinnen, sondern auch ihre Ziele, Maßnahmen, Finanzen und Kontakte zu Amtsträgerinnen offengelegt werden. Die Befürworterinnen räumen aber auch ganz frei ein: „Es ist nicht belegt, dass in Ländern mit einem Lobbyregister Abgeordnete, Regierung und Verwaltung gemeinwohlorientierter arbeiten" (Abstimmung21 2020, S. 28). Kritikerinnen eines Lobbyregisters verweisen auf Art. 47 GG, der Abgeordneten ein Zeugnisverweigerungsrecht über ihnen in ihrer Eigenschaft als Abgeordnete anvertraute Tatsachen einräumt. Ein Lobbyregister kann also im Zweifelsfall die Regierung und Verbände, nicht aber die Abgeordneten transparenter machen.

Ab 2022 tritt das neue Lobbyregistergesetz in Kraft, das eine Registrierungspflicht für die meisten Interessenvertreterinnen vorsieht, die mit Bundestagsabgeordneten, Fraktionen, Mitgliedern der Bundesregierung und (Unter-)Abteilungsleitern in den Bundesministerien in Kontakt treten. Bei Verstößen gegen die Transparenzpflichten kann ein Bußgeld von bis zu 50.000 € verhängt werden. Allerdings ist kein „exekutiver Fußabdruck" vorgesehen, der anzeigt, „welche Personen und Organisationen am Gesetzestext mitgewirkt haben" (Wildschutz 2021). Da die Vorstellungen, wie das Lobbyregister auszugestalten ist, nach wie vor weit voneinander entfernt sind, ist davon auszugehen, dass die Debatte auch nach Inkrafttreten des Gesetzes fortgeführt wird.

Um den Bereich des interessenpolitischen Lobbyings transparenter zu machen, wurde auch der sogenannte Drehtür-Effekt verstärkt in den Blick genommen – also wenn Abgeordnete und Regierungsmitglieder unmittelbar nach ihrer Amtszeit eine Führungsposition bei einem Unternehmen oder Verband übernehmen und so ihr politisches Insiderwissen für die Vertretung spezifischer Interessen nutzen. Seit 2015 gilt daher für Bundesminister und Parlamentarische Staatssekretäre eine *Karenzzeitregelung:* Nehmen sie innerhalb von 18 Monaten nach ihrer Amtszeit eine privatwirtschaftliche Erwerbstätigkeit auf, müssen sie diese anzeigen. Stellt ein dafür eingerichtetes Gremium einen Interessenkonflikt fest, kann die Übernahme der Tätigkeit bis zu 18 Monate untersagt werden. Während dieser Karenzzeit hat die betreffende Politikerin Anspruch auf ein Übergangsgeld (§§ 6–6d BMinG; §§ 7 und 11 ParlStG).

Ungeachtet der genannten Erosionstendenzen und der Professionalisierung des Lobbyings durch neue Akteurinnen spielen Verbände nach wie vor eine bedeutende

Rolle bei der politischen Willensbildung und Entscheidungsfindung im deutschen Regierungssystem. Dies ist schon allein deshalb der Fall, weil Parlament und Ministerien in den einzelnen Politikbereichen verlässliche Ansprechpartnerinnen benötigen, die die Interessenvielfalt bündeln und übergreifende Positionen artikulieren können. Um die Gesamtheit dieses organisierten Interesseneinflusses zu erfassen, wird meist der Begriff *Verbändesystem* verwendet. Er bezeichnet das Interaktionsgefüge sowohl unter den Verbänden als auch zwischen den Verbänden und dem Staat bzw. der Regierung. In der Verbändeforschung werden vielfältige Ansätze genutzt, um die Rekrutierungs-, Handlungs- und Durchsetzungsfähigkeit von Verbänden zu erklären. Während die Pluralismustheorie den Wettbewerb konfliktiver Interessen betont, hält der Korporatismus-Ansatz eine Befriedung der gleichwohl konträren Interessen durch institutionelle Arrangements für möglich. Die Neue Politische Ökonomie erklärt durch die Nutzenmaximierung der Mitglieder, warum homogene Gruppen mit spezifischen Interessen besser in der Lage sind, ihre Interessen durchzusetzen als heterogene Gruppen. Die Machtressourcentheorie beschreibt das Verhältnis von Arbeit und Kapital und deren Einfluss auf die Staatstätigkeit anhand der unterschiedlichen Fähigkeit beider Seiten, Machtressourcen zu mobilisieren (Korpi 1978; für weitere Verbändetheorien siehe Sebaldt und Straßner 2004, S. 57–58). Nachstehend werden die beiden wichtigsten Ansätze Pluralismus und Korporatismus genauer vorgestellt.

Mit Schmitter und Lehmbruch (1979) kann man *zwei idealtypische Formen von Verbändesystemen* unterscheiden (Tab. 7.4). In einem *pluralistischen System* gibt es zahlreiche kleine Verbände, die untereinander um Mitglieder und Einfluss konkurrieren und keinem überwölbenden Spitzenverband angehören. Auch das Verhältnis der Verbände zum Staat ist durch Wettbewerb und Vielfalt geprägt: Sie erhalten weder staatliche Privilegien noch werden sie von der Regierung dauerhaft in den politischen Entscheidungsprozess einbezogen. In einem *korporatistischen System* existieren dagegen nur relativ wenige Verbände, die in ihren Interessenbereichen ein formales oder faktisches Repräsentationsmonopol haben und daher eine große Mitgliederzahl vorweisen können. Darüber hinaus haben sie sich zu nationalen Spitzen- oder Dach-

Tab. 7.4 Pluralistisches und korporatistisches Verbändesystem

	Pluralistisches System	Korporatistisches System
Strukturmerkmale der Verbände	Konkurrierende Verbände Keine Spitzenverbände	Begrenzte Anzahl von Verbänden Nationale Spitzenverbände
Staat-Verbände-Beziehungen	Keine staatliche Privilegierung Keine dauerhafteren Austauschprozesse	Staatliche Privilegierung bestimmter Verbände Dauerhafte Koordination
Zuordnung zu Demokratietyp	Mehrheitsdemokratie	Konsensdemokratie

Quelle: Eigene Darstellung nach Schmitter 1979; Czada 1994, S. 45; Lijphart 2012, S. 158–160.

verbänden zusammengeschlossen, um ihr Gesamtinteresse in Politik, Wirtschaft und Gesellschaft möglichst wirksam zu vertreten. Außerdem ist im Korporatismus das Beziehungsgefüge zwischen Staat und Verbänden hochgradig institutionalisiert: Die bestehenden (Spitzen-)Verbände werden durch die Rechtslage in vielerlei Hinsicht begünstigt. Zugleich werden sie von der Regierung bei der politischen Entscheidungsfindung in ihrem Handlungsfeld einbezogen, wobei ein koordinierter Ausgleich gegensätzlicher Interessen angestrebt wird. Diese Verbändesysteme lassen sich auch den beiden Demokratietypen nach Lijphart (2012, S. 158–173) zuordnen: In Mehrheitsdemokratien ist die typische Form der Interessenvermittlung ein kompetitiver und unkoordinierter Verbändepluralismus, der die politische Gestaltungsmacht der amtierenden Regierung nicht wesentlich einschränkt. In Konsensdemokratien besteht hingegen ein korporatistisches System, in dem bereichsspezifische Interessen innerhalb großer Verbände einbezogen und aggregiert werden und die Entscheidungsfindung nicht allein von der Regierung dominiert wird, sondern koordiniert und kompromissorientiert erfolgt.

Obwohl die Bundesrepublik nicht zu den Ländern mit der stärksten korporatistischen Tradition zählt (wie z. B. Schweden, Österreich und Norwegen), ist der institutionalisierte Einbezug von Verbänden in wichtigen Politikfeldern ein prägendes Merkmal des deutschen Regierungssystems (Weßels 2002). Gleichwohl fällt eine eindeutige Zuordnung des deutschen Verbändesystems schwer, weil die einzelnen Politikbereiche sehr unterschiedliche Staat-Verbände-Beziehungen aufweisen und vielfach pluralistische und korporatistische Elemente in spezifischer Weise ineinandergreifen (Reutter 2012, S. 154). Dies wird im Folgenden anhand der Gesundheitspolitik und der Tarifpolitik gezeigt.

Im *Politikfeld Gesundheit* wird einer Vielzahl von Interessengruppen Zugang zum Bundestag gewährt (Abschn. 9.2). Der dortige Ausschuss für Gesundheit verzeichnet die meisten Sachverständigen und Stellungnahmen, die wiederum überwiegend den beteiligten Verbänden zuzuordnen sind (Dhungel und Linhart 2014). Außerdem ist ungefähr jeder achte Verband, der beim Bundestag registriert ist (Abb. 7.1), im Gesundheitsbereich tätig – das betrifft insgesamt mehr als 300 Verbände. Dies spricht für eine pluralistische Grundkonfiguration. Zugleich ist die deutsche Gesundheitspolitik durch korporatistische Verhandlungsarenen geprägt, in denen hochorganisierte Akteurinnen mit gegenläufigen Interessen vertreten sind. Dazu gehören insbesondere die Verbände der Ärztinnen, der Krankenhäuser, der Krankenkassen, der Pharmaindustrie, der Apothekerinnen und der Patientinnen (Simon 2017; Rosenbrock und Gerlinger 2012, S. 450–472). Mit Ausnahme der Apothekerinnen und der pharmazeutischen Industrie sind diese Interessengruppen auch im wichtigsten korporatistischen Gremium des deutschen Gesundheitssystems repräsentiert: dem Gemeinsamen Bundesausschuss (G-BA), der 2004 per Gesetz eingerichtet wurde (§ 91 SGB V). Er trifft in fast allen Feldern der Gesundheitspolitik rechtsverbindliche Entscheidungen, die für die knapp 73 Mio. gesetzlich Krankrankenversicherten unmittelbar relevant sind. Dazu gehören u. a. Richtlinien für ärztliche Behandlungen, die Einführung neuer Untersuchungs- und

Behandlungsmethoden, die Verordnung von Arznei-, Hilfs- und Heilmitteln oder die Qualitätssicherung in Krankenhäusern. Der G-BA besteht aus 13 stimmberechtigten Mitgliedern, die drei unterschiedlichen Interessengruppen angehören. Alle von ihm getroffenen Entscheidungen werden durch das Bundesgesundheitsministerium (BMG) überprüft (Rechtsaufsicht). Zugleich ist das BMG als nicht stimmberechtigtes Mitglied im G-BA von Anfang an zumindest informell in alle Prozesse eingebunden und damit über seine laufende Arbeit bestens informiert.

Die erste Interessengruppe im G-BA umfasst die „Leistungserbringerinnen", also Ärztinnen und Krankenhäuser, die durch die Kassenärztliche Bundesvereinigung (KBV), die Kassenzahnärztliche Bundesvereinigung (KZBV) und die Deutsche Krankenhausgesellschaft (DKG) vertreten werden. Sie entsenden insgesamt fünf Mitglieder in den G-BA. Als Körperschaft öffentlichen Rechts ist die KBV die ärztliche Selbstverwaltung und Dachorganisation von 17 Landesverbänden[1], die mit über 170.000 Vertragsärztinnen die ambulante Versorgung der gesetzlich Krankenversicherten sicherstellen. Neben der Bedarfsplanung und der Wahrnehmung hoheitlicher Aufgaben sind die KBV und die KZBV zur Interessenvertretung der Kassenärztinnen gesetzlich verpflichtet. Die DKG ist dagegen ein privatrechtlicher Verein, der die Krankenhäuser der Freien und Öffentlichen Wohlfahrtspflege sowie der privat-gewerblichen Trägerinnen vertritt. Dieser Verband umfasst 12 Bundesspitzenverbände und 16 Landeskrankenhausgesellschaften.

Die zweite Gruppe, die ebenfalls mit fünf Mitgliedern im G-BA vertreten ist, bilden die Krankenkassen als „Leistungsträgerinnen" des Gesundheitssystems. Ende 2020 gab es insgesamt 103 Gesetzliche Krankenversicherungen (GKV), die aus ehemals rund 21.492 Krankenkassen (1913) entstanden sind (Rosenbrock und Gerlinger 2012, S. 43) und gegenwärtig vom GKV-Spitzenverband vertreten werden. Die Krankenkassen schließen mit den Verbänden der Leistungserbringerinnen Kollektivverträge, die die Gesundheitsleistungen und deren Vergütung regeln.

Die dritte Gruppe sind die „Leistungsnehmerinnen", also die Patientinnen. Ihre drei Mitglieder, von denen eines dem G-BA vorsitzt, haben zwar Beratungs- und Antrags-, aber kein Stimmrecht. Gegenwärtig werden diese Mitglieder vom Deutschen Behindertenrat, der Bundesarbeitsgemeinschaft der PatientInnenstellen (BAGP), der Bundesarbeitsgemeinschaft Selbsthilfe und der Verbraucherzentrale Bundesverband gemeinsam gestellt. Wegen des geringen Organisationsgrades, der beschränkten Ressourcen und des fehlenden Stimmrechts dieser Verbände sind die Interessen der Patientinnen in dem dreiseitigen Ausschuss am schwächsten repräsentiert.

Der G-BA ist auch insofern exklusiv, als dort wichtige Akteurinnen wie die Pharmaindustrie, die Apotheker- und Ärztekammern ebenso wenig vertreten sind wie die wachsende Zahl an Fach- und Berufsverbänden des Gesundheitswesens. Gleichwohl

---

[1] In Nordrhein-Westfalen existieren zwei Verbände: die Kassenärztliche Vereinigung Westfalen-Lippe und die Kassenärztliche Vereinigung Nordrhein.

haben auch diese Gruppen einen wichtigen Einfluss auf die Definition von Krankheitsbildern und die Zulassung therapeutischer Vorgehensweisen, indem sie ihre Interessen durch persönliche Kontakte, Informationen und Lobbying im Gesetzgebungsprozess geltend machen.

Insgesamt zeichnet sich die Interessenvermittlung in der deutschen Gesundheitspolitik dadurch aus, dass nahezu alle relevanten Verbände hochorganisiert und in die politische Willensbildung und Entscheidungsfindung einbezogen sind. Allerdings besteht zwischen einzelnen Interessengruppen eine asymmetrische Durchsetzungsfähigkeit, wie zwischen Ärztinnen und Pflegekräften (Schroeder 2018b). Angesichts der Vielfalt an Akteurinnen und der Komplexität der Materie ist auch die politische Steuerungs- und Reformfähigkeit begrenzt. Daher wurden in einigen Bereichen marktliche Steuerungsmechanismen eingeführt, wie der Wettbewerb zwischen den Krankenkassen oder die Privatisierung von Krankenhäusern, ohne dass diese Elemente dominant geworden wären. Angesichts der enormen Bedeutung, die die Gesundheitsversorgung für die Akzeptanz des politischen Systems hat, steht auch weiterhin die Frage im Mittelpunkt, wie der medizinisch-technische Fortschritt bei noch überschaubaren Kosten (Beitragssatzstabilität; Gesundheitsausgaben im Vergleich zum BIP) für alle zugänglich gemacht werden kann.

Neben Politikbereichen wie dem Gesundheitswesen, in denen Verbände in die Willensbildung und Entscheidungsfindung von Parlament und Regierung einbezogen werden, gibt es auch Aufgabenfelder, die die dort agierenden Verbände in Eigenregie regeln. Dazu zählt die *Tarifpolitik,* die auf die verbindliche Festsetzung von Löhnen und Arbeitsbedingungen in einzelnen Branchen zielt. Verantwortlich dafür sind die Arbeitgeberverbände und Gewerkschaften, auch Tarifparteien oder Sozialpartner genannt, die unabhängig vom Staat Tarifverträge aushandeln (Tarifautonomie). Die rechtlichen Grundlagen dazu finden sich in Art. 9 Abs. 3 GG sowie im Tarifvertragsgesetz (TVG), das bereits 1949 verabschiedet wurde. Demnach werden Konflikte, die die Durchsetzung oder Anwendung von Tarifverträgen betreffen, zuerst zwischen den Sozialpartnern geregelt. Kommt man dort nicht weiter, können unabhängige Schlichterinnen hinzugezogen werden. In besonderen Konfliktfällen können auch Arbeitsgerichte durch eine oder beide Seiten angerufen werden.

Der idealtypische *Ablauf von Tarifverhandlungen* in der Metall- und Elektroindustrie stellt sich wie folgt dar (Abb. 7.2). Am Anfang steht die Kündigung des bisherigen Tarifvertrages durch die Gewerkschaften oder die Arbeitgeberverbände (1). Dies passiert regelmäßig zum Laufzeitende eines Tarifvertrags. Dann bildet die Gewerkschaft eine regional zuständige Tarifkommission, die mit der Arbeitgeberseite die Tarifverhandlungen führt, und informiert die Mitglieder über die anstehende Tarifrunde (2). Die Tarifkommission beschließt die Forderungen der Gewerkschaft, z. B. die angestrebte Lohnerhöhung, mehr Urlaubstage oder eine verbesserte Altersvorsorge, und übermittelt diese an die Arbeitgeberseite (2). Im Normalfall werden dann Tarifverhandlungen geführt (3), an deren Ende ein von beiden Tarifkommissionen akzeptierter Tarifvertrag (9) steht, der durch die übergeordneten Gremien der Gewerkschaften und Arbeitgeberverbände angenommen wird. Die Gewerkschaften können den Prozess der Kompromiss-

7.2 Verbändesystem: Integrationskraft und politische Einflussnahme

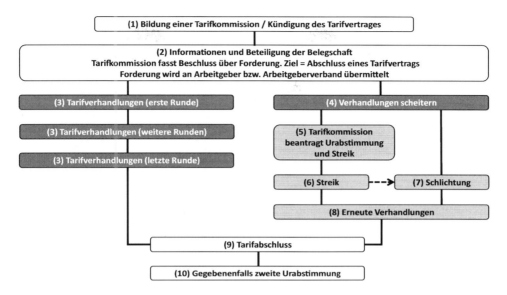

Abb. 7.2 Ablauf von Tarifverhandlungen: zwei idealtypische Verläufe.
Quelle: Eigene Darstellung. Anmerkung: Beispielhaft aus der Metall- und Elektroindustrie. Die Nummerierung im Schaubild steht nicht für den Ablauf der Tarifverhandlungen, sondern die Erklärung im nachfolgenden Text

bildung unterstützen, indem sie durch räumlich und zeitlich begrenzte Warnstreiks Druck auf die Arbeitgeberseite ausüben.

Erklärt eine Seite die Tarifverhandlungen für gescheitert (4), gibt es zwei Möglichkeiten. Zum einen kann die Gewerkschaft, nachdem sie eine Urabstimmung unter ihren Mitgliedern durchgeführt und das Ergebnis das erforderliche Quorum erreicht hat (5), zum Streik aufrufen und den Streikbeginn festlegen (6). Um die Kampfparität zu wahren, darf die Arbeitgeberseite Aussperrungen vom Betriebsgelände vornehmen; aufgrund hoher rechtlicher Hürden geschieht dies jedoch selten. Bei der Aussperrung ruht das Arbeitsverhältnis temporär und Beschäftigte erhalten keinen Lohn. Daher zahlen Gewerkschaften ein Streikgeld, das die Streikkassen belastet. Zum anderen kann eine Schlichtung, die von einer der beiden Tarifparteien angerufen wird, den Fortgang festgefahrener Verhandlungen und einen Tarifabschluss ohne Streik ermöglichen (7). Sowohl durch die Schlichtung als auch durch den Streik soll eine ergebnisorientierte Fortsetzung der Tarifverhandlungen ermöglicht werden (8). Während für die Aufnahme eines Streiks ein Quorum von 75 % notwendig ist, reicht für die Annahme eines Verhandlungsergebnisses die Zustimmung von 25 % der betroffenen Gewerkschaftsmitglieder. In Deutschland werden die Tarifverhandlungen meist ohne größeren Arbeitskampf erfolgreich zu Ende geführt, weshalb die Bundesrepublik seit vielen Jahrzehnten eine der weltweit geringsten Raten an Ausfalltagen durch Streiks und Aussperrungen verzeichnet (Greef 2014, S. 747). Auch wenn Streiks der Müllabfuhr, in öffentlichen Einrichtungen oder

Verkehrsbetrieben große mediale Aufmerksamkeit finden, sind sie doch vergleichsweise selten, was deutlich macht, dass das korporatistisch angelegte Tarifverhandlungssystem grundsätzlich gut funktioniert.

Die tarifpolitische Autonomie der Sozialpartner kann sowohl für den Staat als auch für die beteiligten Verbände von Vorteil sein. Für den Staat bedeutet die Aufgabenübertragung eine doppelte Entlastung. Zum einen muss die Regierung keine eigenen Ressourcen für das Zustandekommen von Tarifverträgen aufwenden. Zum anderen kann sie durch die Tarifautonomie kaum für die negativen Folgen von Tarifverhandlungen – wie z. B. Streiks oder unbefriedigende Lohnabschüsse – politisch verantwortlich gemacht werden. Für die Verbände bietet die Tarifautonomie nicht nur erhebliche Einfluss- und Gestaltungsmöglichkeiten, sondern auch Organisationsvorteile, weil sie von ihren Mitgliedern als relevante Akteure wahrgenommen werden. Nicht zuletzt können die allgemeingültigen Tarifnormen für die einzelnen Unternehmen eine Entlastung darstellen, da auf diese Weise weniger betriebsinterne Kosten und Konflikte entstehen.

Diese positive Bilanz der korporatistischen Tarifpolitik hat sich in der jüngeren Vergangenheit erkennbar verschlechtert. So ist die Zahl der Unternehmen, die den Arbeitgeberverbänden angehören und für die somit der betreffende Flächentarifvertrag gilt, deutlich gesunken. Gleichzeitig versuchen einige Arbeitgeberinnen, die tarifvertraglich festgelegten Bedingungen zu unterlaufen (Tarifflucht), indem sie nicht alle Vorgaben anwenden (z. B. Arbeitszeitstandards) oder unterhalb der vereinbarten Werte bleiben. Auf der Arbeitnehmerseite verlieren etablierte Branchengewerkschaften Mitglieder bzw. werden durch kleine, durchsetzungsstarke Berufsgewerkschaften herausgefordert. In Arbeitsfeldern, in denen ein pluralistisches System konkurrierender Gewerkschaften besteht, wie z. B. im Schienenverkehr, wo die GdL und die Eisenbahn- und Verkehrsgewerkschaft im Wettbewerb miteinander stehen, nimmt die Häufigkeit und Intensität von Streiks zu. Ähnliches gilt für Branchen, in denen die Arbeitgeberseite nicht bereit ist, mit den Gewerkschaften auf „Augenhöhe" zu verhandeln, wie es lange Zeit im Bereich der privaten Altenpflege der Fall war (Schroeder und Kiepe 2020).

Einerseits haben die Tarifparteien also an Integrations- und Gestaltungskraft verloren; andererseits sind die Vorteile der Tarifautonomie für Staat und Gesellschaft offensichtlich. Deshalb haben die Regierungen in Bund und Ländern wiederholt Maßnahmen ergriffen, um die Schwächen der Tarifparteien und die damit einhergehenden Funktionsdefizite zu kompensieren. Dazu zählen das Tarifeinheitsgesetz (2015), der gesetzliche Mindestlohn (2015), Regelungen, die die Vergabe staatlicher Aufträge an die Einhaltung von Tarifverträgen binden, sowie die Reform von § 5 TVG, wodurch Tarifverträge für alle Unternehmen einer Branche als verbindlich erklärt werden können. Darüber hinaus kann der Staat mit den Sozialpartnern in eigens eingerichteten Gremien kooperieren. In der Tarif- und Arbeitsmarktpolitik gab es dies bereits zweimal: bei der „Konzertierten Aktion" (1967–1977) und beim „Bündnis für Arbeit" (1998–2003). In beiden Fällen ging es vor allem darum, die Lohnpolitik mit anderen Politikfeldern abzustimmen. Im Bündnis für Arbeit sollten zudem neue Regelungsmuster für atypische Beschäftigungsverhältnisse (Zeitarbeit, Teilzeit) gefunden werden (Schroeder 2001). Beide Initiativen scheiterten an fehlenden Tauschgeschäften, die die Verbände gegenüber den eigenen Mitgliedern als vorteilhaft hätten vermitteln können. Es fehlte also am Ende die verbandliche Verpflichtungsfähigkeit, d. h. die Gewähr, dass die getroffenen Vereinbarungen von den Mitgliedern mitgetragen werden.

Insgesamt sind die Verbände nach wie vor maßgebliche Akteure im deutschen Regierungssystem, wenn es um interessenpolitische Einflussnahme geht. Sowohl in der Gesundheits- als auch in der Tarifpolitik agieren sie selbstorganisiert und zugleich im engen Zusammenspiel mit dem Staat. Auch außerhalb institutionalisierter Gremien wie dem G-BA und der Beteiligung an Gesetzgebungsverfahren spielen sie eine wichtige Rolle, indem sie versuchen, bereichsspezifische Interessen gegenüber der Regierung durchzusetzen. Zugleich haben sich die Arenen der Interessenvermittlung stärker ausdifferenziert, womit sie unübersichtlicher und auch für den Staat zuweilen weniger steuerbar sind. Das deutsche Verbändesystem ist weder eindeutig dem korporatistischen noch dem pluralistischen Typ zuzuordnen. Es differiert innerhalb und zwischen den unterschiedlichen Politikbereichen.

7.3 Organisierte Interessen im europäischen Mehrebenensystem

Politische Interessenvermittlung findet in Deutschland auf mehreren Ebenen statt. Deshalb sind Verbände nicht nur auf der Bundesebene aktiv, sondern auch in den Ländern und auf der Ebene der Europäischen Union (EU). Die *Länder* sind für die verbandliche Interessenvertretung vor allem in jenen Politikbereichen relevant, in denen sie die alleinige Gesetzgebungskompetenz haben, wie in der Bildungs-, Kultur- und Innenpolitik (Abschn. 13.3). Für die *EU,* die den supranationalen Teil des Mehrebenensystems bildet, stellen sich dagegen die Herausforderung einer inklusiven, transparenten und effektiven Interessenvermittlung in besonderer Weise.

Die europäische Verfassungsordnung ist nicht nur relativ komplex, sondern hat sich auch im Zeitverlauf dynamisch vertieft und erweitert (Abschn. 3.1). Gleichzeitig fehlt es noch immer an einer europäischen Öffentlichkeit, in der die politische Agenda der EU hinreichend thematisiert und diskutiert wird (Abschn. 8.3). All dies erschwert die öffentliche Nachvollziehbarkeit und Kontrolle der supranationalen Willensbildung und Entscheidungsfindung, aber auch die politische Mobilisierung bereichsspezifischer Interessen. Zwar sieht der Vertrag über die Europäische Union (EUV) vor, dass die EU-Organe einen „offenen, transparenten und regelmäßigen Dialog mit den repräsentativen Verbänden und der Zivilgesellschaft" (Art. 11 Abs. 2 EUV) praktizieren. Der tatsächliche Austausch zwischen der EU und den Vertreterinnen verschiedener gesellschaftlicher Interessen stellt sich aber sehr unterschiedlich dar.

Ein Grund dafür ist die ausdifferenzierte Kompetenzordnung im europäischen Mehrebenensystem: In einigen Politikfeldern sind die Entscheidungskompetenzen inzwischen vollständig oder weitgehend auf EU-Ebene angesiedelt (z. B. in der Wettbewerbs-,

Währungs-, Handels-, Agrar- und Regionalpolitik), während andere Bereiche, wie große Teile der Sozialpolitik, nach wie vor in die Zuständigkeit der Mitgliedstaaten fallen (Abschn. 3.3). Die organisierten Interessen in Deutschland und anderen EU-Staaten haben auf diese politikfeldspezifisch unterschiedliche Integrationsdynamik in zweifacher Weise reagiert: durch die Gründung transnationaler Verbandsorganisationen (Euroverbände) und die Erweiterung ihres Aktionsraums auf die EU-Ebene (Europäisierung).

Seit 1951 die Europäische Gemeinschaft für Kohle und Stahl (EGKS) gegründet wurde, haben sich zahlreiche nationale „Schwesterverbände" auf europäischer Ebene zu gemeinsamen Organisationen zusammengeschlossen (Platzer 2017, S. 594). Zu diesen *Euroverbänden* zählen u. a. der Europäische Gewerkschaftsbund (ETUC), der Europäische Unternehmerverband (BUSINESSEUROPE), der Europäische Bauernverband (COPA-COGECA), die Europäischen Konsumgenossenschaften (EURO COOP) und der Europäische Verbraucherverband (BEUC). Ihre Gründung geht teilweise auf nationale Interessenorganisationen zurück, wobei deutsche Verbände aufgrund ihres hohen Organisationsgrades, aber auch aufgrund der Größe und Wirtschaftskraft der Bundesrepublik häufig eine wichtige Rolle gespielt haben. Teilweise verdankt sich die Entstehung von Euroverbänden auch der Initiative der EU-Kommission, wie der 1977 gegründete Wirtschaftsverband der europäischen Eisen- und Stahlindustrie (EUROFER; Sturm und Pehle 2012, S. 160). In diesem und ähnlichen Fällen hat sich die Kommission gleichsam selbst kollektive Ansprechpartner geschaffen, indem sie ihnen privilegierten Zugang gewährt und mitunter finanzielle Ressourcen zur Verfügung stellt. Auf diese Weise versucht sie die Informationspolitik in den einzelnen Aufgabenfeldern besser zu steuern und die Verpflichtungsfähigkeit der bereichsspezifischen Interessen zu stärken.

Unabhängig von ihrer jeweiligen Entstehung sind Euroverbände relativ heterogene Organisationen. Meist sind ihre Mitglieder nationale Spitzenverbände, die wiederum aus zahlreichen Einzelverbänden bestehen. Darüber hinaus haben einzelne europäische Wirtschaftsverbände auch transnationale Großkonzerne aufgenommen (Sturm und Pehle 2012, S. 159). Angesichts der hohen Diversität ihrer Mitgliederinteressen tun sich die Euroverbände äußerst schwer, profilierte Positionen zu entwickeln, und kommen vielfach nicht über Kompromisse auf „kleinstem gemeinsamen Nenner" hinaus. Effektiven Einfluss auf die europäische Politikformulierung haben sie nur dann, wenn sie ihre Mitglieder auf eine gemeinsame Linie verpflichten können. Dies funktioniert am ehesten bei der Abwehr europäischer Regelungen, weniger bei eigenen Initiativen. Daher dienen sie überwiegend als Informations- und Koordinationsplattformen für ihre nationalen Mitglieder (Platzer 2017, S. 608).

Angesichts der begrenzten Integrationskraft und Durchsetzungsstärke von Euroverbänden haben sich die *deutschen Verbände* nicht mit ihrer Mitgliedschaft in diesen transnationalen Organisationen begnügt, sondern zugleich ihre *Lobbyarbeit europäisiert.* Im Unterschied zu französischen Verbänden, die häufiger von Anwaltskanzleien und Public Affairs-Agenturen vertreten werden, suchen die deutschen Wirtschafts- und Arbeitgeberverbände (u. a. BDA, BDI), Gewerkschaften (u. a. DGB, IG Metall) und Wohlfahrtsverbände, aber auch Industriekonzerne wie Daimler und Siemens eigenständige

7.3 Organisierte Interessen im europäischen Mehrebenensystem

Zugänge zum europäischen Willensbildungs- und Entscheidungsprozess. Inzwischen unterhalten viele von ihnen eigenständige Verbindungsbüros in Brüssel. Somit hat sich die Europäisierung der organisierten Interessenvertretung als „Ko-Evolution" (Eichener und Voelzkow 1994) vollzogen, indem die deutschen Verbände einerseits auf die Euroverbände einwirken und andererseits die EU-Politik als eigenständige Akteure zu beeinflussen suchen.

Vor dem Hintergrund des dynamischen Wachstums der interessenpolitischen Landschaft ist es relativ schwierig, einen Überblick über die *Anzahl der Interessenorganisationen auf EU-Ebene* zu gewinnen. Einen Anhaltspunkt liefert das sogenannte *Transparenzregister* („EU-Lobbyliste"), in dem – mit wenigen Ausnahmen – alle Organisationen verzeichnet sind, die Einfluss auf die politische Entscheidungsfindung der EU-Institutionen nehmen wollen (Europäische Kommission 2020c). Das Register umfasst eine heterogene Vielfalt von über 12.000 Lobbyakteurinnen, die in sechs Kategorien unterteilt sind (Tab. 7.5). Die mit Abstand größte Gruppe, die mit rund 6.500 Organisationen über die Hälfte ausmacht (53,3 %), vertritt wirtschaftliche und berufliche Interessen, was die ökonomische Ausrichtung des europäischen Integrationsprojekts widerspiegelt, die bis heute dominant ist (Abschn. 3.1). Darunter machen Verbände nur noch knapp über die Hälfte aus, der Rest sind einzelne Firmen (Eising 2020, S. 693). Die zweitgrößte Gruppe bilden Nichtregierungsorganisationen (27,1 %), die in verschiedenen Feldern von der Sozial- über die Umwelt- bis hin zur Asyl- und Entwicklungspolitik tätig sind und somit hauptsächlich die erweiterten Kompetenzen reflektieren, die die EU seit Mitte der 1980er Jahre erhalten hat. Neben Denkfabriken und wissenschaftlichen Einrichtungen (7,5 %), subnationalen Interessenorganisationen (4,6 %) und Religionsgemeinschaften (0,5 %) ist noch eine eigene Kategorie für Beratungsfirmen, Anwaltskanzleien und selbstständige Beraterinnen (7,0 %) ausgewiesen. Die tatsächliche Zahl privatwirtschaftlicher Lobbyakteurinnen dürfte weit höher liegen (LobbyControl o. J.). Inzwischen bildet das EU-Lobbying ein eigenes Berufsfeld, „das sich durch eine

Tab. 7.5 Registrierte Interessenorganisationen auf EU-Ebene (2020)

Interessenorganisationen nach Handlungsfeldern	Anzahl
Beratungsfirmen, Anwaltskanzleien, selbstständige Beraterinnen	859
In-House-Lobbyistinnen, Gewerbe-, Wirtschafts- und Berufsverbände/Gewerkschaften	6.522
Nichtregierungsorganisationen (NGOs)	3.311
Denkfabriken, Forschungs- und Hochschuleinrichtungen	917
Kirchen und Religionsgemeinschaften	58
Subnationale Interessenorganisationen (lokale, regionale und andere Einrichtungen)	560
Gesamt	**12.227**

Quelle: Angaben des EU-Transparenzregisters (Europäische Kommission 2020b); Stand: 16. Dezember 2020.

spezifische Personalstruktur und eigene Laufbahnen, Wissensbestände, Praktiken und Selbstverständnisse auszeichnet" (Lahusen 2020, S. 409).

Das Europäische Parlament führte ein Transparenzregister bereits 1995 ein, die Europäische Kommission folgte 2006 und der Rat 2020. Bislang ist der Eintrag freiwillig. Wer allerdings Kommissionsmitglieder treffen oder einen Hausausweis zum Europäischen Parlament erhalten will, muss registriert sein (Europäische Kommission 2020a). Zu den erforderlichen Angaben gehören u. a. Ziele und Aufgaben, Organisationsstruktur, Interessenbereiche, Daten zu den Mitarbeiterinnen sowie zu den Finanzen. Mit der Eintragung erkennen die Interessenorganisationen einen Verhaltenskodex an, der unangemessenes Verhalten untersagt, zur Angabe vollständiger und aktueller Informationen über die Interessenorganisationen verpflichtet und beispielsweise verbietet, EU-Dokumente an Dritte zu verkaufen. Obwohl bei falschen Angaben die kommentierte Streichung aus dem Register droht, wird immer wieder Kritikerinnen die schlechte Datenqualität des Registers beklagt.

Insgesamt hat sich die Interessenvertretung auf EU-Ebene zunehmend von den Verbänden auf das direkte Lobbying durch Firmen, Public Affairs-Agenturen, Kanzleien und Consultants verlagert. Zwar ist die Zahl der Euroverbände seit den 1970er Jahren ebenso kräftig gewachsen wie sich nationale Verbände als eigenständige Akteure auf EU-Ebene etabliert haben (Eising 2020, S. 692–694). Zugleich hat jedoch die Bedeutung individueller Einflussakteurinnen, insbesondere im ökonomischen Bereich, „eine neue Reichweite und Qualität angenommen", wodurch die „verbandliche Interessenaggregation" (Platzer 2017, S. 610) erschwert wird.

Ähnlich wie die Regierungssysteme des Bundes und der Länder bietet auch das *Regierungssystem der EU* vielfältige *Zugänge für politische Interessenvermittlung* (Abschn. 3.2). Dazu zählen in erster Linie die zentralen legislativen und exekutiven Organe: die Europäische Kommission, das Europäische Parlament und der Rat der EU. Wie nationale Regierungsinstitutionen benötigen sie bei der Erarbeitung und Verabschiedung gesetzlicher Normen bereichsspezifische Expertise, die sie selbst nicht haben. Umgekehrt versuchen auch die Verbände und die anderen Interessenvertreterinnen, dauerhaften Kontakt zu allen europäischen Institutionen zu pflegen, die bei der politischen Willensbildung und Entscheidungsfindung mitwirken. An erster Stelle steht dabei die *Kommission:* Aufgrund ihres Monopols zur Initiierung europäischer Richtlinien („Rahmengesetze") und Verordnungen („Gesetze"), aber auch wegen ihrer Verwaltungszuständigkeit für die diversen EU-Förderprogramme ist sie die „primäre Adressatin von Interessengruppen" (Eising 2020, S. 687). Dabei unterhalten die Lobbyakteurinnen intensive Beziehungen zu den jeweils zuständigen *Generaldirektionen,* die – ähnlich wie die Bundes- und Länderministerien – die inhaltliche Ausarbeitung der Gesetzentwürfe übernehmen. Auch das *Europäische Parlament* (EP) ist aufgrund seiner gewachsenen Bedeutung als gleichberechtigter Mitgesetzgeber zu einem wichtigen Adressaten für politische Einflussnahme geworden. Hier konzentrieren sich die Interessenvertreterinnen auf die zuständigen Ausschüsse bzw. deren Vorsitzende und Berichterstatterinnen, wobei sie immer auch die wechselnden parteipolitischen

7.3 Organisierte Interessen im europäischen Mehrebenensystem

Mehrheitsverhältnisse berücksichtigen müssen, da das EP – anders als der Deutsche Bundestag – keine Trennung in Regierungs- und Oppositionsfraktionen kennt (Eising 2020, S. 687–688; Abschn. 9.2). Als „Staatenkammer" wirkt der *Rat der EU* ebenfalls federführend bei der europäischen Gesetzgebung mit. Weil er sich aber aus Mitgliedern der nationalen Regierungen zusammensetzt, wird er nur selten als Ganzes durch Interessenvertreterinnen adressiert. Stattdessen suchen sie den Zugang über die „nationale Schiene", also im deutschen Fall über die zuständigen Bundesministerien oder direkt über das Kanzleramt (Eising 2020, S. 688).

Unter den weiteren Einrichtungen der EU verdient noch eine Institution gesonderte Erwähnung, die der sektoralen Interessenrepräsentation dient: der *Europäische Wirtschafts- und Sozialausschuss* (EWSA). Bereits mit den Römischen Verträgen (1957) gegründet, reflektiert er die zentrale Bedeutung wirtschaftlicher Interessen im Integrationsprozess. Ähnlich wie der Ausschuss der Regionen (Abschn. 13.4) unterstützt der EWSA die Gesetzgebungsarbeit von Kommission, Rat und Parlament, indem er „beratende Aufgaben" wahrnimmt (Art. 300 AEUV). Konkret gibt er in durchschnittlich neun Plenarsitzungen pro Jahr rund 150 Stellungnahmen zu EU-Vorlagen ab, die entweder auf Anfrage der EU-Institutionen erfolgen oder auf seine eigene Initiative zurückgehen (EWSA 2018, S. 4, 7). Der EWSA setzt sich aus 350 Vertreterinnen zusammen, die für jeweils fünf Jahre auf Vorschlag der Mitgliedstaaten ernannt werden (Art. 300 AEUV). Seine Mitglieder lassen sich drei Gruppen zuordnen: den Arbeitgeberinnen, den Arbeitnehmerinnen und der „europäischen Vielfalt", wozu vor allem die Landwirtschaftsorganisationen, die Sozialverbände und die Verbraucherorganisationen zählen (Walli 2020). Als größtes EU-Mitglied entsendet Deutschland 24 Vertreterinnen in den EWSA, die von nationalen Verbänden vorgeschlagen und von der Bundesregierung benannt werden, aber im Ausschuss weisungsfrei agieren. Gegenwärtig kommen sie u. a. aus dem DGB, der BDA, den Einzelgewerkschaften, vom Bauern- und Verbraucherschutzverband, aber auch aus der Bundesarbeitsgemeinschaft der Seniorenorganisationen. Aufgrund dieser heterogenen Zusammensetzung lassen sich im Ausschuss Einzelinteressen kaum wirkungsstark vertreten. Daher bleibt er für die beteiligten Organisationen bestenfalls einer unter mehreren Kanälen ihrer europapolitischen Einflussstrategie. Die EU-Organe sind zwar nicht an seine Stellungnahmen gebunden, versuchen aber meist das dort versammelte Expertenwissen gezielt zu nutzen. Angesichts seiner marginalen Kompetenzen im europäischen Gesetzgebungsprozess versucht sich der EWSA gelegentlich als Vermittler zur organisierten europäischen Zivilgesellschaft, was aber nichts an dem Gesamtbild eines einflussarmen Gremiums ändert (Walli 2020).

Wie funktioniert die bereichsspezifische Interessenvermittlung auf EU-Ebene? Die Ergebnisse verschiedener Studien deuten auf ein hohes Maß an Inklusivität und Zugangsgleichheit hin. So gibt es bei den öffentlichen Konsultationen, die die EU-Kommission bei allen Gesetzgebungsvorhaben durchführt, nur „geringe Zugangshürden", wodurch eine „pluralistische Interessenvertretung" ermöglicht wird (Eising 2020, S. 694). Außerdem scheinen ökonomische Partikularinteressen die europäische

Politikformulierung nicht stärker zu beeinflussen als allgemeine Interessen (Klüver 2012). Gleichzeitig können unterschiedliche Lobbyakteurinnen ihren Einfluss an je spezifischen Stellen des politischen Willensbildungs- und Entscheidungsprozesses geltend machen: „Nichtregierungsorganisationen [scheinen] bedeutsamer für die Gestaltung der politischen Tagesordnung der EU [...] zu sein, die wirtschaftlichen Interessenorganisationen hingegen für die konkrete Ausgestaltung der initiierten Gesetzgebung" (Eising 2020, S. 695). Insgesamt variieren die Kooperations- und Konfliktmuster zwischen den beteiligten Interessenorganisationen relativ stark (Bruycker und Beyers 2018): Bei einigen EU-Politiken nehmen nationale Verbände keinen direkten Einfluss auf europäischer Ebene, sondern konzentrieren sich auf die nationale Ebene, weil dort die relevanten Vorentscheidungen getroffen werden. Bei anderen stehen sich Wirtschaftsinteressen und Non-Profit-Interessen polar gegenüber. Gelegentlich kommen auch breite Lobby-Koalitionen aus Wirtschafts- und Non-Profit-Interessen zustande, wenn sich beide Seiten jeweils spezifische Vorteile davon versprechen.

Somit ist die Interessenvermittlung auf EU-Ebene einerseits besser als ihr Ruf. Im politischen Willensbildungs- und Entscheidungsprozess gibt es vielfältige Beteiligungsmöglichkeiten und keine strukturellen Asymmetrien zugunsten ökonomischer Interessen. Außerdem haben „nationale und europäische Interessengruppen im EU-Mehrebenensystem eine starke Arbeitsteilung entwickelt" (Eising 2020, S. 695). Insofern leisten sie einen positiven Beitrag zur demokratischen Legitimität der EU, die angesichts der fehlenden europäischen Öffentlichkeit und des begrenzt europäisierten Parteienwettbewerbs (Abschn. 6.3) unter besonderem Rechtfertigungsdruck steht. Andererseits ist das Beziehungsgefüge zwischen den Interessenorganisationen und den demokratisch legitimierten Entscheidungsorganen auf EU-Ebene noch komplexer als auf nationaler Ebene. Deshalb verwundert es nicht, dass in der Literatur vielfältige Bezeichnungen für das europäische System der Interessenvermittlung existieren, die von pluralistisch über elitär-pluralistisch, quasi-pluralistisch und netzwerkartig bis zu korporatistisch reichen (Platzer 2017, S. 592). Auf jeden Fall werden Initiativen, die für mehr öffentliche Transparenz und entsprechende Regeln und Sanktionsmechanismen werben, von zentraler Bedeutung bleiben.

7.4 Fazit: Stütze demokratischen Regierens oder Gefährdung des Gemeinwohls?

Verbände stärken und legitimieren die repräsentative Demokratie, indem sie bereichsspezifische Interessen bündeln, artikulieren und politisch durchzusetzen suchen. Daher sind sie *zentrale Akteure im deutschen Regierungssystem*. Auf der *Input*-Seite bieten sie ihren Mitgliedern spezielle Partizipationsmöglichkeiten und tragen so zur gesellschaftlichen Integration bei. Darüber hinaus wirken sie an der politischen Willensbildung und Entscheidungsfindung mit (*Throughput*), indem sie durch Informationstransfer, Teilnahme an Anhörungen, Direktkontakte zu Abgeordneten und Exekutivmitgliedern

7.4 Fazit: Stütze demokratischen Regierens oder Gefährdung des Gemeinwohls?

sowie öffentliche Aktivitäten die Interessen ihrer Mitglieder artikulieren. Kurzum: Kein Gesetz kommt ohne formelle wie informelle Verbändebeteiligung zustande. Nicht zuletzt können Verbände den demokratischen Staat bei seiner Aufgabenerfüllung entlasten (*Output*), indem sie bestimmte Bereiche eigenverantwortlich regulieren, wie in der Gesundheits- und Tarifpolitik, oder die Implementation gesetzlicher Regelungen übernehmen.

In Deutschland reichen die historischen Wurzeln vieler Wirtschafts-, Sozial- und Kulturverbände bis ins 19. Jahrhundert zurück. Im Laufe der Zeit haben sich diese Verbände an veränderte Kontextbedingungen angepasst, ohne ihre etablierten Organisationsstrukturen aufzugeben. Zugleich sind immer wieder neue Verbände entstanden, die sich meist an den Strukturen der bereits bestehenden orientiert haben. Bei diesen Verbandsgründungen ging es zum einen um eine stärkere organisatorische und funktionale Differenzierung in etablierten Aufgabenbereichen und zum anderen darum, neue Felder in Wirtschaft, Gesellschaft und Kultur interessenpolitisch zu organisieren. Außerdem haben die nationalen Verbände ihren Aktionsraum auf die europäische Ebene erweitert, indem sie einerseits transnationalen Euroverbänden beigetreten sind und andererseits ihre eigenen Strukturen und Aktivitäten „europäisiert" haben, um auf den supranationalen Politikprozess Einfluss zu nehmen. Dadurch hat sich ein Mehrebenensystem organisierter Interessenvertretung herausgebildet, wobei die Bundesebene in vielen Politikbereichen nach wie vor bedeutsamer ist als die Ebenen der EU und der Länder. Das alles spricht sowohl für die Kontinuität als auch für die Anpassungs- und Innovationsfähigkeit des Organisationstyps Verband.

Der Modus der verbandlichen Interessenvermittlung stellt sich äußerst vielfältig dar. In Deutschland sind die *Staat-Verbände-Beziehungen* durch *spezifische Kombinationen pluralistischer und korporatistischer Muster* geprägt, die sich sowohl zwischen den Politikfeldern als auch im Zeitverlauf unterscheiden. Die wichtigsten Gründe für diese Varianz liegen in den jeweiligen Organisationsstrukturen und Handlungsmustern der beteiligten Verbände, aber auch darin, wie inklusiv Parlament und Regierung die politische Entscheidungsfindung in den einzelnen Feldern gestalten. Eine gesetzliche Vorgabe, die bestimmt, ob es ein freies Spiel der Kräfte oder einen strukturierten Prozess der Interessenvermittlung gibt, fehlt.

Die Anzahl der Verbände hat auch in den letzten Jahren stetig zugenommen. Obwohl der Verband als Form organisierter Interessenvertretung weiterhin attraktiv ist, stehen viele Verbände seit einiger Zeit unter wachsendem Druck. Ihre *Selektions- und Artikulationsleistung* hat sich tendenziell verringert; zugleich wird ihnen häufig eine *schwächere Handlungsfähigkeit nach außen* attestiert, die mit einer *geringeren Verpflichtungsfähigkeit nach innen* einhergeht. Ursächlich dafür sind rückläufige Mitgliederzahlen, die stärkere Heterogenität der Mitgliederinteressen, nachlassende Loyalität der Mitglieder gegenüber der Verbandspolitik sowie die zunehmende Konkurrenz durch andere Verbände und alternative Formen der Interessenvertretung. Damit hat sich auch das strukturelle *Transparenzproblem* der Interessenvermittlung weiter verschärft, weil die immer zahlreicheren Lobbyakteurinnen schwerer bestimmten Interessen zuzuordnen sind und kaum noch von der Öffentlichkeit kontrolliert werden können. Offen ist, inwieweit auch die Politik durch die umfangreichen Liberalisierungs- und Privatisierungsmaßnahmen seit den 1990er Jahren zu dieser Schwächung der Verbände beigetragen hat. Gleichzeitig hat die Bedeutung der Verbände als *serviceorientierte Dienstleister für Mitglieder* und als *„Implementationshelfer" für den Staat* tendenziell zugenommen.

Darüber hinaus ist die „klassische" Frage, inwieweit Verbände eine *Gefahr für Demokratie und Gemeinwohl* darstellen, keinesfalls obsolet. In einzelnen Bereichen, wie z. B. bei der Energie- oder Verkehrswende, können Verbände mit hohem Veto- bzw. Sanktionspotenzial Reformen blockieren und damit gemeinwohlorientiertes Regierungshandeln erschweren (Löhr 2020). Dadurch kann das demokratische Versprechen, dass alle Interessen die gleichen Durchsetzungschancen haben, unterminiert werden. Wenn auch der politische Einfluss einzelner Verbände mitunter zu stark ist, ändert dies nichts daran, dass die organisatorische Bündelung von Interessen durch Verbände eine zentrale Voraussetzung für die Transparenz und Kontrolle des demokratischen Entscheidungsprozesses ist.

Die *Kritik an der organisierten Interessenvermittlung* hat sich lange Zeit hauptsächlich auf den „Verbändestaat" (Wambach 1971) konzentriert. Heute stehen dagegen die individuellen Lobbyakteurinnen im Mittelpunkt, die „starken" Partikularinteressen jenseits von Verbänden zur Durchsetzung verhelfen. Einerseits zählen dazu Großunternehmen, Public Affairs-Agenturen oder Rechtsanwaltskanzleien, deren Lobbyaktivitäten häufig im Schatten der Öffentlichkeit erfolgen und dadurch den Legitimitätsverlust des demokratischen Systems zusätzlich befördern können (Crouch 2008). Andererseits gibt es eine wachsende Zahl von Akteurinnen, die sich selbst mandatieren und meist öffentlichkeitswirksame Aktionen durchführen, um die politischen Entscheidungsträgerinnen unter Druck zu setzen. Solche Organisationen wie Greenpeace erscheinen zwar auf den ersten Blick wie Verbände, agieren aber eher wie soziale Bewegungen und haben einen unternehmensähnlichen Aufbau anstelle einer mitgliederbasierten und demokratisch verfassten Binnenstruktur.

Was kann man tun, um die *Funktionsfähigkeit der demokratischen Interessenvermittlung* zu *verbessern*? Erstens kann man versuchen, die individuelle und gruppenbezogene Einflussnahme auf das demokratische Regieren durch eine stärkere Transparenz und Kontrolle zu regulieren. Um dies durchzusetzen, haben sich eigene zivilgesellschaftliche Interessenorganisationen gegründet (Abgeordnetenwatch, LobbyControl, Transparency International etc.). Zu deren Forderungen zählen u. a. verpflichtende Lobbyregister, die Offenlegung von Interessenkonflikten sowie eine striktere Regulierung von „Drehtüreffekten" zwischen Politik und Wirtschaft. Diese Vorschläge können auch als Konsequenz aus der Transformation des Verbändesystems verstanden werden, das früher die Interessen recht übersichtlich strukturiert hat und heute durch die Pluralisierung der Lobbyakteurinnen zunehmend intransparenter geworden ist. Zweitens kann der Staat versuchen, die Verbände zu stärken, weil er ihre Bündelungsfähigkeit und ihre Sachkenntnis benötigt und sie auch für die Implementation von Gesetzen braucht.

Das kann durch privilegierte Zugänge, finanzielle Zuwendungen oder verbesserte rechtliche Rahmenbedingungen geschehen, wie z. B. das Tarifeinheitsgesetz, das die Standards für konkurrierende Verbände klarer regelt, oder das Verbandsklagerecht im Umweltbereich. Drittens können die Verbände selbst durch aktive Werbestrategien und selektive Nutzenanreize die betreffenden Gruppen von einer Mitgliedschaft überzeugen. Darin liegt nicht zuletzt ein wichtiger Ausgangspunkt, um ihre äußere Handlungsfähigkeit zu stärken.

Wenn es richtig ist, dass Interessen das „Salz in der Suppe" der Demokratie sind, dann sollten auch bereichsspezifische Interessen gebündelt und transparent vermittelt werden. Verbände sind die angemessenste Organisationsform, um diesen Anspruch im und für das demokratische Regierungssystem zu realisieren.

Literaturhinweise

Klüver, Heike. 2013. *Lobbying in the European Union: Interest Groups, Lobbying Coalitions, and Policy Change*. Oxford: Oxford University Press.
Schmid, Josef. 1998. *Verbände. Interessenvermittlung und Interessenorganisationen*. München: Oldenbourg.
Schroeder, Wolfgang, Hrsg. 2014. *Handbuch Gewerkschaften in Deutschland*, 2. Aufl. Wiesbaden: Springer VS.
Schroeder, Wolfgang, und Bernhard Weßels, Hrsg. 2017. *Handbuch Arbeitgeber- und Wirtschaftsverbände in Deutschland*, 2. Aufl. Wiesbaden: Springer VS.
Sebaldt, Martin, und Alexander Straßner. 2004. *Verbände in der Bundesrepublik Deutschland. Eine Einführung*. Wiesbaden: VS.

8 Medien und Mediensystem: die Herstellung politischer Öffentlichkeit

Medien generieren Öffentlichkeit. Sie informieren die Bürgerinnen, beeinflussen ihre Meinungsbildung und verbinden sie so mit der Politik. Medien sind damit eine unverzichtbare Basis für die demokratische Willensbildung. Zugleich wirken sie als öffentliche Kontrollinstanz der Politik und gelten deshalb als „Vierte Gewalt" (von Alemann 2002, S. 467; Bergsdorf 1980). Um diese Funktionen erfüllen zu können, bedarf es eines vielfältigen Medienangebots, das sich durch ein breitgefächertes, unabhängiges Informations- und Meinungsspektrum auszeichnet (Schneider 1998). Während es in der „alten" Medienwelt von Presse, Rundfunk und Fernsehen vor allem darum ging, ob das bundesdeutsche Mediensystem hinreichend pluralistisch strukturiert ist und alle Interessen angemessen berücksichtigt werden, sind mit der Digitalisierung und den sozialen Medien völlig neuartige Herausforderungen hinzugetreten. Verfügen die Medien in Deutschland über die nötige Autonomie, Ressourcen und Reichweite, um die demokratische Willensbildung zu unterstützen? Inwiefern kann eine Verbindung von klassischer Medien- und neuer Netzpolitik öffentliche Meinungsfreiheit und Angebotsvielfalt gewährleisten? Wie kann verhindert werden, dass mediale Kommunikation in zunehmend fragmentierten Teilöffentlichkeiten eine Polarisierung der Gesellschaft forciert und den demokratischen Zusammenhalt der Gesellschaft gefährdet?

Vor diesem Problemhorizont beschreibt Abschn. 8.1 die Grundstruktur des deutschen Mediensystems, das auf den drei Säulen Printmedien, duales Rundfunksystem und Internet fußt. Abschn. 8.2 beleuchtet das Beziehungsgefüge von Medien und Politik, das sowohl von gegenläufigen Handlungslogiken als auch von kooperativem Austausch geprägt ist. Abschn. 8.3 erläutert das wechselseitige Verhältnis von deutschem Mediensystem und europäischer Integration. Abschn. 8.4 zieht ein Resümee und diskutiert mögliche Reformperspektiven für ein demokratisches Mediensystem im digitalen Zeitalter.

8.1 Massenmedien in Deutschland: Organisation und Regulierung

In der repräsentativen Demokratie erfüllen *Medien* wichtige *Funktionen.* Sie verbreiten aktuelle Informationen zum politischen und gesellschaftlichen Geschehen und bieten Foren der öffentlichen Diskussion. Entscheidend für die politische Urteilsbildung der Bürgerinnen ist, dass sie ausgewogene und einordnende Medienangebote mit einer gewissen Regelmäßigkeit nutzen. So steigt die Wahrscheinlichkeit, dass Sachverhalte verstanden, Entwicklungen nachvollzogen und Meinungen begründet formuliert werden. Eine pluralistische Medienlandschaft unterstützt damit die freie Meinungs- und Urteilsbildung in der gesamten Breite gesellschaftlicher Interessen (Sarcinelli 2011, S. 40). Als intermediäre Struktur zwischen Bürgerinnen und Staat bilden Medien zugleich eine Instanz zur Kontrolle politischer Macht. Vor diesem Hintergrund hat der Staat zwei zentrale Anforderungen für ein demokratisches Mediensystem zu gewährleisten. Erstens sichert er als Wettbewerbshüter die Meinungsfreiheit und reguliert den Medienmarkt, ohne auf das Programmangebot Einfluss zu nehmen. In diesem Sinne muss er präventiv – z. B. durch kartellrechtliche Maßnahmen – darauf hinwirken, dass es nicht zu einer strukturellen Vermachtung medialer Angebote kommt, die die Transparenz und Pluralität der Medienöffentlichkeit beeinträchtigt. Zweitens überlässt der Staat das Medienangebot nicht ausschließlich dem freien Markt, sondern gewährleistet über den öffentlich-rechtlichen Rundfunk eine qualitativ hochwertige und inhaltlich vielfältige Berichterstattung (s. unten). Damit einher geht allerdings die Gefahr, dass Medien zu stark unter den Einfluss des Staates bzw. der etablierten Parteiendemokratie geraten und ihre Kontrollfunktion nicht mehr hinreichend wahrnehmen können. Im Ganzen betrachtet bewegt sich der Staat zwischen den spannungsgeladenen Anforderungen von *Wettbewerbskontrolle und Qualitätssicherung,* wobei dieser medienpolitische Balanceakt unter den Bedingungen eines digitalen Strukturwandels der Öffentlichkeit stattfindet.

Aufgrund der Lehren, die man aus der Gleichschaltung der Medien im Nationalsozialismus gezogen hat, hat die *rechtliche Absicherung der demokratischen Öffentlichkeit* in der Bundesrepublik einen hohen Stellenwert. So sind die Medien in ihrem Wirken durch die in Art. 5 GG verankerte Meinungs-, Informations- und Pressefreiheit geschützt: „Eine Zensur findet nicht statt" (Art. 5 Abs. 1 GG). Vor dem Hintergrund der fortschreitenden Digitalisierung ist die Gewährleistung der Meinungsfreiheit noch weitaus anspruchsvoller geworden, weil das „Übermedium Internet" (Hachmeister et al. 2018, S. 9) mit seinen globalen Medien-, Technologie- und Wissenskonzernen (Google, Amazon, Apple, Facebook etc.) den regulativen Zugriff des Staates massiv erschwert.

In der historischen Rückschau gilt die *„Spiegel-Affäre"* als Paradebeispiel für einen unzulässigen staatlichen Eingriff in die Pressefreiheit. In einer Ausgabe des Jahres 1962 veröffentlichte das Magazin „Der Spiegel" einen Artikel mit dem Titel „Bedingt abwehrbereit" zur verteidigungspolitischen Situation in Deutschland und der NATO und stellte darin die Rüstungspolitik unter Verteidigungsminister Franz Josef Strauß infrage (Grosser und Seifert 1966, S. 56–63). Daraufhin wurden die Redaktionsräume des Nachrichtenmagazins im Auftrag der Bundesanwaltschaft durchsucht und der Spiegel-Herausgeber Rudolf Augstein wurde wegen des Vorwurfs des Landesverrats festgenommen. Zugleich wurde der Autor des Artikels, Conrad Ahlers, auf Initiative von Strauß ohne rechtliche Grundlage während seines Urlaub in Spanien inhaftiert (Grosser und Seifert 1966, S. 549–573). Infolgedessen legte der Spiegel-Verlag Verfassungsbeschwerde ein, und es kam zu massiven Protesten und Solidarisierungen anderer Medien, der Oppositionsparteien sowie von Teilen der Öffentlichkeit („Spiegel tot – Freiheit tot"). Wenngleich die Verfassungsbeschwerde erfolglos blieb, beschrieb das Bundesverfassungsgericht die Medienfreiheit in seinem Urteil als konstitutives Merkmal der Demokratie: „Eine freie, nicht von der öffentlichen Gewalt gelenkte, keiner Zensur unterworfene Presse ist ein Wesenselement des freiheitlichen Staates" (BVerfGE 20, 162, 174). Das Urteil gilt seither als „Meilenstein der Pressefreiheit" (Pöttker 2012).

Gleichwohl können die Rechte auf Meinungs-, Informations- und Pressefreiheit eingeschränkt werden, wenn die Einhaltung allgemeiner gesetzlicher Bestimmungen sowie die Regelungen zum Jugendschutz oder des Persönlichkeitsrechts tangiert sind (Art. 5 Abs. 2 GG). Die gesetzlichen Vorgaben, die u. a. einen Anspruch auf Gegendarstellung einschließen, werden durch eine *Selbstkontrolle der Medien* flankiert, die sich sowohl auf die Wahrung der journalistischen Professionsethik als auch die Sicherung einer freiheitlichen Berichterstattung bezieht (u. a. Suhr 1998; Wiedemann 1992). Diese Kontrollaufgaben werden von verschiedenen Institutionen wahrgenommen: dem seit 1972 bestehenden *Deutschen Werberat*, der den Werbe- und PR-Bereich überwacht; der *Freiwilligen Selbstkontrolle Fernsehen*, die 1994 aus der Freiwilligen Selbstkontrolle der Filmwirtschaft hervorging und für den Rundfunk- und Fernsehbereich zuständig ist; sowie der seit 1997 bestehenden *Freiwilligen Selbstkontrolle Multimedia Dienstanbieter*, die insbesondere den Bereich der neuen internetbasierten Dienste abdeckt (Stapf 2005, S. 26).

Eine besonders prominente Organisation im Bereich der Medienselbstkontrolle ist der *Deutschen Presserat*, der seit 1956 die Einhaltung der Standards im Printbereich überwacht (Stapf 2005, S. 26). Er wird von zwei Verlegerverbänden (Bundesverband Digitalpublisher und Zeitungsverleger, Verband Deutscher Zeitschriftenverleger) und zwei Journalistenvereinigungen (Deutscher Journalisten-Verband, Deutsche Journalistinnen- und Journalisten-Union in ver.di) getragen (Deutscher Presserat o. J.). In seinen *Publizistischen Grundsätzen* sind 16 verpflichtende Handlungsmaximen formuliert, die ein berufsethisch verantwortliches Verhalten der Journalistinnen und eine ausgewogene Berichterstattung sicherstellen sollen. Einen Verstoß gegen diesen Pressekodex kann jede natürliche oder juristische Person beim Presserat anzeigen (Baum et al. 2005). Bei begründeten Beschwerden können Maßnahmen gegen das Medium verhängt werden: eine öffentliche Rüge (mit Abdruckverpflichtung), eine nichtöffentliche Rüge (ohne Abdruckverpflichtung), ein Hinweis oder eine Missbilligung (Desgranges und Wassink 2005, S. 79–84). 2019 wandten sich insgesamt 2.175 Personen an den Deutschen Presserat, der daraufhin 34 Rügen, 67 Missbilligungen und 96 Hinweise aussprach (Deutscher Presserat 2020, S. 6–8). Der größte Anteil der Rügen (14) wurde aufgrund von „mangelnder Trennung redaktioneller und werblicher Inhalte"

(Pressekodex Ziffer 7) ausgesprochen, gefolgt von „Verletzungen des Persönlichkeitsschutzes" entsprechend Ziffer 8 des Pressekodex (Deutscher Presserat 2020, S. 9).

Die *Medienlandschaft der Bundesrepublik Deutschland* ist inhaltlich und organisatorisch stark ausdifferenziert. *Zeitschriften und Zeitungen* gelten als ältester Bereich der Massenmedien. In Deutschland sind die Printmedien privatwirtschaftlich organisiert; sie bilden den „größte[n] Zeitungsmarkt Europas" sowie den „fünftgrößte[n] der Welt" und zeichnen sich durch eine große Breite und Vielfalt des Angebots aus (Schnücker 2011, S. 61). Unter den über 300 Tageszeitungen dominieren nach wie vor lokale und regionale Abonnementzeitungen (BDZV 2018, S. 282). Daneben existieren einige wenige überregionale Tageszeitungen (u. a. BILD, Süddeutsche Zeitung, Frankfurter Allgemeine Zeitung und die tageszeitung), 23 Wochenzeitungen (u. a. Die Zeit) sowie sechs Sonntagszeitungen (BDZV 2018, S. 282). Allein die fünf größten Verlagsgruppen im Zeitungsmarkt – darunter Axel Springer, die Verlagsgruppe um die Stuttgarter Zeitung und die FUNKE-Mediengruppe – haben 2020 einen gemeinsamen Marktanteil von 41,3 % (Röper 2020, S. 332).

Die deutsche *Presselandschaft* ist seit einiger Zeit *massiven Umbrüchen* ausgesetzt. Zum einen haben sich organisatorische Konzentrationsprozesse vollzogen. Dazu zählt insbesondere die Expansion der FUNKE-Mediengruppe, die 2014 die Zeitungen Berliner Morgenpost und Hamburger Abendblatt sowie die Programm- und Frauenzeitschriften von Axel Springer übernommen hat (Grieß 2014, S. 269), aber auch die Gründung des RedaktionsNetzwerks Deutschland (RND), das seit 2013 überregionale Inhalte für regionale Tageszeitungen aus dem Verbund der Mediengruppe produziert (u. a. Hannoversche Allgemeine Zeitung und Märkische Allgemeine; Dogruel et al. 2019, S. 337). Durch die Zusammenschlüsse und Expansionen streben herkömmliche Redaktionen eine stärkere crossmediale Präsenz und Produktpalette an. Multimediale und überregionale Inhalte sowie Auslandsnachrichten beziehen die Redaktionen zudem von globalen *Nachrichtenagenturen,* wie der Deutschen Presse-Agentur (dpa) oder Thomson Reuters.

Zum anderen sind die Printmedien mit sinkenden Nutzerzahlen konfrontiert. Der Anteil derjenigen, die mehrmals wöchentlich Zeitung lesen, hat sich kontinuierlich verringert, sodass Tageszeitungen (TZ) inzwischen vom Standard- zum Gelegenheitsmedium geworden sind (Statistisches Bundesamt 2020a). Der massive Rückgang der verkauften TZ-Auflage von 27,3 Mio. Exemplaren 1991 auf 14,1 Mio. Exemplare 2018 (BDZV 2018, S. 284) sowie die wegbrechenden Werbeeinnahmen führen zu ökonomischen Engpässen bei den Verlagen. Die Folge sind Schließungen und Fusionen von Regionalzeitungen, Preiserhöhungen, eine abnehmende Zahl festangestellter Journalistinnen und eine geringere Angebotsvielfalt (Seufert 2018, S. 16). Im Übrigen wird der Rückgang der von Printmedien erreichten Haushalte nicht durch entsprechende Nutzung vergleichbarer Online-Angebote kompensiert. Außerdem sind nicht alle territorialen Ebenen gleich betroffen: Während das überregionale Medienangebot in Umfang und Vielfalt weitgehend stabil geblieben ist, zeichnen sich die strukturellen Schwächen auf lokaler und regionaler Ebene immer deutlicher ab (Futh 2016, S. 212).

8.1 Massenmedien in Deutschland: Organisation und Regulierung

Anders als die Printmedien war der *Rundfunk- und Fernsehbereich* in der Bundesrepublik zunächst nur *öffentlich-rechtlich* organisiert. Er entstand bereits nach dem Zweiten Weltkrieg unter alliierter Aufsicht, wobei der britischen BBC eine gewisse Vorbildfunktion zukam (Lucht 2006, S. 96–98). Neben den neun Landesrundfunkanstalten, die in der *ARD* (Arbeitsgemeinschaft der öffentlich-rechtlichen Rundfunkanstalten der Bundesrepublik Deutschland) zusammengeschlossen sind, zählen dazu das Zweite Deutsche Fernsehen (*ZDF*), das *Deutschlandradio* und die *Deutsche Welle*. Mit der Gründung des ZDF Anfang der 1960er Jahre verband sich der Versuch von Bundeskanzler Adenauer, eine „Deutschland-Fernsehen GmbH" zu etablieren, die dem Bund unterstellt werden sollte. Das als „Adenauer-Fernsehen" kritisierte Projekt scheiterte am Ersten Rundfunk-Urteil des Bundesverfassungsgerichts vom Februar 1961 (Abschn. 12.2). Darin wurde den Ländern mit Verweis auf Art. 5 GG die volle Rundfunkkompetenz zugesprochen, weswegen das ZDF als Anstalt der Länder auf Grundlage eines eigenen Staatsvertrags etabliert wurde.

Erst 1984 wurden *privatwirtschaftliche Rundfunk- und Fernsehsender* gesetzlich erlaubt, die die öffentlich-rechtlichen Anstalten ergänzen. Seitdem wird von einem *dualen System* gesprochen. Um eine durch Marktkonzentration generierte Meinungsmacht zu verhindern, besteht in Deutschland seit 1997 eine eigene „Kommission zur Ermittlung der Konzentration im Medienbereich" (KEK), die auch für alle Lizenzierungen bundesweiter privater TV-Programme zuständig ist. Das heutige Hörfunk- und Fernsehangebot ist daher von der lokalen über die regionale bis zur nationalen Ebene durch eine breite Vielfalt geprägt. Es gibt sowohl private Programme – im Fernsehen u. a. Sat1, Pro7, RTL und VOX, im Rundfunk u. a. Antenne Bayern, planet radio und Domradio –, die großenteils Medienkonzernen wie der Bertelsmann AG, dem Axel-Springer-Verlag und der ProSiebenSat1-Gruppe gehören, als auch die öffentlich-rechtlichen Angebote von ARD, ZDF, Phönix, den dritten Programmen, dem Deutschlandradio, transnationale (Arte und 3Sat) oder spezielle (landesweite) Sender wie RBB Inforadio. Regelmäßige Umfragen ergeben, dass etwa ein Drittel der Bürgerinnen dem Fernsehen noch immer die größte Bedeutung als Informationsmedium zumisst (Seufert 2018, S. 14). Allerdings sind die öffentlich-rechtlichen Anstalten in der heutigen Medienlandschaft nicht mehr tonangebend: Während die Rundfunk-, Fernseh- und Internetangebote unter dem Dach von ARD und ZDF einen „medienübergreifende[n] Meinungsbildungseinfluss" von rund 30 % erreichen, liegt der entsprechende Wert der privaten Medienanstalten bei ca. 70 % (Seufert 2018, S. 14; die medienanstalten 2018).

Die *rechtliche Grundlage des deutschen Mediensystems* bilden Gesetze und Staatsverträge, wobei die Regelungshoheit – mit Ausnahme des Auslandsrundfunks – bei den Ländern liegt. Der Bund besaß zwar bis zur Föderalismusreform 2006 die Möglichkeit, im Bereich der Presse und des Films eigene Rahmenvorschriften zu verabschieden, hat aber davon keinen Gebrauch gemacht (Art. 75 GG a. F.; Abschn. 4.1). Die Basis für die Arbeit von Fernsehen und Hörfunk bildet der *Rundfunkstaatsvertrag* (RStV), der zwischen allen 16 Ländern geschlossen wird und durch den Rundfunkgebührenstaatsvertrag (RGebStV) und den Rundfunkfinanzierungsstaatsvertrag (RFinStV) ergänzt wird.

Da auch die öffentlich-rechtlichen Rundfunkanstalten in wachsendem Maße im Internet aktiv sind, ist es mittlerweile angemessener, von Medienanstalten zu sprechen. Dieser Logik folgend, ist 2020 der *Medienstaatsvertrag* (MStV) in Kraft getreten, der den seit 1987 regelmäßig novellierten Rundfunkstaatsvertrag ersetzt. Um den neuen Dynamiken des Medienmarkts und insbesondere den digitalen Transformationsprozessen Rechnung zu tragen, sieht der Vertrag vor, dass künftig auch Online-Streaming-Dienste und Social-Media-Plattformen wie Google und Facebook die Regeln befolgen müssen, die bislang nur für klassische Medienformate galten. Insofern trägt der Medienstaatsvertrag zu einer Angleichung der regulativen Standards zwischen „alter" und „neuer" Medienwelt bei.

Gemäß ihrem *gesetzlichen Auftrag* sind die *öffentlich-rechtlichen Medienanstalten* in den Bereichen „Bildung, Information, Beratung, Unterhaltung und Kultur" (Karidi 2018, S. 18) aktiv. Sie sind dazu aufgerufen, „in ihren Angeboten einen umfassenden Überblick über das internationale, europäische, nationale und regionale Geschehen in allen wesentlichen Lebensbereichen zu geben" (§ 11 Abs. 1 RStV). Außerdem haben sie „die Grundsätze der Objektivität und Unparteilichkeit der Berichterstattung, die Meinungsvielfalt sowie die Ausgewogenheit ihrer Angebote zu berücksichtigen" (§ 11 Abs. 2 RStV). Nicht zuletzt sollen die öffentlich-rechtlichen Anstalten eine *mediale Grundversorgung* gewährleisten – nicht im Sinne eines Mindestangebots, sondern eines ausgewogenen, vielfältigen und flächendeckend erreichbaren Programms (BVerfGE 73, 118, 157–158). Entsprechend dieses Auftrags „geht [es] also weder um ein elitäres Bildungsfernsehen oder reines Kulturradioprogramm, das lediglich die im privaten Rundfunkmarkt bestehende Lücke füllt, noch um ein auf Reichweitenmaximierung angelegtes Konkurrenzprogramm zu den Privaten" (Beck 2018, S. 395).

Somit bestehen grundlegende *Unterschiede zwischen den öffentlich-rechtlichen und den privaten Medien* (Tab. 8.1). Während die öffentlich-rechtlichen Anstalten der „gesellschaftliche[n] Nutzenmaximierung" dienen und mit ihrem Angebot einen allgemeinen Bedarf abdecken, zielen private Medien als kommerzielle Unternehmen auf Gewinnmaximierung und orientieren sich primär an der Nachfrage ihrer Zielgruppen (Kiefer 1996, S. 10). Kennzeichnend für öffentlich-rechtliche Medienanstalten ist ferner, dass sie sich überwiegend aus Gebühren und nur zu einem geringen Teil aus Werbeeinnahmen finanzieren (Kiefer 1996, S. 10–12). Dieser *Rundfunkbeitrag,* den grundsätzlich jeder deutsche Haushalt entrichten muss und der daher immer wieder Gegenstand kontroverser Diskussionen ist, wird in einem mehrstufigen Verfahren festgesetzt. Zunächst melden die öffentlich-rechtlichen Medienanstalten ihren Bedarf der unabhängigen Kommission zur Ermittlung des Finanzbedarfs (KEF), die 1975 auf Beschluss der Ministerpräsidentenkonferenz gegründet wurde. Die KEF prüft diese Anträge auf Kohärenz, Notwendigkeit und Sparsamkeit. Dabei geht es einerseits darum, den Medienanstalten genügend Ressourcen für die Erfüllung ihres Programmauftrags zur Verfügung zu stellen, andererseits aber auch darum, die finanziellen Belastungen der Gebührenzahlerinnen möglichst gering zu halten. Auf Basis des KEF-Vorschlags entscheiden schließlich die Länderregierungen und -parlamente über die Anpassung der Höhe des Rundfunkbeitrags (Louis 2014, S. 126–130). Im Jahr 2020 zeigte sich

Tab. 8.1 Charakteristika öffentlich-rechtlicher und privater Medien

	Öffentlich-rechtliche Medien	Private Medien
Organisationsform	Öffentlich-Rechtlich	Privatrechtlich
Funktion	Mediale Grundversorgung	Wirtschaftliche Tätigkeit
Ziel	Gesellschaftliche Nutzenmaximierung	Gewinnmaximierung
Adressatinnen	Bürgerinnen	Kundinnen
Steuerungsmechanismus	Gemeinwohlorientierung	Markt/Wettbewerb
Leistungsprofil	Angebotsorientierung: Bedarfsdeckung gemäß Programmauftrag	Nachfrageorientierung: Präferenzen von Zielgruppen und Werbekundinnen
Finanzierung	Gebührenfinanzierung; begrenzte Werbefinanzierung	Werbefinanzierung
Sicherung von Angebotsvielfalt	Vielfalt durch plurale Binnenorganisation	Vielfalt durch Wettbewerb (mehr Unterhaltung als politische Themen)

Quelle: Eigene Darstellung nach Kiefer (1996, S. 9).

am Beispiel des Vetos der sachsen-anhaltinischen Landesregierung gegen die Erhöhung des Rundfunkbeitrags, wie ein einzelnes Bundesland die föderale Organisation der Gebührenregelung blockieren kann (Allroggen 2020).

Ein weiteres Merkmal öffentlich-rechtlicher Medienanstalten ist, dass sie zur Sicherung eines vielfältigen Programmangebots „binnenpluralistisch" organisiert sind. Deshalb werden sie durch Aufsichtsgremien kontrolliert, deren Struktur und Funktionsweise in den medienbezogenen Gesetzen und Staatsverträgen der Länder geregelt sind. In diesen *Rundfunkräten* sind Repräsentantinnen der unterschiedlichen politischen Parteien sowie relevanter Interessengruppen (z. B. Gewerkschaften und Kirchen) vertreten. Sie kontrollieren nicht nur die Einhaltung des Programmauftrags, sondern wählen auch die Anstaltsleitung (Intendant) sowie einen Teil des Verwaltungsrats, der die Geschäftsführung im Hinblick auf technische und finanzielle Fragen überwacht (Abb. 8.1). In diesem Rahmen führt der Intendant die Geschäfte des Senders und ist auch für die konkrete Programmgestaltung verantwortlich. Während also die Auswahl des Intendanten, der Haushalt sowie die Programmstrukturen im öffentlich-rechtlichen Rundfunk durch die gesellschaftlichen Vertreterinnen im Rundfunkrat eine Bottom-up-Legitimation besitzen, sind die Organisation der Alltagsarbeit und die Entscheidungen über konkrete Inhalte in den Anstalten hierarchisch strukturiert.

Neben Presse, Rundfunk und Fernsehen haben sich die *neuen Medien* als zunehmend wichtigere Sphäre der politischen Informationsgewinnung und Meinungsbildung etabliert. 1969 begann die Nutzung des Internets in Form des „Arpanets", 1991 startete das „World Wide Web", den „ersten kommerziell verfügbaren Webbrowser[] Mosaic" gibt es seit 1993 (Jungherr 2017, S. 284). Inzwischen bieten die digitalen Medien ein quantitativ schier unerschöpfliches Angebot sowie immer mehr

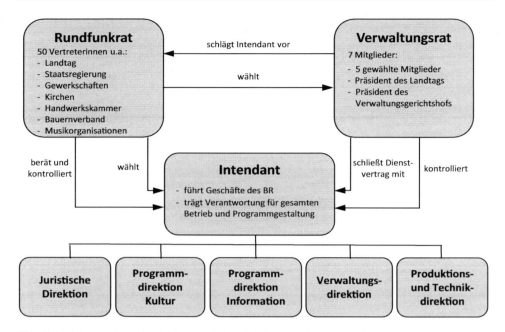

Abb. 8.1 Aufbau einer öffentlich-rechtlichen Medienanstalt am Beispiel des Bayerischen Rundfunks.
Quelle: Eigene Darstellung auf Basis von https://www.br.de/unternehmen/inhalt/organisation/index.html (Stand: 7. Juli 2020)

interaktive Nutzungsmöglichkeiten. Diese Aspekte können sich durchaus förderlich auf die politische Informiertheit, Partizipation und Integration der Bürgerinnen auswirken. Aus einer technikoptimistischen Sicht wohnt daher dem Internet ein „transformatives Potenzial für Demokratien" inne (Jungherr 2017, S. 286). Zugleich ergeben sich mit der neuen Unübersichtlichkeit, den weniger regulierten Kommunikationsräumen, der Abwertung sachbezogener Informationen zugunsten emotionsgeladener Äußerungen und der gezielten Verbreitung von Falschnachrichten (Fake News) beträchtliche Herausforderungen, die u. a. mit einer Beeinträchtigung von Persönlichkeitsrechten durch „Hate Speech" und abgeschotteten Meinungsforen („Echokammern") einhergehen (Sunstein 2001, 2007; Stark 2013). Angesichts dieser Gefahren findet sich auch die skeptische Position, wonach das Internet „überwiegend verstärkenden Einfluss für bestehende politische Strukturen [und] Machtverhältnisse" hat (Jungherr 2017, S. 286). Die digitale Medienwelt hat folglich höchst *ambivalente Konsequenzen für die Demokratie.* Daher ist entscheidend, wie Politik und Gesellschaft mit den genannten Chancen und Herausforderungen umgehen. Im Folgenden werden die typischen Strukturen und Nutzerprofile der (digitalen) Medien dargestellt, bevor die entsprechenden Regulierungsanstrengungen seitens des Staates in den Blick genommen werden.

Zwischen dem Angebot des *Internets* und der traditionellen Medien bestehen vielfältige Überschneidungen. So gibt es Online-Plattformen etablierter Printmedien (z. B. DER

SPIEGEL) sowie eigene Internet-Präsenzen der öffentlich-rechtlichen Rundfunkanstalten. Insgesamt handelt es sich um ein schnell wachsendes Feld. Während 1995 weltweit etwa 26.000 Top-Level-Domains registriert waren, stieg ihre Anzahl bis 2020 auf rund 378 Mio. (Domain Name Stat o. J.). Dieser rasanten Entwicklung des Angebots entspricht das Nutzungsverhalten. 2019 waren rund 90 % der in Deutschland lebenden Bevölkerung ab 14 Jahren – also knapp 63 Mio. Personen – zumindest gelegentlich online (Bleisch et al. 2019, S. 374). Zugleich ist die Internetnutzung stark altersabhängig. Während sich bei den unter 60-Jährigen „kaum Offliner" finden, liegt ihr Anteil bei den 60- bis 69-Jährigen bei 15 % und bei den über 70-Jährigen bei 42 % (Bleisch et al. 2019, S. 375). Bei der Nutzungshäufigkeit treten die Alterseffekte noch deutlicher zutage: So sind 100 % der 14- bis 19-Jährigen, aber nur 34 % der über 70-Jährigen täglich online (Bleisch et al. 2019, S. 375). Was die konkreten Aktivitäten im Internet betrifft, unterscheidet die ARD/ZDF-Onlinestudie (2019, S. 377–378) zwischen drei Nutzungskategorien: *mediale Internetnutzung* (u. a. Nutzung von Mediatheken und Streamingdiensten; Lesen von Online-Zeitungen und Zeitschriften); *Individualkommunikation* (u. a. Chats, Mails, Messenger); sowie *sonstige Internetnutzung* (u. a. Spiele, Shopping, Surfen). 2019 griffen 41 % der Bevölkerung täglich auf mediale Onlineinhalte zurück. Außerdem nutzten 47 % das Internet zur Individualkommunikation, 36 % für sonstige Zwecke (Bleisch et al. 2019, S. 378).

Auch die Informationsangebote der verschiedenen Medienträger werden nach Alter unterschiedlich genutzt. Personen über 50 Jahren informieren sich vorwiegend über die klassischen Kanäle von Presse, Rundfunk und Fernsehen, während jüngere Alterskohorten ihre Informationen überdurchschnittlich häufig über das Internet beziehen (Engel und Rühle 2017, S. 397). Politisch stark interessierte Personen nutzen insbesondere die Inhalte der öffentlich-rechtlichen Medienanstalten. Außerdem dienen ihnen Nachrichtenprovider aus dem Internet zur Informationsgewinnung (Engel und Rühle 2017, S. 398). Insgesamt lässt sich beobachten, dass die politischen Kommunikationsräume – durch Privatisierung und Digitalisierung vorangetrieben – in immer stärker ausdifferenzierte Teilöffentlichkeiten zerfasern (Drüeke 2013, 90–94; 116–118).

Die *Sozialen Medien* werden nicht nur von den Bürgerinnen, sondern auch von Politikerinnen immer mehr als Kommunikationskanäle genutzt. Plattformen wie Twitter und Facebook bieten ressourcenschonende und zeiteffiziente Möglichkeiten, um politische Inhalte zu vermitteln. Daher ist das „freie[] Internet ein wichtiges Gemeingut", das wesentlich zur politischen Information und Meinungsbildung beiträgt (Esch 2018, S. 36). Zugleich werden soziale Netze gezielt für die Verbreitung von Fake News, Hate Speech und extremistischen Positionen und Aufrufen genutzt (Ebner 2019). Dies wirft Fragen nach staatlichen Regulierungs- und Handlungsmöglichkeiten auf. Dabei kommt es insbesondere darauf an, einen Ausgleich zwischen den Erfordernissen der Meinungsfreiheit und des Persönlichkeitsschutzes herbeizuführen. Aufgrund der strukturellen Besonderheiten der Onlinekommunikation und den damit einhergehenden Problemen hat sich mit der *Netzpolitik* ein politikfeldübergreifender Querschnittsbereich entwickelt (Greef 2017). In diesem Zusammenhang geht eine besondere Herausforderung von den sozialen Plattformen aus, die angesichts ihrer wirtschaftlichen und meinungssetzenden

Macht in die rundfunkrechtliche Debatte eingebunden werden müssen (Jarren 2019). Dazu zählen auch Apps und Suchmaschinen, die keine eigenen Inhalte produzieren, aber inhaltliche Richtungen vorgeben und Diskursräume strukturieren.

Wenngleich das Internet „zu keinem Zeitpunkt ein ‚rechtsfreier Raum'" war (Beck 2018, S. 312), blieb die *Regelungskompetenz für Internet-Dienste* zwischen Bund und Ländern lange Zeit umstritten. Die nicht immer ganz klare Trennlinie verläuft zwischen der individuellen Mediennutzung (*Telemedien*)[1], für die der Bund zuständig ist, und den *Mediendiensten,* die der politischen Informations- und Meinungsbildung zugeordnet werden und für die somit die Länder verantwortlich sind. Der Bund stützte sich dabei auf seine Zuständigkeit für den Telekommunikationsbereich (Art. 73 Abs. 7 GG), während die Länder auf ihre Gesetzgebungskompetenz im Pressewesen und Rundfunk verweisen (Art. 70 GG). Geregelt wurde diese Zuständigkeitsfrage erstmals in einem größeren Ansatz 1997 durch eine Kombination aus dem Staatsvertrag über Mediendienste der Länder (MDStV) und drei Bundesgesetzen. Letztere regeln „die Zulassungs- und Anmeldefreiheit für individuelle, auf Abruf genutzte Informations- und Kommunikationsdienste (Teledienst), die Rechtsgültigkeit elektronischer Signaturen sowie [das Thema] Datenschutz" (Beck 2018, S. 312).

Dass die *Medienregulierung im digitalen Zeitalter* eine *Daueraufgabe* ist, zeigen auch die neueren Entwicklungen in unterschiedlichen Bereichen. Da sich durch die Konvergenz der Medienträger zunehmende Schwierigkeiten in der Rechtspraxis ergeben, haben Bund und Länder 2007 ein *Telemediengesetz* (TMG) verabschiedet (zuletzt geändert 2021), das die Regulierung des Medien- und Internetrechts vereinheitlicht und beispielsweise Vorschriften zum Impressum, Haftungsregelungen für gesetzeswidrige Inhalte sowie Vorgaben zur Bekämpfung von Spam enthält. Weitere wichtige Bestimmungen finden sich im *Jugendmedienschutz-Staatsvertrag* (JMStV), der auf dem Prinzip der Selbstregulierung basiert. Demnach müssen die Anbieter ihre Inhalte auf die Tauglichkeit für bestimmte Altersgruppen prüfen und entsprechende Barrieren schaffen (z. B. durch Jugendschutzprogramme und späte Sendezeiten). Mit dem 2017 verabschiedeten *Netzwerkdurchsetzungsgesetz* (NetzDG) reagierte die Bundesregierung außerdem auf Hasskriminalität, strafbare Inhalte und Falschnachrichten in sozialen Netzwerken. Falls Inhalte solcher Art identifiziert und nicht binnen festgelegter Fristen entfernt oder gesperrt werden, drohen den Betreibern nun Strafgebühren bis zu 50 Mio. € (Liesching 2018, S. 135). Besonders pointiert verlief die Debatte über den *Einsatz von Upload-Filtern,* die das Hochladen von urheberrechtlich geschütztem Material verhindern sollen. Im Koalitionsvertrag der vierten Merkel-Regierung von 2018 wurden verpflichtende Upload-Filter noch als „unverhältnismäßig" abgelehnt. Dagegen macht

---

[1] Telemedien ist ein Rechtsbegriff, der elektronische Informations- und Kommunikationsdienste umfasst.

die im März 2019 reformierte EU-Richtlinie über das Urheberrecht im digitalen Binnenmarkt große Internetplattformen wie YouTube für Urheberrechtsverletzungen haftbar, was wiederum den Einsatz von Upload-Filtern nahelegt. Nachdem die Bundesregierung dieser Richtlinie zugestimmt hat, sind das *Gesetz zur Anpassung des Urheberrechts an die Erfordernisse des digitalen Binnenmarktes und das Urheberrechts-Diensteanbieter-Gesetz* (UrhDaG) 2021 in Kraft getreten, um sowohl die urheberrechtlichen Verantwortlichkeiten der Upload-Plattformen als auch die Rechte der Kreativen und der Nutzerinnen zu regeln.

Insgesamt konnte die staatliche Regulierung der „alten" Medienwelt, die auf den Prinzipien Wettbewerbskontrolle und Qualitätssicherung basiert, bisher nicht auf einem vergleichbaren Niveau in die „neue" Medienwelt überführt werden, um das Internet und die sozialen Plattformen zu Kommunikationsräumen zu machen, in denen die politische Meinungsfreiheit und Urteilsbildung effektiv geschützt werden. Im Medienstaatsvertrag von 2020 konnte immerhin in sensiblen Feldern mehr Transparenz erreicht werden, indem z. B. Vorgaben für die algorithmische Informationsauswahl von Social Media-Plattformen entwickelt wurden.

8.2 Medien und Politik: gegensätzliche Funktionslogik und strukturelle Verzahnung

In der liberalen Demokratie, die einen für alle zugänglichen öffentlichen Raum benötigt, sind die politische und die mediale Sphäre eng miteinander verflochten. Im Zentrum der damit verbundenen Debatten steht die Frage, inwieweit die Medien eine unabhängige Informationsquelle und Kontrollinstanz als „Vierte Gewalt" (von Alemann 2002, S. 467; Bergsdorf 1980) darstellen oder durch eine „Verzerrung der Berichterstattung" (Karidi 2018, S. 20–21) zu starken Einfluss auf Bürgerinnen und Politikerinnen ausüben.

Ausgangspunkt des Verhältnisses von *Medien und Politik* sind ihre grundsätzlich *unterschiedlichen Handlungslogiken*.[2] Auf der einen Seite brauchen Politikerinnen die mediale Öffentlichkeit, um für ihre Argumente zu werben, ihre Entscheidungen zu legitimieren und bei den Wählerinnen präsent zu sein. Auf der anderen Seite suchen Medien im politischen Raum nach verwertbaren Nachrichten (Karidi 2018, S. 20–21).

---

[2] Diese Darstellung folgt einer politikwissenschaftlichen Akteursperspektive. In den Medien- und Kommunikationswissenschaften finden sich weitergehende Differenzierungen. So verweist Chadwick (2017) darauf, dass es die „eine" Medienlogik nicht mehr gebe und entwickelt das Konzept der „hybriden Medienlogiken", das Elemente der „alten" und „neuen" Medienlogik kombiniert. Ebenso ist die Unterscheidung von Klinger und Svensson (2015) zwischen „mass media logic" und „network media logic" relevant.

Durch den intensivierten Medienwettbewerb und die digitalisierten Angebots- und Nutzungsformate haben sich diese gegenläufigen Logiken noch verstärkt. Sie kommen in zwei Spannungslinien besonders deutlich zum Ausdruck (Meyer 2002, S. 8–13):

(1) *„Politische Prozesszeit" versus „mediale Produktionszeit".* Medien und Politik agieren in unterschiedlichen zeitlichen Parametern: Während demokratische Politik ein Prozess ist, der in längeren Zeitspannen verläuft (Interessen moderieren, Entscheidungsalternativen diskutieren, Kompromisse entwickeln, u.v.m.), verlangt die mediale Logik nach Unmittelbarkeit und Schnelligkeit. Die medialen Techniken ermöglichen es, Informationen in Echtzeit aufzubereiten. Dies verschärft die Konkurrenz zwischen den Medienanbietern, da Neuigkeiten ihren Wert verlieren, sobald viele Kanäle darüber berichten.

(2) *Sachlichkeit versus Aufmerksamkeit.* Weil demokratische Entscheidungsprozesse transparent – und damit öffentlich – gemacht werden müssen, ist Politik auf die Medien angewiesen. Außerdem wird politische Legitimation durch Kommunikation hergestellt. In diesem Sinne geht es vor allem um eine sachliche, umfassende und faire Berichterstattung. Auf der anderen Seite sind Medien nach den Devisen „bad news is good news" bzw. „sex sells but not politics" bestrebt, Themen zu wählen, die beim Publikum verfangen. Plakative Formulierungen und markante und personenbezogene Schlagzeilen sind unter dem Gesichtspunkt der Aufmerksamkeit attraktiver als eine ausgewogene und differenzierte Berichterstattung.

Vor diesem Hintergrund wird schon seit längerem eine *Entwicklung „[v]on der Parteiendemokratie zur Mediendemokratie"* (Müller 1999) erkannt und kritisch diskutiert. Dabei lautet ein zentraler Vorwurf, dass sich politische Kommunikation nicht mehr auf die Vermittlung und Diskussion sachbezogener Inhalte konzentriere, sondern zur „Theatralisierung" verkomme (Meyer et al. 2000, S. 45–94). Begriffe wie „Infotainment" (Renger 2006, S. 270) oder „Politainment" (Dörner 2011) verweisen darauf, dass politische Themen und Prozesse im Sinne eines Unterhaltungsparadigmas zu einer neuen Realität montiert werden, in der die Protagonistinnen nicht mehr als Vertreterinnen der Parteien, sondern als individuelle Persönlichkeiten in den Mittelpunkt rücken. Damit wird auch der Parteienwettbewerb stärker personalisiert und dynamisiert (Römmele 2003; Schoen 2005). Umgekehrt haben die politischen Akteurinnen Lernprozesse durchlaufen, um eine größere Aufmerksamkeit auf der medialen Bühne zu erreichen. Folgen dieser Entwicklungen sind eine „Event-", „Image-" und „Scheinpolitik" (Meyer 2002, S. 12), die zuweilen eine größere Relevanz haben als evidenzbasierte und zielgerichtete Problemlösungsdiskurse.

Auch wenn die politische Kommunikation zunehmend durch die aufmerksamkeitsorientierte Medienlogik geprägt ist, bedeutet dies nicht, dass die Medien auch die politischen Themen und den öffentlichen Meinungs- und Willensbildungsprozess dominieren. Vielmehr lassen sich in dem Beziehungsverhältnis von Bürgerinnen, Medien und Politik *vier Modelle des Agenda-Settings* unterscheiden (im Folgenden orientiert an: Kleinnijenhuis und Rietberg 1995; von Alemann 2002, S. 468–483):

8.2 Medien und Politik: gegensätzliche Funktionslogik und strukturelle ... 223

(1) *Top-down-Kommunikation.* Dieses Modell geht von hierarchisch gesteuerten Kommunikationsprozessen aus, die von den politischen Entscheidungsträgerinnen dominiert werden. Durch ihren „Handlungsvorsprung" (Verabschiedung von Haushalten, Gesetzen usw.) entscheiden sie über das Was und das Wie der Informationsvermittlung. Eine zentrale Rolle kommt dabei den Pressesprecherinnen und Medienabteilungen der Parteizentralen und Ministerien zu. Von besonderer Bedeutung ist etwa das Presse- und Informationsamt der Bundesregierung, das die Regierungskommunikation sowie die Vertretung der Bundesregierung auf Pressekonferenzen übernimmt (Abschn. 10.1).

(2) *„Mediokratie" (Meyer 2001).* Dieses Modell postuliert, dass die Massenmedien die öffentliche Diskussion wesentlich beeinflussen. Sie fungieren als machtvolle Trendverstärker und beeinflussen dadurch die politische Meinungsbildung der Politikerinnen wie der Bürgerinnen. Beispielhaft sind mediale Skandalisierungen und Moralisierungen. So zerbrach die Karriere von Bundespräsident Christian Wulff 2012 an einer Kontroverse mit der BILD-Zeitung, die seine öffentliche Glaubwürdigkeit unterhöhlte und ihn letztlich zum Rücktritt zwang (Arlt und Storz 2017).

(3) *Bottom-up-Kommunikation.* Dieses Modell impliziert, dass die Bürgerinnen bzw. bestimmte gesellschaftliche Gruppen ihre Interessen und Belange über die „alten" Medien erfolgreich artikulieren oder über die „neuen" Medien selbst kommunizieren. Dadurch werden die Meinungen und Agenden der politischen Entscheidungsträgerinnen maßgeblich beeinflusst. Ein Beispiel ist die seit Herbst 2017 bestehende „MeToo"-Bewegung, die gegen sexuelle Belästigung und Übergriffe vorgeht, indem sie betroffene Frauen ermutigt, dies mit Tweets zu skandalisieren. Damit gelang es der Bewegung, das Thema binnen kürzester Zeit in nahezu allen Medien weltweit zu verbreiten und die erforderlichen politischen und strafrechtlichen Konsequenzen ins Zentrum der öffentlichen Diskussion zu rücken.

(4) *Horizontaler Austausch („Biotop").* Dieses Modell geht davon aus, dass die Beziehungen zwischen Politikerinnen und Journalistinnen von einer „Art Tauschverhältnis mit wechselseitiger Abhängigkeit" geprägt sind (Sarcinelli 1991, S. 477). Politikerinnen informieren bestimmte Medien über Hintergrundgespräche oder exklusive Interviews, während die Medien den Politikerinnen eine Plattform zur Selbstdarstellung bieten. Zugleich bleiben auf beiden Seiten Selektionsmechanismen und Machtstrukturen bestehen. So wählen Politikerinnen aus, mit welchen Medien und Journalistinnen sie Gespräche führen und wem sie Informationen zukommen lassen, und Medien entscheiden, welche Politikerinnen sie interviewen oder zu Talkshows einladen und welche bewusst ausgeklammert werden.

Wie gezeigt, lassen sich für alle genannten Konstellationen Beispiele finden. Sie deuten insgesamt darauf hin, dass sich das kommunikative Beziehungsverhältnis zwischen Bürgerinnen, Medien und Politik kontextspezifisch unterschiedlich darstellt und zum Teil dynamisch entwickelt. Doch wie verändern sich diese Kommunikationsstrukturen im digitalen Zeitalter? Unstrittig ist, dass sich das Informations- und Kommunikationsverhalten stärker in die Online-Sphäre verschoben hat. Damit sind veränderte Quantitäten

(z. B. große Reichweiten) und Qualitäten (z. B. durch Echokammern) verbunden, die Chancen und Herausforderungen für das Beziehungsverhältnis zwischen Öffentlichkeit, Bürgerinnen und Politik produzieren (Donges und Jarren 2017, S. 10).

Politikerinnen und Bürgerinnen können auf diese Weise direkter kommunizieren. Damit werden die Stellung der traditionellen Medien und ihr kooperatives Verhältnis zur Politik grundlegend herausgefordert. Besonders davon betroffen ist die klassische *Gatekeeper-Funktion* von Journalistinnen und Redaktionen, die in der „alten" Medienwelt darüber entscheiden, welche Personen, Positionen und Ereignisse öffentlich werden und damit zur Formung des öffentlichen Meinungsbildes beitragen. Im Zeitalter von Google-Algorithmen und sozialen Medien werden sie zunehmend durch andere Akteurinnen bzw. Prozesse ergänzt oder sogar abgelöst (Neuberger 2009, S. 38–40). Immer mehr Menschen werden zu Senderinnen von Informationen und Meinungen in eigener Sache. Ein eindrucksvolles Beispiel bildete ein Videobeitrag des YouTubers Rezo mit dem Titel „Die Zerstörung der CDU" im Europawahlkampf 2019 (Allgaier 2020). Seine darin geäußerte Parteikritik verbreitete sich so schnell sowohl über das Internet als auch über die traditionellen Medien, dass sich die Christdemokratie aus den damit einhergehenden negativen Schlagzeilen kaum befreien konnte.

Soziale Medien sind außerdem anfällig für „Echokammern", in denen sich auch Falschmeldungen, Irrationalität oder Verschwörungstheorien verdichten (Sunstein 2001, 2007; Stark 2013). Journalistische Methoden professioneller Berichterstattung – wie die grundlegende Unterscheidung zwischen persönlicher Meinung und sachlicher Reportage – greifen folglich immer weniger, woraus sich Einfallstore für populistische Rhetorik und emotionalisierte Positionen ergeben (Ebner 2019). Politische Kommunikation im Netz ist somit in besonderer Weise auf digital mündige Bürgerinnen angewiesen. Außerdem bringt die Verschiebung der medialen Politikvermittlung in den digitalen Raum neue Selektionsmechanismen hervor: Auch wenn immer mehr Menschen einen Online-Zugang haben, nutzen sie ihn in Abhängigkeit von ihrem sozialen Status unterschiedlich (Rudolph 2019; *digital divide*).

Vor dem Hintergrund dieser fundamentalen Veränderungen des Mediensystems stehen auch die *politische Unabhängigkeit und die Gebührenfinanzierung des öffentlich-rechtlichen Rundfunks* häufig in der *Kritik*. In einer Langzeitstudie von Wissenschaftlerinnen der Universität Mainz stimmten im Jahr 2017 rund 20 % der Aussage zu, „Medien und Politik arbeiteten ,Hand in Hand', um die Meinung der Bevölkerung zu manipulieren'" (Lotter 2018, S. 3). Das ist zwar keine Mehrheit, aber eine durchaus lautstarke Minderheit, die in einer entwickelten Demokratie nicht irrelevant ist. Indem die Qualität der etablierten Medienberichterstattung im Narrativ eines „Staatsfunks" oder einer „Lügen- und Lückenpresse" diskutiert wird, wird auch die Existenz des öffentlich-rechtlichen Rundfunksystems zur Disposition gestellt und eine Abschaffung der „Zwangsgebühren" gefordert (Karidi 2018, S. 17). Zentrale Einfallstore dieser Fundamentalkritik sind die „politisierte" Besetzung der Rundfunkräte und „bewusst verfälschte" Darstellung bestimmter Ereignisse, wie z. B. während der Flüchtlingskrise, über die gesellschaftliche Deutungshoheiten produziert werden (Karidi 2018, S. 21). Gleichzeitig ist der

Konkurrenzdruck auf die öffentlich-rechtlichen Medienanstalten durch das vielfältige Internetangebot gestiegen, weswegen sie selbst ihr Programm diversifiziert haben und partiell die Nutzerquoten als Benchmark für ihre Programmgestaltung heranziehen (Karidi 2018, S. 17). Insgesamt müssen sich also die öffentlich-rechtlichen Medienanstalten weiterentwickeln, um den Anforderungen der zunehmend digitaler werdenden Öffentlichkeit zu entsprechen. Dies bedeutet jedoch nicht die Abschaffung von ARD, ZDF und Deutschlandradio, sondern vielmehr eine fortdauernde Gewährleistung einer angemessenen Ressourcenausstattung, damit sie weiterhin einen zentralen Beitrag zur politischen Meinungs- und Willensbildung in der Bundesrepublik leisten können.

8.3 Deutsches Mediensystem und europäische Integration

Ein rein nationales Mediensystem und nationalstaatliche Medienpolitik reichen längst nicht mehr aus, um den transnationalen Herausforderungen der politischen Kommunikation hinreichend Rechnung zu tragen. In diesem Zusammenhang sind vor allem zwei große Problembereiche anzusprechen: zum einen die Frage nach einer europäischen Öffentlichkeit, die das Fundament einer demokratischen Interessenvermittlung im EU-Mehrebenensystem bildet, und zum anderen die diesbezüglichen Regelungen des Europarechts, die sich einerseits auf den Wettbewerb und die Marktkonzentration im Medienbereich und andererseits auf die Wahrung der individuellen Persönlichkeitsrechte und Meinungsfreiheit beziehen.

Im Zentrum der demokratiepolitischen Debatte über die EU steht die Frage nach der *europäischen Öffentlichkeit* (Neidhardt 2006, S. 46–49; Ruiz-Soler 2017). Wenn damit eine homogene, oberhalb des Nationalstaates angesiedelte Öffentlichkeit gemeint ist, die als solche von den Bürgerinnen wahrgenommen und nachgefragt wird, so ist sie allenfalls rudimentär vorhanden (Gerhards 2000). Denn trotz transnationaler Informationsangebote, wie der Fernsehkanal des Europäischen Parlaments, Euronews oder mehrsprachiger Plattformen, Apps und Nachrichtendienste, sind es nur wenige Bürgerinnen, die europäische Medien nutzen (Latzer und Saurwein 2006, S. 10; Klaus 2006, S. 97). Die Sprachenvielfalt, die kulturellen Unterschiede sowie die Dominanz nationaler Medienanstalten gelten als wichtigste Hindernisse für die Entwicklung einer solchen genuin europäischen Öffentlichkeit (Mono 2009). Weitaus bedeutender sind dagegen die Rückwirkungen der europäischen Ebene auf die nationale Medienlandschaft (Page 1996). Denn durch zeitgleiche Informationen und Debatten über EU-Angelegenheiten haben sich mittlerweile die nationalen Öffentlichkeiten in den einzelnen Mitgliedstaaten europäisiert (Hepp et al. 2012, S. 26; Zürn 2006, S. 246). Dazu tragen auch die Selbstverpflichtungen nationaler Medien bei. So sollen die öffentlich-rechtlichen Rundfunkanstalten in der Bundesrepublik durch ihre Berichterstattung „die internationale Verständigung [und] die europäische Integration […] fördern" (§ 11 Abs. 1 RStV). Neben regelmäßigen Fernseh- und Radiosendungen zu EU-bezogenen Themen und Entwicklungen finden sich entsprechende Informations- und Meinungsangebote auch in Internetportalen, Newslettern sowie in eigenen Rubriken von Tages- und Wochenzeitungen. Zudem bestehen mit Arte und 3Sat zwei transnationale Fernsehsender, die von deutscher Seite mitgetragen werden.

Der rasante Aufstieg der internetbasierten Massenkommunikation sowie die sich langsam vollziehende Europäisierung nationaler Öffentlichkeit führen auch dazu, dass die *europäische Medienpolitik* an Bedeutung gewonnen hat. In diesem Sinne sind die „individuelle Meinungs- und Informationsfreiheit" und die „Freiheit und Pluralität der Medien" in Art. 11 der EU-Grundrechtecharta verankert, die seit 2009 rechtsverbindlich ist. Hinzu kommen „ordnungspolitische Vorgaben der EU für den Rundfunk sowie die Tele- und Onlinekommunikation", wobei die EU insbesondere im Prozess der „Liberalisierung der Telekommunikation", der „Dualisierung des Rundfunksystems" sowie der „Kommerzialisierung des Rundfunks" zentrale Funktionen einnimmt (Beck 2018, S. 369; Abschn. 8.1).

Die Entwicklung einer europäischen Medienöffentlichkeit und der darauf bezogenen Medienregulierung sind durch die typischen Überschneidung von Zuständigkeiten charakterisiert, die sich aus der Kompetenzordnung im Mehrebenensystem ergeben (Burggraf et al. 2018). So liegt das Feld der Kulturpolitik, dem auch Medienangelegenheiten zugeordnet werden, grundsätzlich im Zuständigkeitsbereich der Mitgliedstaaten. Dies gilt insbesondere für die Ausgestaltung öffentlich-rechtlicher Rundfunkanstalten, die laut Protokoll Nr. 32 zum Amsterdamer Vertrag ausdrücklich der nationalstaatlichen Befugnis vorbehalten bleibt. Außerdem ist in Art. 167 des Vertrags über die Arbeitsweise der Europäischen Union (AUEV) festgeschrieben, dass die Europäische Union lediglich „einen Beitrag zur Entfaltung der Kulturen" ihrer Mitgliedstaaten leistet. Gleichwohl wirkt die EU durch ihre Tätigkeiten zur Durchsetzung eines freien Binnenmarktes auch in das Feld nationaler Medienpolitik hinein. Nicht zuletzt gewann die Europäische Kommission eine Zuständigkeit für das grenzüberschreitende Fernsehen, nachdem der Europäische Gerichtshof 1974 in einem Urteil das Fernsehen als eine Dienstleistung definierte.

Auf das Grünbuch der Kommission „Fernsehen ohne Grenzen – Grünbuch über die Errichtung des Gemeinsamen Marktes für Rundfunk, insbesondere über Satellit und Kabel" (1984) folgte die mittlerweile mehrfach novellierte Fernsehrichtlinie von 1989, die 2010 durch die Richtlinie über Audiovisuelle Mediendienste ersetzt wurde. Diese Richtlinie, deren letzte Überarbeitung 2018 vorgenommen wurde, harmonisiert und reguliert die nationale Gesetzgebung aller Medienformate (Abrufdienste und traditionelle TV-Übertragungen). Die Regelungen enthalten medienrechtliche Vorgaben zu Werbung, Jugendschutz, Sendequoten und zum Recht auf Gegendarstellung (Holtz-Bacha 2016).

Als Reaktion auf das vielfach beklagte Demokratiedefizit der EU legte die Europäische Kommission 2006 ein Weißbuch über eine europäische Kommunikationspolitik vor, in dem konkrete Schritte auf dem Weg zu einer europäischen Öffentlichkeit skizziert wurden (Kommission der Europäischen Gemeinschaften 2006). Seit 2010 hat die EU auch eine eigene *Digitale Agenda*, die als eine von sieben Leitinitiativen der „Strategie Europa 2020" konzipiert wurde. Damit bekennt sich die EU-Kommission zum Ziel eines „freien Internets" als Beitrag zur europäischen Öffentlichkeit, „das denselben Gesetzen und Normen unterliegt, die auch in anderen Bereichen des täglichen Lebens gelten" (zitiert nach Esch 2018, S. 38). Angesichts der Marktmacht globaler Internetkonzerne ist es immer wichtiger geworden, dass durch die EU Rahmenbedingungen und Interventionsmöglichkeiten direkt verantwortet werden. So legen transnationale Streaming-Angebote die begrenzten Handlungsmöglichkeiten der nationalen Medienpolitik besonders deutlich offen. Ein prominentes Beispiel dafür, wie aus Sicht der EU-Kommission ein Unternehmen seine Marktmacht missbraucht, ist die Art und Weise, wie Google das Betriebssystem Android benutzt (Esch 2018, S. 36–37).

Der Schutz der Privatsphäre und personenbezogener Daten ist auch Gegenstand der *Datenschutz-Grundverordnung* von 2018, die die bisher gültige Richtlinie 95/46/EG zum *Schutz natürlicher Personen bei der Verarbeitung personenbezogener Daten und zum freien Datenverkehr* von 1995 ersetzt hat. Dazu gehört beispielsweise, dass die Transparenzpflichten der Unternehmen gegenüber ihren Kundinnen erweitert werden.

Insgesamt zeigt sich, dass angesichts des globalisierten Netzes eine rein nationale Rechtsetzung unzureichend ist, um die wirtschaftlichen und individuellen Freiheitsrechte der Bürgerinnen dauerhaft zu sichern. Daher ist die Bedeutung europäischer Regelungen für eine demokratisch wirkende deutsche Medienpolitik gewachsen. Gleichwohl bleibt die Umsetzung entsprechender EU-Vorgaben die Sache nationaler Politik und damit Gegenstand innenpolitischer Konflikte und Aushandlungsprozesse.

8.4 Fazit: pluralistische und autonome Politikvermittlung im digitalen Zeitalter?

In der Bundesrepublik Deutschland besteht ein ausdifferenziertes Mediensystem, das die Basis zur Herstellung einer demokratischen Öffentlichkeit bildet. Durch die Digitalisierung haben sich alle Bereiche des bisherigen Mediensystems nachhaltig verändert. Das Internet ist also kein zusätzlicher Baustein, sondern die neue Basis für ein hybrides Mediensystem, das viele Gesichter hat und in dem auch die traditionellen Medien weiterhin eine wichtige Rolle spielen.

Das bundesdeutsche *Pressewesen* zeichnet sich grundsätzlich durch ein vielfältiges und hochwertiges Angebot sowie eine hohe Nachfrage aus. Aufgrund starker finanzieller Einbußen, die auf eine rückläufige Anzahl an Zeitungsabonnements und eine massive Verschiebung von Werbeanzeigen in den digitalen Bereich zurückgehen, wurde der Personalbestand im Bereich des Qualitätsjournalismus erheblich reduziert – ein Trend, der unvermindert anhält. Im *Rundfunk- und Fernsehbereich* haben die öffentlich-rechtlichen Medienanstalten ihr Angebot durch neue zielgruppenspezifische Kanäle und Sendungen sowie durch digitale Kommunikationsformen deutlich weiterentwickelt. Das Fernsehen ist für die politische Informationsbeschaffung und Meinungsbildung der breiten Bevölkerung nach wie vor die wichtigste Quelle. Auch wenn die öffentlich-rechtlichen Anbieter deutlich an Reichweite verloren haben, sind sie immer noch von zentraler Bedeutung für die seriöse und ausgewogene Berichterstattung. So gewinnen sie gerade in Krisenzeiten an Bedeutung, in denen eine verstärkte Mediennutzung öffentlich-rechtlicher Anbieter beobachtbar ist, wie seit Ausbruch der Corona-Pandemie (Dörner 2020).

Der Aufstieg des *Internets,* der parallel zum Bedeutungsrückgang der klassischen Medien erfolgte, verbindet sich mit einem grundlegenden Wandel der Kommunikationsstrukturen, der die Fragmentierung in Teilöffentlichkeiten beschleunigt hat. An die Stelle der durch Sender, Verlage und Redaktionen geregelten Zugänge in die Öffentlichkeit (Gatekeeper) sind zunehmend individuelle oder kollektive Internetnutzerinnen getreten, die die Unübersichtlichkeit des schier grenzenlosen Informations- und Meinungsangebots potenziert haben. Außerdem sind neue Polaritäten erkennbar: Während öffentlich-rechtliche Programme weniger von jungen Menschen genutzt werden, bleiben ältere weiterhin der „alten" Medienwelt treu (Engel und Rühle 2017, S. 397). Soziale Medien tragen einerseits zu verstärkter Segregation, Desinformation, Hate Speech und antidemokratische Mobilisierung bei; andererseits erweitern sie die Möglichkeiten der politischen Information, Partizipation und demokratischen Mobilisierung.

Die klassische Medienpolitik hat sich für die Bereiche Presse, Rundfunk und Fernsehen bewährt. Doch die mit dem Internet und den sozialen Medien etablierten Informations- und Kommunikationsräume lassen sich nicht allein auf dieser Basis regulieren, sondern brauchen einen ergänzenden rechtlichen Rahmen. In diesem Zusammenhang wird die Medienpolitik durch privatwirtschaftliche Konzerne wie Google, Amazon oder Facebook herausgefordert, die die demokratische Pluralität der politischen Meinungsbildung durch ihre Markt- und Medienmacht potenziell einschränken. Die daraus resultierenden Konsequenzen für das Mediensystem sind noch nicht genau absehbar. In jedem Fall sind dazu ein kontinuierliches Monitoring sowie erweiterte wettbewerbsrechtliche Regelungen erforderlich. Gleichzeitig muss gewährleistet werden, dass sich auch die Nutzerinnen des Internets an die zivilen Formen demokratischer Kommunikation halten. In diesem Sinne bilden das deutsche Netzwerkdurchsetzungsgesetz (2017) und die Datenschutz-Grundverordnung der EU (2018) erste wichtige Ansätze. Aber die Verantwortung für die Öffentlichkeit im digitalen Zeitalter liegt nicht allein beim Staat: Ohne mündige Bürgerinnen wird eine Mediennutzung, die zu einer demokratischen Gesellschaft passt, nicht zu erreichen sein. Insofern sind den Aktivitäten der Bundes- und Länderregierungen Grenzen gesetzt, wenn man keinen „digitalen Obrigkeitsstaat" befördern will.

Der öffentlich-rechtliche Rundfunk ist ein bewährtes Element der bundesdeutschen Demokratie. Seine vielfältigen, gemeinwohlverpflichteten und staatsunabhängigen Programmangebote leisten einen zentralen Beitrag zur politischen Meinungs- und Willensbildung. Gleichwohl ist auch klar, dass sich die öffentlich-rechtlichen Medienanstalten nicht mit einer Verteidigung des Status quo begnügen dürfen. Um die Existenz eines umfassenden Medien- und Informationsangebots über allgemeine Gebühren mittel- und langfristig abzusichern, müssen insbesondere jüngere Zielgruppen besser erreicht werden. Deshalb ist es auch wichtig, dass die öffentlich-rechtlichen Medien hinsichtlich der Umsetzung ihres Informations- und Bildungsauftrags weiterhin transparent sind und sich selbst kritisch überprüfen.

Literaturhinweise

Beck, Klaus. 2018. *Das Mediensystem Deutschlands. Strukturen, Märkte, Regulierung*, 2. Aufl. Wiesbaden: Springer VS.

Donges, Patrick, und Ottfried Jarren. 2017. *Politische Kommunikation in der Mediengesellschaft. Eine Einführung*, 4. Aufl. Wiesbaden: Springer VS.

Sarcinelli, Ulrich. 2011. *Politische Kommunikation in Deutschland. Medien und Politikvermittlung im demokratischen System*, 3. Aufl. Wiesbaden: VS.

Deutscher Bundestag: der parlamentarische Gesetzgeber

9

Der Deutsche Bundestag ist das Parlament der Bundesrepublik Deutschland. Er ist das einzige Bundesorgan, das von den Bürgerinnen direkt gewählt wird. Als „institutioneller Sitz der Volkssouveränität" (von Beyme 1997, S. 54) repräsentiert er sowohl die Idee der nationalen Einheit als auch die Interessenvielfalt der pluralistischen Gesellschaft. Er beschließt die Bundesgesetze (Art. 77 Abs. 1 GG) und bildet damit das *Entscheidungszentrum der parlamentarischen Demokratie*. Allerdings wird immer wieder ein Bedeutungsverlust des Bundestages oder gar eine *„Entparlamentarisierung' der deutschen Politik"* (Marschall 2014, S. 128) diagnostiziert. Kann der Bundestag seine zentrale Stellung in der politischen Praxis behaupten? Gelingt es ihm, eine angemessene Repräsentation politischer Interessen mit transparenten und effizienten Entscheidungsverfahren zu verbinden und so das Spannungsverhältnis zwischen mehrheits- und konsensdemokratischer Logik auszubalancieren?

Zur Beantwortung dieser Fragen verortet Abschn. 9.1 den Bundestag in der institutionellen Struktur des deutschen Regierungssystems. Abschn. 9.2 erläutert die Binnenorganisation des Bundestages als Kombination aus mehrheitsorientiertem Redeparlament und konsensorientiertem Arbeitsparlament. Abschn. 9.3 zeigt, wie er die zentralen Parlamentsfunktionen erfüllt. Abschn. 9.4 skizziert die Rolle des Bundestages im europäischen Mehrebenensystem. Abschn. 9.5 zieht eine zusammenfassende Bilanz und erörtert die Möglichkeiten und Grenzen einer Parlamentsreform.

9.1 Der Bundestag im parlamentarischen Regierungssystem

Die *Ursprünge des europäischen Parlamentarismus* reichen bis ins Mittelalter zurück (von Beyme 1970; Meier 1999). Die ersten Parlamente waren Beratungsorgane der Monarchie, in denen nur Adelige vertreten waren. Später wurden auch bürgerliche Abgeordnete zugelassen. Ab dem 15. Jahrhundert entwickelte sich insbesondere das englische Parlament zu einem mächtigen Gegenspieler der Krone. Im Laufe der Zeit erhielt es nicht nur wirksame Kontrollrechte gegenüber der Regierung ihrer Majestät, sondern auch bedeutsame Entscheidungskompetenzen einschließlich des Rechts, Steuern festzusetzen. Zugleich wurde es zu einer politischen Arena, in der sich unterschiedliche parteiliche Gruppierungen herausbildeten. Mit der schrittweisen Einführung des allgemeinen Wahlrechts, die 1832 begann und bis 1918 weitgehend abgeschlossen war, gewann das britische Parlament schließlich eine demokratische Legitimation. Vor diesem Hintergrund entwickelte sich der allgemeine Begriff des Parlamentarismus: Er bezeichnet ein Regierungssystem, in dem „ein frei gewähltes Parlament mit originärer Kompetenz handelt" (Hesse und Ellwein 2012, S. 360).

Der *Parlamentarismus in Deutschland* hatte größere Durchsetzungsprobleme. Das erste demokratisch gewählte, gesamtdeutsche Parlament trat 1848 in der Frankfurter Paulskirche zusammen, wurde aber schon im darauffolgenden Jahr aufgelöst. Die Verfassung des Deutschen Kaiserreiches von 1871 schuf mit dem Reichstag wieder ein Parlament, das nach allgemeinem Männerwahlrecht gewählt wurde, aber nur beschränkte Entscheidungs- und Kontrollrechte gegenüber der monarchischen Regierung besaß. Die Weimarer Republik (1919–1933) etablierte dann eine vollständige Demokratie. Nun war der Reichstag das politische Entscheidungszentrum, stand aber in legitimatorischer Konkurrenz zum direktgewählten Reichspräsidenten und zur Möglichkeit der Volksgesetzgebung. Gegen die starken antidemokratischen Kräfte konnte er sich letztlich nicht behaupten (Grimm 2018). Durch das von den Nationalsozialisten erzwungene Ermächtigungsgesetz vom 24. März 1933 wurden alle Gesetzgebungsvollmachten auf die Hitler-Regierung übertragen. Im totalitären Einparteienstaat blieb der Reichstag zwar formal bestehen, hatte aber keine politische Bedeutung mehr.

Diese historischen Erfahrungen haben die *institutionelle Struktur des Bundestages* in dreifacher Hinsicht geprägt.

(1) Der Bundestag ist das einzige direktgewählte Bundesorgan. Seine Abgeordneten sind „Vertreter des ganzen Volkes" (Art. 38 Abs. 2 GG). Damit *repräsentiert* er *den demokratischen Souverän*. Die Mitglieder der anderen obersten Bundesorgane – Bundesregierung, Bundespräsident, Bundesrat und Bundesverfassungsgericht – kommen durch indirekte Wahl ins Amt, an der der Bundestag maßgeblich beteiligt ist (mit Ausnahme des Bundesrates; Abschn. 11.1). Umgekehrt haben die Bundestagsabgeordneten aufgrund ihrer Direktwahl eine besondere politische Verantwortlichkeit (Responsivität): Sie sollen mit den Bürgerinnen kontinuierlich kommunizieren und ihr Handeln rechtfertigen. Deswegen sind die Plenarsitzungen des Bundestages grundsätzlich öffentlich (Art. 42 Abs. 1 GG).

(2) Der Rolle des Bundestages als Volksvertretung entspricht seine *hochgradige Autonomie*. Das Grundgesetz verleiht den Abgeordneten größtmögliche Freiheit und Sicherheit, ihre Tätigkeit auszuüben. Sie sind „an Aufträge und Weisungen nicht gebunden und nur ihrem Gewissen unterworfen" (Art. 38 Abs. 1 GG; freies Mandat). Sie dürfen wegen Äußerungen im Bundestag „nicht gerichtlich oder dienstlich verfolgt werden" – außer bei „verleumderische[n] Beleidigungen" (Art. 46 Abs. 1 GG; Indemnität). Eine

9.1 Der Bundestag im parlamentarischen Regierungssystem

strafrechtliche Verfolgung von Abgeordneten ist nur zulässig, wenn der Bundestag dies ausdrücklich genehmigt, es sei denn, sie werden auf frischer Tat ertappt oder innerhalb des folgenden Tages festgenommen (Art. 46 Abs. 2 GG; *Immunität*). Außerdem besitzen Mitglieder des Bundestages (MdB) ein Zeugnisverweigerungsrecht (Art. 47 GG). Jede Bundestagskandidatin hat einen Urlaubsanspruch „zur Vorbereitung [ihrer] Wahl"; wegen Übernahme oder Ausübung eines Abgeordnetenmandats darf niemand gekündigt oder entlassen werden (Art. 48 Abs. 1 GG). Zudem steht den Abgeordneten „eine angemessene, ihre Unabhängigkeit sichernde Entschädigung" zu (Art. 48 Abs. 2–3 GG; Abschn. 9.2). Auch das Parlament als Ganzes unterliegt keiner Aufsicht oder Kontrolle durch staatliche Einrichtungen. Sichtbarster Ausdruck dafür ist die Polizei des Bundestages, die dem Bundestagspräsident untersteht und seine Gebäude vor externen Zugriffen schützt (Art. 40 Abs. 2 GG; Igel und Feldkamp 2013). Nicht zuletzt kann der Bundestag seine Binnenorganisation nach eigenem Ermessen gestalten: Er „gibt sich eine Geschäftsordnung" (Art. 40 Abs. 1 GG) und bestimmt „den Schluss und den Wiederbeginn seiner Sitzungen" (Art. 39 Abs. 3 GG).

(3) Die demokratische Wahl des Bundestages rechtfertigt seine Stellung als *Entscheidungszentrum des deutschen Regierungssystems*. Da in der repräsentativen Demokratie alle Angelegenheiten von grundsätzlicher Bedeutung durch das von den Bürgerinnen legitimierte Parlament entschieden werden, ist der Bundestag der „Gesetzgeber" (von Beyme 1997). Er ermächtigt die Exekutive – Regierung und Verwaltung – zu handeln. Gemeinsam mit dem Bundesrat ist er berechtigt, mit Zweidrittelmehrheit Grundgesetzänderungen vorzunehmen (Abschn. 2.2). Ebenso werden einfache Bundesgesetze vom Bundestag unter Mitwirkung des Bundesrates verabschiedet (Art. 77 Abs. 1 GG). Zu den Entscheidungsmaterien, die einer bundesgesetzlichen Regelung bedürfen, zählen auch das Steuer- und Finanzwesen (Art. 110–115 GG) sowie der Bundeshaushalt (Art. 110–115 GG). Dies steht im Einklang mit der gängigen Auffassung, dass das Budgetrecht die „vornehmste Prärogative des Parlaments" ist (Isensee 2005, S. 971). Eine wichtige Besonderheit findet sich im außen- und sicherheitspolitischen Bereich: Aufgrund des Parlamentsbeteiligungsgesetzes von 2005 muss der Bundestag allen bewaffneten Auslandseinsätzen der Bundeswehr zustimmen. In dieser Hinsicht hat er eine deutlich stärkere Stellung als die Parlamente der anderen großen NATO-Staaten (USA, Großbritannien, Frankreich; Brose 2013, S. 11). Daher wird die Bundeswehr auch als „Parlamentsarmee" bezeichnet.

Aus dieser institutionellen Grundstruktur ergeben sich *vier Hauptfunktionen*, die der Bundestag als Parlament in der repräsentativen Demokratie zu erfüllen hat (Ismayr 2012, S. 35):

- *Wahlfunktion* (Bestellung von Amtsträgerinnen in Exekutive und Judikative);
- *Gesetzgebungsfunktion* (einschließlich Haushalt und Finanzwesen);
- *Kontrollfunktion* (Beaufsichtigung von Regierung und Verwaltung; Überprüfung von Gesetzesfolgen);

- *Repräsentations- und Kommunikationsfunktion* (Vertretung der gesellschaftlichen Interessenvielfalt; Publizität der politischen Willensbildung und Entscheidungsfindung; Mitwirkung am öffentlichen Diskurs).

Allerdings ist der Bundestag weder das einzige Staatsorgan, das die genannten Funktionen wahrnimmt, noch erfüllt er sie als einheitlicher Akteur. Um das genauer zu verstehen, müssen wir das *Beziehungsgefüge zwischen Parlament (Legislative) und Regierung (Exekutive)* näher betrachten. In dieser Hinsicht unterscheidet die Politikwissenschaft zwischen parlamentarischen und präsidentiellen Regierungssystemen. Historisch bezieht sich der Gegensatz einerseits auf das britische Westminster-System, in dem die Regierung aus dem Parlament hervorgeht, und andererseits das US-amerikanische System, in dem sich der direkt gewählte Präsident und der Kongress gegenüberstehen. Der entscheidende Unterschied zwischen beiden Systemtypen liegt in der *politischen „Abberufbarkeit der Regierung durch das Parlament"* (Steffani 1979, S. 45). Im parlamentarischen System kann die Regierung jederzeit durch ein Misstrauensvotum gestürzt werden, wenn die Abgeordnetenmehrheit dies befürwortet. Im präsidentiellen Regierungssystem ist der Präsident, der die Funktionen von Regierungschef und Staatsoberhaupt auf sich vereint, für eine feste Amtszeit gewählt und kann nicht aus politischen Gründen vorzeitig abgesetzt werden. Daraus ergeben sich unterschiedliche Formen der Gewaltenteilung. Im Präsidentialismus sind Exekutive und Legislative institutionell getrennt, d. h. die Regierung wird durch das Parlament kontrolliert. Im Parlamentarismus sind die Gewalten institutionell verschränkt: Regierung und Parlamentsmehrheit bilden eine „integrierte politische Aktionseinheit" (Steffani 1979, S. 59). Die Kontrolle der Exekutive wird im Wesentlichen von der parlamentarischen Opposition wahrgenommen, indem sie der Öffentlichkeit ihre inhaltlichen und personellen Angebote präsentiert und sich so für die nächsten Wahlen als „Regierung im Wartestand" (Hartmann 2004, S. 17) empfiehlt.

Die exekutiv-legislativen Beziehungen im deutschen Regierungssystem folgen dem parlamentarischen Modell. Der Bundestag wählt den Bundeskanzler mit der Mehrheit seiner Mitglieder (Art. 63 GG) und kann ihn mit demselben Quorum wieder absetzen (Art. 67 GG). Damit ist das zentrale Kriterium des Parlamentarismus erfüllt: Der Amtsverbleib des Regierungschefs hängt von der Abgeordnetenmehrheit ab. Allerdings enthält Art. 67 Abs. 1 GG eine wichtige Zusatzregelung: Der Bundestag kann den Bundeskanzler nur abberufen, wenn er gleichzeitig einen Amtsnachfolger bestimmt. Dieses *„konstruktive Misstrauensvotum"*, das auf eine Idee Ernst Fraenkels (1932) zurückgeht, stärkt den Bundeskanzler ebenso wie der Umstand, dass der Bundestag die anderen Mitglieder der Bundesregierung weder wählen noch abwählen kann. Auf diese Weise trägt das Grundgesetz dafür Sorge, „dass eine einmal bestellte Regierung relativ fest im Sattel sitzt" (Decker 2011b, S. 55).

Darüber hinaus weist das parlamentarische Regierungssystem der Bundesrepublik *weitere institutionelle Merkmale* auf, die sich funktionslogisch aus der politischen Abhängigkeit des Bundeskanzlers vom Bundestag ergeben (Steffani 1979, S. 45–48; Decker 2011b, S. 49):

9.1 Der Bundestag im parlamentarischen Regierungssystem

- Im Unterschied zu präsidentiellen Systemen ist in Deutschland die *gleichzeitige Wahrnehmung eines Regierungsamtes und eines Abgeordnetenmandats* erlaubt. Tatsächlich haben die meisten Bundesministerinnen auch ein Bundestagsmandat (Abschn. 10.2).
- Da die *Bundesregierung* mit der Bundestagsmehrheit eine Handlungseinheit bildet, bestimmt sie die politische Agenda. Daher hat sie ein *Gesetzesinitiativrecht* (Art. 76 Abs. 1 GG), das sie intensiv nutzt (Abschn. 9.2).
- Die *Amtsperioden von Parlament und Regierung* sind *eng gekoppelt*. Die Neuwahl des Bundeskanzlers folgt in der Regel durch einen neugewählten Bundestag. Umgekehrt kann der Bundestag nur aufgelöst werden, wenn die Wahl des Kanzlers scheitert (Art. 63 Abs. 4 GG) oder ein Antrag des Bundeskanzlers, ihm das Vertrauen auszusprechen, keine Abgeordnetenmehrheit findet (Art. 68 GG). In beiden Fällen entscheidet der Bundespräsident, ob er Neuwahlen ansetzt oder den Kanzler im Amt belässt. Dieses Verfahren soll einer Destabilisierung des Regierungssystems entgegenwirken. Aus demselben Grund sieht das Grundgesetz kein Selbstauflösungsrecht des Parlaments vor. Zudem wird die institutionelle Kontinuität dadurch gesichert, dass jeder Bundestag solange im Amt bleibt, bis sich sein neugewählter Nachfolger konstituiert hat (Art. 39 GG).[1]
- Die Stabilität parlamentarischer Regierungen basiert auf der politischen Unterstützung der Abgeordnetenmehrheit. Deswegen sind die *Fraktions- und Gruppenrechte* in der Geschäftsordnung des Bundestages *stark ausgebaut* (Abschn. 9.2).

Im parlamentarischen System verläuft die entscheidende politische Trennlinie also nicht zwischen Parlament und Regierung, sondern innerhalb des Parlaments zwischen Regierungsmehrheit und Opposition. Folglich werden auch die oben genannten *Parlamentsfunktionen durch den Bundestag differenziert wahrgenommen*. Die Wahl- und Gesetzgebungsfunktion sind im Wesentlichen Angelegenheit der Regierungsmehrheit, die Kontrollfunktion ist überwiegend Sache der Opposition. Die Repräsentations- und Kommunikationsfunktion übernehmen beide Seiten, aber je für sich und im eigenen politischen Interesse. Damit treten die einzelnen Fraktionen in der öffentlichen Wahrnehmung hervor, während der Bundestag als Ganzes im Hintergrund bleibt.

Die Gestaltungsmacht des Bundestages hängt nicht nur von seinen eigenen Kompetenzen und seinem Verhältnis zur Bundesregierung ab, sondern wird auch durch weitere institutionelle Strukturen beeinflusst. Abb. 9.1 zeigt das Beziehungsgefüge zwischen den obersten Bundesorganen. Der Bundestag steht im Zentrum, da die Bundesregierung von ihm politisch abhängig ist. Außerdem wird sein Handlungs-

---

[1] Bis 1976 endete die Legislaturperiode des Bundestages „vier Jahre nach dem ersten Zusammentritt oder mit seiner Auflösung" (Art. 39 Abs. 1 GG a. F.). Das parlamentarische Vakuum zwischen zwei Wahlperioden wurde nur durch einen Ständigen Ausschuss des Bundestages überbrückt (Art. 45 GG a. F.).

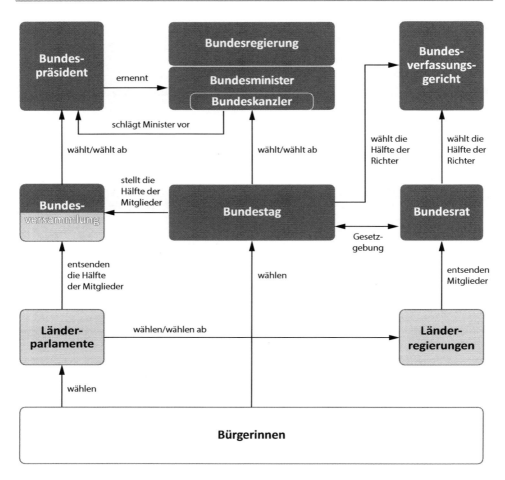

Abb. 9.1 Das Regierungssystem auf Bundesebene.
Quelle: Eigene Darstellung

spielraum nicht durch ein machtvolles Staatsoberhaupt eingeschränkt, da der Bundespräsident nur wenige politisch bedeutsame Kompetenzen besitzt (Abschn. 10.4). Auch die fehlende Möglichkeit der Volksgesetzgebung unterstreicht die Stellung des Bundestages als Gesetzgeber. Auf der anderen Seite gibt es politisch bedeutsame „Mitregenten" (Schmidt 2016a, S. 162–166), die die Gestaltungsmacht des Bundestages einschränken: den Bundesrat (Kap. 11) und das Bundesverfassungsgericht (Kap. 12). Nicht zuletzt wird die Handlungsfähigkeit des Parlaments durch den supranationalen Rahmen der Europäischen Union begrenzt (Kap. 3). Das *mehrheitsdemokratische Beziehungsgefüge zwischen Bundestag und Bundesregierung* ist also *in ein konsensdemokratisches Institutionensystem eingebettet*. Damit steht der Bundestag vor der Herausforderung, seine verfassungsrechtlich und demokratietheoretisch herausgehobene Stellung in der politischen Praxis zu behaupten.

9.2 Binnenorganisation zwischen Rede- und Arbeitsparlament

Um seine vielfältigen Funktionen in der repräsentativen Demokratie zu erfüllen, kann sich ein Parlament an zwei Organisationsmodellen orientieren (Steffani 1979, S. 95–97). Zum einen bildet die Volksvertretung eine politische Arena, in der die Abgeordneten öffentlich um Lösungen für die wichtigsten Probleme des Landes ringen und so ihre Repräsentations- und Kommunikationsaufgaben wahrnehmen. Dieses Modell wird als *Redeparlament* bezeichnet. Im parlamentarischen System kommt es besonders deutlich zum Ausdruck, wenn sich Regierungsmehrheit und Opposition bipolar gegenüberstehen und gemäß der *mehrheitsdemokratischen Logik* ein klares Bild davon vermitteln, wer für die politischen Entscheidungen verantwortlich ist. Zum anderen sollten die innerparlamentarischen Strukturen und Verfahren eine problemadäquate Gesetzgebung und eine effektive Regierungskontrolle ermöglichen. Dieses Organisationsmodell heißt *Arbeitsparlament*. Die Volksvertretung gewinnt dabei „den Charakter einer betont politischen Spezialbürokratie […, die] die Experten der Exekutive in höchst intensiver und kenntnisreicher Weise um Rede und Auskunft ersuch[t und deren] Tätigkeiten und Vorhaben bis zu Detailfragen und Einzelposten hin überprüf[t]" (Steffani 1979, S. 97). Damit folgt das Arbeitsparlament der *konsensdemokratischen Logik,* die auf eine Berücksichtigung unterschiedlicher Interessen und eine sachbezogene Zusammenarbeit abzielt.

Der *Bundestag* lässt sich als *„arbeitendes Redeparlament"* (Steffani 1979, S. 338) charakterisieren, weil er eine Balance zwischen beiden Modellen herzustellen versucht. Dazu verfügt er über eine ausdifferenzierte Binnenorganisation, die auf verschiedenen Rechtsgrundlagen beruht. Die fundamentalen Prinzipien und die besonders wichtigen Strukturen und Verfahren der Parlamentsarbeit sind im *Grundgesetz* verankert. Die umfangreichsten Bestimmungen finden sich in der *Geschäftsordnung des Deutschen Bundestages* (GO-BT), die er sich „eigenständig ohne Mitwirkungsrechte anderer Staatsorgane" gibt (Kretschmer 1989, S. 301; Art. 40 Abs. 1 GG). Ihre historischen Ursprünge reichen bis zur Geschäftsordnung des Preußischen Landtags von 1849 zurück. Der erste Bundestag übernahm die entsprechenden Regelungen des Weimarer Reichstags, bevor er 1952 eine eigene Geschäftsordnung verabschiedete. Somit ist die GO-BT von hoher Kontinuität geprägt und trägt zur institutionellen Stabilität des Parlaments über die einzelnen Wahlperioden bei. Allerdings kann sie mit einfacher Bundestagsmehrheit geändert werden und wurde auch häufig modifiziert (Schindler 1999, S. 3093–3107; Feldkamp 2019, Abschn. 12.1). Bei Auslegungsproblemen der GO-BT entscheidet ebenfalls die Regierungsmehrheit (§§ 127–128 GO-BT); im Einzelfall kann sogar von ihren Bestimmungen abgewichen werden, wenn der Bundestag dies mit Zweidrittelmehrheit beschließt. Außerdem sind einige Bereiche des Parlamentsrechts in *Bundesgesetzen* geregelt, an deren Entstehung der Bundesrat beteiligt ist, wie das Abgeordnetengesetz (AbgG) oder das Gesetz zu Untersuchungsausschüssen (PUAG).

Abb. 9.2 zeigt, dass die *Organisationsstruktur des Bundestages* aus drei zentralen Komponenten besteht: den demokratisch gewählten *Abgeordneten;* den *Fraktionen,* in

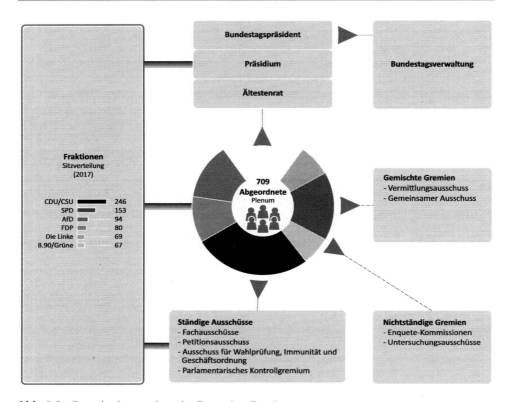

Abb. 9.2 Organisationsstruktur des Deutschen Bundestages.
Quelle: Eigene Darstellung). Anmerkung: Stand: Sitzverteilung nach der Bundestagswahl 2017

denen sich die Abgeordneten nach parteipolitischer Zugehörigkeit zusammenschließen; sowie dem *institutionellen Parlamentsaufbau* im engeren Sinn (Plenum, Leitungsebene und Verwaltung, Ausschüsse). Abgeordnete, Fraktionen und Parlamentsaufbau bilden ein komplexes Beziehungsgefüge, das die Funktionsweise des Bundestages zwischen mehrheitsdemokratischem Redeparlament und konsensdemokratischem Arbeitsparlament prägt. Im Folgenden werden diese Komponenten genauer vorgestellt, bevor erklärt wird, wie sie zur Erfüllung der in Abschn. 9.1 genannten Parlamentsfunktionen beitragen.

(1) *Abgeordnete.* Der Bundestag besteht regulär aus 598 Mitgliedern, von denen die eine Hälfte in Wahlkreisen „direkt" gewählt wird (*Wahlkreisabgeordnete*) und die andere über Parteilisten ins Parlament einzieht (*Listenabgeordnete*). Aufgrund der zahlreichen Überhang- und Ausgleichsmandate, die infolge der Wahlrechtsreform von 2013 entstanden sind, hat sich das reale Verhältnis zugunsten der Listenabgeordneten verschoben (Abschn. 5.1). Im Bundestag verfügen Wahlkreis- und Listenabgeordnete über die gleichen Rechte und die gleiche Ausstattung. Bei ihrem Repräsentationsverständnis setzen beide Gruppen unterschiedliche Akzente, die ihrem Wahlmodus entsprechen

(Schmitt und Wüst 2004, S. 21–22; Dageförde und Schindler 2018, S. 204, 206). Während bei den Wahlkreisabgeordneten die lokalen Bezüge eine größere Rolle spielen, orientieren sich Listenabgeordnete deutlicher an der Parteilinie. Für die Parlamentspraxis hat dieser Unterschied indes nur geringe Bedeutung, da die meisten Kandidatinnen auf aussichtsreichen Listenplätzen zugleich für einen Wahlkreis nominiert werden. Dort bestreiten sie den Wahlkampf und sind auch nach den Wahlen als Abgeordnete besonders präsent. Die (Listen-)Abgeordneten der kleineren Bundestagsparteien müssen sich die politische Betreuung der Wahlkreise ohnehin aufteilen, da bislang die allermeisten Direktmandate von CDU/CSU und SPD gewonnen wurden.

Wie in Abschn. 9.1 ausgeführt, verleiht das Grundgesetz den Mitgliedern des Bundestages (MdB) besondere Freiheits- und Abwehrrechte, damit sie ihr Mandat als Volksvertreterinnen bestmöglich wahrnehmen können (Art. 38 GG sowie Art. 46–48 GG). Das Abgeordnetengesetz konkretisiert diese verfassungsrechtlichen Bestimmungen in zwei Hinsichten. Zum einen regelt es die *finanzielle Entschädigung und Ausstattung der MdB*. Nach dem „Diäten-Urteil" des Bundesverfassungsgerichts von 1975 stellt ein Bundestagsmandat eine Berufstätigkeit dar, die eine „Vollalimentierung aus der Staatskasse" rechtfertigt und einen Einkommensumfang nahelegt, der eine der Bedeutung des Amtes gemäße Lebensführung erlaubt (BVerfGE 40, 296, 315–316). Vom Bundestag beschlossene Diätenerhöhungen haben immer wieder zu massiver Kritik geführt (Ismayr 2012, S. 70–73). Diese Diskussion nahm teilweise populistische Züge an, wenn jede Einkommensanpassung der Abgeordneten als Beleg für ihre vermeintliche Selbstbedienungsmentalität interpretiert wurde (von Arnim 1997). Dahinter verbirgt sich freilich ein grundsätzliches Dilemma: Einerseits kann das Parlament nur selbst über die Bezüge seiner Mitglieder entscheiden, weil ansonsten seine demokratisch legitimierte Souveränität beeinträchtigt würde; andererseits gibt es keine anderen Gruppen in Politik und Gesellschaft, die ihr Arbeitseinkommen völlig autonom festsetzen können.

Die Regelungen zur Abgeordnetenentschädigung bemühen sich daher um ein Höchstmaß an Transparenz und Nachvollziehbarkeit. So werden die steuerpflichtigen Diäten nicht willkürlich festgesetzt, sondern orientieren sich an der Besoldung oberster Bundesrichter (§ 11 AbgG; seit 1. Juli 2019: 10.083,47 €/Monat). Außerdem werden sie jedes Jahr auf Basis des vom Statistischen Bundesamt ermittelten Nominallohnindex automatisch angepasst. Zusätzlich erhält jedes Bundestagsmitglied eine steuerfreie Kostenpauschale, die mandatsbedingte Mehraufwendungen für ein Wahlkreisbüro, Fahrtkosten u. a. abgelten soll (§ 12 AbgG; seit 1. Januar 2021: 4.560,59 €/Monat). Hinzu kommen weitere Geld- und Sachleistungen wie ein Bundestagsbüro, Finanzmittel für persönliche Mitarbeiterinnen, Beihilfe zur Krankenversicherung und die freie Nutzung öffentlicher Verkehrsmittel. Nicht zuletzt wird den Abgeordneten eine Altersversorgung gewährt: Mit jedem Jahr im Bundestag erhalten sie Anwartschaften auf Alterseinkünfte in Höhe von 2,5 % der monatlichen Diäten, die ihnen ab dem 67. Lebensjahr bis zum Höchstbetrag von 67,5 % der monatlichen Diäten ausgezahlt werden. Da die Abgeordnetentätigkeit als „Vollzeitjob" betrieben wird, ist die Schaffung eines Alterssicherungssystems konsequent; zugleich verstärkt das großzügig bemessene

Versorgungsmodell den Anreiz, eine langjährige Parlamentskarriere anzustreben (Ismayr 2012, S. 78).

Zum anderen regelt das Abgeordnetengesetz *Tätigkeiten neben dem Bundestagsmandat*. Bezüglich der *Übernahme weiterer politischer Ämter* gibt es kaum formale Einschränkungen. Im Einklang mit der Logik des parlamentarischen Systems dürfen MdB gleichzeitig der Bundesregierung angehören (Abschn. 9.1). Ebenso können sie Parlamentsmandate auf anderen Systemebenen innehaben. Tatsächlich waren Bundestagsabgeordnete in den ersten drei Legislaturperioden relativ häufig in Länderparlamenten vertreten (Schindler 1999, S. 459), gleichzeitige Mitgliedschaften im Bundestag und im Europäischen Parlament waren bis 1979 die Regel. Heutzutage stellen Doppelmandate eine seltene Ausnahme dar, da das wöchentliche Arbeitspensum eines MdB zwischen 57 und 65 Stunden liegt und damit keine weitere Abgeordnetentätigkeit zulässt (Bräth 2017). Ausdrücklich verboten ist eine gleichzeitige Mitgliedschaft in Bundestag und Bundesrat (§ 2 GO BR); da sich letzterer aus Regierungsmitgliedern der Länder zusammensetzt, dürfen MdB auch keinen Länderregierungen angehören.

Die *Ausübung anderer Berufstätigkeiten* ist strikter reglementiert. Abgeordnete dürfen in keinem Abhängigkeitsverhältnis zu ihren Vorgesetzten oder Auftraggeberinnen stehen, um nicht in Interessenkonflikte zu geraten. Angehörige des öffentlichen Dienstes müssen daher ihre Berufstätigkeit während ihres Mandats ruhen lassen; nur Hochschullehrerinnen dürfen weiterhin lehr- und forschungsbezogene Aufgaben wahrnehmen (§§ 5, 8–9 AbgG). Privatwirtschaftliche Tätigkeiten sind den Abgeordneten nicht untersagt. Ein solches Verbot wäre nicht mit der Idee des Parlaments als Spiegel der Gesellschaft vereinbar und könnte bei Berufsgruppen wie Anwältinnen, Unternehmerinnen oder Landwirtinnen kaum konsequent umgesetzt werden. Allerdings darf die freie Mandatsausübung nicht durch ökonomische Eigeninteressen beeinträchtigt werden. Dazu hat der Bundestag *Transparenzregeln* geschaffen, die nach den Parteispendenskandalen in den 1980er Jahren („Flick-Affäre") und Ende der 1990er Jahre („schwarze Kassen" unter Helmut Kohl) verschärft wurden (Anlage 1 GO-BT; §§ 44a, 44b AbgG). Demnach müssen MdB alle entgeltlichen Nebentätigkeiten anzeigen, die dann im Amtlichen Handbuch des Bundestages und im Internet veröffentlicht werden. Die entsprechenden Einkünfte sind dem Bundestagspräsidenten in Stufenangaben mitzuteilen (Stufe 1: 1.000–3.500 €; Stufe 2: bis 7.000 €; Stufe 3: bis 15.000 €; usw. bis Stufe 10: über 250.000 €). Bei Verschwiegenheitspflichten, wie z. B. Anwaltsmandaten, können diese Mitteilungen auch in anonymisierter Form erfolgen.

Im Frühjahr 2021 wurde eine Verschärfung dieser Regeln ins Visier genommen, nachdem offenbar geworden war, dass überwiegend Abgeordnete der CDU/CSU Aktienoptionen, Honorare oder Spenden im Gegenzug für „Beratungsleistungen" für Firmen und Drittstaaten (z. B. Aserbaidschan) erhalten hatten. Dass einige davon auch hohe Provisionszahlungen für die Vermittlung von Corona-Schutzmasken entgegengenommen hatten, sorgte für besondere öffentliche Empörung. Vor diesem Hintergrund verständigten sich die Regierungsfraktionen darauf, dass künftig Unternehmensbeteiligungen aller Art und Nebeneinkünfte von Abgeordneten beitragsgenau offengelegt werden sollen, sofern

9.2 Binnenorganisation zwischen Rede- und Arbeitsparlament

sie die Grenze von 1.000 € im Monat oder 3.000 € im Jahr überschreiten. Darüber hinaus sollen Mitglieder des Bundestages weder Spenden noch Honorare für Vorträge annehmen dürfen, die im Zusammenhang mit der Ausübung ihres Mandats stehen.

In Anlehnung an den britischen Staatstheoretiker Edmund Burke (1729–1797) unterscheidet die Parlamentsforschung zwei *klassische Abgeordnetentypen:* der „Treuhänder" (*trustee*), der sich an der parlamentarischen Willensbildung und Entscheidungsfindung nach eigenem Ermessen beteiligt und den Wählerinnen nur allgemein rechenschaftspflichtig ist, und der „Delegierte" (*delegate*), der die inhaltlichen Präferenzen ihrer Wählerschaft ins Parlament einbringen und durchsetzen soll. Auch die MdB müssen immer eine Balance zwischen der Vertretung ihrer spezifischen Wählerklientel und stärker gemeinwohlorientierten Erwägungen finden.

Die *Abgeordnetentätigkeit im Spannungsfeld von Rede- und Arbeitsparlament* lässt sich mithilfe von zwei idealtypischen Rollenprofilen erfassen (Poyet und Siefken 2018, S. 150). Einerseits müssen Bundestagsmitglieder als *Allrounder (Generalistinnen)* gegenüber ihrer politischen Basis auftreten. In der Regel sind die Abgeordneten einem bestimmten Wahlkreis und ihrer dortigen Parteiorganisation zugeordnet. Die Stärke dieser lokalen Verankerung hat erheblichen Einfluss auf ihre Wiederwahl. Deswegen sind sie möglichst oft vor Ort, nehmen an gesellschaftlichen Veranstaltungen teil, bieten Bürgersprechstunden an und kommunizieren über die lokale Presse und sozialen Medien. Dabei sollten sie zu den unterschiedlichsten Themenbereichen von der Kommunal- über die Landes- bis zur Bundes- und Europapolitik „sprechfähig" sein, d. h. über laufende Entwicklungen berichten und ihre Positionen erklären können (Ismayr 2012, S. 76–82). Im Parlament sind dagegen *Fachpolitikerinnen (Spezialistinnen)* gefragt. Um die arbeitsteilig organisierten Gesetzgebungsprozesse zu beeinflussen, müssen sich Abgeordnete eine Expertise für bestimmte Politikbereiche aneignen. Dazu gehört nicht nur inhaltliche Sachkenntnis, sondern auch der Aufbau von Informations- und Kommunikationsnetzwerken, die die für den Bereich wichtigsten Parteifreundinnen, Verbandsvertreterinnen, Ministerialbeamtinnen und Journalistinnen umfassen (Ismayr 2012, S. 82). Je nach Persönlichkeit und politischer Erfahrung tendieren die einzelnen Abgeordneten entweder zum „Wahlkreiskönig" oder zum „Parlamentsstar" (von Beyme 2017, S. 302). Dem Spagat zwischen der Generalisten- und Spezialistenrolle müssen sich jedoch alle stellen, wenn der Bundestag seine zentralen Funktionen erfüllen soll (Abschn. 9.3).

Was schließlich die *Stellung der Abgeordneten innerhalb des Bundestages* angeht, verfügen sie nur über wenige individuelle Rechte. So dürfen sie Änderungsanträge zu Gesetzeszentwürfen und Tagesordnungen einbringen, sich an Aussprachen und Abstimmungen beteiligen oder Einzelfragen an die Bundesregierung stellen (vollständige Auflistung bei Ismayr 2012, S. 44–45). Auf den ersten Blick scheint diese schmale Kompetenzausstattung im Widerspruch zu der weitgehenden Autonomie zu stehen, die das Grundgesetz den MdB verleiht. Im Hintergrund steht jedoch das *Spannungsverhältnis zwischen freiem Mandat* (Art. 38 GG) *und Fraktionsdisziplin,* also der grundsätzlichen Verpflichtung, sich bei parlamentsinternen Abstimmungen der Position der eigenen Fraktion anzuschließen. Im politischen Alltag sind die beiden

Normen keineswegs unvereinbar, sondern eng miteinander verwoben. Parlamentsarbeit ist ein „Mannschaftssport" (Patzelt 2003, S. 28). Die Teams sind parteipolitisch organisierte Abgeordnetengruppierungen (Fraktionen), die intern um mehrheitsfähige Positionen ringen, bevor sie damit geschlossen nach außen treten. „Freies Mandat" bedeutet daher nicht, dass die Abgeordneten alle Erwartungen und Forderungen der Partei ignorieren dürfen, als deren Kandidatinnen sie nominiert wurden (Meyer 1975, S. 94–95). Vielmehr dient Art. 38 GG dazu, Minderheitspositionen bei internen Debatten zu stärken und so die „Offenheit der Willensbildung in Partei und Fraktion" zu befördern (Enquete-Kommission Verfassungsreform 1976, S. 25). Zwar kann ein unerlaubter Fraktionszwang im Sinne eines Anpassungsdrucks auf „Abweichlerinnen" niemals ausgeschlossen werden (Sendler 1985). Allerdings steht es den einzelnen Abgeordneten frei, sich innerhalb der Fraktion zu profilieren und dadurch ihre politische Stellung zu stärken.

(2) *Fraktionen* sind Vereinigungen von Mitgliedern des Bundestages, „die derselben Partei oder solchen Parteien angehören, die aufgrund gleichgerichteter politischer Ziele in keinem Land miteinander im Wettbewerb stehen" (§ 10 Abs. 1 GO-BT). Diese Formulierung stellt sicher, dass CDU und CSU ihre seit 1949 bestehende Fraktionsgemeinschaft nach jeder Wahl fortsetzen können. Im gegenwärtigen Bundestag sind daher sechs Fraktionen mit insgesamt sieben Parteien vertreten (Abb. 9.2). Alle anderen Abgeordnetenzusammenschlüsse, die als Fraktion anerkannt werden wollen, bedürfen der mehrheitlichen Zustimmung des Bundestages. Außerdem ist die Mindeststärke einer Fraktion auf 5 % der Abgeordneten festgesetzt. Diese Hürde, die der Höhe der Sperrklausel bei Bundestagswahlen entspricht, soll eine organisatorische Zersplitterung des Parlaments verhindern. Gleichwohl sind immer wieder Parteien mit weniger Abgeordneten in den Bundestag eingezogen, die als *Gruppen* anerkannt werden können und einen ähnlichen Status wie Fraktionen haben (§ 10 Abs. 4 GO-BT). Zuletzt war das 1994 der Fall, als die PDS an der 5 %-Hürde scheiterte, aber mit vier Direktmandaten die Grundmandatsklausel erfüllte und daher mit einem Abgeordnetenanteil von 4,5 % den Gruppenstatus erhielt.

Nach ihrem *rechtlichen Status* sind die Fraktionen schwer einzuordnen. Im Grundgesetz werden sie nur an einer Stelle beiläufig erwähnt (Art. 53a Abs. 1 GG). Nach Auffassung des Bundesverfassungsgerichts sind sie einerseits „ständige Gliederungen des Bundestages" (BVerfGE 80, 188, 231), andererseits stellen sie eigenständige „rechtsfähige Vereinigungen" dar, die „klagen und beklagt werden" können (§ 46 AbgG). Außerdem regeln die Bundestagsfraktionen ihre interne Organisation in eigenen Geschäftsordnungen, was ihre institutionelle Autonomie unterstreicht. Die *zentrale Funktion* der Fraktionen ist dagegen eindeutig: Sie stellen „maßgebliche Faktoren der politischen Willensbildung" (BVerfGE 80, 188, 219) dar, indem sie „unterschiedliche politische Positionen [der Abgeordneten] zu handlungs- und verständigungsfähigen Einheiten" bündeln (BVerfGE 80, 188, 231). Deswegen haben sie auch das Recht, über die Besetzung aller wichtigen Bundestagsgremien und die zentralen parlamentarischen Abläufe zu entscheiden.

9.2 Binnenorganisation zwischen Rede- und Arbeitsparlament

Um eine effektive Bündelung der Abgeordneteninteressen sicherzustellen und politische Positionen zu laufenden Gesetzgebungsprozessen einnehmen zu können, sind die Bundestagsfraktionen sowohl hierarchisch als auch arbeitsteilig organisiert (Schüttemeyer 1998, S. 311–312). An der Spitze steht der *Fraktionsvorstand,* der von allen Fraktionsmitgliedern gewählt wird. Seine Amtsdauer ist in den einzelnen Fraktionsgeschäftsordnungen unterschiedlich geregelt und beträgt zwischen einem und zwei Jahren (Ismayr 2012, S. 115). Im Vorstand laufen die Informationen aus den unterschiedlichen Teilen der Fraktion zusammen. Dort werden die Plenardebatten vorbereitet, die Fraktionsgeschlossenheit bei anstehenden Abstimmungen sichergestellt und politisch-strategische Fragen vorentschieden. Das eigentliche Wahl- und Beschlussorgan ist die *Fraktionsversammlung,* die einmal pro Sitzungswoche zusammenkommt. Die Fraktionsvorstände von CDU/CSU und SPD umfassen in der Regel zwischen 40 und 70 Abgeordnete. Um bei dieser großen Zahl die Steuerungsfähigkeit zu gewährleisten, haben beide Fraktionen einen *Geschäftsführenden Vorstand* eingerichtet, der das strategische Machtzentrum bildet. Ihm gehören die *Fraktionsvorsitzenden, ihre Stellvertreterinnen* sowie die *Parlamentarischen Geschäftsführerinnen* an. Letztere nehmen insofern eine Schlüsselstellung ein, als sie für das Fraktionsmanagement im Parlamentsalltag zuständig sind (Petersen 2000). Außerdem fungieren sie als Sprecherinnen ihrer Fraktion im Vermittlungsausschuss von Bundestag und Bundesrat (Abschn. 11.1).

Unterhalb der Vorstandsebene sind die Fraktionen in verschiedene Organisationseinheiten gegliedert. In der Regel bilden die Fraktionsmitglieder, die demselben Bundestagsausschuss angehören, eine *Arbeitsgruppe.* In den kleineren Fraktionen (Bündnis 90/Die Grünen, FDP, Linke) sind mehrere Arbeitsgruppen zu *Arbeitskreisen* zusammengeschlossen, um ressortübergreifende Probleme und Positionierungen zu erörtern. Nur die AfD-Fraktion ist in 25 Arbeitskreisen organisiert, die die Ausschussstruktur widerspiegeln; dazu kommen weitere interne Arbeitsgruppen. Die großen Bundestagsfraktionen sind dagegen thematisch und interessenpolitisch stärker ausdifferenziert. So gibt es z. B. in der SPD-Fraktion Beauftragte für Kirchen/Religionsgemeinschaften, für die Belange von Pflegebedürftigen oder für Existenzgründungen. Die CDU/CSU-Fraktion verfügt über eigene Unterorganisationen für sektorale Interessen, wie den „Parlamentskreis Mittelstand", die „Arbeitnehmergruppe" oder die „Arbeitsgemeinschaft Kommunalpolitik". In der *SPD-Fraktion* gibt es außerdem drei *politisch-ideologische Flügel,* die die Fraktionslinie in ihrem Sinn zu beeinflussen suchen: Dabei stehen sich seit den 1970er Jahren der mitterechts orientierte „Seeheimer Kreis" und die „Parlamentarische Linke" gegenüber, während das Ende der 1990er Jahre gegründete „Netzwerk Berlin" eine mittlere Position einnimmt. In der Unionsfraktion haben wiederum die Landesgruppen größere Bedeutung als in der SPD-Fraktion (Kwaschnik 2018). Eine Sonderrolle nimmt die *CSU-Landesgruppe* ein, die nicht nur über ein hohes Maß an organisatorischer Selbständigkeit verfügt, sondern sich auch eng mit dem CSU-Präsidium abstimmt. In diesem Zusammenhang kam es gelegentlich zu offenen Konflikten mit der CDU, die 1976 und 2018 bis zur Androhung reichten, die Fraktionsgemeinschaft zu verlassen. Dadurch gelang es der CSU, sich als eigenständige Partei mit bundespolitischem Anspruch zu profilieren (Ismayr 2012, S. 107–111).

Auf der untersten Organisationsebene sind die *Berichterstatterinnen* angesiedelt – Abgeordnete, die vom Fraktionsvorstand beauftragt werden, ein Gesetzgebungsverfahren federführend zu begleiten. Sie erarbeiten die Positionen der Fraktion zu den einzelnen Gesetzentwürfen und stimmen diese mit den anderen Fraktionen ab (Schüttemeyer 1998, S. 299–300). Aufgrund ihrer inhaltlichen Expertise werden ihre Vorlagen von den anderen Fraktionsmitgliedern meist ohne größere Diskussion gebilligt. Damit verkörpern die Berichterstatterinnen den Kern der arbeitsteiligen Fraktionsorganisation und tragen erheblich zu deren Funktionsfähigkeit bei. Allerdings führt diese „Atomisierung" der Willensbildung auch dazu, dass die fraktionsinternen Entscheidungsvorlagen fachlich und interessenpolitisch verengt werden und für Nichtspezialistinnen kaum noch nachzuvollziehen sind (Ismayr 2012, S. 440).

Als selbstständige Einrichtung des Bundestages verfügen die Fraktionen über eigene *Hilfsdienste,* die aus dem Parlamentshaushalt finanziert werden und im Zeitverlauf erheblich ausgebaut wurden: 1957 umfassten die Fraktionshilfsdienste lediglich 25 Beschäftigte (Schöne 2009, S. 155), 2019 waren dort 1.159 Mitarbeiterinnen tätig (Feldkamp 2019, Abschn. 5.9). Dieser administrative Unterbau ist besonders wichtig für die *Oppositionsfraktionen,* die nicht auf die Zuarbeit der Ministerialbürokratie zählen können. Seit 1977 erhalten sie daher einen finanziellen Zuschlag, um ihr Kapazitätsdefizit gegenüber den Regierungsfraktionen abzumildern (Deutscher Bundestag, Wissenschaftliche Dienste 2009, S. 4–5). Für die *Regierungsfraktionen* ist der wechselseitige Informations- und Meinungsaustausch mit der von ihr getragenen Exekutive von besonderer Bedeutung. Dazu gibt es zahlreiche, überwiegend informelle Gremien, die von Regierung zu Regierung unterschiedlich aufgebaut und kaum in Gänze zu überblicken sind. Unter der Regierung Merkel (2017–2021) hat der *Koalitionsausschuss* eine herausgehobene Stellung inne. Ihm gehören die Kanzlerin (CDU), der Vizekanzler (SPD) sowie die Partei- und Fraktionsvorsitzenden von CDU, CSU und SPD an (Ismayr 2018, S. 25). Umgekehrt nehmen die Bundesministerinnen und vor allem deren Parlamentarische Staatssekretärinnen an den Versammlungen und Arbeitsgruppentreffen ihrer Fraktionen teil und bilden somit ein weiteres Bindeglied zwischen der Bundesregierung und der sie tragenden Parlamentsmehrheit (Groß und Bohnefeld 2010, S. 244; Abschn. 10.2).

(3) *Institutioneller Parlamentsaufbau.* Die politische Willensbildung und Entscheidungsfindung im Bundestag findet nicht nur innerhalb der einzelnen Fraktionen statt. Sie vollzieht sich auch und vor allem in der Konfrontation und Kooperation zwischen den Regierungs- und Oppositionsfraktionen, die in verschiedenen Kontexten aufeinandertreffen. Im Mittelpunkt steht das *Bundestagsplenum,* in dem alle Abgeordneten zusammenkommen und die wichtigsten Parlamentsaufgaben vor den Augen der Öffentlichkeit wahrnehmen: die Wahl und Abwahl des Bundeskanzlers, den politischen Schlagabtausch zwischen Regierung und Opposition sowie die Abstimmungen über Gesetzentwürfe und den Bundeshaushalt. Das Plenum ist somit die *zentrale Arena des*

9.2 Binnenorganisation zwischen Rede- und Arbeitsparlament

Redeparlaments. Die GO-BT und das AbgG enthalten zahlreiche Verfahrensregeln, die diese Stellung unterstreichen. So sind in den etwa 20 Wochen, in denen der Bundestag pro Jahr zusammentritt, jeweils zweieinhalb Arbeitstage für Plenarsitzungen reserviert, wobei der Donnerstagvormittag die „Kernzeit" bildet. An Plenarsitzungstagen gilt für alle Abgeordneten eine Präsenzpflicht, die durch Unterschrift zu belegen ist (§ 14 AbgG). Allerdings wird nicht die Anwesenheit bei der gesamten Sitzung überprüft, und die Sanktionen bei Abwesenheit halten sich in Grenzen (Kürzung der Kostenpauschale um 200 € bei unentschuldigtem Fehlen und 100 € bei entschuldigtem Fehlen). Damit in den Plenardebatten die politischen Unterschiede zwischen Regierung und Opposition möglichst deutlich werden, sind sie nach dem Prinzip „Rede und Gegenrede" organisiert, d. h. auf einen Beitrag einer Regierungsvertreterin folgt in der Regel eine „abweichende Meinung" (§ 28 Abs. 1 GO-BT). Außerdem wird der Opposition ein angemessenes Redezeitkontingent zugewiesen. Nicht zuletzt kann die Sitzungsleitung Zwischenbemerkungen anderer Abgeordneter zulassen, um eine direkte Konfrontation unterschiedlicher Positionen zu ermöglichen.

Zur Wahrnehmung seiner Kontrollaufgaben darf der Bundestag „die Anwesenheit jedes Mitglieds der Bundesregierung verlangen" (Art. 43 Abs. 1 GG). In diesem Zusammenhang stehen ihm verschiedene Befragungsmöglichkeiten zur Verfügung (siehe. unten). Umgekehrt können die Mitglieder der Bundesregierung an Bundestagssitzungen teilnehmen und „müssen jederzeit gehört werden" (Art. 43 Abs. 2 GG). Das Zugangs- und Rederecht im Parlament gilt im Übrigen auch für Mitglieder des Bundesrates – eine im internationalen Vergleich ungewöhnliche Regelung, die auf die Verfassung des Norddeutschen Bundes von 1867 zurückgeht (Lehmbruch 2000, S. 147–149). In den 1970er Jahren wurde dieses Recht ausgiebig von christdemokratischen Bundesratsmitgliedern wie dem rheinland-pfälzischen Ministerpräsidenten Helmut Kohl genutzt. Dabei ging es Kohl nicht um die Darlegung einer spezifischen Länderposition, sondern – ganz nach der Logik des Redeparlaments – darum, als Vorsitzender der oppositionellen CDU die Politik der sozialliberalen Bundesregierung öffentlichkeitswirksam zu kritisieren. Nach dem Regierungswechsel von 1982 setzten sozialdemokratische Ländervertreterinnen die oppositionspolitische Instrumentalisierung des Rederechts im Parlament fort. Heutzutage melden sich Bundesratsmitglieder weniger häufig im Bundestag zu Wort, wenn sie überhaupt dort präsent sind (Feldkamp 2018, Abschn. 7.8).

Im Gegensatz zum Plenum ist die *Leitungsebene des Parlaments* von kooperativen Arbeitsbeziehungen geprägt. Den Vorsitz führt der *Präsident des Deutschen Bundestages,* der in der konstituierenden Sitzung für die gesamte Legislaturperiode „mit verdeckten Stimmzetteln" gewählt wird (§ 2 Abs. 1 GO-BT). Nach einem informellen Konsens, der historisch bis in die Weimarer Zeit zurückreicht, wird der Bundestagspräsident von der größten Fraktion gestellt. Dies gilt selbst dann, wenn sich diese in der Opposition befindet, wie es bei der Unionsfraktion von 1969 bis 1982 der Fall war. Hinzu kommt mindestens *ein Vizepräsident für jede Fraktion,* der nach dem gleichen Verfahren gewählt werden (§ 2 Abs. 2–3 GO-BT). Trotz dieser Regelung, die 1994 in Kraft trat, hat es erhebliche Widerstände gegeben, Mitglieder neuer

Bundestagsfraktionen ins Präsidium aufzunehmen. 1994 wurde Antje Volmer als erste Vizepräsidentin der Grünen gewählt, obwohl die Partei schon seit 1983 im Bundestag vertreten war. 2005 scheiterte Lothar Bisky als erster Kandidat, den die Linke-Fraktion für das Vizepräsidentenamt nominierte; erst ein Jahr später wurde an seiner Stelle Petra Pau gewählt. Als die AfD 2017 erstmals in den Bundestag einzog, wiederholte sich dieses Muster: Alle Kandidatinnen, die die Fraktion bisher ins Rennen schickte, wurden in mehreren Wahlgängen von einer deutlichen Mehrheit abgelehnt. Deswegen blieb es bei sechs anstelle der eigentlich vorgesehenen sieben Vizepräsidentinnen.

In einem ähnlichen Zusammenhang steht eine Änderung der Geschäftsordnung vom März 2017, die den *Alterspräsidenten* betrifft, der die konstituierende Sitzung des Bundestages bis zur Wahl des Präsidenten leitet. War dieses Amt zuvor nach Lebensalter besetzt worden, so wurde nun das parlamentarische Dienstalter zum entscheidenden Kriterium (§ 1 Abs. 2 GO-BT). So sollte bereits im Vorfeld verhindert werden, dass ein Mitglied der AfD-Fraktion den 19. Deutschen Bundestag eröffnet. Diese Neuregelung wurde im Parlament und in der Öffentlichkeit kontrovers diskutiert.

In der protokollarischen Rangfolge hat der Bundestagspräsident nach dem Bundespräsidenten das zweithöchste Staatsamt inne. Er repräsentiert das Parlament nach außen, übt das Hausrecht einschließlich der Polizeigewalt in den Bundestagsgebäuden aus (Art. 40 Abs. 2 GG), leitet die Plenarsitzungen, ist oberster Vorgesetzter der Bundestagsverwaltung und in dieser Funktion auch für die Verwaltung und Kontrolle der staatlichen Parteienfinanzierung zuständig (Abschn. 6.1). Hinzu kommen Entscheidungsrechte in bestimmten Geschäftsordnungsfragen (Ismayr 2012, S. 149–150). Ebenso wie die Vizepräsidenten bleibt der Bundestagspräsident weiterhin Partei- und Fraktionsmitglied. Allerdings hält er sich mit parteipolitischen Äußerungen zurück, wenn er das Parlament in der Öffentlichkeit und gegenüber den anderen Verfassungsorganen vertritt (Wermser 1984, S. 97).

Der Bundestagspräsident stimmt sich in allen wichtigen Fragen mit seinen Stellvertretern im *Bundestagspräsidium* ab. Die eigentliche Organisation der Parlamentsarbeit obliegt jedoch dem *Ältestenrat*. Dieses seit 1969 bestehende Gremium setzt sich aus den Präsidiumsmitgliedern und 23 weiteren Abgeordneten zusammen, die von den Fraktionen proportional zu ihrer Mandatsstärke benannt werden (§ 6 Abs. 1 GO-BT; Marschall 2000, S. 13–14). Darunter sind auch die Ersten Parlamentarischen Geschäftsführer, die dort als Sprecher ihrer Fraktion fungieren. Zu den wichtigsten Aufgaben des Ältestenrats gehören die Abstimmung der Termine und Tagesordnungen für Plenarsitzungen, die Schlichtung von Streitigkeiten, sowie die Überweisung von Berichten und Materialien zur Unterrichtung des Bundestages (u. a. EU-Dokumente und Rechtsverordnungen der Bundesregierung). Darüber hinaus entscheidet er über diverse Verwaltungsangelegenheiten, wie Raumverteilung und Baumaßnahmen. An den Sitzungen des Ältestenrats nimmt außerdem eine hochrangige Vertreterin der Bundesregierung teil, um die laufenden Geschäfte von Bundestag und Bundesregierung zu koordinieren.

Die *Bundestagsverwaltung* wird vom „Direktor beim Deutschen Bundestag" im Auftrag des Bundestagspräsidenten geleitet. Ihre etwa 3.000 Beschäftigen unterstützen die

Arbeit des Plenums, der Ausschüsse und der weiteren Parlamentsgremien. Dazu gehört auch die Polizei des Bundestages, die im kleinsten Polizeibezirk Deutschlands für Sicherheit und Ordnung sorgt (Igel und Feldkamp 2013). Eine besondere Rolle nehmen die seit 1970 bestehenden Wissenschaftlichen Dienste des Deutschen Bundestages (WD) ein, an die sich die Abgeordneten wenden können, um fachliche Unterstützung in Form von Kurzinformationen, Dokumentationen und Gutachten zu erhalten. Mit rund 60 Gutachterinnen in zehn Fachbereichen (Strasser und Sobolewski 2018, S. 158) sind die WD jedoch wesentlich schwächer aufgestellt als die Hilfsdienste der einzelnen Fraktionen, was wiederum deren herausgehobene Stellung unterstreicht.

Unterhalb des Bundestagsplenums gibt es eine Vielzahl an Ausschüssen und kleineren Gremien, die dauerhaft oder zeitlich befristet eingerichtet werden. Dieses *Ausschusswesen* bildet das *institutionelle Zentrum des Arbeitsparlaments*. Eine zentrale Rolle im Gesetzgebungsprozess spielen die *ständigen Fachausschüsse*. Verfassungsrechtlich vorgeschrieben sind nur die Ausschüsse für Auswärtige Angelegenheiten (Art. 45a GG), Verteidigung (Art. 45a GG) und Angelegenheiten der Europäischen Union (Art. 45 GG), zudem der Petitionsausschuss (Art. 45c GG; siehe unten). Alle anderen Fachausschüsse werden aufgrund interfraktioneller Vereinbarung eingesetzt. Ihr inhaltlicher Zuschnitt folgt der Ressortaufteilung der Bundesregierung, d. h. jedem Bundesministerium entspricht in der Regel ein Bundestagsausschuss (Siefken 2018a, S. 780). Nur die Bereiche „Inneres" und „Finanzen" sind in je zwei Ausschüsse untergliedert (Innen- und Sportausschuss bzw. Finanz- und Haushaltsausschuss). Dazu kommen einige Ausschüsse, die Querschnittsaufgaben wahrnehmen (EU-Angelegenheiten, Menschenrechte und humanitäre Hilfe, Tourismus). In der 19. Wahlperiode (2017–2021) wurden insgesamt 22 Fachausschüsse eingerichtet (www.bundestag.de/ausschuesse; Holzapfel 2018, S. 322–323). Der Ressortlogik folgend werden die Fachausschüsse unmittelbar nach der Regierungsbildung eingesetzt. Als sich die Koalitionsverhandlungen 2013 und 2017 in die Länge zogen, bildete der Bundestag zunächst einen Hauptausschuss, der bis zur Konstituierung der ständigen Fachausschüsse die Beratung aller Vorlagen aus dem Plenum übernahm.

Bundestagsausschüsse sind *nach Fraktionsproporz zusammengesetzt* und spiegeln damit die parteipolitischen Mehrheitsverhältnisse des Plenums wider (§ 57 GO-BT). Fraktionslose Abgeordnete können nur als beratende Mitglieder mitwirken, d. h. sie haben Rede- und Antragsrecht, aber kein Stimmrecht. Die Größe der einzelnen Ausschüsse wird zu Beginn jeder Legislaturperiode von den Parlamentarischen Geschäftsführern (PGF) gemeinsam festgelegt; bei fehlendem Einvernehmen ist ein Mehrheitsbeschluss des Bundestagsplenums erforderlich. Die Anzahl der Ausschussmitglieder variiert nach Aufgabenbereich und Beratungsbedarf. Im 19. Deutschen Bundestag liegt sie zwischen 49 Abgeordneten (Ausschuss für Wirtschaft und Energie) und 17 Abgeordneten (Ausschuss für Menschenrechte und humanitäre Hilfe; Deutscher Bundestag 2018, S. 13–21). De facto entscheiden die PGF auch, welche Mitglieder ihrer Fraktionen in welche Ausschüsse entsandt werden. Dabei werden verschiedene Eigenschaften der Abgeordneten berücksichtigt (u. a. beruflicher Hintergrund, parlamentarische Erfahrung, politische Positionierung und regionale Herkunft). Weil die Ausschüsse je nach sachlicher

Ausrichtung und politischer Bedeutung unterschiedliche Profilierungschancen bieten, kommt es bei der Besetzung nicht selten zu fraktionsinternen Konflikten (Ismayr 2012, S. 166–171).

Die *Verteilung der Ausschussvorsitze* erfolgt ebenfalls nach Fraktionsstärke (§ 12 GO-BT). Diese Regelung hat insofern konsensdemokratischen Charakter, als die parlamentarische Opposition angemessen einbezogen wird. Traditionell erhält die größte Oppositionsfraktion die Leitung des Haushaltsausschusses, der über besondere Kontrollbefugnisse bei finanzwirksamen Gesetzesvorlagen verfügt (Sturm 1985). Dieser Vorsitz ist das „vielleicht wichtigste Parlamentsamt" der Opposition (Ismayr 2012, S. 350). Die Leitungspositionen aller anderen Ausschüsse sind von geringerer Bedeutung, insbesondere im Vergleich zu herausragenden Fraktionsämtern.

Laut § 62 Abs. 1 GO-BT sind die Ausschüsse des Bundestages „vorbereitende Beschlussorgane", weil sie die Gesetzentwürfe nach der ersten Lesung im Plenum zur Beratung erhalten und anschließend mit einer Entscheidungsempfehlung dorthin zurückgeben (Abb. 9.3). In der Regel bestätigt der Bundestag die Vorlagen der zuständigen Ausschüsse – weil in ihnen nicht nur dieselben parteipolitischen Mehrheitsverhältnisse herrschen, sondern auch die *sachpolitische Bearbeitung und Veränderung der Gesetzentwürfe* stattfindet. Dabei besteht die Möglichkeit, *Unterausschüsse oder Arbeitsgruppen* einzusetzen und diese mit der Prüfung bestimmter Details zu beauftragen. Außerdem können die Ausschüsse *externe Sachverständige* wie Wissenschaftlerinnen oder Verbandsvertreterinnen zu ihren Beratungen hinzuziehen, um unterschiedliche Sichtweisen und interessenpolitische Positionen zu berücksichtigen (Schüttemeyer und Siefken 2008, S. 499; Abschn. 7.2). Nicht zuletzt nehmen Exekutivvertreterinnen, die für den jeweiligen Gesetzentwurf zuständig sind (Bundesministerinnen, Parlamentarische Staatssekretärinnen und Ministerialbeamtinnen), regelmäßig an Ausschusssitzungen teil. Deren Anwesenheit ist indes „weniger Ausdruck der Kontrollfähigkeit der Abgeordneten, sondern vielmehr der Dominanz der Ministerialbürokratie gegenüber ‚der' Politik" (Ismayr 2012, S. 181). Dies zeigt sich auch daran, dass die Ausschussmitglieder der Regierungsfraktionen häufig Formulierungshilfen von der Ministerialbürokratie erhalten.

Im Gegensatz zum Bundestagsplenum beraten die Ausschüsse *„grundsätzlich nicht öffentlich"* (§ 69 Abs. 1 GO-BT). Damit soll eine sachbezogene Diskussion jenseits politisch-ideologischer Konfrontation ermöglicht werden. Zu diesem Zweck sind auch die Redebeiträge in den Ausschüssen nicht nach Fraktionsproporz kontingentiert, sondern werden „in der Reihenfolge der Wortmeldungen" berücksichtigt (§ 59 Abs. 2 GO-BT). Allerdings kann ein Viertel der Ausschussmitglieder öffentliche Anhörungen erzwingen (§ 70 Abs. 1 GO-BT). Außerdem gibt es ressortspezifische Unterschiede: So tagen etwa die Ausschüsse für Gesundheit und für Finanzen regelmäßig öffentlich, während der Verteidigungsausschuss dies so gut wie nie tut. Insgesamt ist der Anteil öffentlicher Ausschusssitzungen seit den 1980er Jahren erheblich angestiegen (Feldkamp 2020, Abschn. 8.7). Ungeachtet dessen bleibt der Gegensatz zwischen Regierung und Opposition auch für die Ausschussarbeit bestimmend: Selbst nach „einer im

9.2 Binnenorganisation zwischen Rede- und Arbeitsparlament

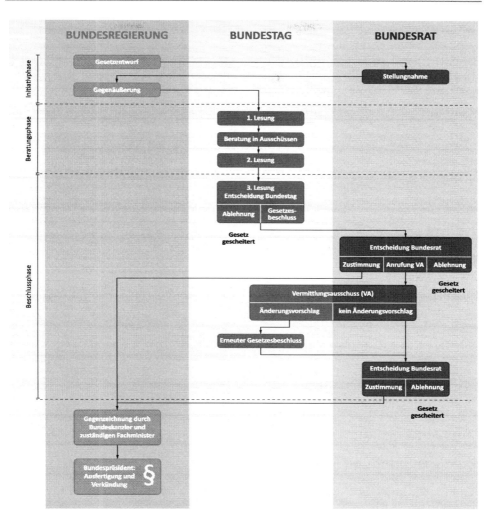

Abb. 9.3 Das Gesetzgebungsverfahren auf Bundesebene.
Quelle: Eigene Darstellung. Bei der Initiativphase beschränkt sich die Übersicht auf den Gesetzentwurf der Bundesregierung als Regelfall

Allgemeinen kollegial geführten Debatte stimmen die Mehrheitsfraktionen in aller Regel so ab, wie es zuvor in der Fraktion bzw. den Arbeitsgruppen oder Arbeitskreisen abgesprochen und entschieden worden ist" (Ismayr 2012, S. 184).

Darüber hinaus gibt es weitere Ausschüsse, die keine Gesetzesvorlagen behandeln: den *Petitionsausschuss,* der grundgesetzlich vorgeschrieben ist (Art. 45c Abs. 1 GG) und sich mit den an den Bundestag gerichteten Bitten und Beschwerden befasst; sowie den *Ausschuss für Wahlprüfung, Immunität und Geschäftsordnung,* der Einsprüche gegen die Bundestagswahl behandelt, über die Immunität der Abgeordneten wacht und als Streitschlichter in Geschäftsordnungsfragen agiert. Das *Parlamentarische Kontrollgremium* (PKGr) nimmt ebenfalls eine besondere Stellung im Ausschusswesen des Bundestages ein. Seit 2009 verfassungsrechtlich vorgeschrieben (Art. 45d Abs. 1 GG), kontrolliert es die Nachrichtendienste des Bundes (Bundesnachrichtendienst, BND; Bundesamt für Verfassungsschutz, BfV; Militärischer Abschirmdienst, MAD). Seine neun Mitglieder werden nicht nach Fraktionsproporz bestellt, sondern vom Bundestag mit absoluter Mehrheit gewählt. Dies ermöglicht den Regierungsfraktionen, die Teilnahme unerwünschter Oppositionsabgeordneter zu verhindern. Das PKGr hat besondere Akteneinsichts-, Beratungs- und Zutrittsrechte, die in einem eigenen Gesetz geregelt sind. Seine Beratungen unterliegen strikter Geheimhaltung, auch gegenüber anderen Abgeordneten. Es legt dem Bundestag zwei Berichte pro Legislaturperiode vor; nur in Ausnahmefällen informiert es auch die Öffentlichkeit. Seit 2016 wurden seine Kontrollkapazitäten ausgebaut, u. a. durch einen erweiterten Mitarbeiterstab und jährliche Anhörungen mit den Präsidenten der Nachrichtendienste (Ismayr 2018, S. 27). Unterstützt wird das PKGr durch die *G10-Kommission,* die alle Beschränkungsmaßnahmen des in Art. 10 GG geschützten Post- und Fernmeldegeheimnisses durch Bundesbehörden kontrolliert und über deren Zulässigkeit und Erforderlichkeit entscheidet. Die vier Kommissionsmitglieder, die nicht unbedingt Abgeordnete sein müssen, werden vom PKGr bestellt.

Darüber hinaus verdienen zwei nichtständige Gremien gesonderte Erwähnung. Zum einen kann der Bundestag seit 1969 *Enquete-Kommissionen* einrichten, die „Entscheidungen über umfangreiche und bedeutsame Sachkomplexe" vorbereiten sollen (§ 56 Abs. 1 GO-BT). Wenn ein Viertel seiner Mitglieder die Einrichtung verlangt, ist er dazu verpflichtet. Enquete-Kommissionen bestehen in der Regel aus Abgeordneten und externen Sachverständigen, die von den Bundestagsfraktionen einvernehmlich bestellt werden. Sie können auch über die Dauer einer Wahlperiode hinaus verlängert werden. Zum anderen hat der Bundestag das Recht und auf Antrag eines Viertels seiner Mitglieder die Pflicht, einen *Untersuchungsausschuss* einzusetzen, um Missstände in der Regierung und Verwaltung des Bundes aufzuklären (Art. 44 GG). Da die Regierungskontrolle im parlamentarischen System im Wesentlichen eine Oppositionsaufgabe ist, werden Untersuchungsausschüsse in der Regel von der oppositionellen Minderheit beantragt. Seit 1961 hat es in jeder Wahlperiode zwischen ein und fünf solcher Ausschüsse gegeben. Unter den ständigen Fachausschüssen hat nur der Verteidigungsausschuss das Recht, sich auch als Untersuchungsausschuss zu konstituieren (Art. 45a Abs. 2 GG).

Schließlich setzt der Bundestag gemeinsam mit dem Bundesrat einige „gemischte Institutionen" ein (Strasser und Sobolewski 2018, S. 88). Neben dem *Vermittlungsausschuss* (Abschn. 11.1) gilt dies auch für den *Gemeinsamen Ausschuss,* der Bundestag und Bundesrat im Verteidigungsfall als Notparlament ersetzen kann (Art. 53a GG i. V. m. Art. 115a, 115e GG; Abschn. 2.2). Ihm gehören 16 Mitglieder des Bundesrates und 32 Bundestagsabgeordnete an, die unter der Leitung des Bundestagspräsidenten zusammenkommen und Beschlüsse mit einfacher Mehrheit fassen.

9.3 Das Funktionsprofil des Bundestages

Die beschriebene Binnenorganisation bildet eine wichtige Voraussetzung dafür, dass der Bundestag die vier zentralen *Parlamentsfunktionen* in der repräsentativen Demokratie wahrnehmen kann: Ämterwahl, Gesetzgebung, Regierungskontrolle sowie Repräsentation und Kommunikation (Abschn. 9.1). Inwieweit er diese Funktionen in der politischen Praxis erfüllt, hängt allerdings auch von seiner institutionellen Einbettung und der Struktur des Parteiensystems ab. Im Einzelnen stellt sich dies wie folgt dar:

(1) *Ämterwahl.* Als demokratisch legitimiertes Parlament entscheidet der Bundestag über die Besetzung von Spitzenämtern in Politik und Verwaltung. Aufgrund der föderalen Staatsstruktur nimmt er diese Aufgabe teilweise gemeinsam mit Vertreterinnen der Länder wahr. Dies gilt für die *Wahl des Bundespräsidenten* durch die Bundesversammlung (Abschn. 10.4) sowie *der Richter des Bundesverfassungsgerichts* und der anderen obersten Bundesgerichte (Abschn. 12.1). Darüber hinaus wählt er die Leitungspositionen von Bundesbehörden, denen eine besondere Unabhängigkeit innerhalb der Exekutive zukommt, wie den Präsidenten des Bundesrechnungshofs (gemeinsam mit dem Bundesrat; § 5 Abs. 1 Bundesrechnungshofgesetz) und den Beauftragten für die Stasi-Unterlagen (§ 35 Abs. 2 Stasi-Unterlagen-Gesetz).

Seine Hauptaufgabe in diesem Zusammenhang ist die *Wahl des Bundeskanzlers* (Art. 63 GG). In der Weimarer Republik durfte der Reichspräsident den Kanzler nach eigenem Ermessen ernennen (Art. 53 WRV). Dagegen kann die Bundesregierung nicht ohne ausdrückliche Unterstützung des Bundestages ins Amt gelangen. Allerdings hat er keinen formalen Einfluss auf die Zusammensetzung des Bundeskabinetts noch befindet er im Rahmen einer Vertrauensabstimmung über das Regierungsprogramm, wie es in einigen anderen europäischen Demokratien üblich ist (Sieberer 2010). Außerdem erfolgt die Kanzlerwahl ohne parlamentarische Aussprache (Art. 63 Abs. 1 GG) und in geheimer Abstimmung (§ 4 GO-BT). Bei prekären Mehrheitsverhältnissen kann diese Regelung ein konsensorientiertes Votum zugunsten einer Kandidatin befördern, aber auch Kritikerinnen im Regierungslager eine Ablehnung erleichtern. In jedem Fall läuft sie der Logik des mehrheitsdemokratischen Redeparlaments zuwider (Steffani 1991).

Das *Verfahren der Kanzlerwahl* ist so angelegt, dass der Wille der Parlamentsmehrheit entscheidend ist und zugleich die Funktionsfähigkeit des Regierungssystems erhalten bleibt, wenn sich keine solche Mehrheit findet (Art. 63 GG). Zunächst schlägt der Bundespräsident dem Bundestag eine Person vor, die mit absoluter Mehrheit gewählt wird. Kommt diese nicht zustande, hat der Bundestag 14 Tage Zeit, eine Person, die von mindestens einem Viertel der Abgeordneten vorgeschlagen wird, mit absoluter Mehrheit zum Kanzler zu wählen (§ 4 GO-BT). Scheitert auch dies, findet ein letzter Wahlgang statt. Erhält nun eine Person die absolute Stimmenmehrheit, wird sie zum Kanzler ernannt; bei einer relativen Mehrheit liegt es dagegen im Ermessen des Bundespräsidenten, diese Person innerhalb von sieben Tagen zu ernennen oder den Bundestag aufzulösen.

Bei den 23 Kanzlerwahlen zwischen 1949 und 2017 kam die erforderliche absolute Mehrheit stets im ersten Wahlgang zustande, wenn auch das Ergebnis mitunter knapp ausfiel (Feldkamp 2018, Abschn. 6.1; Schindler 1999, S. 1019–1024). Dieser reibungslose Verlauf war indes nicht das alleinige Verdienst des Bundestages, sondern vor allem Ausdruck stabiler parteipolitischer Mehrheitsverhältnisse. Angesichts der zunehmenden Schwierigkeiten, mehrheitsfähige Regierungsbündnisse zu schmieden, könnte das mehrstufige Wahlverfahren an politischer Bedeutung gewinnen und damit der Bundespräsident eine wichtigere Rolle spielen (Abschn. 10.4).

Im parlamentarischen System ist die *Abwahlmöglichkeit der Regierung* durch die Parlamentsmehrheit von konstitutiver Bedeutung (Abschn. 9.1). Wie bei der Regierungsbildung konzentriert sich das Grundgesetz auch hier auf den Bundeskanzler, der nur durch die gleichzeitige Wahl eines Nachfolgers seines Amtes enthoben werden kann (Art. 67 GG). Dieses *konstruktive Misstrauensvotum* kam seit 1949 nur zweimal zur Anwendung. Als 1972 aufgrund der Ostpolitik von Kanzler Willy Brandt (SPD) die Parlamentsmehrheit der sozialliberalen Regierung gefährdet schien, brachte Oppositionsführer Rainer Barzel (CDU) einen Misstrauensantrag ein, der aber knapp scheiterte. 1982 setzte Helmut Kohl (CDU) das Misstrauensvotum erfolgreich gegen Helmut Schmidt (SPD) ein, nachdem die FDP die Regierungskoalition verlassen hatte. Das konstruktive Misstrauensvotum erschwert zwar die Absetzung des Regierungschefs, kann aber nicht seinen Verbleib im Amt garantieren. Dafür bedarf es der dauerhaften Unterstützung der Kanzlerpartei und der anderen Regierungsparteien. Ist diese nicht mehr gegeben, bleibt als letzte Option der vorzeitige Rücktritt – wie 1966 bei Ludwig Erhard (CDU) und 1974 bei Willy Brandt (SPD). Allerdings kann der Kanzler auch versuchen, die Bundestagsmehrheit zu domestizieren oder Neuwahlen herbeizuführen.

In diesem Zusammenhang spielt die *Vertrauensfrage* eine zentrale Rolle. Seit 1949 wurde sie fünfmal gestellt. Laut Art. 68 GG darf der Bundeskanzler den Bundestag jederzeit ersuchen, ihm das Vertrauen auszusprechen. Kommt keine Mehrheit zustande, kann der Bundespräsident auf Antrag des Kanzlers den Bundestag auflösen. Dabei soll die Aussicht auf ein früheres Ende der Legislaturperiode als Druckmittel auf die Regierungsfraktionen wirken, auch bei tiefergehenden Meinungsverschiedenheiten die politische Linie des Kanzlers zu unterstützen. In diesem Sinn kam die Vertrauensfrage zweimal zur Anwendung. Im Februar 1982 stellte sie Helmut Schmidt, weil der Zusammenhalt der sozialliberalen Bundestagsmehrheit angesichts der Stationierung von US-Mittelstreckenraketen („NATO-Doppelbeschluss") brüchig erschien. Schmidt konnte diese Abstimmung klar für sich entscheiden; gleichwohl zerbrach seine Regierungskoalition ein halbes Jahr später. Im November 2001 verknüpfte Gerhard Schröder (SPD) die Vertrauensfrage mit der Entscheidung über den Afghanistan-Einsatz der Bundeswehr, der eine Zäsur in der bundesdeutschen Sicherheits- und Verteidigungspolitik markierte und innerhalb der rot-grünen Koalition heftig umstritten war. Durch das positive Votum gelang es Schröder, seine Regierungsmehrheit „auf Kurs" zu halten.

Dreimal wurde die Vertrauensfrage allerdings auch dazu benutzt, vorzeitige Bundestagswahlen herbeizuführen. Als nach dem knapp gescheiterten Misstrauensvotum gegen

9.3 Das Funktionsprofil des Bundestages

Willy Brandt die Pattsituation im Bundestag fortbestand, stellte dieser im September 1972 die Vertrauensfrage mit dem ausdrücklichen Ziel, die Abstimmung zu verlieren, um durch eine vorgezogene Neuwahl klare Mehrheitsverhältnisse herzustellen. Tatsächlich scheiterte die Vertrauensfrage formal, weil sich die meisten Kabinettsmitglieder der Stimme enthielten. Daraufhin ordnete Bundespräsident Heinemann die Auflösung des Bundestages an, und in der folgenden Wahl wurde Brandts sozialliberale Koalition bestätigt. Damit wurde jedoch ein Präzedenzfall für eine nicht unproblematische Zweckentfremdung von Art. 68 GG geschaffen. Nach seinem erfolgreichen Misstrauensvotum konfrontierte Kanzler Kohl den Bundestag im Januar 1983 mit der Vertrauensfrage, um die neue Regierungskonstellation aus CDU/CSU und FDP durch Wahlen zu legitimieren. Dies erschien insofern günstig, als die Koalitionsparteien laut Umfragen mit einer klaren Mehrheit rechnen konnten. Daher enthielten sich die Regierungsfraktionen zum größten Teil bei der Vertrauensabstimmung und Bundespräsident Carstens löste den Bundestag vorzeitig auf. Das danach angerufene Bundesverfassungsgericht billigte zwar die von Kohl herbeigeführte Verfahrenslösung, machte aber deutlich, dass die Vertrauensfrage nicht von der Regierung gegen den Willen der Opposition instrumentalisiert werden dürfe, um einen opportunen Wahltermin anzusetzen (Niclauß 2006). Die bislang letzte Anwendung von Art. 68 GG stand ebenfalls in diesem Zusammenhang. Im Juli 2005 stellte Bundeskanzler Schröder (SPD) die Vertrauensfrage, da angesichts der rückläufigen Unterstützung für seine sozialpolitischen Reformen eine „Legitimation durch Wahlen unverzichtbar" sei (zitiert nach Grotz 2005, S. 473). Obwohl erneut die Regierungsmehrheit im Bundestag nicht gefährdet erschien, enthielt sich der überwiegende Teil der SPD-Fraktion der Stimme. Schließlich machte Bundespräsident Köhler den Weg für Neuwahlen frei, in denen die rot-grüne Koalition dann ihre Mehrheit verlor.

(2) *Gesetzgebung.* Obwohl der Bundestag als „Gesetzgeber" (von Beyme 1997) fungiert, ist es schwierig, seine genaue Rolle im Gesetzgebungsprozess zu erfassen – und zwar aus drei Gründen. Erstens bilden im parlamentarischen System Regierung und Abgeordnetenmehrheit eine Handlungseinheit. Die politische Urheberschaft von Gesetzen lässt sich daher nicht eindeutig dem Bundestag *oder* der Bundesregierung zuordnen. Zweitens ist der Bundestag Teil eines föderalen Mehrebenensystems, in dem die Länder an der Bundesgesetzgebung mitwirken, was seine legislative Autonomie einschränkt (Abschn. 11.2). Ähnliches gilt für die Europäische Union, deren Richtlinien von den mitgliedstaatlichen Parlamenten in nationales Recht überführt werden müssen (Abschn. 3.3). Drittens haben Interessenverbände vielfältige Zugänge zum Gesetzgebungsverfahren und versuchen es in ihrem Sinn zu beeinflussen (Abschn. 7.2).

Diese Zusammenhänge stellen sich in den drei *Phasen des Gesetzgebungsprozesses* unterschiedlich dar (Abb. 9.3). In der *Initiativphase* werden die Gesetzesvorlagen erstellt. Sie können „durch die Bundesregierung, aus der Mitte des Bundestages oder durch den Bundesrat" in den Bundestag eingebracht werden (Art. 76 Abs. 1 GG). Gesetzentwürfe der Bundesregierung und des Bundesrates müssen dem jeweils anderen Organ vorab zur Stellungnahme zugeleitet werden, während solche aus dem Bundestag direkt in die parlamentarische Beratung gehen (Art. 76 Abs. 2–3 GG). Innerhalb des Bundestages dürfen alle Fraktionen sowie Gruppen von mindestens 5 % der Abgeordneten Gesetzentwürfe einbringen, was also auch die Opposition einschließt (§ 76 Abs. 1 GO-BT).

Die genannten Initiativrechte sind formal gleichgestellt, unterscheiden sich aber hinsichtlich ihrer Nutzungshäufigkeit und Durchsetzungsfähigkeit (genaue Daten bei Schindler 1999, Kap. 11; Feldkamp 2018 und 2019, Kap. 10). Je nach Legislaturperiode werden bis zu zwei Drittel aller Gesetzentwürfe von der *Bundesregierung* eingebracht; bei den verabschiedeten Gesetzen beträgt ihr Anteil zwischen 68 % und 90 %. Diese Dominanz der Exekutive entspricht der Logik des parlamentarischen Systems: Die legislative Agenda der Bundestagsmehrheit wird größtenteils in den Bundesministerien ausgearbeitet, die über die entsprechenden Verwaltungskapazitäten verfügen. Dazu kommen die Gesetzentwürfe der *Regierungsfraktionen,* die aus symbolpolitischen oder verfahrenstechnischen Gründen aus der Mitte des Parlaments eingebracht werden und meist ebenfalls auf Vorlagen der Ministerialverwaltung basieren. Sie machen nur 5 % bis 15 % aller Entwürfe aus, werden aber zum überwiegenden Teil verabschiedet. Bei den Gesetzesinitiativen der *Oppositionsfraktionen* verhält es sich umgekehrt: Zahlenmäßig übertreffen sie diejenigen der Regierungsfraktionen, scheitern aber fast durchweg an den parlamentarischen Mehrheitsverhältnissen. Nur in Ausnahmefällen werden die Inhalte oppositioneller Initiativen von den Regierungsfraktionen aufgegriffen, die sie dann meist in ihre eigenen Vorlagen übernehmen. Insofern haben die Entwürfe der parlamentarischen Opposition nur marginalen Einfluss auf die Gesetzgebung; sie dienen vielmehr dazu, ihre inhaltlichen Vorstellungen öffentlichkeitswirksam zu thematisieren und sich damit als politische Alternative zu positionieren (Sebaldt 1992). Nachdem der Bundesrat anfänglich nur spärlichen Gebrauch von seinem Initiativrecht gemacht hat, beträgt der Anteil seiner Gesetzentwürfe seit Anfang der 1970er Jahre zwischen 7 % und 17 %; davon waren nur wenige erfolgreich (Abschn. 11.2).

Innerhalb des Bundestages sind also nur die Mehrheitsfraktionen während der Initiativphase substanziell beteiligt. Doch auch sie haben nur begrenzten Einfluss auf die inhaltliche Ausgestaltung der Regierungsvorlagen. Zwar werden die zentralen Gesetzesprojekte der Bundesregierung in informellen Leitungsgremien wie dem Koalitionsausschuss, an denen auch die jeweiligen Fraktionsvorsitzenden teilnehmen, einvernehmlich beschlossen. Die Gesetzentwürfe werden aber in den zuständigen Bundesministerien formuliert. Im Vorgriff auf das weitere Verfahren stimmen sich die dortigen Referate mit den jeweiligen Länderministerien ab und beziehen auch Vertreterinnen wichtiger Interessenverbände ein. Bundestagsabgeordnete werden dabei nicht beteiligt – ebenso wenig wie in den zahlreichen Kommissionen und Expertengremien, die von der Bundesregierung eingesetzt werden, um wichtige Gesetze vorzubereiten (Abschn. 10.2).

In der *Beratungsphase* steht der Bundestag im Zentrum. Gesetzentwürfe werden grundsätzlich in drei Lesungen im Parlamentsplenum behandelt; nur bei internationalen Verträgen sind zwei Lesungen vorgesehen (§ 78 Abs. 1 GO-BT). Nach der ersten Lesung wird jeder Entwurf an einen federführenden Fachausschuss überwiesen. Meist

9.3 Das Funktionsprofil des Bundestages

werden weitere Ausschüsse beratend einbezogen. Wie oben ausgeführt, erfolgt dort die genaue Diskussion und Bearbeitung der Vorlagen durch die Fraktionsvertreterinnen. Über Änderungsanträge wird mit Mehrheit abgestimmt; Oppositionsvorschläge gehen gewöhnlich nicht in die offizielle Beschlussempfehlung ein, sondern werden bestenfalls informell berücksichtigt. In den Ausschusssitzungen finden auch Anhörungen von Interessenverbänden statt. Inwieweit die Verbandsvertreterinnen ihre Anliegen dort durchsetzen können und ob sich bestimmte Interessen besser behaupten können als andere, ist nicht allgemein zu beantworten. Die zunehmende Tendenz zu öffentlichen Anhörungen lässt zumindest die unterschiedlichen Positionen sichtbar werden und stärkt die Transparenz der parlamentarischen Beratung. Darüber hinaus verpflichtet das neue Lobbyregistergesetz, das 2022 in Kraft tritt, die meisten dieser Interessenorganisationen, sich beim Bundestag zu registrieren und die in einem Verhaltenskodex festgehaltenen Regeln einzuhalten. Bisher war die Eintragung in die sogenannte „Lobbyliste" freiwillig und begründete weder besondere Rechte noch Pflichten. Dennoch gibt die Liste, die 2021 circa 2300 Interessengruppen umfasst, einen Eindruck von der Vielfältigkeit organisierter Interessen auf Bundesebene.

In der zweiten Lesung debattiert das Plenum die vom Ausschuss rücküberwiesene Fassung und entscheidet über seine Beschlussempfehlungen und weitere Änderungsanträge, die an dieser Stelle auch von einzelnen Abgeordneten eingebracht werden können (§ 81 GO-BT). In der dritten Lesung finden die abschließende Debatte und die endgültige Abstimmung statt. Obwohl diese letzte Lesung formal einen eigenständigen Verfahrensschritt bildet, folgt sie meist unmittelbar auf die zweite Lesung. Wenn alle Teile eines Gesetzentwurfs in der zweiten Lesung abgelehnt werden, unterbleibt jede weitere Beratung (§ 83 GO-BT).

Mit der dritten Lesung mündet das Gesetzgebungsverfahren in die *Beschlussphase*. Regierungsvorlagen werden in der Regel mit Mehrheit angenommen, Oppositionsvorlagen abgelehnt. Bis Anfang der 1980er Jahre wurde ein Großteil der Gesetze einstimmig oder mit breiter Mehrheit verabschiedet. Offenbar wollte die Opposition der Öffentlichkeit damit ihre konstruktive Rolle verdeutlichen, zumal wenn die betreffenden Gesetze Leistungsverbesserungen für die Bürgerinnen beinhalteten (Ismayr 2012, S. 248). Seit dem Einzug der Grünen und anderer neuer Parteien in den Bundestag ist der Anteil konsensualer Entscheidungen deutlich gesunken. Lediglich bei Gesetzen, die auf internationale Verträge oder EU-Recht zurückgehen, kommen noch immer breite Bundestagsmehrheiten zustande, so zum Beispiel bei der Anpassung des Marktorganisationsgesetzes vom 21. März 2019. In seltenen Fällen, in denen normativ kontroverse oder ethisch heikle Materien zur Abstimmung stehen (z. B. Schwangerschaftsabbruch, Sterbehilfe oder Organtransplantation), wird die Fraktionsdisziplin aufgehoben. Die Abgeordneten stimmen dann nicht nach parteipolitischen Vorgaben ab, sondern sind tatsächlich „nur ihrem Gewissen unterworfen" (Art. 38 Abs. 1 GG).

Auch in der Beschlussphase ist der Bundestag nicht autonom, sondern teilt sich die Entscheidungskompetenz mit dem Bundesrat. Politisch umstrittene Gesetze kommen daher nur nach weiteren Verhandlungen im Vermittlungsausschuss in nochmals veränderter Form zustande (Abschn. 11.2). Erst dann können sie ausgefertigt und nach Unterzeichnung durch den Bundeskanzler, den zuständigen Minister und den Bundespräsidenten in Kraft treten.

(3) *Regierungskontrolle.* Die kontinuierliche Überprüfung des Regierungshandelns ist ein zentrales Merkmal demokratischer Herrschaft. Sie soll sicherstellen, dass die gewählte Staatsführung ihre Macht nicht missbraucht und ihr politisches Programm bestmöglich umsetzt. Die Regierungskontrolle ist äußerst vielschichtig. Sie kann sich auf den politischen Kurs, die Verhältnismäßigkeit des Ressourceneinsatzes oder die Rechtskonformität des Regierungshandelns beziehen (Richtungs-, Effizienz- und Rechtskontrolle; Rudzio 2019, S. 211). Sie kann das Regierungspersonal oder die Regierungsagenda ins Visier nehmen. Sie kann prozessbegleitend oder nachträglich erfolgen. Nicht zuletzt werden die Kontrollaufgaben von unterschiedlichen Verfassungsorganen, intermediären Organisationen und zivilgesellschaftlichen Akteurinnen wahrgenommen, wobei stets die demokratische Öffentlichkeit die letzte Instanz ist, da die Wählerinnen entscheiden, ob sie der Regierung beim nächsten Urnengang ihr Vertrauen schenken oder nicht.

Im parlamentarischen System Deutschlands ist der *Bundestag* der *wichtigste Kontrolleur der Bundesregierung.* Allerdings stellen sich die Kontrollaufgaben für Mehrheits- und Minderheitsfraktionen unterschiedlich dar. Die *Mehrheitsfraktionen* können den Kanzler jederzeit durch ein konstruktives Misstrauensvotum ersetzen und haben damit ein mächtiges Sanktionsinstrument. Zugleich bilden sie eine politische Schicksalsgemeinschaft mit der Regierung. Normalerweise werden sie daher den Kanzler und sein Kabinett gegen Kritik verteidigen, weil diese auf die Regierungsparteien zurückfallen und ihre Wiederwahlchancen beeinträchtigen kann. Aus demselben Grund können die Mehrheitsfraktionen aber auch den Regierungskurs effektiv korrigieren, sobald sie ihre Machtposition ernsthaft gefährdet sehen (Hesse und Ellwein 2012, S. 377). Einer der seltenen Fälle, in denen dies zutage trat, war die Wahl des CDU/CSU-Fraktionsvorsitzenden im September 2018. Angesichts stark rückläufiger Umfragewerte und einer zunehmenden Unzufriedenheit mit der Regierungsspitze wählte die Unionsfraktion nicht den von Kanzlerin Merkel favorisierten Amtsinhaber Volker Kauder, sondern seinen Gegenkandidaten Ralph Brinkhaus. Damit erzwang sie letztlich den Rücktritt Merkels vom CDU-Parteivorsitz und läutete die Endphase ihrer Kanzlerschaft ein.

Die *Oppositionsfraktionen* verfügen über kein unmittelbares Sanktionsmittel gegen die Bundesregierung, solange die Bundestagsmehrheit hinter ihr steht. Ihrer Kontrollaufgabe kommen sie vor allem dadurch nach, dass sie die Schwachstellen der Regierung öffentlichkeitswirksam anprangern, um ihren eigenen Rückhalt in der Wählerschaft zu verbessern. Der Bundestag hat dazu verschiedene *Kontrollinstrumente,* die von einer Fraktion oder mindestens 5 % der Abgeordneten ausgelöst werden und daher als klassische Minderheitenrechte zu verstehen sind:

- Mit einer *Großen Anfrage* können die Abgeordneten die Bundesregierung um eine Stellungnahme zu einem Sachverhalt ersuchen (§§ 100–103 GO-BT). Nach einer schriftlichen Antwort kann eine Fraktion auch eine Plenardebatte erzwingen, weswegen die Große Anfrage als bedeutendstes Informations- und Kontrollmittel im parlamentarischen Alltag gilt (Ismayr 2012, S. 320). Seit Ende der 1990er Jahre ist die Anzahl der Großen Anfragen insgesamt rückläufig, was eher auf einen gezielteren Einsatz des Instruments als auf seine Entwertung verweist (Carstensen 2018).
- *Kleine Anfragen* werden nur schriftlich von der Bundesregierung beantwortet (§ 104 GO-BT). Ihre Anzahl ist deutlich größer, ihre Öffentlichkeitswirkung stärker begrenzt (Hünermund 2018).
- Daneben haben die Abgeordneten verschiedene Möglichkeiten, *Einzelfragen* an die Regierung zu richten (§ 105 GO-BT). Sie werden vorab beim Parlamentssekretariat eingereicht und entweder in schriftlicher Form oder im Rahmen einer Fragestunde beantwortet, die einmal pro Sitzungswoche stattfindet. Ferner gibt es in jeder Sitzungswoche eine einstündige *Regierungsbefragung,* in der Mitglieder der Bundesregierung auf direkte Fragen der Abgeordneten reagieren müssen. 2018 wurde vereinbart, dass der Bundeskanzler dreimal pro Jahr in diesem Rahmen Rede und Antwort steht. Unter den Fragerechten des Bundestages sind Einzelfragen die mit Abstand meistgenutzte Form (Feldkamp 2019, Abschn. 11.4). Obwohl sie von individuellen Abgeordneten direkt gestellt werden dürfen, werden sie meist von den Fraktionsbüros vorab geprüft und koordiniert, um eine möglichst große Wirkung zu erzielen.
- Wie bereits erwähnt, hat ein Viertel der Abgeordneten die Möglichkeit, einen *Untersuchungsausschuss* einzusetzen, der sich mit der Aufdeckung von Missständen im Regierungs- und Verwaltungsapparat befasst (Art. 44 GG). Auslöser ist meist ein politischer Skandal, der die Opposition zur Einsetzung eines solchen Ausschusses motiviert. Die Kontrollwirkung von Untersuchungsausschüssen ist differenziert zu beurteilen. Einerseits werden sie von der Opposition „als ‚Kampfinstrumente' zur politischen Profilierung genutzt" (Ismayr 2018, S. 26), was wiederum die Mehrheitsfraktionen dazu veranlasst, sich möglichst eng hinter die Regierung zu stellen. In dieser konfrontativen Konstellation ist eine neutrale Aufklärung kaum möglich. Andererseits können im Verlauf der Untersuchung sachbezogene Reformvorschläge entwickelt werden, die in den Ausschussbericht eingehen und unter Umständen bei der weiteren Regierungsarbeit berücksichtigt werden.

Alle innerparlamentarischen Kontrollinstrumente der Opposition setzten die Aufmerksamkeit der Medienöffentlichkeit voraus (Abschn. 8.2). Der gezielte Einsatz eines Instruments kann daher größere Wirkung entfalten als ein häufiger Gebrauch. Auch lässt sich der Erfolg oppositioneller Kontrolle nicht allein an den unmittelbaren Reaktionen der Regierung festmachen. Noch wichtiger sind die indirekten Effekte: Je besser die Opposition ihre „Wachhund-Funktion" wahrnimmt, desto mehr steigt im Regierungslager der Druck zur antizipierenden Selbstkontrolle. Bei offensichtlichen Fehlentwicklungen oder Skandalen wird dann der Bundeskanzler seine Agenda schnellstmöglich korrigieren oder das Kabinett umbilden, bevor die Opposition die Situation öffentlich ausschlachten kann.

In Ergänzung zu den politischen Verfahrensoptionen steht der Opposition noch ein rechtliches Kontrollinstrument zur Verfügung: Ein Viertel der Bundestagsabgeordneten kann einen *Antrag auf abstrakte Normenkontrolle vor dem Bundesverfassungsgericht* stellen und damit überprüfen lassen, ob ein von der Regierungsmehrheit verabschiedetes Gesetz mit dem Grundgesetz vereinbar ist (Abschn. 12.1). Dazu muss ein Gesetz verfassungsrechtlich strittige Passagen enthalten, an denen die Klägerinnen einhaken können. Da das nicht sehr häufig vorkommt, wird das Instrument relativ selten genutzt. Die wenigen Fälle waren allerdings fast durchweg politisch bedeutsame Gesetze, von denen etliche vom Verfassungsgericht in Teilen beanstandet oder ganz annulliert wurden (Kneip 2009, S. 213–214).

Schließlich hat der Bundestag noch *Kontrollaufgaben in bestimmten Politikbereichen,* die er mit Unterstützung spezieller Einrichtungen wahrnimmt. In der Haushalts- und Finanzpolitik hat zunächst der *Haushaltsausschuss* eine zentrale Stellung inne, da er alle Gesetzesvorlagen mit erheblichen finanziellen Auswirkungen prüft und dem Bundestagsplenum entsprechende Vorschläge zur Deckung absehbarer Mindereinnahmen oder Mehrausgaben unterbreitet (§ 96 GO-BT). Aufgrund dieser Funktion steht er weniger in Opposition zur Regierung insgesamt, sondern bildet eine Allianzpartnerschaft mit dem Finanzministerium gegen die finanziellen Begehrlichkeiten der anderen Ministerien bzw. Bundestagsausschüsse.

Eine wichtige Rolle bei der Haushaltskontrolle spielt auch der *Bundesrechnungshof* (BRH). Er wird in Art. 114 GG erwähnt, was seinen institutionellen Bestand und die „richterliche Unabhängigkeit" seiner Mitglieder sichert. Verwaltungsrechtlich ist der BRH eine oberste Bundesbehörde im Bereich der Exekutive. Durch seinen Verfassungsauftrag, „die Wirtschaftlichkeit und Ordnungsmäßigkeit der Haushalts- und Wirtschaftsführung des Bundes" (Art. 114 Abs. 2 GG) zu überprüfen, sind die Ergebnisse seiner Tätigkeit für den Bundestag und dort vor allem für die Opposition von besonderem Interesse. Die Mitglieder des BRH werden aus eigenem Ermessen aktiv und können im gesamten Bereich der Bundesverwaltung Wirtschaftlichkeitsprüfungen und Erfolgskontrollen durchführen. Die Ergebnisse seiner Tätigkeit werden in Form von Jahresberichten öffentlich vorgestellt. Hinzu kommen Sonderberichte zu haushaltsrelevanten Themen wie Schwarzarbeit oder Steuersubventionen. Nach wie vor ist ein erheblicher Teil der BRH-Aktivitäten im Bereich der nachträglichen Finanzkontrolle angesiedelt und kommt daher für Änderungen des laufenden Haushalts „zu spät". Gleichwohl haben seine Monita präventive Wirkung, zumal wenn sich betroffene Bundesbehörden vor dem zuständigen Bundestagsausschuss verantworten müssen (Wittrock 1982, S. 214–215).

Was schließlich den Bereich der Sicherheits- und Verteidigungspolitik anbelangt, gibt es neben dem Parlamentarischen Kontrollgremium für die Geheimdienste noch eine Kontrollinstanz besonderer Art: das Amt des *Wehrbeauftragten,* das 1956 nach dem Vorbild des schwedischen Bürgerbeauftragten (*Ombudsman*) geschaffen wurde und ebenfalls Verfassungsrang hat (Art. 45b GG). Der Wehrbeauftragte wird vom Bundestag für fünf Jahre gewählt und soll die parlamentarische Kontrolle der Streitkräfte unterstützen. Dazu leitet er eine Dienststelle mit etwa 60 Mitarbeiterinnen, die der Bundestagsverwaltung angegliedert ist. Seine Hauptaufgabe besteht darin, Eingaben und Vorgänge zu prüfen, die auf eine Verletzung der Grundrechte von Soldatinnen oder der Grundsätze der Inneren Führung hindeuten. Darüber legt er dem Parlament einen jährlichen Gesamtbericht vor, der durch themenbezogene Einzelberichte ergänzt wird.

(4) *Repräsentation und Kommunikation.* Aufgrund der Direktwahl ist der Bundestag der zentrale Ort der repräsentativen Demokratie. Seine Repräsentationsfunktion reicht jedoch weit über die periodische Neubesetzung der Abgeordnetenmandate hinaus. Er soll die Bürgerschaft während der gesamten Legislaturperiode politisch vertreten, indem er die wesentlichen Problemlagen der Gesellschaft aufgreift und im Rahmen seiner Gestaltungsmacht für angemessene und effektive Lösungen sorgt. Dieser Anspruch ist allerdings schon deswegen schwer einzulösen, weil es unterschiedliche Vorstellungen gibt, woran sich die Repräsentationsqualität eines Parlaments festmacht.

Ein mögliches Kriterium ist das Ausmaß, in dem die unterschiedlichen sozialen Gruppen im Verhältnis zu ihrer gesellschaftlichen Stärke vertreten sind (*deskriptive Repräsentation;* Pitkin 1967). Wie Tab. 9.1 dokumentiert, ist die jüngste Alterskohorte der unter 35-Jährigen im Bundestag stark unterrepräsentiert. Ähnliches gilt für weibliche Abgeordnete: Ihr Anteil ist zwar seit 1949 erheblich angestiegen, ging jedoch zuletzt von 37 % auf 31 % zurück und ist damit noch immer deutlich vom Bevölkerungsproporz entfernt. Außerdem verfügen mehr als 85 % der Abgeordneten über einen Hochschulabschluss; Geringqualifizierte sind kaum noch vertreten. Damit ist der Bundestag „fast vollständig zu einem Akademikerparlament geworden" (Schäfer 2013, S. 553). Auch hinsichtlich der Berufsstruktur weicht er deutlich von der zahlenmäßigen Verteilung in

Tab. 9.1 Soziodemographische Struktur des Deutschen Bundestages (in %)

Wahlperiode	1. WP[a] (1949–1953)	4. WP (1961–1965)	9. WP (1980–1983)	14. WP (1998–2002)	17. WP (2009–2013)	18. WP (2013–2017)	19. WP (2017–2021)
unter 35 Jahre[b]	4 (25)	4 (29)	3 (32)	7 (29)	10 (24)	8 (24)	9 (25)
35 bis 49 Jahre	44 (33)	34 (25)	57 (27)	35 (28)	39 (28)	38 (25)	41 (24)
50 bis 64 Jahre	46 (29)	54 (29)	39 (20)	56 (24)	47 (23)	51 (26)	45 (28)
65 Jahre und älter	7 (14)	9 (17)	2 (20)	2 (19)	5 (24)	3 (25)	6 (23)
Frauenanteil	7 (58)	8 (55)	9 (53)	31 (52)	33 (51)	37 (51)	31 (52)

Quellen: Feldkamp (2019, Kap. 3); Schindler (1999, Kap. 3); Statistisches Bundesamt.
Anmerkungen: [a] Alle Angaben in Prozent; Bevölkerungsdaten in Klammern; Daten der 1. WP von 1950. [b] Grundgesamtheit für Aufschlüsselung nach Alter bildet in allen WP die wahlberechtigte Bevölkerung, d. h. 1950 und 1961 ab 21 Jahre, ab 1980 ab 18 Jahre.

der Gesellschaft ab: Selbständige und Beamtinnen sind bei weitem über-, Arbeitslose, Rentnerinnen und Hausfrauen unterrepräsentiert (Kintz und Cordes 2019).

Welche Bedeutung die soziale Zusammensetzung des Bundestages für seine Repräsentationsqualität hat, ist umstritten. Einerseits kann kein demokratisches Parlament alle gesellschaftlichen Gruppen perfekt widerspiegeln, weil ein offener Zugang zu Kandidaturen und eine freie Wahlentscheidung mit „sozial maßgeschneiderten" Repräsentationsstrukturen unvereinbar sind. Überdies gibt es keinen Automatismus, dass nur jene Abgeordneten die Interessen bestimmter Gruppen aufgreifen, die diesen auch selbst angehören. In einer parlamentarischen Demokratie sind es vielmehr die politischen Parteien, die sich für spezifische Gruppenanliegen einsetzen und damit deren *substanzielle Repräsentation* übernehmen (Pitkin 1967). So beanspruchen beispielsweise Die Linke oder die SPD, sozial Benachteiligte zu vertreten, obwohl ihre Abgeordneten mehrheitlich aus höheren Gesellschaftsschichten stammen.

Andererseits lässt sich argumentieren, dass die Perspektive einer benachteiligten Gruppe – wie z. B. Frauen – umso stärker zur Geltung kommt, je mehr Betroffene im Parlament präsent sind (Mansbridge 1999). Außerdem sollte man den Wunsch bestimmter Gruppen nicht unterschätzen, durch „eine von uns" vertreten zu werden. Ein solches Repräsentationsgefühl kann sich auch positiv auf die Demokratiezufriedenheit auswirken (Deiss-Helbig 2013).

Unabhängig davon, wie die Repräsentationsqualität des Parlaments genau bestimmt wird, braucht es *Kommunikationskanäle,* die es der Volksvertretung ermöglichen, die wichtigsten gesellschaftlichen Probleme zu identifizieren und umgekehrt den Bürgerinnen erlauben, die innerparlamentarische Willensbildung und Entscheidungsfindung nachzuvollziehen. In dieser Hinsicht hat der Bundestag mit *grundsätzlichen Problemen* zu kämpfen, die aus der institutionellen Struktur des Regierungssystems resultieren:

- Weil sich Regierungs- und Oppositionsfraktionen konträr gegenüberstehen, kann der Bundestag *im „Normalbetrieb" kaum als gesamthafte Institution* auftreten und damit nur eine begrenzte Öffentlichkeitswirkung entfalten. Eine wichtige Ausnahme bilden die staatspolitischen Gedenk- und Feierstunden, die die symbolische Einheit des Parlaments sichtbar werden lassen.
- Da die meisten Gesetzesinitiativen von der Exekutive ausgehen, hat der Bundestag *im Wettbewerb um mediale Aufmerksamkeit das Nachsehen gegenüber der Bundesregierung bzw. den Regierungsparteien.* Wenn außerdem von der Regierung eingesetzte Reformkommissionen die Erarbeitung politischer Agenden übernehmen, wird die kommunikative Asymmetrie zulasten des Parlaments noch verstärkt.
- Weil die wesentliche Gesetzesarbeit in den Bundestagsausschüssen stattfindet, entstehen *Medienbilder eines leeren Parlamentsplenums* und damit der fälschliche Eindruck, die Abgeordneten nähmen ihre Aufgaben unzureichend wahr. Umso wichtiger sind Plenarsitzungen, in denen die unterschiedlichen Meinungen und Positionen

deutlich hervortreten und als „Sternstunden des Parlaments" bezeichnet werden (Becker 2019). Dabei geht es zum einen um normativ kontroverse Fragen, bei denen die Fraktionsdisziplin aufhoben wird, und zum anderen um den Bundeshaushalt, bei dessen Debatte die Opposition mit der Regierung hart ins Gericht geht und ihre politischen Alternativen herauszustellen versucht.

Hinsichtlich seiner öffentlichen Wahrnehmung ist der Bundestag auch mit *neuartigen Herausforderungen* konfrontiert. Zum einen hat sich die Parlamentskommunikation seit dem Einzug der AfD 2017 nachhaltig verändert. Problematisch ist dabei weniger die zunehmende Schärfe der Debatten, sondern der Umstand, dass die AfD-Fraktion Polarisierung, Skandalisierung und Emotionalisierung als permanente Stilmittel einsetzt, um die „Altparteien" kollektiv zu diskreditieren und damit die pluralistische Demokratie zu delegitimieren (Ruhose 2019, S. 11). Die Bemühungen der anderen Fraktionen, diese populistische Kommunikationsstrategie zu entlarven, waren bislang nur begrenzt erfolgreich.

Zum anderen muss sich der Bundestag auf die fortschreitende Digitalisierung der Öffentlichkeit einstellen. Insbesondere die sozialen Medien bieten einerseits die Chance, rascher und direkter mit den Bürgerinnen in Kontakt zu treten und so die Repräsentationsqualität zu erhöhen (Schwanholz und Busch 2016, S. 20). Andererseits besteht das Risiko, die politische Kommunikation über soziale Medien so zu verkürzen und zu vereinfachen, dass der Nachvollzug und die Akzeptanz der parlamentarischen Abläufe erschwert werden (Schmidt-Jortzig 2018, S. 793). Die Online-Aktivitäten des Bundestages sind immer noch weitgehend auf die Bereitstellung von Informationen ausgerichtet (Internetauftritt einschließlich des Dokumentations- und Informationssystems für Parlamentarische Vorgänge, App, Mediathek, Infodienst „heute im bundestag"; Strasser und Sobolewski 2018, S. 164–165). Interaktive Online-Kommunikation wird nur von den einzelnen Abgeordneten und Fraktionen betrieben; hier hat die AfD bislang einen deutlichen Vorsprung vor den anderen Parteien.

9.4 Der Bundestag im europäischen Mehrebenensystem

Im Verlauf des europäischen Integrationsprozesses wurden der Europäischen Union zahlreiche nationalstaatliche Gesetzgebungskompetenzen übertragen (Abschn. 4.1). Dies hat die *Rolle und Funktion des Bundestages im europäischen Mehrebenensystem* nachhaltig verändert. Der genaue Anteil der Bundesgesetze, die auf EU-Regulierungen zurückgehen, ist umstritten (Beichelt 2015, S. 296–297; Töller 2010). Die Zahlenangaben unterscheiden sich je nachdem, ob nur die Umsetzung europäischer Richtlinien einbezogen wird oder auch weitergehende europapolitische Impulse Beachtung finden. Besonders schwer messbar sind die indirekten Rückwirkungen der Europäisierung, also ob beispielsweise eine bundesgesetzliche Regelung auf unverbindliche Absprachen der

EU-Mitgliedstaaten zurückgeht oder absehbare Entscheidungen auf supranationaler Ebene vorwegnimmt. Außerdem kann ein Bundesgesetz als Ganzes oder nur in Teilen von europarechtlichen Vorgaben geprägt sein. Nicht zuletzt variiert die Europäisierung der Gesetzgebung nach Politikfeldern. 1988 hat der damalige Präsident der Europäischen Kommission Jaques Delors prognostiziert, dass bis Ende der 1990er Jahre 80 % des Wirtschaftsrechts einen europäischen Ursprung haben würden – eine Einschätzung, die sich als „relativ zutreffend" erwiesen hat (Sturm und Pehle 2012, S. 26). Auch andere Bereiche wie Umwelt und Landwirtschaft sind zum überwiegenden Teil vom Europarecht bestimmt. Selbst wenn man weniger europäisierte Politikfelder wie Bildung und Forschung hinzunimmt und einen engeren Begriff von Europäisierung zugrunde legt, kommt man für die Wahlperiode zwischen 2002 und 2005 auf einen Gesamtdurchschnitt von etwa 40 % der Bundesgesetzgebung (Töller 2008). Dieser Anteil dürfte sich inzwischen weiter erhöht haben.

Der Europäisierungsprozess hat also die Legislativmacht des nationalen Gesetzgebers erheblich geschwächt. Wenn der Bundestag seine zentrale Stellung im demokratischen Regierungssystem behalten will, ohne die supranationale Integration rückgängig zu machen, dann kann dies nur über eine *Stärkung der parlamentarischen Beteiligung und Kontrolle* geschehen. In der Tat kam es seit den 1950er Jahren zu etlichen Reformen, die zu einer deutlichen Aufwertung des Bundestages in der europapolitischen Willensbildung und Entscheidungsfindung geführt haben (Töller 2004, S. 29).

Anfangs galt die europäische Integration als Teil der Außenpolitik, die im Wesentlichen in den Händen der Bundesregierung lag. Zunächst beruhte die Beteiligung des Bundestages an der europäischen Rechtssetzung auf dem *Gesetz zu den Verträgen zur Gründung der Europäischen Wirtschaftsgemeinschaft und der Europäischen Atomgemeinschaft* von 1957. Demnach hatte die Bundesregierung den Bundestag und Bundesrat über Entwicklungen im Rat der EWR und der EURATOM laufend zu informieren. Die Unterrichtung sollte vor Beschlussfassung des Rats erfolgen, soweit dadurch „innerdeutsche Gesetze erforderlich werden oder in der Bundesrepublik Deutschland unmittelbar geltendes Recht geschaffen wird" (Art. 2). Diese Soll-Vorschrift erwies sich jedoch als wenig effektiv, da „die Ausschüsse und das Plenum des Bundestages häufig über EG-Vorlagen berieten, die der Rat in Brüssel längst in Form von Richtlinien oder Verordnungen verabschiedet hatte" (Sturm und Pehle 2012, S. 74). Auch die Verabschiedung der Einheitlichen Europäischen Akte (1985) änderte zunächst nichts an der marginalen Stellung des Parlaments. Im Gegensatz zum Bundesrat schien der Bundestag wenig geneigt zu sein, sich mehr europapolitische Mitwirkungsrechte zu erkämpfen (Abschn. 11.3). Diese Zurückhaltung erklärt sich primär aus der Funktionslogik des parlamentarischen Systems: Die Mehrheitsfraktionen des Bundestages hatten kein Interesse, die von ihnen getragene Bundesregierung europapolitisch in die Schranken zu weisen – zumal ein breiter Integrationskonsens unter den parlamentarischen Parteien herrschte.

Mit der *Neufassung des Art. 23 GG („Europa-Artikel"),* die im Nachgang zur Ratifikation des Maastrichter Vertrages erfolgte, erhielt auch der Bundestag *substanzielle*

9.4 Der Bundestag im europäischen Mehrebenensystem

Mitwirkungskompetenzen in EU-Angelegenheiten. Seitdem muss er mit Zweidrittelmehrheit zustimmen, wenn Hoheitsrechte auf die europäische Ebene übertragen werden (Art. 23 Abs. 1 GG). Darüber hinaus hat die Bundesregierung die Stellungnahmen des Bundestages zu geplanten Rechtsetzungsakten der EU zu berücksichtigen (Art. 23 Abs. 3 GG). Auf den ersten Blick scheint der Bundestag damit schlechter gestellt zu sein als der Bundesrat, dessen Stellungnahmen laut Art. 23 Abs. 3 GG „maßgeblich" zu berücksichtigen sind. Allerdings hebt das Gesetz über die Zusammenarbeit von Bundesregierung und Deutschem Bundestag in Angelegenheiten der Europäischen Union (EUZBBG) inzwischen deutlich hervor, dass die Bundesregierung ihren Verhandlungen auf EU-Ebene parlamentarische Stellungnahmen zugrunde legen muss (Deutscher Bundestag 2017, S. 110–111).

Durch den *Vertrag von Lissabon* (2009) wurden die europapolitischen Kompetenzen des Bundestages insofern erweitert, als die mitgliedstaatlichen Parlamente stärkere Kontrollrechte bei der Einhaltung des Subsidiaritätsprinzips nach Art. 5 EUV erhielten. Genau wie der Bundesrat hat der Bundestag nun im Rahmen eines *„Frühwarnmechanismus"* unmittelbaren Zugang zur supranationalen Gesetzgebung (Art. 12 EUV i. V. m. Protokoll Nr. 1 und 2). Konkret kann er zu Gesetzentwürfen der EU-Kommission innerhalb von acht Wochen eine begründete Stellungnahme über eine Verletzung des Subsidiaritätsprinzips abgeben. Wenn eine solche Rüge von mindestens einem Drittel der mitgliedstaatlichen Parlamentskammern unterstützt wird, muss die Kommission den Vorschlag überprüfen („Gelbe Karte"). Wird die Rüge von mindestens der Hälfte der mitgliedstaatlichen Parlamentsstimmen geteilt („Orangene Karte"), entscheiden Ministerrat und Europäisches Parlament über die weitere Behandlung des Entwurfs. Außerdem kann der Bundestag *Klage vor dem Europäischen Gerichtshof* erheben, wenn ein Gesetzgebungsakt der EU gegen das Subsidiaritätsprinzip verstößt (Protokoll Nr. 2 EUV i. V. m. Art. 263 AEUV). Ein solcher Antrag muss von mindestens einem Viertel der Bundestagsabgeordneten unterstützt werden (Art 23 Abs. 1a GG).

Infolge des Lissabon-Urteils des Bundesverfassungsgerichts von 2009 wurde außerdem ein *Integrationsverantwortungsgesetz* verabschiedet, das die „Beteiligung des Bundestages bei besonderen Vorhaben auf europäischer Ebene, die einer herausgehobenen Integrationsverantwortung unterliegen", regelt (Strasser und Sobolewski 2018, S. 78). Zugleich wurden seine *Kontroll- und Mitwirkungsrechte im EUZBBG präzisiert* (Schäfer und Schulz 2013). Schließlich kam es unter dem Eindruck der europäischen Staatsschuldenkrise von 2009 zu einer *Erweiterung und Konkretisierung der parlamentarischen Haushaltsrechte*. Seitdem müssen grundlegende Entscheidungen im Rahmen des Europäischen Stabilitätsmechanismus (ESM), die die haushaltspolitische Gesamtverantwortung des Bundestages berühren, durch das Parlamentsplenum getroffen werden (§ 4 ESMFinG). In allen anderen ESM-Angelegenheiten, die die Haushaltsverantwortung des Bundestages berühren, überwacht der Haushaltsausschuss „die Vorbereitung und Durchführung der Vereinbarungen über Stabilitätshilfen" (§ 5 ESMFinG).

Parallel zum Ausbau der Mitwirkungs- und Kontrollrechte hat der Bundestag seine *Binnenorganisation* an die Erfordernisse der europäischen Integration angepasst. In den ersten Jahrzehnten verlief auch dieser Prozess schleppend. Zunächst waren die Parlamente im Mehrebenensystem noch insofern „verklammert", als sich das Europaparlament (EP) aus Mitgliedern der nationalen Volksvertretungen zusammensetzte (Abschn. 3.2). Um der personellen Entkopplung, die die Direktwahl des EP mit sich brachte, entgegenzuwirken, wurde 1983 eine *Europa-Kommission* eingerichtet, die aus jeweils elf Abgeordneten des Bundestages und des EP bestand. Sie führte jedoch ein Schattendasein und wurde 1987 vom *Unterausschuss für EG-Fragen* abgelöst, der beim Auswärtigen Ausschuss angesiedelt wurde. Er litt allerdings unter den „Spannungen aus dem Zuständigkeitsrahmen des Auswärtigen Ausschusses und den (letztlich ‚innenpolitischen') Aufgaben", die er selbst zu bearbeiten hatte (Töller 2004, S. 37). Nicht viel besser erging es dem *EG-Ausschuss,* der 1991 eingerichtet wurde, weil man bei der Parlamentsbeteiligung an den Regierungskonferenzen im Vorfeld des Maastrichter Vertrages schlechte Erfahrungen gemacht hatte (Sturm und Pehle 2012, S. 71). Der Ausschuss erhielt jedoch „nicht ein einziges Mal die Federführung für eine entscheidungsrelevante Vorlage" (Töller 2004, S. 37). Seit 1992 schreibt das Grundgesetz einen *Europaausschuss* vor (Art. 45 GG), der befugt ist, anstelle des Plenums verbindliche Entscheidungen zu treffen. Doch auch von diesem Gremium hat der Bundestag kaum Gebrauch gemacht (Scholz 2004, S. 3). Stattdessen werden die EU-Vorlagen zunehmend in den Fachausschüssen beraten. So übernahm beispielsweise der Haushaltsausschuss die Federführung bei der parlamentarischen Kontrolle der Eurorettungspolitik (Beichelt 2015, S. 323).

Inzwischen scheint sich die Einsicht durchgesetzt zu haben, dass die europapolitische Stellung des Bundestages nicht unbedingt durch die Einrichtung gesonderter EU-Gremien gestärkt wird. Viel wichtiger ist eine effektive Bearbeitung der etwa 25.000 Dokumente mit EU-Bezug, die den Bundestag jedes Jahr erreichen (Deutscher Bundestag 2013). Die systematische Prüfung dieser Informationsmasse beginnt heute in dem 2007 eingerichteten Verbindungsbüro in Brüssel (Beichelt 2015, S. 328). Außerdem wurde in der Bundestagsverwaltung 2013 eine Unterabteilung Europa (vorher: Europa-Referat) geschaffen und inzwischen mehrfach personell aufgestockt. In Abstimmung mit den Bundestagsfraktionen führt sie unter den zugeleiteten EU-Dokumenten ein „Priorisierungsverfahren" durch, das dem Bundestag ermöglichen soll, sich auf die europapolitisch besonders bedeutsamen Vorhaben zu konzentrieren (Ismayr 2018, S. 30).

Insgesamt nimmt der Bundestag eine aktivere Rolle bei der europapolitischen Willensbildung und Entscheidungsfindung ein (Calliess und Beichelt 2015, S. 399–400). Auch die Bundesregierung ist eher bestrebt, „möglichst frühzeitig ein ‚wasserdichtes' Einvernehmen zumindest mit der parlamentarischen Mehrheit zu erzielen, wenn in Brüssel einschlägige Entscheidungen anstehen" (Sturm und Pehle 2012, S. 83). Zugleich bleibt die europapolitische Macht des Parlaments begrenzt, weil die Abgeordnetenmehrheit in der Regel kein Interesse daran hat, „der von ihr gestützten Regierung Fesseln anzulegen, die ihrer Verhandlungsfähigkeit in den Brüsseler Gremien nur schaden können" (Sturm und Pehle 2012, S. 83).

9.5 Fazit: leistungsfähiges Parlament oder marginalisierte Instanz?

Der Bundestag stellt die „wichtigste politische Arena des Landes dar, in der die mehrheits- und konsensdemokratischen Stränge des deutschen Parteienbundesstaates zusammenlaufen" (Decker 2011b, S. 73). Einerseits bildet er das *Zentrum einer parlamentarischen Mehrheitsdemokratie.* Die im Grundgesetz festgeschriebenen Verfahren zur Ein- und Absetzung des Bundeskanzlers erfordern ein positives Votum der Abgeordnetenmehrheit und tragen so dazu bei, dass die Bundesregierung in der Regel einen verlässlichen Rückhalt im Bundestag besitzt (Abschn. 10.2). Unter derart stabilen Mehrheitsverhältnissen gehen die wesentlichen Gesetzesinitiativen von der Exekutive aus (*Regierungsdominanz*). Die Plenardebatten sind von der politischen Konfrontation zwischen Regierungsmehrheit und oppositioneller Minderheit bestimmt (*Redeparlament*). Darüber hinaus wird die Effizienz der parlamentarischen Willensbildung und Entscheidungsfindung durch die herausgehobene Stellung der Fraktionen unterstützt (*Fraktionenparlament*).

Andererseits ist der Bundestag *in einen konsensdemokratischen Rahmen eingebettet.* Sichtbarster Ausdruck dafür ist der *Vermittlungsausschuss*, der zur Kompromissfindung mit dem Bundesrat im Gesetzgebungsprozess dient (Abschn. 11.2). Außerdem wird der politische Handlungsspielraum der Regierungsmehrheit durch das *Bundesverfassungsgericht* (Abschn. 12.2) und die Rechtsetzung der *Europäischen Union* eingeschränkt (Abschn. 3.3). Auch die Binnenorganisation des Bundestags weist konsensdemokratische Elemente auf, wie die kooperative Einbindung der Oppositionsfraktionen in den Ausschüssen zeigt (*Arbeitsparlament*).

Angesichts dieses austarierten Institutionengefüges ist der Bundestag mit unterschiedlichen Erwartungen konfrontiert, die sich nur bedingt miteinander vereinbaren lassen. Daher überrascht es nicht, dass er bezüglich der vier Parlamentsfunktionen eine *differenzierte Leistungsbilanz* aufweist. Bei der *Wahl und Abwahl des Bundeskanzlers* sind bislang die wenigsten Probleme aufgetreten. Nur die wiederholte Auflösung des Bundestages über die „unechte" Vertrauensfrage gab hier Anlass zu Kritik. Auch hinsichtlich der *Gesetzgebungsfunktion* ist das Gesamtbild positiv, wenn man in Betracht zieht, dass die meisten Regierungsinitiativen verabschiedet werden, Entscheidungsblockaden also die Ausnahme bleiben. Allerdings muss die Bundestagsmehrheit in der Regel inhaltliche Zugeständnisse an den Bundesrat bzw. die dort vertretenen Oppositionsparteien machen. Außerdem ist ein erheblicher Teil der Bundesgesetze europarechtlich vorgeprägt, was die Gesetzgebungsautonomie des Parlaments begrenzt.

Schwerer tut sich der Bundestag mit der Erfüllung der *Kontrollfunktion*. Dies liegt zum einen an der Logik des parlamentarischen Systems, in dem die Regierungskontrolle überwiegend Aufgabe der Oppositionsfraktionen ist, die nur über ein bedingt wirksames Instrumentarium verfügen. Zum anderen besteht ein deutliches Kapazitätsgefälle zwischen Parlamentsverwaltung und Ministerialbürokratie. Daher gelingt es dem Bundestag nicht immer, die Flut an Vorlagen der Bundesregierung und der Europäischen

Union hinreichend zu überprüfen. Bei der *Repräsentations- und Öffentlichkeitsfunktion* sind die Defizite am offensichtlichsten: Die soziale Zusammensetzung der Abgeordneten weicht hinsichtlich Alter, Geschlecht, Bildungsgrad und Berufsgruppen stark vom Bevölkerungsdurchschnitt ab; Redebeiträgen im Bundestag wird meist nur wenig mediale Aufmerksamkeit zuteil; und ein halbleerer Plenarsaal bei Debatten und Abstimmungen sorgt nicht selten für öffentlichen Unmut und Unverständnis. Die Pauschalkritik an einem vermeintlich „unsichtbaren Parlament" (Hierlemann und Sieberer 2014, S. 11) greift allerdings zu kurz, weil die Abgeordneten bei Wahlkreisveranstaltungen, Fraktionssitzungen, Arbeitskreisen und Ausschussberatungen vielfältig präsent sein müssen und damit als Einzelne einen wesentlichen Beitrag zur Funktionsfähigkeit der Volksvertretung leisten. Gleichwohl bleibt die ständige Herausforderung, das Bild des Bundestages als Kern der repräsentativen Demokratie in der Öffentlichkeit zu vermitteln und so seine gesellschaftliche Akzeptanz zu erhöhen.

In der Debatte um eine *Parlamentsreform* wurden daher vielfältige Ideen entwickelt, die auf eine verbesserte Transparenz der internen Willensbildungs- und Entscheidungsverfahren zielen. Dazu zählt etwa, den Bundeskanzler nicht mehr geheim, sondern in namentlicher Abstimmung zu wählen, wodurch die parteipolitischen Zugehörigkeiten zu Regierung und Opposition deutlicher zum Ausdruck kommen sollen (Steffani 1979; Decker 2011b). Aus einer ähnlichen Überlegung resultiert die Forderung, die Sitzungen der Ausschüsse grundsätzlich öffentlich abzuhalten (Steffani 1979); die Parlamentspraxis scheint sich in einigen Politikbereichen dahin zu entwickeln, aber noch längst nicht in allen. Schließlich geht es um mehr medienkompatible Kommunikationsformate. In diesem Kontext steht die 2018 reformierte Regierungsbefragung, bei der der Bundeskanzler dem Parlamentsplenum Rede und Antwort stehen muss. Gerade in Bereichen wie der EU-Politik, in denen die inhaltlichen Mitgestaltungsmöglichkeiten des Bundestages begrenzt sind, ist es umso wichtiger, dass er der Regierung in öffentlichkeitswirksamen Debatten politische Rechenschaft abverlangt und so seiner „Integrationsverantwortung" nachkommt (Sturm und Pehle 2012, S. 83). Darüber hinaus gibt es zahlreiche weitere Reformvorschläge, um die anderen Parlamentsfunktionen zu optimieren (ausführlich Ismayr 2012, S. 451–467). So finden sich Forderungen, den Anteil weiblicher Abgeordneter durch Quotierungselemente im Wahlrecht zu steigern und somit die Repräsentativität des Parlaments zu verbessern. Andere Stimmen plädieren für eine Verlängerung der Legislaturperiode auf fünf Jahre, um die Gesetzgebungstätigkeit zwischen den Wahlzyklen effektiver zu gestalten (Hesse und Ellwein 2012, S. 372–373). Schließlich wird immer wieder eine Aufstockung der administrativen Kapazitäten angemahnt, damit der Bundestag seine Kontrollaufgaben auch bei komplexen Materien angemessen wahrnehmen kann.

Wie innovativ und weitreichend einzelne Reformvorschläge auch sein mögen: Es braucht vor allem den stetigen und tatkräftigen Einsatz von Abgeordneten, Parteien, Medien und Zivilgesellschaft, damit der Bundestag die politische Schlüsselposition einnimmt, die ihm demokratietheoretisch zukommt.

Literaturhinweise

Calliess, Christian, und Timm Beichelt. 2015. *Die Europäisierung des Parlaments: Die europapolitische Rolle von Bundestag und Bundesrat*. Gütersloh: Bertelsmann-Stiftung.
Feldkamp, Michael F. *Datenhandbuch zur Geschichte des Deutschen Bundestages*. https://www.bundestag.de/datenhandbuch.
Ismayr, Wolfgang. 2012. *Der Deutsche Bundestag*, 3. Aufl. Wiesbaden: Springer VS.
Strasser, Susanne, und Frank Sobolewski. 2018. *So arbeitet der Deutsche Bundestag: 19. Wahlperiode*. Rheinbreitbach: NDV.
von Beyme, Klaus. 1997. *Der Gesetzgeber: Der Bundestag als Entscheidungszentrum*. Opladen: Westdeutscher Verlag.

Bundesregierung und Bundespräsident: die duale Exekutive

10

Exekutive bedeutet „ausführende Staatsgewalt". Die demokratisch legitimierte Spitze der Exekutive soll aber nicht nur die Entscheidungen des Gesetzgebers vollziehen, sondern auch politisch mitgestalten. In Deutschland werden die wichtigsten Exekutivfunktionen von der *Bundesregierung* wahrgenommen, die vom *Bundeskanzler* geleitet wird und über bedeutsame Machtressourcen verfügt. Daher wird die Bundesrepublik oft als „Kanzlerdemokratie" (Niclauß 2015) bezeichnet. Zugleich ist der Regierungschef in ein komplexes Geflecht institutioneller und politischer Kontrollmechanismen eingebettet. Bestimmt der Bundeskanzler die „Richtlinien der Politik" (Art. 65 GG) im Sinne der Mehrheitsdemokratie – oder ist er eher Vermittler und Integrator unterschiedlicher Interessen im Sinne der Konsensdemokratie? Der *Bundespräsident* ist das Staatsoberhaupt der Bundesrepublik und gehört damit ebenfalls zur Exekutive. Das Amt hat überwiegend repräsentative Aufgaben und verfügt nur über geringe Machtressourcen. Gleichwohl wird immer wieder auf Möglichkeiten „präsidialer Gestaltungsmacht" (Korte 2019, S. 274) verwiesen. Welches Rollenprofil hat der Bundespräsident? Ist er eine neutrale Instanz zur Gewährleistung regelkonformer Staatspraxis oder hat er ein politisches Amt inne?

Vor diesem Hintergrund beleuchtet Abschn. 10.1 die institutionellen und organisatorischen Rahmenbedingungen der Bundesregierung. Anschließend geht Abschn. 10.2 auf die Regierungspraxis ein, die sich zwischen Kanzlerdemokratie und Koalitionsmanagement bewegt. Abschn. 10.3 beschreibt die Rolle der Bundesregierung im europäischen Mehrebenensystem. Abschn. 10.4 widmet sich dem Bundespräsident, wobei sowohl die institutionellen Grundlagen als auch die politische Ausgestaltung des Amtes berücksichtigt werden. Abschn. 10.5 beantwortet die Ausgangsfragen und diskutiert Reformvorschläge für eine verbesserte Funktions- und Leistungsfähigkeit der bundesdeutschen Exekutivorgane.

10.1 Kanzler, Kabinett und Ministerien: institutioneller Rahmen und Organisationsstruktur der Bundesregierung

Historisch ist die *Exekutive* die ursprünglichste der drei Staatsgewalten (Benz 2008; King 1975, S. 180–182). Sie umfasst diejenigen Institutionen, die seit Gründung des modernen Staates für die Leitung und Lenkung des Gemeinwesens zuständig sind: Regierung und Verwaltung. Parlamente als zentrale Gesetzgebungsinstanz (Legislative) und Gerichte als unabhängige Rechtsprechungsorgane (Judikative) wurden erst später geschaffen, um den Herrschaftsanspruch der Krone zu begrenzen. Auch im demokratischen Verfassungsstaat steht die *Regierung* an der Spitze der Exekutive und übernimmt *drei Hauptfunktionen:*

- eine *politische Führungsfunktion,* indem sie die inhaltlichen Schwerpunkte der politischen Agenda setzt und entsprechende Gesetzentwürfe ausarbeitet;
- eine *administrative Führungsfunktion,* indem sie den Gesetzesvollzug durch die öffentliche Verwaltung beaufsichtigt und deren Funktions- und Leistungsfähigkeit über organisations- und personalbezogene Maßnahmen sicherstellt; sowie
- eine *Außenvertretungsfunktion,* indem sie den Staat auf internationaler Ebene repräsentiert und dort seine Interessen durchzusetzen sucht.

Bei der Wahrnehmung dieser Funktionen wird die Regierung nicht nur von Parlament und Gerichten kontrolliert, sondern ist dazu auch über demokratische Wahlen legitimiert. Deswegen ist sie „der ‚natürliche' Adressat von Forderungen nach Lösung öffentlicher Probleme" (Helms 2005, S. 11). Institutionell kann die Regierung unterschiedlich ausgestaltet sein. Die Bundesrepublik Deutschland ist nach dem parlamentarischen Modell britischen Typs strukturiert, das eine *duale Exekutive* vorsieht (Abschn. 9.1). Auf der einen Seite stehen der Premierminister und sein Kabinett, die die Regierungsgeschäfte führen und somit die *„politische Exekutive"* darstellen (Laski 1925, S. 340–356). In Deutschland ist dies die *Bundesregierung,* die sich aus dem *Bundeskanzler* und den *Bundesministern* zusammensetzt (Art. 62 GG).[1] Auf der anderen Seite steht das Staatsoberhaupt, das die Nation nach innen und außen vertritt, aber keine eigenen Regierungsvollmachten besitzt. Dieses Amt wird auch als *„konstitutionelle Exekutive"* bezeichnet (Laski 1925, S. 340–356). In der britischen Erbmonarchie wird es von der Königin

---

[1] Schon im Mittelalter war „Kanzler" im Heiligen Römischen Reich ein gängiger Titel für Behördenleiter und wurde später in Preußen, Österreich und anderen deutschen Staaten für die Spitze der Staatsverwaltung verwendet („Hof"- bzw. „Staatskanzler"). In dieser Traditionslinie bezeichneten sowohl die Reichsverfassung vom Mai 1871 als auch die Weimarer Verfassung von 1919 den Regierungschef als „Reichskanzler". Der Parlamentarische Rat wählte mit „Bundeskanzler" eine Amtsbezeichnung, die erstmals in der Verfassung des Norddeutschen Bundes (1867–1871) verwendet wurde.

10.1 Kanzler, Kabinett und Ministerien

wahrgenommen, in der Bundesrepublik von dem auf Zeit gewählten *Bundespräsidenten* (Abschn. 10.4).

Die *Verfahren zur Formierung und Beendigung der Bundesregierung* sind im Grundgesetz geregelt. Gemäß der Funktionslogik des parlamentarischen Systems hängt ihre Amtsdauer grundsätzlich von der Unterstützung der Bundestagsmehrheit ab (Abschn. 9.1). Zugleich spielt der *Bundeskanzler* eine *zentrale Rolle* bei der Regierungsbildung und -auflösung (Busse und Hofmann 2019, S. 48). Dies manifestiert sich in den folgenden Verfassungsbestimmungen (ausführlich dazu Abschn. 9.2):

- Der *Kanzler* wird *als einziges Regierungsmitglied vom Bundestag gewählt* (Art. 63 GG). Diese Regelung stärkt seine Position gegenüber dem Bundespräsident. Sie stellt eine bewusste Abkehr von der Weimarer Verfassung dar, in der der Reichspräsident den Reichskanzler auch ohne Zustimmung des Parlaments im Amt halten konnte und so die Regierungsbildung dominierte (Art. 54 WRV; Helms 2005, S. 60).
- Die *Bundesminister* werden *auf Vorschlag des Bundeskanzlers* vom Bundespräsident *ernannt und entlassen* (Art. 64 GG). Damit haben weder das Staatsoberhaupt noch das Parlament formalen Einfluss auf die personelle Zusammensetzung des Kabinetts. Zwar kann der Bundestag Missbilligungsanträge gegen einzelne Kabinettsmitglieder verabschieden, sie aber nicht aus dem Amt entfernen.
- Der Bundeskanzler kann nur vorzeitig abgesetzt werden, wenn der Bundestag zugleich mit absoluter Mehrheit einen Amtsnachfolger wählt (Art. 67 GG). Dieses *„konstruktive Misstrauensvotum"* stabilisiert die Regierung gegenüber einem zersplitterten Parlament. Daher kann er auch leichter im Amt bleiben, wenn seine Regierung über keine Abgeordnetenmehrheit verfügt.
- Der Kanzler kann dem Bundestag die *Vertrauensfrage* stellen und damit eine *unsichere Regierungsmehrheit disziplinieren*, da bei einer Ablehnung die Auflösung des Parlaments droht (Art. 68 GG). In der Praxis funktioniert das so, dass er eine konkrete Gesetzesvorlage mit der Vertrauensabstimmung verbindet (Oberreuter 2013, S. 219–221). Darüber hinaus wurde dieses Verfahren auch verwendet, um vorzeitige Bundestagswahlen herbeizuführen. Dazu kann der Kanzler die Vertrauensfrage jedoch nicht nach Belieben instrumentalisieren, sondern braucht die aktive Unterstützung der Bundestagsmehrheit und des Bundespräsidenten.

Damit die Bundesregierung politisch mitgestalten kann, verfügt sie über *wichtige Kompetenzen im Gesetzgebungsprozess* (Abschn. 9.2). Insbesondere kann sie Gesetzesinitiativen in den Bundestag einbringen und damit die legislative Agenda bestimmen, sofern sie die Mehrheit der Abgeordneten hinter sich hat. Dieses Instrument wurde von allen bisherigen Regierungen intensiv genutzt. Jeder Gesetzentwurf der Bundesregierung ist zunächst dem Bundesrat zuzuleiten, der dazu Stellung nimmt; die Bundesregierung hat wiederum ihre Auffassung zu Gesetzesinitiativen des Bundesrates darzulegen (Art. 76 GG). So soll eine sachbezogene Zusammenarbeit der Exekutiven von Bund und Ländern bereits in einem frühen Stadium der Gesetzgebung sichergestellt werden

(Abschn. 4.2). Angehörige der Bundesregierung werden auch in verschiedenen Gremien des Bundestages einbezogen – vom Ältestenrat über die Fachausschüsse bis hin zum Vermittlungsausschuss. Zwar haben sie dort kein Mitentscheidungsrecht, können aber trotzdem die Willensbildung und Entscheidungsfindung beeinflussen, weil sie in der Regel auf eine Abgeordnetenmehrheit treffen, die ihre politische Position teilt. Umgekehrt verfügt der Bundestag über vielfältige Möglichkeiten, die Regierungsarbeit zu kontrollieren. Diese Instrumente werden primär von der oppositionellen Minderheit genutzt und sind daher in ihrer Wirksamkeit begrenzt (Abschn. 9.4).

Nach außen tritt die Bundesregierung meist als geschlossene Einheit auf. Nach innen ist sie jedoch kein monolithischer Block. Die *regierungsinterne Willensbildung und Entscheidungsfindung* vollziehen sich *im Spannungsfeld zwischen Kanzler, Kabinett und Ressorts*. Diese Trias ergibt sich aus drei Prinzipien, die in Art. 65 GG festgeschrieben sind und durch die Geschäftsordnung der Bundesregierung (GOBReg) und die Gemeinsame Geschäftsordnung der Bundesministerien (GGO) konkretisiert werden:[2]

- *Kanzlerprinzip:* „Der Bundeskanzler bestimmt die Richtlinien der Politik" (Art. 65 GG). Damit entscheidet er über den allgemeinen Kurs der Bundesregierung, ohne dass er die Zustimmung des Kabinetts oder einzelner Minister einholen muss. In diesem Zusammenhang kann er auch bestimmte Fragen zur „Chefsache" erklären (Knoll 2010, S. 203). Außerdem ist er von den einzelnen Bundesministerien „über Maßnahmen und Vorhaben zu unterrichten, die für die Bestimmung der Richtlinien der Politik von Bedeutung sind" (§ 3 GOBReg). So sehr die Richtlinienkompetenz zur herausgehobenen Stellung des Kanzlers beiträgt, so wenig ergibt sich daraus ein umfassender Führungsanspruch. Zum einen ist „Richtlinien der Politik" ein unbestimmter Rechtsbegriff. Daraus abgeleitete Entscheidungsvollmachten können somit nicht verfassungsgerichtlich, sondern nur politisch geklärt werden. Zum anderen bezieht sich das Kanzlerprinzip ausschließlich auf die Bundesminister und das Bundeskabinett, nicht aber auf andere Verfassungsorgane wie den Bundestag (Helms 2005, S. 62).
- *Ressortprinzip:* Im Rahmen dieser Richtlinien leitet jeder Bundesminister seinen Geschäftsbereich selbstständig (Art. 65 GG). Der Kanzler kann also nicht direkt „in ein Ministerium hineinregieren" (Rudzio 2019, S. 237). Besonders deutlich kommt das Ressortprinzip in den Fällen zum Ausdruck, in denen das Grundgesetz bestimmten Kabinettsmitgliedern spezifische Aufgaben zuweist. So hat der Verteidigungsminister die Befehls- und Kommandogewalt über die Streitkräfte (Art. 65a

---

[2] Während die GGO das Verhältnis der Bundesministerien zueinander sowie ihre Beziehungen zu anderen Organen und Einrichtungen näher bestimmt (BMI 2019a), regelt die GOBReg hauptsächlich die Verfahrensabläufe innerhalb des Bundeskabinetts (Krax 2010, S. 80). Beide Geschäftsordnungen wurden bereits in den 1950er Jahren von der Bundesregierung beschlossen und seitdem mehrfach verändert.

GG); nur im Verteidigungsfall geht diese auf den Bundeskanzler über (Art 115b GG). Für spezifische Steuer- und Haushaltsangelegenheiten ist der Bundesfinanzminister die zuständige Instanz (Art. 108, 112 und 114 GG).
- *Kabinettsprinzip:* Schließlich hat auch das *Bundeskabinett* als Kollegium von Kanzler und Ministern ein eigenes Aufgabenprofil. Zum einen dient es als interne Clearingstelle, indem es über kabinettsinterne Meinungsverschiedenheiten entscheidet (Art. 65 GG). Zum anderen bedürfen sämtliche Vorlagen der Bundesregierung, die anderen Bundesorganen zugeleitet werden (z. B. Gesetzentwürfe, Verordnungen, Anrufung des Bundesverfassungsgerichts nach Art. 93 Abs. 1 GG), der Zustimmung des Kabinetts. Dabei haben der Kanzler und die einzelnen Minister gleiches Stimmrecht; als Entscheidungsregel gilt die einfache Mehrheit (§ 24 Abs. 2 GOBReg). In der Regel wird aber nicht formal abgestimmt, sondern Konsens hergestellt, zumal strittige Punkte im Vorfeld zwischen den Ressorts geklärt werden (Abschn. 10.2). Der hohe Stellenwert von Kollegialität und Geschlossenheit nach außen zeigt sich auch darin, dass es den Ministern ausdrücklich untersagt ist, „gegen die Auffassung der Bundesregierung zu wirken", selbst wenn sie „anderer Auffassung sein sollten" (§ 28 Abs. 2 GOBReg).

Das Grundgesetz nimmt keine explizite Gewichtung zwischen den drei Prinzipien vor. Daher hängt es stark von parteipolitischen und persönlichen Konstellationen innerhalb der Bundesregierung ab, ob die politische Führung des Bundeskanzlers, die Position eines Ministers oder das Kabinettskollegium den Ausschlag gibt (Busse und Hofmann 2019, S. 67; Abschn. 10.2).

Bei der Erfüllung ihrer Aufgaben werden der Kanzler und sein Kabinett durch das Bundeskanzleramt und die Bundesministerien unterstützt (Abb. 10.1). Sie bilden die *Ministerialbürokratie,* die als oberste Ebene der Bundesverwaltung bei den politischen Führungsaufgaben der Regierung mitwirkt (Schnapp und Willner 2013, S. 247). „Dazu gehören insbesondere die strategische Gestaltung und Koordination von Politikfeldern, die Realisierung von politischen Zielen, Schwerpunkten und Programmen, die internationale Zusammenarbeit, die Beteiligung am Gesetzgebungsverfahren sowie die Wahrnehmung von Steuerungs- und Aufsichtsfunktionen gegenüber dem nachgeordneten Geschäftsbereich" (§ 3 Abs. 1 GGO).

Im Zentrum der Ministerialbürokratie steht das *Bundeskanzleramt (BKAmt).* Es hat zwei Kernfunktionen, die sich aus der verfassungsrechtlichen Stellung des Bundeskanzlers ableiten. Zum einen fungiert es als *Regierungszentrale,* indem es den Kanzler bei seinen exekutiven Führungsaufgaben unterstützt. Dazu selektiert und bündelt es die Fülle eingehender Informationen, bereitet politische Impulse vor, prüft Ausarbeitungen der Bundesministerien und vermittelt bei Meinungsverschiedenheiten zwischen den Ressorts (Busse und Hofmann 2019, S. 67–68). Zum anderen dient das BKAmt als *Sekretariat des Bundeskabinetts,* indem es die Gesetzentwürfe und Verordnungen der Bundesregierung an Bundestag und Bundesrat versendet und zahlreiche Koordinationsaufgaben übernimmt, von Stellungnahmen zu Gesetzentwürfen des Bundesrates über

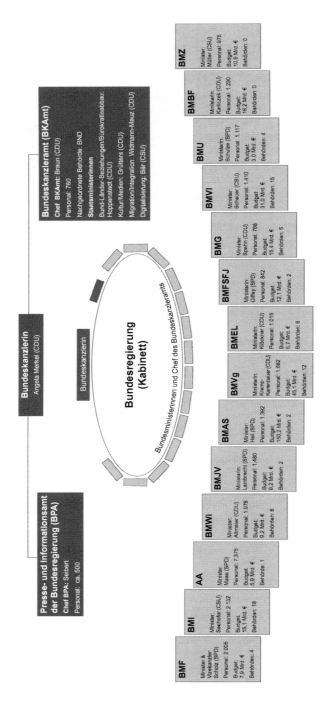

Abb. 10.1 Organisationsstruktur der Regierung Merkel IV (2017–2021).
Quelle: Eigene Darstellung (Stand: 30.06.2020).

die Bearbeitung parlamentarischer Anfragen bis zur Vorbereitung von Verfahren vor dem Bundesverfassungsgericht, an denen die Bundesregierung beteiligt ist. Nicht zuletzt beantwortet es mehrere zehntausend Bürgerzuschriften pro Jahr (Busse und Hofmann 2019, S. 69–75).

In der Anfangsphase der Bundesrepublik war das BKAmt eine Einrichtung mit relativ schwacher Ressourcenausstattung und „vergleichsweise simpler Organisationsstruktur" (Helms 2005, S. 88). Erst mit Amtsantritt von Bundeskanzler Brandt 1969 wurden die Personalstellen erheblich aufgestockt, neue Abteilungen geschaffen und ein Bereich für politische Planung eingerichtet. Seitdem gilt das BKAmt als „effektive Koordinationsinstanz innerhalb der Kernexekutive" (Helms 2005, S. 91). Heute sind dort etwa 760 Mitarbeiterinnen beschäftigt, die größtenteils in einem Rotationsverfahren aus den verschiedenen Bundesministerien rekrutiert werden (Busse und Hofmann 2019, S. 120). Organisatorisch ist das BKAmt in sieben Abteilungen untergliedert. Die Geschäftsverteilung innerhalb und zwischen diesen Abteilungen orientiert sich am Ressortzuschnitt der Bundesministerien, mit denen sie in engem Austausch stehen. Geleitet wird das BKAmt vom *Chef des Bundeskanzleramts,* der im Rang eines Staatssekretärs oder Bundesministers Sitz und Stimme im Bundeskabinett hat. Er agiert gewöhnlich als „graue Eminenz" im Hintergrund, um als „verlängerter Arm" des Kanzlers die Regierungsgeschäfte effizient und geräuschlos zu managen (Knoll 2010, S. 211–213). In dieser Hinsicht bildete die Corona-Pandemie eine Ausnahmesituation, als Kanzleramtschef Helge Braun (CDU) häufiger in der Öffentlichkeit auftrat und zum Krisenmanagement der Regierung Stellung bezog.

Ursprünglich nahm das BKAmt keine eigenen Ressortaufgaben wahr. Nur der *Bundesnachrichtendienst (BND),* dessen Aufbau nach dem Zweiten Weltkrieg eine „heikle Angelegenheit" war, wurde von Bundeskanzler Adenauer dem Kanzleramt zugeordnet (Meinel 2019, S. 160). Seit Ende der 1990er Jahre gibt es jedoch eine zunehmende Tendenz, politisch bedeutsame Themen, die eigentlich in die Zuständigkeit der Bundesministerien bzw. der Länder fallen, im Kanzleramt anzusiedeln und sie somit zur „Chefsache" zu machen (Fleischer 2011). Dazu werden eigene parlamentarische Staatssekretäre ernannt, die den Titel „Staatsminister" tragen und diesen Themen Gesicht und Stimme verleihen. Derzeit gibt es vier Staatsministerinnen im BKAmt, die für Bund-Länder-Beziehungen und Bürokratieabbau, Kultur und Medien, Migration und Integration sowie für Digitalisierung zuständig sind (Abb. 10.1).

Eine weitere zentrale Organisationseinheit ist das *Presse- und Informationsamt der Bundesregierung* (kurz: Bundespresseamt, BPA). Zunächst als Abteilung innerhalb des BKAmts gegründet, bildet es seit 1958 eine selbstständige Behörde, die weiterhin dem Bundeskanzler untersteht. Derzeit beschäftigt das BPA etwa 500 Mitarbeiterinnen und verfügt über einen jährlichen Haushalt von knapp 120 Mio. € (Bundesregierung 2019). Es wird von einem beamteten Staatssekretär geleitet, der zugleich als Sprecher der Bundesregierung fungiert. Das BPA ist *sowohl „Sprachrohr" als auch „Hörrohr" der Regierung* (Niclauß 2015, S. 46–47). Es organisiert den Austausch mit den „Organen der öffentlichen Meinungsbildung" (Busse und Hofmann 2019, S. 116), erläutert den

Medienvertreterinnen die aktuelle Regierungspolitik in Pressekonferenzen und betreibt Öffentlichkeitsarbeit über Internetauftritte, Social-Media-Kanäle und Druckerzeugnisse. Gleichzeitig wertet es nationale und internationale Nachrichten aus und gibt Umfragen zur politischen Arbeit der Bundesregierung in Auftrag.

Die *Bundesministerien* sind das *politisch-administrative „Werkzeug" der Bundesregierung* (Schnapp und Willner 2013, S. 247). Dort werden die „grundsätzlichen und besonders wichtigen Angelegenheiten, insbesondere solche der Gesetzgebung" bearbeitet (Busse und Hofmann 2019, S. 76). Fachspezifische und einzelfallbezogene Aufgaben werden von nachgeordneten Behörden übernommen, die jeweils der Rechts- und Fachaufsicht eines Ministeriums unterstehen. So betreibt das Umweltbundesamt (UBA) als selbständige Oberbehörde im Geschäftsbereich des Bundesumweltministeriums wissenschaftliche Forschung zu den Themen des Immissions- und Bodenschutzes, der Abfall- und Wasserwirtschaft sowie zu gesundheitlichen Belangen des Umweltschutzes. Das Bundesumweltministerium greift auf die Erkenntnisse, Dokumentationen und Expertise des UBA zurück, wenn es Rechts- und Verwaltungsvorschriften erarbeitet oder die Umweltverträglichkeit getroffener Maßnahmen prüft. Das Robert Koch-Institut (RKI) hat als nachgeordnete Behörde des Bundesgesundheitsministeriums eine ähnliche Funktion, indem es unterstützende Aufgaben „bei der Vorbeugung und Bekämpfung von Infektionskrankheiten sowie der Analyse langfristiger gesundheitlicher Trends in der Bevölkerung" übernimmt (RKI 2016, S. 10). Nach Ausbruch der Corona-Pandemie trat es auch öffentlich als wichtige Beratungsinstitution der Bundesregierung in Erscheinung.

Der Behörden- und Personalbestand der Bundesverwaltung ist nicht sehr umfangreich, weil die Länder im deutschen Föderalismus den Großteil des Gesetzesvollzugs übernehmen (Abschn. 3.2). Im Unterschied zu den Länderministerien sind die Bundesministerien daher in erster Linie *„Gesetzgebungsministerien"* (Hesse und Ellwein 2012, S. 417): Sie erarbeiten die Gesetzentwürfe und versuchen dabei, sowohl die fachlichen Belange der einzelnen Ressorts als auch die politischen Interessen der jeweiligen Regierungsparteien durchzusetzen. Dazu beteiligt das federführende Ministerium die anderen Ressorts auf Bundesebene, die zuständigen Länderministerien sowie verschiedene Interessengruppen, darunter auch die kommunalen Spitzenverbände (Busse und Hofmann 2019, S. 90–91). Bei besonders komplexen Gesetzgebungsmaterien holen die Bundesministerien auch externen Sachverstand ein, um adäquate Problemlösungen und konkrete Formulierungsvorschläge zu entwickeln. Diesbezügliche Aufträge an Beratungsfirmen haben wegen ihrer hohen Kosten und einer teils zweifelhaften Vergabepraxis gelegentliche Kritik erfahren. Allerdings lässt sich daraus kein genereller „Funktionsmangel der Regierungsorganisation" ableiten (Döhler 2012, S. 204).

Die *Binnenorganisation der einzelnen Bundesministerien* ist weitgehend ähnlich. An ihrer Spitze steht jeweils ein *Bundesminister,* der zugleich dem Bundeskabinett angehört und in der Regel – gemäß der Funktionslogik des parlamentarischen Systems – ein Bundestagsmandat innehat (Feldkamp 2019, Abschn. 6.8). Bei der Führung des Ministeriums wird der Minister von einer oder mehreren *beamteten Staatssekretären* unterstützt. Sie übernehmen die interne Vertretung des Ministers, koordinieren die Arbeit der Fachabteilungen des Ministeriums und sind innerhalb ihres Geschäftsbereichs federführend für Mittel, Organisation, Themenumsetzung und Personal zuständig (BMVI 2019). Weil die Staatssekretäre neben der Verwaltungsleitung auch zahlreiche politische Aufgaben übernehmen, stehen sie in einem besonderen Vertrauensverhältnis zum Minister. Gemeinsam mit den Abteilungsleitern stellen sie sicher, dass das Verwaltungshandeln mit den politischen Ansichten und Zielen der Regierung übereinstimmt. Staatssekretäre und Abteilungsleiter zählen daher zu den sogenannten *politischen Beamten,* die jederzeit von ihren Vorgesetzten in den einstweiligen Ruhestand versetzt werden können (§ 54 BBG).

Darüber hinaus sind jedem Bundesminister zwei oder drei *parlamentarische Staatssekretäre (PStS)* zur Seite gestellt, die sie bei offiziellen Terminen in Bundestag, Bundesrat und im Bundeskabinett vertreten können. Im Auswärtigen Amt werden sie als „Staatsminister" bezeichnet, um ihrem herausgehobenen Status auch auf internationaler Ebene Ausdruck zu verleihen. PStS sind keine Beamte, sondern müssen ein Bundestagsmandat haben und rekrutieren sich somit aus den Regierungsfraktionen. Sie sind Mitglieder der Bundesregierung, allerdings ohne Stimmrecht im Kabinett (Busse und Hofmann 2019, S. 84). Das Amt des PStS, das erst 1967 nach britischem Vorbild eingeführt wurde, wird immer wieder kontrovers diskutiert (Groß und Bohnefeld 2010). Einerseits wird kritisiert, dass die relativ machtlose Position ihre Daseinsberechtigung vor allem daraus beziehe, die personelle Manövriermasse bei Koalitionsverhandlungen zu vergrößern (Hefty 2005, S. 284–285). Andererseits sind die PStS ein wichtiges kommunikatives Bindeglied zwischen Regierung und Parlament und bilden außerdem einen Personalpool für die Rekrutierung künftiger Minister (Hefty 2005, S. 287).

Unterhalb der Leitungsebene gliedern sich die Bundesministerien vertikal in *Abteilungen, Unterabteilungen und Fachreferate,* wobei eine Abteilung mindestens fünf Referate umfasst (§ 8 GGO). Horizontal sind die Zuständigkeiten der Abteilungen nach Sachgebieten voneinander abgegrenzt, damit fachlich zusammenhängende Aufgaben nur von einer Stelle bearbeitet werden. Das Referat bildet insofern die „tragende Einheit", als es „die erste Entscheidung in allen Angelegenheiten [hat], die ihm in seinem Zuständigkeitsbereich zugewiesen sind" (§ 7 Abs. 1 GGO). Bei jedem Vorgang übernimmt ein Referat die Federführung, andere betroffene Stellen aus demselben und anderen Ministerien werden beteiligt und zeichnen mit. Bei Meinungsdifferenzen innerhalb und zwischen den Ressorts läuft die weitere Kommunikation immer über den nächsthöheren Vorgesetzten (Krax 2010, S. 77–78).

Neben der Ministerialbürokratie existieren zahlreiche, dauerhaft eingerichtete *Beratungsgremien,* die die Bundesregierung mit ihrer fachlichen Expertise unterstützen. Dazu zählt etwa der beim Bundeskanzleramt angesiedelte *Nationale Normenkontrollrat,* der die Bürokratie- und Folgekosten aller Gesetzes- und Verordnungsentwürfe der Bundesregierung überprüft, oder der *Sachverständigenrat zur Begutachtung der gesamtwirtschaftlichen Entwicklung,* der aus fünf „Wirtschaftsweisen" besteht und in seinen Jahres- und Sondergutachten die ökonomische Lage beurteilt und Empfehlungen ausspricht. Darüber hinaus gibt es im Geschäftsbereich der Bundesregierung verschiedene *Beauftragte und Koordinatoren,* die bestimmten Themen besondere Sichtbarkeit verleihen sollen. Im Einzelnen sind dies Staatsminister und Staatssekretäre, aber auch Ministerialbeamte, Bundestagsabgeordnete und weitere Personen, die in der Regel vom Bundeskabinett eingesetzt werden. Sie sind an allen Regierungsvorhaben in ihrem Aufgabenbereich formal beteiligt und fungieren als zusätzliche Ansprechpartner für Betroffene und die Öffentlichkeit (§ 21 GGO; Busse und Hofmann 2019, S. 82). Das inhaltliche Spektrum reicht vom Kampf gegen Antisemitismus über Schienenverkehr und Drogenfragen bis zur deutsch-französischen Zusammenarbeit (BMI 2019b). Schließlich ist noch eine organisationsstrukturelle Besonderheit zu erwähnen, die sich mit der deutschen Wiedervereinigung verbindet: Im Berlin/Bonn-Gesetz von 1994, das den Regierungsumzug vom Rhein an die Spree regelt, wurde festgelegt, dass *einige Bundesministerien* ihren *Hauptsitz* und damit auch den größten Teil ihrer Arbeitsplätze *in der ehemaligen Bundeshauptstadt Bonn* behalten sollten; alle anderen Ministerien erhielten dort einen zweiten Dienstsitz. Wiederholte Forderungen, die Bundesministerien aus Effizienzgründen in Berlin zusammenzulegen, konnten sich bislang nicht durchsetzen.

Die *Anzahl und* der *Zuschnitt der Bundesministerien* sind relativ frei gestaltbar. Das *Grundgesetz* sieht lediglich vor, dass es ein *Finanz-,* ein *Justiz-* und ein *Verteidigungsministerium* geben muss (Busse und Hofmann 2019, S. 78). Außerdem muss der Bundeskanzler einen Bundesminister zu seinem Stellvertreter ernennen (Art. 69 Abs. 1 GG). Dieser *„Vizekanzler"* wird gewöhnlich von der kleineren Koalitionspartei nominiert und übernimmt bei Abwesenheit des Kanzlers gewisse Führungsaufgaben, wie die Leitung der Kabinettssitzungen. Allerdings hat er keine eigenständigen Kompetenzen, also auch keine Richtlinienkompetenz und kein Recht, die Vertrauensfrage zu stellen. Umgekehrt kann der Vizekanzler auch nicht per Misstrauensvotum abgewählt werden (Helms 2005, S. 65–66).

Die *Ressortstruktur der Bundesregierung* wird in einem Organisationserlass des Bundeskanzlers geregelt. Seit 1949 hat sie einige größere und zahlreiche kleinere Veränderungen erfahren. Wie in anderen westlichen Demokratien ist der inhaltliche Zuschnitt der Bundesministerien durch die zentralen Aufgabenfelder des Staates geprägt. Dazu gehören zunächst die Ressorts des Ordnungs- und Sicherheitsbereichs: Inneres, Äußeres, Justiz, Finanzen und Verteidigung (Rudzio 2005, S. 257). Aufgrund der eingeschränkten Souveränität der deutschen Nachkriegsdemokratie wurden das Auswärtige Amt und das Bundesverteidigungsministerium erst 1951 bzw. 1955 eingerichtet (Helms 2005, S. 99). Weitere, aus staatshistorischer Perspektive jüngere Handlungsfelder wurden bereits seit 1949 von eigenen Bundesministerien bearbeitet (Wirtschaft, Arbeit und Landwirtschaft). Ferner wurden besondere Ressorts aufgrund der Folgen des Zweiten Weltkrieges bzw. technologischer Entwicklungen gebildet, wie die Bundesministerien für „Vertriebene, Flüchtlinge, Kriegsgeschädigte", für „Gesamtdeutsche Angelegenheiten" und für „Angelegenheiten des Fernmeldewesens" (Post und Telekommunikation). Als die letztgenannten Aufgabenbereiche an Relevanz verloren, wurden auch die entsprechenden Ministerien aufgelöst oder in andere eingegliedert

(Helms 2005, S. 98–99). Umgekehrt kamen auch neue Ressorts hinzu. So wurde 1986 als Reaktion auf die Tschernobyl-Katastrophe ein eigenes Bundesumweltministerium eingerichtet, weil das Krisenmanagement des bislang zuständigen Innenministeriums als unzureichend empfunden wurde (Grotz 2009a, S. 157). Ein ähnlicher Vorgang vollzog sich 2001, als infolge der BSE-Krise die politische Debatte um Lebensmittelsicherheit an Fahrt gewann und die damalige Regierung Schröder die Zuständigkeit des Bundeslandwirtschaftsministeriums um „Verbraucherschutz" erweiterte.

Jenseits der Gründung und Abschaffung ganzer Ministerien wurden einzelne Zuständigkeitsbereiche häufig zwischen den Ressorts hin- und hergeschoben (Sieberer 2015). Solche kleineren Veränderungen ergaben sich überwiegend aus der politischen Prioritätensetzung der Regierungsparteien. So beschloss die rot-grüne Regierung 2002, ein „Superministerium" für Wirtschaft und Arbeit einzurichten, das die nachfolgende Große Koalition wieder in zwei selbständige Ressorts teilte. Mit Amtsantritt der konservativ-liberalen Regierung 2013 wechselte die Zuständigkeit für Verbraucherschutz zum Bundesministerium der Justiz und blieb auch in den folgenden Regierungen dort angesiedelt.

Unter der vierten Merkel-Regierung (2017–2021) wurden *14 Bundesministerien* eingerichtet, die nach Größe und Bedeutung variieren (Druckman und Warwick 2005; Abb. 10.1). Zu den „politischen Schwergewichten" zählen das Finanzministerium (BMF), das Innenministerium (BMI) und das Auswärtige Amt (AA), aber auch das Bundesministerium für Arbeit und Soziales (BMAS), das den mit Abstand größten Etat verwaltet, und das Verteidigungsministerium (BMVg), das den größten Bestand an nachgeordnetem Personal hat (Bundeswehr). Danach folgen eine Reihe „mittelgewichtiger" Ressorts, zu denen Wirtschaft (BMWi), Verkehr und Infrastruktur (BMVI), Umwelt (BMU), Gesundheit (BMG), Justiz und Verbraucherschutz (BMJV) sowie Ernährung und Landwirtschaft (BMEL) gehören. Schließlich folgen die Bundesministerien für Bildung und Forschung (BMBF), für Familie, Senioren, Frauen und Jugend (BMFSFJ) sowie für wirtschaftliche Zusammenarbeit und Entwicklung (BMZ). Die letztgenannten Ressorts werden generell als weniger bedeutsam wahrgenommen, können aber durch die aktuelle politische Agenda und die Persönlichkeit der jeweiligen Ministerinnen eine erhebliche Aufwertung erfahren.

10.2 Regieren zwischen Kanzlerdemokratie und Koalitionsmanagement

Im Vergleich zu anderen westlichen Demokratien weist die Bundesrepublik Deutschland eine *hohe Regierungsstabilität* auf. Von 1949 bis Frühjahr 2021 standen nur acht Personen an der Spitze der Bundesregierung (Tab. 10.1). Im selben Zeitraum waren in Italien 29 Regierungschefs im Amt; im Vereinigten Königreich, dem Mutterland der parlamentarischen Demokratie, waren es 15 (Döring und Manow 2019). Der erste Bundeskanzler, Konrad Adenauer, regierte 14 Jahre (1949–1963) und wurde in dieser

Tab. 10.1 Bundeskanzler der Bundesrepublik Deutschland (1949–2021)

Kanzler (Partei)	Amtszeit (Jahre)	Bundeskabinette/Regierungsparteien	Alter bei Antritt	Parteivorsitz Vorher	Parteivorsitz BK	Politische Erfahrung	Amtsende
Konrad Adenauer (CDU)	1949–1963 (14)	(I) CDU/CSU, FDP, DP (II) CDU/CSU, FDP (FVP), DP, GB/BHE (III) CDU/CSU, DP (IV) CDU/CSU, FDP	73	Ja	Ja	[OB Köln]	Rücktritt
Ludwig Erhard (CDU)	1963–1966 (3)	(I) CDU/CSU, FDP (II) CDU/CSU, FDP	66	Nein	Ja	Min Bund	Rücktritt
Kurt Georg Kiesinger (CDU)	1966–1969 (3)	(I) CDU/CSU, SPD	62	Nein	Ja	MP Land	Abwahl (reguläre BTW)
Willy Brandt (SPD)	1969–1974 (5)	(I) SPD, FDP (II) SPD, FDP	56	Ja	Ja	MP Land/ Min Bund	Rücktritt
Helmut Schmidt (SPD)	1974–1982 (8)	(I) SPD, FDP (II) SPD, FDP (III) SPD, FDP	56	Nein	Nein	Min Land/ Min Bund/ FV Bund	Misstrauensvotum
Helmut Kohl (CDU)	1982–1998 (16)	(I) CDU/CSU, FDP (II) CDU/CSU, FDP (III) CDU/CSU, FDP (IV) CDUCSU, FDP (V) CDU/CSU, FDP	52	Ja	Ja	MP Land/ FV Bund	Abwahl (reguläre BTW)
Gerhard Schröder (SPD)	1998–2005 (7)	(I) SPD, Grüne (II) SPD, Grüne	54	Nein	Ja[a]	MP Land	Abwahl (vorgezogene BTW)

(Fortsetzung)

10.2 Regieren zwischen Kanzlerdemokratie und Koalitionsmanagement

Tab. 10.1 (Fortsetzung)

Kanzler (Partei)	Amtszeit (Jahre)	Bundeskabinette/Regierungsparteien	Alter bei Antritt	Parteivorsitz Vorher	Parteivorsitz BK	Politische Erfahrung	Amtsende
Angela Merkel (CDU)	2005–2021 (15)	(I) CDU/CSU, SPD (II) CDU/CSU, FDP (III) CDU/CSU, SPD (IV) CDU/CSU, SPD	51	Ja	Ja[a]	Min Bund/ FV Bund	

Quelle: Eigene Darstellung nach Schindler (1999; Abschn. 6) und Feldkamp (2014–2021, Abschn. 6).
Anmerkungen: *Bundeskabinette und Regierungsparteien*: Kabinette, die nach Amtsübernahme bzw. Bundestagswahlen neu gebildet wurden; Regierungsparteien nach Größe gelistet. *Parteivorsitz*: Vorher = Parteivorsitzender unmittelbar vor Amtsantritt (Adenauer: Parteivorsitz in der britischen Zone seit 1946); BK = Parteivorsitzender als Bundeskanzler ([a] = vorzeitiger Rücktritt vom Parteivorsitz. *Politische Erfahrung*: wichtigste Ämter in Regierung und Parlament vor Amtsantritt. Bund = früheres Amt auf Bundesebene (Min = Bundesminister; FV = Vorsitz der Bundestagsfraktion); Land = früheres Amt in einer Landesregierung (MP = Ministerpräsident bzw. Regierender Bürgermeister; Min = Landesminister); OB = Oberbürgermeister. *Amtsende*: BTW = Bundestagswahl.

Hinsicht nur von Helmut Kohl (1982–1998) und Angela Merkel (2005–2021) übertroffen. Alle drei kamen von der CDU – ebenso wie Ludwig Erhard (1963–1966) und Kurt Georg Kiesinger (1966–1969). Somit wurde das Kanzleramt über 50 Jahre von der Union besetzt. In den restlichen zwei Jahrzehnten wurde die Bundesregierung von der SPD geführt – acht Jahre von Helmut Schmidt (1974–1982), sieben von Gerhard Schröder (1998–2005) und fünf von Willy Brandt (1969–1974). Weil so wenige Personen das Amt des Bundeskanzlers über einen so langen Zeitraum innehatten und das Amt zugleich vom Grundgesetz mit herausgehobenen Kompetenzen ausgestattet ist, liegt es nahe, die Bundesrepublik als *„Kanzlerdemokratie"* (Niclauß 2015) zu bezeichnen.

Gleichzeitig wurden alle Bundesregierungen seit 1949 von *Parteienkoalitionen* getragen (Tab. 10.1). Im internationalen Vergleich sind diese Regierungsbündnisse durch einige Besonderheiten gekennzeichnet (Kropp 2008). *Erstens* wurden alle Bundeskabinette von einer *parlamentarischen Mehrheit* unterstützt. Nur in der Endphase der Regierungen Erhard (1966) und Schmidt (1982) zerbrach die jeweilige Koalition mit der FDP, sodass kurzzeitig ein Minderheitskabinett gebildet wurde, auf das bald eine neue Mehrheitsregierung mit anderem Kanzler folgte. *Zweitens* hatten die Koalitionen das kleinstmögliche Format, da jede Bündnispartei für die absolute Bundestagsmehrheit benötigt wurde (*„Minimale Gewinnkoalition"*). Nur Konrad Adenauer bezog zwischen 1953 und 1960 kleinere liberal-konservative Parteien in seine Regierung ein, obwohl sie nicht für die parlamentarische Mehrheitsbildung erforderlich waren („übergroße Koalition").[3] *Drittens* bestanden die Kabinette *seit 1961* nur aus *je zwei Koalitionsparteien*, wenn man CDU und CSU zusammenzählt. Überhaupt waren seitdem nur vier verschiedene Parteien an Bundesregierungen beteiligt (CDU/CSU, SPD, FDP, Grüne). Außerdem blieb bei den meisten Regierungswechseln eine der bisherigen Bündnisparteien in der neuen Koalition. In der alten Bundesrepublik war diese hohe Kontinuität in der Regierungszusammensetzung vor allem auf das Verhalten der FDP zurückzuführen, die nach 1966 von der Allianz mit der CDU/CSU zur SPD und 1982 wieder zurück wechselte. Im letztgenannten Fall führte der Koalitionswechsel zum einzigen erfolgreichen Misstrauensvotum, durch das Helmut Schmidt von Helmut Kohl abgelöst wurde (Abschn. 9.2). Der Übergang von Kohl zu Gerhard Schröder 1998 markierte den bislang einzigen Wechsel einer Bundesregierung, bei dem die Koalitionsparteien komplett ausgetauscht wurden.

Viertens wurde der *Bundeskanzler* immer *von der größeren Koalitionspartei* gestellt. Selbst als die Union nach der Bundestagswahl 2005 nur einen Prozentpunkt vor der SPD lag und mit dieser ein Regierungsbündnis einging, wurde der bisherige Amtsinhaber Schröder (SPD) durch Angela Merkel (CDU) ersetzt. Dagegen hat die stärkste Kraft im Bundestag keinen „natürlichen Anspruch" auf das Kanzleramt: In den Bundestagswahlen 1969, 1976 und 1980 erhielt die CDU/CSU die mit Abstand meisten Stimmen (Tab. 5.2).

---

[3] 1960/61 stand Adenauer kurzzeitig einer Einparteiregierung vor, nachdem zwei Minister der DP zur CDU gewechselt waren (Jesse 2017, S. 107).

Trotzdem bildeten SPD und FDP eine gemeinsame Regierung. *Fünftens* blieben die *Regierungskoalitionen auch bei personellen Wechseln im Kanzleramt stabil.* Dies kam bislang zweimal vor: 1963, als Adenauer das Amt vorzeitig an Ludwig Erhard übergab, und 1974, als Willy Brandt wegen einer Spionageaffäre zurücktrat und von Helmut Schmidt abgelöst wurde. Außerdem kam es immer dann zu einem Kanzlerwechsel, wenn sich die parteipolitische Zusammensetzung der Regierung veränderte. Dies galt selbst für die Bildung der ersten Großen Koalition 1966, als die Union stärkste Kraft in der Regierung blieb und mit Kurt Georg Kiesinger den neuen Kanzler stellte. Angela Merkel ist bislang die einzige Kanzlerin, deren Kabinette von verschiedenen Koalitionsparteien getragen wurden (SPD und FDP). Ein Grund dafür liegt in der zunehmenden Schwierigkeit, unter den Bedingungen eines stärker fragmentierten und polarisierten Parteiensystems inhaltlich kohärente Mehrheitsbündnisse zu schließen (Abschn. 6.2). Besonders deutlich wurde dies nach der Bundestagswahl 2017, als die Bildung einer „Jamaika"-Koalition aus Union, Grünen und FDP nach langen Verhandlungen scheiterte und daher erneut auf die „Notlösung" einer Großen Koalition zurückgegriffen wurde (Siefken 2018b). Die genannte Entwicklung ändert freilich nichts am Gesamtbild *hochgradig stabiler Regierungsbündnisse,* weswegen die Bundesrepublik auch als „*Koalitionsdemokratie"* (Jesse 2017) bezeichnet wird.

Daher kann der Kanzler die Bundesregierung nicht nach der mehrheitsdemokratischen Logik in „Top-down-Manier" leiten. Vielmehr muss er *hierarchische und kooperative Führungselemente kombinieren,* um sowohl bei den Koalitionsparteien als auch im Kabinett die erforderliche Geschlossenheit und Folgebereitschaft herzustellen (Gast 2011). Dazu braucht er politische Machtressourcen, die über ihre verfassungsrechtlichen Kompetenzen hinausgehen. Wie in allen parlamentarischen Demokratien ist dabei der *Parteivorsitz* von entscheidender Bedeutung (Grotz et al. 2021): Durch die Führung seiner Partei kann ein Kanzler nicht nur politisches Know-how erwerben, sondern auch persönliche Netzwerke aufbauen, die seinen Regierungskurs innerparteilich unterstützen. Gleichzeitig hat die Partei ein genuines Interesse an der Personalunion von Vorsitz und Exekutivspitze, weil sie dann von der öffentlichen Sichtbarkeit und Beliebtheit „ihres" Kanzlers profitieren kann.

Tatsächlich waren Kanzleramt und Parteivorsitz in den meisten Fällen verbunden. Die einzige Ausnahme war Helmut Schmidt, der es in der Rückschau als schweren Fehler bezeichnete, nicht nach dem Amt des SPD-Chefs gegriffen zu haben (Schmidt 1996, S. 446). Auch ist es kein Zufall, dass Adenauer, Kohl und Merkel, die die längste Zeit im Kanzleramt verbracht haben, schon zuvor ihre Partei geführt haben (Tab. 10.1).[4] Vor allem Helmut Kohl gelang es durch seine langjährige Tätigkeit als CDU-Vorsitzender eine innerparteiliche Machtbasis zu schaffen, die ihm über kritische Phasen seiner

---

[4] Konrad Adenauer war seit 1946 CDU-Vorsitzender in der britischen Zone. Nach Gründung der Bundes-CDU 1950 wurde er deren erster Vorsitzender.

späteren Kanzlerschaft hinweghalf (Schwarz 2012a, S. 135–298). Umgekehrt signalisiert ein vorzeitiger Rückzug vom Parteivorsitz eine Erosion der Kanzlermacht. So übergab Gerhard Schröder die SPD-Führung im März 2004 an Franz Müntefering, als seine Regierung massive Popularitätsverluste inner- wie außerhalb der Partei verzeichnete; gleichwohl konnte er sich durch diesen „Entlastungsschritt" nicht im Amt stabilisieren. In ähnlicher Weise kündigte Angela Merkel nach der Niederlage bei der hessischen Landtagswahl im Oktober 2018 an, den CDU-Vorsitz niederzulegen und mit Ablauf der Legislaturperiode 2021 ihre Kanzlerschaft zu beenden.

Darüber hinaus können Regierungschefs in parlamentarischen Demokratien ihre komplexen Aufgaben besonders erfolgreich wahrnehmen, wenn sie *politische Führungserfahrung aus früheren Regierungsämtern* mitbringen. In dieser Hinsicht hatten alle deutschen Bundeskanzler ein einschlägiges Erfahrungsprofil vorzuweisen (Tab. 10.1; Helms 2005, S. 77–80). Konrad Adenauer war der einzige Kanzler, der keine Regierungserfahrung ins Amt mitbrachte; als langjähriger Oberbürgermeister von Köln und Vorsitzender des Parlamentarischen Rates war er jedoch alles andere als ein „Seiteneinsteiger". Alle anderen hatten vor ihrer Zeit im Kanzleramt bereits ein oder mehrere Regierungsämter auf Bundes- oder Länderebene inne. Kurt-Georg Kiesinger, Willy Brandt, Helmut Kohl und Gerhard Schröder waren zuvor sogar Ministerpräsident eines Landes und hatten damit schon Erfahrung in der Leitung eines Kabinetts. Darüber hinaus haben Helmut Kohl und Angela Merkel jeweils die Bundestagsfraktion der Union während der Oppositionszeit geführt und konnten sich so als personelle Alternative zu den jeweils regierenden Kanzlern in Stellung bringen.

Wie stark ein Bundeskanzler die Regierungspolitik prägt, ergibt sich aus dem Zusammenspiel von persönlichen Machtressourcen und parteipolitischem Umfeld. Dies stellt sich in den einzelnen *Phasen des Regierungszyklus* unterschiedlich dar. Am Beginn jeder Legislaturperiode stehen laut Grundgesetz die Neuwahl des Kanzlers und die darauffolgende Ernennung der Bundesminister (Art. 69 Abs. 2 GG). Diesen formalen Schritten geht in der Realität die *Koalitionsbildung* voraus. Dabei vereinbaren bestimmte Bundestagsparteien ein politisches Bündnis, das die parlamentarische Mehrheit für die Bundesregierung sicherstellen soll und in der Regel für die Dauer einer Legislaturperiode gilt. Für die Koalitionsbildung auf Bundesebene gibt es keine verfassungsrechtlichen Verfahrensvorgaben und Fristen. In der politischen Praxis hat sich jedoch ein idealtypisches Verlaufsmuster herausgebildet (Switek 2013, S. 280). Zunächst kommen die Partei- und Fraktionsvorsitzenden der prospektiven Bündnispartnerinnen zu *Sondierungsgesprächen* zusammen, in denen die grundsätzliche Kooperationsbereitschaft und Passfähigkeit ermittelt werden. Normalerweise ist diese Phase recht kurz. Nur nach der Bundestagswahl 2017 zog sie sich über einen Monat hin, als Union, Grüne und FDP die Bildung eines auf Bundesebene neuartigen Bündnisses ausloteten. Dabei wurde bereits in größerer Runde verhandelt; zudem gingen die Gespräche bis in einzelne Details, scheiterten aber am Ende (Siefken 2018b, S. 412–415).

Alle anderen Sondierungen mündeten in *offiziellen Koalitionsverhandlungen*. Dieser Übergang erwies sich meist als unproblematisch. Die letzte Regierungsbildung 2017/18

10.2 Regieren zwischen Kanzlerdemokratie und Koalitionsmanagement

war erneut eine Ausnahme: Da es nach dem Scheitern der Jamaika-Koalition massive Widerstände innerhalb der Sozialdemokratie gab, eine weitere Regierung mit der CDU/CSU zu bilden, berief die SPD-Führung einen Sonderparteitag ein, der mit knapper Mehrheit für die Aufnahme von Koalitionsverhandlungen stimmte (Horst 2018). Die Verhandlungen selbst haben sich im Zeitverlauf immer stärker inhaltlich und personell ausdifferenziert. 2018 waren insgesamt 91 Personen in 18 thematischen Arbeitsgruppen beteiligt – darunter das Führungspersonal der Parteizentralen und der Bundestagsfraktionen, aber auch Ministerpräsidentinnen, Ministerinnen und Abgeordnete aus den Ländern (Siefken 2018b, S. 420). Die übergeordnete Moderation liegt in der Regel bei den Parteivorsitzenden, die auch die Letztentscheidung in Konfliktfällen haben. Meist lagen zwischen der Bundestagswahl und der Vereidigung des Bundeskabinetts nicht mehr als 50 Tage, häufig sogar weniger als ein Monat. Bei den drei letzten Großen Koalitionen, die seit 2005 gebildet wurden, hat sich diese Zeitspanne kontinuierlich verlängert: von 65 Tagen (2005) über 86 Tagen (2013) bis zu 171 Tagen (2017), wobei im letzten Fall auch das gescheiterte Jamaika-Experiment zu Buche schlug (Feldkamp 2018, Abschn. 6.7). Die immer längere Dauer reflektierte die zunehmenden Schwierigkeiten von Union und SPD, einen „gemeinsamen Nenner" für die Regierungsarbeit zu finden. Deswegen haben sie versucht, alle strittigen Aspekte bereits vor der Kabinettsbildung möglichst präzise zu regeln, um dann „geräuschlos" zu regieren.

Am Ende erfolgreicher Koalitionsverhandlungen steht seit 1980 eine schriftliche Vereinbarung, die von den Parteivorsitzenden unterzeichnet und anschließend veröffentlicht wird.[5] Dieser *Koalitionsvertrag* ist zwar nicht rechtlich bindend, aber von hoher politischer Bedeutung, weil er das Versprechen der Parteiführungen an ihre eigenen Mitglieder und Wählerinnen dokumentiert, dass die wesentlichen Inhalte ihres Wahlprogramms von der gemeinsamen Bundesregierung umgesetzt werden. Die politische Verpflichtungswirkung des Koalitionsvertrags wird dadurch unterstrichen, dass er vor Inkrafttreten von den beteiligten Parteien ratifiziert wird. Die dafür eingesetzten Verfahren reichen von einem Beschluss des Fraktions- und Parteivorstands über das Votum eines Sonderparteitags bis hin zu einer Mitgliederbefragung. Die letztgenannte Option hat die SPD 2013 und 2017 gewählt, weil der Eintritt in die Regierung mit der Union in weiten Teilen der Partei als problematisch empfunden wurde. Gleichwohl wurde der Koalitionsvertrag beide Male von einer deutlichen Mehrheit der SPD-Mitglieder angenommen (Siefken 2018b, S. 429).

Jeder *Koalitionsvertrag* hat *drei Kernbestandteile,* die die Arbeit der Bundesregierung in entscheidender Weise prägen. *Erstens* legt er die *wichtigsten Maßnahmen und Ziele der Regierungspolitik* fest. Diese Agenda ist im Laufe der Zeit immer breiter und detaillierter geworden, wie der zunehmende Textumfang zeigt: Bestand der Koalitions-

---

[5]Zuvor basierte nur das letzte Kabinett von Konrad Adenauer (1961) auf einer schriftlichen Koalitionsvereinbarung.

vertrag von 1980 noch aus etwa 1200 Wörtern, waren es 2018 knapp 63.000 Wörter (Saalfeld et al. 2019a, S. 376; eigene Zählung). Die Koalitionsvereinbarung von 2018 enthielt insgesamt 296 Einzelversprechen, von denen die Bundesregierung in der Mitte der Legislaturperiode bereits über die Hälfte erfüllt bzw. teilweise erfüllt hatte (Vehrkamp und Matthieß 2019). Somit haben sich Koalitionsverträge auf Bundesebene zu politisch verbindlichen „Vollprogrammen" (Busse und Hofmann 2019, S. 103) entwickelt, die zwar die Stabilität und Verlässlichkeit des Regierungshandelns erhöhen, aber auch den inhaltlichen Gestaltungsspielraum des Kanzlers erheblich einschränken.

Zweitens regelt der Koalitionsvertrag den *Ressortzuschnitt der Ministerien, die Stellvertretung des Bundeskanzlers und die Aufteilung der Ministerposten zwischen den Regierungsparteien.* Wie in anderen westlichen Demokratien entspricht die Anzahl der Bundesministerien, die eine Partei erhält, ungefähr ihrem relativen Sitzanteil im Parlament (Falcó-Gimeno und Indridason 2013). Auf Bundesebene schneiden allerdings die kleineren Koalitionsparteien bei der Ämtervergabe fast immer überdurchschnittlich gut ab (Linhart et al. 2008). Außerdem erhalten sie traditionell bestimmte Ressorts von politischem Gewicht, wie z. B. das Auswärtige Amt (Helms 2005, S. 102). Häufig wird die Leitung inhaltlich benachbarter Ministerien unter den Koalitionsparteien aufgeteilt, um die wechselseitige Kontrolle zu erleichtern. Von 2017 bis 2021 war das etwa beim Finanz- (SPD) und Wirtschaftsministerium (CDU) sowie beim Justiz- (SPD) und Innenministerium (CSU) der Fall (Saalfeld et al. 2019b, S. 276). Wenn ein Minister vorzeitig aus dem Amt scheidet, hat seine Partei das Nachnominierungsrecht. Somit ist der Einfluss des Bundeskanzlers auf die personelle Zusammensetzung der Bundesregierung stark begrenzt. Er kann allenfalls über die Besetzung der Ministerien mitentscheiden, die seiner eigenen Partei zugewiesen sind (insbesondere wenn er deren Vorsitzender ist). Doch auch dann ist er bei der Personalauswahl nicht völlig frei, sondern muss verschiedene Gesichtspunkte berücksichtigen – von einer angemessenen Repräsentation der Parteiflügel und Landesverbände bis hin zur persönlichen Eignung der Kandidatinnen. Nicht zuletzt spielen Geschlechterparität eine zunehmend wichtige Rolle: Wurde die erste weibliche Bundesministerin erst 1961 vereidigt, waren unter den 16 Kabinettsmitgliedern der vierten Merkel-Regierung sieben Frauen (Abb. 10.1).

Drittens enthält jeder Koalitionsvertrag Bestimmungen zu *Arbeitsweise und Entscheidungsverfahren innerhalb des Regierungsbündnisses.* Im Zentrum steht dabei der *Koalitionsausschuss.* Dieses Gremium wurde erstmals von Kanzler Kiesinger ins Leben gerufen, als er sich 1967 mit den Regierungs-, Partei- und Fraktionsspitzen der Großen Koalition in einem Sommerhaus am Bodensee traf, um die weitere Regierungspolitik zu koordinieren („Kressbronner Kreis"; Niclauß 2015, S. 108–109). Seitdem gehört der Koalitionsausschuss zum Standardrepertoire der Regierungsorganisation auf Bundesebene (Saalfeld et al. 2019b, S. 279). Er war häufig der Ort, an dem während der Legislaturperiode zentrale Entscheidungen getroffen und Koalitionskonflikte gelöst wurden. Jüngere Beispiele sind der Asylstreit zwischen CDU, CSU und SPD, den der Koalitionsausschuss im Sommer 2018 durch ein Bündel migrations- und integrationspolitischer Maßnahmen beilegte, oder das umfangreiche Konjunkturpaket, auf das er sich im Juni 2020 verständigte, um die sozialen und ökonomischen Folgen der Corona-Pandemie abzufedern. Gelegentlich wird der Koalitionsausschuss kritisiert, weil er als informelles Gremium weitreichende Entscheidungen trifft und damit den Bundestag zu einer reinen Ratifizierungsinstanz degradiere (Niclauß 2004, S. 46). Tatsächlich ermöglicht er jedoch eine effiziente Kompromissbildung im Kreis der Koalitionsspitzen und zugleich eine effektive Kontrolle der Bundesregierung durch die Parteien und Fraktionen (Miller 2011). Auch der Bundeskanzler ist im Koalitionsausschuss nur „primus inter pares" und muss sich um die kooperative Einbindung aller Beteiligten bemühen.

Ist der Kanzler auf Basis des Koalitionsvertrags gewählt und vereidigt, gibt er seine erste Regierungserklärung vor dem Bundestag ab, in der er die wesentlichen Verhandlungsergebnisse aufgreift, aber auch eigene Schwerpunkte setzt (Korte 2002). Der darauffolgende *Regierungsalltag* ist großenteils von Verhandlungen und Kompromissfindung geprägt. Da die Koalitionsparteien eigenständige Akteurinnen bleiben und weiter um Wählerstimmen konkurrieren, besteht innerhalb der Bundesregierung ein permanentes „Spannungsverhältnis von Wettbewerb und Kooperation" (Switek 2013, S. 277). Der Kanzler ist daher immer auch „oberster Koalitionsmanager". Dabei kann er umso weniger eigene Akzente setzen, je stärker die Interessengegensätze zwischen den Regierungsparteien sind. Am deutlichsten wurde dies in der ersten Großen Koalition (1966–1969), als die Fraktionsvorsitzenden von CDU/CSU und SPD die eigentlichen Machzentren bildeten und daher Bundeskanzler Kiesinger ironisch als „wandelnder Vermittlungsausschuss" (Sturm 2005) bezeichnet wurde.

Eine Schlüsselrolle bei der *regierungsinternen Koordination* nimmt das *Bundeskanzleramt* ein. Wenn Meinungsverschiedenheiten mit einzelnen Ministerien auftreten, versucht es zunächst immer zu überzeugen, statt mit Richtlinienentscheidungen des Bundeskanzlers zu drohen (Busse und Hofmann 2019, S. 69). Formal ist zwar das Bundeskabinett die zentrale Entscheidungsinstanz, doch ist es als Gremium zu groß und seine Mitglieder sind nicht hinreichend über alle wichtigen Details informiert, um die regierungsinterne Willensbildung und Entscheidungsfindung zu dominieren (Rudzio 2005, S. 24). Daher bestätigt das Kabinett in der Regel nur Vorlagen, über die bereits Einvernehmen hergestellt wurde (Niclauß 2015, S. 70). Die dafür erforderliche Koordination beginnt auf der Arbeitsebene zwischen den beteiligten Ressorts. Dazu gibt es ein ausdifferenziertes System *interministerieller Ausschüsse* auf den unterschiedlichen Hierarchieebenen, die durch Vereinbarung zwischen den Bundesministerien eingerichtet werden. Strittige Punkte wandern „von unten nach oben". Vor der Kabinettssitzung werden die aktuellen Vorlagen in der *Runde der Staatssekretäre* unter Vorsitz des Kanzleramtschefs erörtert und letzte Unstimmigkeiten geklärt. Davon gelangen nur diejenigen auf die Kabinettsagenda, die „hinreichend wichtig (und hinreichend vorbereitet)" sind (Busse und Hofmann 2019, S. 83). Die Ministerien der kleineren Regierungspartei koordinieren sich politisch unter Leitung des *Vizekanzlers,* dessen Haus inzwischen zu einem „Nebenkanzleramt" geworden ist (Greive 2018). Ein stark gewachsener Mitarbeiterstab, mittlerweile unter Leitung eines beamteten Staatssekretärs, unterstützt den Vizekanzler bei seinen politisch-organisatorischen Aufgaben.

Ein Teil der regierungsinternen Willensbildung und Entscheidungsfindung findet auch auf Kabinettsebene statt. Dies geschieht hauptsächlich in *Kabinettsausschüssen,* in denen bereichsspezifische Themen behandelt werden, die in den Zuständigkeitsbereich mehrerer Minister fallen und unter dem Vorsitz des Bundeskanzlers tagen. Kabinettsausschüsse sind weder im Grundgesetz noch in der GGO geregelt. Sie dienen im Wesentlichen als Debattenforen für einen kleineren Kreis, um zu erkunden, wie betroffene Mitglieder der Bundesregierung zu bestimmten Entscheidungsmaterien stehen (Busse und Hofmann 2019, S. 96). Teilweise dürfen sie auch eigene Beschlüsse fassen. Ein Kabinettsausschuss mit weitreichenden Befugnissen ist der *Bundessicherheitsrat,* der eine eigene Geschäftsordnung hat und unter anderem Rüstungsexporte genehmigen darf. Zu den weiteren Kabinettsausschüssen gehören das 2019 eingerichtete *Klimakabinett,* das die Umsetzung des „Klimaschutzplans 2050" gewährleisten soll, und das *Corona-Kabinett,* das seit April 2020 die Entwicklung der Pandemie überwacht und bei Bedarf schnell reagieren kann.

Darüber hinaus unterhält die Bundesregierung *vielfältige Kooperationen mit anderen Institutionen und Akteurinnen des Regierungssystems.* So trifft der für Bund-Länder-Fragen zuständige Staatsminister im Bundeskanzleramt regelmäßig mit den *Bevollmächtigten der Länder* im Ständigen Beirat zusammen, um Informationen auszutauschen und Verfahrensfragen der föderalstaatlichen Willensbildung und Entscheidungsfindung zu klären (Busse und Hofmann 2019, S. 127). Für die *parteipolitische Koordination innerhalb des Regierungslagers* gibt es nicht nur den Koalitionsausschuss, sondern auch zahlreiche weitere Gremien, die „die Herstellung einer Handlungseinheit aus Exekutive und der sie tragenden Fraktionen und Parteien" unterstützen (Grunden 2011, S. 261). Auch mit *Interessengruppen und Verbänden* bestehen verschiedene Formen institutionalisierter Zusammenarbeit. Von besonderer Bedeutung sind dabei *korporatistische Gremien,* in denen sich die Bundesregierung mit Vertreterinnen unterschiedlicher Verbände abstimmt, um wirtschafts- und sozialpolitische Schlüsselprobleme zu bearbeiten (Abschn. 7.3). Ein Beispiel in diesem Zusammenhang ist die „Konzertierte Aktion Pflege", die 2018 vom Gesundheits-, Familien- und Arbeitsministerium ins Leben gerufen wurde und an der verschiedene Interessengruppen und Institutionen beteiligt waren (Länderregierungen, Pflegeberufs- und Pflegeberufsausbildungsverbände, Verbände der Pflegeeinrichtungen und Krankenhäuser, Kirchen, Pflege- und Krankenkassen, Betroffenenverbände, die Berufsgenossenschaft für Gesundheitsdienst und Wohlfahrtspflege, die Bundesagentur für Arbeit sowie die Sozialpartner). Zentrales Ziel dieser Kooperation war es, die Arbeitsbedingungen für Pflegekräfte schnell und effektiv zu verbessern (BMG 2019).

Schließlich bedient sich die Bundesregierung des Sachverstands von Expertinnen und Verbandsvertreterinnen, um größere Reformprojekte anzustoßen, Lösungsansätze für kontroverse Fragen zu entwickeln oder wichtige Gesetze vorzubereiten. Dazu setzt sie bereichsspezifische *Räte und Kommissionen* ein, die entweder dauerhaft tätig sind oder nur zeitweise bestehen. Durch diese Einbindung betroffener Interessengruppen und wissenschaftlicher Expertise können effektive und legitime Problemlösungen zustande kommen. Zugleich besteht die Gefahr, dass der politische Entscheidungsprozess zu wichtigen Materien aus den Kerninstitutionen der parlamentarischen Demokratie ausgelagert wird (Schöne 2010, S. 259). Als besonders problematisch wurde das „Regieren durch Kommissionen" während der Kanzlerschaft von Gerhard Schröder (1998–2005) wahrgenommen, der Expertengremien wie der Hartz-Kommission eine Schlüsselstellung in seiner Reformagenda einräumte und erklärte, die Kommissionsempfehlungen würden „eins-zu-eins umgesetzt" (Siefken 2007, S. 227). Obwohl das am Ende gar nicht der Fall war, stand diese Äußerung stellvertretend für eine technokratische Position, die die geringe Bedeutung des Parlaments für das politische Agenda-Setting akzentuierte (Abschn. 9.2).

Der hohe Koordinations- und Verhandlungsbedarf inner- und außerhalb der Bundesregierung bedeutet nicht, dass sich der Bundeskanzler auf eine Moderatorenrolle beschränken muss. Gerade aufgrund der komplexen Struktur des deutschen Regierungssystems braucht es die politische Führung durch den Regierungschef, damit die Koalitionsvereinbarungen umgesetzt werden und so die repräsentative Demokratie ihre Responsivität gegenüber den Wählerinnen unter Beweis stellen kann. Dazu hat der Kanzler herausragende Machtressourcen wie die Richtlinienkompetenz und das Recht, die Vertrauensfrage zu stellen (Saalfeld et al. 2019b, S. 259). Allein die Möglichkeit, dass er diese Befugnisse anwenden könnte, entwickelt eine Vorwirkung, durch die der Kanzler sowohl einzelne Minister als auch die Koalitionsfraktionen „auf Linie" bringen kann (Fleischer 2011, S. 201–202).

Schließlich gibt es zwei Handlungskontexte jenseits des Regierungsalltags, in denen die Führungspersönlichkeit des Bundeskanzlers besonders zum Tragen kommt. Zum einen nimmt er als „Chefdiplomat" an bilateralen und multilateralen Gipfeltreffen auf *internationaler Ebene* teil und vertritt dort die politischen Positionen der Bundesregierung weitgehend losgelöst von den Kontrollmechanismen des innerstaatlichen Institutionensystems (Kaarbo 2018). Um hier erfolgreich zu sein, reicht Gremien- und Verhandlungserfahrung nicht aus. Im internationalen Kontext kommt es besonders darauf an, komplexe Situationen richtig zu erfassen und proaktiv zu handeln. So war der Kniefall Willy Brandts am Mahnmal des Warschauer Ghettos im Dezember 1970 eine weltweit rezipierte Geste, die den Weg zur Normalisierung der deutsch-polnischen Beziehungen ebnete und zum ikonographischen Symbol der bundesdeutschen Außenpolitik wurde (Newnham 2007). Als ähnlich folgenreich erwies sich das „Zehn-Punkte-Programm" Helmut Kohls, das er drei Wochen nach dem Mauerfall im November 1989 vor dem Bundestag präsentierte und dadurch den Weg zur deutschen Einheit erheblich beschleunigte (Schwarz 2012a, S. 535–566).

Zum anderen gelten *wirtschaftliche und gesellschaftliche Krisen* als „Stunde der Exekutive", in der es einer umgehenden und effektiven Reaktion des Staates bedarf, um die Situation wieder unter Kontrolle zu bekommen. Krisenlagen können auch zur „Stunde des Kanzlers" werden, wenn er ein politisches Führungsverhalten zeigt, das vom überwiegenden Teil der Bevölkerung als situationsangemessen empfunden wird. So konnte sich Gerhard Schröder bei der Flutkatastrophe im Sommer 2002 als zupackender Krisenmanager präsentieren und die Popularitätswerte für sich und seine Partei deutlich steigern (Pappi et al. 2004). Ähnliches gelang Angela Merkel während der Finanzkrise 2008/09 und der darauffolgenden Eurokrise 2010/11. Gerade weil sie einen nüchternpragmatischen Führungsstil an den Tag legte, der sich von ihrem Amtsvorgänger unterschied, wurde ihr Krisenmanagement in beiden Fällen hochgelobt und auch von den Wählerinnen honoriert. Allerdings zeigt sich gerade im Fall Merkels auch die starke Kontextabhängigkeit erfolgreicher Krisenbewältigung: Obwohl sie ihr bisheriges Führungsverhalten während der Flüchtlingskrise 2015 beibehielt (Wehrkamp 2020), erfuhr ihr Krisenmanagement nun überwiegend kritische Bewertungen, was auch für die Union in den darauffolgenden Landtags- und Bundestagswahlen negativ zu Buche schlug (Wiesendahl 2016).

10.3 Die Bundesregierung im europäischen Mehrebenensystem

Die Bundesregierung nimmt im Prozess der europapolitischen Willensbildung und Entscheidungsfindung eine zentrale Stellung ein. Seit den frühen 1950er Jahren war sie maßgeblich an der Gründung und Weiterentwicklung der supranationalen Gemeinschaft beteiligt (Abschn. 3.1). Bis heute hat die Bundesregierung mehr Einfluss auf die Politik der Europäischen Union als jede andere Institution in Deutschland, weil ihre Mitglieder in zwei EU-Organen repräsentiert sind: der *Bundeskanzler* im *Europäischen Rat,* der die Staats- und Regierungschefs der 27 Mitgliedstaaten versammelt und als integrationspolitischer Impulsgeber fungiert, und die *Bundesminister* in den einzelnen Formationen des *Rats der EU* (Ministerrat), der gemeinsam mit dem Europäischen Parlament die europäischen Gesetzesakte beschließt (Abschn. 3.2). Damit die deutschen Interessen in diesen Gremien effektiv vertreten werden, wurde die *Binnenorganisation der Bundesregierung* in verschiedenen Hinsichten *„europäisiert"* (Sturm und Pehle 2012, S. 49–66).

Seit 1949 zählt die europäische Integration zur außenpolitischen Staatsräson der Bundesrepublik Deutschland (Haftendorn 2001). Unter Kanzler Adenauer, der bis 1955 zugleich das AA leitete, wurde die *Weiterentwicklung des supranationalen Projekts* zur *„Chefsache"* und blieb es bis zum heutigen Tag. Das AA, das seit 1966 immer von der kleineren Koalitionspartei geführt wurde, unterstützte diesen Kurs. Nur unter der rot-grünen Koalition (1998–2005) versuchte sich Außenminister Joschka Fischer mit eigenen europapolitischen Initiativen zu profilieren (Beichelt 2007b). Insgesamt hat die Gipfeldiplomatie auf EU-Ebene zur Beliebtheit und zu den Wahlerfolgen der deutschen Kanzler „nicht unerheblich" beigetragen (Niclauß 2015, S. 14). Damit bildet die europäische Integration einen der wenigen Themenbereiche, in denen der Regierungschef nicht primär als Koalitionsmanager fungiert, sondern die politischen Richtlinien weitgehend bestimmt. Der wichtigste Grund dafür ist sicherlich, dass alle bisherigen Regierungsparteien auf Bundesebene einen integrationsfreundlichen Kurs verfolgt haben und es deswegen zu keinen Koalitionskonflikten gekommen ist.

10.3 Die Bundesregierung im europäischen Mehrebenensystem

Die dominante Stellung des Kanzlers in der Europapolitik wird noch dadurch untermauert, dass der Europäische Rat seit den 1990er Jahren immer mehr zum politischen Entscheidungsorgan geworden ist, indem er größere Verhandlungspakete aus unterschiedlichen Vorlagen verabschiedet hat, auf die sich die Fachminister in den einzelnen Ratsformationen nicht verständigen konnten (Sturm und Pehle 2012, S. 54). Folglich wurde die Agenda des Europäischen Rats erheblich ausgedehnt. Allein 2019 kam er zu acht regulären und außerordentlichen Sitzungen zusammen. Außerdem fanden weitere Gipfel mit Drittstaaten und internationalen Organisationen statt. Diese häufigen Treffen auf EU-Ebene erhöhen die öffentliche Sichtbarkeit des Kanzlers; zugleich muss er über eine immer größere Zahl unterschiedlicher Fachpolitiken hinreichend informiert sein. Umso bemerkenswerter ist es, dass das *Kanzleramt* im Vergleich zu den Regierungszentralen anderer größerer Mitgliedstaaten nur über *geringe Verwaltungskapazitäten im EU-Bereich* verfügt. Erst 2002 wurde dort eine eigene Abteilung für Europapolitik eingerichtet (Krax 2010, S. 90); Mitte 2020 waren dort etwa 30 Mitarbeiterinnen tätig. Daher ist das Kanzleramt auf die inhaltliche Zuarbeit der Bundesministerien angewiesen, um seine EU-Agenda erfolgreich zu bewältigen.

Während also der Bundeskanzler und das Bundeskanzleramt die europapolitischen Leitlinien bestimmen, sind die *Bundesminister und* die von ihnen geleiteten *Bundesministerien* mit der *„normalen" EU-Gesetzgebung* befasst. Dabei nehmen sie zwei Hauptaufgaben wahr. Zum einen müssen sie die inhaltlichen Positionen der Bundesregierung zu den Gesetzesvorlagen der Europäischen Kommission vorbereiten und sie dann in den unterschiedlichen Ratsformationen bestmöglich vertreten. Das gilt auch für die „Euro-Gruppe", in der die Finanz- bzw. Wirtschaftsminister der Eurozone zusammentreffen, um die Einhaltung der haushalts- und wirtschaftspolitischen Stabilitätsregeln zu überwachen und entsprechende Maßnahmen zu koordinieren (Art. 137 AEUV i.V. m. Protokoll Nr. 14). Die deutsche Regierung wird in diesem informellen, aber mächtigen Gremium durch den Bundesfinanzminister vertreten. Zum anderen ist die Bundesregierung gegenüber der EU-Kommission für die rechtliche Umsetzung europäischer „Rahmengesetze" (Richtlinien) verantwortlich (Abschn. 3.3; siehe unten).

Vor diesem Hintergrund wurden die *Organisationsstrukturen der Bundesministerien* umfassend *angepasst.* Heute verfügen alle Ressorts über *Europareferate oder* ganze *Europaabteilungen,* die eine hausinterne Bündelungsfunktion bei der Vorbereitung von Ratstagungen und der Umsetzung europäischer Rechtsakte übernehmen. Der Leiter des Europareferats ist meist zugleich der „EU-Beauftragte" des Ministeriums (Müller Gómez und Wessels 2016, S. 227). Die Arbeit des Landwirtschaftsministeriums ist traditionell am stärksten durch supranationale Vorgaben geprägt (Krax 2010, S. 96). Doch auch in den anderen Bundesministerien gibt es inzwischen „kaum ein Fachreferat, das sich noch nie mit europapolitischen Fragestellungen beschäftigen musste" (Müller Gómez und Wessels 2016, S. 8). Dabei unterhalten die einzelnen Ressorts auch direkte Beziehungen zu den verschiedenen Organen und Einrichtungen auf europäischer Ebene, um relevante Informationen zu erhalten (§ 37 GGO).

Außerdem hat die *Ständige Vertretung der Bundesrepublik bei der Europäischen Union (StäV)* eine Schlüsselposition in der europapolitischen Interessenvermittlung inne. Formal ist sie die diplomatische Repräsentanz Deutschlands in Brüssel, funktional jedoch weit mehr als eine normale Botschaft, weil die dort tätigen Beamtinnen die Sitzungen des Ministerrates vorbereiten und so ein „Scharnier" zwischen der nationalen und supranationalen Regierungsebene bilden (Müller Gómez und Wessels 2016, S. 38). In der StäV sind knapp 200 Mitarbeiterinnen beschäftigt, wovon ca. 75 % auf Zeit aus den unterschiedlichen Bundesministerien rekrutiert werden (Müller Gómez und Wessels 2016, S. 221). Im Vorfeld der deutschen Ratspräsidentschaft, die turnusgemäß im zweiten Halbjahr 2020 stattfand, wurde der Personalbestand temporär auf etwa 350 aufgestockt (Ständige Vertretung 2017).

Die *inhaltliche Vorbereitung der Ratssitzungen auf EU-Ebene* beginnt in verschiedenen fachbezogenen Ausschüssen und Arbeitsgruppen, in denen die Mitarbeiterinnen der StäV mit Beamtinnen der Europäischen Kommission und anderer Mitgliedstaaten zusammentreffen. Dort können sie frühzeitig Einblick in geplante Kommissionsinitiativen gewinnen und deren Ausarbeitung beeinflussen sowie mit anderen Regierungsvertreterinnen gemeinsame Positionen ausloten (Fouilleux et al. 2005). Die einzelnen Dossiers werden dann im *Ausschuss der Ständigen Vertreter* (frz. Abkürzung: COREPER) gesammelt, der eine ähnliche Koordinierungsfunktion für den Rat der EU hat wie die Runde der Staatssekretäre für das Bundeskabinett. Der COREPER legt die Tagesordnungen der einzelnen Ministerräte fest und formuliert Entscheidungsvorschläge für die Dossiers, zu denen bereits weitgehender Konsens zwischen den Mitgliedstaaten herrscht (Große Hüttmann 2007, S. 42). Im Unterschied zu den meisten nationalstaatlichen Koordinationsgremien tritt der Ausschuss in zwei Formationen zusammen: Der sogenannte *COREPER II* befasst sich mit Vorlagen zu Auswärtigen und Allgemeinen Angelegenheiten sowie der Wirtschafts-, Finanz-, Handels-, Justiz- und Innenpolitik, während der *COREPER I* für die Bereiche Wettbewerbsfähigkeit, Landwirtschaft, Bildung, Arbeit, Soziales, Umwelt und Infrastruktur zuständig ist. Diese *arbeitsteilige Doppelstruktur* spiegelt sich in der *Leitungsebene der StäV* wider: Der *Ständige Vertreter,* der die Repräsentanz leitet und vom Auswärtigen Amt besetzt wird, repräsentiert die Bundesrepublik im COREPER II, während sein *Stellvertreter* aus dem BMWi kommt und den deutschen Sitz im COREPER I einnimmt. Der Ständige Vertreter und sein Stellvertreter haben in der Regel die notwendige Flexibilität, um mit den COREPER-Mitgliedern anderer Mitgliedstaaten Kompromisse zu erzielen. Gleichwohl sind sie bei ihren Verhandlungen nicht autonom, sondern erhalten inhaltliche und politische Vorgaben, auf die sich die Bundesministerien zuvor verständigt haben.

Diese *regierungsinterne Ressortabstimmung zu EU-Vorlagen* läuft ähnlich ab wie bei der innerstaatlichen Gesetzgebung (Beichelt 2015, S. 272–274; Abschn. 10.2). Sie beginnt beim *federführenden Referat,* das eine inhaltliche Stellungnahme entwirft und dabei die Positionen der anderen Ministerialressorts, der Länderregierungen sowie von Verbänden und zivilgesellschaftlichen Organisationen berücksichtigt. Bei allen finanzwirksamen Angelegenheiten ist immer das BMF beteiligt (§ 37 Abs. 3 GGO). Kontroverse Dossiers werden „nach oben" an die *Runde der EU-Abteilungsleiter* weitergeleitet, die im Monatsrhythmus tagt und bei der auch die StäV einbezogen wird. Im Gegensatz zur innerstaatlichen Ressortabstimmung wird dieses Gremium nicht vom Bundeskanzleramt, sondern abwechselnd von AA und BMWi geleitet. Mit den immer noch strittigen Vorlagen befasst sich dann der *Staatssekretärsausschuss für Europafragen*, an dem die leitenden Beamtinnen aller Bundesministerien, der Leiter der Europaabteilung im Bundeskanzleramt sowie der Ständige Vertreter teilnehmen. Den Vorsitz führt der Europa-Staatsminister im AA; der stellvertretende Vorsitz liegt beim BMWi. Auf dieser Ebene wird in der Regel über alle verbliebenen Meinungsverschiedenheiten verbindlich entschieden. Das Bundeskabinett ist zwar formal die letzte Entscheidungsinstanz, doch wird es nur in Ausnahmefällen mit EU-Vorlagen befasst.

Die *Koordinierung der bundesdeutschen Europapolitik* ist also relativ kompliziert, weil sowohl die Federführung des regierungsinternen Abstimmungsprozesses als auch die Vertretung im COREPER zwischen dem AA und dem BMWi aufgeteilt sind. Dieses Arrangement geht ursprünglich auf einen 1958 ausgehandelten Kompromiss zwischen Wirtschaftsminister Erhard und Außenminister von Brentano zurück (Hesse und Goetz 1992). Nur unter der rot-grünen Regierung (1998–2005) wurden die europapolitischen Koordinationskompetenzen des BMWi zeitweise dem BMF übertragen. Abgesehen davon hat sich die Arbeitsteilung zwischen AA und BMWi „als bemerkenswert stabil erwiesen" (Beichelt 2015, S. 268). Der wichtigste Grund für diese institutionelle Kontinuität liegt in der bundesdeutschen Koalitionsdemokratie: Da das AA meist von der kleineren Regierungspartei besetzt wird und das BMWi an die größere fällt, können beide die regierungsinterne Positionsbildung zur EU-Politik gleichberechtigt kontrollieren. Im Vergleich zu anderen größeren EU-Staaten ist das deutsche Koordinierungsverfahren somit stärker inklusiv angelegt (Kassim 2003). Andererseits kann sich der regierungsinterne Willensbildungsprozess relativ langwierig gestalten und dazu führen, dass sich die Bundesregierung in der Frühphase der Beratungen im COREPER der Stimme enthält. Diese Enthaltung aufgrund unzureichender Koordination wird im Brüsseler Jargon ironisch-abschätzig als *„German vote"* bezeichnet (Bauer et al. 2007b, S. 740). Vor allem wenn die Bundesregierung europapolitische Dossiers als besonders wichtig eingestuft hat, konnte sie allerdings in vielen Fällen ihre Präferenzen wirksam vertreten (Krax 2010, S. 336).

Neben der Mitwirkung an europäischen Gesetzesentscheidungen organisiert die Bundesregierung auch die *rechtliche Umsetzung europäischer Richtlinien*. Grundsätzlich ist jedes Ministerium dafür verantwortlich, dass die in seinen Zuständigkeitsbereich fallenden Rechtsakte der EU fristgerecht in nationale Gesetze oder Verordnungen überführt werden (§ 75 GGO), die dann von den Ländern administrativ vollzogen werden (Abschn. 13.4). Gleichzeitig wacht das BMWi über alle Umsetzungsfristen aus Brüssel, weil Verzögerungen in der Regel zu Vertragsverletzungsverfahren führen, die empfindliche Geldstrafen nach sich ziehen können (Abschn. 3.3). Da Deutschland in der Vergangenheit immer wieder Schwierigkeiten mit der rechtzeitigen Implementation von

EU-Richtlinien hatte, verfolgt die Bundesregierung inzwischen das Ziel, „möglichst wenig deutsches Recht zu ändern" und so den Umsetzungsprozess möglichst effizient zu gestalten (Müller Gómez und Wessels 2016, S. 171). Diese Vorgehensweise erschwert es allerdings, die EU-Vorgaben sinnvoll in den innerstaatlichen Rechtsbestand zu integrieren, d. h. die Regelungsanforderungen der EU mit den nationalen oder regionalen politisch-administrativen Zielen effektiv abzustimmen (Beichelt 2015, S. 285). Durch den verstärkten Fokus auf die fristgerechte Umsetzung von EU-Recht bleiben somit vorhandene Gestaltungsspielräume nationaler Politik ungenutzt.

10.4 Der Bundespräsident: zwischen neutraler Instanz und politischem Amt

Von allen Staatsorganen des Grundgesetzes ist das *Amt des Bundespräsidenten* am stärksten durch die *historischen Lehren* geprägt, die der Parlamentarische Rat aus dem Scheitern der Weimarer Demokratie gezogen hat (Rausch 1979, S. 15). In der Weimarer Verfassung nahm der Reichspräsident eine dominante Position ein. Auf sieben Jahre vom Volk gewählt, verfügte er über machtvolle Kompetenzen „in allen Zweigen der Staatsgewalt" (Gusy 2012, S. 23). Dazu zählte insbesondere das Recht, den Reichskanzler zu ernennen und zu entlassen (Art. 53 WRV), den Reichstag aufzulösen (Art. 25 WRV) sowie in Krisensituationen Zwangsmaßnahmen gegen einzelne Länder zu verhängen („Reichsexekution") und per Gesetzesdekret zu regieren („Notverordnung"; Art. 48 WRV). Unter dem ersten Reichspräsidenten Friedrich Ebert (1919–1925) trug das mächtige Amt noch zur Stabilisierung der jungen Demokratie bei. Als aber im Gefolge der Weltwirtschaftskrise die parlamentarische Mehrheitsbildung immer prekärer wurde, regierte sein Nachfolger Paul von Hindenburg (1925–1934) ab 1930 mit Präsidialkabinetten, löste den Reichstag mehrfach auf und setzte zahlreiche Grundrechte per Notverordnung außer Kraft (Rudzio 2000, S. 48). Als Hindenburg am 30. Januar 1933 Adolf Hitler zum Reichskanzler ernannte, wurde er endgültig zu einem „Totengräber" der parlamentarischen Demokratie (Barth und Friederichs 2018). Vor diesem Erfahrungshorizont waren die Mütter und Väter des Grundgesetzes bestrebt, die Vollmachten des Staatsoberhaupts möglichst stark einzuschränken (Niclauß 2012). So bestimmte vor allem die Abgrenzung zum Weimarer Reichspräsidenten die Ausgestaltung des höchsten Staatsamts der Bundesrepublik. Wegen dieser „Negativfolie" fällt es nicht leicht, die Stellung des Bundespräsidenten im deutschen Regierungssystem exakt zu bestimmen (Höreth 2015). Aus dem Zusammenspiel zwischen einer schwachen Kompetenzausstattung, den Koalitions- und Personalkalkülen der Bundestagsparteien sowie dem Verhalten der bisherigen – durchwegs männlichen – Bundespräsidenten hat sich ein Amtsverständnis herausgebildet, das die *Rolle einer neutralen Instanz mit politischen Gestaltungspotenzialen* verbindet.

10.4 Der Bundespräsident: zwischen neutraler Instanz und politischem Amt

Der *institutionelle Rahmen* des Amts ist im Grundgesetz niedergelegt.[6] Demnach wird der Bundespräsident von der *Bundesversammlung* gewählt, die unter dem Vorsitz des Bundestagspräsidenten ausschließlich zu diesem Zweck zusammentritt. Sie besteht aus den Mitgliedern des Bundestages und einer gleichen Anzahl von Mitgliedern, die von den Länderparlamenten „nach den Grundsätzen der Verhältniswahl gewählt werden" (Art. 54 Abs. 3 GG). Damit hat der Parlamentarische Rat eine bewusste Entscheidung gegen die in Weimar praktizierte Volkswahl getroffen, um eine legitimatorische Konkurrenzsituation zwischen dem Staatsoberhaupt und dem direkt gewählten Parlament zu vermeiden (Oppelland 2012, S. 63). Zugleich verfügt der Bundespräsident über eine *gesamtstaatliche Legitimationsbasis,* da er von Volksvertreterinnen aus Bund und Ländern gewählt wird. Wählbar sind alle Deutschen, die das Wahlrecht zum Bundestag besitzen und mindestens 40 Jahre alt sind (Art. 54 Abs. 1 GG). Diese Altersgrenze, die auch für Verfassungsrichter gilt (Abschn. 12.1), soll eine gewisse Lebenserfahrung und persönliche Reife sicherstellen. Kandidatinnen können von jedem Mitglied der Bundesversammlung vorgeschlagen werden (§ 9 BPräsWahlG). Der Bundespräsident wird für fünf Jahre gewählt und kann anschließend nur einmal wiedergewählt werden (Art. 54 Abs. 2 GG). Auf diese Weise wurde seine Amtszeit weitgehend von der vierjährigen Legislaturperiode des Bundestages entkoppelt, damit die Bundesversammlung nicht während des Wahlkampfs zusammentreten muss (Rausch 1979, S. 61–62). Nach Amtsantritt kann der Bundespräsident nicht vorzeitig abgewählt werden und ist insofern politisch unabhängig. Wenn er das Amt nicht ausüben kann oder es vorzeitig verlässt, nimmt der Präsident des Bundesrats seine Befugnisse wahr (Art. 57 GG). Eine Amtsenthebung ist nur bei vorsätzlicher Verletzung des Grundgesetzes oder eines anderen Bundesgesetzes möglich. Dazu kann ein Viertel der Mitglieder des Bundestages oder des Bundesrates Klage vor dem Bundesverfassungsgericht erheben, das über den Amtsverlust entscheidet (Art. 61 GG). Außerdem wird die Unabhängigkeit des Bundespräsidenten dadurch sichergestellt, dass er keine anderen öffentlichen Ämter übernehmen und keine privatwirtschaftlichen Tätigkeiten ausüben darf (Art. 55 GG).

Von Beginn an war die *Wahl der bisherigen Bundespräsidenten durch die Wettbewerbslogik der Parteiendemokratie geprägt.* Eine wichtige Voraussetzung dafür bildet die Entscheidungsregel: Im ersten und zweiten Wahlgang ist eine absolute Stimmenmehrheit erforderlich; im dritten Wahlgang reicht die relative Mehrheit (Art. 54 Abs. 6 GG). Anders als bei der Wahl der Verfassungsrichter, die jeweils Zwei-Drittel-Mehrheiten in Bundestag und Bundesrat benötigen, herrscht in der Bundesversammlung kein Konsenszwang. Folglich kann eine Partei die von ihr favorisierte Person in das höchste

---

[6] Darüber hinaus gibt es nur noch das „Gesetz über die Wahl des Bundespräsidenten durch die Bundesversammlung" (BPräsWahlG), das Einzelheiten der Zusammensetzung der Bundesversammlung und des Wahlprozesses regelt.

Staatsamt bringen, wenn sie die einfache Stimmenmehrheit hat oder eine „kleine" Abstimmungskoalition bilden kann.

Tatsächlich wurden die bisherigen Bundespräsidenten *häufig mit knappen Mehrheiten* gewählt (Tab. 10.2). In zehn der 16 Bundesversammlungen erhielt der siegreiche Kandidat nur zwischen 49,4 % und 52,5 % der Stimmen; darunter waren Gustav Heinemann, Roman Herzog und Christian Wulff, die bis zum dritten Wahlgang ausharren mussten. Doch auch hinter den Bewerbern, die eine breitere Mehrheit fanden, standen meist feste Abstimmungskoalitionen. In dieser Hinsicht kann man *drei Parteienkonstellationen* unterscheiden (Rütters 2013, S. 277–282; Tab. 10.2). In den meisten Fällen versammelten sich die *Regierungsparteien auf Bundesebene* hinter dem siegreichen Kandidaten. Zweimal war die Besetzung des höchsten Staatsamts bereits Bestandteil der koalitionspolitischen Ämteraufteilung (Oppelland 2012, S. 64): 1949 erhielt die FDP als kleinere Bündnispartnerin den „Zugriff" und schickte ihren Vorsitzenden Theodor Heuss ins Rennen, und im Koalitionsvertrag der rot-grünen Regierung von 1998 wurde das Nominierungsrecht der SPD zuerkannt, die sich für den ehemaligen nordrhein-westfälischen Ministerpräsidenten Johannes Rau entschied. 1994 stellte die FDP als kleinere Regierungspartei eine eigene Kandidatin auf, um ihre politische Eigenständigkeit gegenüber der Union zu dokumentieren, zog sie aber im dritten Wahlgang zurück und verhalf damit Roman Herzog (CDU) ins Amt. Bei Walter Scheel (FDP) und Frank-Walter Steinmeier (SPD) waren es wiederum Mitglieder der kleineren Koalitionspartnerin, die von den Parteien der amtierenden Bundesregierung gewählt wurden. In vier Fällen wurden die Regierungskandidaten bereits in der ersten Runde von lagerübergreifenden Mehrheiten unterstützt, was der Wahl konsensdemokratische Züge verlieh. Dazu zählt die Wiederwahl von Theodor Heuss (1954) und Richard von Weizsäcker (1989) – zwei sehr populären Präsidenten, gegen die die Parteien der Bundestagsopposition keine eigenen Kandidatinnen ins Rennen schickten. Gleiches galt für die erste Wahl von Weizsäckers (1984), aber auch für den ehemaligen Bürgerrechtler Joachim Gauck, der bereits 2010 als Kandidat der rot-grünen Opposition an der Wahl teilgenommen und im Wettbewerb mit dem damaligen Regierungskandidaten Christian Wulff eine große Stimmenzahl erhalten hatte (Oppelland 2012, S. 70). Als Gauck zwei Jahre später von der schwarz-gelben Koalition aufgestellt wurde, schlossen sich SPD und Grüne dieser Nominierung an.

Bei zwei Bundesversammlungen konnte die *Bundestagsopposition* ihre Kandidaten durchsetzen. 1979 verfügte die CDU/CSU aufgrund ihrer dominanten Stellung in den Länderparlamenten über eine absolute Mehrheit und wählte den Bundestagspräsidenten Karl Carstens zum Bundespräsidenten. 2004 wurde die Kandidatur von Horst Köhler zwischen den Vorsitzenden der bürgerlichen Oppositionsparteien – Angela Merkel (CDU), Edmund Stoiber (CSU) und Guido Westerwelle (FDP) – vereinbart. Da die Nominierung bei einem Treffen in Westerwelles Privatwohnung verabredet wurde, wurde sie in den Medien als „Hinterzimmer-Politik" kritisiert, die der Würde

10.4 Der Bundespräsident: zwischen neutraler Instanz und politischem Amt

Tab. 10.2 Bundespräsidenten der Bundesrepublik Deutschland (1949–2021)

Name	Amtszeit	Partei	Berufliche Tätigkeit vor Amtsantritt	Wahlergebnisse in der Bundesversammlung	Mehrheitsbildung
Theodor Heuss	1949–1959	FDP	Mitglied Parlament. Rat; Parteivorsitzender	1949: 51,7 % (2. WG) 1954: 85,6 % (1. WG)	Regierung Regierung (+)
Heinrich Lübke	1959–1969	CDU	Bundeslandwirtschaftsminister	1959: 50,7 % (2. WG) 1964: 68,1 % (1. WG)	Regierung Neue Koalition
Gustav Heinemann	1969–1974	SPD	Bundesjustizminister	1969: 49,4 % (3. WG)	Neue Koalition
Walter Scheel	1974–1979	FDP	Bundesaußenminister	1974: 51,2 % (1. WG)	Regierung
Karl Carstens	1979–1984	CDU	Präsident des Deutschen Bundestages	1979: 51,0 % (1. WG)	Opposition
Richard von Weizsäcker	1984–1994	CDU	Regierender Bürgermeister von Berlin	1984: 80,0 % (1. WG) 1989: 84,9 % (1. WG)	Regierung (+) Regierung (+)
Roman Herzog	1994–1999	CDU	Präsident des Bundesverfassungsgerichts	1994: 52,6 % (3. WG)	Regierung
Johannes Rau	1999–2004	SPD	Ministerpräsident von Nordrhein-Westfalen	1999: 51,6 % (2. WG)	Regierung
Horst Köhler	2004–2010 (Rücktritt)	CDU	Direktor des Internationalen Währungsfonds	2004: 50,1 % (1. WG) 2009: 50,1 % (1. WG)	Opposition Neue Koalition
Christian Wulff	2010–2012 (Rücktritt)	CDU	Ministerpräsident von Niedersachsen	2010: 50,2 % (3. WG)	Regierung
Joachim Gauck	2012–2017	Keine	Vorsitzender „Gegen Vergessen – Für Demokratie"	2012: 79,9 % (1. WG)	Regierung (+)
Frank-Walter Steinmeier	Seit 2017	SPD	Bundesaußenminister	2017: 73,9 % (1. WG)	Regierung

Quelle: Eigene Zusammenstellung nach Rütters (2013, S. 278–279) und Korte (2019, S. 358–359; S. 363–378).

Anmerkungen: *Partei:* Parteimitgliedschaft vor Amtsantritt, die danach ruhte bzw. niedergelegt wurde. *Berufliche Tätigkeit:* nur Position unmittelbar vor Amtsantritt. *Wahlergebnisse in der Bundesversammlung:* Angaben in Prozent der Ja-Stimmen bei der Wahl bzw. Wiederwahl im jeweils erfolgreichen Wahlgang (WG). *Mehrheitsbildung:* Regierung = erfolgreicher Kandidat von den Regierungsparteien auf Bundesebene unterstützt („+" zusätzliche Unterstützung von anderen Parteien); Opposition = erfolgreicher Kandidat von Oppositionsparteien auf Bundesebene unterstützt; Neue Koalition = erfolgreicher Kandidat von Bündnis aus Regierungs- und Oppositionsparteien auf Bundesebene unterstützt.

des höchsten Staatsamtes nicht angemessen sei (Korte 2019, S. 103). Allerdings basierten alle erfolgreichen Präsidentschaftskandidaturen auf Absprachen zwischen den Parteiführungen. Letzteres gilt auch für die dritte Bündniskonfiguration, bei der sich *Parteien aus dem Regierungs- und Oppositionslager* auf einen gemeinsamen Kandidaten verständigten und damit neue Koalitionskonstellationen ausloteten. Dies passierte erstmals 1964 bei der Wiederwahl Heinrich Lübkes (CDU), der die Bildung einer Großen Koalition präferierte und deswegen von der SPD-Führung unter Herbert Wehner unterstützt wurde, während die mitregierende FDP einen eigenen Kandidaten aufstellte. Zwei Jahre später kam tatsächlich eine Bundesregierung aus CDU/CSU und SPD zustande. Die Präsidentschaftswahl 1969 galt als Test für ein weiteres neues Bündnis: Gemeinsam mit der FDP gelang es der SPD, ihren Kandidaten Gustav Heinemann gegen den Bewerber der Union durchzusetzen. So wurde „ein Stück Machtwechsel" vollzogen, noch bevor die erste sozialliberale Regierung gebildet wurde (Oppelland 2012, S. 65). Auch die Wiederwahl von Horst Köhler 2009 wurde als Vorbote eines Koalitionswechsels verstanden, da sich die CDU/CSU mit der oppositionellen FDP auf den bisherigen Bundespräsidenten verständigte und nach der anschließenden Bundestagswahl eine gemeinsame Regierung bildete (Rütters 2013, S. 279).

Nur vier der zwölf Bundespräsidenten kandidierten für eine *zweite Amtszeit* und wurden auch wiedergewählt (Tab. 10.2). Das bedeutet nicht, dass alle anderen amtsmüde gewesen wären. Einige Präsidenten wie Gustav Heinemann, Walter Scheel oder Roman Herzog hätten vermutlich gern weitergemacht, erklärten jedoch ihren Verzicht auf eine erneute Kandidatur, weil die parteipolitischen Mehrheitsverhältnisse in der Bundesversammlung nicht gesichert waren. Allein Joachim Gauck wäre wohl von einer breiten Mehrheit im Amt bestätigt worden, trat jedoch aus persönlichen Gründen nicht erneut an (Bannas und Lohse 2016).

Auch wenn die parteipolitischen Mehrheiten feststanden, war es nicht immer einfach, eine *geeignete Persönlichkeit* zu finden. Zum einen sollte der Bundespräsident über eine gewisse *Erfahrung mit dem Politikbetrieb* verfügen, um das Aufgabenspektrum des höchsten Staatsamts angemessen wahrzunehmen. Nicht umsonst hatten fast alle bisherigen Amtsinhaber zuvor hochrangige Positionen in den Regierungen des Bundes und der Länder, im Bundestag oder Bundesverfassungsgericht inne (Tab. 10.2). Gerade Horst Köhler – neben Gauck der einzige Ausnahmefall – zeigt die Bedeutsamkeit dieses Aspekts: Als prominenter Karrierebeamter verfügte er zwar über nationale und internationale Verwaltungserfahrung, fühlte sich aber „der ‚politischen Klasse' in Berlin nicht wirklich zugehörig" und konnte daher keine „Anstöße zur Weiterentwicklung des Regierungssystems" liefern (Hesse und Ellwein 2012, S. 458). Sein Rücktritt im Mai 2010 dokumentierte auch das Scheitern der Bemühungen, die Regierungspolitik in seinem Sinn zu beeinflussen (Höreth 2015, S. 314–317). Zum anderen muss ein Präsidentschaftskandidat, der von der größeren Regierungspartei vorgeschlagen wird, *auch für die kleinere Koalitionspartei akzeptabel* sein. Daher sollte es eine Persönlichkeit sein, die weder zum Führungskreis der größeren Partei zählt noch deren ideologische Positionen prononciert vertritt. So war Richard von Weizsäcker auch für weite Teile der FDP und SPD als Bundespräsident wählbar, weil er als „unionsinterner Dissident" (Oppelland 2012, S. 69) galt. Umgekehrt konnte der stellvertretende CDU-Vorsitzende und niedersächsische Ministerpräsident Wulff das bürgerliche Lager in der Bundesversammlung zunächst nicht hinter sich bringen und wurde erst im dritten Wahlgang mit knapper Mehrheit gewählt (Höreth 2015, S. 317). Nachdem Wulff 2012 wegen Bestechlichkeitsvorwürfen und versuchter Beeinflussung der Presse zurückgetreten war, gelang es Bundeskanzlerin Merkel nicht mehr, eine Person aus den eigenen Reihen zu präsentieren, die Rückhalt in der gesamten Regierungskoalition gehabt hätte. Am Ende musste sie die Kandidatur Joachim Gaucks akzeptieren, die von dem FDP-Vorsitzenden Philipp Rösler lanciert wurde. Beim bislang letzten „Präsidentenpoker" (Korte 2019, S. 21) im Herbst 2016 konnten sich dann CDU und CSU nicht einigen, weswegen SPD-Chef Sigmar Gabriel den erfahrenen und beliebten Außenminister Frank-Walter Steinmeier als Kandidat der Großen Koalition durchsetzen konnte.

Während also im Vorfeld einer Präsidentenwahl eine mehrheitsdemokratische Wettbewerbslogik dominiert, findet die *Bundesversammlung in einem konsensual-feierlichen Rahmen* statt. Im Plenarsaal des Reichstags treffen die über 1.200 Mitglieder des Wahlkollegiums zusammen, darunter auch ausgewählte Persönlichkeiten des öffentlichen Lebens wie Künstlerinnen, Schauspielerinnen und Sportlerinnen, die von den einzelnen Länderparlamenten entsandt werden, um die breite gesellschaftliche Verankerung des höchsten Staatsamts zu unterstreichen (Nohlen 2015c, S. 54). Die Wahl selbst erfolgt ohne vorherige Aussprache und „mit verdeckten Stimmzetteln" (§ 9 BPräsWahlG). Somit sind die Delegierten in ihrer Entscheidung völlig frei. Trotzdem bleibt die parteipolitische Logik dominant, da die Wahlfrauen und -männer nach Fraktionszugehörigkeit zusammensitzen und auch die „unabhängigen" Persönlichkeiten aufgrund ihrer Partei- bzw. Kandidatenpräferenz ausgewählt werden. Zwar gibt es in der Bundesversammlung meist mehr „Abweichlerinnen" als bei der Wahl des Bundeskanzlers. Allerdings hat dies noch nie zu einem Abstimmungsergebnis geführt, das den vorhergehenden Vereinbarungen der Mehrheitskoalition zuwiderlief.

Nach Amtsübernahme ist der Bundespräsident zu *parteipolitischer Neutralität* verpflichtet. Symbolisch kommt das dadurch zum Ausdruck, dass er seine Parteimitgliedschaft während der Präsidentschaft ruhen lässt. Diese ungeschriebene Regel wurde durch Theodor Heuss begründet, der seine FDP-Mitgliedschaft sogar niedergelegt hat (Rausch 1979, S. 62). Auch sonst pflegte er ein „zurückgenommenes Rollenverständnis des Staatsoberhaupts, hinter das keiner seiner Nachfolger mehr zurückfallen konnte oder wollte" (Decker 2012, S. 160). Tatsächlich folgten alle weiteren Bundespräsidenten der grundlegenden Handlungsmaxime, sich parteipolitisch neutral zu verhalten, um so die Autorität zu gewinnen, die für die Wirkung des Amtes in Politik und Öffentlichkeit erforderlich ist.

Die Befugnisse, die das Grundgesetz dem Bundespräsident verleiht, lassen sich in zwei Gruppen unterteilen (Strohmeier 2008, S. 177): Zum einen hat er *staatsnotarielle Prüfkompetenzen,* zu deren Ausführung er verpflichtet ist und deren Ausführung er nur aus rechtlichen Gründen verweigern kann, und zum anderen *politische Gestaltungskompetenzen,* die er nach eigenem Ermessen ausübt. Die damit verbundenen Aufgaben kann man wiederum in *vier Hauptfunktionen* zusammenfassen (Lhotta 2012; Möllers 2012): *Repräsentation* des Gesamtstaats, *Integration* des Gemeinwesens, *Kontrolle* von Regierung und Parlament sowie Stabilisierung in Krisensituationen (*Reservemacht*).

Die *Repräsentationsfunktion* beinhaltet zuvörderst *Aufgaben im internationalen Bereich,* die gewöhnlich von Staatsoberhäuptern in parlamentarischen Demokratien wahrgenommen werden: Der Bundespräsident „vertritt den Bund völkerrechtlich", „schließt im Namen des Bundes die Verträge mit auswärtigen Staaten" und „beglaubigt und empfängt die [diplomatischen] Gesandten" (Art. 59 Abs. 1 GG). Wird die Bundesrepublik mit Waffengewalt angegriffen, kann er eine völkerrechtliche Erklärung zum Verteidigungsfall abgeben (Art. 115a Abs. 5 GG). Diese Kompetenzen sind insofern staatsnotarieller Natur, als ihre Ausübung die Zustimmung oder Mitwirkung des Bundestags bzw. der Bundesregierung braucht (Art. 59 Abs. 2 GG). Der Bundespräsident darf also keine autonome Außenpolitik betreiben. Gleichwohl kann er eigene politische Akzente setzen, indem er bei offiziellen Staatsbesuchen im In- und Ausland die richtigen Worte findet und auch bei anderen Anlässen zu auswärtigen Angelegenheiten öffentlich Stellung bezieht. Nicht selten wirkten die bisherigen Amtsinhaber als „internationale Türöffner", indem sie etwa „deutsche Versäumnisse und historische Schuld" klar benannten, wie Richard von Weizsäcker 1987 in Leningrad oder Johannes Rau 2000 in Israel (Korte 2019, S. 222). Gerade wenn diese Positionen mit der Bundesregierung abgestimmt sind, kann das diplomatische Engagement des Bundespräsidenten besonders positiv wirken, da er aufgrund seiner politischen Unabhängigkeit die Möglichkeit hat, „Themen anzusprechen und Meinungen zu vertreten, die ein Regierungschef aus Rücksicht auf die eigene Partei, seine Koalitionspartner oder die Bevölkerungsmeinung so nicht ansprechen oder vertreten könnte" (Decker 2012, S. 165). Auch *nach innen* nimmt der Bundespräsident vielfältige Repräsentationsaufgaben wahr, indem er etwa Orden und Auszeichnungen verleiht, gemeinnützige Organisationen und Veranstaltungen durch Schirmherrschaften unterstützt oder bei Staatsjubiläen und -begräbnissen spricht. In diesem Zusammenhang entscheidet der Bundespräsident darüber, welche Einladungen er annimmt bzw. bei welchen Anlässen er auftritt. Allerdings muss er stets beachten, dass er zwar der oberste Repräsentant des Staates, aber nicht die oberste Gewalt in der Demokratie ist, denn diese Stellung hat das vom Volk gewählte Parlament inne (Möllers 2012, S. 95).

Die *Integrationsfunktion des Bundespräsidenten* hängt eng mit seiner internen Repräsentationsfunktion zusammen: Über alle gesellschaftlichen und politischen Spaltungen hinweg sollte er das Verbindende des Gemeinwesens verkörpern (Nohlen 2015c, S. 55). Zu den wenigen formalen Kompetenzen in diesem Bereich zählt das Begnadigungsrecht für den Bund (Art. 60 Abs. 2 GG). Diese Befugnis, die ein Relikt des christlichen Herrscherideals bildet, hat das Grundgesetz dem Staatsoberhaupt zugewiesen, weil es „auch das emotionale Symbol staatlicher Einheit und Integration verkörpern soll" (Pieper 2009, S. 376). Dabei darf der Präsident keine generelle Amnestie aussprechen, sondern nur in Einzelfällen die Strafe erlassen oder umwandeln.

Prominente Fälle waren Mitglieder der Roten Armee Fraktion (RAF), die zwischen 1990 und 2003 von Richard von Weizsäcker, Roman Herzog und Johannes Rau begnadigt wurden. Horst Köhler lehnte dagegen die Gnadengesuche der RAF-Mitglieder Klar und Hogefeld ab, nachdem er Klar zuvor angehört hatte (Möllers 2012, S. 91). Darüber hinaus kann der Bundespräsident keine eigene politische Agenda verfolgen, da ihre Anordnungen und Verfügungen der Gegenzeichnung durch den Bundeskanzler oder den zuständigen Bundesminister bedürfen (Art. 58 GG).

Um seine politische Integrationsfunktion auszuüben, bleibt dem Bundespräsident vor allem die *„Kraft des Wortes"*: Es steht ihm frei, in Reden und Interviews Themenschwerpunkte zu setzen, moralische Fragen aufzuwerfen und Missstände anzumahnen. In dieser Hinsicht haben alle bisherigen Amtsinhaber ein eigenes Profil entwickelt. Ein denkwürdiges Beispiel war die Rede Richard von Weizsäckers zum 40. Jahrestag des Kriegsendes 1985, in der er den 8. Mai als „Tag der Befreiung" bezeichnete und damit die geschichtspolitische Kultur der Bundesrepublik nachhaltig prägte (Korte 2019, S. 171–173). In Erinnerung geblieben ist auch die „Ruck-Rede" Roman Herzogs von 1997, in der er angesichts der wirtschafts- und sozialpolitischen Herausforderungen eine stärkere Veränderungsbereitschaft von Staat und Gesellschaft einforderte (Korte 2019, S. 173–174). Bisweilen haben sich einzelne Bundespräsidenten auch parteienkritisch geäußert, was ihre Popularität steigerte, zugleich aber eine „Gratwanderung" darstellte, weil dies gängige Ressentiments bediente und damit die Akzeptanz der politisch Verantwortlichen zu beschädigen drohte (Grimm 2012). Horst Köhlers scharfe Kritik an der Reformpolitik der Großen Koalition hat wenig Wirksamkeit entfaltet, außer dass er selbst öffentlich kritisiert wurde wie kaum ein Bundespräsident vor ihm (Höreth 2015, S. 314–317).

Freilich kann und muss der Bundespräsident eingreifen, wenn „elementare demokratische Spielregeln verletzt werden" (Korte 2019, S. 209–210). So warf Frank-Walter Steinmeier der AfD im September 2019 vor, „einem ausgrenzenden, autoritären oder gar völkischen Denken [zu] huldigen" (Steinmeier 2019). Dabei machte er deutlich, dass es ihm nicht um die Partei und ihre Führungsspitze ging, sondern einzig um deren problematische Haltung zu Demokratie und Rechtsstaatlichkeit. Insgesamt hat das deutsche Staatsoberhaupt einen breiten Entscheidungsspielraum, wann und wie es sich äußert. Dies zeigt auch die bislang einzige Verfassungsklage gegen einen Bundespräsidenten, die die NPD nach Art. 93 Abs. 1 Nr. 1 GG gegen Joachim Gauck anstrengte, weil er die Anhängerinnen und Aktivistinnen der rechtsextremen Partei als „Spinner" bezeichnet hatte. 2014 wies das Bundesverfassungsgericht die Klage zurück, da das Staatsoberhaupt grundsätzlich selbst entscheide, wie es seine „Repräsentations- und Integrationsaufgaben mit Leben erfüllt" (BVerfGE 136, 323).

Die *präsidiale Kontrollfunktion* gegenüber Bundesregierung und Bundestag beinhaltet eine Reihe von Kompetenzen, die den korrekten Verfassungsvollzug sicherstellen sollen und daher überwiegend staatsnotariellen Charakter haben. Dazu zählt die formale Ausfertigung von Bundesgesetzen und ihre Verkündung im Bundesgesetzblatt, wobei der Bundespräsident zu prüfen hat, ob die Gesetze nach den Vorschriften des Grundgesetzes zustande gekommen sind (Art. 82 Abs. 1 GG). In der verfassungsrechtlichen Debatte ist umstritten, inwieweit er auch ein materielles Prüfungsrecht besitzt und somit zu einem „Vetospieler" im Gesetzgebungsverfahren werden kann (Lhotta 2012). In der bisherigen Staatspraxis hat diese Frage allerdings nur eine untergeordnete Rolle gespielt: Seit 1949 haben die Bundespräsidenten insgesamt acht Gesetze von wegen verfassungsrechtlicher Bedenken zurückgewiesen, zuletzt Horst Köhler 2007 (Rütters 2011, S. 872–873). Im Herbst 2020 setzte Frank-Walter Steinmeier die Ausfertigung des „Gesetzes zur Bekämpfung des Rechtsextremismus und der Hasskriminalität" wegen verfassungsrechtlicher Bedenken aus, um Bundestag und Bundesrat nochmals Gelegenheit zur Nachbesserung zu geben (Janisch 2020). Ein Grund für die zurückhaltende Wahrnehmung dieses Prüfungsrechts liegt darin, dass der Bundestagsopposition „mit der abstrakten Normenkontrolle ein wirkungsvolles Instrument zur verfassungsrechtlichen Klärung eines gegebenen Problems zur Verfügung steht" (Höreth 2015, S. 312). Außerdem kann das Staatsoberhaupt den an einem formal zweifelhaften Gesetzgebungsverfahren Beteiligten eine Rüge erteilen, wie es Johannes Rau 2002 anlässlich des Zuwanderungsgesetzes getan hat, und so seiner Kontrollfunktion gerecht werden (Hesse und Ellwein 2012, S. 457).

Auch das präsidiale Recht, dem Bundestag eine Person als Bundeskanzler vorzuschlagen (Art. 63 Abs. 1 GG), wurde lange nicht „gestaltend" gebraucht: Alle bisherigen Bundespräsidenten nominierten die von der Parlamentsmehrheit getragenen Kandidaten. Die jüngste Regierungsbildung von 2017 stellt insofern eine Ausnahme dar, als Präsident Steinmeier nach dem Scheitern eines Jamaika-Bündnisses seine Autorität einsetzte, um Koalitionsverhandlungen zwischen CDU/CSU und SPD zu ermöglichen. Auf diese Weise wurde er zum „Kanzlermacher" (Korte 2019, S. 123) – nicht um einen eigenen Personalvorschlag durchzusetzen, sondern weil er sich der Stabilität des Regierungssystems verpflichtet fühlte. Auch die Ernennung und Entlassung von Bundesministern, die der Bundespräsident auf Vorschlag des Bundeskanzlers vorzunehmen hat (Art. 64 Abs. 1 GG), war bislang kein Spannungsfeld zwischen Staatsoberhaupt und Regierungschef. Nur aus der Anfangszeit sind wenige Konfliktfälle überliefert, wie die erfolgreiche Weigerung von Heuss, Thomas Dehler (FDP) erneut zum Justizminister zu ernennen, was freilich den Interessen Adenauers nicht wirklich zuwiderlief (Schwarz 2012b, S. 289–290). Daneben ist der Bundespräsident für die formale Ernennung und Entlassung der Bundesrichterinnen, Bundesbeamtinnen sowie Offizierinnen und Unteroffizierinnen der Bundeswehr zuständig (Art. 60 Abs. 1 GG); in den meisten Fällen delegiert er dieses Recht an andere Behörden (Art. 60 Abs. 3 GG). Ferner wird er über die Arbeit der Bundesregierung laufend unterrichtet (§ 23 Abs. 1 GGO). Dies geschieht dadurch, dass der Chef des Bundespräsidialamtes sowohl an den Sitzungen des Bundeskabinetts als auch an den vorbereitenden Runden der Staatssekretäre teilnimmt (Busse und Hofmann 2019, S. 85, S. 94). Somit ist der Bundespräsident in den Alltag des Regierungshandelns eingebunden, ohne unmittelbar Einfluss zu nehmen.

Schließlich verfügt das bundesdeutsche Staatsoberhaupt über politische Gestaltungsvollmachten, wenn die Funktionsfähigkeit des Regierungssystems akut gefährdet ist. Das Grundgesetz definiert drei Szenarien, in denen diese *Reservefunktion* zum Tragen kommt. (1) Wenn kein Kandidat für das Amt des Bundeskanzlers im dritten Wahlgang die absolute Bundestagsmehrheit erhält, kann der Bundespräsident entweder diese Person zum Regierungschef ernennen oder den Bundestag auflösen (Art. 63 Abs. 4 GG). (2) Wenn eine Vertrauensfrage des Kanzlers im Bundestag keine Mehrheit erhält, kann er den Regierungschef im Amt lassen oder das Parlament auflösen (Art. 68 GG). (3) Wenn eine dringliche Gesetzesvorlage der Bundesregierung im Parlament scheitert, kann er auf Antrag der Bundesregierung und mit Zustimmung des Bundesrates den Gesetzgebungsnotstand erklären. In diesem Fall kann die Bundesgesetzgebung für einen maximalen Zeitraum von sechs Monaten unter demselben Kanzler ohne den Bundestag erfolgen (Art. 81 GG). In der bisherigen Staatspraxis sind diese Reservekompetenzen des Bundespräsidenten noch nie gestaltend eingesetzt worden. Seit 1949 hat es keinen Gesetzgebungsnotstand gegeben. Auch gab es keinen Fall, in dem der Bundeskanzler nicht mit absoluter Bundestagsmehrheit gewählt wurde. Nur 1972, 1983 und 2005 mussten die jeweiligen Bundespräsidenten über den Amtsverbleib des Kanzlers befinden, nachdem dieser zuvor mit einer Vertrauensfrage im Bundestag (bewusst) gescheitert war. In allen drei Fällen kamen sie jedoch dem Ersuchen des Regierungschefs nach und ordnete vorzeitige Neuwahlen an (Abschn. 9.2).

Bei der Wahrnehmung seiner Aufgaben wird der Bundespräsident vom *Bundespräsidialamt (BPrA)* unterstützt. Mit etwa 220 Mitarbeiterinnen ist es die kleinste oberste Bundesbehörde (Pieper und Schmid 2012, S. 109). Der Chef des BPrA ist protokollarisch der höchste Staatssekretär der Bundesrepublik (Pieper und Schmid 2012, S. 103). Die bisherigen Inhaber dieses Amtes waren zugleich die wichtigsten Berater der jeweiligen Bundespräsidenten und genossen als ihre langjährigen Wegbegleiter eine besondere Vertrauensposition (Korte 2019, S. 107–108). Das BPrA deckt ein breites Aufgabenspektrum ab: Es unterrichtet den Bundespräsidenten „über die laufenden Fragen der allgemeinen Politik, die Arbeit der Bundesregierung, des Bundestages, des Bundesrates und die Entscheidungen des Bundesverfassungsgerichts, berät ihn und bereitet seine Amtshandlungen vor" (Pieper und Schmid 2012, S. 101). Dabei müssen die Mitarbeiterinnen hohe Professionalitätsstandards erfüllen, weil handwerkliche Fehler die Autorität des Bundespräsidenten in Politik und Öffentlichkeit erheblich beeinträchtigen können (Pieper und Schmid 2012, S. 109). Somit spiegelt das BPrA das Profil des bundesdeutschen Staatsoberhaupts in der politischen Normalsituation wider: ein „funktionenreiches, aber einflussarmes Amt" (Grimm 2012).

10.5 Fazit: Balance von exekutiver Gestaltungsmacht und Integrationsfähigkeit?

„Auf den Kanzler kommt es an." Dieser Slogan aus dem CDU-Bundestagswahlkampf von 1969 steht für ein Funktionsverständnis der bundesdeutschen Exekutive, das sich an der britischen Mehrheitsdemokratie orientiert. Demnach liegt die politische Gestaltungsmacht beim Regierungschef, während das Staatsoberhaupt überwiegend

Repräsentations- und Integrationsaufgaben wahrnimmt. Tatsächlich weist das Grundgesetz dem *Bundeskanzler* eine *herausgehobene Stellung* zu: Er wird als einziges Regierungsmitglied vom Parlament gewählt (Art. 63 GG), das Kabinett auf seinen Vorschlag hin ernannt (Art. 64 GG), sein Verbleib im Amt durch das konstruktive Misstrauensvotum gesichert (Art. 67 GG) und seine regierungsinterne Leitungsposition durch die Richtlinienkompetenz gestärkt (Art. 65 GG). Außerdem ist der Kanzler die bekannteste und medial sichtbarste Person der deutschen Politik. Vor allem bei internationalen Gipfeltreffen und in Krisensituationen rückt er ins Zentrum des politischen Entscheidungsprozesses, wovon er und seine Partei auch meist in Wahlumfragen profitieren.

Gleichwohl kann der Bundeskanzler die Regierungspolitik nicht nach eigenem Ermessen gestalten. Dem stehen nicht nur das Ressort- und Kabinettsprinzip entgegen, die den Bundesministern eigenes Gewicht verleihen (Art. 65 GG), sondern auch die Parteienkoalition, auf der die Regierungsmehrheit im Bundestag basiert. Im politischen Alltag sind Kanzler und Kanzleramt vor allem damit beschäftigt, die unterschiedlichen Interessen der Koalitionsparteien und ministerialen Ressorts zusammenzuführen, damit die Regierung nach außen geschlossen auftritt und handlungsfähig bleibt (Schuett-Wetschky 2004, S. 21). Im Rahmen der föderalen Entscheidungsstrukturen müssen außerdem die Belange der Länder berücksichtigt werden, was den konsensdemokratischen Charakter des Regierens weiter akzentuiert (Abschn. 11). Die damit verbundenen *Koordinationsaufgaben* sind folglich „ein *wichtiger Bestandteil der Kanzlerdemokratie*" (Niclauß 2015, S. 13). Obwohl die bisherigen Bundeskanzler unterschiedliche Führungsstile praktiziert haben (Gast 2011), haben sie die Herausforderungen des kooperativen Koalitions- und Kabinettsmanagements meist erfolgreich gemeistert und so zu der außergewöhnlich *hohen Regierungsstabilität* beigetragen.

Die „Vielstimmigkeit" innerhalb der Bundesregierung ist bei der *europapolitischen Willensbildung und Entscheidungsfindung* besonders ausgeprägt (Beichelt 2015, S. 267–268). Während der Kanzler im Europäischen Rat mit den anderen Staats- und Regierungschefs die integrationspolitischen Leitlinien weiterentwickelt, sind die einzelnen Bundesminister in den unterschiedlichen Formationen des Ministerrats an der supranationalen Gesetzgebung beteiligt. Anders als im innerstaatlichen Bereich liegt die regierungsinterne Koordination europapolitischer Positionen nicht beim Kanzleramt, sondern wird vom Auswärtigen Amt und Bundeswirtschaftsministerium organisiert – eine institutionelle Arbeitsteilung, die eine balancierte Vertretung beider Koalitionsparteien ermöglicht. Gleichzeitig wird dieses dezentrale Arrangement immer wieder für Effizienzprobleme bei der europapolitischen Positionsbildung verantwortlich gemacht. Daher wurde gelegentlich gefordert, die EU-bezogene Koordinationskompetenz einem neu zu schaffenden Europaministerium oder zumindest einem eigenen Staatsminister im Kanzleramt zu übertragen (Hesse und Ellwein 2012, S. 414; Sturm und Pehle 2012, S. 60–62). Unabhängig davon, ob die bisweilen unentschiedene und späte Positionierung der Bundesregierung auf EU-Ebene im Koordinationsverfahren begründet liegt oder andere Ursachen hat (Beichelt 2007a), müsste bei einer regierungsinternen

10.5 Fazit: Balance von exekutiver Gestaltungsmacht und Integrationsfähigkeit?

Zentralisierung auch geklärt werden, wie die Interessen der Koalitionsparteien weiterhin angemessen integriert werden könnten.

Weit gewichtiger für die Funktionsweise der Bundesregierung ist ein Strukturproblem, das sich aus dem Wandel des Parteiensystems ergibt (Abschn. 6.2): Aufgrund der zunehmenden Fragmentierung des Bundestages kommen gegenwärtig nur Mehrheitsregierungen zustande, wenn sich mindestens drei (programmatisch heterogene) Parteien zusammentun oder die (ehemaligen) „Volksparteien" CDU/CSU und SPD ein Bündnis eingehen. Die klaren Regierungsalternativen, zwischen denen die Wählerinnen in der alten Bundesrepublik entscheiden konnten, gehören der Vergangenheit an – und damit auch ein großer Teil der mehrheitsdemokratischen Transparenz und Effizienz, die die politische Willensbildung und Entscheidungsfindung lange Zeit geprägt haben (Meinel 2019). Die Möglichkeiten, dieser Entwicklung auf Regierungsebene entgegenzuwirken, sind begrenzt. Zwar wäre die Bildung einer Minderheitsregierung der stärksten Bundestagspartei im Rahmen des Grundgesetzes unschwer zu realisieren, doch würde so die regierungsinterne Konsensfindung nur ins Parlament verlagert, aber nicht die mehrheitsdemokratische Logik wiederhergestellt (Czada 2017). Ähnliches gilt für den Vorschlag, die Wiederwahl des Bundeskanzlers auf zwei Amtszeiten zu begrenzen, um dadurch „die Chance der periodisch-persönlichen Erneuerung" in der Regierung zu erhalten und zu verstärken (Kloepfer 2016). Abgesehen davon, dass er jederzeit von der Bundestagsmehrheit durch eine andere Person ersetzt werden kann, würde ein „Kanzler auf Abruf" kaum mehr größere Reformprojekte in Angriff nehmen, zu denen er die ungeteilte Unterstützung sowohl der eigenen Partei als auch der Koalitionsparteien braucht.

Der *Bundespräsident* ist als *Gegenmodell zur Weimarer Verfassung* konzipiert. Das Staatsoberhaupt des Grundgesetzes wurde in größtmöglichem Umfang geschwächt, um politischen Konflikten mit der Bundesregierung vorzubeugen. Im Parlamentarischen Rat hatte die SPD sogar vorgeschlagen, gänzlich auf das Amt zu verzichten (von Beyme 2017, S. 341). Auch später fehlte es nicht an Kritik an dem „republikanischen Wahlmonarch" (Schwarz 2012b, S. 300), der der parlamentarischen Demokratie wesensfremd oder schlicht „überflüssig" sei (Ooyen 2015, S. 13). Aufgrund seiner repräsentativen und notariellen Aufgaben steht das Amt grundsätzlich „im Schatten der anderen Staatsorgane" (Grimm 2012). Gleichwohl haben die bisherigen Bundespräsidenten ein eigenes Rollenprofil entwickelt, das gerade aufgrund seiner überparteilichen Strahlkraft eine *politische Integrationsleistung* erbringt. Dazu zählt insbesondere die moralische Autorität als „Gesprächsinstanz" (Korte 2019, S. 164), aber auch die diplomatischen Initiativen der bisherigen Amtsinhaber gegenüber dem Ausland, wodurch die Bundesregierung ihre internationalen Beziehungen vertiefen konnte. Außerdem kann das Staatsoberhaupt seine „Reservemacht" nutzen, um die Funktionsfähigkeit des Regierungssystems in kritischen Situationen aufrecht zu erhalten, wie es etwa Frank-Walter Steinmeier bei der Regierungsbildung von 2017 unter Beweis gestellt hat.

Gerade weil solche Fälle künftig häufiger auftreten könnten, hinterließe die Abschaffung des Präsidentenamtes eine „Leerstelle" (Grimm 2012), die die anderen Verfassungsorgane kaum füllen könnten. Umgekehrt finden sich keine Forderungen, die präsidialen Kompetenzen zu erweitern – so sehr hat sich die zurückhaltende Amtsführung durch die bisherigen Bundespräsidenten bewährt. Nur gelegentlich wird vorgeschlagen, das Staatsoberhaupt direkt wählen zu lassen, weil das parteipolitische „Geschachere" um seine Besetzung die Würde des Amtes beschädige (Jesse 2004, S. 16). Allerdings würde eine Volkswahl ebenfalls vom Parteienwettbewerb bestimmt und daher kaum konsensualere Ergebnisse hervorbringen.

Außerdem würde der „Legitimationsüberschuss einer Direktwahl" die Kompetenzaufteilung zwischen den obersten Verfassungsorganen zugunsten des Bundespräsidenten verschieben (Rütters 2013, S. 294). In letzter Konsequenz könnte dies auch den Charakter des parlamentarischen Regierungssystems verändern, „mit dem die Bundesrepublik im Unterschied zu Weimar gut gefahren ist" (Nohlen 2015c, S. 56).

Literaturhinweise

Busse, Volker, und Hans Hofmann. 2019. *Bundeskanzleramt und Bundesregierung: Handbuch für Wissenschaft und Praxis*, 7. Aufl. Baden-Baden: Nomos.

Helms, Ludger. 2005. *Regierungsorganisation und politische Führung in Deutschland*. Wiesbaden: VS.

Korte, Karl-Rudolf. 2019. *Gesichter der Macht: Über die Gestaltungspotenziale der Bundespräsidenten*. Frankfurt a. M.: Campus.

Niclauß, Karlheinz. 2015. *Kanzlerdemokratie: Regierungsführung von Konrad Adenauer bis Angela Merkel*. Wiesbaden: Springer VS.

van Ooyen, Robert Christian, und Martin H. W. Möllers, Hrsg. 2012. *Der Bundespräsident im politischen System*. Wiesbaden: Springer VS.

Bundesrat: das föderale Gegengewicht

11

Der Bundesrat ist das Verfassungsorgan, durch das „die Länder bei der Gesetzgebung und Verwaltung des Bundes sowie in Angelegenheiten der Europäischen Union" mitwirken (Art. 50 Abs. 1 GG). Damit bildet er ein föderales Gegengewicht zu Bundestag und Bundesregierung und zugleich ein zentrales konsensdemokratisches Element des deutschen Regierungssystems. Ermöglicht der Bundesrat den Ländern, sich an der bundes- und europapolitischen Willensbildung und Entscheidungsfindung angemessen zu beteiligen? Befördert er die Effektivität des föderalen Regierungssystems oder beeinträchtigt er dessen Handlungsfähigkeit?

Zur Beantwortung dieser Fragen präsentiert Abschn. 11.1 die Strukturmerkmale und das Aufgabenprofil des Bundesrates. Abschn. 11.2 erläutert seine Rolle und Funktion im Gesetzgebungsprozess, die zwischen Interessenvertretung der Länder und parteipolitischem Oppositionsorgan oszilliert. Abschn. 11.3 beleuchtet daraufhin die Stellung der Länderkammer im europäischen Mehrebenensystem, bevor Abschn. 11.4 die wichtigsten Aspekte zusammenfasst und ausgewählte Reformvorschläge diskutiert.

11.1 Strukturmerkmale und Aufgabenprofil

Im Parlamentarischen Rat (1948–1949) herrschte von Anfang an Einigkeit darüber, dass die Bundesrepublik föderal strukturiert sein sollte (Abschn. 4.1). Ebenso unstrittig war, dass die Länder ein Vertretungsorgan auf Bundesebene erhalten sollten – eine Zweite Kammer, wie sie in den meisten Bundesstaaten existiert (Leunig 2009). Dazu griff man auf ein Vorbild aus der deutschen Verfassungsgeschichte zurück: den *Bundesrat*, den es bereits im Norddeutschen Bund (1867–1871) und im Deutschen Reich (1871–1914) gegeben hatte. In dieser Kammer waren die Regierungen der überwiegend monarchisch verfassten Einzelstaaten vertreten. Außerdem hatte sie umfangreiche Gesetzgebungsvollmachten und war somit der institutionelle Gegenspieler des demokratisch gewählten Reichstags. Die Weimarer Verfassung (1919) schuf dann mit dem Reichsrat ein ähnliches Repräsentationsorgan für die Länderregierungen; allerdings war seine Stellung im Gesetzgebungsprozess deutlich schwächer ausgeprägt (Eith und Siewert 2010).

Die *Bundesratskonstruktion des Parlamentarischen Rates* ergab sich aus einem verfassungspolitischen Kompromiss, der erst nach kontroversen Debatten zustande kam (Oeter 1998, S. 127–131). Sowohl die SPD als auch Teile der CDU befürworteten einen direkt gewählten Senat nach US-amerikanischem Vorbild, der alle Länder gleich repräsentieren, aber nur über begrenzte Vollmachten verfügen sollte. Im Hintergrund stand das Leitbild einer unitarischen Mehrheitsdemokratie, in der die Bundesregierung einen möglichst großen Handlungsspielraum haben sollte (Kropp 2010b, S. 53). Liberale und konservative Abgeordnete aus Süddeutschland – vor allem von der CSU – sprachen sich dagegen für einen Bundesrat aus, der aus Mitgliedern der Länderregierungen bestehen und dem Bundestag in der Gesetzgebung gleichgestellt sein sollte. Aus ihrer Sicht war dies das einzige Modell, das einer föderalen Ordnung angemessen war, denn man ging davon aus, dass eine von den Exekutiven besetzte Länderkammer weniger von parteipolitischen Gegensätzen geprägt sein würde als ein vom Volk gewählter Senat. Eine Einigung kam schließlich in einem Geheimgespräch zwischen dem bayerischen Ministerpräsidenten Hans Ehard (CSU) und dem nordrhein-westfälischen Innenminister Walter Menzel (SPD) zustande. Demnach akzeptierten die „Unitarier" das Bundesratsmodell, während die „Föderalisten" auf die Gleichstellung von Bundesrat und Bundestag bei der Gesetzgebung verzichteten.

Aufgrund dieser besonderen Entstehungsgeschichte weist der Bundesrat *vier Strukturmerkmale* auf, die ihn sowohl vom Bundestag als auch von den Zweiten Parlamentskammern anderer Demokratien unterscheiden (Riescher et al. 2010):

(1) Der Bundesrat besteht nicht aus direkt gewählten Abgeordneten, sondern aus *Mitgliedern der Länderexekutiven*. Sie werden von den Länderregierungen entsandt und abberufen und sind an deren Weisungen gebunden (*imperatives Mandat*). Nach jedem Regierungswechsel in den Ländern ändert sich also auch die politische Zusammensetzung des Bundesrats. Weil die Landtagswahlen nicht alle gleichzeitig stattfinden, werden die Bundesratsmitglieder nie auf einmal ausgetauscht. Daher bezeichnet man den Bundesrat als „ewiges Organ"; seine Plenarsitzungen werden nicht nach Wahlperioden, sondern seit 1949 fortlaufend durchnummeriert. Am 12. Februar 2021 fand seine 1000. Sitzung statt.

Die exekutivzentrierte Struktur der Länderkammer zeigt sich auch auf der Arbeitsebene. Die Diskussion und Bearbeitung von Gesetzesentwürfen finden in 16 *Ausschüssen des Bundesrates* statt, die sich am Ressortzuschnitt der Bundesministerien orientieren und in denen jedes Land durch ein Mitglied vertreten ist (Müller et al. 2020). Laut Art. 52 Abs. 4 GG können diesen Ausschüssen auch „Beauftragte der Regierungen der Länder" angehören. Tatsächlich kommen die meisten Ausschussmitglieder von den zuständigen Länderministerien und werden von diesen fachlich unterstützt. Da die Länder im deutschen Bundesstaat für den Großteil des Gesetzesvollzugs zuständig sind und ihre Verwaltungen über entsprechenden Sachverstand verfügen, ist die Arbeit der Bundesratsausschüsse von zentraler Bedeutung für die inhaltliche Qualität und Effektivität der Bundesgesetzgebung (Hoffmann und Wisser 2012).

(2) Die Leitungsebene der Länderkammer ist nach dem Prinzip föderaler Gleichrangigkeit ausgestaltet. An der Spitze steht der *Bundesratspräsident*. Dieses Amt wechselt jährlich zum 1. November zwischen den 16 Ministerpräsidenten in der Reihenfolge der Landesgröße. Das Rotationsverfahren stellt auch sicher, dass die Autorität des Vorsitzes weder von der häufig wechselnden Zusammensetzung des Bundesrates noch von parteipolitischen Kalkülen beeinträchtigt wird. Der Bundesratspräsident hat überwiegend repräsentative Aufgaben: Er steht der Verwaltung (*Sekretariat*) des Bundesrates vor, leitet seine Plenarsitzungen und vertritt ihn nach außen. Wenn der Bundespräsident vorzeitig ausscheidet oder seine Amtsgeschäfte nicht wahrnehmen kann, erhält der Bundesratspräsident deren Befugnisse (Art. 57 GG). Darüber hinaus gehören dem Präsidium des Bundesrates auch *zwei Vizepräsidenten* an, die vom Präsidenten des Vorjahres und vom designierten Präsidenten des nächsten Geschäftsjahres besetzt werden. Durch diese „Troika" wird die personelle Kontinuität auf Leitungsebene sichergestellt. In organisatorischen und administrativen Angelegenheiten wird das Präsidium vom *Ständigen Beirat* unterstützt, der sich aus den 16 Bevollmächtigten der Länder beim Bund zusammensetzt.

(3) Die Länder haben im Bundesrat *unterschiedliche Stimmengewichte*. Der Verteilungsschlüssel basiert auf dem Prinzip der degressiven Proportionalität, das eine Balance zwischen der Repräsentationsgleichheit der Länder (Föderalismusprinzip) und der Repräsentationsgleichheit der Bürgerinnen (Demokratieprinzip) herstellen soll. Jedes Land hat mindestens drei Stimmen, Länder mit mehr als zwei Millionen Einwohnerinnen haben vier, Länder mit mehr als sechs Millionen fünf und solche mit mehr als sieben Millionen sechs Stimmen (Art. 51 Abs. 2 GG).
Tab. 11.1 zeigt die Stimmenverteilung im Bundesrat seit 1949. Gemessen an ihrer Bevölkerung waren die kleineren Länder von Anfang an deutlich überrepräsentiert, die größeren dagegen unterrepräsentiert. Seit der Wiedervereinigung hat sich dieses Ungleichgewicht noch verschärft. Vor 1990 hatten die vier größten Länder fast die absolute Mehrheit inne; seitdem liegt ihr gemeinsamer Anteil knapp über einem Drittel und reicht damit nur aus, um Grundgesetzänderungen zu blockieren (Abschn. 2.2). Umgekehrt kamen die fünf ostdeutschen Länder und Berlin nach 1990 ebenfalls auf ein Drittel der Bundesratsstimmen, bis Hessen 1996 aufgrund seines Bevölkerungszuwachses eine zusätzliche Stimme erhielt und damit zu den größeren Ländern aufschloss.

(4) Die *Bundesratsstimmen eines Landes* können *nur einheitlich abgegeben* werden (Art. 51 Abs. 3 GG). Anders als im Bundestag ist es daher nicht von Belang, wie viele

Tab. 11.1 Stimmenverteilung im Bundesrat (1949–2020)

Land	1949[a]			1964			1991			2020[b]		
	Stimmen (abs.)	Stimmen (in %)	Bevölkerung (in %)	Stimmen (abs.)	Stimmen (in %)	Bevölkerung (in %)	Stimmen (abs.)	Stimmen (in %)	Bevölkerung (in %)	Stimmen (abs.)	Stimmen (in %)	Bevölkerung (in %)
Baden	3	7,0	2,8	–	–	–	–	–	–	–	–	–
Württemberg-Baden	4	9,3	8,2	–	–	–	–	–	–	–	–	–
Württemberg-Hohenzollern	3	7,0	2,5	–	–	–	–	–	–	–	–	–
Baden-Württemberg[c]	–	–	–	5	12,1	14,7	6	8,8	12,4	6	8,7	13,2
Bayern	5	11,6	19,2	5	12,1	17,7	6	8,8	14,4	6	8,7	15,7
Bremen	3	7,0	1,2	3	7,3	1,3	3	4,4	0,9	3	4,3	0,8
Hamburg	3	7,0	3,4	3	7,3	3,3	3	4,4	2,1	3	4,3	2,2
Hessen	4	9,3	9,1	4	9,8	9,0	4	5,9	7,3	5	7,2	7,5
Niedersachen	5	11,6	14,3	5	12,1	12,2	6	8,8	9,3	6	8,7	9,7
Nordrhein-Westfalen	5	11,6	27,7	5	12,1	29,4	6	8,8	21,8	6	8,7	21,8
Rheinland-Pfalz	4	9,3	6,3	4	9,8	6,3	4	5,9	4,8	4	5,8	4,9
Schleswig-Holstein	4	9,3	5,4	4	9,8	4,3	4	5,9	3,3	4	5,8	3,5
Saarland[d]	–	–	–	3	7,3	2,0	3	4,4	1,3	3	4,3	1,2
Berlin[e]	[4]	–	[4,3]	[4]	–	[3,8]	4	5,9	4,3	4	5,8	4,3
Brandenburg	–	–	–	–	–	–	4	5,9	3,2	4	5,8	3,0

(Fortsetzung)

11.1 Strukturmerkmale und Aufgabenprofil

Tab. 11.1 (Fortsetzung)

Land	1949[a]			1964			1991			2020[b]		
	Stimmen (abs.)	Stimmen (in %)	Bevölkerung (in %)	Stimmen (abs.)	Stimmen (in %)	Bevölkerung (in %)	Stimmen (abs.)	Stimmen (in %)	Bevölkerung (in %)	Stimmen (abs.)	Stimmen (in %)	Bevölkerung (in %)
Mecklenburg-VP	–	–	–	–	–	–	3	4,4	2,4	3	4,3	2,0
Sachsen	–	–	–	–	–	–	4	5,9	5,8	4	5,8	5,0
Sachsen-Anhalt	–	–	–	–	–	–	4	5,9	3,5	4	5,8	2,7
Thüringen	–	–	–	–	–	–	4	5,9	3,2	4	5,8	2,6
Gesamt	**43**	**100**	**100**	**41**	**100**	**100**	**68**	**100**	**100**	**69**	**100**	**100**
Größte Länder[f]	25	58,1	74,7	20	48,8	73,9	24	35,3	58,0	24	34,8	60,4
Kleinste Länder[f]	14	37,2	16,3	13	31,7	10,8	12	17,6	6,6	12	17,4	6,2
Ost-Länder + Berlin	–	–	–	–	–	–	23	33,8	22,3	23	33,3	19,6
Ost-Länder	–	–	–	–	–	–	19	27,9	18,0	19	27,5	15,3

Quelle: Eigene Zusammenstellung auf Basis von Daten des Statistischen Bundesamtes und www.wahlen-in-deutschland.de/bBundesrat.htm. Abkürzungen: abs. = absolut; Bev. = Bevölkerung; St. = Stimmen. Anmerkungen: [a] Bevölkerungsdaten für 1950. [b] Bevölkerungsdaten für 2015. [c] Baden-Württemberg war von 1949 bis 1953 noch Baden (3), Württemberg-Baden (4) und Württemberg Hohenzollern (3). [d] Das Saarland trat der BRD am 1. Januar 1957 bei. [e] West-Berlin konnte seit 1949 vier beratende Mitglieder in den Bundesrat entsenden, erhielt jedoch erst am 22.6.1990 ein vollwertiges Stimmrecht. [f] Summen für die vier Länder mit der größten bzw. der kleinsten Einwohnerzahl.

Mitglieder eines Landes bei Abstimmungen anwesend sind. Das Votum einer Landesregierung erfolgt in der Regel durch einen vorher designierten „Stimmführer". Wenn ein anderes Bundesratsmitglied des Landes dem Stimmführer ausdrücklich widerspricht, werden alle Stimmen des Landes für ungültig erklärt. Meist legen die an einer Landesregierung beteiligten Parteien im Rahmen des Koalitionsvertrages eine „Enthaltungsklausel" fest, die das Stimmverhalten im Bundesrat bei politischen Meinungsverschiedenheiten regelt: Wird zwischen den Regierungsparteien vorab keine Einigung erzielt, enthält sich das Land der Stimme (Kropp 2010b, S. 71).

Diese strukturellen Besonderheiten erklären, warum der Bundesrat als „einzigartiges Organ in der Welt" bezeichnet wurde (zitiert nach Rudzio 2019, S. 257). Hinsichtlich seines *Aufgabenprofils* ähnelt der Bundesrat dagegen einer Zweiten Parlamentskammer. Es lässt sich an *drei Kernfunktionen* festmachen:

(1) *Wahlfunktion.* Der Bundesrat bestimmt die Hälfte der Mitglieder des Bundesverfassungsgerichts (Art. 94 Abs. 1 GG). Für die Wahrung der Länderinteressen ist dieses Wahlrecht vor allem deshalb wichtig, weil das Gericht letztverbindlich über Kompetenzkonflikte zwischen Bund und Ländern entscheidet (Abschn. 12.1). Auch die Ernennung des Generalbundesanwalts und der Bundesanwälte kann nicht ohne Zustimmung des Bundesrates erfolgen. Dagegen hat er keinen Einfluss auf die Bestellung und Abberufung der Bundesregierung, die allein Sache des Bundestages ist. Bei der Wahl des Bundespräsidenten wird der Bundesrat ebenfalls nicht einbezogen.

(2) *Öffentlichkeitsfunktion.* Der Bundesrat „verhandelt öffentlich" (Art. 52 Abs. 2 GG). Allerdings sind seine Debatten durch betonte Nüchternheit gekennzeichnet. Die Rednerinnen tragen ihre oft bis ins Detail mit den jeweiligen Landesressorts abgestimmten Positionen vor, ohne dass es zu Zwischenrufen oder Diskussionen kommt. Damit setzt er dem parteipolitischen Schlagabtausch zwischen Regierung und Opposition, der die Plenardebatten im Bundestag prägt, einen kooperativ-sachbezogenen Stil entgegen.

(3) *Gesetzgebungsfunktion.* Die wichtigste Aufgabe des Bundesrates besteht darin, die Interessen der Länder bei der Bundesgesetzgebung zu vertreten. In verfassungspolitischen Krisensituationen sind seine legislativen Vollmachten besonders stark: Wenn der Bundespräsident einen Gesetzgebungsnotstand erklärt, kann der Bundesrat den Bundestag für maximal ein halbes Jahr als Gesetzgeber komplett ersetzen (Art. 81 GG; Abschn. 2.2). Auch in normalen Zeiten nimmt der Bundesrat eine zentrale Stellung im Gesetzgebungsprozess ein. Zunächst hat er – neben Bundestag und Bundesregierung – das Recht, Gesetzesentwürfe in den Bundestag einzubringen, zu denen die Bundesregierung Stellung bezieht (Art. 76 GG Abs. 3). Umgekehrt gibt er zu allen Gesetzesvorlagen der Bundesregierung Stellungnahmen ab, die dem Bundestag zugeleitet werden (Art. 76 GG Abs. 2). Das politisch bedeutsamste Instrument des Bundesrates sind seine *Vetovollmachten,* die je nach Abstimmungsmaterie unterschiedlich ausgestaltet sind:

- *Grundgesetzänderungen* bedürfen mindestens *zwei Drittel der Bundesratsstimmen* (Art. 79 Abs. 2 GG). Die föderale Kompetenzverteilung kann folglich nur mit Billigung einer breiten Mehrheit der Länderregierungen verändert werden. Damit die bundesstaatliche Ordnung auch jenseits formaler Verfassungsänderungen nicht zulasten der Länder ausgehöhlt wird, besitzt der Bundesrat auch ein Klagerecht vor dem Bundesverfassungsgericht (Art. 93 Abs. 1 Nr. 2a GG; Abschn. 12.1).
- Bei *Zustimmungsgesetzen* hat die Länderkammer ein *absolutes Vetorecht*. In diesem Fall muss ein Gesetzesentwurf die Mehrheit aller Bundesratsstimmen erhalten; Enthaltungen wirken wie Nein-Stimmen. Eine fehlende Zustimmung kann nicht vom Bundestag überstimmt werden. Zustimmungsbedürftige Sachverhalte sind im Grundgesetz einzeln ausgewiesen. Im Wesentlichen fallen darunter alle finanzwirksamen Regelungsmaterien sowie solche, die die Verwaltungszuständigkeit der Länder betreffen. Dies gilt nicht nur für Bundesgesetze, sondern auch für die meisten Rechtsverordnungen der Bundesregierung (Art. 80 Abs. 2 GG; Abschn. 4.2).
- Alle anderen Gesetzesmaterien gehören zu den *Einspruchsgesetzen*. In diesem Fall hat der Bundesrat ein *suspensives Vetorecht:* Wenn er ein solches Gesetz mit einfacher Mehrheit zurückweist, kann der Bundestag den Einspruch mit einfacher Mehrheit überstimmen. Bei einem Veto, das mit zwei Dritteln der Bundesratsstimmen ergangen ist, benötigt das Gesetz allerdings auch im Bundestag eine Zweidrittelmehrheit (Art. 77 Abs. 3 GG).

Im Gesetzgebungsprozess ist der Bundesrat dem Bundestag also nahezu ebenbürtig. Um eine politische Konfrontation zwischen beiden Organen zu vermeiden und Entscheidungsblockaden zu lösen, sieht das Grundgesetz ein Gremium vor, das „aus Mitgliedern des Bundestages und des Bundesrates für die gemeinsame Beratung von Vorlagen" eingerichtet wird (Art. 77 Abs. 2 GG). Dieser *Vermittlungsausschuss* kann vom Bundesrat nach jedem Gesetzesbeschluss des Bundestages angerufen werden; bei Zustimmungsgesetzen sind auch der Bundestag und die Bundesregierung dazu berechtigt. Der Vermittlungsausschuss weist einige Konstruktionsmerkmale auf, die eine Verständigung der Beteiligten erleichtern sollen (Lhotta 2000). So entsendet jedes der 16 Länder ein reguläres Bundesratsmitglied in den Ausschuss; dazu kommen 16 Bundestagsabgeordnete, die zu Beginn jeder Legislaturperiode nach Fraktionsproporz bestimmt werden. Diese paritätische Besetzung stellt sicher, dass keine der beiden Seiten die andere überstimmen kann. Außerdem kann jeder Einigungsvorschlag, den der Vermittlungsausschuss mit Mehrheit seiner Mitglieder beschließt, vom Bundestag nur als ganzer angenommen oder abgelehnt werden. Diese Endgültigkeit der Entscheidungsvorlage verleiht dem Ausschussvotum nicht nur besonderes Gewicht, sondern erhöht auch den Einigungsdruck, weil nicht nachverhandelt werden kann. Ferner unterscheidet sich der Vermittlungsausschuss vom Bundesratsplenum, weil seine Mitglieder „nicht an Weisungen gebunden" sind (Art. 77 Abs. 2 GG). So können die Beteiligten ihre Positionen im Verhandlungsprozess annähern. Politische Kompromisse werden auch dadurch erleichtert, dass der Vermittlungsausschuss nichtöffentlich tagt und die

Beteiligten Zugeständnisse nicht rechtfertigen müssen. Auf diese Weise ermöglicht er inklusive und effektive Verhandlungslösungen zwischen Bundestag und Bundesrat. Die nichtöffentliche Entscheidungsfindung macht es allerdings schwierig, das Vermittlungsverfahren nachzuvollziehen und die politische Verantwortlichkeit für das Verhandlungsergebnis eindeutig zuzuweisen.

11.2 Der Bundesrat zwischen Länderinteressen und Parteipolitik

Bei ihrer Mitwirkung an der Bundesgesetzgebung können sich die Mitglieder des Bundesrates an zwei unterschiedlichen Handlungslogiken orientieren. Zum einen können sie als *Sachwalter von Länderinteressen* agieren. Ihre Positionen ergeben sich dann aus der Betroffenheit des jeweiligen Landes durch die Entscheidungsmaterie. Beispielsweise sollten die Nord- und Ostseeanrainer Niedersachsen, Schleswig-Holstein und Mecklenburg-Vorpommern eine bessere Unterstützung des Küstenschutzes befürworten oder hochverschuldete Länder wie Bremen, das Saarland und Berlin einer umfangreichen Steuerentlastung widersprechen. Nach dieser konsensdemokratischen Logik finden sich die Länderregierungen in wechselnden Allianzen zusammen, um in kooperativen Verhandlungen nach breiten Mehrheiten zu suchen.

Zum anderen können die Bundesratsmitglieder auf die *Durchsetzung parteipolitischer Interessen* bedacht sein. Im Bundestag stehen sich grundsätzlich Regierungs- und Oppositionsparteien gegenüber (Abschn. 9.1). Auch im Bundesrat ist eine Mehrheitsbildung nach Parteizugehörigkeit möglich, wenn sich „gleichfarbige" Länderregierungen zu politischen Allianzen zusammenschließen. Besonders attraktiv ist dies für die Parteien, die im Bundestag gerade die Opposition stellen: Wenn „ihre" Landesregierungen die Mehrheit der Bundesratsstimmen innehaben und geschlossen agieren, sind sie in der Lage, die politische Gestaltungsmacht der Bundesregierung erheblich einzuschränken. Dies gilt vor allem für zustimmungsbedürftige Gesetze, bei denen der Bundesrat ein absolutes Vetorecht besitzt (Abschn. 11.1). Folglich können sich die Mitglieder der Länderkammer an ihrer Parteizugehörigkeit orientieren und damit der mehrheitsdemokratischen Unterscheidung zwischen Regierung und Opposition folgen, um sich politische Wettbewerbsvorteile zu verschaffen.

Beide Handlungslogiken sind rechtlich zulässig und politisch rational. Allerdings kann eine konsequente Verfolgung parteipolitischer Interessen im Bundesrat die Funktions- und Leistungsfähigkeit des Regierungssystems beeinträchtigen, wie Gerhard Lehmbruch (1976; 2000) herausgearbeitet hat. Demnach besteht ein grundlegendes Spannungsverhältnis zwischen einem bipolaren Parteienwettbewerb, der sich im Gegenüber von Regierungsmehrheit und Opposition im Bundestag manifestiert, und dem institutionellen Zwang zu politischer Kooperation, der aus der machtvollen Stellung des Bundesrates resultiert. Dieser *„Strukturbruch"* kann prekäre Konsequenzen haben, wenn die parteipolitischen Mehrheitsverhältnisse in Bundestag und Bundesrat auseinanderfallen. Auf der *Input-Seite* wird die Transparenz des Gesetzgebungsprozesses beeinträchtigt, weil die Regierungsmehrheit im Bundestag immer die größte Oppositionspartei in die Entscheidungsfindung einbeziehen muss, um die Zustimmung im Bundesrat zu sichern. Die Bürgerinnen können dann aber nicht mehr erkennen, welche Parteien für die Bundespolitik verantwortlich sind und wen sie dann bei den nächsten Bundestagswahlen zur Verantwortung ziehen sollen, weil immer eine latente „Große Koalition" regiert (Lehmbruch 1976, S. 160). So werden die Klarheit und Zurechenbarkeit des mehrheitsdemokratischen Parteienwettbewerbs unterminiert. Auch auf der *Output-Seite* führen gegenläufige Mehrheiten in Bundestag und Bundesrat zu suboptimalen Ergebnissen. Im Extremfall können Entscheidungsblockaden entstehen, wenn die oppositionelle Mehrheit in der Länderkammer nicht kooperationswillig ist. Ansonsten dominiert eine „Politik des kleinsten gemeinsamen Nenners" (Lehmbruch 1976, S. 161); weitreichende *Policy*-Reformen sind nahezu ausgeschlossen, wenn die wichtigsten Oppositionsparteien mitregieren. Nicht zuletzt werden „föderale und regionalpolitische Belange […] auf dem Altar des Parteienwettbewerbs geopfert, wenn die Landespolitik bundespolitischen Vorgaben gehorchen muss" (Kropp 2010b, S. 60). Dadurch wird die institutionelle Vertretung der Länderinteressen ausgehöhlt, die dem Bundesrat als Leitidee zugrunde liegt.

Inwieweit prägen die von Lehmbruch diagnostizierten Funktionsprobleme die *reale Arbeitsweise des Bundesrates?* Diese Frage bedarf einer differenzierten Antwort, bei der die folgenden Aspekte zu berücksichtigen sind:

(1) Die wichtigste institutionelle Voraussetzung für den Strukturbruch zwischen Parteienwettbewerb und Bundesstaat ist eine *umfangreiche Vetomacht des Bundesrates*. Sie lässt sich empirisch am Anteil der zustimmungsbedürftigen Gesetze festmachen. Seit der Föderalismusreform von 2006 ist dieser Wert deutlich gesunken, liegt aber noch immer zwischen 35 und 40 % (Abschn. 4.2). Darunter ist ein Großteil jener Gesetzesmaterien, die finanzwirksam und damit besonders umstritten sind (Reus und Zohlnhöfer 2015, S. 251). Die institutionellen Ausgangsbedingungen für eine oppositionelle Instrumentalisierung des Bundesrates haben sich also nur leicht entschärft. Der Verhandlungszwang zwischen der Regierungsmehrheit im Bundestag und der Länderkammer besteht unverändert fort.

(2) Die wichtigste parteipolitische Voraussetzung für Gesetzgebungsblockaden sind *gegenläufige Mehrheitsverhältnisse zwischen Bundesrat und Bundestag*. Vor diesem Hintergrund lassen sich die im Bundesrat vertretenen Länderexekutiven in drei Gruppen einteilen („*ROM"-Modell;* Lehmbruch 1998).[1] Umfasst eine Landesregierung

---

[1] Daneben gibt es die Unterscheidung in „A-Länder" (SPD-regiert) und „B-Länder" (unionsregiert), die erstmals 1976 von Bundeskanzler Helmut Schmidt öffentlich gebraucht wurde und bis heute in der politischen Praxis geläufig ist. Allerdings erweist sie sich als zunehmend problematisch, weil auf Länderebene immer häufiger Koalitionsregierungen zwischen CDU und SPD gebildet bzw. Ministerpräsidenten auch von anderen Parteien gestellt werden (Bündnis 90/Die Grünen in Baden-Württemberg, Die Linke in Thüringen; Abschn. 13.3).

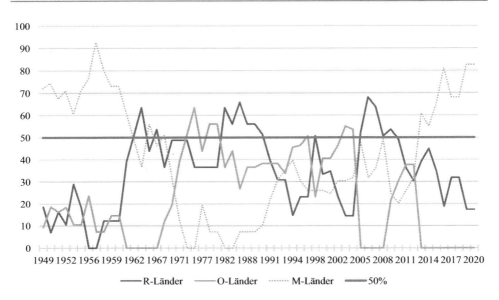

Abb. 11.1 Parteipolitische Mehrheitsverhältnisse im Bundesrat (1949–2020; in %-Anteilen der Stimmen)
Quelle: Eigene Zusammenstellung auf der Basis von Träger (2016, S. 174), www.wahlen-in-deutschland.de/bBundesrat.htm und https://www.bundesrat.de/DE/bundesrat/laender/laender-node.html; Stand: 31. Dezember 2020. Die Werte beziehen sich immer auf den 31. Dezember des jeweiligen Jahres

nur Parteien, die auch an der Bundesregierung beteiligt sind, handelt es sich um ein „Regierungs-" oder „R-Land". Wenn R-Länder die Mehrheit der Bundesratsstimmen innehaben, sind keine parteipolitischen Blockaden zu befürchten. Umgekehrt verhält es sich, wenn die Bundesratsmehrheit von Länderregierungen gestellt wird, deren Parteien durchweg der Bundestagsopposition angehören („Oppositions-" oder „O-Länder"). Schließlich gibt es Länderregierungen, die aus einer Koalition von Regierungs- und Oppositionsparteien bestehen. Diese „Misch-" oder „M-Länder" sind insofern parteipolitisch neutral, als ihre Regierungen zwischen Regierungs- und Oppositionslager im Bund stehen und sich daher bei strittigen Entscheidungsvorlagen im Bundesrat enthalten. Bei Einspruchsgesetzen haben solche Enthaltungen keine weitergehenden Folgen. Bei Zustimmungsgesetzen, die eine positive Bundesratsmehrheit erfordern, wirken sie jedoch wie Nein-Stimmen. Wenn also M-Länder zur dominanten Gruppe im Bundesrat werden, kann es aufgrund der dann zahlreichen Enthaltungen zu „negativen Blockaden" von Gesetzgebungsvorhaben kommen.

Abb. 11.1 zeigt, dass der Bundesrat zwischen 1949 und 2020 nur phasenweise von den Oppositionsparteien im Bundestag dominiert wurde: während der sozialliberalen Koalition (1973–1982) sowie gegen Ende der Kanzlerschaften von Helmut Kohl (CDU; 1995–1998) und Gerhard Schröder (SPD; 2003–2005). Eine Blockadepolitik war also nur zeitlich begrenzt möglich. Auch die R-Länder verfügten nur zeitweise über eine

11.2 Der Bundesrat zwischen Länderinteressen und Parteipolitik

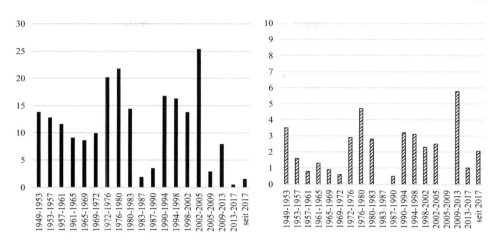

Abb. 11.2 Anrufungen des Vermittlungsausschusses und Zustimmungsversagungen des Bundesrates (1949–2020)
Quelle: Eigene Zusammenstellung nach Träger (2016, S. 175) und www.bundestag.de/parlamentsdokumentation; Stand: 3. August 2020. Linke Grafik: Anzahl der Anrufungen des Vermittlungsausschusses im Verhältnis zu allen Gesetzesbeschlüssen; rechte Grafik: Anzahl der Zustimmungsversagungen im Verhältnis zu allen zustimmungsbedürftigen Gesetzesbeschlüssen des Bundestages

eigene Bundesratsmehrheit: in den späten 1960er Jahren (1963–1969), in der ersten Hälfte der Kohl-Regierung (1983–1991) sowie unter der ersten Großen Koalition unter Angela Merkel (2006–2010). In allen anderen Perioden vereinten die M-Länder zumindest so viele Stimmen auf sich, dass keine der beiden Seiten eine Bundesratsmehrheit hatte; bis Anfang der 1960er Jahre und wieder ab 2013 hatten sie sogar eine deutliche Stimmenmehrheit. Unter solchen neutralen Bundesratsmehrheiten sind zwei unterschiedliche Abstimmungsmuster denkbar: Gesetzgebungsblockaden, wenn sich die M-Länder aufgrund des dualistischen Parteienwettbewerbs enthalten, oder offenere und intensivere Verhandlungen unter den Länderregierungen (Lehmbruch 1976, S. 162–163).

(3) *Gesetzgebungskonflikte* zwischen Bundestag und Bundesrat traten *unter gegenläufigen Mehrheitsverhältnissen* deutlich öfter auf als in anderen Phasen. Wie Abb. 11.2 zeigt, lag der Anteil der Anrufungen des Vermittlungsausschusses nur in den Legislaturperioden über 15 %, in denen die O-Länder die meiste Zeit die Mehrheit der Bundesratsstimmen innehatten (1972–1980; 1994–1998; 2002–2005).[2] Gleichzeitig war der Anteil der gescheiterten Zustimmungsgesetze relativ gering: Selbst in den konfliktreichsten Legislaturperioden blieben sie durchgängig unter 6%, meist sogar noch weit

---

[2] Eine Ausnahme stellt der Zeitraum von 1990 bis 1994 dar. Im zweiten Teil dieser Legislaturperiode waren die O-Länder schon relativ stark und die R-Länder sehr deutlich von einer Bundesratsmehrheit entfernt.

darunter. Unter den wenigen gescheiterten Gesetzen waren aber auch politisch bedeutsame Projekte, wie die „große Steuerreform" am Ende der Ära Kohl, die von der SPD-geführten Bundesratsmehrheit verhindert wurde (Träger 2008).

Für die Phasen parteipolitisch neutraler Bundesratsmehrheiten sind dagegen *keine „negativen Blockaden"* festzustellen. Gerade zwischen 2013 und 2017, in denen die M-Länder die übergroße Mehrheit der Bundesratsstimmen auf sich vereinten, blieben die Anrufungen des Vermittlungsausschusses und die gescheiterten Zustimmungsgesetze gering. Ein Grund dafür war, dass die Bund-Länder-Koordination „mitunter schon weit vor der formellen Beschlussfassung der Bundesregierung über einen Gesetzentwurf, etwa im Rahmen von Fachministerkonferenzen [oder] der Ministerpräsidentenkonferenz" begann (Schmedes 2017, S. 911).

Darüber hinaus werden im Bundesrat auch *Länderinteressen wirksam artikuliert*. Dies ist besonders dann der Fall, wenn alle Länder dem Bund gegenüberstehen, wie bei der Neuregelung der föderalen Finanzbeziehungen 2016 (Abschn. 4.2) oder den Änderungen der Europäischen Verträge (Abschn. 11.3). Derart geschlossene Allianzen sind jedoch relativ selten, weil die Interessen der Länder aufgrund ihrer sozioökonomischen und soziokulturellen Heterogenität sehr unterschiedlich ausgeprägt sind (Abschn. 13.1). Das heißt nicht, dass die einzelnen Länder ihre sachpolitischen Anliegen nicht durchsetzen könnten. Allerdings müssen sie dazu Bündnisse mit gleichgesinnten Ländern bzw. dem Bund eingehen.

(4) *Parteipolitik* spielt im Bundesrat auch beim *Gesetzesinitiativrecht* eine wichtige Rolle (Art. 76 GG). Tatsächlich bringen die O-Länder besonders viele Gesetzesentwürfe über den Bundesrat ein, wenn sie dort über die Stimmenmehrheit verfügen. Dahinter steckt das Kalkül, dass die „Entwürfe von einem größeren öffentlichen Interesse profitieren, wenn sie bereits die formale Bestätigung durch das Verfassungsorgan Bundesrat erfahren haben" (Harle und Stecker 2011, S. 333). Allerdings muss sich der Bundestag mit Gesetzesentwürfen der Länderkammer nicht unmittelbar befassen, sondern kann ihre Behandlung mit Mehrheitsbeschluss verschieben.

Gleichwohl können oppositionelle Bundesratsinitiativen manchmal erfolgreich sein. Ein Beispiel ist das „Ehe für alle"-Gesetz, dessen Entwurf bereits 2013 von O-Ländern über den Bundesrat eingebracht, aber auf Druck der CDU/CSU-Bundestagsfraktion immer wieder vertagt wurde (Bundesratsdrucksache 196/13; Mangold 2018). Als die Eheöffnung im Juni 2017 zu einem wichtigen Wahlkampfthema wurde und sich alle potenziellen Koalitionspartnerinnen der Union dafür aussprachen, konnte der Bundestag den vorliegenden Gesetzesentwurf in kürzester Zeit verabschieden, nachdem ihn Kanzlerin Merkel zur „Gewissensentscheidung" erklärt hatte. Daneben gibt es auch Bundesratsentwürfe von M-Ländern, die überparteilichen Charakter haben; sie kommen weniger häufig vor, werden dafür aber von einer breiten Ländermehrheit unterstützt. Somit finden „bei aller Parteipolitik auch in bescheidenem Maße sachpolitische Länderinteressen in die Gesetzesvorlagen des Bundesrates Eingang" (Harle und Stecker 2011, S. 334).

(5) Selbst wenn im Bundesrat die O-Länder dominieren, kann die *Bundesregierung* versuchen, *eine parteipolitische Konfrontation zu vermeiden*. Dazu kann sie einzelnen Landesregierungen politische Angebote machen. So gelang es der rot-grünen Regierung unter Gerhard Schröder im Jahr 2000, die Bundesratsmehrheit für ihre Steuerreform dadurch zu sichern, dass sie sich Stimmen einiger M-Länder durch bestimmte Finanzierungszusagen „erkaufte" (Merkel 2003, S. 174). Außerdem kann die Bundesregierung ihre politische Agenda den Mehrheitsverhältnissen im Bundesrat anpassen, indem sie darauf verzichtet, „Gesetzesinitiativen, für die sie keine Mehrheiten erwarten kann, überhaupt ins Parlament einzubringen, oder sie antizipiert bei der Politikformulierung bereits die inhaltlichen Positionen der Opposition" (Burkhart und Manow 2006, S. 810). Bei einer solchen Selbstbeschränkung der Bundesregierung tritt der Strukturbruch nicht offen zutage; latent führt er allerdings zu den Input- und Output-Problemen, die Lehmbruch herausgearbeitet hat.

11.3 Die Länderkammer im europäischen Mehrebenensystem

Die europäische Integration hat die Stellung der deutschen Länder im politisch-administrativen Mehrebenensystem erheblich verändert (Abschn. 3.3). Zum einen wurden etliche Gesetzgebungszuständigkeiten der Länderparlamente, z. B. in den Bereichen Land- und Forstwirtschaft oder Umweltschutz, auf die supranationale Ebene übertragen (Hesse und Grotz 2005, S. 132–152). Zum anderen müssen die Länderverwaltungen den größten Teil des europäischen Sekundärrechts, über das in Brüssel und Straßburg entschieden wird, administrativ vollziehen. Vor diesem Hintergrund nutzen die Länder verschiedene Möglichkeiten, um die europapolitische Willensbildung und Entscheidungsfindung zu beeinflussen (Abschn. 13.4).

Der *Bundesrat* verfügt über *umfangreiche Kompetenzen zur Vertretung von Länderinteressen in EU-Angelegenheiten*. Das entspricht seiner machtvollen Position im Rahmen der innerstaatlichen Verfassungsordnung. Allerdings musste die Länderkammer ihre europapolitischen Mitwirkungsrechte erst in einem langwierigen Prozess erkämpfen (Grotz 2007, S. 81–144). Ursprünglich sah das Grundgesetz vor, dass nationale Hoheitsrechte mit einfacher Bundestagsmehrheit auf „zwischenstaatliche Einrichtungen" übertragen werden können (Art. 24 Abs. 1 GG). Obwohl diese Regelung auch die Gesetzgebungs- und Vollzugszuständigkeiten der Länder betraf, hatte der Bundesrat in Angelegenheiten der europäischen Integration zunächst nur ein allgemeines Informations- und ein suspensives Vetorecht (Art. 32 Abs. 2 GG; Art. 53 GG). Anlässlich der Ratifizierung des EGKS-Vertrags (1951) und der Römischen Verträge (1957) erhielt er keine weitergehenden Mitwirkungsrechte, obwohl dies mehrere Länder eingefordert hatten. Die Bundesregierung gestand lediglich zu, den Bundesrat über laufende Entwicklungen im Ministerrat zu unterrichten und ihm EG-bezogene Dokumente im Vorfeld zuzuleiten. Seit 1979 durften die Länder zwei Vertreter zu den Beratungen der

Europäischen Kommission und des Rates entsenden, doch auch dies erwies sich aus ihrer Sicht als „wenig schlagkräftig" (Sturm und Pehle 2012, S. 89).

Die Verabschiedung der Einheitlichen Europäischen Akte (EEA) 1985 markierte dann einen Einschnitt. Der Bundesrat erklärte, dem Ratifikationsgesetz nur zuzustimmen, wenn er künftig substanzielle Mitwirkungsrechte bei der europapolitischen Willensbildung erhalte. Mit diesem geschlossenen Auftreten gegenüber der Bundesregierung gelang es den Ländern, ihren institutionellen Interessen Geltung zu verschaffen (Hrbek 1986). Das EEA-Gesetz erteilte dem Bundesrat das Recht, zu allen EG-Vorlagen formal Stellung zu beziehen; bei Materien der ausschließlichen Ländergesetzgebung musste eine solche Stellungnahme von der Bundesregierung maßgeblich berücksichtigt werden.

Anlässlich der Verabschiedung des Maastrichter Vertrages (1992) wurden die europapolitischen Mitwirkungsrechte des Bundesrates ins Grundgesetz aufgenommen. Dabei gelang es den Länderregierungen erneut, durch eine Vetoandrohung bei der Vertragsratifizierung ihre zentralen Forderungen durchzusetzen, die im *neuen Art. 23 GG („Europa-Artikel")* zusammengefasst und bis heute gültig sind:

- ein *absolutes Vetorecht bei der Übertragung nationalstaatlicher Zuständigkeiten* auf europäische Ebene (Art. 23 Abs. 1 GG);
- ein *Mitwirkungsrecht in EU-Angelegenheiten,* „soweit er an einer entsprechenden innerstaatlichen Maßnahme mitzuwirken hätte oder soweit die Länder innerstaatlich zuständig wären" (Art. 23 Abs. 4 GG);
- ein *inhaltliches Beteiligungsrecht an der gesamtstaatlichen Europapolitik.* Demnach muss die Bundesregierung eine Stellungnahme des Bundesrates „maßgeblich berücksichtigen", wenn dadurch Gesetzgebungs- und Verwaltungskompetenzen der Länder schwerpunktmäßig betroffen sind (Art. 23 Abs. 5 GG). Dabei ist allerdings „die gesamtstaatliche Verantwortung des Bundes zu wahren"; sowie
- das *Recht, den deutschen Vertreter in den Rat der EU zu entsenden,* falls ausschließliche Gesetzgebungsbefugnisse der Länder berührt sind (Art. 23 Abs. 6 GG). Durch die Föderalismusreform von 2006 wurde diese Bestimmung auf die Bereiche „schulische Bildung", „Kultur" und „Rundfunk" begrenzt; in der politischen Praxis bedeutete dies jedoch keine größere Veränderung.

Schließlich wurden die europapolitischen Kompetenzen des Bundesrates durch den Vertrag von Lissabon (2009) ausgebaut. Ebenso wie der Bundestag kann der Bundesrat im Rahmen des „Frühwarnmechanismus" eine *Subsidiaritätsrüge* gegen einen Gesetzesentwurf der EU-Kommission aussprechen (ausführlich Abschn. 9.3). Darüber hinaus kann er eine *Subsidiaritätsklage* gegen EU-Gesetzgebungsakte *vor dem Europäischen Gerichtshof* anstrengen. Nach einer Übereinkunft der Ministerpräsidentenkonferenz von 2005 steht dieses Recht grundsätzlich jedem Bundesland offen, da der Bundesrat Klageeinreichungen einzelner Länder wohlwollend begegnen soll (Grasl 2016, S. 176–177).

Außerdem hat der Bundesrat seine *Binnenorganisation* an die fortschreitende Europäisierung angepasst. Bereits 1957 hat er einen Sonderausschuss „Gemeinsamer

Markt und Freihandelszone" geschaffen, der 1965 in den ständigen Ausschuss für Fragen der Europäischen Gemeinschaft (später: Europäische Union) überführt wurde. Der EU-Ausschuss „berät federführend all jene Dokumente des Rates und der Kommission, die für die Länder von Bedeutung sind" (Bundesrat 2018). In der bisherigen Praxis hat er keineswegs als Bremser der Europäisierung agiert, sondern meist die Empfehlungen der anderen Bundesratsausschüsse so formuliert, dass die integrationsfreundliche Orientierung deutlich wurde, die die deutsche Europapolitik insgesamt kennzeichnet (Sturm und Pehle 2012, S. 96). Darüber hinaus hat der Bundesrat 1992 eine Europakammer eingerichtet, die in Art. 52 Abs. 3a GG verankert wurde. Im Unterschied zu den meisten Bundesratsausschüssen besteht sie nicht aus Landesbeamtinnen, sondern aus Regierungsmitgliedern und kann anstelle des Bundesratsplenums zu EU-Vorlagen verbindliche Beschlüsse fassen. Die Europakammer sollte vor allem dazu dienen, die Reaktionsfähigkeit des Bundesrates in EU-bezogenen Angelegenheiten zu erhöhen. Bislang hat sie allerdings keine große Bedeutung erlangt, da die allermeisten europapolitischen Angelegenheiten unverändert in den Plenarsitzungen des Bundesrates behandelt werden (Kropp 2010b, S. 162).

Seine Mitwirkungsrechte in EU-Angelegenheiten hat der Bundesrat unterschiedlich genutzt. Er berät mittlerweile zwischen 100 und 200 europapolitische Vorlagen pro Jahr (Bundesrat 2017, S. 9). Insofern kann weder von einer unzureichenden Informationsübermittlung durch die Bundesregierung bzw. EU-Kommission noch von einem administrativen Kapazitätsdefizit des Bundesrates die Rede sein. Weitaus schwieriger ist es festzustellen, inwieweit die Nutzung der Beteiligungsverfahren auch eine effektive Vertretung der europapolitischen Länderinteressen gewährleistet. Der Anteil der *Stellungnahmen nach Art. 23 GG* gegenüber der Bundesregierung, die der Bundesrat für sich als besonders relevant ansah und daher „maßgeblich berücksichtigt" wissen wollte, lag deutlich unter der Fünf-Prozent-Marke (Kropp 2010b, S. 166). Auch wenn die Bundesregierung in einigen dieser Fälle eine andere Rechtsauffassung vertrat, blieben offene Konflikte über die inhaltliche Ausrichtung der deutschen Position im EU-Rat die absolute Ausnahme. Von der formalen Möglichkeit, einem *Ländervertreter* die *Verhandlungsführung im Ministerrat* zu übertragen, hat der Bundesrat *kaum Gebrauch gemacht*. Dennoch können sich die Länderrepräsentantinnen bei entsprechenden Ratstreffen in der Regel ausreichend artikulieren, selbst wenn die Bundesregierung die Verhandlungen führt (Sturm und Pehle 2012, S. 95–96). Bei europäischen Regelungsbereichen, die die Länder schwerpunktmäßig betreffen, sind außerdem zahlreiche Landesbeamtinnen in den entsprechenden Gremien der Kommission und des Rates präsent und können dort ihren Einfluss geltend machen (Beck 2004, S. 3).

Der Bundesrat war die EU-weit erste Parlamentskammer, die von der seit 2009 bestehenden *Subsidiaritätsrüge* Gebrauch gemacht hat (Becker 2013, S. 21). Bis Ende 2017 hat er nur insgesamt 17 Rügen vorgebracht (Europäische Kommission 2018). Dieser zurückhaltende Gebrauch der Subsidiaritätsrüge verhindert, dass sie sich als Instrument abnutzt (Hrbek 2016, S. 146). Wenn der Bundesrat Subsidiaritätsbedenken hat, übermittelt er diese meist im Rahmen einer Fachstellungnahme direkt an die EU-Kommission.

Die *kooperative Interaktionsorientierung zwischen Bundesrat und Bundesregierung* setzt sich also *im europapolitischen Bereich* fort. Auch hier können die Beteiligungskompetenzen des Bundesrates die Bundesregierung dazu veranlassen, absehbare Forderungen der Länderkammer bereits im Vorfeld aufzugreifen (Große Hüttmann und Knodt 2003). Gleichwohl bleibt die *Durchsetzung genuiner Länderinteressen* in diesem Kontext *schwierig*. Gerade weil sich die EU-bezogenen Stellungnahmen des Bundesrates auf Detailfragen der innerstaatlichen Umsetzung von Europarecht konzentrieren (Große Hüttmann 2006, S. 211), fehlt ihnen häufig eine prägnante Position, die bei Verhandlungen im Ministerrat aussichtsreich durchgesetzt werden könnte. Nicht zuletzt ist zu berücksichtigen, dass die europapolitischen Interessen der Länder tendenziell noch heterogener sind als im binnenstaatlichen Bereich. Im Zweifelsfall messen sie „dem Bemühen, die jeweils eigenen Vorteile […] im Rahmen der Europäisierung zu sichern, […] eine höhere Bedeutung bei als dem Ziel, die föderale Ordnung vor europäischer Vereinheitlichung zu schützen" (Kropp 2010b, S. 169).

11.4 Fazit: effektive Ländervertretung oder politisches Blockadeinstrument?

Der Bundesrat ist eine besondere Institution im deutschen Regierungssystem. Er besteht aus Regierungsmitgliedern der Länder, die ihre Stimmenkontingente nur *en bloc* abgeben dürfen. Damit unterscheidet er sich von allen Parlamentskammern weltweit. Zugleich hat er umfangreiche Vollmachten im Gesetzgebungsprozess. Somit ähnelt sein Aufgabenprofil einer starken Zweiten Kammer. In diesem Rahmen agiert der Bundesrat zum einen als institutionalisierte *Interessenvertretung der Länder* auf nationaler und europäischer Ebene. Zum anderen kann er auch von den Oppositionsparteien im Bundestag als *Blockadeinstrument* genutzt werden.

Die *Handlungsfähigkeit des föderalen Regierungssystems* wird durch den Bundesrat nicht grundsätzlich beeinträchtigt, weil er kooperativ am Gesetzgebungsprozess mitwirkt: von der Ausarbeitung der Gesetzesentwürfe über deren Beratung bis hin zur Verabschiedung (Kilper und Lhotta 1996, S. 121). In den meisten Fällen, in denen es zu Gesetzgebungskonflikten zwischen Bundestag und Bundesrat kam, hat sich der Vermittlungsausschuss als effektive Clearingstelle erwiesen. Parteipolitische Blockaden blieben auf relativ wenige, wenn auch inhaltlich bedeutsame Gesetze beschränkt. Allerdings hat die konsensdemokratische Einbettung des Bundesrates auch funktionale Nachteile. Sie beeinträchtigt die Transparenz und Zurechenbarkeit der politischen Willensbildung und Entscheidungsfindung. Weil Bundesgesetze immer Mehrheiten in der Länderkammer finden müssen, sitzt meist die größte Oppositionspartei im Bundestag in der Regel mit am Verhandlungstisch. Deswegen wird die Bundesrepublik auch als „Staat der Großen Koalition" (Schmidt 2008) bezeichnet: Informell haben CDU/

11.4 Fazit: effektive Ländervertretung oder politisches Blockadeinstrument?

CSU und SPD die meiste Zeit zusammen regiert, auch wenn sie kein gemeinsames Bundeskabinett gebildet haben. Für die Wählerinnen wird es dadurch schwierig zu beurteilen, wer letztlich Gesetzesentscheidungen zu verantworten hat. Außerdem stellt der institutionalisierte Kooperationszwang zwischen Bundestag und Bundesrat hohe Anforderungen an alle Beteiligten. Die Bundesregierung muss stets an einer Mehrheitsbildung im Bundesrat arbeiten, indem sie sich der parteipolitischen Gefolgschaft der R-Länder versichert und anderen Länderregierungen attraktive Angebote macht. Gelingt das nicht, bleibt nur die Selbstbeschränkung der eigenen Politikagenda (Burkhart und Manow 2006). Die Länderregierungen wiederum müssen ihren „Rollenkonflikt als föderale und parteipolitische Akteure" ausbalancieren und „die Vor- und Nachteile ihrer Entscheidung im Einzelfall" abwägen (Kropp 2010b, S. 74).

Unter diesen Bedingungen ist die *Vertretung genuiner Länderinteressen schwierig*. Allein wenn es darum geht, die verfassungsrechtlich verbrieften Kompetenzen des Bundesrates zu verteidigen, fand sich meist eine breite Ländermehrheit. Dies gilt auch und gerade für den Bereich der EU-Angelegenheiten, wo die Länderregierungen entsprechende Mitwirkungsrechte für den Bundesrat erstritten haben, sie dann aber nur begrenzt genutzt haben. Seit den 1990er Jahren hat die gesellschaftliche und politische Heterogenität zwischen den Ländern weiter zugenommen (Abschn. 13.1). Damit sind auch die Anforderungen an die Bund-Länder-Koordinierung und die politische Kompromissfindung gestiegen. Dennoch ist nicht mit einer Häufung von Gesetzesblockaden durch den Bundesrat zu rechnen. Dies wäre nur dann der Fall, wenn das Parteiensystem von „radikaler Konfliktorientierung" (Schmedes 2017, S. 921) geprägt würde. Dieses Szenario ist derzeit unwahrscheinlich. Eher werden langwierige Aushandlungsprozesse die Regel bleiben, in denen der Bundesrat seine zentrale Stellung behalten wird.

Angesichts dieser ambivalenten Bilanz werden verschiedene Ansätze zur *Reform des Bundesrates* diskutiert. Zum einen könnte man die *Anzahl der zustimmungsbedürftigen Gesetze reduzieren* und so die Vetomacht des Bundesrates einschränken. Diesen Ansatz hat auch die Föderalismusreform von 2006 verfolgt – allerdings mit nur begrenztem Erfolg (Scharpf 2009, S. 78–83; Abschn. 4.2). Zum anderen wurde immer wieder gefordert, den Bundesrat durch ein *Senatsmodell* zu ersetzen. Das Hauptargument dafür lautet, dass Abgeordnete, die vom Volk oder von den Länderparlamenten gewählt werden, die Länderinteressen besser zur Geltung bringen als entsandte Regierungsmitglieder (Schmidt 2006; Papier 2007). Allerdings ist kaum anzunehmen, dass sich direkt gewählte Bundesratsmitglieder der strukturierenden Kraft des Parteienwettbewerbs entziehen könnten, wie die Beispiele des US-amerikanischen Senats und des österreichischen Bundesrats zeigen (Riescher et al. 2010). Außerdem würde mit dem Auszug der Länderexekutiven aus dem Bundesrat eine zentrale Komponente des Gesetzgebungsverfahrens fehlen, die der Funktionslogik des deutschen Vollzugsföderalismus entspricht.

Nicht zuletzt gibt es die Idee, die *Abstimmungsregeln des Bundesrates* zu ändern, um „negative Blockaden" zu vermeiden, die durch die Stimmenthaltung von M-Ländern zustande kommen. Dazu könnte man nur die Mehrheit der abgegebenen Bundesratsstimmen bei Zustimmungsgesetzen werten (Bertelsmann-Kommission 2000, S. 31),

Stimmenthaltungen im Bundesrat verbieten (Benz 2004) oder das Einheitlichkeitserfordernis bei der Stimmgebung streichen (Sturm 2009). Alternativ dazu könnte man auch die Abstimmungsfrage umkehren: Die Bundesratsmitglieder würden dann nicht mehr nach ihrer Zustimmung gefragt, sondern nach der Zustimmungsverweigerung; auf diese Weise würden aus „Enthaltungen faktische Pro-Stimmen" (Decker 2011b, S. 268). Alle genannten Vorschläge haben indes gemeinsam, dass sie die Vetomacht der kleineren Koalitionsparteien empfindlich schmälern. Weil dadurch der Zusammenhalt der Länderregierungen nachhaltig gefährdet wäre, würden sich die Beteiligten „doch nur neue Tricks ausdenken" (Nonnenmacher 2008), um die bisherige Praxis auch unter anderen Verfahrensregeln beizubehalten.

Literaturhinweise

Jun, Uwe, und Sven Leunig, Hrsg. 2011. *60 Jahre Bundesrat*. Baden-Baden: Nomos.

Lehmbruch, Gerhard. 2000. *Parteienwettbewerb im Bundesstaat: Regelsysteme und Spannungslagen im politischen System der Bundesrepublik Deutschland*, 3. Aufl. Wiesbaden: Westdeutscher Verlag.

Müller, Markus M., Roland Sturm, Patrick Finke, und Antonios Souris. 2020. *Parteipolitik im Bundesrat: Der Bundesrat und seine Ausschüsse*. Baden-Baden: Nomos.

Riescher, Gisela, Sabine Ruß, und Christoph Haas, Hrsg. 2010. *Zweite Kammern*, 2. Aufl. München: Oldenbourg.

Schmedes, Hans-Jörg. 2019. *Der Bundesrat in der Parteiendemokratie: Aufgabe, Struktur und Wirkung der Länderkammer im föderalen Gefüge*. Baden-Baden: Nomos.

Bundesverfassungsgericht: die oberste Kontrollinstanz

12

Unter den Verfassungsorganen der Bundesrepublik nimmt das Bundesverfassungsgericht (BVerfG) eine Sonderstellung ein. Als „selbständiger und unabhängiger Gerichtshof des Bundes" (§ 1 Abs. 1 BVerfGG) gehört es zur rechtsprechenden Gewalt (Judikative). Deswegen kann es nicht aus eigener Initiative tätig werden, sondern nur dann, wenn es von Bürgerinnen und Politikerinnen angerufen wird. Gleichzeitig unterscheidet sich das BVerfG von normalen Gerichten dadurch, dass es die Anwendung des Grundgesetzes letztverbindlich auslegt. Seine Rechtsprechung schränkt auch den Handlungsspielraum der parlamentarischen Mehrheit ein und verstärkt damit den konsensdemokratischen Charakter des deutschen Regierungssystems (Lijphart 2012, S. 214–219). Zugleich ist das BVerfG aufgrund seiner „Deutungsmacht" (Vorländer 2006) ein eigenständiger Akteur im politischen Prozess. Vor diesem Hintergrund wird immer wieder diskutiert, ob es als *neutraler Verfassungshüter* den rechtlichen Rahmen des Regierungssystems bewahrt und fortentwickelt oder als *„Nebenregierung"* (Schmidt 1992, S. 46) die demokratische Willensbildung und Entscheidungsfindung aktiv mitgestaltet.

Um diese Frage zu beantworten, stellt Abschn. 12.1 die Strukturmerkmale und das Aufgabenprofil des BVerfG dar. Abschn. 12.2 lotet das Verhältnis von Verfassungsgerichtsbarkeit und parlamentarischem Gesetzgeber in der politischen Praxis aus. Abschn. 12.3 erklärt, inwieweit das BVerfG angesichts der europäischen Verfassungsentwicklung noch seine Rolle als oberste Kontrollinstanz im demokratischen Regierungssystem wahrnimmt. Abschn. 12.4 fasst zusammen und diskutiert ausgewählte Reformperspektiven.

© Springer Fachmedien Wiesbaden GmbH, ein Teil von Springer Nature 2021
F. Grotz und W. Schroeder, *Das politische System der Bundesrepublik Deutschland*,
https://doi.org/10.1007/978-3-658-08638-1_12

12.1 Strukturmerkmale und Aufgabenprofil

Das Bundesverfassungsgericht ist als Gerichtshof des Bundes einerseits Teil der Judikative und andererseits ein eigenes oberstes Bundesorgan, das über die Einhaltung des Grundgesetzes wacht (Art. 93–94 GG). Seine Entscheidungen „binden die Verfassungsorgane des Bundes und der Länder sowie alle Gerichte und Behörden" (§ 31 Abs. 1 BVerfGG). Durch seine Rechtsprechung schützt es nicht primär „das Volk" oder „den Staat", sondern „vor allem die Offenheit einer pluralistischen Gesellschaft, die Opposition und Minderheiten" (van Ooyen 2018, S. 917).

Die Stellung des BVerfG als „autoritativem Verfassungsinterpreten" (Vorländer 2011, S. 19) ist *im historischen Rückblick einmalig* (Hailbronner 2015). In der Verfassung des Deutschen Reiches (1871) war noch der Bundesrat das oberste Schlichtungsorgan. Erst die Weimarer Verfassung (1919) etablierte mit dem Staatsgerichtshof eine verfassungsgerichtliche Prüfinstanz, die für Kompetenzstreitigkeiten zwischen Reich und Ländern und innerhalb einzelner Länder zuständig war (Säcker 2003, S. 18). Außerdem war der Staatsgerichtshof befugt, auf Antrag des Reichstags über einen Amtsmissbrauch des Reichspräsidenten, des Reichskanzlers und der einzelnen Minister zu urteilen. Im Unterschied zur Bundesrepublik hatten die Bürgerinnen in der Weimarer Republik noch keine Möglichkeit, eine Verfassungsbeschwerde gegen Grundrechtsverletzungen vorzubringen (Dreier 2019, S. 24). Vor allem hat erst das BVerfG eine Spruchpraxis entwickelt, die die Verfassung als „dauerhafte und geschlossene Wertordnung konstruiert", welche „auf prinzipiell alle Detailfragen des politisch-gesellschaftlichen Alltagslebens Antworten bereithält" (Abromeit 1995, S. 60). Auf diese Weise bildet das BVerfG die oberste Kontrollinstanz, von deren Zustimmung staatliches Handeln abhängt. Damit verkörpert es das Prinzip der *„Verfassungssouveränität"*, das im deutschen Regierungssystem besonders stark ausgeprägt ist (Abromeit 1995, S. 49).

Diese hohe Autorität des BVerfG bestand keineswegs von Anfang an und ist so auch nicht dem Grundgesetz zu entnehmen. Ebenso wenig ist die institutionelle Struktur des Gerichts in der Verfassung festgeschrieben (Collings 2015). Die Mitglieder des *Parlamentarischen Rates* (1948/1949) waren sich lediglich einig, dass das Höchstgericht der künftigen Bundesrepublik über weitergehende Kompetenzen als der Weimarer Staatsgerichtshof verfügen sollte. Im Hintergrund stand die Einsicht, dass man angesichts der gescheiterten Weimarer Demokratie und des menschenverachtenden NS-Regimes „die Verfassungsgerichtsbarkeit in der Verfassung verankern und vor Eingriffen durch einfache Gesetze bewahren müsse" (Hesse und Ellwein 2012, S. 550). Die institutionelle Struktur des BVerfG war jedoch umstritten (Schönberger 2011, S. 12–16). So fanden sich etliche Stimmen für ein einheitliches Höchstgericht, das nach dem Vorbild des US Supreme Court nicht nur für Verfassungsfragen, sondern für sämtliche Rechtsmaterien zuständig sein sollte. Andere sprachen sich für ein *„reines" Verfassungsgericht nach österreichischem Modell* aus, das außerhalb des Instanzenzuges der einfachen Gerichtsbarkeit steht und keine Urteile der letzten Revisionsinstanz überprüfen darf, sondern nur Entscheidungen aufheben kann, die Grundrechte der Betroffenen verletzen.[1] Letztlich wurde das zweite Modell gewählt, weil man die Schaffung eines einheitlichen „Mammutgerichts" vermeiden wollte und zugleich die Möglichkeit hatte, die höchsten Instanzen des fünfgliedrigen Gerichtssystems auf unterschiedliche Bundesländer zu verteilen (Limbach 2001, S. 19).[2]

Auch nachdem sich diese Lösung durchgesetzt hatte, blieb der Status des BVerfG gegenüber den anderen Höchstgerichten, aber auch gegenüber Parlament und Regierung „unscharf" (Herrmann 2006, S. 145). Als einziges Verfassungsorgan erhielt das BVerfG keinen eigenen Abschnitt im Grundgesetz, sondern wurde in den Abschnitt „Rechtsprechung" integriert (Abschn. 2.2). Dort finden sich Bestimmungen über seine Zuständigkeiten (Art. 93 GG) und zur Wahl seiner Mitglieder (Art. 94 Abs. 1 GG). Seine Binnenstruktur sowie die Frage, „in welchen Fällen seine Entscheidungen Gesetzeskraft haben" (Art. 94 Abs. 2 GG), werden dagegen durch das *Gesetz über das Bundesverfassungsgericht (BVerfGG)* geregelt, das erst im März 1951 in Kraft trat. Im September 1951 nahm das Gericht als letztes Verfassungsorgan seine Arbeit auf.

Schon bald nach seiner Gründung wurde das BVerfG zu einer Institution mit hoher Autonomie. Der wichtigste Impuls dazu kam aus dem Gericht selbst: 1952 wurde eine *„Denkschrift" zur Stellung des BVerfG* veröffentlicht, die der Verfassungsrichter Gerhard Leibholz ausgearbeitet hatte und die von den meisten seiner Kolleginnen unterstützt wurde (Leibholz 1957). Darin wurden die anderen Verfassungsorgane aufgefordert, die organisatorische und budgetäre Unabhängigkeit des BVerfG anzuerkennen. Vor allem wandte sich die Denkschrift gegen die Ressortaufsicht des Bundesjustizministeriums über das Gericht und gegen die Eingliederung seiner Mitglieder in die beamtete Richterschaft. Am Ende akzeptierte die Regierung Adenauer die Autorität des Gerichts (Lembcke 2015).

Das BVerfG entscheidet auf Basis juristischer Argumente über die grundlegenden Normen des demokratischen Regierungssystems und agiert damit an der *„Nahtstelle zwischen Recht und Politik"* (Kneip 2007, S. 217). Um diese Rolle zu erfüllen, kombiniert es institutionelle Merkmale aus beiden Welten, die einerseits seine demokratische Legitimation und andererseits seine richterliche Unabhängigkeit und Professionalität sichern sollen.

Die *demokratische Legitimation* des BVerfG wird vor allem dadurch gewährleistet, dass seine 16 Mitglieder „je zur Hälfte vom Bundestag und vom Bundesrat gewählt" werden (Art. 94 Abs. 1 GG; Abb. 12.1). Der *Bundesrat* wählt die ihm zugewiesenen

---

[1] Dieses Gerichtsmodell geht auf den Juristen Hans Kelsen zurück, der maßgeblich an der Ausarbeitung des österreichischen Bundes-Verfassungsgesetzes von 1920 beteiligt war.

[2] Die fünf obersten Gerichtshöfe des Bundes haben heute ihren Sitz in folgenden Städten: der für Zivil- und Strafsachen zuständige Bundesgerichtshof in Karlsruhe, das Bundesverwaltungsgericht in Leipzig, das Bundessozialgericht in Kassel, der Bundesfinanzhof in München und das Bundesarbeitsgericht in Erfurt.

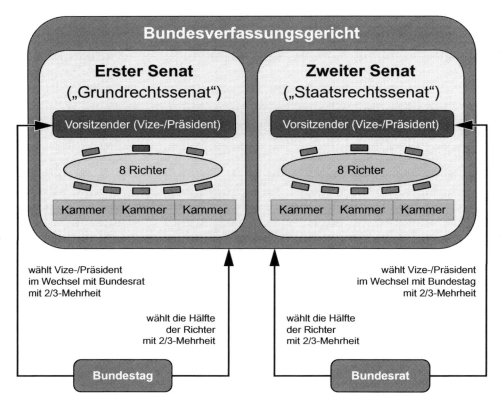

Abb. 12.1 Die Struktur des Bundesverfassungsgerichts.
Quelle: Eigene Darstellung

Richter mit zwei Dritteln seiner Stimmen (§ 7 BVerfGG); die Kandidatinnen werden in der Regel von den Ministerpräsidenten vorgeschlagen. Der *Bundestag* wählt seine Richter in geheimer Abstimmung ohne Aussprache, wobei eine Zweidrittelmehrheit der abgegebenen Stimmen benötigt wird, die zugleich eine Mehrheit aller Bundestagsmitglieder umfassen muss (§ 6 Abs. 1 BVerfGG). Die Kandidatinnen für das Richteramt werden durch einen Wahlausschuss vorgeschlagen, der aus zwölf Abgeordneten besteht. Der Bundestag wählt die Mitglieder des Wahlausschusses aufgrund von Vorschlagslisten, die die Fraktionen einbringen. Bis 2015 wurden die Verfassungsrichter nicht vom Bundestagsplenum, sondern direkt vom Wahlausschuss gewählt. Diese Praxis wurde zwar vom BVerfG als zulässig erklärt, doch wegen ihrer mangelnden Transparenz öffentlich kritisiert und daher geändert (Schröter 2017). Anders als beim US-amerikanischen Supreme Court sind keine öffentlichen Anhörungen der Kandidatinnen für die Richterposten in Bundestag und Bundesrat vorgesehen. So soll eine Diskreditierung künftiger Verfassungsrichter vermieden werden, die sich aus einer parteipolitischen Debatte über ihre Person ergeben könnte.

12.1 Strukturmerkmale und Aufgabenprofil

Die *juristische Professionalität* des BVerfG wird durch rechtliche Vorgaben abgesichert, die seine Mitglieder zu erfüllen haben. Alle zur Wahl stehenden Kandidatinnen müssen eine universitäre Juristenausbildung absolviert haben („Befähigung zum Richteramt") und aufgrund eines Mindestalters von 40 Jahren über eine gewisse Lebenserfahrung verfügen (§ 3 Abs. 1 BVerfGG). Außerdem dürfen sie nur bis zur Vollendung des 68. Lebensjahrs im Amt bleiben (§ 4 Abs. 3 BVerfGG). Damit wichtige Gesichtspunkte aus dem Bereich der Fachgerichte in die Verfassungsrechtsprechung einfließen, müssen in jedem der beiden Senate drei ehemalige Richter der obersten Gerichtshöfe des Bundes vertreten sein, die dort mindestens drei Jahre tätig gewesen sind (§ 2 Abs. 3 BVerfGG).

Um die *politische Unabhängigkeit* des BVerfG zu garantieren, dürfen seine Mitglieder nach ihrer Ernennung weder dem Bundestag noch dem Bundesrat, der Bundesregierung oder entsprechenden Länderorganen angehören (Art. 94 Abs. 1 GG). Außerdem ist das Richteramt auf zwölf Jahre beschränkt und eine Wiederwahl seit 1971 ausgeschlossen (§ 4 Abs. 1 und 2 BVerfGG). Die institutionelle Autonomie des BVerfG kommt auch dadurch zum Ausdruck, dass es als einziges oberstes Bundesorgan seinen Sitz nicht in Berlin (vormals Bonn), sondern in Karlsruhe hat. Diese räumliche Distanz zum Regierungssitz sollte die klare „Trennung von Recht und Politik" symbolisieren, „welche in der Kontrolle der Politik durch eine eigene Verfassungsgerichtsbarkeit die Stabilitätsgarantie für eine junge, keineswegs gefestigte Demokratie sah" (Vorländer 2011, S. 17).

Das BVerfG gliedert sich in *zwei Senate,* denen jeweils acht Richter angehören (bis 1963: zwölf Richter; § 2 BVerfGG). Daher wird es auch als „Zwillingsgericht" bezeichnet (Kranenpohl 2010, S. 128). Der Erste Senat ist für Grundrechtsfragen zuständig, die sich auf Art. 1 bis 19 GG beziehen, während der Zweite Senat staatsrechtliche Streitfälle behandelt (Schäller 2006, S. 220). Aufgrund der ungleich höheren Zahl an Grundrechtsklagen wird die konkrete Zuordnung einzelner Verfahren allerdings etwas offener gehandhabt. Der *Präsident* und der *Vizepräsident des BVerfG* sitzen je einem Senat vor; sie werden von Bundestag und Bundesrat im Wechsel gewählt (§ 9 BVerfGG; Abb. 12.1). Darüber hinaus bildet jeder Senat mehrere *Kammern,* denen wiederum je drei Richter angehören (§ 15a Abs. 1 BVerfG). Diese kleineren Spruchkörper entlasten die Senate insofern, als sie die Klagen bearbeiten, die „keine klärungsbedürftigen Fragen grundsätzlicher Art aufwerfen" (Lenz und Hansel 2015, S. 47).

Um seine demokratische Legitimität zu erhalten, muss das BVerfG in seinen *Entscheidungsverfahren* durch richterliche Professionalität und diskursive Kommunikationsfähigkeit überzeugen (Möllers 2011). In der Regel wird die Entscheidung eines Senates durch einen zuständigen Richter vorbereitet („Berichterstatter"). Jedem Richter sind vier Mitarbeitende zugewiesen, die Vermerke und Entwürfe erstellen und einen Großteil der Arbeitsbelastung abfedern (Zuck 2015, S. 450–455). Zugleich tragen sie zur „Pluralisierung der Sichtweisen" bei, indem sie gegenüber den Richtern „als kritische ‚Sparringspartner' für die eigenen Ideen und Lösungsvorschläge" agieren (Voßkuhle 2020, S. 8). Bei wichtigen Verfahren finden mündliche Verhandlungen statt, bei denen der zuständige Senat den Verfahrensbeteiligten Gelegenheit zur Stellungnahme gibt und unbeteiligte Expertinnen um ihre Einschätzung bittet. Nach interner Beratung erfolgt die Gerichtsentscheidung durch alle Mitglieder eines Senats mit einfachem Mehrheitsbeschluss. Nur in Ausnahmefällen sind qualifizierte Mehrheiten vorgesehen, etwa bei einem Parteiverbot (§ 15 Abs. 4 BVerfGG). Bei Stimmengleichheit – vier zu vier – kann, wie es das Gesetz formuliert, „ein Verstoß gegen das Grundgesetz oder sonstiges Bundesrecht nicht festgestellt werden" (§ 15 Abs. 4 BVerfGG). Das hat zur Folge, dass es einen gewissen *bias* zugunsten des rechtlichen Status quo gibt.

Der Entscheidungsprozess im Senat unterliegt strikter Geheimhaltung. Das Entscheidungsergebnis ist dagegen in hohem Maße transparent. Es wird nicht nur öffentlich verkündet, sondern auch mit einer ausführlichen Begründung versehen, die in der nachfolgenden wissenschaftlichen und politischen Diskussion genau studiert wird. Außerdem kann jedes Mitglied des BVerfG seit 1971 seine abweichende Meinung als *Sondervotum* der Senatsentscheidung beifügen (§ 30 Abs. 2 BVerfGG). Diese Dokumentation von Minderheitspositionen lässt nicht nur Rückschlüsse auf Kontroversen innerhalb eines Senats zu, sondern kann auch einen perspektivischen Interpretationswandel von Grundgesetzbestimmungen andeuten. Auch für den internen Entscheidungsprozess ist das Sondervotum bedeutsam, weil bereits seine Ankündigung „disziplinierend" auf die anderen Senatsmitglieder wirkt und so zu einem balancierteren Ergebnis beitragen kann (Voßkuhle 2020, S. 8).

Wie alle Gerichte wird auch das BVerfG nur auf Antrag tätig. Für seine Stellung im demokratischen Regierungssystem ist daher von zentraler Bedeutung, wer es in welchen Fällen anrufen darf. Das Grundgesetz sieht eine ganze Palette verfassungsgerichtlicher *Verfahrensarten* vor, die man hinsichtlich ihrer Zielsetzung in drei Gruppen zusammenfassen kann (Tab. 12.1).

Die erste Gruppe von Verfahrensarten zielt auf die *Wahrung der verfassungskonformen Rechtsordnung* ab. Im Zentrum steht dabei die Frage, ob einfache Rechtsnormen (z. B. Gesetze und Verordnungen) bzw. ihre Anwendung in Einklang mit dem Grundgesetz stehen. Zu diesen Klagemöglichkeiten zählt die *Verfassungsbeschwerde,* aufgrund der jede Bürgerin das BVerfG anrufen kann, wenn sie sich durch staatliche Rechtsakte in ihren Grundrechten verletzt sieht (Art. 93 Abs. 1 Nr. 4a und 4b GG). Zahlenmäßig dominiert diese Verfahrensart die Arbeit des Karlsruher Gerichts: Zwischen 1951 und 2020 wurden insgesamt 240.251 Verfassungsbeschwerden vorgebracht, die 96,5 % aller Klagen ausmachten (Bundesverfassungsgericht 2021). Allerdings wurde nur dem kleinsten Teil der eingegangenen Verfassungsbeschwerden stattgegeben: Ihre Erfolgsquote liegt bei etwa 2,3 %.

Auch die *konkrete Normenkontrolle* dient der Wahrung der grundgesetzkonformen Rechtsordnung (Art. 100 Abs. 1 GG). Sie nimmt ihren Ausgangspunkt in laufenden Gerichtsverfahren, bei denen die zuständigen Richter ein für die Urteilsfindung entscheidendes Landes- bzw. Bundesgesetz für verfassungswidrig halten. In diesem Fall ist das jeweilige Gericht verpflichtet, das Verfahren auszusetzen und das BVerfG anzurufen. Pro Jahr fallen in der Regel nur zwischen 20 und 100 solcher „Richtervorlagen" an (Bundesverfassungsgericht 2019, S. 28–29), was an den sehr hohen Anforderungen an

12.1 Strukturmerkmale und Aufgabenprofil

Tab. 12.1 Verfahrensarten beim Bundesverfassungsgericht

Verfahrensart	Gegenstand	GG-Artikel	Antragsberechtigte
(1) Wahrung der verfassungskonformen Rechtsordnung			
Verfassungsbeschwerde	Grundrechtsverletzungen durch öffentliche Gewalt/ Verletzung des kommunalen Selbstverwaltungsrechts	Art. 93 (1) Nr. 4a und 4b	Jede Bürgerin Kommunen
Konkrete Normenkontrolle	Vereinbarkeit einfacher Gesetze mit dem GG	Art. 100 (1)	Jedes Gericht, sofern es in einem Rechtsstreit auf die betreffende Norm ankommt
Abstrakte Normenkontrolle	Vereinbarkeit von Bundes- und Landesrecht mit dem Grundgesetz/Bundesrecht	Art. 93 (1) Nr. 2 und 2a	Bundesregierung Landesregierungen Bundestag (1/4 der Mitglieder)
(2) Aufrechterhaltung der horizontalen und vertikalen Gewaltenteilung			
Organstreitigkeiten	Rechte und Pflichten der Verfassungsorgane	Art. 93 (1) Nr. 1	Bundespräsident Bundestag Bundesrat Bundesregierung Teile dieser Organe Parteien
Bund-Länder-Streitverfahren	Kompetenzen im bundesstaatlichen Gefüge, insbesondere Vollzug von Bundesrecht durch die Länder	Art. 93 (1) Nr. 3	Bundesregierung Landesregierungen
(3) Sicherung des demokratischen Verfassungsstaates			
Wahl- und Mandatsprüfung	Vereinbarkeit von Wahlgesetz mit höherrangigem Recht	Art. 41 (2); Art. 93 (1) Nr. 4c	Betroffene Abgeordnete Wahlberechtigte Teile des Bundestages
Präsidentenanklage	Amtsenthebung des Bundespräsidenten	Art. 61	2/3-Mehrheit von Bundestag und Bundesrat
Richteranklage	Amtsenthebung/Versetzung von Bundes- und Landesrichtern	Art. 98 (2) und (5)	Bundestag Landtage

(Fortsetzung)

Tab. 12.1 (Fortsetzung)

Verfahrensart	Gegenstand	GG-Artikel	Antragsberechtigte
Verwirkung von Grundrechten	Missbrauch von Freiheitsrechten gegen die freiheitlich demokratische Grundordnung	Art. 18	Bundestag Bundesregierung Landesregierungen
Parteiverbot	Verfassungswidrigkeit einer Partei	Art. 21 (2)	Bundestag Bundesrat Bundesregierung ggf. Landesregierungen (bei Parteien, deren Organisation sich auf ein Land beschränkt)

Quelle: Eigene Darstellung.

die Begründung durch das vorlegende Gericht liegt. Ihre Erfolgsquote ist indes deutlich höher als bei den Verfassungsbeschwerden.

Bei der *abstrakten Normenkontrolle* geht es ebenfalls um die verfassungsrechtliche Überprüfung von Gesetzesinhalten, allerdings ohne dass dazu ein konkreter Rechtsstreit vorliegt (Art. 93 Abs. 1 Nr. 2 und 2a GG). Antragsberechtigt sind alle am Gesetzgebungsprozess beteiligten Organe, d. h. die Bundesregierung, die im Bundesrat vertretenen Länderregierungen oder mindestens ein Viertel der Bundestagsabgeordneten. Die letztgenannte Regelung ist von besonderer Bedeutung, da sie auch einer (qualifizierten) Parlamentsminderheit eine Klagemöglichkeit eröffnet und ihr so eine Gelegenheit bietet, ein von der Regierungsmehrheit verabschiedetes Gesetz nachträglich zu „kippen". Obwohl jedes Jahr nur einige wenige abstrakte Normenkontrollverfahren eingereicht werden, sind diese meist von hoher politischer Brisanz. Zugleich stärkt die abstrakte Normenkontrolle die Deutungsmacht des BVerfG, weil jede Regierung bestrebt ist, ihre Gesetzesvorhaben im Lichte der bisherigen Karlsruher Rechtsprechung „verfassungsgerichtsfest" zu machen (Voigt 2015, S. 76; Abschn. 12.2).

Verfassungsbeschwerden, abstrakte und konkrete Normenkontrollverfahren können eine Annullierung von Gesetzen nach sich ziehen. Zwar kann das BVerfG in diesem Fall kein neues Gesetz beschließen, aber detaillierte Übergangsbestimmungen erlassen, die bis zur Neuregelung gelten. Da diese Bestimmungen auf jeden Fall verfassungskonform sind, kann es für den Gesetzgeber attraktiv sein, das Modell des BVerfG „‚eins zu eins' aufzugreifen" (Rath 2013, S. 53).

Zwei weitere Verfahrensarten dienen der *Aufrechterhaltung der demokratischen Gewaltenteilung.* In einem horizontal wie vertikal ausdifferenzierten Regierungssystem kann es immer wieder zu Konflikten über Zuständigkeiten und Kompetenzen kommen. Zu diesen Klagemöglichkeiten zählen *Organstreitigkeiten,* die das horizontale Kompetenzgefüge zwischen den Verfassungsorganen betreffen, sowie *Bund-Länder-*

12.1 Strukturmerkmale und Aufgabenprofil

Streitverfahren, die die vertikale Kompetenzverteilung im Rahmen der bundesstaatlichen Ordnung zum Gegenstand haben (Art. 93 Abs. 1 GG). Dadurch können die Verfassungsorgane und staatlichen Ebenen ihren jeweiligen Kompetenzbereich vor Übergriffen schützen. Verfassungskonflikte über die vertikale Gewaltenteilung können auch eine parteipolitische Note haben, wenn etwa „oppositionelle" Länderregierungen gegen Bundeskompetenzen klagen. Ähnliches gilt für Organstreitigkeiten, zumal sie auch von „Teilen dieser Organe" – z. B. den Oppositionsfraktionen im Bundestag – und von politischen Parteien initiiert werden können. Zwischen 1951 und 2020 kam es immerhin zu 4.818 Klagen in den beiden Bereichen (Bundesverfassungsgericht 2021).

Schließlich ist das BVerfG für eine Reihe spezifischer Rechtsmaterien zuständig, die die *Sicherung des demokratischen Verfassungsstaates* zum Ziel haben. Die *Wahl- und Mandatsprüfung* nach Art. 41 Abs. 2 GG bezieht sich auf die verfassungs- und gesetzeskonforme Zusammensetzung des Bundestages, die Vereinbarkeit des Wahlgesetzes mit höherrangigem Recht sowie die rechtmäßige Anwendung des Wahlgesetzes. Zwar liegt die Wahlprüfung zunächst in der Zuständigkeit des Bundestages, doch sind gegen dessen Beschlüsse Beschwerden vor dem BVerfG durch betroffene Abgeordnete, Wahlberechtigte und Teile des Bundestages zulässig. Im Extremfall kann das BVerfG eine Bundestagswahl für ungültig erklären, was aber noch nie passiert ist (Abschn. 5.1). Darüber hinaus sieht Art. 61 GG die Möglichkeit vor, eine *Klage gegen den Bundespräsident* wegen rechtswidrigen Verhaltens vorzubringen und ihn auf diese Weise seines Amtes zu entheben. Für die Eröffnung eines solchen Verfahrens bedarf es jedoch Zweidrittelmehrheiten in Bundestag und Bundesrat, die bisher noch nie zustande gekommen sind (Abschn. 10.4). Ferner kann das BVerfG *Bundes- bzw. Landesrichter versetzen oder ihres Amtes entheben,* wenn diese gegen die Verfassungsordnung verstoßen haben (Art. 98 Abs. 2 und 5 GG). Antragsberechtigt ist nur das jeweilige Parlament (Bundestag bzw. Landtag). Für Landesrichter kann die dortige Verfassung abweichende Regelungen treffen. Zudem braucht es für eine Richterenthebung eine Zweidrittelmehrheit im BVerfG; auch aufgrund dieser hohen Hürde wurde das Verfahren noch nicht angewendet. Das BVerfG kann außerdem *Einzelpersonen* ihre grundgesetzlich geschützten *Freiheitsrechte entziehen,* wenn sie diese zum Kampf gegen die freiheitlich demokratische Grundordnung missbrauchen (Art. 18 GG). Die wenigen Anträge, die seit 1951 gestellt wurden, hat das Karlsruher Gericht allesamt zurückgewiesen.

Schließlich gibt es noch eine Verfahrensart, die demokratiepolitisch besonders brisant ist. Nach Art. 21 Abs. 2 GG kann das BVerfG *politische Parteien für verfassungswidrig erklären,* wenn diese „nach ihren Zielen oder nach dem Verhalten ihrer Anhänger darauf ausgehen, die freiheitliche demokratische Grundordnung zu beeinträchtigen oder zu beseitigen". Antragsberechtigt sind Bundestag, Bundesrat, Bundesregierung sowie eine Landesregierung, wenn die Partei nur in dem betreffenden Land ihren Sitz hat (§ 43 BVerfGG). Im Hintergrund dieser Verfahrensmöglichkeit stand wiederum die Zerstörung der Weimarer Demokratie durch die NSDAP. Gleichwohl kann ein Parteienverbot nur ein Mittel allerletzter Wahl sein, da es massiv in den freiheitlichen politischen Wettbewerb eingreift. In seiner letzten diesbezüglichen Entscheidung von 2017 hat das BVerfG die

Nationaldemokratische Partei Deutschlands (NPD) zwar als „verfassungsfeindlich" bezeichnet, aber nicht ihre Auflösung angeordnet, weil es keine Anzeichen sah, dass die rechtsextremistische Partei ihre Ziele erfolgreich umsetzen könne (Abschn. 6.1).

Insgesamt verfügt das BVerfG über ein ebenso breites wie wirkmächtiges Spektrum an Prüfkompetenzen. Inwieweit es dadurch die demokratische Willensbildung und Entscheidungsfindung mitbestimmt, hängt zuallererst vom (Klage-)Verhalten der politischen Akteurinnen ab, sodann aber auch davon, wie weit die Karlsruher Richterinnen ihr Mandat auslegen und welche inhaltlichen Entscheidungen sie treffen.

12.2 Das Bundesverfassungsgericht zwischen Politisierung und Justizialisierung

Wann immer das BVerfG über die Verfassungsmäßigkeit von Rechtsnormen urteilt, nimmt es eine Interpretation des Grundgesetzes vor und erklärt diese für verbindlich. Weil aber Verfassungsbestimmungen meist allgemeine Regeln enthalten, nicht hinreichend präzise formuliert sind und sich mitunter widersprechen, müssen die Richterinnen erst geeignete Maßstäbe finden, anhand derer sie ihre Entscheidungen begründen. Mit jeder Normenkontrolle geht daher eine Weiterentwicklung des Verfassungsrahmens einher. Ein „Hinübergreifen der richterlichen Gewalt in die gesetzgeberische Sphäre" (BVerfGE 1, 396, 409) ist dabei nie ganz zu vermeiden. Das BVerfG muss somit eine schwierige *Gratwanderung zwischen Recht und Politik* vollbringen. Einerseits steht seine Akzeptanz als neutraler Schiedsrichter auf dem Spiel, wenn nur der Eindruck entsteht, dass es seine Urteile nach (partei-)politischen Gesichtspunkten fällt *(Politisierung)*. Andererseits kann seine Funktion als Verfassungshüter in Zweifel gezogen werden, wenn es zu wenig inhaltliche Zurückhaltung übt und durch seine Rechtsprechung den politischen Handlungsspielraum des parlamentarischen Gesetzgebers übermäßig begrenzt *(Justizialisierung;* Stone Sweet 2000). Inwieweit das BVerfG diesen Balanceakt erfolgreich gemeistert hat, zeigt sich zum einen an der Richterbesetzung und zum anderen an seiner Spruchpraxis.

Die Frage, ob Verfassungsrichterinnen ihre Urteile ausschließlich nach juristischen Kriterien fällen oder gerade dann, wenn klare rechtliche Maßstäbe fehlen, auch ihre gesellschaftspolitische Verortung zum Tragen kommt, wird immer wieder intensiv diskutiert. Aufgrund der Geheimhaltung des Entscheidungsprozesses kann niemals mit Sicherheit festgestellt werden, welche Faktoren für das Abstimmungsverhalten im Gericht ausschlaggebend sind. Umso größere Bedeutung kommt der *Auswahl der Mitglieder des BVerfG* zu. Sie sollte dem Gericht eine *breite demokratische Legitimation* verleihen und zugleich sicherstellen, dass *parteipolitische Einflüsse* auf seine Zusammensetzung „in einer der Verfassung gemäßen Weise *domestiziert* werden" (Preuß 1988, S. 389).

Nachdem es bis Mitte der 1950er Jahre zu scharfen Auseinandersetzungen über die personelle Besetzung des BVerfG gekommen war (Herrmann 2006, S. 147), vereinbarten

CDU/CSU und SPD, das Vorschlagsrecht für die Richterstellen in beiden Karlsruher Senaten hälftig unter sich aufzuteilen. Ausscheidende Verfassungsrichterinnen, die von der CDU/CSU nominiert worden waren, wurden mit Zustimmung der SPD wieder durch Personen aus dem Unionslager nachbesetzt. Gleiches galt umgekehrt für „sozialdemokratische" Richterstühle. Voraussetzung dafür war, dass beide Parteien zusammen über Zweidrittelmehrheiten in Bundestag und Bundesrat verfügten und damit das Quorum für die Richterwahl erfüllten. Gelegentlich überließen sie es auch ihren jeweiligen Koalitionspartnerinnen – der FDP bzw. den Grünen –, einzelne Richterpositionen nachzubesetzen. Dieser *informelle Verfahrenskonsens zwischen den Volksparteien* führte nicht nur zu einer *weitgehenden Entpolitisierung der Richterwahl*, sondern ermöglichte auch eine *Verfassungsrechtsprechung aus der gesellschaftlichen Mitte* heraus, die sich aufgrund der „Balance zwischen moderat konservativen und moderat progressiven Richtern" ergab (Kielmansegg und Gschwend 2018, S. 7). Die „zentripetale" Logik der Gerichtszusammensetzung zeigte sich auch an den gelegentlichen Vetos gegen einzelne Nominierungen. 1993 scheiterte z. B. die Entsendung der SPD-Bundestagsabgeordneten und späteren Bundesjustizministerin Herta Däubler-Gmelin an das BVerfG, weil sich die CDU gegen ihre Wahl aussprach (Engst et al. 2020, S. 40).

Angesichts der zunehmenden Fragmentierung des deutschen Parteiensystems (Abschn. 6.2) gerät die jahrzehntelange Praxis der Richterbesetzung unter Anpassungsdruck. 2016 vereinbarten die Ministerpräsidentinnen von Union, SPD und Grünen, dass nun jede fünfte Richterposition im Bundesrat von den Grünen besetzt wird, weil diese in der Länderkammer eine Sperrminorität innehaben (Rath 2018). Sollten weitere Parteien eine Zweidrittelmehrheit im Bundestag bzw. Bundesrat verhindern können und deshalb eigene Nominierungsrechte einfordern, könnte dies dazu führen, dass die Zusammensetzung des Gerichts weiter pluralisiert, aber auch stärker politisiert wird (Kielmansegg und Gschwend 2018).

Neben der parteipolitischen Balance ist der *berufliche Hintergrund der Richterinnen* für die Rechtsprechung des BVerfG von grundsätzlicher Bedeutung (Landfried 2015). In dieser Hinsicht hat sich ein deutlicher Wandel vollzogen, der auch an den Berufsbiographien der bisherigen Gerichtspräsidenten deutlich wird (Tab. 12.2). In der Anfangszeit hatten viele Mitglieder des BVerfG zuvor nicht nur berufliche Positionen in Wirtschaft und Verbänden, sondern auch Parlamentsmandate und Regierungsämter inne. Inzwischen bilden Richterinnen mit Berufserfahrung in Wirtschaft und Politik eine Minderheit, darunter der aktuelle Gerichtspräsident Stephan Harbarth. Umgekehrt hat der Anteil der Universitätsprofessorinnen deutlich zugenommen: Ende 2020 besetzten sie acht der zehn Positionen, die nicht für ehemalige Bundesrichterinnen reserviert sind. Diese professionelle Homogenisierung der Karlsruher Senate wird unterschiedlich bewertet. Einerseits wird eine perspektivische „Verengung" der Rechtsprechung befürchtet (Landfried 2015, S. 383), andererseits werden die engen Bezüge der „Professoren-Richter" zum „rechtswissenschaftlichen Diskursraum" als Vorteil gesehen (Voßkuhle 2020, S. 8). Hinsichtlich der Geschlechterparität ist das BVerfG inzwischen das progressivste Verfassungsorgan: Während 1951 nur eine der 24 Richterpositionen

Tab. 12.2 Präsidenten des Bundesverfassungsgerichts (1951–2021)

Name	Amtszeit	Partei-mitglied	Parlaments-erfahrung	Regierungs-erfahrung	Universitäts-professur	Rechts-praxis
Hermann Höpker-Aschoff	1951–1954	FDP	MdL (PR), MdRT, MdB	LM (PR)	–	Richter
Josef Wintrich	1954–1958	CSU	–	–	–	Richter
Gebhard Müller	1958–1971	CDU	MdL, MdB	MP (BW)	–	
Ernst Benda	1971–1983	CDU	MdL, MdB	StS (Bund) BM	–	
Wolfgang Zeidler	1983–1987	SPD	–	–	–	Richter
Roman Herzog	1987–1994	CDU	MdL	StS (RP) LM (BW)	Ja	–
Jutta Limbach	1994–2002	SPD	–	LM (BE)	Ja	–
Hans-Jürgen Papier	2002–2010	CSU	–	–	Ja	–
Andreas Voßkuhle	2010–2020	Parteilos[a]	–	–	Ja	–
Stephan Harbarth	2020–	CDU	MdB	–	–	Rechts-anwalt

Quelle: Eigene Zusammenstellung.
Anmerkung: [a] Von der SPD nominiert. Abkürzungen: MdB = Bundestagsmitglied; MdL = Landtagsmitglied; MdRT = Mitglied des Reichstags (bis 1932); BM = Bundesminister; LM = Landesminister; StS = Staatssekretär; BE = Berlin; BW = Baden-Württemberg; RP = Rheinland-Pfalz; PR = Land Preußen (bis 1932).

mit einer Frau besetzt war, waren Ende 2020 neun der 16 Verfassungsrichterinnen weiblich.

Die politische Bedeutung des BVerfG manifestiert sich vor allem in seiner *Rechtsprechung*. Seit den 1950er Jahren hat es sowohl zu zentralen Fragen der demokratischen Grundordnung *(polity)* als auch zu zahlreichen Regelungen in verschiedensten Politikfeldern *(policies)* Entscheidungen getroffen, von denen viele wegweisenden Charakter hatten (Grimm 2019). Diese ebenso breite wie tiefgreifende Spruchpraxis sei im Folgenden anhand einiger Beispiele illustriert.

Im Bereich der *demokratischen Grundordnung* hatte das BVerfG immer wieder über Kompetenzkonflikte zwischen Bund und Ländern zu entscheiden. Dazu zählen etwa das Urteil zur Neuregelung des Finanzausgleichs von 1999 (BVerfGE 101, 158; Abschn. 4.2) oder das „Juniorprofessur-Urteil" von 2004, das die Regelungskompetenz des Bundes

12.2 Das BVerfG zwischen Politisierung und Justizialisierung

im Hochschulwesen begrenzt hat (BVerfGE 111, 226). Verschiedentlich musste es auch institutionelle Streitigkeiten zwischen Regierung und Opposition schlichten, wie z. B. bei der vorzeitigen Bundestagsauflösung durch die „unechte" Vertrauensfrage 1983 und 2005 (BVerfGE 62, 1, BVerfGE 114, 121; Abschn. 9.2). Außerdem standen die Regelungen des Wahlrechts und des Wahlsystems häufig auf der Agenda des Karlsruher Gerichts. Darunter fällt etwa das Verdikt gegen das „negative Stimmgewicht" von 2008, das eine Reform des Bundestagswahlsystems erforderlich machte (BVerfGE 121, 266; Abschn. 5.1), aber auch das Sperrklausel-Verbot bei Europawahlen von 2014 (BVerfGE 135, 259; Abschn. 5.3). Besondere Bedeutung hatten ferner die Parteienverbote, die in den Anfängen der Bundesrepublik gegen die Sozialistische Reichspartei (1952) und die Kommunistische Partei Deutschlands (1956) ergingen (BVerfGE 2, 1, BVerfGE 5, 85); zwei spätere Verfahren gegen die NPD 2003 und 2017 führten dagegen zu keinem Verbot der rechtsextremen Partei (BVerfGE 107, 339; BVerfGE 144, 20; Abschn. 6.1). Schließlich hat sich das BVerfG schon früh als Hüter der Medienfreiheit erwiesen, indem es 1961 das von Bundeskanzler Adenauer initiierte „Deutschland-Fernsehen" stoppte (BVerfGE 12, 205) oder 1966 im Nachgang zur „Spiegel-Affäre" Standards zum Schutz des freien Pressewesens definierte (BVerfGE 20, 162; Abschn. 8.1).

Auch die *internationale Dimension der bundesdeutschen Politik* hat das BVerfG entscheidend mitgeprägt. Zu den Meilensteinen gehörte etwa der Streit um die Wiederbewaffnung in den frühen 1950er Jahren, in dem sich das Gericht gegen Vereinnahmungsversuche der Adenauer-Regierung zu Wehr setzte (Lembcke 2015, S. 236–238); das Urteil über den Grundlagenvertrag mit der DDR von 1973, den es für verfassungskonform erklärte, wobei es aber zugleich auf die Verbindlichkeit des Wiedervereinigungsgebots hinwies (BVerfGE 36, 1); oder auch das Urteil zu Bundeswehreinsätzen außerhalb des NATO-Gebiets von 1994, die seitdem nur bei vorheriger Zustimmung des Bundestags grundgesetzkonform sind (BVerfGE 90, 286; Abschn. 9.2). Nicht minder wirkungsmächtig war die Karlsruher Rechtsprechung zur europäischen Integration (Abschn. 12.3).

Darüber hinaus hat das BVerfG zahlreiche *Rechtsnormen in diversen Politikfeldern* überprüft und dabei Aussagen getroffen, die weit über den eigentlichen Gegenstand hinaus Wirkung entfalteten. So regelte das „Apotheken-Urteil" nicht nur die Niederlassungsfreiheit für Apothekerinnen, sondern formulierte auch allgemeine Grundsätze zur Vereinbarkeit berufsbezogener Regelungen mit Art. 12 GG (BVerfGE 7, 377). 1990 schrieb das Gericht gleiche Kündigungsfristen für Arbeiterinnen und Angestellte vor (BVerfGE 82, 126). Der in Art. 3 Abs. 1 GG verankerte Gleichheitsgrundsatz war auch Bezugspunkt für viele weitere Karlsruher Entscheidungen, wie z. B. zur Verfassungswidrigkeit einer Vermögensteuer 1995, die Vermögensbestandteile ungleich behandelt (BVerfGE 93, 121), oder zur Einführung des Ehegattensplittings für homosexuelle Paare 2013 (BVerfGE 133, 377). Außerdem hat das BVerfG aus den Grundrechtsbestimmungen und dem Sozialstaatsprinzip in Art. 20 Abs. 1 GG ein Existenzminimum abgeleitet, das die Basis für steuer- und sozialpolitisch bedeutsame Entscheidungen bildete, z. B. die Einführung eines steuerlichen Grundfreibetrags 1992 (BVerfGE 87,

153), höhere Kinderfreibeträge für verheiratete Eltern 1998 (BVerfGE 99, 216) oder die Erhöhung der „Hartz-IV"-Sätze 2010 (BVerfGE 125, 175). Ein nicht weniger wirkmächtiges Konstrukt ist das „Recht auf informationelle Selbstbestimmung", das das BVerfG erstmals im „Volkszählungs-Urteil" von 1983 entwickelt hat und dem zufolge Jedermann über die Preisgabe und Verwendung seiner personenbezogenen Daten bestimmen darf (BVerfGE 65, 1). Dieses Datenschutz-Grundrecht, das im Grundgesetz nicht ausdrücklich erwähnt ist, wurde zum Ausgangspunkt bedeutsamer Entscheidungen im Bereich der Inneren Sicherheit und des Datenschutzes, z. B zur Begrenzung von Online-Durchsuchungen 2008 (BVerfGE 120, 274), zur Vorratsspeicherung von Telekommunikationsdaten 2008 (BVerfGE 121, 1) oder zur Errichtung einer Antiterrordatei 2013 (BVerfGE 133, 277; Bull 2015).

Angesichts dieser und vieler anderer folgenreicher Urteile ist es nicht verwunderlich, dass die Rechtsprechung des BVerfG immer wieder auf *Kritik in Politik und Öffentlichkeit* gestoßen ist (Collings 2019). So entbrannte zwischen der sozialliberalen Bundesregierung unter Willy Brandt und dem Ersten Senat unter dem ehemaligen CDU-Innenminister Ernst Benda ein scharfer Konflikt über den Grundlagenvertrag mit der DDR, der „die Republik an den Rand [...einer] Verfassungskrise" brachte (Grigoleit 2015, S. 246). Mitte der 1990er Jahre entfachten dann zwei gesellschaftspolitisch brisante Entscheidungen des Karlsruher Gerichts eine kontroverse öffentliche Debatte (Schaal 2015). Dazu zählte das „Soldaten sind Mörder"-Urteil von 1995, in dem der Verfassungsbeschwerde eines Klägers stattgegeben wurde, der wegen Beleidigung verurteilt worden war, weil er auf seinem Auto einen Aufkleber mit dem Tucholsky-Zitat „Soldaten sind Mörder" angebracht hatte (BVerfGE 93, 266). Das Gericht hob seine Verurteilung mit Verweis auf die grundgesetzlich garantierte Meinungsfreiheit auf (Art. 5 Abs. 1 GG). Ähnlich kontrovers wurde eine Karlsruher Entscheidung im selben Jahr aufgenommen, die eine Vorschrift der Bayerischen Schulordnung, nach der in jedem Klassenzimmer ein Kreuz anzubringen war, für verfassungswidrig erklärte, weil dies nicht mit der in Art. 4 Abs. 1 GG garantierten Religionsfreiheit vereinbar war (BVerfGE 93, 1). Dieser „Kruzifix-Beschluss" zog mehrere öffentliche Protestkundgebungen nach sich, einige bayerische Politikerinnen forderten sogar, sich der Gerichtsentscheidung zu widersetzen (Schaal 2015, S. 261). Allerdings handelte es sich bei dieser und den anderen Kontroversen um *seltene, kurzfristige Legitimitätskrisen des BVerfG*. Auf die durchgängig hohe Wertschätzung, die die deutsche Bevölkerung dem Gericht entgegenbringt, hatten sie keinen Einfluss (Vorländer und Brodocz 2006; Patzelt 2015).

Neben dem generellen Vertrauen, das das Karlsruher Gericht genießt, besteht auch ein Zusammenhang zwischen der öffentlichen Meinung und seinen Entscheidungen. So haben Sternberg et al. (2015) anhand der abstrakten Normenkontrollen und Bund-Länder-Streitverfahren von 1974 bis 2010 gezeigt, dass das Gericht umso wahrscheinlicher einer Klage der parlamentarischen Opposition stattgibt, je mehr Unterstützung der Antragsinhalt in der Bevölkerung findet. Das bedeutet sicherlich nicht, dass die Verfassungsrichterinnen ihre Urteile aufgrund tagesaktueller Umfragedaten fällen. Allerdings macht der Befund deutlich, dass sich das landläufige Bild des BVerfG als einer rein juristischen Institution nicht mit der Realität deckt. Verfassungsrechtsprechung findet immer im gesellschaftlichen Kontext statt und interpretiert somit den konstitutionellen Rahmen vor dem Hintergrund sich verändernder sozioökonomischer Strukturen und soziokultureller Wertorientierungen. Damit sichert das Gericht nicht nur seine breite Akzeptanz in der Bevölkerung, sondern festigt zugleich seine Machtposition, um „die eigenen Entscheidungen im Zweifelsfall auch gegen den Willen der parlamentarischen Mehrheit durchsetzen zu können" (Sternberg et al. 2015, S. 591–592).

Diesem Ziel dient auch die *aktive Öffentlichkeitsarbeit des BVerfG* (Kranenpohl 2010, S. 253–330; Masing 2019). Häufig äußern sich amtierende und ehemalige Verfassungsrichterinnen in Reden und Interviews zu allgemeinen Verfassungsfragen oder zu ergangenen Urteilen. Damit können sie den politischen Akteurinnen wichtige Hinweise zur künftigen Gesetzesarbeit geben und zugleich um gesellschaftliche Unterstützung für ihre Arbeit werben. Offensichtlich ist sich das BVerfG bewusst, „dass es nur mithilfe der Öffentlichkeit und der Medien seine starke Stellung verteidigen kann" (Rath 2015, S. 404).

Da die Entscheidungen des BVerfG grundsätzlich breiten Rückhalt in der Gesellschaft haben, können sie starken *Einfluss auf die demokratische Willensbildung und Entscheidungsfindung* ausüben. Dies geschieht vor allem dadurch, dass die parlamentarische Minderheit abstrakte Normenkontrollverfahren anstrengen und damit Gesetze der Regierungsmehrheit einer verfassungsgerichtlichen Prüfung unterziehen kann. Weil das Gericht immer einen Ermessensspielraum hat, den es auch gegen ein Gesetz der Regierung nutzen kann, gilt der *„Gang nach Karlsruhe"* als politisches Kontrollinstrument der Opposition, das mitunter größere Wirkung entfaltet als alle Minderheitenrechte innerhalb des Bundestags (Abschn. 9.2). Häufig reicht schon ein *„Gedankengang nach Karlsruhe"*, d. h. die Möglichkeit einer Verfassungsklage, die von der Opposition offen ausgesprochen oder von der Regierung stillschweigend antizipiert wird. Daher greift die Bundesregierung bei ihren Gesetzentwürfen inhaltliche Bedenken der Opposition, die sich als verfassungsrechtlich problematisch erweisen könnten, auf oder macht sie bereits von vornherein „verfassungsgerichtsfest". Diese Vorabwirkung erklärt auch den Umstand, dass sich die Anzahl der oppositionellen Normenkontrollverfahren bislang im Rahmen gehalten hat (Stüwe 2015, S. 362–364). Die Drohkulisse eines Karlsruher Verfahrens verstärkt also den konsensdemokratischen Charakter des deutschen Regierungssystems.

Gleichwohl besteht immer die Gefahr, dass sich die politisierte Inanspruchnahme des BVerfG und die Verrechtlichung der Politik gegenseitig „hochschaukeln" (Stone Sweet 2000). Wenn Karlsruhe häufig von politischen Akteurinnen angerufen wird, führt dies zu immer mehr Konkretisierungen des Verfassungsrahmens durch das Gericht, was die politischen Handlungsspielräume einengt und zugleich den Anreiz für erneute Verfassungsklagen erhöht, um der Regierungsmehrheit weitere Niederlagen beizubringen. Dieser Teufelskreis aus Politisierung und Justizialisierung kann nur vermieden werden, wenn sich beide Seiten eine gewisse Selbstbeschränkung auferlegen. Wenn die parlamentarische Opposition nur in begründeten Ausnahmefällen nach Karlsruhe geht, wird das Aktionsfeld der Verfassungsrichterinnen von vornherein begrenzt. Umgekehrt sollte sich das Gericht an dem selbstformulierten Grundsatz richterlicher Zurückhaltung *(judicial self-restraint)* orientieren, indem es bewusst darauf verzichtet, „in den von der Verfassung geschaffenen und begrenzten Raum freier politischer Gestaltung einzugreifen" (BVerfGE 36, 1, 14). Insgesamt ist es dem BVerfG in seiner knapp 70-jährigen Geschichte gelungen, die Balance zwischen produktiver Weiterentwicklung des Verfassungsrechts und *judicial self-restraint* zu halten (u. a. Kneip 2009; Kranenpohl 2010; Vorländer 2006).

12.3 Verfassungsrechtsprechung im europäischen Mehrebenensystem

Das BVerfG ist die normative Letztinstanz für die Verfassungsordnung des Grundgesetzes. Diese ist jedoch in ein konstitutionelles Mehrebenensystem eingebettet, zu dem auch die Verfassungen der deutschen Länder sowie das Recht der Europäischen Union gehören (Abschn. 2.3). Auf diesen Ebenen gibt es ebenfalls Höchstgerichte, die für Verfassungsfragen zuständig sind und zu denen das BVerfG kooperative Beziehungen unterhält. Zum einen sind das die *Verfassungsgerichte der Länder,* die teilweise schon vor Inkrafttreten des Grundgesetzes eingerichtet wurden und trotz ähnlicher Grundstrukturen einige institutionelle Besonderheiten aufweisen (Abschn. 13.2). Innerhalb des deutschen Föderalismus gibt es eine klare Normenhierarchie, die auch die Arbeitsteilung zwischen den Verfassungsgerichten bestimmt (Art. 31 GG; Abschn. 4.1): Während das BVerfG prüft, ob Gesetze oder andere staatliche Hoheitsakte mit dem Grundgesetz vereinbar sind – also auch, ob Landesrecht grundgesetzkonform ist –, befassen sich die Landesverfassungsgerichte nur mit Streitfragen, die in die autonome Zuständigkeit der Länder fallen, also etwa Verletzungen der Kompetenzen des Landtags oder des Selbstverwaltungsrechts der Gemeinden. Obwohl die Verfassungsräume des Bundes und der Länder „vielfach verschränkt und miteinander verwoben" sind (Reutter 2017, S. 3), besteht weder eine institutionelle Konkurrenzsituation zwischen dem BVerfG und den Landesverfassungsgerichten noch ist es zu ernsthaften Konflikten zwischen ihnen gekommen.

Weit schwieriger und komplexer ist das *Verhältnis zwischen dem BVerfG und dem Europäischen Gerichtshof (EuGH)*.[3] Die wichtigste Ursache für diese spannungsreiche Beziehung liegt in den *unterschiedlichen Leitideen,* die beide Gerichte von der europäischen Rechts- und Verfassungsordnung haben (Lhotta und Ketelhut 2015). Der EuGH hat bereits in den 1960er Jahren die unmittelbare Gültigkeit und

---

[3] Daneben gibt es auch noch den Europäischen Gerichtshof für Menschenrechte (EGMR), der die Einhaltung der Europäischen Menschenrechtscharta (EMRK) im Rahmen des Europarats überwacht. Zu den Beziehungen des BVerfG zum EGMR vgl. u. a. Kranenpohl (2013).

den Anwendungsvorrang des europäischen Gemeinschaftsrechts herausgestellt (Abschn. 3.2). Demnach bildet die EU eine supranationale Verfassungsordnung, in der nationales Recht, das mit europäischem Recht unvereinbar ist, nicht angewendet werden darf. Der EuGH ist folglich die oberste Prüfinstanz für Konformität mit dem Europarecht (Stone Sweet 2000, S. 160). Alle nationalen Gerichte – einschließlich der Verfassungsgerichte – können sich bei Auslegungsschwierigkeiten europarechtlicher Regelungen an den EuGH wenden, der dann eine letztverbindliche Klärung herbeiführt (Art. 267 AEUV).

Dagegen folgt das BVerfG der Idee, dass die Mitgliedstaaten der EU in den Europäischen Verträgen nur ganz bestimmte Zuständigkeiten per Gesetz übertragen haben (Prinzip der begrenzten Einzelermächtigung). Die nationalen Ratifikationsgesetze bilden somit eine „Brücke", auf der „staatliche Kompetenzen in den Bereich der gemeinschaftlichen Rechtsordnung hinüberwandern und dort ausgeübt werden" (Lhotta und Ketelhut 2015, S. 849). Sollte die EU die ihr gesetzlich übertragenen Zuständigkeiten überschreiten *(„ultra vires")*, dann handelt sie kompetenzwidrig. EU-bezogene Entscheidungen des Karlsruher Gerichts sind daher in mehreren Formen denkbar (Sturm und Pehle 2012, S. 135–136). Erstens kann es die EU-bezogenen Aktivitäten deutscher Verfassungsorgane im Rahmen einer Organklage auf ihre Grundgesetzkonformität hin prüfen, also z. B. das Verhalten eines Bundesministers im Rat der EU. Mit einem solchen Urteil könnte das BVerfG zwar keine Ratsentscheidung nachträglich aufheben, wohl aber „Barrieren gegen ähnliche Verfassungsverstöße in der Zukunft" errichten (Sturm und Pehle 2012, S. 136). Bislang ist es allerdings noch zu keinem solchen Verfahren gekommen. Zweitens kann eine Bürgerin, die eine Grundrechtsverletzung durch europäisches Recht beklagt, eine Verfassungsbeschwerde initiieren. Drittens kann ein deutsches Gericht eine konkrete Normenkontrolle auf den Weg bringen, um die Grundgesetzkonformität einer europarechtlichen Regelung in einem anhängigen Verfahren festzustellen.

Das BVerfG behält sich somit eine Prüfkompetenz des Europarechts vor, die auch die Ausgestaltung und Anwendung der Europäischen Verträge (Primärrecht) einschließt. Daraus resultiert ein *struktureller Kompetenzkonflikt mit dem EuGH,* weil dieser laut Art. 267 AEUV „über die Auslegung der Verträge" entscheidet. Je weiter die Konstitutionalisierung der EU voranschreitet und je umfangreicher ihr Kompetenzbestand wird, desto schwieriger ist es für Karlsruhe, seine Gestaltungsmacht zu wahren, ohne weitere Integrationsschritte zu blockieren. Dies wird auch anhand der bisherigen „Europaurteile" des BVerfG deutlich, von denen nun die wichtigsten näher beleuchtet werden (Tab. 12.3).

Während der EuGH den Anwendungsvorrang des Gemeinschaftsrechts bereits Anfang der 1960er Jahre in zwei wegweisenden Urteilen festgeschrieben hatte („Van Gend und Loos" 1963; „Costa/ENEL" 1964; Abschn. 3.2), definierte das BVerfG sein Verhältnis zur supranationalen Rechtsordnung erstmals im *„Solange I"-Beschluss* von 1974 (Kranenpohl 2013, S. 91). Ausgangspunkt war die Vorlage eines Falls durch ein Verwaltungsgericht, in dem sich ein Kläger durch eine Agrarverordnung der EWG

Tab. 12.3 Ausgewählte Entscheidungen des BVerfG zur europäischen Integration

Gegenstand	Jahr	Quelle	Zentrale Inhalte
Agrarverordnung der EWG („Solange I")	1974	BVerfGE 37, 71	Erfolgloser Antrag; BVerfG beansprucht grundrechtsbezogene Prüfkompetenz des Gemeinschaftsrechts
Import von Pilzkonserven („Solange II")	1986	BVerfGE 73, 339	Erfolgloser Antrag; BVerfG setzt Kontrolle angesichts des wirksamen Grundrechtsschutzes durch den EuGH aus
Vertrag von Maastricht	1993	BVerfGE 89, 155	Erfolgloser Antrag; BVerfG beansprucht Prüfkompetenz bei Kompetenzübertretungen der EU
Euro-Einführung	1998	BVerfGE 97, 350	Erfolgloser Antrag; Verfassungsbeschwerde „offensichtlich unbegründet"
Bananenmarktordnung	2000	BVerfGE 102, 147	Erfolgloser Antrag; erweiterte Begründungspflichten von Grundrechtsverletzungen durch EU-Recht
Vertrag von Lissabon	2009	BVerfGE 123, 267	Erfolgloser Antrag; Kontrollanspruch des BVerfG von Kompetenzübertretungen der EU und der Aufrechterhaltung der „Verfassungsidentität"; „Integrationsverantwortung" der obersten Bundesorgane
Befristung eines Arbeitsvertrags („Honeywell")	2010	BVerfGE 126, 286	Erfolgloser Antrag; Bestätigung der „Mangold"-Entscheidung des EuGH und der hohen Hürden für eine „Ultra-vires"-Kontrolle
Griechenlandhilfe und EFSF	2011	BVerfGE 129, 124	Erfolgloser Antrag; Schuldenobergrenze, Budgetverantwortung des Bundestages
Europäischer Stabilitätsmechanismus	2014	BVerfGE 135, 317	Erfolgloser Antrag; Bestätigung des Urteils von 2011, weiter Einschätzungsspielraum von Bundesregierung und Bundestag

(Fortsetzung)

Tab. 12.3 (Fortsetzung)

Gegenstand	Jahr	Quelle	Zentrale Inhalte
Europäischer Haftbefehl	2015	BVerfGE 140, 317	*Erfolgreicher Antrag;* Konkretisierung der verfassungsrechtlichen „Identitätskontrolle"
OMT-Programm der EZB	2016	BVerfGE 142, 123	Erfolgloser Antrag; Bestätigung der EuGH-Vorabentscheidung „trotz gewichtiger Bedenken"
PSPP-Programm der EZB	2020	2 BvR 859/15	*Erfolgreicher Antrag;* Mangelnde Nachvollziehbarkeit der Verhältnismäßigkeit des Programms

Quelle: Eigene Darstellung nach Sturm und Pehle (2012, S. 153).

in seinen Grundrechten verletzt sah. Die Karlsruher Richterinnen bestätigten die Verfassungsmäßigkeit der Agrarverordnung und schlossen sich damit inhaltlich dem EuGH an. Zugleich behielten sie sich vor, europäische Rechtsakte mindestens „solange" auf ihre Grundgesetzkonformität zu überprüfen, bis das Gemeinschaftsrecht „einen von einem Parlament beschlossenen und in Geltung stehenden formulierten Katalog von Grundrechten enthält, der dem Grundrechtskatalog des Grundgesetzes adäquat ist" (BVerfGE 37, 271). Diesen starken Kontrollanspruch in grundrechtsrelevanten Fragen nahm das BVerfG 1986 wieder zurück, als es im *„Solange II"-Beschluss* die Verfassungsbeschwerde einer Import-Firma von Champignonkonserven abwies. Da der EuGH seine Grundrechtsprechung zuvor erheblich ausgeweitet hatte, verzichtete Karlsruhe nun auf die weitere Prüfung europäischer Rechtsakte, „solange die Europäischen Gemeinschaften, insbesondere die Rechtsprechung des EuGH, einen wirksamen Schutz der Grundrechte generell gewährleisten" (BVerfGE 73, 339, 340).

Anlässlich einer Klage gegen das Ratifikationsgesetz zum *Maastrichter Vertrag* kam es 1993 zu einer weiteren europabezogenen Schlüsselentscheidung des BVerfG. In diesem Urteil erklärten die Verfassungsrichterinnen zwar die weitgehenden Änderungen des Europäischen Primärrechts für grundgesetzkonform, betonten aber wieder ihre europarechtlichen Prüfungskompetenzen. Anders als bei den Solange-Beschlüssen ging es nun weniger um Grundrechtsfragen, sondern um die EU als „Staatenverbund", dessen Kompetenzen nicht über die im Ratifikationsgesetz transferierten Hoheitsrechte hinaus erweitert werden dürften (Folz 1999). Da sich der EuGH in der Folgezeit bei seiner Rechtsprechung an das Prinzip der begrenzten Einzelermächtigung hielt und das BVerfG „einen eher ‚pragmatischen' Umgang mit europarechtlichen Fragestellungen" erkennen ließ (Lhotta und Ketelhut 2015, S. 857), kam es zu keinem offenen Konflikt zwischen beiden Höchstgerichten. 1998 lehnte das BVerfG zwei Verfassungsbeschwerden gegen die *Euro-Einführung* ab, ohne seine EU-bezogenen Kontrollkompetenzen gesondert herauszustellen. Zwei Jahre später wies es die Beschwerde deutscher Unternehmen gegen die *Neuordnung des EU-Bananenmarkts* ab, indem es detaillierte Begründungspflichten für vermeintliche Grundrechtsverletzungen durch europäische Rechtsakte einforderte (Lhotta und Ketelhut 2015, S. 859). Gleichzeitig wiederholte das BVerfG die Argumentation des Maastricht-Urteils, wonach der Grundrechtsschutz des nationalen Verfassungsrechts im Zweifelsfall vorgehe (Sturm und Pehle 2012, S. 143). Damit war der nächste Konflikt mit dem EuGH gleichsam vorprogrammiert.

Besonders intensiv diskutiert wurde dann ein Urteil des BVerfG vom Juni 2009, in dem es über mehrere Verfassungsbeschwerden gegen den *Vertrag von Lissabon* entschied. Auch diese Reform des Europäischen Primärrechts erklärten die Karlsruher Richterinnen für grundgesetzkonform, wiederholten aber ihren Anspruch, Kompetenzüberschreitungen der EU-Institutionen weiterhin zu prüfen („Ultra-vires-Kontrolle"). Außerdem untersagten sie erneut eine „Übertragung der Kompetenz-Kompetenz" auf die EU und umrissen einen „unantastbare[n] Kerngehalt der Verfassungsidentität des Grundgesetzes", der insbesondere durch die „Integrationsverantwortung" der bundesdeutschen Gesetzgebungsorgane zu wahren sei (BVerfGE 123, 267). Auf diese Weise meldete sich das BVerfG „mit einem Paukenschlag" als europarechtliche Kontrollinstanz zurück, wobei der Duktus des Urteils geprägt war „von einem Misstrauen gegen die ungezügelte Dynamik des Integrationsprozesses und einem skeptischen Hoffen auf die […] kontrollierende und integrationszügelnde Verantwortlichkeit von Bundestag und Bundesrat" (Auberger und Lamping 2013, S. 89–90). Auch die darauffolgenden Karlsruher Entscheidungen zu europarechtlichen Fragen waren ambivalent. Einerseits bestätigte das BVerfG in seiner *„Honeywell"-Entscheidung* von 2010 einen vorausgehenden Beschluss des EuGH zur Befristung eines Arbeitsvertrags. Zugleich betonte es dabei die hohen Verfahrenshürden, die eine Prüfung von Kompetenzverstößen durch EU-Organe erfordert. Andererseits gaben die Karlsruher Richterinnen in ihrer zweiten *Entscheidung zum Europäischen Haftbefehl von 2015*[4] einer Verfassungsbeschwerde gegen eine Auslieferung eines Verdächtigen nach Italien statt, da dies gegen die in Art. 1 GG verankerte Menschenwürde verstoße, und konkretisierte damit seine Vorstellungen einer verfassungsrechtlichen Identitätskontrolle (Schorkopf 2016).

Angesichts der Wirtschafts- und Finanzkrise von 2008 und dem drohenden Staatsbankrott Griechenlands beschlossen sowohl die EU-Regierungen als auch die Europäische Zentralbank (EZB) enorme finanzielle Hilfs- und Stützungsmaßnahmen (Abschn. 3.1). Diese EU-Programme führten zu einer regelrechten Klagewelle vor dem BVerfG. Von den bisherigen Karlsruher Entscheidungen zu diesem Bereich seien nur die wichtigsten kurz genannt (Tab. 12.3; ausführlich Hufeld 2018). In einem Urteil von 2011 wies das BVerfG die Verfassungsklagen gegen die *Griechenlandhilfen und die*

---

[4] Die erste Entscheidung des BVerfG zum Europäischen Haftbefehl von 2005 – das sogenannte „Darkazanli"-Urteil – wird aus Umfangsgründen nicht gesondert dargestellt (BVerfGE 113, 273).

Errichtung der Europäischen Stabilisierungsfazilität (EFSF) zurück, verbot allerdings dem Bundestag, seine Budgetverantwortung zu übertragen und definierte eine absolute Obergrenze für die Übernahme von Schulden und Gewährleistungen (Huber 2014, S. 53–54). Das Urteil zum *Europäischen Stabilitätsmechanismus* von 2014 bestätigte im Wesentlichen das vorangegangene Urteil und erkannte der Bundesregierung und dem Bundestag in dieser Hinsicht einen „weiten Einschätzungsspielraum" zu (BVerfGE 135, 317, 175). Darüber hinaus wurde das BVerfG auch mit dem *Outright Monetary Transaction (OMT)-Programm* befasst, in dessen Rahmen die EZB kurzfristige Anleihen von Euro-Staaten in unbeschränktem Ausmaß ankaufen kann. Das diesbezügliche Urteil von 2016 hatte insofern eine besondere Vorgeschichte, als sich das BVerfG erstmals dazu entschloss, den Fall dem EuGH zur Vorabentscheidung vorzulegen und sich damit dessen Votum zu unterwerfen. Nachdem der EuGH die Klage zurückgewiesen hatte, folgte Karlsruhe seinem Urteil „trotz gewichtiger Bedenken" (BVerfGE 142, 123, 175). Besonderes Aufsehen erregte schließlich das Urteil des BVerfG vom 5. Mai 2020, in dem es das *Anleihekaufprogramm der EZB (Public Sector Purchase Programme, PSPP)* für *verfassungswidrig* erklärte (Grimm 2020; Hufeld 2020). Konkret rügten die Karlsruher Richterinnen nicht nur die EZB, die Verhältnismäßigkeit des Programms nicht hinreichend nachgewiesen zu haben, sondern warfen auch dem EuGH vor, in seinem positiven Votum zum Anleihekaufprogramm die wirtschaftspolitischen Zuständigkeiten der Mitgliedstaaten nicht hinreichend berücksichtigt zu haben. Daher dürfe sich die Bundesbank nicht mehr an dem PSPP-Programm beteiligen, wenn nicht die EZB innerhalb von drei Monaten die währungspolitischen Ziele der Maßnahmen nachvollziehbar darlege. Diese Entscheidung wurde nicht nur in Teilen der deutschen Öffentlichkeit, sondern auch von den EU-Organen kritisch aufgenommen. Unmittelbar nach der Urteilsverkündung erklärte die EU-Kommission, die Einleitung eines Vertragsverletzungsverfahrens gegen Deutschland zu prüfen. Dieser akute Konflikt wurde dann relativ schnell und pragmatisch entschärft: Nachdem die Bundesbank erläuternde Dokumente des EZB-Rats zum PSPP-Programm an Bundesregierung und Bundestag weitergeleitet hatte, beschloss der Bundestag im Juli 2020, dass die Klarstellung der EZB den Anforderungen des Karlsruher Urteils entspreche. Damit hat das integrationsrechtlich zuständige Parlament seine Verantwortung wahrgenommen, „ohne die Unabhängigkeit der EZB infrage zu stellen" (Hufeld 2020, S. 337).

Insgesamt beschränkt der fortlaufende Prozess der europäischen Integration, der durch die Rechtsprechung des EuGH flankiert wird, die Deutungs- und Gestaltungsmacht des BVerfG in erheblichem Ausmaß. Um seinen Einfluss im Rahmen der supranationalen Verfassungsentwicklung zu wahren, versucht Karlsruhe „einerseits auf dem Primat nationalstaatlicher Souveränität – und somit einer eigenen Kontrollkompetenz – zu beharren und andererseits weitere Integrationsschritte an eine umfassende parlamentarische Beteiligung zu knüpfen" (Kranenpohl 2013, S. 103). Durch die faktische Entwicklung zu einer Europäischen Finanzunion, die sich im Zuge der Corona-Krise beschleunigt hat, wird es für das BVerfG immer schwieriger, diese ausbalancierte Strategie erfolgreich fortzusetzen.

12.4 Fazit: neutraler Verfassungshüter oder politischer Gestalter?

Das BVerfG ist eine zentrale Institution des deutschen Regierungssystems. In seiner Rechtsprechung hat es zahlreiche Streitfälle zur politischen Ordnung gelöst und wichtige Weichenstellungen in fast allen Feldern der Außen-, Wirtschafts- und Gesellschaftspolitik vorgenommen. Dadurch hat es sich als „Stabilitätsgarant" des Verfassungsrahmens erwiesen (Hesse und Ellwein 2012, S. 549) und einen *wesentlichen Beitrag zur Funktionsfähigkeit der Demokratie* geleistet (Kneip 2009; Stolleis 2011). Obwohl seine Urteile immer wieder kritisiert werden und zum Teil kontroverse Diskussionen auslösen, erfreut sich das Karlsruher Gericht einer hohen Akzeptanz in der Bevölkerung (Patzelt 2015). Da es das letzte Wort in Verfassungsfragen hat, ist es der natürliche Adressat politischer und gesellschaftlicher Minderheiten, die ihre Rechte durch Entscheidungen der Regierungsmehrheit verletzt sehen. Auf diese Weise wird das BVerfG zum *potenziellen Gegenspieler der Bundesregierung,* auch wenn es keine eigene Agenda verfolgt. Weil seine Autorität allgemein anerkannt ist, wirken seine Urteile immer in die politische Arena hinein, da die Regierung sie bei der Verfolgung ihrer Agenda mitberücksichtigen muss, um am Ende keine „böse Überraschung" in Form einer gerichtlichen Niederlage zu erfahren. Diese *„antizipierende Selbstbeschränkung" des Gesetzgebers* im Lichte der Karlsruher Entscheidungen fördert die Konsensorientierung der politischen Akteurinnen (Hönnige und Gschwend 2010, S. 511), kann aber auch zu einer schleichenden Selbstentmachtung der demokratisch legitimierten Regierungsmehrheit führen.

Dass es dem BVerfG weitestgehend gelungen ist, sich weder einseitig vereinnahmen zu lassen (Politisierung) noch den Gestaltungsspielraum der politisch Verantwortlichen allzu stark einzuschränken (Justizialisierung), hat mehrere Gründe. Zunächst hat das bisherige Verfahren der Richterwahl zu einer *ausgewogenen Besetzung der Karlsruher Senate* mit „eher gemäßigte[n]" Juristinnen geführt, „die auch für das jeweils andere Lager akzeptabel sind" (Rath 2020). Außerdem hat sich das BVerfG in der Regel von dem selbstgesteckten Grundsatz der richterlichen Zurückhaltung *(judicial self-restraint)* leiten lassen. Von besonderer Bedeutung war ferner, dass die Karlsruher Entscheidungen in parteipolitisch kontroversen Fällen auf eine *breite Akzeptanz in der Bevölkerung* gestoßen sind, weswegen sich auch die kritischen Reaktionen der unterlegenen Seite meist im Rahmen hielten (Sternberg et al. 2015). Gleichzeitig sorgt die *kontinuierliche Diskussion der Karlsruher Rechtsprechung in Wissenschaft und Öffentlichkeit* dafür, dass die Richterinnen ständig an die Grenzen ihrer Deutungsmacht erinnert werden: Nur wenn die Funktionalität der Demokratie „Leitschnur ihres Handelns" bleibt, können sie „dauerhaft Legitimität beanspruchen" (Kneip 2011, S. 241–242). Nicht zuletzt hat es das BVerfG geschafft, die zunehmende Flut an Verfassungsstreitigkeiten so zu bearbeiten, dass die meisten Fälle in vertretbaren Zeiträumen entschieden wurden. Zwar wurde 1996 eine Reformkommission unter dem Vorsitz des ehemaligen Gerichtspräsidenten Benda eingesetzt, die angesichts einer immer wieder artikulierten Arbeitsüberlastung der Karlsruher Richterinnen Vorschläge zur Verfahrensvereinfachung ausarbeiten sollte (Benda 1998). Die von der Kommission empfohlenen Maßnahmen, wie z. B. eine Umstrukturierung des Kammerverfahrens oder die Einbindung der Landesverfassungsgerichte zur Bearbeitung von Verfassungsbeschwerden, wurden allerdings nicht übernommen.

Seitdem hat es kaum noch Vorschläge zu weiterreichenden Reformen des BVerfG gegeben. Das zeigt nicht zuletzt, wie sehr sich das Karlsruher Gericht als Prüfinstanz und Konfliktschlichter innerhalb und außerhalb der Regierungsinstitutionen bewährt hat. Allerdings gibt es zwei strukturelle Entwicklungen, die die Stellung des BVerfG als überparteilichen „Hüter der Verfassung" (Lembcke 2007) beeinträchtigen. Zum einen führt die *zunehmende Fragmentierung des Parteiensystems* dazu, dass CDU/CSU und SPD keine Zweidrittelmehrheiten in Bundestag und Bundesrat mehr innehaben. Wenn daher immer mehr kleinere Parteien „ihre" Repräsentantinnen in Karlsruhe einfordern, könnte es zu einer stärkeren Politisierung der Gerichtszusammensetzung kommen. Um dies zu verhindern, könnte man mittelfristig eine Reform des Besetzungsverfahrens in Erwägung ziehen. So wurde z. B. vorgeschlagen, den Bundespräsidenten eine Reservekompetenz bei der Richternominierung zu übertragen, falls deren Wahl in Bundestag und Bundesrat scheitert (Kielmansegg und Gschwend 2018).

Zum anderen wird das BVerfG durch die *Konstitutionalisierung der EU* grundlegend herausgefordert. Nachdem der EuGH den Geltungsvorrang des Europarechts Mitte der 1960er Jahre erfolgreich etabliert hatte, entwickelten die Karlsruher Richterinnen in ihren EG- bzw. EU-bezogenen Entscheidungen eine *„Ja, aber"-Strategie:* In der Regel bestätigten sie die Verfassungskonformität des supranationalen Integrationsprozesses und behielten sich zugleich eine Prüfkompetenz europarechtlicher Regelungen vor, die sich an den Grundrechten und dem Demokratieprinzip des Grundgesetzes orientiert. Gerade angesichts der jüngeren Entscheidungen der EZB und der EU-Mitgliedstaaten im Zuge der Staatsschuldenkrise und der Corona-Pandemie, die in Richtung einer „Finanzunion" gehen, ist es jedoch mindestens fraglich, inwieweit das BVerfG mit seiner bisherigen Argumentationsstrategie noch den Anspruch aufrechterhalten kann, auch künftig der maßgebliche Hüter der demokratischen Verfassungsordnung zu bleiben.

Literaturhinweise

Höreth, Marcus. 2014. *Verfassungsgerichtsbarkeit in der Bundesrepublik Deutschland.* Stuttgart: Kohlhammer.
Jestaedt, Matthias, Oliver Lepsius, Christoph Möllers, und Christoph Schönberger. 2011. *Das entgrenzte Gericht. Eine kritische Bilanz nach sechzig Jahren Bundesverfassungsgericht.* Frankfurt: Suhrkamp.
Meinel, Florian. Hrsg. 2019. *Verfassungsgerichtsbarkeit in der Bonner Republik. Aspekte einer Geschichte des Bundesverfassungsgerichts.* Tübingen: Mohr Siebeck.
Ooyen, Robert Christian van, und Martin H. W. Möllers. Hrsg. 2015. *Handbuch Bundesverfassungsgericht im politischen System*, 2. Aufl. Wiesbaden: Springer VS.
Vorländer, Hans, Hrsg. 2006. *Die Deutungsmacht der Verfassungsgerichtsbarkeit.* Wiesbaden: VS.

Die Regierungssysteme der Länder 13

Die deutschen Bundesländer – in der Sprache des Grundgesetzes Länder genannt – existierten bereits vor der Gründung der Bundesrepublik. Heute setzt sich der Bundesstaat aus 16 Ländern zusammen, die jeweils über „staatliche Hoheitsmacht" verfügen (BVerfGE 1, 14, 34) und selbst entscheiden können, wie sie die politischen Institutionen und Verfahren in ihrem Zuständigkeitsbereich gestalten. Damit wird der Einbezug der *territorialen Interessenvielfalt* im Sinne der konsensdemokratischen Logik gestärkt. Zugleich schreibt das Grundgesetz eine *strukturelle Homogenität* zwischen den Regierungssystemen von Bund und Ländern vor (Art. 28 Abs. 1 GG), was eher der mehrheitsdemokratischen Logik entspricht.

Vor diesem Hintergrund stehen die *Demokratiemuster in den Ländern* im Mittelpunkt der folgenden Darstellung: Sind ihre Regierungssysteme mehrheits- oder konsensdemokratisch geprägt? Welche Besonderheiten weisen sie gegenüber der Bundesebene auf? Ist die politische Willensbildung und Entscheidungsfindung im Ländervergleich durch Homogenität oder durch Vielfalt charakterisiert?

Zur Beantwortung dieser Fragen arbeitet Abschn. 13.1 die sozioökonomischen und soziokulturellen Profile der Länder heraus. Die institutionellen Strukturmerkmale der Länderverfassungen – Parlament, Regierung und Verwaltung, Verfassungsgerichtsbarkeit und Volksgesetzgebung – werden in Abschn. 13.2 analysiert. Abschn. 13.3 blickt auf die politischen Akteurskonfigurationen auf Länderebene. Abschn. 13.4 beleuchtet die Stellung der deutschen Länder im europäischen Mehrebenensystem. Abschn. 13.5 fasst die zentralen Ergebnisse hinsichtlich der Ausgangsfragen zusammen.

13.1 Die deutschen Länder: gesellschaftliche Rahmenbedingungen

Die deutschen Länder sind keine Erfindung der Nachkriegszeit, sondern verkörpern eine Tradition territorialer Eigenstaatlichkeit, die bis ins Mittelalter zurückreicht. Die Größe und regionale Zuordnung der einzelnen Territorialeinheiten hat sich immer wieder verändert. Auch existierte zu keinem Zeitpunkt ein System gleichgroßer und gleich leistungsfähiger Länder. Mit der Reichsgründung von 1871 wurden 25 ehemals selbständige Staaten in einem Bundesstaat zusammengefasst, darunter die drei republikanischen Hansestädte Hamburg, Bremen und Lübeck und das reichsunmittelbare Elsaß-Lothringen. Die Tatsache, dass erst 1913 eine einheitliche deutsche Staatsangehörigkeit geschaffen wurde, unterstreicht die damalige Bedeutung der Einzelstaaten. Nach dem Ersten Weltkrieg, im Versailler Vertrag fixiert, reduzierte sich die Fläche Deutschlands durch Gebietsverluste (u. a. Elsaß-Lothringen, Eupen-Malmedy, Memelgebiet, Nordschleswig, Oberschlesien, Saargebiet und Westpreußen). In der Weimarer Republik sank die Zahl der Länder auf 18, nachdem 1920 der Freistaat Thüringen aus sieben Kleinstaaten gebildet worden war. 1929 wurde das über 500 Jahre selbstständige Waldeck preußisch. Nach Fläche (62,4 %) und Bevölkerungszahl (1933: 61,2 %) war Preußen das mit Abstand größte Land der Weimarer Republik (Bracher et al. 1987, S. 629). 1932 wurde die demokratische Regierung Preußens durch einen Staatsstreich abgesetzt („Preußenschlag") und das Land einem Reichskommissar unterstellt (Bracher 1971, S. 491–563), bevor alle Länder mit der nationalsozialistischen Machtübernahme 1933 ihre politische Selbständigkeit verloren.

Nach dem Zweiten Weltkrieg beförderten die Alliierten die *Wiedergründung der Länder*. Abgesehen von West-Berlin, das einen Sonderstatus behielt, wurden die meisten Länder in den westdeutschen Besatzungszonen neu zugeschnitten. Lediglich Bayern, Bremen und Hamburg konnten fast unverändert an ihre historische Territorialität anknüpfen. Auch in der sowjetischen Besatzungszone wurden zunächst Länder gegründet, aber schon 1952 wieder abgeschafft.

Die Territorialstruktur der *Länder in der alten Bundesrepublik* war im Rückblick erst mit der Gründung Baden-Württembergs, das 1953 durch die Fusion von Württemberg-Baden, Baden und Württemberg-Hohenzollern entstand, sowie der 1957 vollzogenen Eingliederung des Saarlandes in die Bundesrepublik abgeschlossen. Trotz der Disparitäten zwischen hochindustriellen und agrarisch geprägten Regionen waren die Länder in sozioökonomischer Hinsicht relativ homogen. Bis in die 1960er Jahre lag das wirtschaftliche Zentrum der Republik in Nordrhein-Westfalen, wo der größte Teil der Montanindustrie (Kohle und Stahl) angesiedelt war. Mit deren Niedergang und dem wirtschaftlichen Aufstieg Baden-Württembergs, Bayerns und Hessens entwickelte sich unter den westdeutschen Flächenländern ein ökonomisches Süd-Nord-Gefälle, das bis heute besteht. Gleichzeitig bildeten sich landsmannschaftliche Identitäten in den neu zugeschnittenen Ländern heraus, die von den jeweiligen Regierungen gefördert wurden, beispielsweise mit Kampagnen wie „Wir in NRW" oder „Hesse ist, wer Hesse sein will".

13.1 Die deutschen Länder: gesellschaftliche Rahmenbedingungen

Tab. 13.1 Wirtschafts- und Sozialstruktur der deutschen Länder (2019)

Land	Einwohnerinnen	Fläche (km^2)	Schulden je Ew.	Arbeitslosigkeit (%)	BIP pro Ew.	Ausländerinnen (%)	Konfession (kath./ev.; %)
BB	2.511.917	29.654	7.202	5,8	29.411	4,9	3,6/14,6
BE	3.644.826	891	14.872	7,8	40.568	21,8	8,8/15,3
BW	11.069.533	35.748	4.632	3,2	46.279	16,0	32,9/28,3
BY	13.076.721	70.542	2.027	2,8	47.946	14,2	48,8/17,9
HB	682.986	419	32.914	9,9	50.389	19,2	10,1/32,7
HE	6.265.809	21.116	8.528	4,4	46.719	17,4	22,3/33,4
HH	1.841.179	755	17.952	6,1	65.603	16,9	9,9/24,9
MV	1.609.675	23.294	5.819	7,1	27.905	4,8	3,4/14,8
NI	7.982.448	47.710	9.150	5,0	37.118	10,2	16,8/43,0
NW	17.932.651	34.112	12.864	6,5	39.358	14,8	37,7/24,0
RP	4.084.844	19.858	10.881	4,3	36.573	11,8	40,3/26,8
SH	2.896.712	15.804	12.142	5,1	33.555	8,8	6,1/44,6
SL	990.509	2.571	17.507	6,2	36.243	12,4	56,8/17,5
SN	4.077.937	18.450	1.025	5,5	31.008	5,1	3,7/17,9
ST	2.208.321	20.454	10.558	7,1	28.685	5,1	3,3/11,9
TH	2.143.145	16.202	7.951	5,3	29.739	5,1	7,6/20,8
Ø 16	5.188.701	22.349	11.002	5,8	39.194	11,8	19,5/24,3
Ø West[a]	8.037.403	30.933	9.716	4,7	40.474	13.2	32.7/29,4
Ø Ost[b]	2.510.199	21.611	6.511	6,2	29.350	5,0	4,3/16,0
Ø Stadt[c]	2.056.330	688	21.913	7,9	52.187	19,3	9,6/24,3

Quellen: *Einwohnerinnen und Fläche:* Statistische Ämter des Bundes und der Länder, Stand: 31. Dezember 2018; *Schulden pro Einwohnerin (Ew.):* Statistisches Bundesamt, Stand: 31. März 2019 (Schulden inkl. Gemeinden und Gemeindeverbände); *Arbeitslosigkeit:* Bundesagentur für Arbeit, Jahreswerte 2019; *BIP pro Ew.:* Statistische Ämter des Bundes und der Länder, Stand 2018; *Ausländerinnen:* Statistisches Bundesamt, Stand: 31. Dezember 2018; *Konfession:* Forschungsgruppe Weltanschauungen in Deutschland, Stand 2018. Ohne muslimische Bevölkerung, da diese Angaben auf Schätzungen statt Meldedaten basieren.
Anmerkungen: [a]Westliche Flächenländer. [b]Östliche Flächenländer. [c]Stadtstaaten.

Mit der *Wiedervereinigung* stieg nicht nur die Zahl der Länder von elf auf 16, sondern auch ihre sozioökonomische und soziokulturelle Heterogenität. Zu dem bereits bestehenden Süd-Nord-Gefälle kam nun ein deutlicher West-Ost-Unterschied hinzu. Berlin wurde erstmals gleichberechtigter Gliedstaat und zugleich Bundeshauptstadt. Eine angestrebte Länderfusion von Berlin und Brandenburg scheiterte 1996 (Abschn. 4.2).

Hinsichtlich ihres sozioökonomischen und soziokulturellen Profils können die 16 Länder in drei Gruppen eingeteilt werden (Tab. 13.1): acht *westdeutsche Flächenländer,* fünf *ostdeutsche Flächenländer* und drei *Stadtstaaten*. Nach Einwohnerinnen sind Nordrhein-Westfalen, Bayern und Baden-Württemberg die größten Länder, wobei die Bevölkerungsentwicklung seit 1990 regional unterschiedlich verläuft. Während die meisten westdeutschen Länder einen Bevölkerungszuwachs verzeichnen, nimmt die Zahl der Einwohnerinnen in Mecklenburg-Vorpommern, Sachsen, Sachsen-Anhalt und Thüringen ab. In Brandenburg und Bremen ist die Bevölkerungsentwicklung weitgehend stabil. Die Bevölkerungsdichte reicht vom ländlichen Mecklenburg-Vorpommern mit 69 bis zum urbanen Berlin mit 4091 Einwohnerinnen pro Quadratkilometer (Tab. 13.1).

Sozioökonomisch wiesen die westdeutschen Länder 2019 eine Arbeitslosigkeit von durchschnittlich 4,7 % auf, während sie in Ostdeutschland mit 6,2 % höher und in den Stadtstaaten mit 7,9 % am höchsten lag. Trotz dieser Arbeitsmarktdaten liegt das Bruttoinlandprodukt (BIP) pro Kopf in den Stadtstaaten – getrieben von Hamburg und Bremen – deutlich über dem Bundesdurchschnitt (133 %). In den ostdeutschen Ländern beträgt es dagegen nur 75 %, während die westlichen Flächenländer mit 103 % kaum vom Bundesdurchschnitt abweichen. Nach der Wiedervereinigung und der Transformation der sozialistischen Planwirtschaft zur sozialen Marktwirtschaft verlief die „Aufholjagd" des Ostens gegenüber dem Westen bis 1995 in großen Schritten, hat sich allerdings seitdem deutlich verlangsamt. Lag das Durchschnittseinkommen in den ostdeutschen Ländern 1995 bereits bei 79,5 % des westdeutschen Niveaus, wurde die Lücke bis 2017 nur auf 85,5 % verkleinert (Sixtus et al. 2019, S. 24). Von den 160 größten börsennotierten Unternehmen findet sich fast keine Firmenzentrale in Ostdeutschland (BMWi 2020b). Außerdem gibt es dort nur wenige Unternehmen mit eigenen Forschungs- und Entwicklungseinheiten, und der Anteil des produzierenden Gewerbes an der Bruttowertschöpfung ist nach wie vor gering, ohne dass dies durch höherwertige Dienstleistungsaktivitäten ausgeglichen würde. Die schwächere Performanz der ostdeutschen Wirtschaft führt nicht nur zu einem geringeren Durchschnittseinkommen, sondern auch zu einem niedrigeren Steueraufkommen und höheren sozialen Transferzahlungen. Obwohl die bundesstaatliche Finanzverfassung die Finanzkraftunterschiede zwischen den Ländern weitgehend ausgleicht (Abschn. 4.1), hat sie bislang nur begrenzt zum Abbau der sozioökonomischen Disparitäten beitragen können. Gleichzeitig ist die Staatsverschuldung der ostdeutschen Länder mit 6.511 € pro Einwohnerin relativ gering, wohingegen die Stadtstaaten mit 21.913 € pro Kopf hoch verschuldet sind. Die westdeutschen Flächenländer liegen mit durchschnittlich 9.716 € dazwischen. Die Ursachen dieser unterschiedlichen Verschuldungsquoten sind vielfältig (Wagschal et al. 2009, S. 212; Wagschal 2018). In Westdeutschland und Berlin handelt es sich teilweise um Altschulden, die seit Jahrzehnten bestehen. Inzwischen ist in den meisten Länderverfassungen – ebenso wie im Grundgesetz – eine „Schuldenbremse" verankert (Abschn. 4.1).

Soziokulturell unterscheiden sich die deutschen Länder hinsichtlich der konfessionellen Bindung der Bevölkerung. In den westdeutschen Flächenländern gehören nach wie vor über 60 % der Bürgerinnen einer der beiden christlichen Kirchen an, wobei das Saarland den höchsten Wert (74,3 %) und Schleswig-Holstein den geringsten (50,7 %) verzeichnet. Die Hochburgen des Katholizismus liegen im Saarland (56,8 %) und in Bayern (48,8 %), die des Protestantismus in Schleswig-Holstein (44,6 %) und Niedersachsen (43,0 %). In den kosmopolitisch geprägten Stadtstaaten gehört nur noch rund ein Drittel der Bevölkerung einer christlichen Konfession an, in Ostdeutschland – wo die SED-Diktatur 40 Jahre lang beide Kirchen bekämpfte – insgesamt ein Fünftel. Rund 98 % der Muslime in Deutschland leben in den Stadtstaaten (2011: Anteil in Bremen 10 %, Berlin 8 % und Hamburg 8 %) und den westlichen Flächenländern (2011: Anteil in Nordrhein-Westfalen 8 %, Hessen 7 % und Baden-Württemberg 6 %; Haug et al. 2009, S. 106; Eiden 2011). Der Ausländeranteil ist mit 19,3 % in den Stadtstaaten am höchsten, schwankt in den westlichen Flächenländern zwischen 8,8 % (Schleswig-Holstein) und 17,4 % (Hessen) und liegt in Ostdeutschland bei durchschnittlich 5 %.

Die sozioökonomischen und soziokulturellen Disparitäten – insbesondere zwischen peripheren ländlichen Regionen und boomenden Großstadtregionen – sind eine zentrale Herausforderung für das im Grundgesetz festgeschriebene Ziel, „gleichwertige Lebensverhältnisse im Bundesgebiet" herzustellen (Art. 72 Abs. 2 GG; Abschn. 4.1). Zudem zeigen sie, dass sich die gesellschaftlichen Rahmenbedingungen für das Regieren in den Ländern stark unterscheiden. Landesspezifische Interessen und ihre Vertretung gegenüber dem Bund und der EU gewinnen dadurch zusätzlich an Bedeutung.

13.2 Verfassungsinstitutionen der Länder

Die Bundesrepublik besteht neben dem Bund (Gesamtstaat) aus 16 Ländern, die ebenfalls als politische Gebilde mit Staatsqualität konzipiert sind (Art. 20 i. V. m. Art. 30 GG), was sich u. a. in eigenen Verfassungen und Verfassungsorganen niederschlägt (Abschn. 2.3). Außerdem ermöglicht die bundesstaatliche Ordnung den Ländern die Wahrnehmung autonomer Aufgaben, wie die Aufstellung eigener Haushalte und die Ausgestaltung bestimmter Politikfelder (Abschn. 4.1). Gleichzeitig muss ihre Verfassungsordnung „den Grundsätzen des republikanischen, demokratischen und sozialen Rechtsstaats entsprechen" (Art. 28 Abs. 1 GG). Dieses *Homogenitätsgebot des Grundgesetzes* bezieht sich nur auf die *Strukturprinzipien* ihrer Regierungssysteme, wie Gewaltenteilung und unabhängige Justiz (Abschn. 2.2). Innerhalb dieses allgemeinen Rahmens steht es den Ländern frei, ihr politisches Institutionengefüge nach eigenem Ermessen zu gestalten. Demnach wäre z. B. auch ein präsidentielles System mit einem direkt gewählten Ministerpräsidenten möglich (Eschenburg 1952; Decker 2013).

Vor diesem Hintergrund ist es bemerkenswert, dass die Regierungssysteme der Länder einem *einheitlichen Grundmodell* folgen (Abb. 13.1). In allen 16 Ländern besteht ein *parlamentarisches System:* Die Bürgerinnen wählen das Landesparlament, das den Ministerpräsidenten bzw. die Landesregierung wählt und per Misstrauensvotum abberufen kann. Im Unterschied zum Bund existiert in keinem Land eine zweite Parlamentskammer. Nur in Bayern bestand bis 1999 ein aus verschiedenen gesellschaftlichen

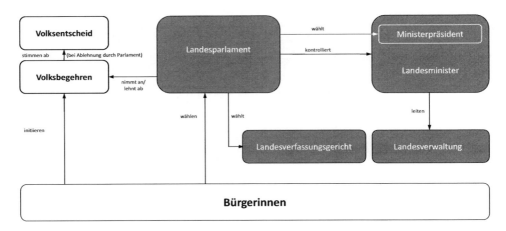

Abb. 13.1 Das parlamentarische Regierungssystem der Länder.
Quelle: Eigene Darstellung

Körperschaften zusammengesetzter Senat, der nach einem Volksentscheid aufgelöst wurde. Auch gibt es auf Länderebene keine duale Exekutive, die zwischen Regierungschef und Staatsoberhaupt trennt (Abschn. 9.1). Außerdem kennen alle Länder die Möglichkeit der Volksgesetzgebung, die auf Bundesebene nicht existiert (siehe unten). Innerhalb dieses gemeinsamen Strukturmodells gibt es jedoch diverse Abweichungen. Im Folgenden werden daher die einzelnen Verfassungsinstitutionen im Ländervergleich dargestellt und ihre wichtigsten Varianten erklärt.

Das *Parlament* ist das einzige direkt gewählte Staatsorgan in jedem Land und bildet somit das demokratische Zentrum des Regierungssystems. In allen Flächenländern lautet seine offizielle Bezeichnung Landtag, in den Hansestädten Bremen und Hamburg Bürgerschaft, und in Berlin Abgeordnetenhaus. Grundsätzlich wächst die Regelgröße des Landesparlaments mit der Zahl der Wahlberechtigten (Reutter 2008, S. 154): Der Landtag des Saarlandes ist mit 51 Mandaten das kleinste Landesparlament, der Landtag Nordrhein-Westfalen mit regulär 181 Sitzen das größte (Tab 13.2). Wie beim Bundestag kann sich bei den meisten Länderparlamenten die Gesamtzahl der Mandate durch Überhang- und Ausgleichsmandate erhöhen. Daher ist derzeit der Bayerische Landtag mit 205 Sitzen das größte deutsche Landesparlament. Zugleich variiert die Mandatszahl im Verhältnis zur Anzahl der Wahlberechtigten (Repräsentationsschlüssel; Tab. 13.2): Die kleinsten Länder – Bremen und das Saarland – haben im Verhältnis zur Wahlbevölkerung die meisten Mandate, während die größten Länder – Nordrhein-Westfalen, Bayern und Baden-Württemberg – die wenigsten Mandate pro Wahlberechtigte aufweisen. Hierbei zeigt sich ein grundsätzliches Dilemma: Zwar verspricht eine höhere Mandatszahl eine größere „Nähe" der Abgeordneten zu den Bürgerinnen. Wenn deswegen aber in einem großen Land sehr viele Sitze vergeben werden, kann dies die Arbeitsfähigkeit der Volksvertretung beeinträchtigen. Wiederkehrende Debatten über die Kosten „aufgeblähter" Parlamente zeigen, dass es keinen objektiv „richtigen" Repräsentationsschlüssel gibt, sondern die

13.2 Verfassungsinstitutionen der Länder

Tab. 13.2 Sitzverteilung in den Länderparlamenten (2021)

Land	Parlamentsgröße[a]	WB pro Mandat[b]	CDU/CSU[c]	SPD	Grüne	AfD	Linke	FDP	Sonstige[d]
BB	88 (88)	23.734	17,0	28,4	11,4	26,1	11,4	—	5,7
BE	130 (160)	19.118	19,4	23,8	16,9	13,8	16,9	7,5	1,9
BW	120 (154)	63.925	27,3	12,3	37,7	11,0	—	11,7	—
BY	180 (205)	52.663	41,5	10,7	18,5	9,8	—	5,4	14,1
HB	84 (–)	5.661	28,6	27,4	19,0	—	11,9	6,0	7,1
HE	110 (137)	39.753	29,2	21,2	21,2	13,1	6,6	8,0	0,7
HH	121 (123)	10.882	12,2	43,9	26,8	5,7	10,6	—	0,8
MV	71 (71)	18.709	25,4	36,6	—	19,7	15,5	—	2,8
NI	135 (137)	45.173	36,5	39,4	8,8	6,6	—	8,0	0,7
NW	181 (199)	72.734	36,2	34,7	7,0	6,5	—	14,1	1,5
RP	101 (101)	30.123	30,7	38,6	9,9	8,9	—	5,9	5,9
SH	69 (73)	33.595	34,2	28,8	13,7	5,5	—	12,3	5,5
SL	51 (–)	15.195	47,1	33,3	—	5,9	11,8	—	2,0
SN	120 (119)	27.636	37,8	8,4	10,1	31,9	11,8	—	—
ST	83 (97)	21.553	41,2	9,3	6,2	23,7	12,4	7,2	—
TH	88 (90)	19.650	23,3	8,9	5,6	24,4	32,2	5,6	—
Ø [e]	—	31.348	30,5	25,6	15,4	15,4	15,6	8,6	4,0

Quelle: Eigene Berechnungen nach Daten der Landeswahlleiter und Länderparlamente; Angaben für die einzelnen Parteien in Prozent der Parlamentssitze (Stand: 31. Juli 2021).
Anmerkungen: [a]Gesetzliche Mindestgröße, in Klammern aktuelle Mandatszahl, die bei personalisierter Verhältniswahl aufgrund von Überhang- und Ausgleichsmandaten darüber liegen kann (nicht möglich in HB und SL). Bei der sächsischen Landtagswahl 2019 konnte ein Mandat der AfD nicht zugeteilt werden. [b]Wahlberechtigte (WB) pro Mandat der gesetzlichen Mindestgröße. [c]CSU: nur in Bayern. [d]Sonstige: andere Parteien und Fraktionslose. [e]Durchschnittswert bezogen auf die Anzahl der Parlamente, in denen die jeweilige Partei vertreten ist.

Parlamentsgröße „eine genuin politische Entscheidung" darstellt (Reutter 2019, S. 275). Besonders bemerkenswert ist in diesem Zusammenhang, dass der Landtag von Sachsen-Anhalt 2014 angesichts des Bevölkerungsrückgangs eine schrittweise Parlamentsverkleinerung beschlossen hat: Aus den bisher 91 Sitzen wurden 2016 zunächst 87; bei der Landtagswahl 2021 sollten regulär nur noch 83 Abgeordnete gewählt werden, aufgrund von Überhang- und Ausgleichsmandaten umfasste der Landtag jedoch 97 Mitglieder.

Wie in Abschn. 5.3 ausführlich dargestellt, werden die meisten Länderparlamente für fünf Jahre durch *personalisierte Verhältniswahl* gewählt, die auch bei Bundestagswahlen Anwendung findet. Ausnahmen sind Bremen und das Saarland, die keine personalisierten Direktmandate vorsehen. Bremen ist zudem das einzige Land mit einer vierjährigen Wahlperiode. Auch in den Wahlsystemen der anderen Länder gibt es bei der Stimmgebung und Stimmenverrechnung einzelne Besonderheiten, die jedoch ihre Funktionsweise nicht grundsätzlich verändern (Raabe et al. 2014). Ein wichtiger Unterschied besteht hinsichtlich des Wahlalters: Brandenburg, Bremen, Hamburg und Schleswig–Holstein rufen bereits 16-Jährige an die Wahlurne, in den anderen Ländern ist das aktive Wahlrecht weiterhin an die Volljährigkeit gekoppelt.

Die *Wahlbeteiligung* bei den jeweils letzten Landtagswahlen lag zwischen 72,3 % (Bayern 2018) und 60,3 % (Sachsen-Anhalt 2021). Damit hat sich der Anteil der aktiven Wählerinnen seit dem Tiefpunkt bei der Landtagswahl 2006 in Sachsen-Anhalt (44,4 %) wieder stabilisiert, ist aber noch immer etwa zehn Prozentpunkte niedriger als bei Bundestagswahlen, die als politisch bedeutsamer eingeschätzt werden (Vetter und Remer-Bollow 2017, S. 195; Abschn. 5.3). Der von Bundestagswahlen bekannte Befund, dass die Wahlbeteiligung mit höherer Bildung und höherem Einkommen zunimmt, wurde auch bei Landtagswahlen bestätigt. Selbst bei gestiegener Wahlbeteiligung besteht diese soziale Selektivität fort (Bertelsmann-Stiftung 2015a, 2015b, 2017).

Wie alle demokratischen Volksvertretungen haben die *Länderparlamente* vier *zentrale Funktionen* zu erfüllen: die Gesetzgebung, die Wahl exekutiver und judikativer Amtsträgerinnen, die Kontrolle der Regierung sowie die Repräsentation der Wählerschaft und die damit zusammenhängende öffentliche Kommunikation. Die Wahrnehmung dieser Aufgaben stellt sich für die Länderparlamente etwas anders dar als für den Bundestag (Abschn. 9.2). Da der Bund im kooperativen Föderalismus bei der *Gesetzgebung* dominant ist (Abschn. 4.1), bleiben den Länderparlamenten nur relativ wenige Politikbereiche, über die sie autonom entscheiden können. Dazu zählen etwa die Organisation der Landesverwaltung, das Dienst- und Besoldungsrecht der Landesbeamtinnen, das Bauordnungs-, Bestattungs- und Kommunalrecht sowie weite Teile des Schul- und Hochschulwesens, des Rundfunks, des Polizeirechts und des Straßenbaus. Pro Jahr verabschiedet ein Landesparlament etwa 20 bis 30 Gesetze, während es im Bundestag über 100 sind (Mielke und Reutter 2012, S. 50). Mit den geringeren Zuständigkeiten geht eine beschränkte Ressourcenausstattung einher: Neben den Leitungsorganen (Präsidium, Sitzungsleitung, Ältestenrat) verfügt jedes Landesparlament über eine eigene Verwaltung, die Dienstleistungen für die Abgeordneten erbringt und andere administrative Aufgaben übernimmt (Reutter 2008, S. 169). Die Anzahl der Mitarbeiterinnen ist jedoch überschaubar: Sie bewegte sich 2007 zwischen 62 (Bremen) und 292 (Nordrhein-Westfalen), was pro Abgeordneter zwischen 0,8 (Bremen) und 1,8 Beschäftigten (Hessen) entspricht (Herz 2008).

Bei der *Wahlfunktion* stehen die Einsetzung und Abberufung der Landesregierung im Mittelpunkt (siehe unten). Darüber hinaus wählt jedes Landesparlament seinen Präsidenten, dessen Stellvertreter, weitere Funktionsträger innerhalb des Parlaments (u. a. Ausschussvorsitzende), die Mitglieder des Landesverfassungsgerichts, einen Teil der Mitglieder der Bundesversammlung (Abschn. 10.4), die Mitglieder des Landesrechnungshofes, des Rundfunkrates sowie den Datenschutzbeauftragten. Während die Wahl des Ministerpräsidenten gelegentlich für bundesweite Aufmerksamkeit sorgt

13.2 Verfassungsinstitutionen der Länder

(u. a. Sachsen-Anhalt 1994, Schleswig-Holstein 2005, Hessen 2008, Thüringen 2020), wurden andere Wahlämter lange relativ „geräuschlos" besetzt. Mit dem Einzug der AfD haben die Konflikte um die Besetzung von Ämtern und Gremien in einigen Länderparlamenten zugenommen (Schroeder et al. 2017, S. 50–51). Neuerdings ist die Anzahl der Vizepräsidenten (meist zwei bis fünf), deren Aufteilung unter den Landtagsparteien, aber auch die personelle Besetzung von Ausschussvorsitzen stärker umstritten, was sich in gelegentlicher Nichtwahl, vermehrten Rücktritten oder dauerhafter Vakanz ausdrückt (Reutter 2016).

Eine zentrale Aufgabe des Landesparlamentes ist die *Kontrolle der Landesregierung*. Nicht von ungefähr schreiben die meisten Länderverfassungen ein Recht auf Opposition fest und erwähnen explizit die parlamentarische Kontrollfunktion. Nur in Baden-Württemberg, Hessen, Nordrhein-Westfalen und im Saarland gibt es – wie im Grundgesetz – keine entsprechende Verfassungsregel. Vielfach statten die Länderverfassungen die Abgeordneten mit konkreten Kontrollrechten aus, die auf Bundesebene lediglich in der Geschäftsordnung des Bundestages verankert sind (Abschn. 9.1). Neben Kleinen, Großen und Mündlichen Anfragen sowie Aktuellen Stunden zählen dazu auch das Zitierrecht (Einbestellung von Mitgliedern der Landesregierung) sowie die Einrichtung von Untersuchungsausschüssen. Gleichwohl ergibt sich aus den erweiterten Frage- und Auskunftsrechten kein höheres Kontrollniveau als auf Bundesebene (Reutter 2013, S. 270–271). Meist variiert die Anzahl parlamentarischer Anfragen zyklisch und steigt vor allem nach dem Einzug neuer Parteien an (Reutter 2013, S. 263). Zudem werden die Kontrollinstrumente in den einzelnen Länderparlamenten sehr unterschiedlich genutzt: So gab es in Mecklenburg-Vorpommern seit 1990 durchschnittlich nur neun Große Anfragen pro Legislaturperiode, in Hamburg dagegen 172 (Carstensen 2018, S. 482). Ferner unterscheidet sich auch der politische Einsatz der Kontrollinstrumente vom Bundestag: Während dort Große Anfragen fast ausschließlich von der Opposition gestellt werden (1990–2017: 85,7 % bis 100 %), liegt der Oppositionsanteil im Landtag von Baden-Württemberg nur zwischen 41,6 % und 67,2 % (1990–2014; Carstensen 2018, S. 493–495). Die Ursachen für diese Differenz sind schwer auszumachen. Grundsätzlich werden die Frageinstrumente umso häufiger genutzt, je schneller die Landesregierung antwortet (Carstensen 2018, S. 495). Darüber hinaus sehen alle Länderverfassungen – genau wie das Grundgesetz (Art. 44 GG) – parlamentarische Untersuchungsausschüsse vor, die auf Antrag von einem Fünftel bzw. einem Viertel der Abgeordneten eingerichtet werden können. Zu einer besonders regen Nutzung dieses Instruments kam es nach der Aufdeckung der NSU-Morde 2011: Seitdem haben nicht weniger als acht Länderparlamente entsprechende Untersuchungsausschüsse eingerichtet, in Baden-Württemberg, Hessen, Sachsen und Thüringen sogar mehrfach in aufeinander folgenden Legislaturperioden.

Hinsichtlich der *Repräsentations- und Kommunikationsfunktion* sind die Länderparlamente weitgehend mit dem Bundestag vergleichbar (Abschn. 9.2). Ihre Sozialstruktur spiegelt die Gesellschaft allenfalls verzerrt wider: In der Regel sind Männer, Ältere, Akademiker und der Öffentliche Dienst überrepräsentiert. Allerdings gibt es auch hier deutliche Unterschiede zwischen den Ländern, beispielsweise beim Frauenanteil, der aktuell von 21,8 % in Sachsen-Anhalt bis 45,5 % in der Hamburgischen Bürgerschaft reicht (2020; Kürschners Datenbank). In Brandenburg und Thüringen wurde 2019 versucht, den Anteil weiblicher Abgeordneter durch eine gesetzliche Vorschrift paritätisch besetzter Wahllisten zu steigern; allerdings wurden beide Reformen von den zuständigen Landesverfassungsgerichten für nichtig erklärt (Jutzi 2020). Ein weiterer Unterschied zum Bundestag besteht bei Doppelmandaten. Während Landtagsabgeordnete nur in wenigen Ausnahmefällen gleichzeitig ein Bundestagsmandat innehaben (Feldkamp 2019), sind sie regelmäßig Mitglied eines Gemeinderates oder Kreistages. Zugleich hat sich in fast allen Länderparlamenten das Modell des „Vollzeitabgeordneten" durchgesetzt, der seine vorherige Berufstätigkeit während des Mandats niederlegt und dafür eine finanzielle Entschädigung erhält, die seine Unabhängigkeit sicherstellt. Nur die Hamburgische Bürgerschaft hat sich die Züge eines „Feierabendparlaments" bewahrt (von Blumenthal 2004, 2012); bis 1996 genoss die ehrenamtliche Mitgliedschaft in der Bürgerschaft sogar Verfassungsrang (Welti 1998, S. 171). Exemplarisch untersucht wurde die durchschnittliche Arbeitsbelastung von Landtagsabgeordneten in einer 2011 veröffentlichten Studie: Dabei ist ein Durchschnittswert von 61 Stunden pro Sitzungswoche und 58 Stunden pro sitzungsfreier Woche erhoben worden (Tenscher 2011, S. 388), was in etwa an das Arbeitspensum von Bundestagsabgeordneten heranreicht. Vergleichbar ist auch die Intensität des Bürgerkontakts: 2014 hatten lediglich 19 % der bayerischen Bürgerinnen in den letzten fünf Jahren direkten Kontakt zu ihren Landtagsabgeordneten; zwischen Bundesbürgerinnen und Bundestagsabgeordneten ist die Kontakthäufigkeit mit 14 % nur unwesentlich geringer (Infratest Dimap 2019, S. 21).

Die *Landesregierung* – in einigen Ländern auch Staatsregierung und in den Stadtstaaten Senat genannt – steht an der Spitze der Exekutive. Dabei übernimmt der Ministerpräsident[1] (MP) sowohl die Aufgaben eines Regierungschefs als auch die Repräsentationspflichten, die auf nationaler Ebene dem Staatsoberhaupt zukommen. Da beide Aufgaben in einer Hand liegen, wird auch von einer „geschlossenen Exekutive" gesprochen (Steffani 1979, S. 41). Das Landeskabinett (Ministerrat) setzt sich aus dem MP und den Ministern zusammen. Die Anzahl der Kabinettsmitglieder ist in zwei Ländern verfassungsrechtlich begrenzt: in Bayern (17 Staatsminister und Staatssekretäre) und Berlin (10 Senatoren).

Wie auf Bundesebene erfolgt die *Regierungsbildung* in zwei Schritten: Nach der Wahl des Ministerpräsidenten durch das Parlament werden die Minister bestellt. In den meisten Ländern benötigt der MP im ersten Wahlgang die absolute Abgeordnetenmehrheit; nur in Bayern und Bremen genügt eine einfache Mehrheit (Tab. 13.3). In neun weiteren Ländern reicht in einem späteren Wahlgang ebenfalls die relative Mehrheit, was die Bildung von Minderheitsregierungen erleichtert. Lediglich in Baden-Württemberg, Hamburg, Hessen, Rheinland-Pfalz und im Saarland bleibt das Erfordernis der absoluten

---

[1] In Berlin ist die offizielle Amtsbezeichnung „Regierender Bürgermeister", in Bremen „Präsident des Senats" und in Hamburg „Erster Bürgermeister".

13.2 Verfassungsinstitutionen der Länder

Tab. 13.3 Regierungsbildung und Parlamentsauflösung in den Ländern

Land	Wahl des Ministerpräsidenten		Max. Frist[b]	Auflösung Parlament[c]	Misstrauensvotum[d]	Vertrauensfrage	Selbstauf-lösungs-recht[e]
	Mehrheitsquorum[a]						
	1. WG	Weitere WG					
BB	abs. M	rel. M	3 Monate	Ja	Konstruktiv	Ja	2/3 M
BE	abs. M	rel. M	—	Nein	Einfach	Nein	2/3 M
BW	abs. M	abs. M	3 Monate	Ja	Konstruktiv	Nein	2/3 M
BY	einf. M	rel. M	1 Woche	Nein	Einfach	Nein	abs. M
HB	einf. M	rel. M	—	Nein	Konstruktiv	Nein	2/3 M
HE	abs. M	abs. M	—	Nein	Einfach	Ja	abs. M
HH	abs. M	abs. M	—	Nein	Konstruktiv	Ja	abs. M
MV	abs. M	rel. M	4 Wochen	Ja	Konstruktiv	Ja	2/3 M
NI	abs. M	rel. M	3 Wochen	Ja	Konstruktiv	Nein	abs. M
NW	abs. M	rel. M	—	Nein	Konstruktiv	Nein	abs. M
RP	abs. M	abs. M	—	Nein	Einfach	Nein	abs. M
SL	abs. M	abs. M	3 Monate	Ja	Einfach	Ja	2/3 M
SH	abs. M	rel. M	—	Nein	Konstruktiv	Nein	2/3 M
SN	abs. M	rel. M	4 Monate	Ja	Konstruktiv	Nein	2/3 M
ST	abs. M	rel. M	—	Ja	Konstruktiv	Ja	2/3 M
TH	abs. M	rel. M	—	Nein	Konstruktiv	Ja	2/3 M

Quelle: Reutter (2020a, S. 101) und eigene Ergänzungen.
Anmerkungen: [a]Erforderliche Parlamentsmehrheit nach Wahlgang (WG): abs. M = absolute Mehrheit; einf. M = einfache Mehrheit; rel. M = relative Mehrheit. [b]Maximale Frist zwischen Konstituierung des Parlaments und Wahl des MP in Wochen bzw. Monaten. [c]Parlamentsauflösung nach gescheiterter MP-Wahl. In Mecklenburg-Vorpommern, Niedersachsen und Sachsen-Anhalt ist dazu ein Parlamentsbeschluss erforderlich. Grundsätzlich besteht in allen Ländern die Möglichkeit der Selbstauflösung des Landesparlaments. [d]In Berlin verfällt das „gestaffelt-konstruktive" Misstrauensvotum, wenn innerhalb von drei Wochen kein neuer Regierungschef gewählt wird. In BY muss der MP zurücktreten, „wenn die politischen Verhältnisse ein vertrauensvolles Zusammenarbeiten zwischen ihm und dem Landtag unmöglich machen" (Art. 44 Abs. 3 BV). In Hessen, Rheinland-Pfalz und im Saarland muss innerhalb von zwölf Tagen, vier Wochen bzw. drei Monaten nach einem Misstrauensvotum eine neue Regierung eingesetzt werden, sonst ist der Landtag aufgelöst (Reutter 2020a, S. 101). [e]Selbstauflösung des Parlaments nach einem Beschluss mit absoluter Mehrheit (abs. M) bzw. Zweidrittelmehrheit (2/3 M).

Mehrheit für alle weiteren Wahlgänge bestehen. Sieben Länderverfassungen legen eine Frist nach der Konstituierung des Parlaments fest, innerhalb der der MP zu wählen ist (Tab. 13.3; Ley 2010). Bei unklaren Mehrheitsverhältnissen führt diese Vorgabe zu erheblichem Zeitdruck. Daher hat Sachsen-Anhalt 2020 die zuvor geltende Zwei-Wochen-Frist für den ersten Wahlgang aus der Verfassung gestrichen (Art. 65 Abs. 2 LSAVerf a. F.). Erhält keine Kandidatin für das Amt des MP die erforderliche Mehrheit, kommt es in Baden-Württemberg, Brandenburg, Sachsen und im Saarland zur Auflösung des Parlaments und damit zu Neuwahlen. In Mecklenburg-Vorpommern, Niedersachsen und Sachsen-Anhalt braucht es dazu noch einen Parlamentsbeschluss. Im Gegensatz zum Bundestag können sich alle Länderparlamente vorzeitig auflösen *(Selbstauflösungsrecht)*. In sechs Landtagen reicht dazu eine absolute Mehrheit, in zehn braucht es eine Zweidrittelmehrheit (Leunig 2012, S. 109). In der Regel bleiben der MP und seine Regierung auch nach ihrem Rücktritt bzw. einer Parlamentsauflösung geschäftsführend im Amt, bis eine neue Regierung gewählt ist.

Besondere Aufmerksamkeit erfuhr im Februar 2020 die Wahl eines FDP-Abgeordneten zum Thüringer Ministerpräsidenten, da er die relative Mehrheit im dritten Wahlgang mit den Stimmen von AfD und CDU erreichte. Am Tag danach kündigte er seinen Rücktritt an; Kabinettsmitglieder berief er nicht. Daraufhin wurde kontrovers diskutiert, ob die alten Minister de jure noch im Amt seien, da ihre Amtszeit laut Verfassung erst mit dem Amtsantritt der folgenden Regierung endet (Art. 74 Abs. 3 ThürVerf). Da die CDU-Fraktion angesichts neuer Umfragewerte eine vorzeitige Parlamentswahl ablehnte, wählte der Landtag 28 Tage nach Beginn der Regierungskrise den bisherigen Ministerpräsidenten Bodo Ramelow (Die Linke). Dabei boykottierte die FDP die Wahl, die CDU enthielt sich und der AfD-Kandidat zog seine Kandidatur im dritten Wahlgang zurück.

In den meisten Ländern ernennt der MP die Kabinettsmitglieder, nur in einigen Fällen bedarf es einer zusätzlichen Vertrauensabstimmung im Parlament. Wie auf Bundesebene ist dieses formale Recht zur Auswahl der Kabinettsmitglieder durch die Präferenzen der Regierungsparteien vorstrukturiert (März 2006, S. 152). Nur die Bremische Bürgerschaft wählt die Kabinettsmitglieder (Senatoren) direkt (Art. 107 Abs. 2 BremLV). Außerdem dürfen die Senatoren in Bremen – ebenso wie in Hamburg – nicht dem Parlament angehören (Gebauer 2006, S. 133). Dagegen muss der MP in Nordrhein-Westfalen zwingend über ein Abgeordnetenmandat verfügen. Eine entsprechende Reform des Art. 52 Abs. 1 LV-NRW, durch die eine Angleichung an den Bund und die anderen Länder erfolgen sollte (Ley 2015), lehnte der Landtag 2016 ab.

Wie im Bund kann der Regierungschef in den meisten Ländern vom Parlament abberufen werden, wenn es zugleich einen Amtsnachfolger wählt *(konstruktives Misstrauensvotum)*. In Berlin verliert das Misstrauensvotum nach 21 Tagen seine Bindung, wenn keine neue Regierung gewählt wird (gestaffelt-konstruktives Misstrauensvotum). Wird in Hessen, Rheinland-Pfalz und Saarland nach einem Misstrauensvotum keine neue Regierung gewählt, wird der Landtag aufgelöst (Tab. 13.3). Während der Bundestag kein formales Recht zur Abberufung von Bundesminister hat, kennen die Verfassungen von

Baden-Württemberg (Art. 56 LV BW) und Rheinland-Pfalz (Art. 99 RhPfVerf) auch die Abwahl einzelner Landesminister.

Mit Ausnahme Bremens bestimmt der MP in allen Ländern die „Richtlinien der Politik" und damit die *Arbeitsweise der Landesregierung* (Pestalozza 2014, S. LXX). Ebenso kennen die meisten Länderverfassungen das Kollegial- und Ressortprinzip, wie es in Art. 65 GG verankert ist. Wie auf Bundesebene bilden Mehrheitsentscheidungen im Kabinettskollegium die Ausnahme; wichtige Probleme werden meist in den Runden der Staatssekretäre erörtert und einvernehmlich gelöst. Die Minister führen ihre Ressorts in eigener Zuständigkeit. Die inhaltlichen Zuschnitte der Ministerien variieren zwischen den Ländern und verändern sich mit fast jeder neuen Koalitionsregierung. Neben den verfassungsrechtlichen Vorgaben strukturieren die Gemeinsamen Geschäftsordnungen der Landesministerien und die Koalitionsverträge die Regierungsarbeit.

Als Regierungszentrale fungiert die *Staatskanzlei,* die in Baden-Württemberg Staatsministerium und in den Stadtstaaten Senatskanzlei heißt. Die Staatskanzlei ist ähnlich aufgebaut wie das Bundeskanzleramt (Abschn. 10.1). Sie übernimmt vergleichbare Koordinations- und Unterstützungsaufgaben für den MP, nicht zuletzt um deren Richtlinienkompetenz durchzusetzen (Grunden 2009, S. 34; Zerr 2006). Ihre Leitung obliegt dem Chef der Staatskanzlei (CdS), der in der Regel den Rang eines Staatsekretärs hat und für die Ressortkoordination zuständig ist. Hierfür existieren in der Staatskanzlei Spiegelreferate zu allen Fachministerien. Neben der Klärung von Ressortstreitigkeiten und der Vorbereitung von Kabinettssitzungen begleitet die Staatskanzlei das Abstimmungsverhalten im Bundesrat, außerdem sind ihr meist die Landesvertretungen in Berlin und Brüssel zugeordnet (Abschn. 13.4).

Die *Länderverwaltungen* sind im deutschen Föderalismus neben den Kommunen die zentrale Instanz des Gesetzesvollzugs (Abschn. 4.1). Daher verfügen sie insgesamt über deutlich mehr Personal als der Bund und sind auch institutionell stärker ausdifferenziert. 2018 arbeiteten im öffentlichen Dienst 6,1 Mio. Beschäftigte, davon 42,7 % bei den Ländern, 38,8 % bei den Kommunen, 11,7 % beim Bund und 6,8 % bei den Sozialversicherungen (Statistisches Bundesamt 2019b). Angesichts gleicher Vollzugsaufgaben, die sich aus dem Grundgesetz und zahlreichen Bundesgesetzen ergeben, sind die Verwaltungen der Länder grundsätzlich ähnlich aufgebaut; zugleich variieren ihre konkreten Behörden- und Personalstrukturen aufgrund unterschiedlicher Staats- und Verwaltungstraditionen (Ellwein 1997). Außerdem setzen die Länderregierungen eigene Schwerpunkte bei der Ausgestaltung der Organisationseinheiten und bei der Personalausstattung.

Hinsichtlich des vertikalen *Aufbaus der Länderverwaltungen* lassen sich fünf Behördentypen unterscheiden (Götz 2012; Grotz et al. 2017, S. 34–36). Oberste Landesbehörden, wie Landesministerien und Rechnungshöfe, sind innerhalb ihres zugewiesenen Aufgabenbereichs für das gesamte Land zuständig und verfügen in der Regel selbst über nachgeordnete Behörden. Zentrale Landesämter unterstehen einem oder mehreren Ministerien und sind für die ihnen übertragenen Aufgaben im gesamten Land vollumfänglich zuständig. Landesoberbehörden sind ebenfalls einem oder

Tab. 13.4 Vertikale Struktur der deutschen Länderverwaltungen

	Kleine Länder	Mittelgroße Länder	Große Länder
Zweistufige Struktur	Brandenburg Mecklenburg-Vorpommern Saarland Schleswig-Holstein	–	Niedersachsen
Dreistufige Struktur	Sachsen-Anhalt Thüringen	Hessen Rheinlanda-Pfalz Sachsen	Baden-Württemberg Bayern Nordrhein-Westfalen

Quelle: Eigene Darstellung nach Grotz et al. (2017, S. 71).
Anmerkung: Die Ländereinteilung orientiert sich an den Stimmgewichten im Bundesrat (Art. 51 Abs. 2 GG). Kleine Länder: <4 Mio. Einwohnerinnen; Mittelgroße Länder: 4–7 Mio.; Große Länder: >7 Mio. Darstellung ohne Stadtstaaten Berlin, Bremen und Hamburg.

mehreren Ministerien nachgeordnet, führen aber neben ihren eigenen Aufgaben zusätzlich die Fach- bzw. Dienstaufsicht über untere Behörden. Landesmittelbehörden sind nur für einen Teil des Staatgebiets zuständig. Untere Landesbehörden unterliegen schließlich immer der Aufsicht einer übergeordneten Instanz (in der Regel sind dies Ober- und Mittelbehörden). Auch sie sind nur für einen Teil des Staatsgebiets zuständig.

In der Regel werden die vertikalen Verwaltungsstrukturen der Länder danach unterschieden, ob Mittelbehörden existieren oder nicht (Reiners 2008; Bogumil 2018). So verfügen *dreistufige Länderverwaltungen* über eine mittlere Ebene, die als regionales Bindeglied zwischen unteren und oberen bzw. obersten Behörden dient. Dagegen weisen *zweistufige Länderverwaltungen* keine Zwischeninstanz auf. Ob solche regionalen Bündelungsbehörden als notwendig erachtet werden, hängt vor allem von der Landesgröße ab (Tab. 13.4): Alle mittelgroßen und großen Länder sind dreistufig organisiert – außer Niedersachsen, das seine Mittelinstanzen 2005 abgeschafft hat. Umgekehrt haben die meisten kleinen Länder einen zweistufigen Verwaltungsaufbau; darunter sind nur Sachsen-Anhalt und Thüringen dreistufig organisiert.

Horizontal können die *Länderverwaltungen nach ihren inhaltlichen Zuständigkeiten* in sieben Sektoren unterteilt werden (Götz 2012). Die Allgemeine Verwaltung nimmt alle Aufgabenbereiche der inneren Organisation ohne fachspezifische Rechts-, Planungs- und Leistungsbelange wahr. Dazu zählen insbesondere Behörden mit politischen Führungsaufgaben (Ministerien) sowie die Finanz- und Personalverwaltung. Zur Justizverwaltung gehören vor allem die Organe und Einrichtungen des Strafvollzugs. Unter Innere Sicherheit und Ordnung fallen jene Behörden, die die klassischen Hoheits-, Ordnungs- und Eingriffsfunktionen wahrnehmen (z. B. Personenstandswesen, Ausländerangelegenheiten, Brand-, Zivil- und Katastrophenschutz). Die Sonderordnungsverwaltung umfasst Behörden, die für spezifische Ordnungsbelange zuständig sind. Dazu zählen verschiedenste Aufgaben vom Umwelt- und Energierecht über Wirtschaft und Gewerbe bis hin zu Gesundheits- und Verbraucherschutz. Der Daseinsvorsorge sind alle Aufgaben im Bereich der öffentlichen Infrastruktur und Dienstleistungen zugeordnet. Dazu gehören etwa der Straßenbau oder Maßnahmen in der Land- und Forstwirtschaft. Der Bereich Arbeit und Soziales ist primär für die vielfältigen staatlichen Fürsorge- und Transferleistungen zuständig. Die Kultusverwaltung schließlich nimmt die Landesaufgaben in den Bereichen Bildung, Wissenschaft und Kulturförderung wahr.

Hinsichtlich der institutionellen *Entwicklung der Länderverwaltungen* lassen sich zwei große Phasen unterscheiden. Bis Ende der 1980er Jahre kam es zu einem deutlichen Aufwuchs administrativer Strukturen, der mit einer starken Ausdifferenzierung der aufgabenspezifischen Verwaltungssektoren einherging. Folglich war die öffentliche Verwaltung im Allgemeinen und die der Länder im Besonderen durch „Dauerhaftigkeit, Selbständigkeit [und] Wachstum" gekennzeichnet (Ellwein 1994, S. 39). Mit der Wiedervereinigung wurde dieses Verwaltungsmodell zunächst von den neuen Ländern übernommen. In den 1990er Jahren vollzog sich ein fundamentaler Wandel. Unter dem Dach des „New Public Management" wurde nun ein verwaltungspolitischer Ansatz dominant, der einzelne Elemente unternehmensspezifischer Steuerung rezipierte, um den Staat zu modernisieren (Bauer et al. 2007a). Nach und nach folgten alle Länder diesem Leitbild und führten bis Mitte der 2010er Jahre entsprechende Reorganisationsmaßnahmen durch.

Durch diese *Verwaltungsstrukturreformen* wurde die staatliche Kernverwaltung in allen Flächenländern komprimiert und institutionell vereinfacht (ausführlich Grotz et al. 2017). Zwischen 1992 und 2014 sank die Gesamtzahl der Länderbehörden um zwei Drittel, die der zugehörigen Personalstellen um ein Drittel. Damit hat sich auch die Behörden- und Personaldichte pro Einwohnerin erheblich verringert. Umgekehrt hat sich die durchschnittliche Personalstärke pro Behörde ungefähr verdoppelt. Dadurch wurde auch eine deutliche institutionelle Bündelung der Verwaltungsstrukturen erreicht. Zugleich waren die verwaltungspolitischen Reformbemühungen der einzelnen Länder trotz des gleichgerichteten Trends sehr unterschiedlich. Als besonders aktiv erwiesen sich Thüringen und Sachsen-Anhalt, die die höchsten behörden- und personalbezogenen Abbauraten verzeichneten. Nordrhein-Westfalen und Bayern haben dagegen ihre Behörden- und Personalbestände nur moderat reduziert. Allerdings wies Nordrhein-Westfalen bereits Anfang der 1990er Jahre einen im Verhältnis zu seiner Bevölkerung schlanken Behörden- und Personalbesatz auf. Dagegen verfügten die ostdeutschen Länder Mitte der 1990er Jahre über ein relativ hohes Ausgangsniveau an Behörden und Personal und hatten so ein entsprechend höheres Reformpotential. Seit 2009 hat sich die Dynamik des Behörden- und Personalabbaus deutlich verlangsamt oder ist ganz zum Stillstand gekommen. Damit scheint die Hochphase der „Verwaltungsverschlankung" unter dem Primat ökonomischer Effizienz beendet (Ebinger und Bogumil 2016; Abschn. 14.3). Ob angesichts zunehmender Forderungen nach einer Verbesserung der staatlichen Handlungsfähigkeit die Verwaltungskapazitäten der Länder wieder „aufgerüstet" werden oder angesichts begrenzter finanzieller Spielräume auf niedrigerem Niveau bleiben, ist noch nicht abzusehen.

Darüber hinaus verfügen alle Länder über eigene *Verfassungsgerichte* (LVerfG), die die Vereinbarkeit von Rechtsnormen mit der Landesverfassung überprüfen und letztverbindlich darüber entscheiden. Damit spielen sie für die Regierungssysteme der Länder eine ähnlich bedeutsame Rolle wie das Bundesverfassungsgericht für den Gesamtstaat (Kap. 12). Die Zuständigkeiten der LVerfG sind meist in den Landesverfassungen geregelt, während ihre Verfahrensregeln und ihre Binnenorganisation in eigenen Verfassungsgerichtsgesetzen kodifiziert sind (Pestalozza 2014, S. CIII; Flick 2008, S. 251; Starck 2008, S. 323). Alle Länder kennen die konkrete Normenkontrolle durch Gerichtsvorlage, die in Art. 100 Abs. 1 GG festgeschrieben ist. Ebenso existiert überall die abstrakte Normenkontrolle, die durch Verfassungsorgane eingeleitet wird. Eine Besonderheit gibt es in Bayern, wo jede Bürgerin auch ohne eigene Betroffenheit eine Grundrechtsverletzung durch ein Landesgesetz verfassungsgerichtlich überprüfen lassen kann (Popularklage nach Art. 98 BV). Dadurch kommt dem Bayerischen Verfassungsgerichtshof eine gewisse Vorreiterrolle bei bestimmten Rechtsfragen zu. Organ- und Verfassungsstreitigkeiten, z. B. zwischen Landesparlament und Landesregierung, sind ebenfalls überall bekannte Verfahrensarten. Anders sieht es bei der Verfassungsbeschwerde aus, die die Bürgerinnen in zwölf Ländern gegen Grundrechtsverletzungen anstrengen können. In Bremen, Hamburg, Niedersachsen und Schleswig-Holstein steht diese Verfahrensart nicht zur Verfügung; dort bleibt den betroffenen Bürgerinnen allerdings die Möglichkeit, vor dem Bundesverfassungsgericht zu klagen (Abschn. 12.1).

Unterschiede bestehen auch hinsichtlich der Anzahl, Wahl und formalen Qualifikation der *Verfassungsrichter* (Tab. 13.5). Ihre Anzahl variiert zwischen sieben (Bremen, Mecklenburg-Vorpommern, Saarland und Sachsen-Anhalt) und 38 (Bayern). Der Bayerische Verfassungsgerichtshof ist das einzige LVerfG mit mehreren Spruchkörpern. Im Unterschied zum BVerfG sind alle Landesverfassungsrichter neben- bzw. ehrenamtlich tätig. Zudem wirken in den meisten LVerfG auch juristische Laien mit. Außer einigen Berufsrichtern, die als Präsidenten eines Oberverwaltungsgerichtes kraft Amtes dem LVerfG angehören (Bremen, Rheinland-Pfalz), werden die Verfassungsrichter vom Landesparlament gewählt.[2] Dabei variiert das Vorschlagsrecht zwischen Landtagsausschüssen, Landtagspräsidium, Landtagsfraktionen und den Präsidenten der Verfassungsgerichtshöfe. Wie auf Bundesebene ist bei der Richterwahl meist eine Zweidrittelmehrheit nötig. Nur in vier Ländern reicht eine einfache bzw. relative Mehrheit[3], weswegen die Regierung dort nicht auf die Unterstützung der Opposition angewiesen ist.

---

[2] In elf Länderverfassungen liegt die Mindestaltersgrenze bei 35 Jahren und in vier weiteren bei 40 Jahren. Zudem sind Höchstaltersgrenzen, Geschlechterquoten und die Unvereinbarkeit von Richteramt und anderen öffentlichen Ämtern (Inkompatibilität) je nach Land unterschiedlich ausgestaltet (Reutter 2020c).

[3] Mit relativer Mehrheit ist gewählt, wer die meisten Stimmen erzielt. Mit einfacher Mehrheit ist gewählt, wer mehr Stimmen als alle anderen Alternativen zusammen (ohne Enthaltungen) auf sich vereinigt. Nur im Fall zweier Abstimmungsalternativen sind relative und einfache Mehrheit identisch.

Tab. 13.5 Verfassungsgerichte der Länder

Land	Name	Richter		Berufsrichter	Volljuristen[c]	Weitere	Amtszeit in Jahren	Wiederwahl
		Mitglieder						
		Zahl[a]	Mehrheit[b]					
BB	VerfG	9 (9)	2/3	3	3	3	10	—
BE	VerfGH	9 (9)	2/3	3	3	3	7	—
BW	VerfGH	9 (9)	relative	3	3	3	9	zulässig
BY	VerfGH	38 (38)	einfache	P+22 auf 8 Jahre	15 für LP	—	LP (5) bzw. 8	zulässig
HB	StGH	7 (6)	2/3	2+OVG-P	—	4	LP (4)	zulässig
HE	StGH	11 (11)	5: 2/3 6: einfach	5 auf 7 Jahre durch WA	—	6 für LP	LP (5) bzw. 7	zulässig
HH	VerfG	9 (9)	einfach	4	2	3	6	einmal zulässig
MV	LVerfG	7 (7)	2/3	4 Volljuristen[c], davon P und VP Berufsrichter		3	12	—
NI	StGH	9 (9)	2/3	mindestens 6 Volljuristen[c], (davon 3 Berufsrichter)		—	7	einmal zulässig
NW	VerfGH	7 (7)	2/3	3	4	—	10	—
RP	VerfGH	9 (8)	2/3	3+OVG-P	—	5	6	einmal zulässig
SH	LVerfG	7 (7)	2/3	3	4	—	12	—
SL	VerfGH	8 (8)	2/3	2	—	6	6	zulässig
SN	VerfGH	9 (9)	2/3	5	—	4	9	zulässig
ST	LVerfG	7 (7)	2/3	3[d]	—	4[e]	7	einmal zulässig
TH	VerfGH	9 (9)	2/3	2+P	3	3	5	einmal zulässig

Quelle: Eigene Darstellung nach Landesverfassungen und Gesetzen über die Landesverfassungsgerichte.
Abkürzungen: VerfG = Verfassungsgericht; VerfGH = Verfassungsgerichtshof; StGH = Staatsgerichtshof; LVerfG = Landesverfassungsgericht; P = Präsident; VP = Vizepräsident; OVG = Oberverwaltungsgericht; WA = Wahlausschuss; LP = Legislaturperiode.
Anmerkungen: [a]Gesetzliche Anzahl, in Klammern Anzahl der gewählten Mitglieder. [b]Notwendige Mehrheit bei der Richterwahl. [c]Volljuristen = Befähigung zum Richteramt. [d]Gerichtspräsidenten des Landes und Vorsitzende Richter an obersten Landesgerichten. [e]Davon mindestens ein Rechtsprofessor.

Die politische Abhängigkeit der Richter erhöht sich zusätzlich, wenn ihre Amtszeit auf die Dauer der Legislaturperiode beschränkt ist (Bayern, Bremen, Hessen). Die Amtszeit der Richter liegt zwischen vier und zwölf Jahren; mit Ausnahme von Berlin, Brandenburg, Niedersachsen, Nordrhein-Westfalen, Mecklenburg-Vorpommern und Schleswig-Holstein ist eine Wiederwahl möglich.

Schließlich kennen alle Länderverfassungen substanzielle Möglichkeiten *direktdemokratischer Beteiligung.* Damit unterscheiden sie sich vom Grundgesetz, das zwar von „Wahlen und Abstimmungen" spricht (Art. 20 Abs. 2 GG), aber eine Volksabstimmung nur explizit im Falle einer Länderneugliederung (Art. 29 GG) zulässt. Dabei bezeichnet direkte Demokratie „alle Formen polit[ischer] Willensbildung und Endscheidung, bei denen die Bürger unmittelbar über bestimmte *policies* [...] abstimmen" (Grotz 2015a, S. 109).

Das wichtigste direktdemokratische Instrument auf Länderebene ist die *Volksgesetzgebung,* bei der Bürgerinnen einen Gesetzesvorschlag ausarbeiten und zu einer verbindlichen Volksabstimmung stellen können. Heute ist die Volksgesetzgebung in allen Länderverfassungen festgeschrieben. Bei der Gründung der Bundesrepublik bestand diese Möglichkeit bereits in acht Ländern (Solar 2019, S. 128), nur Hamburg, Niedersachsen und Schleswig-Holstein – also drei Länder mit nachgrundgesetzlicher Verfassung – blieben ohne Volksgesetzgebung. Die antiplebiszitäre Ausrichtung des Grundgesetzes nahm auch die Verfassung Baden-Württembergs von 1953 auf, obwohl alle drei Vorgängerstaaten die Volksgesetzgebung kannten. 1974 führte Baden-Württemberg dann die Volksgesetzgebung ein (Decker 2016, S. 77). 1979 folgte das Saarland, 1990 Schleswig-Holstein, 1993 Niedersachsen und 1996 Hamburg; in den ostdeutschen Länderverfassungen (1992 bis 1994) war die Volksgesetzgebung von Anfang an enthalten (Wohlfahrt 2005; Kellmann 2005; Hoffmann 2005; Fraude 2005). In Berlin wurde die Volksgesetzgebung 1974 aus der Verfassung von 1950 gestrichen, um sie dann 1995 wieder einzuführen (Posselt 2005).

Die Volksgesetzgebung ist in allen Ländern mahrstufig gegliedert (Tab. 13.6). Auf der ersten Stufe lassen sich zwei Verfahrensarten unterscheiden. In einigen Ländern können die Bürgerinnen eine *Volksinitiative* starten, indem sie für ihren Gesetzentwurf Unterschriften sammeln.[4] Dieser wird dann im Landesparlament behandelt, was den Initiatorinnen mehr Öffentlichkeit verspricht und eine Möglichkeit zur Kompromissfindung bietet. Wenn sich die Initiatorinnen nicht mit dem Landesparlament einigen, können sie die zweite Verfahrensstufe (Volksbegehren) einleiten. Beim Antrag auf Volks-

---

[4] Der Begriff Volksinitiative wird gänzlich unterschiedlich genutzt (Michels 2019): In Berlin, Bremen, Niedersachsen, Nordrhein-Westfalen und Thüringen bezeichnet er eine Massenpetition. In Baden-Württemberg, Brandenburg, Hamburg, Mecklenburg-Vorpommern, Rheinland-Pfalz, Sachsen, Sachsen-Anhalt und Schleswig-Holstein ist eine Massenpetition gemeint, die die Volksgesetzgebung einleiten kann. Bayern, Hessen und Saarland kennen dieses Instrument nicht. In der Politikwissenschaft wird zudem der Begriff Volksinitiative auch synonym zu Volksbegehren gebraucht.

13.2 Verfassungsinstitutionen der Länder

Tab. 13.6 Volksgesetzgebung in den deutschen Ländern[a]

Land	Themenbreite[b]	Volksbegehren Unterschriftenquorum	Sammelfrist	Eintragung[c]	Volksentscheid Abstimmungsquorum[d]	Politische Praxis[e]
BB	+	80.000 (–3,8 %)	6 Monate	A	25 %	46/14/0
BE	++	7 %	4 Monate	F+A	25 %	34/10/6
BW	++	10 %	6 Monate	F	20 %	9/0/0
BY	+	10 %	14 Tage	A	—	53/20/6
HB	++	5 %	3 Monate	F	20 %	11/3/0
HE	+	5 %	2 Monate (A)	A	25 %	7/1/0
HH[f]	++	5 %[f]	21 Tage	F+A	20 %[f]	47/16/7
MV	+	100.000 (–7,5 %)	5 Monate	F	25 %	29/4/1
NI	+	10 %	mindestens 6 Monate	F	25 %	10/3/0
NW	+	8 %	1 Jahr	F	15 %	14/3/0
RP	+	300.000 (–9,7 %)	2 Monate (F+A)	F+A	25 %	6/1/0
SH	+	80.000 (–3,6 %)	6 Monate	F+A	15 %	34/5/2
SL	+	7 %	3 Monate	A	25 %	8/2/0
SN	++	450.000 (–13,2 %)	8 Monate	F	—	14/4/1
ST	+	9 %	6 Monate	F	25 %[g]	3/3/1
TH	+	10 % (F) 8 % (A)	4 Monate (F) 2 Monate (A)	F oder A	25 %	10/5/0

Quelle: Eigene Darstellung auf Basis von www.mehr-demokratie.de und Solar (2019, S. 134).
Anmerkungen: [a]Nur einfache Gesetzgebung ohne Verfassungsänderungen. [b]Anzahl zulässiger Abstimmungsthemen (hoch: ++; gering: +). [c]A = Amtssammlung, F = freie Sammlung. In MV kann neben der freien Sammlung eine zweimonatige Amtseintragung beantragt werden. In NI mindestens sechs Monate. Hinzu kommen ggf. weitere Monate, je nachdem, wie lange die Landesregierung die Zulässigkeit prüft. [d]Zustimmungsquorum; nur in RP Beteiligungsquorum, in Sachsen kein Quorum. [e]Anzahl der Anträge/Volksbegehren/Volksentscheide zwischen 1946 und Januar 2018. [f]Zu den Detailregelungen der Quoren siehe Art. 50 HmbVerf. [g]Zustimmungsquorum entfällt, wenn der Landtag eine Konkurrenzvorlage beim Volksentscheid zur Abstimmung stellt.

begehren werden ebenfalls Unterschriften für den Gesetzentwurf gesammelt, mit dem sich das Parlament aber nicht befasst. Bei beiden Initiativformen wird immer die rechtliche Zulässigkeit des Antrages geprüft, da „auch das Volk als Staatsorgan an die Rechtsordnung gebunden" ist (Jürgens und Rehmet 2009, S. 200). Die Prüfung geschieht in der Regel durch die Landesregierung und kann vor dem LVerfG angefochten werden. Die zulässige Themenbreite unterscheidet sich von Land zu Land. Meist ist die sogenannte „Finanztrias" aus Haushalts-, Besoldungs- und Abgabenregelungen von der Volksgesetzgebung ausgenommen, da das Budgetrecht allein dem Parlament vorbehalten bleibt (Rehmet und Weber 2016, S. 14). Das Unterschriftenquorum in der ersten Stufe variiert zwischen 0,02 % (Nordrhein-Westfalen) und 1,2 % der Wahlberechtigten (Sachsen).

Bei der zweiten Stufe, dem *Volksbegehren,* werden Unterschriften gesammelt. Wird dabei ein bestimmtes Quorum erreicht, kommt es zu einer Volksabstimmung. Entscheidende Hürden für den Erfolg eines Volksbegehrens sind die Höhe des Unterschriftenquorums, die Dauer der Sammelfrist und die Art der Unterschriftensammlung. So müssen etwa in Sachsen 13,2 % der Wahlberechtigten für ein erfolgreiches Volksbegehren unterschreiben, in Schleswig-Holstein dagegen 3,6 %. In Bayern, Hessen und Saarland können die Bürgerinnen ihre Unterschrift nur in einer Amtsstube leisten; in anderen Ländern dürfen die Unterschriften frei gesammelt werden, z. B. vor Supermärkten, oder per Brief übermittelt werden. Die Sammelfristen variieren zwischen 14 Tagen (Bayern) und einem Jahr (Nordrhein-Westfalen).

Beim verbindlichen *Volksentscheid,* der dritten Stufe, bestehen unterschiedliche Abstimmungsquoren: Zustimmungsquoren schreiben einen Mindestanteil an Ja-Stimmen aller Stimmberechtigten vor, bei Beteiligungsquoren ist eine Mindestbeteiligung der Stimmberechtigten Voraussetzung für die Gültigkeit des Abstimmungsergebnisses (Tab. 13.6).

Bei der *Anwendung der Volksgesetzgebung* gibt es deutliche Unterschiede. In der Mehrheit der Länder wurde bis 2018 noch nie ein Volksentscheid abgehalten (Tab. 13.6). Die bisherigen 24 Volksentscheide konzentrieren sich vor allem auf Hamburg (7), Bayern und Berlin (je 6). Allerdings gab es – mit Ausnahme Baden-Württembergs – schon überall Volksbegehren: Von den 94 Fällen entfallen auf Bayern 20, auf Hamburg 16 und auf Brandenburg 14. Die erste Stufe der Volksgesetzgebung wurde mit 334 Anträgen bzw. Volksinitiativen naturgemäß am häufigsten genutzt. Angesichts des langen Zeitraums ist auch diese Fallzahl nicht besonders hoch. Insgesamt hat die Volksgesetzgebung in einigen Ländern wie Hamburg und Berlin durchaus bedeutsame Auswirkungen auf die politische Willensbindung und Entscheidungsfindung entfaltet (Decker 2016, S. 102–118; Solar 2015). Allerdings hat sie auch dort die Funktionsweise der repräsentativ-parlamentarischen Demokratie nicht fundamental verändert.

Neben der Volksgesetzgebung gibt es in einigen Ländern weitere direktdemokratische Verfahrensarten. In *fakultativen Referenden,* auch Volksveto oder Volkseinwand genannt, entscheiden die Bürgerinnen über vom Parlament beschlossene Gesetze, wenn dies die Landesregierung bzw. das Landesparlament beschließt oder ein bestimmtes Unterschriftenquorum erreicht wird. Diese Möglichkeit besteht in Hamburg und Rheinland-Pfalz; zudem gibt es in Bremen eine solche Möglichkeit hinsichtlich der Privatisierung öffentlicher Unternehmen (Solar 2019, S. 132). Darüber hinaus müssen Verfassungsänderungen in Bayern, Bremen und Hessen in *obligatorischen Referenden* vom Volk bestätigt werden. Diese direktdemokratische Verfahrensvorschrift erklärt, warum es in den drei Ländern nur zu relativ seltenen, dafür aber größeren Verfassungsänderungen gekommen ist (Grotz 2013c, S. 331).

13.3 Politik und Regieren in den Ländern

Wie auf Bundesebene werden die Muster des demokratischen Regierens in den Ländern nicht allein von den Verfassungsinstitutionen *(polity)* bestimmt, sondern ergeben sich aus deren Zusammenspiel mit den wesentlichen politischen Akteurskonstellationen *(politics)*. Dazu zählen insbesondere die *Parteien und Parteiensysteme,* die *Regierungskoalitionen* und die *Interessenverbände.*

Kaum eine Landesverfassung hebt die zentrale Stellung der Parteien für die politische Willensbildung so hervor wie das Grundgesetz (Art. 21 GG). Gleichwohl kommt ihnen auch in den Ländern eine Schlüsselrolle zu. Zwar agieren die Landesparteien nicht vollständig autonom, da sie meist in eine Bundespartei integriert sind und deswegen über einen begrenzten politischen Spielraum verfügen. Allerdings versuchen sie auch, inhaltlichen und personellen Einfluss auf die Bundespolitik auszuüben. Dies trifft vor allem auf CDU und SPD zu, deren Fraktionen im Bundestag nach Landesgruppen organisiert sind (Abschn. 9.2). Diese wirken als innerparlamentarische Kommunikationskanäle, wenn Personalentscheidungen und Gesetzesinitiativen die jeweiligen Landesinteressen tangieren (Kwaschnik 2018, S. 511).

Auf Länderebene haben die Parteien die gleichen Funktionen für die demokratische Willensbildung und Entscheidungsfindung wie auf Bundesebene (Abschn. 6.1). Dabei können die politischen Positionen zwischen den Landesverbänden derselben Partei durchaus variieren. Besonders prägnant sind solche inhaltlichen Unterschiede in Bereichen, in denen die Länder eigenständige Gesetzgebungskompetenzen besitzen, wie in der Bildungspolitik (Bräuninger et al. 2020, S. 58–59). Auch in anderen Politikbereichen gibt es programmatische Differenzen zwischen einzelnen Landesverbänden, die letztlich auf die sozioökonomischen und soziokulturellen Kontextbedingungen ihrer Länder zurückzuführen sind (Bräuninger et al. 2020, S. 58–59). So sind die Grünen in Baden-Württemberg eher konservativ ausgerichtet, in den Stadtstaaten Berlin und Bremen eher links-progressiv. Teilweise reflektieren die Positionsunterschiede zwischen Landesparteien auch ihre spezifische Entwicklungsgeschichte. Am deutlichsten ist dies bei der Linkspartei, deren ostdeutsche Landesverbände, die aus der PDS hervorgegangen sind, eine pragmatische Ausrichtung haben und in Thüringen sogar den Ministerpräsidenten stellen, während ihre westdeutschen Landesverbände größtenteils „dem Handlungsmuster einer linkspopulistischen Protestpartei verhaftet" sind (Holtmann

2020, S. 197). Auch politische Persönlichkeiten können das Image eines Landesverbands nachhaltig prägen. Dies gilt vor allem für langjährige Ministerpräsidenten wie Ernst Albrecht (CDU) in Niedersachsen, Johannes Rau (SPD) in Nordrhein-Westfalen, Manfred Stolpe (SPD) in Brandenburg, Kurt Biedenkopf (CDU) in Sachsen oder Winfried Kretschmann (Grüne) in Baden-Württemberg.

Nicht zuletzt bietet die Länderebene *neuen Parteien* eine Möglichkeit, sich regional zu etablieren, ohne bereits bundespolitisch erfolgreich zu sein (Abschn. 5.3). Das war z. B. immer wieder im rechtsextremen Parteienspektrum der Fall. So zog die NPD ab Mitte der 1960er Jahre in mehrere Landtage ein, in den 1990er Jahren gelang dies den Republikanern (REP) in Baden-Württemberg und der Deutschen Volksunion (DVU) in Brandenburg, Bremen, Schleswig-Holstein und Sachsen-Anhalt. Allerdings konnten sich diese Parteien nicht dauerhaft in den Länderparlamenten halten. Auch der Einzug in den Bundestag blieb ihnen verwehrt – genau wie der Piratenpartei, die ab 2011/2012 in vier Landtagen vertreten war, aber bei der Bundestagswahl 2013 an der nationalen Sperrklausel scheiterte. Umgekehrt bildeten die Länderparlamente sowohl für die Grünen in den 1980er Jahren als auch für die AfD ab 2013 ein „institutionelles Sprungbrett", das sie zuerst erklommen, um sich dann auf Bundesebene zu verankern (Schroeder et al. 2018).

Die *Parteiensysteme* des Bundes und der Länder gleichen sich insofern, als die im Bundestag repräsentierten Parteien auch in den meisten Landtagen vertreten sind. Hinsichtlich ihrer numerischen und ideologischen Strukturmerkmale bestehen jedoch deutliche Unterschiede (Niedermayer 2013b, 2013c; Abschn. 6.2). 2021 liegt die Anzahl der Parlamentsparteien *(Format)* in sechs Ländern bei fünf, in acht Ländern bei sechs und in Mecklenburg-Vorpommern und im Saarland bei vier (Tab. 13.2). Dieses insgesamt geringere Format im Vergleich zum Bundestag (sieben) erklärt sich u. a. damit, dass Die Linke in einigen westdeutschen Landtagen und die FDP in drei ostdeutschen Parlamenten nicht repräsentiert sind. Umgekehrt gibt es Landtagsparteien, die bislang nicht im Bundestag sitzen, wie den Südschleswigschen Wählerverband (SSW) in Schleswig-Holstein und die Freien Wähler in Bayern, die aber beide schon an einer Landesregierung beteiligt waren bzw. sind. Bei der Mandatskonzentration *(Fragmentierung)*, die mithilfe der Effektiven Parteienzahl (EPZ) gemessen wird (Laakso und Taagepera 1979; Abschn. 6.2), ist die Varianz noch deutlicher ausgeprägt. Im Landtag des Saarlandes liegt die EPZ 2021 bei 2,9, in Hessen bei 4,9 (höchster Wert in einem Flächenland). Das Berliner Abgeordnetenhaus weist mit 5,7 den derzeit höchsten Wert auf, der noch deutlich über dem Niveau des Bundestages liegt (4,6; eigene Berechnungen). Die unterschiedliche Fragmentierung resultiert vor allem daraus, dass CDU und SPD in einigen Länderparlamenten deutlich schwächer oder deutlich stärker sind als auf Bundesebene. So schwankt der Mandatsanteil der CDU zwischen 47,1 % (Saarland) und 12,2 % (Hamburg), derjenige der SPD zwischen 43,9 % (Hamburg) und 8,4 % (Sachsen). Ein ähnlicher Befund ergibt sich für die Grünen, die ihre Hochburgen in Baden-Württemberg, Hessen und den Stadtstaaten haben, während sie in Mecklenburg-Vorpommern und im Saarland gar nicht parlamentarisch repräsentiert sind. Auch die

Mandatsanteile der AfD unterscheiden sich erheblich zwischen den Ländern. Besonders erfolgreich ist die Partei in Ostdeutschland – mit einem Spitzenwert von 32,9 % in Sachsen –, während sie in Schleswig-Holstein und im Saarland nur knapp über 5 % liegt.

In der alten Bundesrepublik war der Parteienwettbewerb klar strukturiert und hochgradig stabil (Abschn. 6.2). In etlichen Ländern lag entweder die Union oder die SPD über einen längeren Zeitraum mit Abstand vor allen anderen Parteien und bestimmte so dauerhaft die Regierungsbildung. Solche „Stammländer" gehören überwiegend der Vergangenheit an. Nur in Bremen führt die SPD seit 1946 ununterbrochen die Regierung an; der CSU in Bayern ist dies – mit kurzen Unterbrechungen in den 1950er Jahren – ebenfalls gelungen. Wie auf Bundesebene gestaltet sich der Parteienwettbewerb in den Ländern seit den 1990er Jahren zunehmend dynamisch. Dabei haben auch die ideologischen Entfernungsbeziehungen *(Polarisierung)* deutliche Veränderungen erfahren. Zum einen haben sich die inhaltlichen Positionen der etablierten Parteien in sozioökonomischer und soziokultureller Hinsicht angenähert, obwohl diese Entwicklung nicht unbedingt synchron zur Bundesebene und teilweise auch deutlich anders verlief (vor allem in Ostdeutschland). Zum anderen hat sich seit 2013 ein Kultur- und Systemkonflikt zwischen den etablierten Parteien und der rechtspopulistischen AfD herausgebildet, die der parlamentarischen Demokratie grundsätzlich kritisch gegenübersteht und entsprechend eingestellte Wählerinnen hinter sich versammelt. Vor diesem Hintergrund kommt den Ministerpräsidenten eine noch bedeutsamere Rolle zu: Gerade dort, wo die AfD besonders stark ist, wird ihnen „offenbar die Eigenschaft eines ‚ruhenden Pols' in unruhigen Zeiten zugeschrieben", was sich auch an der Wahlurne positiv niederschlägt (Holtmann 2020, S. 199). Deswegen haben bei den ostdeutschen Landtagswahlen 2019 die Parteien von Michael Kretschmer (CDU; Sachsen), Dietmar Woidke (SPD; Brandenburg) und Bodo Ramelow (Die Linke; Thüringen) besonders gut abschnitten.

Die veränderte Wettbewerbskonstellation zwischen den politischen Parteien spiegelt sich auch in den *Koalitionsmustern auf Länderebene* wider (Decker 2011b, S. 299–304; Schniewind 2012). Im ersten Nachkriegsjahrzehnt war die Regierungsbildung überwiegend konsensdemokratisch geprägt: Zwischen 1946 und 1955 wurde die Mehrzahl der Länderregierungen entweder von Allparteienkoalitionen (11) oder von Großen Koalitionen aus Union und SPD (10) gebildet; nur in relativ wenigen Fällen bestanden sie aus einer Partei (5) oder einem Bündnis aus einer großen und einer kleineren Partei (9). Mit der zunehmenden Konzentration und Bipolarisierung des Parteiensystems erhielten auch die Länderregierungen eine mehrheitsdemokratische Struktur. Diese Entwicklung gipfelte Anfang der 1970er Jahre, als acht Länder von Einparteiregierungen und drei Länder von kleinen Koalitionen geführt wurden, „die alle entweder dem Regierungs- oder Oppositionslager des Bundes zuzurechnen waren" (Decker 2011b, S. 300). Das Hinzutreten der Grünen brachte zunächst keine Änderung der Koalitionsmuster, da sie bereits 1985 einer SPD-geführten Regierung in Hessen beitraten und damit in die bipolare Wettbewerbsstruktur integriert wurden. In dieser neuen Lagerbildung standen sich nun „schwarz-gelb" und „rot-grün" gegenüber, die – sofern keine Alleinregierung einer Partei möglich war – jeweils miteinander koalierten. Erst nach der

Wiedervereinigung wurde es schwieriger, kleine Mehrheitskoalitionen innerhalb eines Lagers zu bilden, weil die postkommunistische PDS in Ostdeutschland relativ stark war, aber zunächst nicht als bündnisfähig galt. Erst nachdem 1994 eine Tolerierung einer SPD-Minderheitsregierung durch die PDS in Sachsen-Anhalt erprobt worden war („Magdeburger Modell"), kam es 1998 zur ersten rot-roten Koalition in Mecklenburg-Vorpommern, der weitere in Berlin und Brandenburg folgten. Angesichts der rückläufigen Mandatsstärke der Volksparteien wurden dann immer mehr Große Koalitionen, aber auch lagerübergreifende Regierungsbündnisse gebildet, wie z. B. 2008 der erste schwarz-grüne Senat in Hamburg (Spier 2013, S. 500).

Nachdem die AfD, die für keine andere Partei als Koalitionspartnerin infrage kommt, in die Länderparlamente eingezogen ist, haben sich die Probleme der Regierungsbildung weiter verschärft. Da CDU und SPD in etlichen Landtagen über keine gemeinsame Mehrheit verfügen und somit eine Große Koalition als „Notlösung" ausscheidet, hat sich die *Vielfalt der Koalitionsmuster* beträchtlich erhöht. Mitte 2021 wurden die 16 Länder von 14 verschiedenen Parteienbündnisse regiert, wenn man deren relative Stärke mitberücksichtigt (Tab. 13.7). Darunter finden sich auch lagerübergreifende Dreierkonstellationen wie die „Jamaika"-Koalition in Schleswig-Holstein oder die „Kenia"-

Tab. 13.7 Regierungskoalitionen in den Ländern (2021)

Land	Ministerpräsident	Regierungsparteien[a]	Mandatsanteil[b]
BB	Dietmar Woidke (SPD)	SPD – CDU – Grüne	56,8 %
BE	Michael Müller (SPD)	SPD – Grüne – Die Linke	57,5 %
BW	Winfried Kretschmann (Grüne)	Grüne – CDU	64,9 %
BY	Markus Söder (CSU)	CSU – Freie Wähler	54,6 %
HB	Andreas Bovenschulte (SPD)	SPD – Grüne – Die Linke	58,3 %
HE	Volker Bouffier (CDU)	CDU – Grüne	50,4 %
HH	Peter Tschentscher (SPD)	SPD – Grüne	70,7 %
MV	Manuela Schwesig (SPD)	SPD – CDU	62,0 %
NI	Stephan Weil (SPD)	SPD – CDU	75,9 %
NW	Armin Laschet (CDU)	CDU – FDP	50,3 %
RP	Marie-Luise Dreyer (SPD)	SPD – Grüne – FDP	54,5 %
SH	Daniel Günther (CDU)	CDU – Grüne – FDP	60,3 %
SL	Tobias Hans (CDU)	CDU – SPD	80,4 %
SN	Michael Kretschmer (CDU)	CDU – Grüne – SPD	56,3 %
ST	Reiner Haseloff (CDU)	CDU – SPD – Grüne	52,9 %
TH	Bodo Ramelow (Die Linke)	Die Linke – SPD – Grüne	46,7 %

Quelle: Eigene Darstellung (Stand: 31. Juli 2021).
Anmerkungen: [a]Nach parlamentarischer Stärke geordnet. [b]Anteil der Koalitionsparteien an den Landtagsmandaten.

Koalition in Sachsen-Anhalt. Für deren Bildung waren nicht die programmatische Nähe, die Rücksichtnahme auf die Bundespartei oder die Kräfteverhältnisse im Bundesrat ausschlaggebend, sondern allein die Existenz einer „handlungsfähigen Regierungsmehrheit". Insofern ist die Koalitionsbildung auf Länderebene nach wie vor durch eine mehrheitsdemokratische Grundlogik geprägt, auch wenn die politische Gestaltungsmacht heterogener Regierungsbündnisse von vornherein eingeschränkt ist und zu politischen Kompromissen zwingt. Gerade in solchen Koalitionen hängt das Regieren stark von den persönlichen Beziehungen der Beteiligten, informellen Netzwerken und situativen Faktoren ab (Kropp 2001, S. 290–295). Gleichwohl werden Minderheitsregierungen so weit wie möglich vermieden: Zwischen 1990 und 2009 entfielen von insgesamt 304 Regierungsjahren in den sechzehn Ländern nur acht auf Minderheitskabinette (Decker 2011b, S. 301); auch danach sind nur wenige Fälle dazugekommen. Gegenwärtig ist lediglich die thüringische Regierungskoalition in einer Minderheitsposition. Tatsächlich scheinen Minderheitskabinette im bundesdeutschen Kontext auch nicht besonders gut zu funktionieren: Anders als von der allgemeinen Koalitionstheorie vermutet, wird das Regieren dadurch nicht flexibler und inklusiver (Ganghof et al. 2019).

Obwohl die durchschnittliche *Regierungsstabilität* auf Länderebene etwas schwächer ausgeprägt ist als im Bund (Abschn. 10.2), ist sie im internationalen Vergleich noch immer sehr hoch (Spier 2013, S. 502). Doch auch in dieser Hinsicht gibt es auffällige Unterschiede zwischen den Ländern. Häufigere Wechsel in der Position des Ministerpräsidenten fanden in Schleswig-Holstein und Hamburg statt (jeweils 13 MP seit 1946). Dagegen ist Marie-Luise Dreyer (SPD) erst die siebte Regierungschefin in Rheinland-Pfalz. Bernhard Vogel (CDU) ist der einzige, der nacheinander in zwei Ländern Ministerpräsident war (Rheinland-Pfalz 1976–1988; Thüringen 1992–2003). Hat der Regierungschef bereits auf Bundesebene eine herausgehobene Stellung inne („Kanzlerdemokratie"; Kap. 10), so gilt dies noch mehr für die Länderebene. Der Ministerpräsident ist der zentrale Akteur der Regierungspolitik (Reithmeier 2013). Wenn er sich als besonders führungsstark erweist, kann er durch seine Präsenz im Bundesrat und in der Ministerpräsidentenkonferenz überregionale Sichtbarkeit erlangen, die er für bundespolitische Schlüsselpositionen qualifiziert. Nicht von ungefähr waren vier Bundeskanzler zuvor Regierungschefs eines Landes (Tab. 10.1); dazu kommen mehrere Kanzlerkandidaten, von Franz-Josef Strauß und Edmund Stoiber (beide CSU) bis zu Johannes Rau, Oskar Lafontaine, Rudolf Scharping und Peer Steinbrück (alle SPD). Für die Landespolitik können auch weitere Kabinettsmitglieder eine wichtige Rolle spielen, insbesondere die Finanzminister. Die meisten Landesminister verfügen indes über keine bundesweite Strahlkraft, selbst im eigenen Land sind sie häufig relativ unbekannt (März 2006, S. 148).

Wie der Staat und die Parteien sind die meisten *Verbände* und das *Verbändesystem* föderal organisiert (Kap. 7). Damit geht auch eine vertikale Arbeits- und Machtteilung in den Verbänden einher. Während die Landesvereinigungen häufig Verbände mit individueller Mitgliedschaft sind, bestehen auf der Bundesebene eher Verbände zweiter oder dritter Ordnung, denen nicht individuelle Mitglieder, sondern Landesverbände angehören. Je nach Verband können die Ressourcen zwischen Landes- und Bundesgeschäftsstellen unterschiedlich verteilt sein. Auf der Länderebene sind Verbände in Politikfeldern, in denen die Landesgesetzgebung eigene Gestaltungsspielräume besitzt, besonders aktiv. Im Bereich Bildung und Wissenschaft sind dies z. B. der Philologenverband, die Gewerkschaft Erziehung und Wissenschaft (GEW) oder die Landesschülervertretung, während in der Gesundheits- und Sozialpolitik Wohlfahrtsverbände und Landeskrankenhausgesellschaften tätig sind. Im Bereich Arbeit und Wirtschaft (Tab. 7.2) sind die Industrie- und Handelskammern, Unternehmer- und Arbeitgeberverbände sowie die Industriegewerkschaften mitunter wichtige Akteure der Landespolitik. Auch Sportverbände und Religionsgemeinschaften halten enge Beziehungen zu den Länderregierungen. Gleiches gilt für die kommunalen Spitzenverbände, die die Interessen der Städte, Kreise und Gemeinden vertreten (Abschn. 14.4). In allen Ländern existieren strukturierte Verbindungen zwischen Landespolitik und Interessenverbänden, die allerdings kaum in systematisch-vergleichender Perspektive erforscht sind (Ansätze dazu bei: Sesselmeier 2010; Schroeder und Geiger 2016; Schiffers 2013; Kleinfeld 2016; Kleinfeld und Löbler 1993).

Die *Verbändesysteme der Länder* weisen in formeller Hinsicht große Ähnlichkeiten auf. Ihre Beteiligung an der politischen Willensbildung und Entscheidungsfindung ist in den Geschäftsordnungen der Länderparlamente und -regierungen festgelegt. In dieser Hinsicht gibt es auch funktionale Parallelen zur Bundesebene. Dagegen ist die informelle Ausgestaltung der Staat-Verbände-Beziehungen in den Ländern recht vielfältig. Sie wird wesentlich durch die personellen Verflechtungen von Politik und Verbänden bestimmt. So sind viele Landtagsabgeordnete zugleich Mitglieder zivilgesellschaftlicher Organisationen, wie Gewerkschaften, Wohlfahrts- oder Sportverbänden oder der Europa-Union und mitunter auch dort in einer wichtigen Funktion tätig (gewesen). Außerdem unterhält jede Landesregierung regelmäßige Kontakte zu wichtigen Interessengruppen, beispielsweise den Freien Berufen, Kirchen, Gewerkschaften und Arbeitgeberverbänden, in die auch der Ministerpräsident und die Minister eingebunden sind. Alles in allem ist der Meinungs- und Informationsaustausch zwischen Regierung und Verbänden hochgradig institutionalisiert. Die Interessenverbände können die Landespolitik erheblich beeinflussen, indem sie die Regierungsagenda bei Verteilungskonflikten, Umweltkontroversen oder Bildungsreformen unterstützen oder ihnen entgegenarbeiten.

13.4 Die Länder im europäischen Mehrebenensystem

Neben dem Bund sind auch die Länder eigenständige Akteure im europäischen Mehrebenensystem. Ihre *europapolitische Interessenvertretung* findet zum einem im innerstaatlichen Rahmen und zum anderen auf EU-Ebene statt. Innerstaatlich ist der Bundesrat das wichtigste Vertretungsorgan der Länder in EU-Angelegenheiten (Abschn. 11.3). Darüber hinaus sind ihre jeweiligen Parlamente und Regierungen europapolitisch aktiv. Insbesondere die Europabeauftragten der Länderregierungen, die innerstaatlich in der Europaministerkonferenz zusammengeschlossen sind (Sturm und Pehle 2012, S. 104), nehmen auch auf EU-Ebene wichtige Aufgaben wahr, da ihnen die Ländervertretungen in Brüssel unterstehen, von wo aus die Mitwirkung der Länder in den EU-Organen koordiniert wird.

Die fortlaufende Vertiefung und Erweiterung der EG bzw. EU haben dazu geführt, dass die Länder „eine zunehmende Begrenzung ihres eigenständigen Handlungs- und Gestaltungsspielraums hinnehmen" mussten (Sturm und Pehle 2012, S. 98; Abschn. 3.1). Die bisherigen Reformen der Europäischen Verträge haben die damit verbundenen *Einschränkungen der Gesetzgebungs- und Vollzugskompetenzen* nur ansatzweise Rechnung getragen. So wurde im Vertrag von Maastricht (1993) das Subsidiaritätsprinzip verankert, das einen grundsätzlichen Vorrang der dezentralen Gebietskörperschaften bei der Kompetenzausübung im europäischen Mehrebenensystem vorsieht (Art. 5 Abs. 3 EUV n. F.). Der Vertrag von Lissabon (2009) stellte diesem Grundsatz zwei konkrete Verfahren der Subsidiaritätskontrolle zur Seite: die Subsidiaritätsrüge als einen präventiven Frühwarnmechanismus im europäischen Gesetzgebungsprozess und die Subsidiaritätsklage vor dem EuGH nach Abschluss eines Legislativverfahrens. Auf beide Instrumente haben die deutschen Länder über den Bundesrat Zugriff; bisher wurden sie aber nur relativ wenig genutzt (Abschn. 11.3). Bei der innerstaatlichen Willensbildung und Entscheidungsfindung in EU-Angelegenheiten konnten die Länder bedeutsame Mitwirkungs- und Beteiligungsrechte für den Bundesrat erkämpfen (Abschn. 11.3). Dadurch wurden jedoch nur die im Bundesrat vertretenen *Regierungen der Länder aufgewertet,* während ihre Parlamente keinen Ausgleich erhielten.

Auch jenseits der formalen Kompetenzausstattung bleibt die *Europäisierung der Länderparlamente* hinter den selbst gesetzten Zielen zurück (Häsing und Buzogany 2015, S. 150). Während der Bundestag seit 2007 ein eigenes Verbindungsbüro in Brüssel betreibt (Abschn. 9.3), verfügen nur wenige Länderparlamente über vergleichbare Einrichtungen. Allerdings besitzt jedes Landesparlament einen eigenen Europaausschuss, und auch in seinen Fachausschüssen sind EU-bezogene Themen vielfach präsent, nicht zuletzt aufgrund der zahlreichen Projekte der europäischen Struktur- und Regionalförderung, die in den einzelnen Ländern realisiert werden. Dass der europapolitischen Dimension in den Landtagen gleichwohl eine deutlich geringere Sichtbarkeit und Bedeutung zukommt als im Bundestag, hängt auch damit zusammen, dass die Länder nur in Ausnahmefällen dafür zuständig sind, europäische Vorgaben in nationales Recht zu überführen (Eberbach-Born 2013, S. 312). Zwischen 1990 und 2016 wurden lediglich sieben von insgesamt 846 EU-Richtlinien von den Länderparlamenten implementiert (Paasch und Stecker 2020).

Jede Landesregierung verfügt über einen *Beauftragten für Europaangelegenheiten* im Range eines Ministers oder Staatssekretärs (Beichelt 2015, S. 349). Zunächst haben meist die Staatskanzleien, die auch für Bundesangelegenheiten zuständig sind, eigene Europaabteilungen eingerichtet und damit die Koordinierung von EU-Angelegenheiten übernommen. Inzwischen haben auch weitere Landesministerien substanzielle europapolitische Kompetenzen erhalten, insbesondere wenn sie von kleineren Koalitionsparteien geführt werden und daher ein politisches „Gegengewicht" zur Staatskanzlei bilden. Allerdings fällt es schwer, hier ein allgemeines Muster zu identifizieren. Vielmehr gehen die Länderregierungen unterschiedliche Wege, um ihre europapolitische Koordinierung zu organisieren.

Wie andere Fachminister bilden die Beauftragten für Europaangelegenheiten zusammen die *Europaministerkonferenz* (EMK), die für länderübergreifende Grundsatzfragen in EU-Angelegenheiten zuständig ist (Abschn. 4.3). Die Zahl der EMK-Mitglieder im Ministerrang hat zuletzt im Laufe eines Angleichungsprozesses zugenommen: 2020 hatten nur noch Hamburg (Staatsrat) und Rheinland-Pfalz (Staatssekretär) keinen Europaminister. Entscheidungen der EMK sind meist „gegenseitige Selbstverpflichtungserklärungen der Länderregierungen" (Schöne 2018, S. 336). Um ihnen offiziellen Charakter und eine entsprechende Wirkung gegenüber der Bundesregierung zu verleihen, werden sie teilweise – im Original oder in modifizierter Form – vom Bundesrat formal beschlossen (Schmuck 2018, S. 437).

Den Europabeauftragten sind auch die jeweiligen *Ländervertretungen in Brüssel* zugeordnet, die auf Basis von § 8 EUZBLG gegründet wurden und neben der Ständigen Vertretung des Bundes bei der EU bestehen (Abschn. 10.3). Mitunter teilen sich mehrere Länder eine Brüsseler Repräsentanz, wie das „Hanse-Office", das von Hamburg und Schleswig-Holstein betrieben wird. Wie die Bundesministerien entsenden die Landesministerien eigene Beamtinnen für einige Zeit nach Brüssel, um aktuelle Entwicklungen zu beobachten und zu beeinflussen und dadurch ihre „Europafähigkeit" zu sichern (Schenderlein 2015, S. 217). Den Ländervertretungen kommen dabei drei Funktionen zu (Große Hüttmann und Knodt 2006): Sie sammeln Informationen zu Gesetzesvorhaben und Projekten der EU (Informationsfunktion), sortieren und selektieren die Materialflut für die Ministerialverwaltung (Filterfunktion) und weisen in Expertisen und Hintergrundberichten auf Probleme und kritische Punkte hin (Frühwarnfunktion). Während alle Ländervertretungen grundsätzlich den gleichen Funktionsumfang erfüllen, ist ihre Ressourcenausstattung unterschiedlich. In den Repräsentanzen kleiner Länder sind meist nur einige wenige Mitarbeiterinnen tätig, Bayern entsendet dagegen regelmäßig mehr als 30 Beamtinnen nach Brüssel (Schenderlein 2015, S. 49). Neben der EU-bezogenen Interessenvertretung im engeren Sinn dienen die Vertretungen auch als kulturelles und ökonomisches „Schaufenster" für ihr jeweiliges Land. Zudem unterstützen sie die Ländervertreterinnen, die bei den verschiedenen EU-Institutionen angesiedelt sind.

In zwei EU-Organen verfügen die deutschen Länder über *eigene Mitwirkungsrechte:* im *Rat der Europäischen Union* (Ministerrat) und im *Europäischen Ausschuss der Regionen* (AdR). Nach Art. 23 Abs. 6 GG darf ein Vertreter des Bundesrates die deutsche Position im Ministerrat einnehmen, wenn dort Themen der Schul-, Kultur- und Rundfunkpolitik verhandelt werden. Weil in diesem Fall alle 16 Länder mit einer Stimme sprechen müssen, geht damit ein hoher Koordinationsaufwand einher. Tatsächlich hat der Ländervertreter bislang kaum die deutsche Verhandlungsführung im Rat übernommen, ist aber immer vor Ort und kann bei Bedarf die entsprechende Länderposition einbringen

(Abschn. 11.3). Von den 329 Sitzen im AdR entfallen gegenwärtig 24 auf Deutschland. 21 davon werden von den Ländern entsandt, wobei jedem Land ein festes Mitglied zugewiesen ist und die fünf übrigen rotieren. Die restlichen drei Sitze werden von den kommunalen Spitzenverbänden besetzt (§ 14 EUZBLG; Abschn. 14.4). Trotz dieser formalen Repräsentation sind die politischen Einflussmöglichkeiten der Länder über den AdR stark eingeschränkt. Zum einen hat der Ausschuss nur ein Anhörungsrecht im EU-Gesetzgebungsprozess, aber keine Vetovollmachten. Zum anderen sind die meisten EU-Staaten zentralistisch organisiert und entsenden daher überwiegend Vertreterinnen kommunaler Gebietskörperschaften in den AdR. Damit gibt es für die Länder dort nur wenige „natürliche Allianzpartner" (Hesse und Grotz 2005, S. 153), mit denen sie gemeinsame Positionen entwickeln können.

Insgesamt haben die deutschen Länder ein „breites europapolitisches Instrumentarium aufgebaut" (Grünhage 2007, S. 182), das sie differenziert nutzen können. Wo es um die gemeinsamen Interessen aller Länder geht, ist der Bundesrat von zentraler Bedeutung. Wo es um die spezifischen Interessen einzelner Länder geht, bieten sich die unterschiedlichen formalen und informellen Möglichkeiten des Lobbyings auf nationaler und europäischer Ebene an. Die beste Ausgangsposition dafür haben jene Länder, die über eine hohe Wirtschaftskraft mit Schlüsselbranchen und -technologien verfügen und zudem durch ihre Größe und Finanzkraft eine eigenständige Europapolitik verfolgen können. Außerdem fällt ins Gewicht, wie stark sich einzelne Länder mit anderen europäischen Regionen vernetzen können, um gemeinsame Positionen zu vertreten oder Projekte zu initiieren. Der Verlust an Gestaltungsautonomie, den die Länder durch die Europäisierung erfahren haben, lässt sich kaum rückgängig machen. Umso mehr kommt es darauf an, dass sie zur Vertretung ihrer europapolitischen Interessen von den diversen Mitwirkungsmöglichkeiten im Mehrebenensystem effektiv Gebrauch machen.

13.5 Fazit: homogene oder vielfältige Demokratiemuster?

Die *Länder* sind im deutschen Bundesstaat eine *eigenständige Ebene für demokratische Partizipation, Kontrolle und Gestaltung.* Sie verfügen über gewählte Parlamente und Regierungen, die autonome Regelungskompetenzen besitzen. Mithilfe umfangreicher Verwaltungskapazitäten können sie ihre politischen Entscheidungen auch selbst umsetzen. Dies wurde in der Corona-Pandemie besonders sichtbar, als die Länderregierungen in der Abwägung zwischen sozioökonomischer Schadensbegrenzung und Gesundheitsschutz unterschiedliche Einschränkungen des öffentlichen Lebens angeordnet haben, um die Infektionszahlen zu senken (Behnke 2020). Zugleich sind die Länder Teil einer bundesstaatlichen Ordnung, die durch kooperative Entscheidungsstrukturen und einheitliche Politikstandards gekennzeichnet ist (Kap. 4). Dazu passt auch das Homogenitätsgebot, das eine grundsätzliche Kompatibilität zwischen den Regierungssystemen des Bundes und der Länder vorsieht (Art. 28 Abs. 1 GG).

Aufgrund der engen Bund-Länder-Verflechtung wird die Funktionsweise der einzelnen Länderregierungssysteme auch jenseits der eigenen Grenzen aufmerksam verfolgt. Zum einen wirken politische Ereignisse in einem Land – wie der parlamentarische Einzug einer extremistischen Partei – wie ein *„Seismograph"*, der die Akteurinnen im Bund und in den anderen Ländern zu frühzeitigen Verhaltensänderungen veranlassen kann, um ähnliche Entwicklungen zu vermeiden. Zum anderen bieten die Länder ein *„Experimentierfeld"*, in dem innovative Reformansätze oder Bündniskonstellationen erprobt werden können, aus denen andere politische Entscheidungsträgerinnen ihre Lehren ziehen. Beispielhaft dafür steht die erste rot-grüne Regierungskoalition in Hessen 1985, die danach in mehreren Ländern und 1998 auch im Bund gebildet wurde (Schniewind 2008, S. 126).

Das vorliegende Kapitel hat sich daher mit den Demokratiemustern auf Länderebene befasst. Die Darstellung hat nicht nur gezeigt, dass die Regierungssysteme der Länder mehrheits- und konsensdemokratische Elemente in spezifischer Weise kombinieren, sondern auch, dass die Frage nach deren Homogenität oder Vielfalt differenziert beantwortet werden muss.

Auf Ebene der *Verfassungsinstitutionen (polity)* dominieren die *strukturellen Ähnlichkeiten zwischen den Ländern*. Der Aufbau der Länderregierungssysteme ist dem parlamentarischen Modell des Bundes vergleichbar, in dem das Parlament nach (personalisierter) Verhältniswahl gewählt wird und den Regierungschef einsetzt und abberufen kann. Analog zur Bundesebene gibt es außerdem in allen Ländern spezielle Verfassungsgerichte, denen die Letztprüfung von Rechtsnormen am Maßstab der Landesverfassung obliegt. Einzelne Elemente der Länderregierungssysteme sind jedoch stärker mehrheitsdemokratisch ausgestaltet als im Bund. Dazu zählen das Einkammersystem und die „geschlossene" Exekutive, die die Aufgaben von Staatsoberhaupt und Regierungschef im Amt des Ministerpräsidenten vereint. Umgekehrt gibt es auf Länderebene mit der Volksgesetzgebung auch ein konsensdemokratisches Element, das auf Bundesebene nicht existiert. Blickt man auf die Entwicklung der Länderregierungssysteme, lässt sich ein *Trend zu institutioneller Konvergenz* erkennen. Besonders deutlich wird dies bei der Volksgesetzgebung, die bis Mitte der 1990er Jahre in allen Ländern eingeführt wurde und in den meisten Fällen mit einer Verlängerung der parlamentarischen Wahlperiode auf fünf Jahre einherging. Außerdem haben alle Flächenländer zwischen 1990 und 2010 ihre Verwaltungsstrukturen institutionell konzentriert, innerhalb und zwischen den Organisationseinheiten durchlässiger gestaltet und den zugehörigen Personalbestand erheblich reduziert. Diese Reformen folgten der Idee eines schlankeren und effizienteren Staates, die auch mit mehrheitsdemokratischen Vorstellungen in Einklang steht. Inwiefern dieses verwaltungspolitische Leitbild auch nach der Corona-Pandemie fortgeschrieben wird, lässt sich noch nicht absehen.

Innerhalb der homogenen Grundstrukturen haben etliche *Alleinstellungsmerkmale* einzelner Länder *bei den konkreten Verfassungsregelungen* überdauert. Beispiele sind die vierjährige Legislaturperiode in Bremen, eine gewisse Ausnahmestellung des Bayerischen Verfassungsgerichtshofs (Richterzahl, Spruchkörper, Popularklage) oder die

13.5 Fazit: homogene oder vielfältige Demokratiemuster?

nordrhein-westfälische Besonderheit, dass der Ministerpräsident zwingend dem Landtag angehören muss. Auch die institutionellen Details der Volksgesetzgebung variieren erheblich zwischen den Ländern, was dazu beiträgt, dass dieses direktdemokratische Instrument sehr unterschiedlich genutzt wird.

Im Unterschied zu den Verfassungsinstitutionen sind die *politischen Akteurskonstellationen (politics)* auf Länderebene von *zunehmender Vielfalt* geprägt. Dies gilt vor allem für die Parteiensysteme und die daraus hervorgehenden Regierungskoalitionen. Dabei ist zu berücksichtigen, dass die sozioökonomischen und soziokulturellen Rahmenbedingungen des Parteienwettbewerbs in der alten Bundesrepublik homogener waren. Dementsprechend waren auch die Landesverbände der etablierten Parteien hochintegriert. Außerdem war das Parteiensystem stark konzentriert und hatte eine bipolare Struktur, was eine territorial einheitliche Bildung von Einparteiregierungen oder kleinen Koalitionen erlaubte. Seit den 1990er Jahren sind die sozioökonomischen und soziokulturellen Disparitäten zwischen den Ländern deutlich größer geworden, was sich in einer organisatorischen und territorialen Differenzierung des Parteienwettbewerbs niederschlug. Im Ergebnis haben nicht nur die Landesverbände der einzelnen Parteien zunehmend eigene Profile entwickelt, sondern auch die Parteiensysteme der Länder sind strukturell heterogener geworden und verändern sich dynamischer als zuvor. Zusammen mit einer höheren Fragmentierung, die durch das „Abschmelzen" der ehemaligen Volkparteien und der dauerhaften Etablierung mehrerer kleiner Parteien zustande kam, führt dies zu einer „bunten" Koalitionslandschaft, die derzeit 14 verschiedene Bündniskonstellationen in 16 Ländern umfasst. Unter günstigen Bedingungen kann es dabei noch zu kleinen Flügelkoalitionen kommen, wie der gegenwärtigen schwarz-gelben Regierung in Nordrhein-Westfalen. Häufiger sind indes mehr oder minder heterogene Dreierbündnisse, die sich zwar meist auf eine Parlamentsmehrheit stützen und damit formal der mehrheitsdemokratischen Logik folgen, intern jedoch auf politische Kompromissbildung angelegt sind und somit eher nach konsensdemokratischer Logik regieren. Daher haben auch das Amt und die Person des Ministerpräsidenten, der schon immer der zentrale Akteur der Landespolitik war, zusätzlich an Bedeutung gewonnen.

Angesichts wiederkehrender Kritik an schwerfälligen Entscheidungsprozessen und Koalitionspraktiken werden gelegentlich institutionelle Reformmöglichkeiten im Hinblick auf Legitimation und Handlungsfähigkeit zentraler Regierungsinstitutionen diskutiert. Ein besonders pointierter Vorschlag in diesem Zusammenhang lautet, den Ministerpräsident direkt zu wählen und zugleich von seiner parlamentarischen Verantwortlichkeit zu entbinden, also mit anderen Worten: die parlamentarische Regierungsform in den Ländern durch eine präsidentielle zu ersetzen (Decker 2010, 2013). Auf den ersten Blick hätte diese Option einige Vorteile. Theoretisch entfiele so nicht nur das Problem, eine stabile Regierungsmehrheit im Parlament zu bilden, sondern es könnte auch zu flexibleren und inklusiveren Gesetzgebungsprozessen kommen, da die präsidiale Exekutive leichter mit wechselnden Mehrheiten regieren könnte. Außerdem wäre die einheitliche Stimmabgabe des Landes im Bundesrat gesichert, wenn die Landesregierung nicht mehr auf einer (heterogenen) Parteienkonstellation basiert (Kap. 11). Allerdings wäre ein solcher Wechsel der Regierungsform auch mit beträchtlichen „Risiken und Nebenwirkungen" verbunden (Holtmann 2011; Zeh 2013). Unter anderem würde die Parteiendemokratie in den Ländern noch weiter geschwächt, wenn der „Minister-Präsident" nicht mehr auf den dauerhaften Rückhalt der parlamentarischen Mehrheit angewiesen wäre und sich daher unschwer in populistischer Manier von seiner Partei distanzieren könnte, wenn seine direkte Wiederwahl ansteht. Dieses Beispiel verdeutlicht einmal mehr, dass die zunehmenden Probleme des Regierens in der bundesdeutschen Demokratie angesichts prekärer Machtverhältnisse nur begrenzt durch institutionelle Reformen behoben werden können.

Abgesehen davon hat die akademische Debatte über eine Direktwahl des Ministerpräsidenten bislang keinerlei politische Relevanz entfaltet. Dagegen spielen organisatorische Reformprojekte, die auf eine *Verwaltungsmodernisierung* abzielen, eine kaum zu überschätzende Rolle für die Institutionenpolitik auf Landesebene. So hat die Frage nach dem Ob und Wie kommunaler Gebietsreformen, die von den Ländern verantwortet werden, immer wieder Bürgerprotest mobilisiert und Regierungskoalitionen destabilisiert (Kap. 14). Gleichzeitig wurden die Länder durch die umfangreichen Verwaltungsstrukturreformen gleichsam zu Laboratorien für eine zukunftsfähige öffentliche Dienstleistungspolitik – mit Ausstrahlung auf den Bund, die Kommunen und die parafiskalischen Einrichtungen des Staates (z. B. Sozialversicherungen). Diese Reformen können auch für die weitere Funktions- und Handlungsfähigkeit der Länder bedeutend sein.

Literaturhinweise

Freitag, Markus, und Adrian Vatter, Hrsg. 2008. *Die Demokratien der deutschen Bundesländer*. Opladen: Budrich.
Leunig, Sven. 2012. *Die Regierungssysteme der deutschen Länder*, 2. Aufl. Wiesbaden: Springer VS.
Reutter, Werner. 2020. *Die deutschen Länder: Eine Einführung*. Wiesbaden: Springer VS.
Schroeder, Wolfgang, und Arijana Neumann, Hrsg. 2016. *Politik und Regieren in Hessen*. Wiesbaden: Springer VS.

Politik und Verwaltung auf kommunaler Ebene

14

In Deutschland werden Gemeinden und Kreise auch als *Kommunen* bezeichnet. Das Grundgesetz bestimmt, dass die kommunalen Vertretungsorgane demokratisch gewählt werden (Art. 28 Abs. 1 GG). Außerdem haben die Gemeinden das Recht, „alle Angelegenheiten der örtlichen Gemeinschaft im Rahmen der Gesetze in eigener Verantwortung zu regeln" (Art. 28 Abs. 2 GG). Die Kommunen bilden somit die *unterste Ebene des deutschen Regierungssystems,* wo politisches Handeln als öffentliche Beteiligung (Input-Dimension) und Aufgabenerfüllung (Output-Dimension) für die Bürgerinnen am unmittelbarsten erfahrbar wird. Deswegen gelten sie als *„Keimzelle für demokratisches Regieren im gesamten Staat"* (Holtmann et al. 2017, S. 13). Gleichzeitig wird immer wieder eine *„Krise der kommunalen Selbstverwaltung"* (Holtmann et al. 2017, S. 20) diagnostiziert. Inwieweit gelingt es den Kommunen, eine inklusive politische Willensbildung mit einer leistungsfähigen Verwaltung und Infrastruktur vor Ort zu verbinden?

Zur Beantwortung dieser Frage erklärt *Abschn.* 14.1 die Stellung der Kommunen im deutschen Bundesstaat, die ihr politisch-administratives Aufgabenprofil bestimmt. In *Abschn.* 14.2 geht es um die institutionellen Strukturen und politischen Partizipationsformen auf Gemeindeebene, die durch die Kommunalverfassungen der Länder festgelegt werden. *Abschn.* 14.3 beleuchtet die Muster kommunalpolitischer Willensbildung und Entscheidungsfindung in der Quadriga zwischen Bürgermeister, Rat, Verwaltung und Bürgerinnen. *Abschn.* 14.4 erläutert, wie die Vertretung kommunaler Interessen auf Länder-, Bundes- und EU-Ebene funktioniert. *Abschn.* 14.5 fasst zusammen und reflektiert die Belastbarkeit der Kommunen als „Keimzelle der Demokratie" sowie die limitierenden Faktoren der Selbstverwaltung.

14.1 Die Kommunen im deutschen Bundesstaat

Die Kommunen bilden die unterste Ebene des deutschen Regierungssystems.[1] Nachdem es 1967 noch 24.438 *Gemeinden* gegeben hatte (Beer 1970, S. 11), wurden viele kleinere Ortschaften im Zuge kommunaler Gebietsreformen in größere Einheiten integriert. Nach der Wiedervereinigung setzte sich dieser Prozess ab Ende der 1990er Jahre fort, sodass heute in Gesamtdeutschland nur noch 11.014 Gemeinden existieren. 107 dieser Gemeinden sind kreisfreie Städte; die anderen verteilen sich auf 294 *Landkreise*, die eigene überörtliche Aufgaben wahrnehmen (Statistisches Bundesamt 2019c, S. 29).[2] Zur kommunalen Ebene gehören auch unterschiedliche *Zusammenschlüsse kommunaler Gebietskörperschaften:* Unterhalb der Kreisebene gibt es Gemeindeverbände (Verbands- und Samtgemeinden), auf der Kreisebene bestehen einige Kommunalverbände besonderer Art, die sich aus einem Landkreis und einer kreisfreien Stadt zusammensetzen, wie beispielsweise die Region Hannover. Einzelne Länder wie Bayern, Nordrhein-Westfalen und Rheinland-Pfalz haben auch oberhalb der Landkreise Kommunalverbände, Bezirke bzw. Bezirksverbände eingerichtet. Daneben gibt es eine Vielzahl weiterer kommunaler Ämter, Landschaftsverbände, Landeswohlfahrtsverbände, Verwaltungsgemeinschaften und Zweckverbände.

Die *Zuständigkeiten der Kommunen* sind *„doppelter Natur"*. Zum einen übernehmen Gemeinden und Kreise die *Ausführung von Bundes- und Landesgesetzen als Auftragsangelegenheit*. Dabei können sie nicht selbst bestimmen, welche Aufgaben sie wahrnehmen, sondern das wird im Wesentlichen von den Ländern entschieden, die auch für den Vollzug der Bundesgesetzgebung zuständig sind und diesen größtenteils den Kommunen übertragen (Bogumil und Holtkamp 2013, S. 8). Aus staatsorganisatorischer Perspektive sind die Kommunen damit den Ländern zugeordnet und bilden keine eigenständige Ebene innerhalb des föderalen Systems (Kap. 4).

Zum anderen haben die Gemeinden die grundgesetzlich verbriefte Befugnis, ihre *örtlichen Angelegenheiten eigenverantwortlich zu regeln* (Art. 28 Abs. 2 GG). Dieses Recht wird als *kommunale Selbstverwaltung* bezeichnet, die jedoch einen genuin *politischen Raum* bildet (Holtmann und Rademacher 2015, S. 317). So werden die kommunalen Institutionen und Amtsträgerinnen durch demokratische Wahlen legitimiert und kontrollieren sich wechselseitig. Hinzu kommen die ehrenamtliche Mitwirkung und

---

[1] Streng genommen ist „Kommune" der Oberbegriff für alle Gebietskörperschaften unterhalb der Länderebene (Gemeinden, kreisfreie Städte, Landkreise und Kommunalverbände). Häufig werden „Kommune" und „Gemeinde" auch synonym benutzt.

[2] Eigentlich sind die Stadtstaaten Berlin und Hamburg zugleich Einheitsgemeinden und zählen damit zu den Kommunen. Allerdings gibt es dort keine kommunale Selbstverwaltung, sondern Bezirke ohne eigene Rechtspersönlichkeit. Der Zwei-Städte-Staat Bremen besteht aus den Stadtgemeinden Bremen und Bremerhaven.

politische Aktivierung der Bürgerinnen, wenn über die Ausgestaltung des Gemeindelebens oder die kommunale Infrastruktur entschieden wird.

In verfassungsrechtlicher Hinsicht umfasst der Schutzbereich der kommunalen Selbstverwaltungsgarantie insbesondere *fünf Gemeindehoheiten* (Gern und Brüning 2019, S. 95):

- die Ausübung der Hoheitsgewalt über alle natürlichen und juristischen Personen im Gemeindegebiet *(Gebietshoheit);*
- die Erstellung eines Haushaltsplans sowie die Erhebung eigener Einnahmen (Steuern, Gebühren und Beiträge; *Finanz- und Haushaltshoheit*);
- die organisatorische Ausgestaltung und personelle Besetzung der Kommunalverwaltung *(Organisations- und Personalhoheit);*
- den Erlass kommunaler Satzungen, wie z. B. Bebauungspläne oder Nutzungsordnung öffentlicher Einrichtungen *(Satzungshoheit);* sowie
- die eigenverantwortliche Bauleitplanung und Entwicklung gestalterischer Konzepte *(Planungshoheit).*

Allerdings sind die Kommunen auch im Bereich der Selbstverwaltung nicht vollkommen autonom. Dabei lassen sich *drei Aufgabenarten* unterscheiden (Fliedner 2017, S. 14):

- Bei *freiwilligen Aufgaben* dürfen sie selbst entscheiden, *ob* sie den Bürgerinnen entsprechende Leistungen anbieten und *wie* sie dies tun. Das gilt etwa für den Betrieb von Museen, Theatern und Sportstätten.
- *Pflichtaufgaben* wie Bauleitplanung, Brandschutz oder Straßenreinigung müssen von den Kommunen wahrgenommen werden, es steht ihnen jedoch frei, *wie* sie den gesetzlichen Vorgaben nachkommen (z. B. Straßenreinigung durch eine private Firma oder einen städtischen Eigenbetrieb).
- Bei *Weisungsaufgaben* wie der Bauaufsicht oder dem Pass- und Meldewesen sind die Kommunen vollständig an die staatlichen Vorgaben gebunden. Sie können also weder entscheiden, ob sie einen Personalausweis ausstellen, noch wie dieser aussehen soll.

Bei der Wahrnehmung ihrer Aufgaben werden die Kommunen von der Landesverwaltung kontrolliert. Dafür sind normalerweise Behörden im Geschäftsbereich des Innenministeriums zuständig (Gern und Brüning 2019, S. 184–206). Diese *staatliche Kommunalaufsicht* soll zum einen die Erfüllung der gesetzlichen Aufgaben sicherstellen und zum anderen die Selbstverwaltungsrechte der Gemeinden schützen. Dabei können die Landesbehörden sowohl *präventiv* agieren, wenn etwa ein bestimmter Vorgang genehmigungspflichtig ist, oder im Nachhinein *sanktionierend* tätig werden, indem sie etwa einen Gemeinderatsbeschluss aufheben.

Um ihre vielfältigen Aufgaben zu bewältigen, benötigen die Kommunen eine hinreichende Finanzausstattung. Ihre *Einnahmen* speisen sich aus vier Quellen (Abb. 14.1):

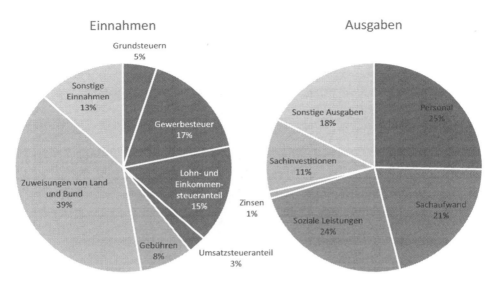

Abb. 14.1 Einnahmen- und Ausgabenstruktur von Gemeinden in Flächenländern (2018). Quelle: Deutscher Städtetag 2019, S. 11

- *Steuern* bilden mit rund 40 % den größten Teil der Gemeindeeinnahmen. Dazu zählen insbesondere die Gewerbesteuer (17 %) und der kommunale Anteil an der Lohn- und Einkommensteuer (15 %). Im Vergleich zu diesen stark konjunkturabhängigen Steuerarten ist das Aufkommen aus der Grundsteuer (5 %) und dem kommunalen Anteil an der Umsatzsteuer (3 %) besser prognostizierbar. Auf die Höhe der Umsatz- und Einkommensteuer haben die Kommunen keinen Einfluss; dagegen können sie die Grund- und Gewerbesteuer über Hebesätze eigenständig regulieren. Beim kommunalen Steueraufkommen besteht nach wie vor ein deutlicher Ost-West-Unterschied: Von den 40 steuerschwächsten Kommunen befinden sich 36 in Ostdeutschland, während 39 der 40 steuerstärksten in Westdeutschland liegen. Im Landkreis Mansfeld-Südharz entfallen auf jede Einwohnerin nur 564 € Steuereinnahmen, während es im Landkreis München 3.816 € sind (Bertelsmann-Stiftung 2019, B 16). Darüber hinaus können die Kommunen weitere örtliche Verbrauch- und Aufwandsteuern erheben, wie Hundesteuer, Vergnügungssteuer oder Zweitwohnungssteuer. Da deren Aufkommen relativ gering ist, werden sie auch als „Bagatellsteuern" bezeichnet und in Abb. 14.1 zu den „sonstigen Einnahmen" gerechnet.
- *Finanzzuweisungen von Bund und Ländern* sind für die Gemeinden die zweitgrößte Einnahmequelle (39 %). Zahlungen, die der Bund für die Erfüllung bestimmter Aufgaben leistet, werden immer über die Länder weitergereicht. Darüber hinaus gibt es in allen Flächenländern einen kommunalen Finanzausgleich, um einnahmebezogene Unterschiede zwischen finanzstarken und finanzschwachen Gemeinden zu verringern (Gern und Brüning 2019, S. 535). Neben pauschalen Schlüsselbeträgen enthält dieser

Finanzausgleich häufig auch eine Kompensation für Sonderlasten sowie Zuweisungen für bestimmte Bedarfe und Zwecke.
- Außerdem finanzieren sich die Kommunen über *Gebühren* (8 %), die sie von den Nutzerinnen ihrer Leistungen erheben, wie die Beseitigung von Müll, die Entsorgung von Abwässern oder die Genehmigung eines Bauantrags. Die Gebührenbemessung entspricht in etwa dem jeweiligen Aufwand. Anders ist es bei kommunalen *Beiträgen*, bei denen die Zahlungspflicht nicht unbedingt mit der tatsächlichen Inanspruchnahme verknüpft ist. So kommt es bei Anliegerbeiträgen nicht darauf an, ob jemand die sanierte Straße viel oder gar nicht nutzt, der Beitrag zu den Baukosten ist in jedem Fall zu entrichten.
- Schließlich erzielen Kommunen *sonstige Einnahmen* durch Gewinne eigener Unternehmen oder die Vermietung und Verpachtung von Grundstücken und Immobilien (13 %).

Die *kommunalen Ausgaben* sind maßgeblich durch *Personalkosten* (25 %) und den *Sachaufwand* für Gebäude, Fuhrpark, Büromaterial etc. (21 %) geprägt, wodurch sie ihre eigenen und übertragenen Aufgaben erfüllen können (Abb. 14.1). Unter den weiteren Haushaltsposten nehmen die *Sozialausgaben* (24 %) den größten Teil ein. Dazu gehören insbesondere die Grundsicherung für Arbeitslose, die Sozialhilfe, die Finanzierung der Kinder- und Jugendhilfe sowie Geld- und Sachleistungen für Asylbewerberinnen. Unter *Sachinvestitionen* fallen die Ausgaben für den Ausbau und die Pflege der kommunalen Infrastruktur. Angesichts der Tatsache, dass die Kommunen einen Großteil der öffentlichen Infrastruktur – von Schulgebäuden über Straßen bis zum Personennahverkehr – unterhalten (Bogumil und Holtkamp 2013, S. 8), ist der entsprechende Haushaltsanteil von 11 % relativ gering. Darin liegt auch ein Grund für den vielfach beklagten „Investitionsstau" in Deutschland (Scheller 2017).

Eigentlich dürfen Kommunen ihre Ausgaben nicht durch Schulden finanzieren. Erlaubt sind lediglich sogenannte *Kassenkredite* zur Überbrückung kurzfristiger Finanzierungslücken. Gleichwohl haben die Kassenkredite seit Anfang der 2000er Jahre stark zugenommen und so zu einer *strukturellen Verschuldung vieler Kommunen* geführt (Holtmann et al. 2017, S. 38). In solchen Fällen kommt der oben erwähnten Kommunalaufsicht eine besondere Rolle zu: Sie kann einen Beauftragten („Sparkommissar") bestellen, um den kommunalen Haushalt zu sanieren (Gern und Brüning 2019, S. 201). Zwischen 2012 und 2019 hat sich die finanzielle Situation der Städte und Gemeinden durch die anhaltend guten Konjunktur deutlich verbessert (Bertelsmann-Stiftung 2019, A 18–19). Trotzdem sind die kommunalen Haushaltsdefizite noch immer beträchtlich und werden aufgrund der Corona-Krise ab 2020 stark ansteigen.

Die „Finanznot der Kommunen" hat verschiedene Ursachen (Holtmann et al. 2017, S. 29–49). Seitens der Städte und Kreise wird häufig darauf verwiesen, dass ihnen von Bund und Ländern regelmäßig Aufgaben übertragen werden, die sie nicht kostendeckend erledigen können. Zwar ist mittlerweile in allen Länderverfassungen das *Konnexitätsprinzip* verankert, das eine Verknüpfung von politischer Entscheidung und finanzieller Verantwortung vorsieht („Wer bestellt, bezahlt") und somit den Kommunen einen Anspruch auf Kostenerstattung für übernommene Aufgaben zuweist. Diese Verfassungsregel kann die Gemeinden und Kreise jedoch nicht vollständig vor finanziellen Mehrbelastungen schützen, weil die Kosten für den Vollzug bestimmter Gesetze im Vorhinein kaum exakt eingeschätzt werden können. Deshalb führt die Anwendung des Konnexitätsprinzips regelmäßig zu Konflikten zwischen Kommunen und der jeweiligen Landesregierung, die häufig erst durch das Landesverfassungsgericht geklärt werden (Abschn. 13.2).

Darüber hinaus hängt die Finanzsituation einer Kommune von der jeweiligen Wirtschafts- und Sozialstruktur ab. So haben die ostdeutschen Kommunen seit den 1990er Jahren deutlich geringere Gewerbesteuereinnahmen erzielt als ihre westdeutschen Pendants, dafür aber höhere Zuweisungen erhalten, die bis 2019 auch über den Aufbau Ost finanziert wurden (Holtkamp 2012, S. 153). Dies hat dazu beigetragen, dass die kommunale Pro-Kopf-Verschuldung 2017 in ostdeutschen Ländern wie Sachsen (693 €) und Brandenburg (748 €) ähnlich gering ausfiel wie in den wirtschafts- und finanzstarken Südländern Bayern (979 €) und Baden-Württemberg (731 €; Bertelsmann-Stiftung 2019, A 56). Besonders prekär war dagegen die Verschuldung der Städte und Gemeinden im Saarland (3.522 € pro Einwohnerin), in Rheinland-Pfalz (3041 €) und Nordrhein-Westfalen (2.911 €).

Vor diesem Hintergrund werden immer wieder Forderungen an die Länder herangetragen, überschuldeten Kommunen zu helfen. Eine Vorreiterrolle nimmt hier die hessische Landesregierung ein, die 2012 den Gemeinden und Kreisen im Rahmen eines „kommunalen Schutzschirms" Entschuldungs- und Zinsdiensthilfen in Höhe von rund 3,2 Mrd. € zur Verfügung gestellt hat. Dieses Programm wurde 2018 durch die „Hessenkasse" ergänzt, mit der das Land weitere Kassenkredite in Höhe von 6 Mrd. € übernahm. Teilnehmende Kommunen sind seitdem vom einen auf den anderen Tag schuldenfrei, wenn sie sich mit einem Drittel an den Verbindlichkeiten beteiligen (Duve und Kümpel 2020). Darüber hinaus wird seit längerem diskutiert, ob und wie sich der Bund bei der Übernahme kommunaler Altschulden engagieren könnte (Junkernheinrich 2019). Seit 2020 hat sich die Ausgangssituation jedoch fundamental verändert, da die Corona-Pandemie zu einem Einbruch der kommunalen Einnahmequellen bei gleichzeitig wachsenden Ausgaben geführt hat. Davon sind überschuldete und wenig verschuldete Kommunen gleichermaßen betroffen und werden daher massive Unterstützung durch die übergeordneten Ebenen benötigen.

14.2 Kommunale Partizipationsformen und Entscheidungsstrukturen

Die politischen Partizipationsformen und Entscheidungsstrukturen in den Gemeinden und Kreisen sind in den *Kommunalverfassungen (Gemeindeordnungen)* geregelt, über die die Länder autonom entscheiden. Darin ist festgelegt, welche kommunalen Organe

14.2 Kommunale Partizipationsformen und Entscheidungsstrukturen

es gibt, wie sie gewählt werden und über welche Kompetenzen sie verfügen. Den Kommunen bleibt dabei nur ein relativ geringer Gestaltungsspielraum, den sie in ihren Hauptsatzungen konkretisieren können.

Aufgrund der föderalen Struktur Deutschlands sind die historischen Wurzeln der heutigen Kommunalverfassungen recht vielfältig. Sie reichen bis ins frühe 19. Jahrhundert zurück. Im Königreich Preußen schufen Fürst von Hardenberg und Freiherr zum Stein mit ihrer *Städteordnung von 1808* die Grundlage der modernen Gemeindeordnung, in der den Städten das Recht zur kommunalen Selbstverwaltung eingeräumt wurde (Gern und Brüning 2019, S. 44). Zugleich markierte die Trennung von „Staatspolitik" und „örtlichen Angelegenheiten" den Beginn der Demokratisierung auf lokaler Ebene (Wehling 2011, S. 305). Dabei lag der Anteil der männlichen Besitzbürger, die auch die Stadtverordnetenversammlung wählen durfte, bei weniger als 10 % der Einwohnerinnen in diesen Kommunen (Duchhardt 2007, S. 200). Die Stadtverordneten wiederum wählten den Magistrat, der ein nachgeordnetes kollegiales Verwaltungsorgan war. Auf Vorschlag der Stadtverordneten wurde der Oberbürgermeister vom König von Preußen berufen. Da seit der revidierten Städteordnung von 1831 die Stadtverordnetenversammlung bei ihren Entscheidungen immer die Zustimmung des Magistrats benötigte, wurde dieses institutionelle Arrangement als *„echte Magistratsverfassung"* bezeichnet. Die wahlberechtigten Bürger durften nicht nur diese Stadtämter mitbestimmen, sondern waren für den Fall, dass sie selbst gewählt wurden, auch zur Ausübung dieses Amtes verpflichtet. Damit war zugleich das kommunale Ehrenamt geboren.

Mit der Sozialen Frage wuchsen im 19. Jahrundert die kommunalen Aufgaben immer mehr an, beispielsweise in der Armenfürsorge. Die Jahre nach dem Ersten Weltkrieg waren für die deutschen Gemeinden gleichzeitig Krisen- und Aufbruchsjahre (Rudloff 2007, S. 93): Einerseits war die kommunale Handlungsfähigkeit aufgrund einer finanziellen Dauerkrise stark eingeschränkt, andererseits erfuhr die Kommunalpolitik durch die Einführung des allgemeinen Wahlrechts einen weiteren Demokratisierungsschub. In den Ländern existierten damals über 30 verschiedene Städte- und Gemeindeordnungen, wobei drei Grundtypen dominierten: Erstens die bereits erwähnte Magistratsverfassung, die im östlichen Preußen galt. Zweitens die Rheinische Bürgermeisterverfassung im westlichen Preußen, in der ein vom Rat gewählter Bürgermeister der Verwaltung vorstand. Drittens die Süddeutsche Ratsverfassung in Bayern und Württemberg, die dem Rat rechtssetzende und vollziehende Gewalt verlieh, der unter dem Vorsitz eines Bürgermeisters tagte, welcher in vielen Kommunen direkt gewählt wurde. Nach der nationalsozialistischen Machtübernahme 1933 wurde die kommunale Selbstverwaltung faktisch abgeschafft; mit der Deutschen Gemeindeordnung von 1935 wurde die Gemeindeleitung auch *de jure* dem zentralistischen Führerprinzip unterstellt (Matzerath 2007).

Nach dem Zweiten Weltkrieg wurden die Kommunen noch vor den Ländern wiedergegründet und damit zur Keimzelle der Bundesrepublik (Gern und Brüning 2019, S. 65). Bei den Kommunalverfassungen setzten die alliierten Besatzungsmächte jeweils unterschiedliche Akzente. Die US-amerikanische Besatzung überließ in dieser Frage den

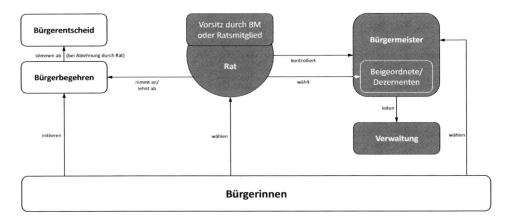

Abb. 14.2 Strukturmodell der bundesdeutschen Kommunalverfassung.
Quelle: Eigene Darstellung

Deutschen weitgehende Handlungsfreiheit. In der Folge entschieden sich Bayern und Württemberg-Baden wieder für die Süddeutsche Ratsverfassung, während Hessen zur (unechten) Magistratsverfassung zurückkehrte, bei der der Magistrat Beschlüsse der Stadtverordnetenversammlung nicht aufheben kann. Im französisch besetzten Rheinland-Pfalz, wo das Kommunalrecht ohnehin napoleonisch geprägt war, wurde die Rheinische Bürgermeisterverfassung reaktiviert (Groh 2007, S. 139). In der britischen Zone führten Nordrhein-Westfalen und Niedersachsen die Norddeutsche Ratsverfassung ein, die eine exekutive Doppelsitze nach britischem Vorbild vorsah: einen vom Rat gewählten Bürgermeister und einen ebenfalls ratsgewählten Stadtdirektor als Verwaltungsleiter. In der Sowjetischen Zone wurde 1946/1947 ebenfalls eine Gemeindeordnung geschaffen, die zwar formal die kommunale Selbstverwaltung garantierte, jedoch bald dem sozialistischen Prinzip des Demokratischen Zentralismus weichen musste, nach dem dann auch das politische System der DDR organisiert wurde.

Mit der deutschen Einheit, der (Wieder-)Errichtung der ostdeutschen Länder und dem damit verbundenen Erlassen demokratischer Gemeindeordnungen setzte auch in Westdeutschland eine neue Phase der Kommunalverfassungsreformen ein. Ausgehend von Bayern und Baden-Württemberg wurde in allen Flächenländern die Direktwahl des Bürgermeisters eingeführt. Den Anfang machte 1991 Hessen, das als einziges Flächenland am Modell der (unechten) Magistratsverfassung (jetzt aber mit direkt gewähltem Bürgermeister) festhält. Danach wurde die dualistische Rat-Bürgermeister-Verfassung baden-württembergischer Prägung auch von weiteren ost- und westdeutschen Ländern übernommen.

Heute bildet die ursprünglich nur in Süddeutschland beheimatete Gemeindeordnung das *Strukturmodell der bundesdeutschen Kommunalverfassung* (Abb. 14.2). An der Spitze der Exekutive steht ein von den Bürgerinnen gewählter Hauptverwaltungsbeamter

((Ober-)Bürgermeister, im Kreis: Landrat)[3]. Dessen Kernkompetenzen umfassen die Leitung der Verwaltung, die Führung der weiteren Wahlbeamtinnen (Beigeordnete), die Vorbereitung der Ratsbeschlüsse und deren rechtliche Überprüfung sowie die Repräsentation der Kommune (Heinelt et al. 2018, S. 19–23). Die gewählte Vertretung der Bürgerinnen wird im Folgenden immer als Rat (im Kreis: Kreistag) bezeichnet.[4] Zu dessen Kernkompetenzen gehören das Aufstellen des Haushaltes, das Fällen grundsätzlicher Entscheidungen, die – unterschiedlich stark ausgeprägte – Kontrolle des Bürgermeisters und die Wahl der Beigeordneten.

Innerhalb dieses Strukturmodells bestehen einige bedeutsame *Unterschiede hinsichtlich des institutionellen Beziehungefüges zwischen Rat und Bürgermeister* (Tab. 14.1). So werden in Baden-Württemberg nur Einzelbewerbungen zur Wahl des Bürgermeisters zugelassen, in Bayern nominieren Parteien und Wählergruppen die Kandidatinnen, in den anderen Ländern sind beide Formen üblich. In Bayern, Niedersachsen und Nordrhein-Westfalen sind die Amtszeiten und Wahlen von Bürgermeister und Rat aneinander gekoppelt; in allen anderen Flächenländern ist die Wahlperiode des Bürgermeisters länger als die des Rates. Außer in Bayern und Baden-Württemberg besteht überall die Möglichkeit, den Bürgermeister vorzeitig abzuwählen. In Brandenburg, Mecklenburg-Vorpommern, Sachsen-Anhalt und Schleswig–Holstein wird der Rat von einem seiner Mitglieder geleitet. In Niedersachsen und Nordrhein-Westfalen sind die Kompetenzen des Rates besonders stark ausgeprägt; daher wird in diesen Fällen auch von einer „Ratsverfassung mit volksgewähltem Bürgermeister" gesprochen. Die Geschäftsbereiche der Beigeordneten werden in Hessen, Nordrhein-Westfalen und im Saarland vom Rat festgelegt; in Bayern, Brandenburg, Niedersachsen und Sachsen-Anhalt ist dies die alleinige Aufgabe des Bürgermeisters.

Die Kommunalverfassungen der Länder unterscheiden sich auch in der Ausgestaltung der *politischen Partizipationsformen* (Tab. 14.2). Mittlerweile ist das kommunale Wahlalter in acht Ländern auf 16 Jahre abgesenkt worden; nur Bayern, Hessen, Rheinland-Pfalz, Saarland und Sachsen halten an einem Mindestalter von 18 Jahren fest. Mit Ausnahme des Saarlands (Verhältniswahl), Nordrhein-Westfalens und Schleswig-Holsteins (beide personalisierte Verhältniswahl) wird der Rat überall nach *Verhältniswahl mit Mehrfachstimmgebung und offenen Listen* gewählt. Im Unterschied zur Bundes- und Länderebene gibt es *keine Sperrklausel*. Bei offenen Listen haben die Wählerinnen die Möglichkeit, ihr Stimmenkontingent auf die Kandidatinnen

---

[3] Nur die Gemeinden in Hessen und Bremerhaven werden von einem Kollegialorgan (Gemeindevorstand/Magistrat) geleitet.

[4] Die offiziellen Bezeichnungen unterscheiden sich innerhalb und zwischen den Ländern: Gemeinde- bzw. Stadtrat (Baden-Württemberg, Bayern, Niedersachsen, Rheinland-Pfalz, Saarland, Sachsen, Sachsen-Anhalt, Thüringen); Gemeindevertretung (Brandenburg, Hessen, Mecklenburg-Vorpommern, Schleswig–Holstein), Stadtvertretung (Schleswig–Holstein), Gemeindeversammlung (Schleswig–Holstein), Stadtverordnetenversammlung (Bremen, Hessen), Rat der Gemeinde/Stadt (Nordrhein-Westfalen).

Tab. 14.1 Institutionelles Beziehungsgefüge zwischen Rat und Bürgermeister in deutschen Kommunalverfassungen

	BW	SN	ST	RP	TH	BY	MV	BB	SH	SL	NI	NW	HE
Personalisierung der Ratswahl	3	3	3	3	3	3	3	3	2	1	3	1	3
Nominierung bei Wahl des Bürgermeisters	3	2	2	2	2	1	2	2	2	2	2	2	2
Amtszeiten von Rat und Bürgermeister	3	3	3	3	2	1	3	3	3	3	1	1	2
Autonomie der Geschäftsführung	3	3	3	3	3	3	3	1	3	3	1	1	2
Organisationsrecht der Geschäftsbereiche	2	2	3	2	2	3	2	3	2	1	3	1	1
Weisungsrecht des Bürgermeisters	3	3	3	2	3	3	3	3	3	3	3	3	1
Ratsvorsitz	3	3	2	3	3	3	1	2	1	2	2	3	1
Gesamtwert	**20**	**19**	**19**	**18**	**18**	**17**	**17**	**17**	**16**	**15**	**15**	**12**	**12**

Quelle: Eigene Darstellung nach Holtkamp und Bogumil (2016, S. 30).
Abkürzungen: BB = Brandenburg; BW = Baden-Württemberg; BY = Bayern; HE = Hessen; MV = Mecklenburg-Vorpommern; NI = Niedersachsen; NW = Nordrhein-Westfalen; RP = Rheinland-Pfalz; SH = Schleswig-Holstein; SL = Saarland; SN = Sachsen; ST = Sachsen-Anhalt; TH = Thüringen.
Erläuterung: Die Indikatoren bilden die institutionellen Machtpositionen von Rat und Bürgermeister ab. Je höher die Indexwerte, umso stärker der Bürgermeister und umso mehr folgt das Beziehungsgefüge der konsensdemokratischen Logik. Je geringer die Indexwerte, umso stärker der Rat und umso mehr dominiert die mehrheitsdemokratische Logik. *Personalisierung der Ratswahl:* 1 = Starre Listen; 2 = Mischsystem (nach Gemeindegröße unterschiedlich); 3 = Kumulieren und Panaschieren. *Nominierung bei Wahl des Bürgermeisters:* 1 = Nur Parteien und Wählergruppen; 2 = Parteien, Wählergruppen und Einzelbewerberinnen; 3 = Nur Einzelbewerberinnen. *Amtszeiten von Rat und Bürgermeister:* 1 = Gleichzeitige Wahl von Rat und Bürgermeister (Amtszeit: 5–6 Jahre); 2 = Unverbundene Wahl mit Amtszeit Bürgermeister 5–6 Jahre; 3 = Unverbundene Wahl, Amtszeit Bürgermeister 7 und mehr Jahre. *Autonomie der Geschäftsführung:* 1 = Vorbehalts- und Rückholrechte des Rates; 2 = Laufende Geschäfte auf kollektives Verwaltungsorgan übertragen; 3 = Autonomie des Bürgermeisters. *Organisationsrecht der Geschäftsbereiche:* 1 = Geschäftskreise der Beigeordneten vom Rat festgelegt; 2 = Geschäftskreise vom Bürgermeister mit Zustimmung/im Einvernehmen mit Rat festgelegt; 3 = Geschäftskreise durch Bürgermeister festgelegt. *Weisungsrecht des Bürgermeisters:* 1 = Kein Weisungsrecht des Bürgermeisters gegenüber Beigeordneten; 2 = Beschränktes Weisungsrecht des Bürgermeisters; 3 = Bürgermeister als Verwaltungsleiter mit unbegrenztem Weisungsrecht. *Ratsvorsitz:* 1 = Kein Stimmrecht des Bürgermeisters im Rat, Vorsitz durch Ratsmitglied; 2 = Vorsitz oder Stimmrecht des Bürgermeisters im Rat; 3 = Vorsitz und Stimmrecht des Bürgermeisters im Rat.

Tab. 14.2 Wahlrecht, Wahlsysteme und direktdemokratische Elemente auf kommunaler Ebene

Land	Wahlrecht Wahlalter (aktiv/passiv)	Wahlsystem Rat			Wahlperiode Rat/Bürgermeister		Abwahl Bürgermeister		Direkte Demokratie: Bürgerbegehren (BB), Ratsreferendum und Bürgerentscheide (BE)					
		Listenform	Stimmenzahl		Wahlperiode Rat (Jahre)	Wahlperiode Bgm. (Jahre)	Abwahl möglich	Abwahlinitiative	Quorum BB (% der WB)	Zulässigkeitsprüfung BB	Themenbreite BB	Ratsreferendum	Quorum BE (% der WB)
BW	16/18	Offen	Multipel		5	8	Nein	–	4,5–7	Rat	++	2/3-Mehrheit	20
BY	18/18	Offen	Multipel		6	6	Nein	–	3–10	Rat	+++	Einfache Mehrheit	10–20
BB	16/18	Offen	3		5	8	Ja	Bürger oder Rat	10	Kommunalaufsicht	+	Einfache Mehrheit	25
HE	18/18	Offen	Multipel		5	6	Ja	Rat	3–10	Rat	++	2/3 Mehrheit	15–25
MV	16/18	Offen	3		5	7–9	Ja	Rat	2,5–10	Rat & Kommunalaufsicht	+	Einfache Mehrheit	25
NI	16/18	Offen	3		5	8	Ja	Rat	5–10	Hauptausschuss	+	Einfache Mehrheit	20
NW	16/18	PVW	1		5	5	Ja	Bürger oder Rat	3–10	Rat	++	2/3-Mehrheit	10–20
RP	18/18	Offen	Multipel		5	8	Ja	Rat	5–9	Rat	+	Einfache Mehrheit	15
SL	18/18	Starr	1		5	10	Ja	Rat	5–15	Rat	+	–	30
SN	18/18	Offen	3		5	7	Ja	Bürger oder Rat	5–10	Rat	++	2/3-Mehrheit	25
ST	16/18	Offen	3		5	7	Ja	Rat	4,5–10	Rat	+	2/3-Mehrheit	20
SH	16/18	PVW	Multipel		5	6–8	Ja	Bürger oder Rat	4–10	Kommunalaufsicht	++	Einfache Mehrheit	8–20

(Fortsetzung)

Tab. 14.2 (Fortsetzung)

Land	Wahlrecht	Wahlsystem Rat		Wahlperiode Rat/Bürgermeister		Abwahl Bürgermeister		Direkte Demokratie: Bürgerbegehren (BB), Ratsreferendum und Bürgerentscheide (BE)				
	Wahlalter (aktiv/passiv)	Listenform	Stimmenzahl	Wahlperiode Rat (Jahre)	Wahlperiode Bgm. (Jahre)	Abwahl möglich	Abwahlinitiative	Quorum BB (% der WB)	Zulässigkeitsprüfung BB	Themenbreite BB	Ratsreferendum	Quorum BE (% der WB)
TH	16/18	Offen	3	5	6	Ja	Rat	4,5–7	Rat	+++	2/3-Mehrheit	10–20

Quellen: Eigene Zusammenstellung nach Kuhlmann und Bogumil (2019), wahlrecht.de und mehr-demokratie.de.

Erläuterungen: Listenform: Bei personalisierter Verhältniswahl (PVW) Einzelkandidaturen und Listen (außer SH). *Stimmenzahl*: „Multipel" = so viele Stimmen wie zu besetzende Mandate. *Wahlperiode Bgm.*: Teilweise Varianz nach Gemeindegrößen. *Quorum BB*: Mindestanzahl der Unterschriften in % der Wahlberechtigten (WB); teilweise Varianz nach Gemeindegrößen. *Themenbreite BB*: Anzahl zulässiger Abstimmungsthemen (hoch: +++; mittel: ++; gering: +). *Ratsreferendum*: Quorum im Rat, um ein Referendum auszulösen. In BB nur bei Neugliederung von Gemeinden zulässig. In NI nur bei Aufhebung eines Bürgerentscheids innerhalb der zweijährigen Sperrfrist. *Quorum BB*: Mindestanzahl der Abstimmungsteilnehmerinnen in % der WB; teilweise Varianz nach Gemeindegrößen.

unterschiedlicher Parteien bzw. Wählergruppen zu verteilen *(Panaschieren)*. Außerdem können sie einer präferierten Person mehrere Stimmen geben *(Kumulieren)* und andere von der Liste streichen. Dieses „Wählen à la carte" stärkt die Entscheidungsfreiheit der Wählerinnen und begrenzt den Einfluss der Parteien in Bezug darauf, welche Personen im Rat vertreten sind. Zugleich begünstigt es tendenziell die Kandidatinnen parteiunabhängiger Listen und kleinerer Parteien.

Nicht zuletzt sehen die deutschen Kommunalverfassungen verschiedene *Institutionen direkter Demokratie* vor (Kost 2019). Inzwischen gibt es überall die Möglichkeit von *Bürgerbegehren,* bei denen eine bestimmte Mindestanzahl von Bürgerinnen einen Themenvorschlag einbringen kann. Wird dieser Vorschlag von einer hinreichenden Anzahl der Wahlberechtigten per Unterschrift unterstützt, kommt es zu einer gemeindeweiten Abstimmung (*Bürgerentscheid*), deren Ergebnis verbindlich ist, wenn eine bestimmte Mindestbeteiligung erreicht wurde. Die konkreten Quoren variieren zwischen den Ländern und zum Teil auch innerhalb einzelner Länder nach Gemeindegröße (Tab. 14.2). Hinzu kommt, dass nicht alle Themen einer direktdemokratischen Abstimmung unterworfen werden dürfen. So ist zum Beispiel das Gehalt des Bürgermeisters kein zulässiger Gegenstand. Die Themenbreite von Bürgerbegehren und -entscheiden differiert zwischen den Ländern: Relativ groß ist sie z. B. in Bayern und Thüringen, besonders gering dagegen in Brandenburg und Niedersachsen. Außerdem kennen die meisten Kommunalverfassungen das *Ratsreferendum,* bei dem das kommunale Vertretungsorgan beschließt, die Bürgerinnen über eine Entscheidungsvorlage abstimmen zu lassen. Nur das Saarland sieht keine entsprechende Möglichkeit vor (in Brandenburg nur bei der Neugliederung von Gemeinden).

14.3 Politik in den Gemeinden: die Quadriga kommunalen Regierens

Die politische Willensbildung und Entscheidungsfindung in den Gemeinden vollzieht sich im *Spannungsfeld von vier Machtpolen:* dem *Rat,* dem *Bürgermeister,* der *Verwaltung* und den *Bürgerinnen,* die ihre Interessen über direktdemokratische Verfahren Geltung verschaffen können. Innerhalb und zwischen den Polen dieser „Quadriga" spielen auch die *politischen Parteien* eine gewisse Rolle, deren Bedeutung mit der Größe der Kommune zunimmt.

Die Kommunen sind die „Keimzelle bürgerschaftlicher Beteiligung" (Holtmann 2013, S. 792), weil sich die *Bürgerinnen* dort inner- und außerhalb zivilgesellschaftlicher Organisationen besonders häufig und intensiv engagieren. Zudem nehmen sie Einfluss auf die lokale Politik durch die Wahl von Bürgermeistern und Räten, Bürgerbegehren und -entscheide, aber auch durch Bürgersprechstunden und Bürgeranträge. Dabei zeigt sich allerdings ein *Partizipationsparadox:* Obwohl die politischen Beteiligungsmöglichkeiten mit der Einführung der Direktwahl der Bürgermeister und der Öffnung des Kommunalwahlrechts durch Panaschieren und Kumulieren ausgebaut wurden, hat die tatsächliche Partizipation abgenommen. Lag die Wahlbeteiligung noch bis in die 1970er Jahre auf den verschiedenen politischen Ebenen eng beieinander, ist sie seitdem auf der kommunalen Ebene am stärksten gesunken, sodass sie heute „im Durchschnitt um zehn bis 20 Prozentpunkte niedriger als bei Bundestagswahlen" ausfällt (Vetter und Remer-Bollow 2017, S. 196). Auch das Vertrauen in die kommunalen Institutionen hat deutlich abgenommen, obwohl es immer noch auf höherem Niveau liegt als auf Bundes- und Länderebene (Holtmann 2013, S. 793; Holtmann et al. 2017, S. 11). Gleichzeitig variiert die Wahlbeteiligung innerhalb und zwischen den Kommunen. In städtischen Kontexten ist vor allem die soziale Lage entscheidend für die politische Mobilisierung (Schäfer 2012): Je prekärer die soziale Situation in einem Stadtteil, desto geringer fällt dort die Wahlbeteiligung aus. Außerdem gibt es einen Zusammenhang zwischen Gemeindegröße, gesellschaftlicher Homogenität und politischer Partizipation: In kleineren Gemeinden, in denen die handelnden Akteurinnen persönlich bekannt sind, fällt die Wahlbeteiligung tendenziell höher aus als in größeren Gemeinden, in denen der Anteil von Zugezogenen größer ist und eine geringere soziale Kontrolle herrscht (Heinisch und Mühlböck 2016).

Die Nutzung *direktdemokratischer Verfahren* hat hingegen zugenommen. Zwischen 1956 und 1989 wurden 288 Verfahren eingeleitet, als es nur in Baden-Württemberg die Möglichkeit dazu gab. Seit 2005 besteht sie in allen Ländern, und es werden jährlich rund 300 Verfahren auf den Weg gebracht (Mehr Demokratie 2018, S. 15). Zwischen 1956 und 2017 wurden insgesamt 6.261 Anträge auf Bürgerbegehren gestellt, davon allein 2.412 in Bayern (Mehr Demokratie 2018, S. 13). Dies verdeutlicht, dass es auf lokaler Ebene direktdemokratische Hochburgen gibt, aber auch viele Orte, in denen bisher kein Bürgerbegehren stattgefunden hat.

Derzeit drehen sich viele dieser Verfahren um Probleme der Verkehrs- und Energiewende. Formal scheitern ungefähr 60 % aller Bürgerbegehren, weil sie als unzulässig abgelehnt werden. Von den Vorlagen, die in Bürgerentscheiden zur Abstimmung kommen, wird ebenfalls die Mehrzahl abgelehnt. Dennoch sind etliche direktdemokratische Verfahren insofern erfolgreich, als der Rat mitunter die Forderungen der Initiatorinnen übernimmt oder Kompromisse ausgehandelt werden (Kost 2019).

Für den politischen Alltag des kommunalen Regierens ist das *Verhältnis zwischen Rat und Bürgermeister* von herausragender Bedeutung. Da bestimmte Entscheidungskompetenzen entweder nur der Rat oder nur der Bürgermeister wahrnehmen kann, stellt sich die Frage, welches der beiden Organe dominiert und wie sich dies auf die Funktionslogik des kommunalen Entscheidungssystems auswirkt (Holtkamp 2008). Generell gilt: Je stärker die institutionelle und politische Position des Rates ist, desto mehr folgt es der *mehrheitsdemokratischen Logik* eines parlamentarischen Systems, in dem die (parteipolitisch strukturierte) Ratsmehrheit das eigentliche Machtzentrum bildet. Dominiert dagegen der Bürgermeister als „exekutiver Führer" und ist die parteipolitische Fraktionsdisziplin im Rat gering ausgeprägt, folgen die Interaktionsmuster eher der *konsensdemokratischen Logik*.

Die institutionelle Stärke von Rat und Bürgermeister unterscheidet sich zwischen den Ländern (u. a. Buß 2002, Holtkamp 2005, Egner 2007, Tab. 14.1). Besonders stark ist der Bürgermeister in Baden-Württemberg, wo er die politische Tagesordnung bestimmt und umfangreiche Organisationrechte innerhalb der kommunalen Exekutive hat, während er in Hessen am schwächsten ist (Heinelt et al. 2018, S. 24). Bei der Kompetenzausstattung des Rates zeigt sich das genau gegenteilige Bild: Hier liegt Hessen an der Spitze, wo die Sitzungen des Rates durch eines seiner Mitglieder geleitet werden, und Baden-Württemberg bildet das Schlusslicht. Die anderen Länder liegen zwischen diesen Polen. Diesen Unterschieden in der formalen Kompetenzausstattung entsprechen auch die Muster des kommunalen Regierens in den einzelnen Ländern (Holtkamp und Bogumil 2016, S. 30). So ist etwa die Kommunalpolitik in Hessen und Nordrhein-Westfalen durch mehrheitsdemokratische Elemente gekennzeichnet. Demgegenüber dominieren in Baden-Württemberg, Rheinland-Pfalz und den ostdeutschen Ländern insofern konsensdemokratische Muster, als in den dortigen Gemeindevertretungen kaum zwischen Regierung und Opposition unterschieden wird und der Bürgermeister eine zentrale und zugleich koordinierende Rolle im Entscheidungsprozess einnimmt.

Die Funktionsmuster des kommunalen Entscheidungssystems hängen nicht nur von der institutionellen Kompetenzverteilung, sondern auch vom *„Grad der Parteipolitisierung"* (Wehling 1991, S. 151) ab. Dieser variiert erheblich innerhalb und zwischen den Ländern (Holtmann et al. 2017, S. 127–145). Von überragender Bedeutung ist dabei die *Gemeindegröße:* In größeren Kommunen ist der Parteienwettbewerb intensiver, der Wahlkampf ohne (finanzielle) Hilfe des Parteiapparates schwieriger, und die Parteizugehörigkeit der Kandidatinnen für viele Wählerinnen wichtiger als der unmittelbare persönliche Kontakt. In kleinen Gemeinden hingegen ist das personelle Angebot häufig stark beschränkt; hier gibt zudem meist die Person der Kandidatin den Ausschlag für die Wahlentscheidung und nicht deren Parteizugehörigkeit.

Darüber hinaus hat die lokale und regionale politische Kultur Einfluss darauf, inwieweit die auf Bundes- und Länderebene präsenten Parteien auch auf kommunaler Ebene dominant sind. So gibt es traditionell in Süddeutschland, aber auch zunehmend in anderen Ländern *Freie Wählergemeinschaften und Bürgerinitiativen,* die nicht unter das Parteiengesetz fallen und sich in manchen Regionen als starke politische Kraft etabliert haben (Vetter und Remer-Bollow 2017, S. 199). Diese Wählergemeinschaften sehen ihren Arbeitsschwerpunkt in der jeweiligen Gemeinde und begreifen sich ausdrücklich als „Nichtpartei", die sich als Trägerin „ideologiefreier Sachpolitik" engagiert (Holtmann 2013, S. 812). Gerade dort, wo die traditionellen Parteien schwach organisiert sind, füllen kommunale Wählergemeinschaften „die Lücken bürgerschaftlicher Partizipation und kommunaler Repräsentation" (Holtmann 2013, S. 811). Dazu gehören mitunter auch Listen der Freiwilligen Feuerwehr, die als „Ersatzpartei" antreten (Holtkamp und Bogumil 2016, S. 13).

In den letzten Jahren lassen sich weitere Phänomene beobachten, die auf eine *„Ent-Partei-Politisierung" der lokalen Demokratie* hindeuten (Gehne 2013). Mit der bundesweiten Verbreitung der Direktwahl hat der Anteil parteiloser Bürgermeister zugenommen, während die politische Wettbewerbsbereitschaft auf lokaler Ebene abgenommen hat. So hat sich in Hessen der Anteil der Kommunen, die von einem parteilosen Bürgermeister geführt werden, zwischen 1993 und 2017 nahezu verdreifacht (Klein und Lüdecke 2018, S. 136). Dabei kann die jeweilige Amtsinhaberin meist darauf vertrauen, wiedergewählt zu werden, weil schlicht keine Gegenkandidatin antritt (Klein und Lüdecke 2018, S. 138). Gerade in kleineren Kommunen ist es zuweilen ausgesprochen schwierig, geeignete Personen zur politischen Mitwirkung zu motivieren, zumal die ehrenamtlichen Mandate häufig als unattraktiv gelten. Ungeachtet dessen bleiben die Kommunen insofern die „Schulen der Demokratie", weil dort das (partei-) politische Personal für Ämter auf den übergeordneten Systemebenen sozialisiert und rekrutiert wird (Wehling 2011, S. 306). Dies ergibt sich schon aus dem schier unerschöpflichen Reservoir an kommunalen Wahlämtern: In Deutschland gibt es etwa 200.000 Mandate in kommunalen Vertretungsorganen, aber nur rund 1.900 Landtags- und 600 bis 700 Bundestagsmandate (Jun 2015, S. 21). Tatsächlich verfügen 43 % der ostdeutschen und 58 % der westdeutschen Bundestagsabgeordneten über kommunalpolitische Erfahrungen; unter den Landtagsabgeordneten sind es sogar 49 % (Ost) bzw. 80 % (West; Edinger 2009, S. 193).

Schließlich bildet die *Verwaltung* einen eigenständigen Pol in der kommunalen Quadriga. Dies gilt insbesondere für große Gemeinden: So beschäftigt die Stadtverwaltung München mit rund 35.000 Mitarbeiterinnen etwa so viele Personen wie die EU-Kommission. Galten die deutschen Kommunalverwaltungen im internationalen Vergleich lange als vorbildlich, konstatierte die Verwaltungsforschung in den 1990er Jahren einen Modernisierungs- und Effizienzrückstand (Bogumil 2017, S. 14). Zur Umsetzung entsprechender Organisationsreformen wurde das sogenannte *Neue Steuerungsmodell* (NSM) entwickelt, das die Kommunalverwaltungen nach dem Vorbild privater Unternehmen umstrukturieren und dadurch transparenter und leistungsstärker machen sollte (Kommunale Gemeinschaftsstelle für Verwaltungsmanagement 2013, S. 3). Im Außenverhältnis ging es dabei vor allem um die Privatisierung und Verwettbewerblichung kommunaler Dienstleistungen. Innerhalb der Kommunalverwaltungen zielte das NSM hauptsächlich auf die Zusammenführung von Aufgaben- und Finanzverantwortung durch Budgetierung, den Übergang von der Input- zur Output-Steuerung (Zielvorgaben statt Ressourcenzuweisung) sowie das Kontraktmanagement (Steuerung durch Zielvorgaben der Politik).

Von Mitte der 1990er Jahre bis Mitte der 2000er Jahre wurden zahlreiche Kommunalverwaltungen nach dem NSM umorganisiert, wenn auch meist nicht das gesamte Reformkonzept, sondern nur einzelne Teile übernommen wurden (Bogumil 2017, S. 17). Die Bilanz dieser Reformbemühungen fällt ambivalent aus: Zwar konnte die Bürger- und Kundenorientierung der Verwaltungen insgesamt gestärkt werden. Der Sach- und Personalaufwand blieb jedoch nahezu unverändert. Außerdem kam es zu Steuerungsverlusten, während zugleich die Zufriedenheit der Verwaltungsmitarbeiterinnen abnahm

14.3 Politik in den Gemeinden: die Quadriga kommunalen Regierens

(Bogumil 2017, S. 18–19). Inzwischen hat das NSM seinen Status als verwaltungspolitisches Leitbild verloren. Gegenwärtig ist sogar ein Trend zur Rezentralisierung und Rehierarchisierung der Verwaltung zu erkennen. Gleichwohl haben die Reformen der 1990er Jahren deutliche Spuren hinterlassen. Dazu zählen vielfältige Formen der Effizienzsteigerung, wie das Neue Kommunale Finanzmanagement (NKF), das u. a. die Umstellung von der kameralistischen zur kaufmännischen Buchführung (Doppik) umfasst, wie sie in Unternehmen zur Bilanzierung angewendet wird. Davon erhofft man sich eine transparentere Haushaltsführung, die auch die finanziellen Zukunftsbelastungen der Kommunen (wie z. B. Pensionsansprüche) besser berücksichtigt (Bogumil 2017, S. 25).

Die Effizienz der kommunalen Leistungsangebote hängt nicht nur von der Binnenstruktur der örtlichen Verwaltung, sondern auch von der Gemeindegröße ab. Gab es 1990 noch 16.128 Gemeinden, waren es 2019 bereits 5114 weniger (Statistisches Bundesamt 2019c, S. 29). Grund sind kommunale Gebietsreformen, in denen viele Gemeinden zusammengelegt wurden (Kuhlmann et al. 2018). Dabei treffen die Fusionsinitiativen der Länderregierungen, die vor allem an einer Effizienzsteigerung der Verwaltungsarbeit interessiert sind, mitunter auf den erbitterten Widerstand der Bürgerschaft, die durch Gebietsreformen einen Rückgang an bürgernaher Verwaltung befürchtet und eine Gefahr für die kommunale Identität und das Zusammengehörigkeitsgefühl sieht. So musste die Fusion der Städte Gießen und Wetzlar zur Stadt Lahn in den 1970er Jahren rückgängig gemacht werden, weil die Gegenwehr der Bürgerinnen zu stark war. In Westdeutschland sind Gebietsreformen inzwischen seltener geworden. Mitunter werden Gemeindefusionen auch von einem positiven Bürgerentscheid abhängig gemacht. In Ostdeutschland steht das Ziel größerer Kommunaleinheiten weiter auf der Tagesordnung, ist jedoch politisch schwierig umzusetzen, wie die 2017 gescheiterten Gebietsreformen in Brandenburg und Thüringen zeigen. Daher wird immer mehr über funktionale Alternativen zur Gemeindefusion nachgedacht, wie die Zusammenlegung einzelner Verwaltungen in gemeinsame Ämter bzw. Zweckverbände (Hesse und Götz 2006).

Die Frage „Wer regiert in der kommunalen Quadriga?" ist nicht pauschal zu beantworten. Sie hängt wesentlich von der Kommunalverfassung, den politischen Akteurskonstellationen – und dabei insbesondere der Stärke der lokalen Parteien – sowie nicht zuletzt von der Gemeindegröße ab. Meist besitzen die Bürgermeister aufgrund ihrer Position als Verwaltungsleiter einen strukturellen Vorteil gegenüber den anderen Machtpolen der Quadriga. Dies gilt insbesondere gegenüber den Ehrenamtlichen in den kommunalen „Feierabendparlamenten", die über deutlich weniger Informationszugänge und administrative Unterstützung verfügen als das direkt gewählte Gemeindeoberhaupt. Dabei müssen allerdings auch die Professionalisierungsprozesse berücksichtigt werden, die sich seit den 1990er Jahren vor allem in größeren Kommunen vollzogen haben: In den dortigen Räten sitzen inzwischen überwiegend Teil- bzw. Vollzeitpolitikerinnen (Reiser 2006). Ungeachtet dessen bleibt der Bürgermeister das „Gesicht der Gemeinde", ohne damit zum „Alleinherrscher auf Zeit" zu werden.

14.4 Kommunale Interessenvertretung im Mehrebenensystem

Die Handlungsspielräume der Kommunen sind wesentlich von den politischen Entscheidungen der Länder, des Bundes und der EU abhängig, an denen sie nicht gleichberechtigt mitwirken können. Allerdings verfügen die Gemeinden, Städte und Landkreise über *eigene Interessenverbände,* die im Prozess der politischen Willensbildung und Entscheidungsfindung auf den übergeordneten Systemebenen präsent sind und dort die kommunalen Anliegen vertreten.

Auf *Länderebene* (Kap. 13) sind die *kommunalen Verbände* grundsätzlich dreigliedrig organisiert.[5] Der *Städtetag* vertritt kreisangehörige und kreisfreie Städte, der *Landkreistag* ist die Interessenorganisation der jeweiligen Landkreise, und die Mitglieder des *Städte- und Gemeindebundes* setzen sich aus kreisangehörigen Städten und Gemeinden zusammen. Diese Verbände sind in der Regel eingetragene Vereine mit freiwilliger Mitgliedschaft (Leidinger 1980, S. 163).[6] Ihr Organisationsgrad ist dennoch sehr hoch, weil nahezu alle Städte, Gemeinden und Kreise einem von ihnen angehören. Einige Kommunen praktizieren sogar Doppelmitgliedschaften (etwa im Städtetag und im Städte- und Gemeindebund). Diese Mitgliederstruktur unterscheidet die Kommunalverbände von klassischen Interessengruppen, weil die Kommunen „verfassungsrechtlich Teil des politisch-administrativen Systems sind" (Reutter 2001, S. 149) und sie „ihre Legitimation unmittelbar auf demokratische Wahlen zurückführen" können (Landsberg 2007, S. 978). Auch mit Blick auf ihre Funktion und Zielsetzung nehmen die kommunalen Verbände eine Sonderrolle in der Verbändelandschaft ein. Sie wirken bei der Erfüllung öffentlicher Aufgaben mit (Reutter 2001, S. 152) und sind im Unterschied zu anderen Verbänden „nicht sektoralen oder wirtschaftlichen Interessen verpflichtet", sondern dem Gemeinwohl (Landsberg 2007, S. 978). Für ihre Mitglieder erbringen sie wiederum die „klassischen" Leistungen von Interessenorganisationen: Rechtsberatung sowie Informations- und Erfahrungsaustausch (Abschn. 7.1). Darüber hinaus vertreten sie kommunalpolitische Positionen im Gesetzgebungsprozess, in den sie meist frühzeitig involviert werden. So räumen einige Länderverfassungen und die Geschäftsordnungen vieler Länderregierungen den kommunalen Verbänden Anhörungs- und Beteiligungsrechte bei der Ausarbeitung von Gesetzentwürfen ein. Ein reibungsloser Informations- und Kommunikationsfluss ist dabei grundsätzlich im beiderseitigen Interesse, da die kommunalen Verbände auch beim Vollzug der Gesetze eine wichtige flankierende Rolle spielen (Brüsewitz 2017, S. 213).

---

[5] In Berlin, Hamburg und Bremen ist nur der Städtetag tätig. Im Saarland und den ostdeutschen Bundesländern existieren jeweils ein Landkreistag und ein Städte- und Gemeindebund, der als Landesverband sowohl im DST als auch DStGB Mitglied ist (Brüsewitz 2017, S. 12).

[6] In Bayern sind die kommunalen Spitzenverbände Körperschaften des öffentlichen Rechts. Dort gibt es zusätzlich noch den Verband bayerischer Bezirke.

14.4 Kommunale Interessenvertretung im Mehrebenensystem

Die *Verbandsfunktionärinnen* sind ehrenamtlich tätig. Sie werden unter aktiven, hauptberuflichen Kommunalpolitikerinnen rekrutiert und von den Mitgliedsgemeinden entsandt. Endet ihr kommunales Amt, endet in der Regel auch ihre Verbandstätigkeit. Die wichtigsten Rekrutierungskriterien für Verbandsfunktionärinnen sind ihre fachliche Expertise, die Bedeutung ihres kommunalen (Wahl-)Amts sowie ihre Parteizugehörigkeit. Allerdings spielen die parteipolitischen Mehrheitsverhältnisse unter den aktiven Funktionärinnen keine zentrale Rolle für die Verbandsarbeit, da diese sich primär an den Interessen der Kommunen ausrichtet. Dementsprechend orientiert sich die innerverbandliche Willensbildung und Entscheidungsfindung am Konsensprinzip. Deswegen ist auch in der Außendarstellung häufig von der „kommunalen Familie" die Rede. Zwar versuchen die Parteien, auf die inhaltlichen Positionen der Verbände über eigene kommunalpolitische Vereinigungen und Arbeitsgruppen einzuwirken. Gleichwohl erweist sich das überparteiliche Auftreten der Verbandsfunktionärinnen als zentrale Erfolgsbedingung ihrer Lobbyarbeit: Obwohl die kommunalen Verbände keine formale Vetoposition im Gesetzgebungsprozess haben, können sie diesen durch ihre Geschlossenheit und fachliche Expertise erheblich beeinflussen (Brüsewitz 2017, S. 209).

Die *kommunale Interessenvertretung auf Bundesebene* weist große Ähnlichkeiten zur Länderebene auf. Auch hier ist das Verbändesystem dreigliedrig organisiert, und zwar in Gestalt des *Deutschen Städtetages (DST)*, des *Deutschen Städte- und Gemeindebundes (DStGB)* sowie des *Deutschen Landkreistags (DLT)*. Diese Organisationen werden Spitzenverbände genannt, weil ihre Mitglieder nicht einzelne Kommunen sind, sondern deren jeweilige Landesverbände (Verbände zweiten Grades). DST, DLT und DStGB haben sich außerdem in der *Bundesvereinigung der kommunalen Spitzenverbände* zu einem gemeinsamen Dachverband zusammengeschlossen, um bei politischen Agenden, die die kommunale Ebene insgesamt betreffen, ein gemeinsames Vorgehen zu ermöglichen. Allerdings sind größere Städte, kleinere Gemeinden und Landkreise häufig sehr unterschiedlich von den Gesetzgebungsprojekten auf Bundesebene betroffen, was eine koordinierte Interessenvertretung erschwert und mitunter zu offenen Konflikten zwischen den drei Spitzenverbänden führt.

Der Adressat kommunaler Lobbytätigkeit ist nicht nur die Bundes- und Landespolitik, sondern auch die *Ebene der Europäischen Union* (Kap. 3). Diese hat für Gemeinden und Kreise aus mehreren Gründen erheblich an Bedeutung gewonnen. Erstens sind die Kommunen die wichtigste Ebene für die administrative Umsetzung europäischer Politik im deutschen Bundesstaat. Schätzungen gehen davon aus, dass sie für den Vollzug von etwa drei Viertel der EU-Rechtsakte zuständig sind (van Bever et al. 2011, S. 16). Zweitens stellen europarechtliche Vorgaben eine große Herausforderung für die kommunale Selbstverwaltung dar. Insbesondere die öffentlichen Leistungen und Infrastruktureinrichtungen im Bereich der Daseinsvorsorge sind immer wieder ins Visier der Europäischen Kommission geraten, weil die dafür erforderliche Wirtschaftstätigkeit der Gemeinden und Kreise traditionell dem freien Wettbewerb entzogen war und somit im Widerspruch zu den Brüsseler Wettbewerbsvorschriften stand (Sturm und Pehle 2012, S. 119–123). In diesem Zusammenhang wurden etwa die kommunalen

Monopole im Bereich der Energie-, Gas- und Wasserversorgung seit den 1990er Jahren abgebaut. Drittens können die Kommunen von der europäischen Regionalförderung profitieren. Insbesondere wirtschaftsschwache Regionen (mit weniger als 75 % des durchschnittlichen BIP pro Einwohnerin), zu denen lange Zeit die ostdeutschen Länder zählten, können beträchtliche Summen aus den europäischen Strukturfonds erhalten. Dadurch kann auch die kommunale Infrastruktur wie der Bau von Brücken, Sportstätten, Museen oder die Einrichtung von WLAN im öffentlichen Raum („WiFi4EU") unterstützt werden. Allerdings ist diese finanzielle Förderung durch die EU kein Selbstläufer, sondern bedarf vielfältiger Vor- und Eigenleistungen der infrage kommenden Kommunen, da diese erst die entsprechenden Projekte beantragen und Kofinanzierungen besorgen müssen.

Vor diesem Hintergrund versuchen die Kommunen und ihre Spitzenverbände, über möglichst viele Einflusskanäle auf die EU-Politik einzuwirken. An erster Stelle steht dabei der *Europäische Ausschuss der Regionen* (AdR), der sich aus Vertreterinnen der regionalen und lokalen Gebietskörperschaften zusammensetzt (Art. 300 Abs. 3 AEUV), ein Anhörungsrecht im EU-Gesetzgebungsverfahren hat und bei Verstößen gegen das Subsidiaritätsprinzip vor dem Europäischen Gerichtshof klagen kann (Abschn. 3.2). Allerdings kommen lediglich 24 der 350 AdR-Mitglieder aus Deutschland; davon wiederum gehen nur drei Sitze an die Kommunen (jeweils einer an DLT, DST und DStGB). Parallel zu ihrer Vertretung im AdR haben die drei kommunalen Spitzenverbände eine gemeinsame Repräsentanz in Brüssel, die seit 1991 besteht (Struve 2006, S. 339). Darüber hinaus unterhalten weitere kommunale Organisationen aus Deutschland Europabüros, wie die bayerischen Gemeinden, der Verband kommunaler Unternehmen oder die Metropolregion FrankfurtRheinMain. Nicht zuletzt gibt es einen transnationalen Verband der Kommunen: den *Rat der Gemeinden und Regionen Europas (RGRE)*, der bereits 1951 gegründet wurde und gegenwärtig rund 150.000 Kommunen aus 41 europäischen Ländern vertritt. Auch der RGRE versucht, Lobbyarbeit für kommunale Angelegenheiten bei den EU-Organen (Kommission, Rat, Parlament) zu betreiben. Angesichts der großen Zahl und Heterogenität seiner Mitglieder spiegeln seine Positionspapiere jedoch meist nur den kleinsten gemeinsamen Nenner wider (Holtmann et al. 2017, S. 194).

Die europäischen Aktivitäten der deutschen Gemeinden und Kreise erschöpfen sich nicht in der Interessenvertretung auf supranationaler Ebene. Hinzu kommen zahlreiche *Projekte und Netzwerke zwischen europäischen Kommunen*. Allein die deutschen Kommunen sind an 6048 grenzüberschreitenden Partnerschaften beteiligt (Keller 2018, S. 8). Dabei stehen die Kooperationen mit französischen Gemeinden an erster Stelle (2281), gefolgt von Polen, Großbritannien und Italien. All diese Partnerschaften zielen letztlich darauf ab, die europäische Verständigung durch „Vernetzung von unten" zu vertiefen. In diesem Zusammenhang erlaubt Art. 24 Abs. 1a GG den Ländern, mit Zustimmung der Bundesregierungen „grenznachbarschaftliche Einrichtungen" zu etablieren, wie z. B. grenzüberschreitende Hilfeleistungen durch Feuerwehren (Storbeck 2016, S. 230). Aber auch unterhalb staatsvertraglicher und gesetzlicher Hoheitsübertragungen finden kommunale Kooperationen statt. Beispielsweise hat der Eurodistrikt Straßbourg-Ortenau den Bau einer Straßenbahnlinie über den Rhein unterstützt, fördert eine grenzüberschreitende Drogensubstitutionsambulanz und organisiert gemeinsame Sportveranstaltungen.

Insgesamt sind die Fähigkeiten der deutschen Kommunen, ebenen- und grenzübergreifend zu agieren und auf diese Weise ihre spezifischen Interessen zu vertreten, sehr unterschiedlich ausgeprägt. In dieser Hinsicht haben Gemeinden, die in Metropolregionen liegen, groß und finanzstark sind sowie über engagierte und professionelle Lokalpolitikerinnen verfügen, eine deutlich bessere Ausgangsposition als andere. Ungeachtet dessen profitieren alle Kommunen enorm von ihren Spitzenverbänden, weil sie ihnen einen Zugang zu den politischen Entscheidungsträgerinnen auf den übergeordneten Ebenen eröffnen, den sie qua Grundgesetz nicht besitzen.

14.5 Fazit: Keimzelle der Demokratie oder Krise der Selbstverwaltung?

Auch wenn die Kommunen keine staatliche Ebene bilden und in starkem Maße von politischen Entscheidungen auf EU-, Bundes- und Länderebene abhängig sind, bilden sie die lokale Basis des deutschen Regierungssystems. Ihre Organe verfügen über eine eigene demokratische Legitimation, die sowohl auf der Input- als auch auf der Output-Seite ständig erneuert werden muss. Auf der *Input-Seite* legitimieren sich die Kommunen durch die aktive Beteiligung der Bürgerinnen an der lokalen Selbstverwaltung, weshalb sie als *Keimzelle der Demokratie* gelten. Auf der *Output-Seite* legitimieren sie sich durch öffentliche Leistungen und Infrastrukturen, die insbesondere von einer effizienten und leistungsfähigen Verwaltung erbracht werden sollten. Ob sie diese Erwartungen an die Output-Seite auch einlösen, wird in regelmäßigen Abständen hinterfragt, weswegen gelegentlich von einer *Krise der Selbstverwaltung* die Rede ist.

In der Debatte über die Krise der Selbstverwaltung geht es insbesondere um die Größe der Kommunen, ihre Verwaltungsorganisation und ihre finanzielle Ressourcenausstattung. Um die administrative Leistungsfähigkeit der Kommunen zu verbessern, gab es seit den 1960er Jahren immer wieder Wellen von *Gebietsreformen*, in denen Gemeinden und Kreise zusammengelegt wurden, um größere Verwaltungseinheiten zu schaffen. Diese Fusionsprozesse haben auch den öffentlichen Diskurs über die Rolle und Funktion der Kommunen maßgeblich geprägt und zugleich zu erbitterten Auseinandersetzungen zwischen Kommunen und Länderregierungen geführt. Im Rückblick zeigt sich, dass es weder eine „ideale Betriebsgröße" von Gemeinden und Kreisen gibt, noch dass die Funktionsprobleme, die sich aus der Kleinräumigkeit vieler Gemeinden ergeben, vollständig gelöst wären.

Um ihre vielfältigen Aufgaben bewerkstelligen zu können, suchen die Kommunen sowohl nach zusätzlichen Einnahmequellen (etwa in Form von höheren Gebühren und Steuern) als auch nach Wegen, wie sie ihre Leistungen günstiger und wirkungsvoller erbringen können. In diesem Zusammenhang stehen die *Verwaltungsreformen,* die ab Mitte der 1990er Jahre unter dem Label „Neues Steuerungsmodell" durchgeführt wurden. Durch die Privatisierung öffentlicher Aufgaben, Public-Private-Partnerships und die Modernisierung administrativer Strukturen und Prozesse ist es teilweise gelungen, die Haushalte der Kommunen zu konsolidieren und ihr Leistungsangebot zu erhalten oder gar auszubauen. Vieles hat sich jedoch auch nicht bewährt und wurde teilweise rückgängig gemacht (Sack 2009).

Bei der *finanziellen Ressourcenausstattung* steht die Überschuldung vieler Städte und Gemeinden im Mittelpunkt, die sich durch die ökonomischen Folgen der Corona-Krise zugespitzt hat. Als eine Reformoption wird die Übernahme kommunaler Altschulden, die 2020 auf insgesamt 42 Mrd. € geschätzt wurden, durch Bund und Länder diskutiert. Diese Entlastung der circa 2500 hochverschuldeten Kommunen, bei gleichzeitiger Verpflichtung zur Haushaltsdisziplin, soll investive Spielräume für die kommunale Infrastruktur ermöglichen. Darüber hinaus sind finanzielle Unterstützungsleistungen notwendig, um den Einbruch der Gewerbesteuern in und nach der Corona-Krise zu kompensieren. Nicht nur ökonomisch, sondern auch im Bereich der territorialen und administrativen Leistungsfähigkeit gibt es enorme Unterschiede zwischen den einzelnen Kommunen, weshalb ein einheitlicher Trend kaum auszumachen ist. Obwohl es viele Gemeinden gibt, die nur noch über eine eingeschränkte Handlungsautonomie verfügen, lässt sich daraus keine allgemeine Krise der kommunalen Selbstverwaltung ableiten.

Auch die Debatte über die Kommune als Keimzelle der Demokratie beleuchtet unterschiedliche kritische Aspekte, zu denen insbesondere das politische Partizipationsniveau und die Rolle der Parteien zählen. Anfang der 1990er Jahre kam es zu umfassenden *Reformen der Kommunalverfassungen,* die vor allem darauf abzielten, die Partizipationsmöglichkeiten der Bürgerinnen in Gemeinden und Kreisen zu erhöhen und so die lokale Zivilgesellschaft zu revitalisieren. In diesem Zusammenhang wurden die Direktwahl der Bürgermeister nach dem Modell der süddeutschen Ratsverfassung flächendeckend eingeführt, das Kommunalwahlrecht personalisiert und umfangreiche direktdemokratische Elemente etabliert. Die damit verbundenen Hoffnungen haben sich bislang kaum erfüllt. Im Gegenteil: Die Beteiligung bei Kommunalwahlen ist in vielen Fällen weiter gesunken. Zugleich ist aber auch eine wachsende Zahl von Bürgerbegehren zu beobachten, ebenso wie ein steigendes Niveau bürgerschaftlichen Engagements, insbesondere in Fragen der Wohnungs-, Verkehrs- und Energiepolitik.

Schließlich gibt der *Zustand der Parteien* vor allem in ländlichen und kleineren Gemeinden Anlass zur Sorge. Sichtbarstes Anzeichen einer „Ent-Partei-Politisierung" der lokalen Demokratie ist die zunehmende Bedeutung kommunaler Wählergemeinschaften, aber auch die stärker gewordene Gruppe „unabhängiger" Mandatsträgerinnen, die von den Bürgermeistern bis zu den Ratsmitgliedern reichen. Kommune als „Keimzelle der Demokratie" bedeutet nicht nur, dass die Bürgerinnen dort am unmittelbarsten mit Politik konfrontiert sind, sondern auch, dass die kommunalen Politikerinnen dank ihrer Erfahrungen auf den übergeordneten Ebenen aktiv werden (können).

Trotz der genannten Probleme bleiben die Kommunen die lokale Basis der bundesdeutschen Demokratie. Dies manifestiert sich nicht zuletzt darin, dass sich Wissenschaft und Politik nicht mit den aufgezeigten Defiziten abfinden, sondern immer neue Reformansätze zur Steigerung der lokalen Partizipationsqualität und zur Optimierung des kommunalen Verwaltungshandelns entwickeln. Die beiden Grundfragen nach den kommunalen Wurzeln der Demokratie und der Performanz kommunaler Selbstverwaltung bilden somit zwei Seiten einer Medaille, die über die Inklusions- und Leistungsfähigkeit des gesamten Regierungssystems mitentscheidet.

Literaturhinweise

Bogumil, Jörg, und Lars Holtkamp. 2013. *Kommunalpolitik und Kommunalverwaltung: Eine praxisorientierte Einführung*. Bonn: Bundeszentrale für Politische Bildung.

Gern, Alfons, und Christoph Brüning. 2019. *Deutsches Kommunalrecht*, 4. Aufl. Baden-Baden: Nomos.

Heinelt, Hubert, Björn. Egner, Timo Alexander Richter, Angelika Vetter, Sabine Kuhlmann, und Markus Seyfried. 2018. *Bürgermeister in Deutschland: Problemsichten – Einstellungen – Rollenverständnis*. Baden-Baden: Nomos.

Holtmann, Everhard, Christian Rademacher, und Marion Reiser. 2017. *Kommunalpolitik: Eine Einführung*. Wiesbaden: Springer VS.

Resiliente Demokratie? Das politische System Deutschlands auf dem Prüfstand

15

In diesem Abschlusskapitel unseres Lehrbuchs zum politischen System der Bundesrepublik Deutschland führen wir die zentralen Befunde der vorangegangenen Kapitel zusammen und ordnen sie in einen größeren Kontext ein. Im Fokus steht dabei die „Resilienz" der Demokratie (Ganghof 2012). Gemeint ist damit die Fähigkeit eines demokratischen Regierungssystems, seine Funktions- und Leistungsfähigkeit auch unter schwierigen Rahmenbedingungen aufrechtzuerhalten.

15.1 Vom Erfolgsmodell zur Krise der Demokratie

In der historischen Rückschau fällt die politische Bilanz der Bundesrepublik sehr positiv aus. Vor ihrer Gründung hatte Deutschland nicht nur zwei Weltkriege entfacht, sondern auch den „Zivilisationsbruch" (Diner 1988) der Shoa zu verantworten. Mit dem NS-Regime und der sozialistischen DDR existierten nacheinander zwei unterschiedliche Diktaturen auf deutschem Territorium. Nach der bedingungslosen Kapitulation 1945 wurde das Land geteilt und fand sich danach auf entgegengesetzten Seiten des Ost-West-Konflikts wieder. 1949 war daher noch nicht abzusehen, dass sich die Bundesrepublik zu einer der angesehensten Demokratien, erfolgreichsten Volkswirtschaften und inklusivsten Sozialstaaten entwickeln würde. Heute ist das wiedervereinte Deutschland mit seinen 83 Mio. Einwohnerinnen (1,1 % der Weltbevölkerung) nicht nur das bevölkerungsreichste EU-Mitglied und die mit Abstand größte Volkswirtschaft Europas, sondern war 2019 mit einem Anteil von rund 4,4 % am weltweiten Bruttoinlandsprodukt die viertstärkste Wirtschaftsnation nach den USA, China und Japan (IMF 2021). In internationalen Demokratierankings liegt die Bundesrepublik auf einem der vorderen Plätze, unter den bevölkerungsreicheren Staaten der Erde sogar an erster Stelle (V-Dem Institute 2021, S. 32–35). Bemerkenswert dabei ist nicht nur das insgesamt hohe Demokratieniveau, das Deutschland attestiert wird, sondern auch die außergewöhnliche Stabilität, die sein politisches System über Jahrzehnte hinweg ausgezeichnet hat (Wolfrum 2006, S. 13).

Seit einiger Zeit sind Deutschland und die anderen westlichen Demokratien jedoch mit einer Reihe neuartiger und schwerwiegender Herausforderungen konfrontiert. Auf internationaler Ebene zählen dazu geopolitische Verschiebungen, die sich vor allem mit dem Aufstieg Chinas zur Weltmacht und dem Wiedererstarken des autoritären Russlands verbinden, aber auch die Globalisierung der Finanzmärkte, die zunehmende Migration, der Klimawandel und weitere Megatrends, die koordinierte Lösungsansätze erfordern. Innerstaatlich treten der demographische Wandel, die digitale Transformation von Wirtschaft und Gesellschaft, die wachsende Ungleichheit zwischen Regionen, sozialen Gruppen und Individuen sowie ein aggressiver Rechtspopulismus hinzu. Diese Entwicklungen fordern die etablierten demokratischen Institutionen heraus und beeinträchtigen ihre gesellschaftliche Akzeptanz. Daher mehren sich Stimmen, die eine „Krise der Demokratie" (Merkel 2013b) konstatieren oder gar vor ihrem „Zerfall" (Mounk 2018; Levitsky und Ziblatt 2018) warnen.

Wie stellt sich die Resilienz des deutschen Regierungssystems vor diesem Hintergrund dar? Wie könnte man Funktionsproblemen entgegenwirken? Ist die repräsentative Demokratie hierzulande noch zukunftsfähig? Auch wenn abschließenden Antworten auf diese Fragen kaum möglich sind, versuchen wir, die wichtigsten Veränderungen des demokratischen Regierens in der Bundesrepublik mit den folgenden zehn Thesen zusammenzufassen, ihre Reichweite einzuschätzen und mögliche Handlungsoptionen zu reflektieren. Dabei interessiert uns primär das Spannungsverhältnis zwischen den etablierten Strukturen und Pfadabhängigkeiten auf der einen und den Veränderungsdynamiken auf der anderen Seite.

Die ersten drei Thesen befassen sich mit der Ausgangssituation. These eins rekapituliert den allgemeinen Befund, nach dem auch die sich in den letzten Jahrzehnten als Erfolgsmodell etablierte bundesdeutsche Demokratie unter Druck steht, obwohl ihre institutionellen Strukturen unverändert stabil sind. Die Thesen zwei und drei gehen auf die gewandelten Kontextbedingungen auf internationaler und nationaler Ebene ein. Die daraus resultierenden Funktionsveränderungen des deutschen Regierungssystems werden in den nächsten vier Thesen erläutert, wobei wir die in diesem Buch dargestellten Strukturdimensionen wie folgt zusammenfassen: These vier diskutiert den Strukturwandel der demokratischen Öffentlichkeit, der mit der digitalen Hybridisierung des Mediensystems einhergeht. In These fünf geht es um die abnehmende Inklusions- und Gestaltungskraft von Parteien und Verbänden als den zentralen intermediären Organisationen. Die Funktionsveränderungen des Parlamentarismus und die Gewichtsverschiebungen in der horizontalen Gewaltenteilung stehen im Zentrum von These sechs, während These sieben die Entwicklungstendenzen des föderalen Mehrebenensystems in den Blick nimmt. In den letzten drei Thesen diskutieren wir die Handlungsperspektiven, die sich aus der veränderten Funktionsweise des Regierungssystems ergeben: These acht präsentiert die „Europafähigkeit" der bundesdeutschen Institutionen und Akteurinnen als wichtigste Voraussetzung, um die weitere Entwicklung der EU effektiv mitzugestalten und demokratisch zu kontrollieren. These neun setzt sich mit den Möglichkeiten und Grenzen von Demokratiereformen auseinander. These zehn spricht schließlich die aus unserer Sicht zentrale Zukunftsaufgabe an, die durch die Corona-Pandemie noch mehr an Bedeutung gewonnen hat: die bundesdeutsche Demokratie „krisenresilient" zu machen, wozu es auch des aktiven Engagements der Bürgerinnen bedarf.

15.2 Zehn Thesen zur Performanz des politischen Systems der Bundesrepublik

(1) *Das bundesdeutsche Regierungssystem unter Druck: abnehmende Performanz bei fortdauernder institutioneller Stabilität.*
Im internationalen Vergleich zählt die Bundesrepublik Deutschland zu den Regierungssystemen, in denen verhandlungsdemokratische Elemente (Lehmbruch 2003) und konsensdemokratische Strukturen besonders stark ausgeprägt sind (Lijphart 2012; Abschn. 1.1). Etliche dieser Strukturen sind fest in der deutschen Staats- und Verfassungstradition verankert, wie der kooperative Föderalismus (Kap. 4), der Bundesrat (Kap. 11) oder das Verhältniswahlrecht (Abschn. 5.1). Außerdem haben die Mütter und Väter des Grundgesetzes angesichts der totalitären NS-Diktatur rechtsstaatliche Vorkehrungen gegen eine ungezügelte Mehrheitsherrschaft getroffen, etwa durch den unabänderlichen Verfassungskern, den umfassenden Grundrechtekatalog und die Einrichtung des Bundesverfassungsgerichts als letzte Prüfinstanz (Kap. 2 und Kap. 12). Aus dem Scheitern der Weimarer Republik haben sie aber auch die Lehre gezogen, das Amt des Regierungschefs gegenüber Parlament und Staatsoberhaupt aufzuwerten, was dem mehrheitsdemokratischen Modell entspricht (Kap. 10). Daher ist die Bundesrepublik keine reine Konsensdemokratie. Ihr politisch-institutionelles Zentrum bildet ein parlamentarisches System mit Regierungsdominanz, das in ein umfangreiches Geflecht von *checks and balances* eingebettet ist (Abschn. 9.1).

In diesem Verfassungsrahmen hat das politische System der Bundesrepublik während der ersten Jahrzehnte sowohl einen inklusiven Willensbildungsprozess als auch eine relativ effiziente Entscheidungsfindung ermöglicht. Auf diese Weise schien es die idealtypischen Vorzüge von mehrheits- und konsensdemokratischen Regierungssystemen weitgehend in sich zu vereinen. Damit stand es auch in deutlichem Kontrast zur ersten deutschen Demokratie: „Bonn ist nicht Weimar" (Allemann 1956) wurde zum geflügelten Wort. Allerdings beruhte die hochgradige Funktionsfähigkeit der bundesdeutschen Demokratie nicht allein auf den verfassungsrechtlichen Vorgaben des Grundgesetzes, sondern vor allem auf der Integrations- und Gestaltungskapazität der Parteien und Verbände, die unter insgesamt günstigen internationalen und gesellschaftlichen Bedingungen agierten und zu inklusiven und ausgleichsorientierten Lösungen von Konflikten beitrugen.

Seit den 1990er Jahren ist die Funktionsfähigkeit des deutschen Regierungssystems in einigen Bereichen rückläufig – und zwar sowohl hinsichtlich seiner politischen Inklusionskraft als auch hinsichtlich seiner Entscheidungseffektivität. In diesem Zusammenhang markierte die Wiedervereinigung eine offensichtliche Zäsur, da sie die sozioökonomische und soziokulturelle Heterogenität der neuen Bundesrepublik schlagartig erhöhte und vor allem den Ostdeutschen erhebliche Anpassungsleistungen abforderte. Allerdings hatte sich der gesellschaftliche Wandel schon in der alten Bundesrepublik seit den späten 1960er Jahren beschleunigt und setzte sich auch nach 1990 unvermindert fort. Daraus erwachsen deutlich mehr Herausforderungen und Probleme, den Prozess der demokratischen Willensbildung und Entscheidungsfindung weiterhin inklusiv und effizient zu gestalten (These 3). Auch der europäische und internationale Kontext erfuhr in der Folgezeit fundamentale Veränderungen, welche die politischen Gestaltungsspielräume der deutschen Akteurinnen einschränken und zugleich mehr Handlungskapazitäten erfordern (These 2). Bei alledem ist bemerkenswert, dass die institutionellen Strukturen der bundesdeutschen Demokratie hochgradig stabil geblieben sind. Allerdings hat sich ihre Funktionsweise deutlich verändert, weil sich die intermediären Strukturen – das Parteien-, Verbände- und Mediensystem – gewandelt haben (Thesen 4 bis 7). Insofern hatte der Regierungsumzug nach Berlin zur Jahrtausendwende nicht nur symbolischen Charakter: So wie Bonn nicht Weimar war, ist Berlin nicht mehr Bonn.

(2) *Internationaler Kontext: von der stabilisierenden Westbindung zu multiplen Herausforderungen.*

Für die Gründung und die ersten Jahre der Bundesrepublik war die aktive Rolle der Westalliierten von zentraler Bedeutung. Daraus ergab sich eine bis heute wirkende Westbindung, die zugleich zur externen Stabilitätsbedingung der Bundesrepublik wurde. Außen- und sicherheitspolitisch funktionierte diese Einbindung vor allem über die Mitgliedschaft in der NATO (seit 1955) und die enge Beziehung zu den USA, die unter den Alliierten sowohl als Schutzmacht gegenüber der sowjetischen Bedrohung als auch in der letzten Phase des Weges zur deutschen Einheit eine besondere Stellung einnahm. In anderer Weise ist die europäische Integration als wirtschaftliche und zunehmend auch politische Union von überragender Bedeutung für die internationale Einbettung der deutschen Demokratie. Aus Sicht der europäischen Nachbarn war die deutsche Teilung ein Garant für Frieden und Sicherheit in Europa. Die wirtschaftliche Integration durch die Europäischen Gemeinschaften trug zunächst dazu bei, die Aufnahme der Bundesrepublik in den Kreis der westlichen Demokratien zu ermöglichen und deutsche Sonderwege zu beenden. Im Laufe der Zeit wurde die Bundesrepublik dann gemeinsam mit Frankreich und den Benelux-Staaten zur eigentlichen Lokomotive für den sukzessiven Vertiefungs- und Erweiterungsprozess, ohne jedoch eine explizit hegemoniale Rolle einzunehmen.

Die Zeitenwende von 1989/90 brachte für die Bundesrepublik nicht nur das Glück der Wiedervereinigung, sondern auch vielfältige Herausforderungen mit sich (Spohr 2019). Im Rahmen der europäischen Integration erfolgten nun mehrere Erweiterungs- und

15.2 Zehn Thesen zur Performanz des politischen Systems der Bundesrepublik

Vertiefungsschritte. Dadurch entstand eine Union, die heute 27 Mitglieder umfasst und in zahlreichen Politikfeldern über umfangreiche Kompetenzen verfügt. Als bevölkerungsreichstem EU-Staat kommt Deutschland dabei eine Führungsrolle zu, die sich mit einer „Maklerrolle" verbindet (Harnisch 2014, S. 26). Angesichts der starken Heterogenität der nationalen Interessen fällt es jedoch zunehmend schwer, sich im Rahmen der EU auf gemeinsame Positionen zu verständigen, obwohl dort über zahlreiche Materien entschieden wird, die für die Mitgliedstaaten von großer Bedeutung sind. Exemplarisch zeigt sich dies an den verschiedenen Krisen, die seit 2008 in kurzen Zeitabständen aufeinander folgten und effektive Lösungsansätze seitens der EU erfordert hätten (Weltfinanz-, Euro-, Flüchtlings- und Corona-Krise; vgl. Genschel und Jachtenfuchs 2018).

Parallel dazu begann mit dem Zusammenbruch der Sowjetunion und dem Ende des Kalten Krieges die euroatlantische Stabilitätsordnung sukzessive zu bröckeln. Anstelle von einem „Ende der Geschichte" (Fukuyama 1989) kam es seit den 1990er Jahren zu zahlreichen bewaffneten Auseinandersetzungen und Kriegen, von Osteuropa und dem Balkan über Nordafrika bis in den Mittleren Osten. Teils entluden sich darin ungelöste innerstaatliche Konflikte, teils traten neue Großmachtambitionen (Russland) zutage, teils spielte der islamistische Terrorismus eine zentrale Rolle. Gleichzeitig bedeutete der Aufstieg Chinas und anderer asiatischer Länder eine zunehmende Herausforderung für die USA, weshalb sie ihre Aufmerksamkeit und Ressourcen verstärkt dorthin verlagert haben. Vor diesem Hintergrund ist die Bundesrepublik mit wachsenden Forderungen konfrontiert, sich an internationalen Friedensmissionen zu beteiligen und stärker für die eigene (militärische) Sicherheit zu sorgen. Bislang gestaltet sich die Neubestimmung der außen- und sicherheitspolitischen Rolle Deutschlands zögerlich, widersprüchlich und spannungsreich, wie etwa die Debatten um den Kosovo-Einsatz der Bundeswehr oder um die Erhöhung des Verteidigungsetats gezeigt haben (von Krause 2019; Rinke 2009).

Nicht zuletzt treten etliche autokratische und illiberale Regime seit einigen Jahren immer selbstbewusster auf, während viele westliche Länder mit Regierbarkeitsproblemen und schwindender gesellschaftlicher Akzeptanz zu kämpfen haben. Damit wird die liberale Demokratie durch eine Systemalternative herausgefordert, die wirtschaftliche Prosperität, technologischen Fortschritt und Massenkonsum auf der Output-Seite mit autoritären Strukturen auf der Input-Seite verbindet. International präsentiert sich vor allem China als ein solches Gegenmodell, aber auch das russische Regime unter Putin stellt inzwischen seine autokratische Herrschaft offen zur Schau. Selbst in EU-Staaten wie Ungarn und Polen sind derzeit Regierungen im Amt, die ihre Parlamentsmehrheit nutzen, um rechtsstaatliche Kontrollmechanismen zu unterminieren. Für die Bundesrepublik stellen diese „neuen Autoritarismen" eine besondere Herausforderung dar, denn einerseits treibt sie mit ihnen intensiven Handel und profitiert davon ökonomisch, gleichzeitig hat sie aber mit ihrer Kritik an deren mangelnder Rechtsstaatlichkeit bzw. Menschenrechtsverstößen kaum Einfluss. Dadurch wird sie selbst anfällig für Kritik, die eigenen demokratischen Grundwerte zu verraten bzw. eine Politik der Doppelmoral zu verfolgen.

(3) *Sozioökonomischer und soziokultureller Kontext: von einer Programmatik der Inklusion zur Praxis der Exklusion.*

Das in der Bundesrepublik bereits früh praktizierte Ordnungsmodell der Sozialen Marktwirtschaft – auch kooperativer Kapitalismus genannt – nimmt für sich in Anspruch, ökonomische Freiheit mit sozialem Ausgleich zu verbinden und so die gesellschaftliche Inklusion zu fördern. Es zeichnet sich idealtypisch durch Institutionen aus, in denen die inhärenten Konfliktlagen zwischen Kapital und Arbeit verhandelt und konsensorientiert aufgelöst werden.

Unter den Bedingungen von starken Wachstumsraten, Vollbeschäftigung und einer erwerbsbezogenen Trennung der Geschlechterrollen (Mann arbeitet; Frau ist für Hausarbeit und Kindererziehung zuständig) war die Bundesrepublik seit den 1950er Jahren durch ein hohes Ausmaß an gesellschaftlicher Homogenität charakterisiert. Möglich wurde dies auch, weil die Einkommen einer überwältigenden Mehrheit der Beschäftigten durch Tarifverträge zwischen Arbeitgeberverbänden und Gewerkschaften reguliert wurden. Das änderte sich in den 1980er Jahren (Schroeder 2014b, S. 32–33). Mit dem schleichenden Teilrückzug des Staates aus der sozialen Regulierung des Wandels wurden die negativen Konsequenzen der ökonomischen Internationalisierung und des technologischen Wandels für weniger qualifizierte und mobile Arbeitnehmerinnen immer deutlicher. Da auch die Gewerkschaften schwächer wurden, setzte in den 1990er Jahren eine für Deutschland neuartige Ungleichheitsdynamik ein. Seit dieser Zeit koppelten sich die Kapital- und Unternehmenseinkünfte sowie die Verdienste einiger Spitzengruppen von der allgemeinen Einkommensentwicklung ab. Umgekehrt stieg in den unteren Einkommensgruppen der Anteil derjenigen, die dauerhaft auf Unterstützung im privaten Umfeld oder staatliche Hilfen angewiesen sind. Auch die tarifpolitischen Instrumente und fiskalischen Umverteilungsmechanismen (Einkommen- und Unternehmenssteuern) verloren an Akzeptanz, wurden sukzessive abgebaut bzw. abgesenkt und verloren so an Reichweite und Wirkung.

Neben den individuellen Einkommensunterschieden haben auch die regionalen Disparitäten zugenommen. Mit der Wiedervereinigung wurde die ostdeutsche Wirtschaft zwar in die nationalen und internationalen Wertschöpfungsketten integriert. Allerdings gelang in den neuen Bundesländern kein flächendeckender Aufbau von Unternehmensstrukturen mit hoher Forschungs- und Entwicklungsintensität, womit die Chancen auf höhere Einkommen für eine größere Zahl von Beschäftigten limitiert sind. Zudem gab es lange Zeit eine strukturell höhere Massenarbeitslosigkeit. Obwohl sich die regionalen Arbeitslosenquoten in den letzten zehn Jahren quantitativ angenähert haben, bleibt der ostdeutsche Niedriglohnsektor weiterhin außerordentlich stark und hat so die sozioökonomische Spaltung zwischen Ost und West eher zementiert. Damit verbunden sind höhere Erwartungen der ostdeutschen Bevölkerung an staatliche Leistungen sowie eine stärkere Bereitschaft, autoritäre Politikangebote, wie sie etwa der Rechtspopulismus propagiert, zu akzeptieren oder gar zu unterstützen (Decker und Brähler 2020). Diese Einstellungsmuster, die zum einen historisch bedingt sind und zum anderen aus negativen Transformationserfahrungen resultieren (Pickel und Pickel 2020), können

15.2 Zehn Thesen zur Performanz des politischen Systems der Bundesrepublik

allerdings nicht verdecken, dass auch in Westdeutschland ein signifikanter Zusammenhang zwischen sozialer Ungleichheit und der Neigung zu politischem Extremismus besteht.

Eine deutliche Zäsur in der soziokulturellen Entwicklung der Bundesrepublik markierte der Aufstieg der Neuen Sozialen Bewegungen nach 1968, die eine nachhaltige Verschiebung von materialistischen zu postmaterialistischen Werteprioritäten reflektierten (Inglehart 1977). Damit verbanden sich auch politische Forderungen nach erweiterten Partizipationsmöglichkeiten sowie einer rechtlichen und faktischen Gleichstellung von Frauen und gesellschaftlichen Minderheiten, die wesentliche Voraussetzungen für die Modernisierung und zeitgemäße Weiterentwicklung der bundesdeutschen Demokratie waren. Mit dem zunehmenden Trend zur Individualisierung nahmen allerdings auch die Bindungen an die traditionellen „sozialmoralischen Milieus" (Lepsius 1966) und die daran gekoppelten Beteiligungsnormen ab. Dies führte nicht nur zu einer höheren Wählerfluktuation, sondern auch zu einer verstärkten Selektivität der politischen Partizipation. Bürgerinnen mit geringem Bildungsgrad und niedrigem Einkommen nehmen seltener an Wahlen teil und nutzen auch andere Beteiligungsformen weniger intensiv als Bürgerinnen mit hohem sozioökonomischem Status (Abschn. 5.2).

In den letzten Jahren werden die gesellschaftlichen Spaltungen in der Bundesrepublik auch jenseits des Ost-West-Gegensatzes deutlicher erkennbar. Auf wirtschaftlicher Ebene manifestieren sie sich in der Divergenz zwischen exportorientierten Schlüsselindustrien, die überwiegend in boomenden Regionen mit moderner Infrastruktur angesiedelt sind, und Branchen jenseits des Hochtechnologiesektors, die sich vor allem in peripheren ländlichen Räumen finden. Auf dem Arbeitsmarkt korrespondiert dies mit dem Gegensatz zwischen Hochqualifizierten, die angesichts des demographischen Wandels immer stärker nachgefragt sind, und Geringqualifizierten, die häufig in automatisierbaren Routinejobs und im Dienstleistungsgewerbe zu niedrigen Löhnen arbeiten und nur wenige Aufstiegsmöglichkeiten haben. In diesem Zusammenhang wird auch von einem abgekoppelten „Prekariat" (Standing 2011) bzw. „Dienstleistungsproletariat" (Blossfeld und Mayer 1991) gesprochen, das über weniger soziale Kontakte verfügt und sich auch an den demokratischen Verfahren und Organisationen unterdurchschnittlich beteiligt. Auf soziokultureller Ebene besteht schließlich ein Antagonismus zwischen der Unterschicht bzw. alten Mittelschicht einerseits und der akademischen Mittelschicht bzw. Oberschicht andererseits, die jeweils unterschiedliche Wertorientierungen und Lebensstile haben und diese zunehmend offensiv vertreten (Reckwitz 2017). So kommt es zu einem „Aufeinanderprallen einer kosmopolitischen und nationalistischen Moral mit wechselseitigen Exklusionstendenzen" (Merkel et al. 2020, S. 391).

Insgesamt hat die sozioökonomische und soziokulturelle Ausdifferenzierung der bundesrepublikanischen Gesellschaft nicht nur zu verschärften Verteilungs- und Anerkennungskonflikten geführt. Sie schlägt sich auch in einem Vertrauensschwund gegenüber den etablierten Institutionen der repräsentativen Demokratie nieder, der im „unteren Drittel" der Gesellschaft besonders ausgeprägt ist (Kneip et al. 2020). Daraus ergibt sich einerseits ein Bedarf an neuen Politikansätzen, die sowohl zusätzliche Transferleistungen als auch veränderte Integrationsangebote einschließen. Andererseits sind besonders die Parteien und Verbände gefordert, der Exklusionsdynamik entgegenzuwirken und den gesellschaftlichen Zusammenhalt zu befördern.

(4) *Strukturwandel der Medien: vom „gesellschaftlichen Lagerfeuer" zu fragmentierten Teilöffentlichkeiten.*

In modernen Gesellschaften kommt den Medien eine essentielle Bedeutung für die Funktionsfähigkeit und Akzeptanz des politischen Systems zu, weil sie eine für alle Bürgerinnen zugängliche Öffentlichkeit herstellen (Kap. 8). Sie sind gleichsam das „gesellschaftliche Lagerfeuer", um das herum sich die verschiedenen Individuen und Gruppen versammeln, um politisch relevante Informationen zu erhalten, Meinungen auszutauschen, Positionen zu beziehen und Problemlösungen zu diskutieren. Allerdings bilden die Medien nicht nur eine Kommunikationsplattform, sondern offerieren auch selbst Informations- und Meinungsangebote, die wesentlich zur politischen Urteilsbildung der Bürgerinnen beitragen und durch ihre Öffentlichkeitswirkung die politischen Institutionen und Akteurinnen kontrollieren („Vierte Gewalt"; Kap. 8). Um diese für die Demokratie vitalen Funktionen zu erfüllen, muss das Medienangebot möglichst vielfältig, politisch unabhängig und qualitativ hochwertig sein. Wie der internationale Vergleich zeigt, sind die Etablierung und Aufrechterhaltung eines solchen Mediensystems alles andere als selbstverständlich (Levitsky und Ziblatt 2018). Umso bemerkenswerter ist, dass sich die politikwissenschaftliche Regierungslehre mit den Medien weit weniger intensiv beschäftigt hat als mit den anderen Strukturdimensionen demokratischer Systeme (Helms 2007, S. 109–110; Abschn. 1.1).

In der Bonner Republik hat sich ein duales System aus privatwirtschaftlich organisierten und öffentlich-rechtlichen Medien herausgebildet. Dabei haben die klassischen Medienformate – Zeitungen, Radio und Fernsehen – mit ihrem relativ vielfältigen und politisch unabhängigen Angebot großen gesellschaftlichen Zuspruch erfahren, der sich in hohen Auflagen und Einschaltquoten niederschlug. Schon bald nach der Zulassung privater Radio- und Fernsehkanäle Mitte der 1980er Jahre halbierten sich die Marktanteile von ARD und ZDF (zwischen 1988 und 1993 von etwa 38 % auf 18 %). Doch erst mit dem Aufkommen des Internets und der fortschreitenden Digitalisierung hat sich die bundesdeutsche Medienlandschaft nach und nach in ein hybrides System transformiert. Darin werden analoge und digitale Formate sowohl von den privaten als auch von den öffentlich-rechtlichen Medienanbietern vielfältig miteinander verbunden und aufeinander bezogen, um die Aufmerksamkeit und die Reichweite für ihre Angebote zu erhöhen. So ist beispielsweise die Frankfurter Allgemeine Zeitung seit etwa 20 Jahren sowohl als Printausgabe als auch als Online-Version mit interaktiven Kommunikationsformaten, Grafiken und Verknüpfungen erhältlich, deren Inhalte auch problemlos digital weiterverbreitet werden können.

Die vermutlich weitreichendste Veränderung der politischen Kommunikation in der neuen Medienordnung ergibt sich aus der ubiquitären Präsenz der sozialen Medien.

Das bedeutet nicht nur eine Fragmentierung in unterschiedliche Öffentlichkeiten, die sich zum Teil wechselseitig abschotten und innerhalb derer andere Meinungen immer weniger anerkannt werden („Echokammern"). Dazu gehört auch, dass Nachrichten und Berichte über Twitter und Facebook direkt verschickt werden können, ohne den Umweg über den institutionalisierten Journalismus, der in der traditionellen Medienwelt als Gatekeeper fungiert. Auf diese Weise können politische Akteurinnen ihre Botschaften unabhängiger von den klassischen Medien kommunizieren. Gleichzeitig gibt es keine regulierende Zwischeninstanz mehr, die die Richtigkeit und Angemessenheit einer Information oder Aussage recherchiert und bewertet. Somit bergen die sozialen Medien auch die Gefahr, missbraucht zu werden, um die Prinzipien des Fair Play in der politischen Kommunikation zu ignorieren und antidemokratische Positionen hoffähig zu machen.

Trotz dieser weitreichenden Strukturveränderungen hin zu einer hybriden Medienordnung können die traditionellen Medien weiterhin eine Ankerposition in der öffentlichen Kommunikation einnehmen, sofern sie mit der digitalen Entwicklungsdynamik Schritt halten und sich ständig daran anpassen. Für die Akzeptanz des politischen Systems kommt den öffentlich-rechtlichen Sendeanstalten eine Schlüsselrolle zu: Sie sind für die demokratische Qualität der politischen Willensbildung und Entscheidungsfindung unverzichtbar, weil sie bestrebt sind, ein Gesamtangebot an alle gesellschaftlichen Gruppen zu richten, das eine inhaltlich fundierte und politisch unabhängige Informationsvermittlung gewährleistet und so eine eigenständige Meinungs- und Urteilsbildung erlaubt. Nicht von ungefähr ist das Vertrauen der Bürgerinnen in die öffentlich-rechtlichen Medien hoch und während der Corona-Pandemie sogar noch weiter gestiegen (Jakobs et al. 2021). Gleichzeitig steht eine größer werdende Minderheit den traditionellen Medien mit grundsätzlicher Skepsis gegenüber. Darunter sind vor allem Personen mit rechtspopulistischen Einstellungen, die sich von der etablierten Politik nicht hinreichend repräsentiert fühlen und in den von ihnen als „Staatsfunk" diffamierten öffentlich-rechtlichen Medien nur einen verlängerten Arm des „Systems" sehen (Baum und Haberl 2020). Vor diesem Hintergrund bedarf es aufseiten der öffentlich-rechtlichen Medienvertreterinnen einer hohen Sensibilität und regelmäßiger Reformaktivitäten, um eine möglichst breite gesellschaftliche Anerkennung zu erreichen.

Blickt man schließlich auf die unterschiedlichen Ebenen des politischen Systems, so ist es vor allem die Europäische Union, die hinsichtlich der Herstellung von Öffentlichkeit die größten Probleme hat. Das betrifft sowohl die Reichweite spezieller europäischer Kanäle als auch die Berücksichtigung europabezogener Themen und Entwicklungen in der nationalen Medienberichterstattung. So bleibt die Europäisierung des deutschen Mediensystems eine zentrale Herausforderung, um die europäische Dimension der politischen Willensbildung und Entscheidungsfindung besser in der Wahrnehmung der Bevölkerung zu verankern.

(5) *Parteien und Verbände: abnehmende Integrations- und Gestaltungskraft der großen Organisationen.*
In einer pluralistischen Gesellschaft kommt den Parteien und Verbänden als intermediären Organisationen eine zentrale Rolle zu, um die Interessen der Bürgerinnen im politischen Willensbildungs- und Entscheidungsprozess zu bündeln, sichtbar zu machen und durchzusetzen (Kap. 6 und 7). Parteien werden in Parlamente und Regierungen gewählt und können die staatliche Politik unmittelbar mitgestalten. Verbände nehmen dagegen die Vertretung bereichsspezifischer Gruppeninteressen wahr und schaffen so in vielen Fragen die Grundlage für die parteipolitische Interessenvermittlung. Beide agieren in einem dynamischen Beziehungsgefüge, das durch stete Konkurrenz und Kooperation, Niedergänge und Aufstiege gekennzeichnet ist: Die Parteien stehen im Wettbewerb um Wählerstimmen und müssen zugleich zusammenarbeiten, um politische Mehrheiten zu bilden und ihre programmatischen Inhalte bestmöglich zu realisieren. Die Verbände wiederum versuchen, möglichst viele Menschen in ihrem jeweiligen Bereich zu organisieren, zu vertreten und sich dabei gegen konkurrierende Organisationen zu behaupten. Um die Interessen ihrer Mitglieder durchzusetzen, müssen sie gleichzeitig sowohl politischen Einfluss auf Parlament und Regierung ausüben als auch mit Verbänden verhandeln, die gegenläufige Interessen vertreten. In vielen Feldern können Verbände unabhängig von politischer und staatlicher Einflussnahme kollektive Güter und eigene Regeln generieren. Parteien und Verbände sind gleichermaßen auf die aktive Mitwirkung ihrer Mitglieder und einen breiteren Rückhalt in der Gesellschaft bzw. ihrem Organisationsbereich angewiesen. Folglich müssen sie auch auf gesellschaftliche oder bereichsbezogene Strukturveränderungen besonders sensibel und schnell reagieren. Die abnehmende Performanz des deutschen Regierungssystems (These 1) hängt daher wesentlich mit dem Wandel des Parteien- und Verbändesystems zusammen.

In der alten Bundesrepublik waren beide Säulen der intermediären Interessenvermittlung hochgradig organisiert und konzentriert. Das Parteiensystem war durch den gemäßigt-bipolaren Wettbewerb zwischen den Volksparteien CDU/CSU und SPD geprägt, die zahlreiche Mitglieder hatten, über großen Wählerzuspruch verfügten und alternierend Koalitionsregierungen mit der FDP bildeten. Im Verbändesystem konnten sowohl die Arbeitgeber- bzw. Wirtschaftsverbände als auch die einheitlich organisierten DGB-Gewerkschaften hohe Mitgliederzahlen vorweisen und bei Tarifverhandlungen eine starke Verpflichtungsfähigkeit erreichen. Darüber hinaus trugen die beiden „Volkskirchen" und weitere Interessenorganisationen erheblich zur politischen Integration in der Bonner Republik bei.

Aufgrund des gesellschaftlichen und wirtschaftsstrukturellen Wandels sind diese intermediären Organisationen seit den 1970er Jahren mit Erosionstendenzen konfrontiert, die sich nach der Wiedervereinigung beschleunigt haben. Die Volksparteien sind einerseits damit konfrontiert, dass ihre Mitgliederbasis seit rund 30 Jahren nahezu jährlich kleiner wird und es für sie schwieriger geworden ist, breitere Wählerinnenschichten anzusprechen. Andererseits sind sie weiterhin überall präsent, und ohne sie ist bislang keine Regierungsbildung möglich. In Reaktion auf dieses ambivalente Bild sind mit den Grünen, der PDS/Linke und der AfD nach und nach neue Konkurrentinnen auf die politische Bühne gelangt. Darin drückt sich zum einen die Flexibilität und Integrationsfähigkeit der demokratischen Wettbewerbsstrukturen aus, zum anderen führt dies aber auch dazu, dass die Bildung und Arbeit kohärenter Mehrheitsregierungen deutlich erschwert worden ist. Auch in territorialer Hinsicht hat sich das deutsche Parteiensystem stärker ausdifferenziert. Dies wird vor allem an den vielfältigen Regierungskoalitionen auf Länderebene deutlich (Abschn. 13.3).

Die klassischen Verbände finden weniger häufig Mitglieder, verzeichnen zum Teil massive Abwanderung und sind zudem mit einer nachlassenden Loyalität bei ihren verbliebenen Mitgliedern konfrontiert. Außerdem sind sie nicht nur durch neugegründete Organisationen mit kleinerer und homogener Mitgliedschaft herausgefordert, sondern auch durch alternative Formen der Interessenvertretung, bei denen professionelle Lobbyagenturen mit kampagnenartigen Kommunikationsstrategien eine immer wichtigere Rolle spielen (Abschn. 7.2). Angesichts dieser Konkurrenz wie auch ihres abnehmenden politischen Einflusses versuchen sich die Verbände u. a. dadurch zu behaupten, dass sie sich stärker als serviceorientierte Dienstleister ihrer Mitglieder aufstellen. Zudem ermöglicht ihnen die hybride Medienordnung neue Chancen in der Innen- und Außenkommunikation, was zugleich aber auch mit vielen Risiken verbunden ist.

Kurzum: Die hochgradige Inklusionskraft und Effektivität der Interessenvermittlung durch Volksparteien und „große" Verbände gehört der Vergangenheit an. Weil in vielen Bereichen die Einzelinteressen zugenommen und sich ausdifferenziert haben, wird auch das intermediäre System in diesen Bereichen pluralistischer und heterogener. Diese Strukturveränderungen haben zur abnehmenden Performanz des politischen Systems beigetragen. Gleichwohl wurden die grundlegenden Willensbildungs- und Entscheidungsmechanismen des deutschen Regierungssystems dadurch nicht zur Disposition gestellt, da sich weder zu den Parteien noch zu den Verbänden funktionale Äquivalente gebildet haben. Allerdings sind die etablierten Parteien und Verbände gefordert, sich auf politische Auseinandersetzungen mit der neuen und dynamischen Konkurrenz einzustellen, von ihr zu lernen und auch strategische Allianzen zu bilden, um nicht noch weiter an Inklusions- und Handlungsfähigkeit zu verlieren.

(6) *Parlamentarische Demokratie: zwischen starker Exekutive und geringer Fähigkeit zur Selbstreform.*
Der Bundestag ist das Legitimationszentrum der parlamentarischen Demokratie (Kap. 9). Als einziges direkt gewähltes Bundesorgan repräsentiert er die Bürgerinnen und bildet die wichtigste Legislativinstanz. Indem er den Bundeskanzler wählt, den Bundespräsident mitbestimmt und das Bundesverfassungsgericht mitbesetzt, verleiht er den Spitzen der exekutiven und judikativen Gewalt die erforderliche Legitimation. Zugleich kann er die Bundesregierung zur Verantwortung ziehen, da er den amtierenden Bundeskanzler jederzeit per Mehrheitsentscheid durch eine andere Person ersetzen kann.

Trotz seiner legitimatorischen Schlüsselstellung hat der Bundestag im deutschen Regierungssystem einen schweren Stand. Gemäß der Funktionslogik des Parlamentarismus bildet die Bundestagsmehrheit mit der Bundesregierung eine politische Allianz. Damit bleibt die Kontrolle der Exekutive im Wesentlichen der oppositionellen Minderheit überlassen. Im Gesetzgebungsprozess gibt ebenfalls die Regierung den Ton vor: Die meisten Gesetzesentwürfe werden in den Bundesministerien erarbeitet, wo auch die Verbände zuerst „anklopfen", um wirksam Einfluss zu nehmen (Abschn. 10.2). Außerdem fungiert das Bundesverfassungsgericht mit seiner Grundrechtsprechung als eine Art „Nebengesetzgeber" (Böckenförde 1990, S. 2; Abschn. 12.2). Nicht zuletzt ist der Bundestag in ein föderales Mehrebenensystem integriert, wodurch ihm mit dem Bundesrat eine weitgehend gleichgewichtige Länderkammer gegenübersteht (Abschn. 11.2).

Erweist sich bereits diese strukturelle Ausgangssituation als schwierig, so ist der Bundestag im Zeitverlauf noch weiter in die Defensive geraten. Durch die fortlaufende Europäisierung nationaler Gesetzgebungskompetenzen hat er an Gestaltungsmacht eingebüßt (Abschn. 3.3). Ähnliche Konsequenzen hatte die Privatisierungspolitik der 1980er und 1990er Jahre, durch die die ehemals großen Staatsunternehmen (Post, Telekom, Bahn) in privatrechtliche Gesellschaften überführt wurden und seitdem nicht mehr von der Ministerialverwaltung, sondern von der Bundesnetzagentur überwacht werden, die dem Wirtschaftsministerium untersteht. Auch in anderen Bereichen wurden Regulierungsbehörden neu gegründet bzw. umorganisiert, die an die Regierung angegliedert und somit der unmittelbaren Kontrolle durch das Parlament entzogen sind. Zwar kann der Bundestag im Nachhinein über einen Untersuchungsausschuss politische Aufklärung betreiben, wie beim Bilanzskandal von „Wirecard" und der darin verwickelten Bundesanstalt für Finanzdienstleistungsaufsicht (BaFin), doch sind solche Prüfprozesse eher selten, dauern lange, stehen manchmal in Konkurrenz zu parallel stattfindenden Gerichtsprozessen und haben so insgesamt nur begrenzte Wirkung. Darüber hinaus haben einzelne Bundesregierungen ihre dominante Position gegenüber dem Parlament durch die Einsetzung von Expertenkommissionen unterstrichen, deren Empfehlungen den nachfolgenden Politikprozess bestimmten, wie z. B. bei den „Hartz"-Reformen unter Kanzler Gerhard Schröder. Die zunehmende Exekutivzentriertheit des demokratischen Regierens zeigte sich besonders in der Krisenpolitik der jüngsten Zeit wie unter einem Brennglas. Bei der Euro-Rettung, der Flüchtlingskrise und während der Corona-Pandemie wurde der Bundestag nicht als das eigentliche Entscheidungszentrum wahrgenommen, sondern als Instanz, die andernorts verhandelte und festgezurrte Ergebnisse rezipiert und quasi notariell beglaubigt, um sie formal zu legitimieren.

Neben den von außen kommenden Herausforderungen hat der Bundestag auch mit internen Problemen zu kämpfen, die sein Öffentlichkeitsbild negativ beeinträchtigen. Ein Dauerbrenner der Kritik zielt auf seine mangelnde soziale Repräsentativität (Abschn. 9.3). Gemessen am Bevölkerungsdurchschnitt sind zu wenig Frauen, Personen mit Migrationshintergrund und Nicht-Akademikerinnen im Bundestag vertreten. Gleichzeitig wenden zu viele Abgeordnete einen nicht unerheblichen Zeitanteil für ihre Nebenjobs auf. Diese Lücken und Schieflagen schaden dem Ansehen des Parlaments, ohne dass im Gegenzug bislang nachgewiesen worden wäre, dass dadurch seine Arbeits- und Problemlösungsfähigkeit besser ausfällt. Daneben zeigen sich in der parlamentarischen

Arbeit immer wieder inhaltliche Repräsentationslücken im Vergleich zum gesamtgesellschaftlichen Meinungsspektrum, wie etwa im Prozess der Euro-Rettungspolitik deutlich wurde.

Auffallend ist auch, dass sich der Bundestag als nur begrenzt reformfähig erwiesen hat, wenn er „in eigener Sache" tätig wird. So waren die Bundestagsfraktionen trotz jahrelanger Debatten und Verhandlungen bislang nicht in der Lage, sich auf eine Änderung des Wahlrechts zur effektiven Verringerung der Parlamentsgröße zu verständigen (Abschn. 5.1). Auch bedurfte es erst des öffentlichen Skandals um die Provisionszahlungen für Corona-Masken, um die Unionsfraktion dazu zu bringen, schärferen Transparenzregeln bei den Abgeordneten-Nebeneinkünften zuzustimmen (Abschn. 9.2). Da der Bundestag der Sitz der Volkssouveränität ist, können die Abgeordneten über die meisten der für sie geltenden Spielregeln nur selbst entscheiden. Daraus erwächst allerdings auch eine besondere demokratische Verantwortung, diese Regeln im Sinne des Gemeinwohls festzulegen bzw. zu verändern.

Bei alledem gibt es auch einige Anpassungen der parlamentsinternen Organisationsstrukturen und Verfahren, die vor allem von der Opposition vorangetrieben wurden, um dem schleichenden Bedeutungsverlust des Bundestages entgegenzuwirken. Dazu zählt etwa die Regierungsbefragung, bei der seit 2018 auch die Bundeskanzlerin regelmäßig Rede und Antwort stehen muss. Vereinzelt kommt auch Unterstützung von außen: So hat das Bundesverfassungsgericht in seinen jüngeren Entscheidungen zur europäischen Integration die Rolle des Parlaments im politischen Willensbildungs- und Entscheidungsprozess gestärkt (Abschn. 12.3). Insgesamt ist es die gemeinsame Daueraufgabe aller Verfassungsinstitutionen und intermediären Organisationen, dafür Sorge zu tragen, dass der Bundestag als wichtigster Ort der Demokratie in der Öffentlichkeit verankert bleibt. Eine Schlüsselrolle kommt dabei dem Zusammenspiel von Parlament, Fraktionen und Parteien zu.

(7) *Das föderale Mehrebenensystem: zwischen Kooperationsroutinen und temporärer Überlastung.*

Im föderalen System der Bundesrepublik sind die politisch-administrativen Kompetenzen zwischen Bund, Ländern und Kommunen aufgeteilt (Kap. 4, 13 und 14). Auf allen drei Ebenen gibt es demokratisch legitimierte Repräsentativorgane, die eigenständig politische Entscheidungen treffen. Diese vertikale Machtstreuung schränkt den Handlungsspielraum der Regierungsmehrheit erheblich ein und bildet damit das zentrale konsensdemokratische Element des politischen Systems. Das Markenzeichen des deutschen Föderalismus ist seine Arbeitsteilung entlang der Staatsfunktionen: Die wichtigsten Gesetze werden auf Bundesebene gemacht. Die Länder sind dagegen für den administrativen Vollzug der Bundesgesetze zuständig, der wiederum großenteils von den Kommunen übernommen wird. Wegen der daraus resultierenden Politikverflechtung braucht es eine intensive Kooperation innerhalb und zwischen den Ebenen, um das im Grundgesetz verankerte Ziel „gleichwertiger Lebensverhältnisse" (Art. 72 Abs. 2 GG) zu erreichen. Die wichtigsten Institutionen, in denen diese konsensorientierten

Verhandlungen stattfinden, sind der Bundesrat (Kap. 11), der Vermittlungsausschuss (Abschn. 11.1) sowie die Ministerpräsidentenkonferenz (MPK) und die Fachministerkonferenzen (Abschn. 4.3). Darüber hinaus existiert eine Vielzahl weiterer Gremien, in denen die Interessenkonflikte zwischen den unterschiedlichen Gebietskörperschaften und Regierungsparteien „kleingearbeitet" werden und so ein „erhebliches Maß kollektiver Handlungsfähigkeit erzeugt wird" (Scharpf 1999a, S. 5–6). Durch die routinisierte Bund-Länder-Kooperation hat der Föderalismus maßgeblich zur gesellschaftlichen Integration und zum Abbau territorialer Disparitäten beigetragen und damit auch die Stabilität der bundesdeutschen Demokratie befördert.

Die politische Problembearbeitung im kooperativen Bundesstaat findet meist wenig öffentliche Aufmerksamkeit. Dazu tragen die extrem komplexen und verflochtenen Entscheidungsstrukturen bei, die häufig keine klare Zuweisung von Verantwortlichkeiten erlauben. Deswegen wird der deutsche Föderalismus nur selten ausdrücklich für seine hohe Verlässlichkeit und kontinuierliche Leistungsfähigkeit gelobt. Zugleich wird er umso härter kritisiert, wenn die Zusammenarbeit zwischen Bund und Ländern einmal nicht oder weniger gut funktioniert. Dies war etwa ab Ende der 1990er Jahre der Fall, als die territorialen Asymmetrien, die sich infolge der Wiedervereinigung und des wirtschaftlichen Strukturwandels verstärkt haben, zu Forderungen nach einer „Entflechtung" der bundesstaatlichen Ordnung führten. Die Föderalismusreform I von 2006 ging zwar einige Schritte in diese Richtung. Allerdings zeigte sich bald, dass die finanzschwachen Länder von ihrer neugewonnenen Autonomie im Wissenschafts- und Bildungsbereich aufgrund fiskalischer Zwänge kaum effektiven Gebrauch machen konnten. Daher kam es zu neuen Zentralisierungs- und Verflechtungstendenzen, durch die sich der Bund wieder in die Wissenschafts- und Bildungspolitik „einkaufte" (Abschn. 4.2). Damit haben sich die Intransparenz und die Exekutivlastigkeit des demokratischen Regierens weiter erhöht. Gleichzeitig wird es angesichts der „bunten" Regierungskoalitionen auf Länderebene schwieriger, sich auf gesamtstaatliche Lösungen zu verständigen, da nun fast alle Bundestagsparteien mit am föderalen Verhandlungstisch sitzen. Umso bemerkenswerter ist es, dass größere Entscheidungsblockaden bislang ausgeblieben sind (Schmedes 2019).

Anfang 2021 war der Föderalismus wieder scharfer Kritik ausgesetzt, als die Bundeskanzlerin und die Ministerpräsidentinnen mehrfach in langen Nachtsitzungen gemeinsame Maßnahmen zur Eindämmung der Corona-Infektionen beschlossen, die kurz darauf von einzelnen Ländern wieder unterlaufen wurden. Dabei war das Format der MPK, das bei „normalen" Problemlagen am Ende des föderalen Koordinationsprozesses steht, offensichtlich ungeeignet, um in akuten Krisenlagen wirksame Lösungen zu finden. Allerdings erwies sich der kooperative Föderalismus in dieser Situation auch als lern- und anpassungsfähig, indem die Länderregierungen bundeseinheitlichen Regelungen zustimmten, um schnellere und effektivere Reaktionen auf das weitere Pandemiegeschehen zu ermöglichen.

Das wird keineswegs die letzte Gelegenheit gewesen sein, in der sich der deutsche Föderalismus bewähren muss. Nach dem Ende der Corona-Krise steht zweifellos

15.2 Zehn Thesen zur Performanz des politischen Systems der Bundesrepublik

die Weiterentwicklung der bundesstaatlichen Finanzverfassung im Mittelpunkt der politischen Agenda (Abschn. 4.2). Weil die 2009 im Grundgesetz verankerte Schuldenbremse vor allem die Haushaltsspielräume der Länder zusätzlich begrenzt, könnte sich der seit Jahren diagnostizierte Investitionsstau weiter verschärfen. Dabei geht es nicht nur um die Erneuerung von in die Jahre gekommenen Verkehrswegen und öffentlichen Gebäuden, sondern auch um die Schaffung neuer Infrastrukturen, um die ökologische und digitale Transformation voranzubringen. Diese Zukunftsaufgaben, die hauptsächlich auf kommunaler Ebene angesiedelt sind, lassen sich bei begrenzter Ressourcenzuweisung nicht flächendeckend realisieren (Abschn. 14.1). Zugespitzt wird die Ausgangslage durch die finanziellen Folgelasten der Corona-Politik. Daher dürfte es zu massiven Verteilungskonflikten zwischen Bund und Ländern kommen, was die kooperativen Entscheidungsstrukturen des föderalen Systems erneut unter besonderen Stress setzen wird.

(8) *Europäisches Mehrebenensystem: politische Einflussnahme und demokratische Legitimationssicherung.*
Die Weiterentwicklung der EU gehört zur Staatsraison der Bundesrepublik Deutschland (Art. 23 GG; Abschn. 2.2). Ihre ökonomische Leistungsfähigkeit und politische Stabilität waren von Anfang an eng mit der europäischen Integration verbunden. Daher folgt die deutsche Europapolitik seit den 1950er Jahren einem Kurs, der sich zwischen prinzipieller Integrationsfreundlichkeit und einem interessengeleiteten Pragmatismus bewegt (Müller-Brandeck-Bocquet et al. 2010). Die verschiedenen Krisen, in denen die EU im letzten Jahrzehnt kein gutes Bild abgegeben hat, haben zwar auch in Deutschland europakritische Stimmen deutlicher vernehmbar werden lassen. Gleichwohl hat ein fundamentaler Euroskeptizismus bislang – abgesehen von der AfD – keine politisch relevante Zustimmung gefunden.

Durch die umfangreiche Kompetenzübertragung auf die EU-Ebene ist ein supranationales Regierungssystem entstanden, das von der Kommune über die Landesebene und Berlin bis nach Brüssel reicht. Einerseits erweitern sich dadurch die Handlungsmöglichkeiten für die bundesdeutschen Institutionen und Akteurinnen. Andererseits kommt es zu zusätzlichen Herausforderungen, da auch die auf EU-Ebene getroffenen Entscheidungen den Bürgerinnen nachvollziehbar vermittelt werden müssen. Damit spielen die nationalen Institutionen und Akteurinnen eine Schlüsselrolle, um die Funktionsfähigkeit der europäisch erweiterten Mehrebenendemokratie zu gewährleisten: Sie müssen sich „fit für Europa" machen, um die EU-Politik im Sinne der gesellschaftlichen Interessen mitzugestalten und dann im nationalen Rahmen effektiv umzusetzen.

Wie die einzelnen Kapitel unseres Lehrbuchs gezeigt haben, sind die EU-bezogenen Anpassungen der deutschen Institutionen und Akteurinnen unterschiedlich ausgeprägt. Von allen Verfassungsorganen hat die Bundesregierung am meisten von der Europäisierung öffentlicher Aufgaben profitiert, weil sie über den Europäischen Rat und den Ministerrat unmittelbar am europäischen Entscheidungsprozess beteiligt ist. Allerdings wird sie dafür auch in politische Mithaftung genommen, wenn die von ihr unterstützten EU-Maßnahmen zu national spürbaren Leistungsdefiziten führen, wie z. B. beim Ankauf der Corona-Impfstoffe durch die Europäische Kommission. Umso wichtiger ist es, dass die Bundesregierung klare und inhaltlich abgestimmte Positionen zur europäischen Agenda formuliert, um deutsche Interessen wirksam zu vertreten. Ihr europapolitisches Koordinationsverfahren ermöglicht eine relativ ausgewogene Interessenberücksichtigung der beteiligten Koalitionsparteien und Ressorts. Gleichzeitig wird das Verfahren aber auch für seine unzureichende Effizienz kritisiert (Abschn. 10.3).

Demgegenüber versucht der Bundestag, den strukturellen Bedeutungsverlust, den er durch die Europäisierung von Gesetzgebungskompetenzen erfahren hat, über eine systematische Kontrolle der zahlreichen EU-Vorlagen auszugleichen. Obwohl er seine diesbezüglichen Bemühungen intensiviert hat, bleibt sein europapolitischer Einfluss begrenzt (Abschn. 9.3). Die deutschen Länder verfügen zwar über ein differenziertes Spektrum europapolitischer Mitwirkungsmöglichkeiten und Einflusskanäle. Gleichwohl gehören sie insgesamt zu den Verlierern der europäischen Integration. Dabei ergeben sich für den Bundesrat weniger tiefgreifende Probleme als für die Länderparlamente (Abschn. 11.3 und 13.4). In einer besonders schwierigen Position befindet sich das Bundesverfassungsgericht, dessen Bedeutung als Hüter der demokratischen Verfassungsordnung aufgrund der fortlaufenden Konstitutionalisierung der EU tendenziell abgenommen hat. Angesichts der im Entstehen begriffenen europäischen Finanzunion droht sein Einfluss weiter zu schwinden (Abschn. 12.3).

Was schließlich die intermediären Organisationen anbelangt, haben sich die Verbände vergleichsweise gut an die Europäisierung angepasst, indem sie einerseits ihre nationalen Strukturen stärker auf die politische Interessenvermittlung im Mehrebenensystem eingestellt haben und andererseits versuchen, maßgeblichen Einfluss auf die transnationalen Euroverbände zu nehmen (Abschn. 7.3). Dagegen fällt es den deutschen Parteien unverändert schwer, ihre zentrale Rolle im nationalen Politikprozess auf die EU-Ebene zu übertragen (Abschn. 6.3).

Insgesamt müssen die nationalen Institutionen und Akteurinnen ständig auf die komplexe Dynamik der Europäisierung reagieren, um sie aktiv mitgestalten zu können. Dadurch tragen sie entscheidend dazu bei, dass das Regieren im europäischen Mehrebenensystem zu inklusiven und effektiven Problemlösungen führen kann und euroskeptische Positionen keinen politisch relevanten Resonanzboden finden.

(9) *Demokratiereformen: innovative Verfahren und politisches Engagement.*
Eine große Stärke der Demokratie ist ihre Offenheit für den Wandel. Das gilt nicht nur für die inhaltliche Ausrichtung der Regierungspolitik, die durch das Votum der Wählerinnen regelmäßig korrigiert werden kann. Ebenso können die institutionellen Strukturen und Verfahren des demokratischen Regierungssystems reformiert werden, um die politische Willensbildung und Entscheidungsfindung inklusiver und effektiver zu gestalten. Auf der Input-Seite geht es dabei sowohl um eine Steigerung der politischen Partizipation als auch um eine verbesserte Repräsentationsqualität. In diesem Zusammenhang wird über eine breite Palette von Handlungsoptionen diskutiert, von der Senkung des Wahlalters und differenzierten Stimmgebungsformen (Panaschieren und

15.2 Zehn Thesen zur Performanz des politischen Systems der Bundesrepublik

Kumulieren) über Quotenregelungen bis zu „innovativen" Beteiligungsformaten jenseits periodischer Wahlen (Elstub und Escobar 2019). Solche Reformforderungen werden nicht nur von den Parteien und Verbänden artikuliert, sondern auch von eigens dafür gegründeten Organisationen wie „Mehr Demokratie e. V.", die speziell die direktdemokratischen Mitwirkungsmöglichkeiten der Bürgerinnen stärken möchten. Parallel dazu gibt es auch auf der Output-Seite diverse Reformansätze, die auf eine Effizienz- und Effektivitätssteigerung des Regierungs- und Verwaltungshandelns abzielen.

Die bisherige Reformtätigkeit stellt sich auf den Ebenen des politischen Systems unterschiedlich dar. Auf Bundesebene erleben wir konjunkturell wiederkehrende Reformdebatten, wie eine Strukturreform des Bundesrates, die Direktwahl des Bundespräsidenten, eine Amtszeitbegrenzung des Bundeskanzlers oder die Einführung direktdemokratischer Elemente (Abschn. 10.5 und 11.4). Diese Forderungen sind bislang alle ohne politische Konsequenzen geblieben. Ein Grund liegt sicherlich darin, dass größere Reformen das relativ komplexe und ausbalancierte Institutionengefüge des Bundes in sehr unterschiedlichen Hinsichten verändern würden und damit auch unerwünschte Nebenwirkungen produzieren könnten. Dies gilt insbesondere für eine Einführung der Volksgesetzgebung, die auf dieser Ebene erhebliche Kompatibilitätsprobleme erzeugen würde (Grotz 2013c, S. 324–326). Auch für die meisten anderen Reformvorschläge auf Bundesebene führt die Kosten-Nutzen-Abwägung zu keinem eindeutig positiven Ergebnis. Parteipolitisch nach wie vor sehr umstritten sind sowohl die grundsätzliche Notwendigkeit als auch die konkrete Ausgestaltung einer erneuten Wahlsystemreform, welche die unkalkulierbare Vergrößerung des Bundestages wirksam verhindert (Abschn. 5.4).

Auf Ebene der Länder und Kommunen konnte man dagegen ein regelrechtes Reformfeuerwerk beobachten (Abschn. 13.2 und 14.2). Seit den 1990er Jahren wurden dort direktdemokratische Beteiligungsformen flächendeckend etabliert, teilweise das Wahlalter abgesenkt und die Stimmgebungsoptionen des Wahlsystems erweitert. Hinzu kam die Direktwahl der Bürgermeister in jenen Ländern, in denen es sie zuvor noch nicht gegeben hatte. Außerdem haben einige Gemeinden Bürgerhaushalte aufgelegt, in denen die Bürgerinnen über frei verwendbare Budgetmittel mitentscheiden dürfen (Roth 2020). Neben diesen Input-bezogenen Reformen haben Länder und Kommunen auch ihre Verwaltungsstrukturen und -verfahren umfassend modernisiert.

Die Bilanz dieser vielfältigen Maßnahmen ist gemischt. Einerseits wurden die neuen Volksgesetzgebungsverfahren in einigen Ländern intensiv genutzt, auch in etlichen Kommunen wurden die erweiterten Beteiligungsmöglichkeiten positiv aufgenommen. Andererseits haben die Reformen weder zu einer generellen Attraktivitätssteigerung der kommunalen Demokratie geführt noch konnten sie die Trends der abnehmenden Wahlbeteiligung und des zurückgehenden Interesses an der Gestaltung der öffentlichen Angelegenheiten umkehren. Gelegentlich haben die partizipativen Innovationen auch die soziale Ungleichheit politischer Beteiligung verstärkt. Ein Beispiel dafür ist eine Hamburger Volksabstimmung von 2010, bei der eine im breiten Parteienkonsens verabschiedete Schulreform abgelehnt wurde. Diese Reform hätte vor allem die marginalisierten sozialen Schichten begünstigt, die sich in wesentlich geringerem Maße an der Abstimmung beteiligten als jene mit höherem sozioökonomischem Status (Töller et al. 2011).

Kurzum: Institutionelle Reformen können die Inklusivität und Effizienz des demokratischen Regierens in manchen Bereichen verbessern. Allerdings ist es unzureichend, Demokratiereformen nur zu würdigen, sondern wir müssen auch ihre Effekte reflektieren, was bedeutet, dass ihre „Risiken und Nebenwirkungen" mit zu bedenken sind. Formale Regeländerungen können meist für sich allein keine Defizite des Regierungssystems beheben, sondern es braucht die Bereitschaft und aktive Beteiligung der politischen Akteurinnen, um die demokratischen Innovationen mit Leben zu füllen.

(10) *Demokratie in Krisenkonstellationen: Zustimmung und Engagement als Stabilitätsanker.*
In Krisen zeigt sich besonders, ob eine Demokratie hinreichend widerstandsfähig ist, also über Puffer und Reserven verfügt, um ihre konstitutiven Prinzipien, Institutionen und Verfahren auch unter schwierigen Bedingungen funktions- und zustimmungsfähig zu halten. Eine so verstandene Resilienz kann nicht erst in der Krise entwickelt werden, vielmehr beweist sie sich darin. Das gilt sowohl für latente Krisen, die sich sukzessive aufbauen, ohne dass bereits manifeste Funktionsdefizite erkennbar sind, als auch für die Nachkrisenzeit, in der meist weniger öffentliche Ressourcen für die Befriedung gesellschaftlicher Konflikte zur Verfügung stehen.

Als Herrschaftsform wird die Demokratie in Deutschland von einer überwältigenden Mehrheit der Bevölkerung begrüßt (Merkel et al. 2020, S. 392). Dass die Bundesrepublik über ein politisches System verfügt, das auch unter Stressbedingungen funktioniert, ist schon mehrfach unter Beweis gestellt worden (u. a. Wiedervereinigung, Eurokrise, Flüchtlingskrise). Dazu beigetragen hat ein ausgefeiltes System der horizontalen und vertikalen Gewaltenteilung mit unterschiedlichen Arenen, in denen Parteien, Verbände, Medien und zivilgesellschaftliche Akteurinnen kooperieren und sich wechselseitig kontrollieren. So wundert es nicht, dass Deutschland in den Rankings, in denen die demokratische Qualität von Nationalstaaten bewertet wird, regelmäßig in der Spitzengruppe rangiert. In einem gewissen Kontrast dazu steht, dass sich die Spaltungslinien im Lande vertieft haben und die Kritik an den Politikerinnen, den repräsentativen Institutionen sowie der Demokratie insgesamt zugenommen hat. Diese Unzufriedenheit ist nicht in allen gesellschaftlichen Gruppen gleichermaßen verbreitet, sondern in hohem Maße sozial selektiv. Doch auch wenn die sozialen Verwundbarkeiten und die Ohnmacht gegenüber internationalen Unternehmen und globalisierten Märkten gewachsen sind, lässt sich das Unbehagen in Bezug auf die Demokratie nicht eindimensional aus den ökonomischen und sozialen Verhältnissen ableiten.

Vor diesem Hintergrund wird deutlich, dass das politische System nicht nur inklusive und effiziente Institutionen, sondern auch auf die Unterstützung der Bürgerinnen angewiesen ist. Gerade deren Zustimmung und Engagement wirkt in Krisenkonstellationen als Stabilitätsanker, um den Fortbestand und die Weiterentwicklung der Demokratie zu ermöglichen.

15.3 Was braucht es zur Stärkung demokratischer Resilienz?

In diesem Schlusskapitel unseres Lehrbuchs haben wir das Augenmerk vor allem auf bestimmte Strukturen und Entwicklungen im politischen System der Bundesrepublik gerichtet, die seine demokratische Performanz beeinträchtigen. Dazu zählen die teils intransparente und ineffiziente Verantwortungsteilung innerhalb und zwischen den Ebenen, die ungezügelte Aufwertung der Exekutive, die zunehmende Bedeutung von Expertinnen und Expertengremien im politischen Entscheidungsprozess, die veränderte Kommunikation im hybriden Mediensystem sowie nicht zuletzt die abnehmende Vermittlungsfähigkeit der Parteien und Verbände zwischen dem Regierungssystem und den Bürgerinnen. Politisches Handeln, das darauf zielt, verbindliche Regeln für alle zu schaffen, ist in einer sich stärker individualisierenden Gesellschaft durch wachsende Skepsis, Politikverdrossenheit und populistische Bewegungen herausgefordert. Dagegen sind die institutionellen und politischen Kräfte, die diesen Herausforderungen begegnen müssen, in ihrer Resilienz schwächer geworden.

Deshalb besteht konkreter Handlungs- und Reformbedarf, um die Resilienz der handelnden Individuen, Organisationen und Institutionen zu erhöhen. Erstens muss die breite Mehrheit der Gesellschaft positiv zum politischen System eingestellt sein. Dazu bedarf es fundierter Grundkenntnisse über seine Strukturen und Funktionsweise. Denn der Zusammenhang zwischen dem Wissen über das demokratische Regierungssystem und seiner Akzeptanz ist signifikant. Dafür spielen Bildungsinstitutionen, Medien, Vereine, Parteien und Verbände eine wichtige Rolle. Gerade weil die Integrationskraft der intermediären Organisationen schwächer geworden ist, muss über weitere, zusätzliche Vermittlungswege der politischen Bildung und politischen Partizipation nachgedacht werden. Darüber hinaus braucht es die aktive Mitwirkung der Bürgerinnen, um zu verhindern, dass aus den vielfältigen ökonomischen, gesellschaftlichen und politischen Krisensituationen eine Demokratiekrise wird. Dazu gehört insbesondere die Bereitschaft, sich auf die systeminhärenten Zielkonflikte zwischen einer möglichst inklusiven Willensbildung und einer möglichst effizienten Entscheidungsfindung einzulassen, gegen Feinde der liberalen Demokratie entschieden Position zu beziehen und zugleich offen für Reformansätze zu sein.

Zweitens müssen die Institutionen der systemnotwendigen Leistungserbringung die an sie gerichteten Anforderungen erfüllen, wobei dem wirtschafts- und sozialpolitischen Bereich besondere Bedeutung zukommt. In diesem Zusammenhang geht es auch um die Institutionalisierung vorausschauender Praktiken, um veränderte gesellschaftliche Herausforderungen und Bedarfe frühzeitig zu erkennen und angemessen auf sie zu reagieren.

Drittens bedarf es eines breit aufgestellten, demokratiefreundlichen Mediensystems und seiner aufgeklärten Nutzung durch die Bürgerinnen. Im Zentrum dieses Systems sollten die öffentlich-rechtlichen Medien stehen, die durch ihre breite, alle gesellschaftlichen Positionen umfassende Angebotspalette attraktiv sind, eine positive Ausstrahlung auf die privaten Medienangebote ausüben und damit auch in der hybriden Medienordnung die Demokratie festigen.

Diese drei Ansatzpunkte zur Stärkung demokratischer Resilienz lassen sich erweitern. Im Kern braucht eine „geglückte Demokratie" das Zusammenspiel zwischen wertebasierten, (selbst-)kritischen und vorausschauenden politischen Eliten, Organisationen und Institutionen auf der einen Seite und einer Bevölkerung auf der anderen Seite, die sich an demokratischen Werten orientiert und sich dafür engagiert. Auf dieser Basis wird die Berliner Republik auch in unsicheren Zeiten ein Stabilitäts- und Innovationsanker in Europa sein können, um im Konzert eines neuen internationalen Multilateralismus die großen Menschheitsherausforderungen gemeinsam mit anderen anzugehen.

Literatur

Abbas, Fatima, Ralf Michel, und Peter Hanuschke. 2020. Das sind die größten Corona-Betrugsfälle. https://www.weser-kurier.de/deutschland-welt/deutschland-welt-politik_artikel,-das-sind-die-groessten-coronabetrugsfaelle-_arid,1924291.html. Zugegriffen: 18. Aug. 2020.

Abromeit, Heidrun. 1992. *Der verkappte Einheitsstaat*. Opladen: Leske + Budrich.

Abromeit, Heidrun. 1995. Volkssouveränität, Parlamentssouveränität, Verfassungssouveränität: Drei Realmodelle der Legitimation staatlichen Handelns. *Politische Vierteljahresschrift* 36 (1): 49–66.

Abstimmung21. 2020. Probeabstimmung 20.09.2020: Abstimmungsheft. https://abstimmung21.de/downloads/abstimmung21_abstimmungsheft.pdf. Zugegriffen: 21. Dez. 2020.

Ackerman, Bruce. 1999. Constitutional economics – Constitutional politics. *Constitutional Political Economy* 10 (4): 403–412.

Allemann, Fritz René. 1956. *Bonn ist nicht Weimar*. Köln: Kiepenheuer & Witsch.

Allgaier, Joachim. 2020. Rezo and German climate change policy: The influence of networked expertise on YouTube and beyond. *Media and Communication* 8 (2): 376–386.

Allroggen, Antje. 2020. Ablehnung der Beitragserhöhung: „Das Land Sachsen-Anhalt verletzt die Verfassung". Hubertus Gersdorf im Gespräch mit Antje Allroggen. https://www.deutschlandfunk.de/ablehnung-der-beitragserhoehung-das-land-sachsen-anhalt.2907.de.html?dram:article_id=488924. Zugegriffen: 13. Apr. 2021.

Almond, Gabriel A., und G. Bingham Powell. 1988. *Comparative politics today: A world view*. Boston: Little Brown.

Amm, Jürgen. 2007. Umweltverbände. In *Interessenverbände in Deutschland*, Hrsg. Thomas von Winter und Ulrich Willems, 367–390. Wiesbaden: VS.

Arlt, Hans-Jürgen, und Wolfgang Storz. 2017. *„Bild" und Wulff – Ziemlich beste Partner: Fallstudie über eine einseitig aufgelöste Geschäftsbeziehung*. Frankfurt a. M.: Otto Brenner Stiftung.

Armingeon, Klaus. 2011. Verbändesysteme: Strukturen und Funktionen der Interessenvermittlung. In *Regierungssysteme in Mittel- und Osteuropa: Die neuen EU-Staaten im Vergleich*, Hrsg. Florian Grotz und Ferdinand Müller-Rommel, 147–168. Wiesbaden: VS.

Arzheimer, Kai. 2016. Wahlverhalten in Ost-West-Perspektive. In *Wahlen und Wähler*, Hrsg. Harald Schoen und Bernhard Weßels, 71–89. Wiesbaden: Springer VS.

Arzheimer, Kai, und Jürgen. W. Falter. 2005. „Goodbye Lenin?" Bundes- und Landtagswahlen seit 1990: Eine Ost-West-Perspektive. In *Wahlen und Wähler*, Hrsg. Jürgen W. Falter, Oscar W. Gabriel und Bernhard Weßels, 244–283. Wiesbaden: Springer VS.

Auberger, Tobias, und Wolfram Lamping. 2013. Zwischen Scheinparlamentarisierung, Selbstbehauptung und strategischer Ressource: Das Urteil des Bundesverfassungsgerichts zum Vertrag von Lissabon. In *Das Lissabon-Urteil,* Hrsg. Roland Lhotta, Jörn Ketelhut, und Helmar Schöne, 89–106. Wiesbaden: Springer VS.

Bannas, Günter, und Eckart Lohse. 2016. Weites Herz, endliche Möglichkeiten. *Frankfurter Allgemeine Zeitung,* 7. Juni, 3.

Barth, Rüdiger, und Hauke Friederichs. 2018. *Die Totengräber: Der letzte Winter der Weimarer Republik.* Frankfurt a. M.: Fischer.

Bartl, Walter. 2019. Institutionalization of a formalized intergovernmental transfer scheme for asylum seekers in Germany: The Königstein key as an indicator of federal justice. *Journal of Refugee Studies (online First).* https://doi.org/10.1093/jrs/fez081.

Batt, Helge Lothar. 2003. *Verfassungsrecht und Verfassungswirklichkeit im vereinigten Deutschland: Die Dichotomie des Grundgesetzes zwischen limitierend-formalem und dirigierend-materialem Verfassungsverständnis.* Opladen: Leske + Budrich.

Bauböck, Rainer. 2016. Morphing the demos into the right shape: Normative principles for enfranchising resident aliens and expatriate citizens. In *Voting rights in the age of globalization,* Hrsg. Daniele Caramani und Florian Grotz, 22–41. London: Routledge.

Bauer, Michael W., Jörg Bogumil, Christoph Knill, Falk Ebinger, Sandra Krapf, und Kristin Reißig. 2007. *Modernisierung der Umweltverwaltung: Reformstrategien und Effekte in den Bundesländern.* Berlin: Edition Sigma.

Bauer, Michael W., Christoph Knill, und Maria Ziegler. 2007. Wie kann die Koordination deutscher Europapolitik verbessert werden? Folgerungen aus einem Leistungsvergleich institutioneller Arrangements in Deutschland, Finnland und Großbritannien. *Zeitschrift für Parlamentsfragen* 38 (4): 734–751.

Baum, Achim, Wolfgang R. Langenbucher, Horst Pöttker, und Christian Schicha. 2005. Pressekodex Publizistische Grundsätze. In *Handbuch Medienselbstkontrolle,* Hrsg. Achim Baum, Wolfgang R. Langenbucher, Horst Pöttker, und Christian Schicha, 89–100. Wiesbaden: VS.

Baum, Anna-Luise, und Theresa Haberl. 2020. Medienskepsis und Politikwahrnehmung im Wechselspiel: Populismus als Einflussfaktor auf Politik- und Medienvertrauen. In *Medienskepsis in Deutschland,* Hrsg. Bernd Blöbaum, Thomas Hanitzsch, und Laura Badura, 113–132. Wiesbaden: Springer VS.

BDZV. 2018. *Zeitungen 2018/19.* Berlin: ZV Zeitungs-Verlag Service.

Beck, Klaus. 2018. *Das Mediensystem Deutschlands: Strukturen, Märkte, Regulierung,* 2. Aufl. Wiesbaden: Springer VS.

Beck, Kurt. 2004. *Hintergrundinformationen der rheinland-pfälzischen Landesregierung zur Ländermitwirkung in EU-Angelegenheiten in Zusammenhang mit den Reformüberlegungen zu Artikel 23 GG.* Berlin: Kommission von Bundestag und Bundesrat zur Modernisierung der bundesstaatlichen Ordnung, Kommissionsdrucksache 34.

Becker, Peter. 2013. Die Subsidiaritätsprüfung in Bundestag und Bundesrat – Ein rechtliches oder ein politisches Instrument? *Zeitschrift für Politikwissenschaft* 23 (1): 5–37.

Becker, Kim Björn. 2019. Rede und arbeite. *Frankfurter Allgemeine Zeitung,* 15. April, 8.

Beer, Rüdiger Robert. 1970. *Die Gemeinde.* München: Olzog.

Behnke, Joachim, Florian Grotz, und Christof Hartmann. 2017. *Wahlen und Wahlsysteme.* Berlin: De Gruyter Oldenbourg.

Behnke, Nathalie. 2020. Föderalismus in der (Corona-)Krise? Föderale Funktionen, Kompetenzen und Entscheidungsprozesse. *Aus Politik und Zeitgeschichte* 70 (B35–37): 9–15.

Beichelt, Timm. 2007a. Die europapolitische Koordinierung der Bundesrepublik: Besser als ihr Ruf. *Zeitschrift für Parlamentsfragen* 38 (4): 751–763.

Beichelt, Timm. 2007b. Over-efficiency in German EU policy coordination. *German Politics* 16 (4): 421–432.

Beichelt, Timm. 2015. *Deutschland und Europa: Die Europäisierung des politischen Systems*, 2. Aufl. Wiesbaden: Springer VS.

Benda, Ernst. 1998. *Entlastung des Bundesverfassungsgerichts – Vorschläge der Entlastungskommission*. Baden-Baden: Nomos.

Bendel, Petra. 2017. *EU-Flüchtlingspolitik in der Krise: Blockaden, Entscheidungen, Lösungen*. Bonn: Friedrich-Ebert-Stiftung.

Benninghoff, Martin. 2021. Volt erfolgreich bei Wahlen. https://www.faz.net/aktuell/politik/interview-mit-politikwissenschaftler-wolfgang-schroeder-von-der-uni-kassel-ueber-die-partei-volt-17249909.html#void. Zugegriffen: 30. März 2021.

Benz, Arthur. 1989. Intergovernmental Relations in the 1980s. *Publius: The Journal of Federalism* 19 (4): 203–220.

Benz, Arthur. 2004. *Abstimmungsverfahren im Bundesrat*. Berlin: Kommission von Bundestag und Bundesrat zur Modernisierung der bundesstaatlichen Ordnung, Kommissionsdrucksache 86.

Benz, Arthur. 2008. *Der moderne Staat: Grundlagen der politologischen Analyse*, 2. Aufl. München: Oldenbourg.

Benz, Arthur. 2009. Ein gordischer Knoten der Politikwissenschaft? Zur Vereinbarkeit von Föderalismus und Demokratie. *Politische Vierteljahresschrift* 50 (1): 3–22.

Benz, Arthur. 2012. Yardstick competition and policy learning in multi-level systems. *Regional & Federal Studies* 22 (3): 251–267.

Benz, Arthur. 2017. Staatsorganisation, Föderalismusentwicklung und kommunale Selbstverwaltung: Neue Herausforderungen, eingeschränkte Leistungsfähigkeit, horizontaler und vertikaler Koordinationsbedarf. *Zeitschrift für Staats- und Europawissenschaften* 15 (2–3): 395–416.

Benz, Arthur. 2019a. Verwaltung als Mehrebenensystem. In *Handbuch zur Verwaltungsreform*, Hrsg. Sylvia Veit, Christoph Reichard, und Göttrik Wewer, 87–98. Wiesbaden: Springer VS.

Benz, Arthur. 2019b. Vom kooperativen Bundesstaat zum Kooperationsverbot. Kontinuität und Wandel der föderalen Staatsorganisation des Grundgesetzes. In *Jahrbuch des Föderalismus 2019*, Hrsg. Europäisches Zentrum für Föderalismus-Forschung, 67–79. Baden-Baden: Nomos.

Benz, Arthur, Jessica Detemple, Wilfried Erbguth, Tine Köhler, Konrad Lammers, Heinrich Mäding, und Reinhard Timmer. 2015. *Neugliederung des Bundesgebietes – oder Kooperation der Bundesländer?* Hannover: Akademie für Raumforschung und Landesplanung.

Benz, Arthur, Jessica Detemple, und Dominic Heinz. 2016. *Varianten und Dynamiken der Politikverflechtung im deutschen Bundesstaat*. Baden-Baden: Nomos.

Berbuir, Nicole, Marcel Lewandowsky, und Jasmin Siri. 2015. The AfD and its sympathisers: Finally a right-wing populist movement in Germany? *German Politics* 24 (2): 154–178.

Bergmann, Knut, Matthias Diermeier, und Judith Niehues. 2017. Die AfD: Eine Partei der sich ausgeliefert fühlenden Durchschnittsverdiener? *Zeitschrift für Parlamentsfragen* 48 (1): 57–75.

Bergsdorf, Wolfgang. 1980. *Die vierte Gewalt: Eine Einführung in die politische Massenkommunikation*. Mainz: von Hase und Koehler.

Bermanseder, Markus. 1998. *Die europäische Idee im Parlamentarischen Rat*. Berlin: Duncker & Humblot.

Bertelsmann-Kommission. 2000. *Entflechtung 2005: Zehn Vorschläge zur Optimierung der Regierungsfähigkeit im deutschen Föderalismus*, 2. Aufl. Gütersloh: Bertelsmann Stiftung.

Bertelsmann-Stiftung. 2015a. Prekäre Wahlen – Bremen: Milieus und soziale Selektivität der Wahlbeteiligung bei der Bremischen Bürgerschaftswahl 2015. https://www.bertelsmann-stiftung.de/fileadmin/files/user_upload/ZD_Prekaere_Wahlen-Bremen.pdf. Zugegriffen: 27. März 2020.

Bertelsmann-Stiftung. 2015b. Prekäre Wahlen – Hamburg: Milieus und soziale Selektivität der Wahlbeteiligung bei der Hamburger Bürgerschaftswahl 2015. https://www.bertelsmann-stiftung.de/fileadmin/files/BSt/Publikationen/GrauePublikationen/ZD_Prekaere_Wahlen_Hamburg_final.pdf. Zugegriffen: 27. März 2020.

Bertelsmann-Stiftung. 2017. Populäre Wahlen – NRW: Mobilisierung und Gegenmobilisierung der sozialen Milieus bei der Landtagswahl Nordrhein-Westfalen 2017. https://www.bertelsmann-stiftung.de/fileadmin/files/BSt/Publikationen/GrauePublikationen/ZD_Populaere_Wahlen_NRW.pdf. Zugegriffen: 27. März 2020.

Bertelsmann-Stiftung. 2019. Kommunaler Finanzreport 2019. https://www.bertelsmann-stiftung.de/fileadmin/files/Projekte/Kommunale_Finanzen/Finanzreport-2019-gesamt.pdf. Zugegriffen: 18. Okt. 2020.

Bieber, Roland, Astrid Epiney, Marcel Haag, und Markus Kotzur. 2019. *Die Europäische Union: Europarecht und Politik,* 13. Aufl. Baden-Baden: Nomos.

Binderkrantz, Anne. 2005. Interest group strategies: Navigating between privileged access and strategies of pressure. *Political Studies* 53 (4): 694–715.

Bleisch, Natalie, Wolfgang Koch, und Carmen Schäfer. 2019. ARD/ZDF-Onlinestudie 2019: Mediale Internetnutzung und Video-on-Demand gewinnen weiter an Bedeutung. *Media Perspektiven* 9: 374–388.

Blossfeld, Hans-Peter, und Karl Ulrich Mayer. 1991. Berufsstruktureller Wandel und soziale Ungleichheit. Entsteht in der Bundesrepublik Deutschland ein neues Dienstleistungsproletariat? *Kölner Zeitschrift für Soziologie und Sozialpsychologie* 43 (4): 671–696.

Bobbio, Norberto. 1994. *Rechts und Links: Gründe und Bedeutungen einer politischen Unterscheidung.* Berlin: Wagenbach.

Böckenförde, Ernst-Wolfgang. 1990. Grundrechte als Grundsatznormen: Zur gegenwärtigen Lage der Grundrechtsdogmatik. *Der Staat* 29 (1): 1–31.

Boeßenecker, Karl-Heinz. 2017. Wohlfahrtspflege in der Weimarer Republik: Zivilgesellschaftliche Akteure oder Vertreter von Partikularinteressen? In *Ökonomisierung und Säkularisierung: Neue Herausforderungen der konfessionellen Wohlfahrtspflege in Deutschland,* Hrsg. Rauf Ceylan und Michael Kiefer, 7–38. Wiesbaden: Springer VS.

Bogumil, Jörg. 2017. 20 Jahre Neues Steuerungsmodell – Eine Bilanz. In *Kommunale Verwaltungsreform,* Hrsg. Christoph Brüning und Utz Schliesky, 13–30. Baden-Baden: Nomos.

Bogumil, Jörg. 2018. Die Logik der Politikberatung: Analysen am Beispiel der Verwaltungspolitik der Länder. In *Perspektiven der Verwaltungswissenschaft,* Hrsg. Michael W. Bauer und Edgar Grande, 153–182. Baden-Baden: Nomos.

Bogumil, Jörg, und Lars Holtkamp. 2013. *Kommunalpolitik und Kommunalverwaltung: Eine praxisorientierte Einführung.* Bonn: Bundeszentrale für politische Bildung.

Boldt, Hans. 2003. Die Wiederaufnahme der deutschen föderativen Tradition im Parlamentarischen Rat 1948/49. *Zeitschrift für Staats- und Europawissenschaften* 1 (4): 505–526.

Bommarius, Christian. 2009. *Das Grundgesetz: Eine Biographie,* 2. Aufl. Berlin: Rowolth.

Börzel, Tanja. 2006. Europäisierung der deutschen Politik? In *Regieren in der Bundesrepublik Deutschland,* Hrsg. Manfred G. Schmidt und Reimut Zohlnhöfer, 491–509. Wiesbaden: VS.

Bracher, Karl Dietrich. 1971. *Die Auflösung der Weimarer Republik: Eine Studie zum Problem des Machtverfalls in der Demokratie.* Düsseldorf: Droste.

Bracher, Karl Dietrich, Manfred Funke, und Hans-Adolf Jacobsen, Hrsg. 1987. *Die Weimarer Republik 1918–33: Politik, Wirtschaft, Gesellschaft.* Düsseldorf: Droste.

Bräth, Eva. 2017. Anwesenheitspflicht, Immunität und kostenfreie Bahnnutzung. *Das Parlament* 67 (42–43): 9.

Braun, Daniela, und Markus Tausendpfund. 2020. Die neunten Direktwahlen zum Europäischen Parlament: Rahmenbedingungen, Parteien und Bürger in der Bundesrepublik Deutschland. *Zeitschrift für Parlamentsfragen* 50 (4): 715–735.

Braun, Daniela, Sebastian Adrian Popa, und Hermann Schmitt. 2019. Responding to the crisis: Eurosceptic parties of the left and right and their changing position towards the European Union. *European Journal of Political Research* 58 (3): 797–819.

Bräuninger, Thomas, Marc Debus, Jochen Müller, und Christian Stecker. 2020. *Parteienwettbewerb in den deutschen Bundesländern*, 2. Aufl. Wiesbaden: Springer VS.

Bremers, Markus. 2001. *Die Gemeinsame Verfassungskommission: Warum gilt das Grundgesetz?* Wiesbaden: Westdeutscher Verlag.

Brettschneider, Frank. 2002. *Spitzenkandidaten und Wahlerfolg*. Wiesbaden: Westdeutscher Verlag.

Brose, Ekkehard. 2013. *Parlamentsarmee und Bündnisfähigkeit: Ein Plädoyer für eine begrenzte Reform des Parlamentsbeteiligungsgesetzes*. SWP-Studie, 18/2013. Berlin.

Brüsewitz, Lena. 2017. Interessenvertretung im föderalen System: Kommunale Spitzenverbände in Hessen und Niedersachsen. https://nbn-resolving.org/urn/resolver.pl?urn=urn:nbn:de:hebis:34-2017080853220. Zugegriffen: 23. Mai 2020.

Bukow, Sebastian. 2010. Die professionalisierte Parteiorganisation: Bedeutung und Selbstverständnis der Party Central Offices. In *Parteien als fragmentierte Organisationen,* Hrsg. Uwe Jun und Benjamin Höhne, 257–278. Opladen: Budrich.

Bukow, Sebastian, und Benjamin Höhne. 2013. Parteienfamilien in der Europäischen Union. In *Handbuch Parteienforschung,* Hrsg. Oskar Niedermayer, 819–846. Wiesbaden: VS.

Bukow, Sebastian, und Thomas Poguntke. 2013. Innerparteiliche Organisation und Willensbildung. In *Handbuch Parteienforschung,* Hrsg. Oskar Niedermayer, 179–209. Wiesbaden: VS.

Bull, Hans Peter. 2015. Grundsatzentscheidungen zum Datenschutz im Bereich der inneren Sicherheit. In *Handbuch Bundesverfassungsgericht im politischen System,* 2. Aufl., Hrsg. Robert Christian van Ooyen und Martin H. W. Möllers, 626–663. Wiesbaden: Springer VS.

Bundesministerium der Finanzen (BMF). 2019a. Der bundesstaatliche Finanzausgleich. https://www.bundesfinanzministerium.de/Content/DE/Standardartikel/Themen/Oeffentliche_Finanzen/Foederale_Finanzbeziehungen/Laenderfinanzausgleich/Der-Bundesstaatliche-FAG.pdf?__blob=publicationFile&v=5. Zugegriffen: 13. Juli 2020.

Bundesministerium der Finanzen (BMF). 2019b. Ergebnisse des Länderfinanzausgleichs 2018. https://www.bundesfinanzministerium.de/Monatsberichte/2019/03/Inhalte/Kapitel-3-Analysen/3-3-ergebnisse-laenderfinanzausgleich.html. Zugegriffen: 2. Aug. 2019.

Bundesministerium der Finanzen (BMF). 2019c. Kassenmäßige Steuereinnahmen nach Steuerarten und Gebietskörperschaften (Aktuelle Ergebnisse), Berichtszeitraum Kalenderjahr 2018. https://www.bundesfinanzministerium.de/Content/DE/Standardartikel/Themen/Steuern/Steuerschaetzungen_und_Steuereinnahmen/2019-01-31-steuereinnahmen-kalenderjahr-2018.pdf?__blob=publicationFile&v=2. Zugegriffen: 14. Juli 2020.

Bundesministerium des Innern, für Bau und Heimat (BMI). 2019a. Gemeinsame Geschäftsordnung der Bundesministerien. https://www.bmi.bund.de/DE/themen/moderne-verwaltung/verwaltungsmodernisierung/geschaeftsordnung-bundesministerien/geschaeftsordnung-bundesministerien-node.html. Zugegriffen: 26. Sept. 2019.

Bundesministerium des Innern, für Bau und Heimat (BMI). 2019b. Liste der Beauftragten der Bundesregierung, der Bundesbeauftragten sowie der Koordinatoren/Koordinatorinnen der Bundesregierung nach § 21 Abs. 3 Gemeinsame Geschäftsordnung der Bundesministerien (GGO). https://www.bmi.bund.de/SharedDocs/downloads/DE/veroeffentlichungen/themen/ministerium/beauftragte-der-bundesregierung.html. Zugegriffen: 19. Juli 2020.

Bundesministerium für Familie, Senioren, Frauen und Jugend (BMFSFJ). 2019. *Die Mütter des Grundgesetzes*. Berlin: Bundesministerium für Familie, Senioren, Frauen und Jugend.

Bundesministerium für Gesundheit (BMG). 2019. Konzentrierte Aktion Pflege. https://www.bundesgesundheitsministerium.de/konzertierte-aktion-pflege.html. Zugegriffen: 19. Juli 2020.

Bundesministerium für Verkehr und digitale Infrastruktur (BMVI). 2019. Minister und Staatssekretäre. https://www.bmvi.de/DE/Ministerium/Minister-Staatssekretaere/minister-staatssektretaere.html. Zugegriffen: 23. Juli 2020.

Bundesministerium für Wirtschaft und Energie (BMWi). 2020a. Bund-Länder-Finanzausgleich und Aufbau Ost. https://www.beauftragter-neue-laen-der.de/BNL/Navigation/DE/Themen/Bundesstaatliche_Solidaritaet/Bund_Laender_Finanzausgleich_und_Aufbau_Ost/bund_laender_finanzausgleich_und_aufbau_ost.html. Zugegriffen: 18. Aug. 2020.

Bundesministerium für Wirtschaft und Energie (BMWi). 2020b. Jahresbericht der Bundesregierung zum Stand der Deutschen Einheit 2020. https://www.bmwi.de/Redaktion/DE/Publikationen/Neue-Laender/jahresbericht-zum-stand-der-deutschen-einheit-2020.pdf. Zugegriffen: 15. Jan. 2021.

Bundesrat. 2017. Die Arbeit des Bundesrates im Spiegel der Zahlen (Stand: 22. November 2017). https://www.bundesrat.de/SharedDocs/downloads/DE/statistik/gesamtstatistik.pdf?__blob=publicationFile&v=9. Zugegriffen: 26. Mai 2020.

Bundesrat. 2018. Ausschuss für Fragen der Europäischen Union. https://www.bundesrat.de/DE/bundesrat/ausschuesse/eu/eu-node.html. Zugegriffen: 3. Dez. 2018.

Bundesrat. 2020a. Ausgewählte Tagesordnungspunkte der 991. Sitzung am 29.06.2020. https://www.bundesrat.de/DE/plenum/bundesrat-kompakt/20/991/991-node.html. Zugegriffen: 3. Nov. 2020.

Bundesrat. 2020b. Ausgewählte Tagesordnungspunkte der 992. Sitzung am 03.07.2020. https://www.bundesrat.de/DE/plenum/bundesrat-kompakt/20/992/992-node.html. Zugegriffen: 3. Nov. 2020.

Bundesregierung. 2019. Bundespresseamt: Geschichte und Aufgaben. https://www.bundesregierung.de/breg-de/bundesregierung/bundespresseamt/geschichte-und-aufgaben-454036. Zugegriffen: 19. Juli 2020.

Bundesverfassungsgericht. 2019. Jahresstatistik 2019. https://www.bundesverfassungsgericht.de/SharedDocs/Downloads/DE/Statistik/statistik_2019.pdf;jsessionid=B85B4FD9CA7ED7D40D697AF105A0BC4F.2_cid386?__blob=publicationFile&v=4. Zugegriffen: 8. Jan. 2021.

Bundesverfassungsgericht. 2021. Verfahren seit 7. September 1951 bis 31. Dezember 2020. https://www.bundesverfassungsgericht.de/DE/Verfahren/Jahresstatistiken/2020/gb2020/A-I-1.pdf?__blob=publicationFile&v=2. Zugegriffen: 27. Juli 2021.

Bundeswahlleiter. 2018. Ergebnisse früherer Bundestagswahlen. https://www.bundeswahlleiter.de/dam/jcr/397735e3-0585-46f6-a0b5-2c60c5b83de6/btw_ab49_gesamt.pdf. Zugegriffen: 24. März 2021.

Burggraf, Jürgen, Christine Gerlach, und Jan Wiesner. 2018. Europäische Medienregulierung im Spannungsfeld zwischen EU- und mitgliedsstaatlicher Kompetenz. *Media Perspektiven* 10: 496–510.

Burkhart, Simone. 2005. Parteipolitikverflechtung. Über den Einfluss von Bundespolitik auf Landtagswahlentscheidungen von 1976 bis 2000. *Politische Vierteljahresschrift* 46 (1): 14–38.

Burkhart, Simone, und Philip Manow. 2006. Kompromiss und Konflikt im parteipolitisierten Föderalismus der Bundesrepublik Deutschland. *Zeitschrift für Politikwissenschaft* 16 (3): 807–824.

Busch, Andreas. 2006. Verfassungspolitik: Stabilität und permanentes Austarieren. In *Regieren in der Bundesrepublik Deutschland,* Hrsg. Manfred G. Schmidt und Reimut Zohlnhöfer, 33–56. Wiesbaden: VS.

Buß, Annette. 2002. *Das Machtgefüge in der heutigen Kommunalverfassung: Zur Machtverteilung zwischen Vertretungskörperschaft und Hauptverwaltungsorgan bei Urwahl der Bürgermeister.* Baden-Baden: Nomos.

Bußjäger, Peter. 2015. The conference of European regional legislative assemblies – An effective network for regional parliaments? In *Subnational parliaments in the EU multi-level parliamentary system,* Hrsg. Gabriele Abels und Annegret Eppler, 309–323. Innsbruck: Studienverlag.

Busse, Volker, und Hans Hofmann. 2019. *Bundeskanzleramt und Bundesregierung: Handbuch für Wissenschaft und Praxis,* 7. Aufl. Baden-Baden: Nomos.

Büttner, Thiess, und Tobias Görbert. 2016. Neuregelung des bundesstaatlichen Finanzausgleichs: Umverteilungs- und Verbleibseffekte. *Wirtschaftsdienst* 96 (11): 818–824.

Calliess, Christian, und Timm Beichelt. 2015. *Die Europäisierung des Parlaments: Die europapolitische Rolle von Bundestag und Bundesrat.* Gütersloh: Bertelsmann-Stiftung.

CALRE. 2018. Organization Rules. https://www.calrenet.eu/what-is-calre/organization-rules. Zugegriffen: 7. Juni 2019.

Campbell, Angus, Philip E. Converse, Warren E. Miller, und Donald E. Stokes. 1960. *The American voter.* New York: Wiley.

Caramani, Daniele. 2017. Will vs. reason: The populist and technocratic forms of political representation and their critique to party government. *American Political Science Review* 111 (1): 54–67.

Caramani, Daniele. 2020. Party systems. In *Comparative politics,* 5. Aufl., Hrsg. Daniele Caramani, 231–251. Oxford: Oxford University Press.

Caramani, Daniele, und Florian Grotz, Hrsg. 2016. *Voting rights in the age of globalization.* London: Routledge.

Carstensen, Franziska. 2018. Die Nutzung von Großen Anfragen im Bundestag und in den deutschen Landesparlamenten: Warum so unterschiedlich? *Zeitschrift für Parlamentsfragen* 49 (3): 477–497.

Carter, Elisabeth, und Thomas Poguntke. 2010. How European integration changes national parties: Evidence from a 15-country study. *West European Politics* 33 (2): 297–324.

Chadwick, Andrew. 2017. *The hybrid media system: Politics and power,* 2. Aufl. Oxford: Oxford University Press.

Clark, Christopher. 2008. *Preußen: Aufstieg und Niedergang 1600–1947.* München: Pantheon.

Collings, Justin. 2015. *Democracy's guardians: A history of the German federal constitutional court 1951–2001.* Oxford: Oxford University Press.

Collings, Justin. 2019. Phasen der öffentlichen Kritik am Bundesverfassungsgericht. In *Verfassungsgerichtsbarkeit in der Bonner Republik,* Hrsg. Florian Meinel, 63–79. Tübingen: Mohr Siebeck.

Conze, Eckart. 2009. *Die Suche nach Sicherheit: Eine Geschichte der Bundesrepublik Deutschland von 1949 bis in die Gegenwart.* München: Siedler.

Cordes, Malte, und Daniel Hellmann. 2020. Wer ist der ideale Kandidat? Auswahlkriterien bei der Kandidatenaufstellung zum Deutschen Bundestag. *Zeitschrift für Parlamentsfragen* 51 (1): 68–83.

Costa, Olivier, und Paul Magnette. 2003. The European as a consociation? A methodological assessment. *West European Politics* 26 (3): 1–18.

Croissant, Aurel. 2010. Regierungssysteme und Demokratietypen. In *Vergleichende Regierungslehre,* 3. Aufl., Hrsg. Hans-Joachim. Lauth, 117–139. Wiesbaden: VS.

Crouch, Colin. 2008. *Postdemokratie.* Frankfurt a. M.: Suhrkamp.

Czada, Roland. 1994. Konjunkturen des Korporatismus: Zur Geschichte eines Paradigmenwechsels in der Verbändeforschung. In *Staat und Verbände,* Hrsg. Wolfgang Streeck, 37–64. Opladen: Westdeutscher Verlag.

Czada, Roland. 2017. Dann müsste auch die Kanzlerin Farbe bekennen. *Frankfurter Allgemeine Zeitung,* 29. November, 11.

Dageförde, Mirjam, und Danny Schindler. 2018. "Oh, that is a big world": MPs' and citizens' perspectives on parliamentary representation. In *Political representation in France and Germany,* Hrsg. Oscar W. Gabriel, Eric Kerrouche, und Suzanne S. Schüttemeyer, 197–226. Cham: Palgrave Macmillan.

Dahl, Robert E. 1971. *Polyarchy*. New Haven: Yale University Press.
Dästner, Christian. 2001. Zur Entwicklung der Zustimmungsbedürftigkeit von Bundesgesetzen seit 1949. *Zeitschrift für Parlamentsfragen* 32 (2): 290–309.
de Bruycker, Iskander, und Jan Beyers. 2018. Lobbying strategies and success: Inside and outside lobbying in European Union legislative politics. *European Political Science Review* 11 (1): 57–74.
Decker, Frank. 2010. Zwischen Placebo und Erfolgsmodell: Direkte Demokratie auf der Landesebene. *Zeitschrift für Parlamentsfragen* 41 (3): 564–579.
Decker, Frank. 2011a. *Parteien und Parteiensystem in Deutschland*. Stuttgart: Kohlhammer.
Decker, Frank. 2011b. *Regieren im „Parteienbundesstaat": Zur Architektur der deutschen Politik*. Wiesbaden: VS.
Decker, Frank. 2012. Präsidenten in parlamentarischen Parteiendemokratien. In *Der Bundespräsident im politischen System,* Hrsg. Robert Christian van Ooyen und Martin H. W. Möllers, 157–165. Wiesbaden: Springer VS.
Decker, Frank. 2013. Direktwahl der Ministerpräsidenten: Begründung, Ausgestaltung und Umsetzbarkeit eines Wechsels der Regierungsform in den Ländern. *Zeitschrift für Parlamentsfragen* 44 (2): 296–314.
Decker, Frank. 2016. *Der Irrweg der Volksgesetzgebung: Eine Streitschrift*. Bonn: Dietz.
Decker, Frank. 2018a. Jenseits von links und rechts: Lassen sich Parteien noch klassifizieren? *Aus Politik und Zeitgeschichte* 68 (B46–47): 21–26.
Decker, Frank. 2018b. *Parteiendemokratie im Wandel*, 2. Aufl. Baden-Baden: Nomos.
Decker, Frank, und Anne Küppers. 2016. Formen der Stimmabgabe: Höhere Beteiligungsraten durch bequemeres Wählen? In *Wahlen und Demokratie,* Hrsg. Tobias Mörschel, 139–161. Baden-Baden: Nomos.
Decker, Frank, und Jared Sonnicksen. 2009. Parlamentarisch oder präsidentiell? Die Europäische Union auf der Suche nach der geeigneten Regierungsform. In *Die Verfassung Europas,* Hrsg. Frank Decker und Marcus Höreth, 128–164. Wiesbaden: VS.
Decker, Frank, und Viola Neu, Hrsg. 2018. *Handbuch der deutschen Parteien*, 3. Aufl. Wiesbaden: Springer VS.
Decker, Frank, und Volker Best. 2014. Landtagswahlen und Bundespolitik. Eine empirische Analyse des „Zwischenwahleffekts" von 1970 bis 2013. *Gesellschaft. Wirtschaft. Politik.* 63 (2): 175–188.
Decker, Frank, und Julia von Blumenthal. 2002. Die bundespolitische Durchdringung der Landtagswahlen. Eine empirische Analyse von 1970 bis 2001. *Zeitschrift für Parlamentsfragen* 33 (3): 144–164.
Decker, Oliver, und Elmar Brähler, Hrsg. 2020. *Autoritäre Dynamiken*. Gießen: Psychosozial-Verlag.
Deiss-Helbig, Elisa. 2013. „Ich bin einer von Euch": Zur Bedeutung sozialer und politischer Kongruenz von Abgeordneten und Bürgern für das Gelingen von Repräsentation. *Zeitschrift für Parlamentsfragen* 44 (3): 566–580.
Desgranges, Ilka, und Ella Wassink. 2005. Der Deutsche Presserat [1956]. In *Handbuch Medienselbstkontrolle,* Hrsg. Achim Baum, Wolfgang R. Langenbucher, Horst Pöttker, und Christian Schicha, 79–88. Wiesbaden: VS.
Detterbeck, Klaus. 2006. *Zusammenlegung von Bundes- und Landtagswahlen? Die Terminierung von Wahlen und ihre Konsequenzen im europäischen Vergleich*. Gütersloh: Bertelsmann-Stiftung.
Detterbeck, Klaus. 2018. Alte und neue Probleme der innerparteilichen Demokratie. In *Parteienstaat – Parteiendemokratie,* Hrsg. Martin Morlok, Thomas Poguntke, und Ewgenij Sokolov, 123–142. Baden-Baden: Nomos.

Deutscher Bundestag. o. J. Öffentliche Liste über die beim Bundestag registrierten Verbände (Lobbyliste). https://www.bundestag.de/parlament/lobbyliste. Zugegriffen: 22. Dez. 2020.

Deutscher Bundestag. 2013. Der Bundestag stärkt seine Europa-Expertise. www.bundestag.de/dokumente/textarchiv/2013/47765815_kw47_ua_europa/214002. Zugegriffen: 4. Febr. 2019.

Deutscher Bundestag. 2019. *Öffentliche Liste der registrierten Verbände 1973 bis 2019: Kurzstatistik*. Berlin: Parlamentsarchiv.

Deutscher Bundestag. 2020a. Bekanntmachung der öffentlichen Liste über die Registrierung von Verbänden und deren Vertretern. *Bundesanzeiger* (AT 25.5.2020 B1): 1–726.

Deutscher Bundestag. 2020b. Festsetzung der staatlichen Mittel für das Jahr 2019. *Verwaltung, Referat PM 3 (Parteienfinanzierung, Landesparlamente)*. https://www.bundestag.de/resource/blob/694474/b12215becf05c5eac13772a0377f10ce/finanz_19-data.pdf. Zugegriffen: 5. Dez. 2020.

Deutscher Bundestag, und Bundesarchiv. Hrsg. 1996. *Der Parlamentarische Rat 1848–1949. Akten und Protokolle: Band 9 Plenum*. München: Oldenbourg.

Deutscher Bundestag, Referat Öffentlichkeitsarbeit. 2017. *Wegweiser in EU-Angelegenheiten*. Berlin.

Deutscher Bundestag, Referat Öffentlichkeitsarbeit. 2018. *Die Ausschüsse des Deutschen Bundestages*. Berlin.

Deutscher Bundestag, Wissenschaftliche Dienste. 2009. *Staatliche Finanzierung der Parlamentsfraktionen*. Berlin.

Deutscher Presserat. o. J. *Aufgaben und Organisation*. https://www.presserat.de/aufgaben-organisation.html. Zugegriffen: 5. Febr. 2020.

Deutscher Presserat. 2020. *Jahresbericht 2019*. https://www.presserat.de/jahresberichte-statistiken.html. Zugegriffen: 17. Dez. 2020.

Deutscher Städtetag. 2019. *Stadtfinanzen 2019: Schlaglichter des Deutschen Städtetages*. https://www.staedtetag.de/imperia/md/content/dst/veroeffentlichungen/beitraege_stadtpolitik/beitraege_zur_stadtpolitik_114_stadtfinanzen_2019.pdf. Zugegriffen: 23. Mai 2020.

Deutsches Verbände Forum. 2018. Die Anzahl der haupt- und nebenamtlich geführten Verbände – Entwicklung seit 1990. https://www.verbaende.com/hintergruende/studien-statistiken.php. Zugegriffen: 22. Dez. 2020.

Dhungel, Anna-Katharina, und Eric Linhart. 2014. Interessenvermittlung in den Ausschüssen des Deutschen Bundestages. *Zeitschrift für Parlamentsfragen* 45 (4): 743–762.

die medienanstalten. 2018. Gewichtungsstudie zur Relevanz der Medien für die Meinungsbildung in Deutschland: MedienGewichtungsStudie 2017 II. https://www.blm.de/files/pdf1/dlm_mediengewichtungsstudie_17.pdf. Zugegriffen: 13. Apr. 2021.

Diner, Dan, Hrsg. 1988. *Zivilisationsbruch*. Frankfurt a. M.: Fischer.

Dinkel, Rainer Hans. 1977. Der Zusammenhang zwischen Bundes- und Landtagswahlergebnissen. *Politische Vierteljahresschrift* 18 (2): 348–360.

Dittberner, Jürgen. 2010. *Die FDP: Geschichte, Personen, Organisation, Perspektiven. Eine Einführung*, 2. Aufl. Wiesbaden: VS.

Dogruel, Leyla, Simon Berghofer, Romana Vonbun-Feldbauer, und Klaus Beck. 2019. Die Publizistische Einheit als Auslaufmodell: Zur abnehmenden Validität eines pressestatistischen Standardmaßes. *Publizistik* 64 (3): 329–344.

Döhler, Marian. 2012. Gesetzgebung auf Honorarbasis – Politik, Ministerialverwaltung und das Problem externer Beteiligung an Rechtsetzungsprozessen. *Politische Vierteljahresschrift* 53 (2): 181–210.

Domain Name Stat. o. J. Domain name registrations in all TLDs. https://domainnamestat.com/statistics/tldtype/all. Zugegriffen: 30. Juni 2020.

Donges, Patrick, und Otfried Jarren. 2017. *Politische Kommunikation in der Mediengesellschaft: Eine Einführung,* 4. Aufl. Wiesbaden: Springer VS.
Döring, Holger, und Philip Manow. 2019. *Parliaments and Governments Database (ParlGov).* http://www.parlgov.org/. Zugegriffen: 19. Juli 2020.
Dörner, Andreas. 2011. *Politainment: Politik in der medialen Erlebnisgesellschaft.* Frankfurt a. M.: Suhrkamp.
Dörner, Andreas. 2020. Gemeinsamer Gesprächsraum: Wie der öffentlich-rechtliche Rundfunk den Diskurs fördert. *FES Medienpolitik* 4: 1–4.
Dose, Nicolai, Felix Wolfes, und Carolin Burmester. 2020. *Kleinstaaterei im Dienstrecht der deutschen Bundesländer: Probleme bei der Bundesländergrenzen überschreitenden Mobilität von Landesbeamten nach der Föderalismusreform I.* Baden-Baden: Nomos.
Dreier, Horst. 2019. Die Weimarer Reichsverfassung: Vorbild oder Gegenbild des Grundgesetzes? *Aus Politik und Zeitgeschichte* 69 (B16–17): 19–26.
Dreier, Horst, und Fabian Wittreck. 2019. *Grundgesetz: Textausgabe mit sämtlichen Änderungen und weitere Texte zum deutschen und europäischen Verfassungsrecht,* 12. Aufl. Tübingen: Mohr Siebeck.
Droste, Bernadette. 2007. *Handbuch des Verfassungsschutzrechts.* Stuttgart: Boorberg.
Druckman, James N., und Paul V. Warwick. 2005. The missing piece: Measuring portfolio salience in Western European parliamentary democracies. *European Journal of Political Research* 44 (1): 17–42.
Drüeke, Ricarda. 2013. *Politische Kommunikationsräume im Internet: Zum Verhältnis von Raum und Öffentlichkeit.* Bielefeld: Transcript.
Duchhardt, Heinz. 2007. *Stein: Eine Biographie.* Münster: Aschendorff.
Duve, Thomas, und Kerstin Kümpel. 2020. Vollständige Kassenkreditentschuldung kommunaler Gebietskörperschaften. *Verwaltung & Management* 26 (1): 28–36.
Easton, David. 1965. *A systems analysis of political life.* New York: Wiley & Sons.
Ebinger, Falk, und Jörg Bogumil. 2016. Von den Blitzreformen zur neuen Behutsamkeit: Verwaltungspolitik und Verwaltungsreformen in den Bundesländern. In *Die Politik der Bundesländer,* 2. Aufl., Hrsg. Achim Hildebrandt und Frieder Wolf, 139–160. Wiesbaden: Springer VS.
Ebner, Julia. 2019. *Radikalisierungsmaschinen: Wie Extremisten die neuen Technologien nutzen und uns manipulieren.* Berlin: Suhrkamp Nova.
Edinger, Michael. 2009. Profil des Berufsstandes: Professionalisierung und Karrierelogiken von Abgeordneten im vereinten Deutschland. In *Parlamentarismusforschung in Deutschland,* Hrsg. Helmar Schöne und Julia von Blumenthal, 177–215. Baden-Baden: Nomos.
Egner, Björn. 2007. *Einstellungen deutscher Bürgermeister: Lokale Eliten zwischen Institutionen und Kontext.* Baden-Baden: Nomos.
Eichener, Volker, und Helmut Voelzkow. 1994. Ko-Evolution politisch-administrativer und verbandlicher Strukturen: Am Beispiel der technischen Harmonisierung der europäischen Arbeits-, Verbraucher- und Umweltschutzes. In *Staat und Verbände,* Hrsg. Wolfgang Streeck, 256–290. Opladen: Westdeutscher Verlag.
Eiden, Hanna. 2011. Was die Deutschen glauben. *Süddeutsche Zeitung,* 17. September, 6.
Eising, Rainer. 2020. Regulierung und Einfluss von Interessenorganisationen in der EU-Gesetzgebung. In *Handbuch Europäische Union,* Hrsg. Peter Becker und Barbara Lippert, 685–698. Wiesbaden: Springer VS.
Eith, Ulrich, und Markus B. Siewert. 2010. Das „unechte" Unikat: Der Deutsche Bundesrat. In *Zweite Kammern,* 2. Aufl., Hrsg. Gisela Riescher, Sabine Ruß, und Christoph M. Haas, 97–125. München: Oldenbourg.
Elazar, Daniel J. 1987. *Exploring federalism.* Tuscaloosa: University of Alabama Press.

Ellwein, Thomas. 1963. *Das Regierungssystem der Bundesrepublik Deutschland*. Köln: Westdeutscher Verlag.
Ellwein, Thomas. 1994. *Das Dilemma der Verwaltung: Verwaltungsstruktur und Verwaltungsreformen in Deutschland*. Mannheim: BI-Taschenbuchverlag.
Ellwein, Thomas. 1997. *Der Staat als Zufall und Notwendigkeit: Die jüngere Verwaltungsentwicklung in Deutschland am Beispiel Ostwestfalen-Lippe*. Opladen: Westdeutscher Verlag.
Elstub, Stephen, und Oliver Escobar, Hrsg. 2019. *Handbook of democratic innovation and governance*. Cheltenham: Elgar.
Engel, Bernhard, und Angela Rühle. 2017. Medien als Träger politischer Information. *Media Perspektiven* 7–8: 388–407.
Engst, Benjamin G., Thomas Gschwend, und Sebastian Sternberg. 2020. Die Besetzung des Bundesverfassungsgerichts: Ein Spiegelbild gesellschaftlicher Präferenzen? *Politische Vierteljahresschrift* 61 (1): 39–60.
Enquete-Kommission Verfassungsreform. 1976. *Schlußbericht*. Bonn: Deutscher Bundestag, Drucksache 7/5924.
Erk, Jan. 2007. *Explaining federalism: State, society and congruence in Austria, Belgium, Canada, Germany and Switzerland*. London: Routledge.
Esch, Johanna. 2018. Internationale Internet-Gouvernance: Das Internet als Herausforderung für etablierte Medienpolitik. *Aus Politik und Zeitgeschichte* 68 (B40–41): 35–40.
Eschenburg, Theodor. 1952. *Verfassung und Verwaltungsaufbau des Südweststaates*. Stuttgart: Vorwerk.
Eschenburg, Theodor. 1955. *Herrschaft der Verbände?* Stuttgart: Deutsche Verlags-Anstalt.
Esping-Andersen, Gøsta. 1990. *The three worlds of welfare capitalism*. Princeton: Princeton University Press.
Europäische Kommission. 2018. *Jahresbericht 2017 über die Beziehungen zwischen der Europäischen Kommission und den nationalen Parlamenten*. COM(2018) 491 final.
Europäische Kommission. 2019a. 2018 National Factsheets on Monitoring the Application of EU Law. https://ec.europa.eu/info/publications/2018-national-factsheets-monitoring-application-eu-law_en. Zugegriffen: 28. Apr. 2020.
Europäische Kommission. 2019b. Report from the Commission 2018 – EU 28 Countries Factsheet. https://ec.europa.eu/info/sites/info/files/eu28-factsheet-2018_en.pdf. Zugegriffen: 28. Apr. 2020.
Europäische Kommission. 2020a. EU-Institutionen einigen sich auf ein verpflichtendes Transparenzregister. https://ec.europa.eu/germany/news/20201215-transparenzregister_de. Zugegriffen: 1. März 2021.
Europäische Kommission. 2020b. Statistiken des Transparenzregisters. http://ec.europa.eu/transparencyregister/public/consultation/statistics.do?locale=de&action=prepareView. Zugegriffen: 30. Jan. 2021.
Europäische Kommission. 2020c. Wer sollte sich registrieren? https://ec.europa.eu/transparencyregister/public/staticPage/displayStaticPage.do?locale=de&reference=WHOS_IS_EXPECTED_TO_REGISTER. Zugegriffen: 1. März 2021.
Europäischer Wirtschafts- und Sozialausschuss (EWSA). 2018. *Entdecken Sie, was der EWSA für Sie tun kann*. https://www.eesc.europa.eu/sites/default/files/files/qe-02-18-193-de-n.pdf. Zugegriffen: 1. März 2021.
Europäisches Parlament. 2021. *Funding from the European parliament to European political parties per party and per year*. https://www.europarl.europa.eu/contracts-and-grants/files/political-parties-and-foundations/european-political-parties/en-funding-amounts-parties-2021.pdf. Zugegriffen: 21. März 2021.

Fabbrini, Sergio, und Uwe Puetter. 2016. Integration without supranationalisation: Studying the lead roles of the European council and the council in the post-Lisbon EU politics. *Journal of European Integration* 38 (5): 481–495.

Falcó-Gimeno, Albert, und Indridi H. Indridason. 2013. Uncertainty, complexity, and Gamson's Law: Comparing coalition formation in Western Europe. *West European Politics* 36 (1): 221–247.

Falter, Jürgen. W., und Harald Schoen, Hrsg. 2014. *Handbuch Wahlforschung,* 2. Aufl. Wiesbaden: VS.

Feldkamp, Michael F. [verschiedene Jahre je Kapitel]. *Datenhandbuch zur Geschichte des Deutschen Bundestages.* https://www.bundestag.de/datenhandbuch.

Feldkamp, Michael F. 2019. *Der Parlamentarische Rat 1948–1949: Die Entstehung des Grundgesetzes.* Göttingen: Vandenhoeck & Ruprecht.

Fischer, Thomas, und Martin Große Hüttmann. 2001. Aktuelle Diskussionbeiträge zur Reform des deutschen Föderalismus – Modelle, Leitbilder und die Chancen ihrer Übertragbarkeit. In *Jahrbuch des Föderalismus 2001,* Hrsg. Europäisches Zentrum für Föderalismus-Forschung, 128–142. Baden-Baden: Nomos.

Fischer, Torben, und Malte Pennekamp. 2018. Von der hierarchischen Politikverflechtung zur differenzierten Verwaltungszentralisierung: Die Reform der Bundesfernstraßenverwaltung 2017. *der moderne staat* 11 (2): 437–459.

Fleischer, Julia. 2011. Das Primat der Richtlinienkompetenz im politischen Prozess. In *Regierungszentralen,* Hrsg. Martin Florack und Timo Grunden, 201–223. Wiesbaden: VS.

Flick, Martina. 2008. Landesverfassungsgerichtsbarkeit. In *Die Demokratien der deutschen Bundesländer,* Hrsg. Markus Freitag und Adrian Vatter, 237–256. Opladen: Budrich.

Fliedner, Ortlieb. 2017. Grundwissen Kommunalpolitik: 1. Kommunen in Staat und Gesellschaft. http://library.fes.de/pdf-files/akademie/kommunal/13890/13890-01.pdf. Zugegriffen: 23. Mai 2020.

Folz, Hans-Peter. 1999. *Demokratie und Integration: Der Konflikt zwischen Bundesverfassungsgericht und Europäischem Gerichtshof über die Kontrolle der Gemeinschaftskompetenzen.* Heidelberg: Springer.

Foschepoth, Josef. 2017. *Verfassungswidrig! Das KPD-Verbot im Kalten Bürgerkrieg.* Göttingen: Vandenhoeck & Ruprecht.

Fouilleux, Eves, Jacques de Maillard, und Andy Smith. 2005. Technical or political? The working groups of the EU council of ministers. *Journal of European Public Policy* 12 (4): 609–623.

Fraenkel, Ernst. 1932. Verfassungsreform und Sozialdemokratie. *Die Gesellschaft* 9 (2): 484–500.

Fraude, Andreas. 2005. Direkte Demokratie in Hamburg. In *Direkte Demokratie in den deutschen Ländern,* Hrsg. Andreas Kost, 113–132. Wiesbaden: VS.

Frotscher, Werner, und Bodo Pieroth. 2019. *Verfassungsgeschichte: Von der Nordamerikanischen Revolution bis zur Wiedervereinigung Deutschlands,* 18. Aufl. München: Beck.

Fuchs, Dieter. 1984. Die Aktionsformen der neuen sozialen Bewegungen. In *Politische Willensbildung und Interessenvermittlung,* Hrsg. Jürgen W. Falter, Christian Fenner, und Michael T. Greven, 621–634. Opladen: Westdeutscher Verlag.

Fuchs, Dieter. 2000. Typen und Indizes demokratischer Regime. In *Demokratiemessung,* Hrsg. Hans-Joachim Lauth, Gert Pickel, und Christian Welzel, 27–48. Opladen: Westdeutscher Verlag.

Fukuyama, Francis. 1989. The end of history? *The National Interest* 16:3–18.

Futh, Sascha Kristin. 2016. Politische Medienlandschaft in Hessen. In *Politik und Regieren in Hessen,* Hrsg. Wolfgang Schroeder und Arijana Neumann, 207–228. Wiesbaden: Springer VS.

Gabriel, Oscar W., und Everhard Holtmann. 2007. Ober sticht Unter? Zum Einfluss der Bundespolitik auf Landtagswahlen: Kontext, theoretischer Rahmen und Analysemodelle. *Zeitschrift für Parlamentsfragen* 38 (3): 445–462.

Gabriel, Oscar W., und Oskar Niedermayer. 2002. Parteimitgliedschaften: Entwicklung und Sozialstruktur. In *Parteiendemokratie in Deutschland,* 2. Aufl., Hrsg. Oscar W. Gabriel, Oskar Niedermayer, und Richard Stöss, 274–296. Opladen: Westdeutscher Verlag.

Gamper, Anna. 2017. Tausch und Reform: Die Änderung des Grundgesetzes 2017. In *Jahrbuch des Föderalismus 2017*, Hrsg. Europäisches Zentrum für Föderalismus-Forschung, 114–124. Baden-Baden: Nomos.

Ganghof, Steffen. 2005. Normative Modelle, institutionelle Typen und beobachtbare Verhaltensmuster: Ein Vorschlag zum Vergleich parlamentarischer Demokratien. *Politische Vierteljahresschrift* 46 (3): 406–431.

Ganghof, Steffen. 2012. Resilient patterns of democracy: A comparative analysis. *Zeitschrift für Vergleichende Politikwissenschaft* 6 (2): 103–124.

Ganghof, Steffen, Sebastian Eppner, Christian Stecker, Katja Heeß, und Stefan Schukraft. 2019. Do minority cabinets govern more flexibly and inclusively? Evidence from Germany. *German Politics* 28 (4): 541–561.

Gast, Henrik. 2011. *Der Bundeskanzler als politischer Führer: Potenziale und Probleme deutscher Regierungschefs aus interdisziplinärer Perspektive*. Wiesbaden: VS.

Gebauer, Klaus-Eckart. 2006. Landesregierungen. In *Landespolitik in Deutschland*, Hrsg. Herbert Schneider und Hans-Georg. Wehling, 130–147. Wiesbaden: Springer VS.

Gehne, David H. 2013. Ent-Partei-Politisierung der lokalen repräsentativen Demokratie? In *Lokale Politik und Verwaltung im Zeichen der Krise?*, Hrsg. Michael Haus und Sabine Kuhlmann, 49–63. Wiesbaden: Springer VS.

Gemeinsame Wissenschaftskonferenz (GWK). 2018. Bekanntmachung des Königsteiner Schlüssels für das Jahr 2018. *Bundesanzeiger*, Amtlicher Teil vom 6. November 2018, B4.

Genschel, Philipp, und Markus Jachtenfuchs. 2018. From market integration to core state powers: The Eurozone crisis, the refugee crisis and integration theory. *Journal of Common Market Studies* 56 (1): 178–196.

Gerhards, Jürgen. 2000. Europäisierung von Ökonomie und Politik und die Trägheit der Entstehung einer europäischen Öffentlichkeit. In *Die Europäisierung nationaler Gesellschaften*, Hrsg. Maurizio Bach, 277–305. Wiesbaden: Westdeutscher Verlag.

Gern, Alfons, und Christoph Brüning. 2019. *Deutsches Kommunalrecht*, 4. Aufl. Baden-Baden: Nomos.

Geske, Otto-Erich. 2007. Der bundesstaatliche Finanzausgleich in der Rechtsprechung des Bundesverfassungsgerichts. *Der Staat* 46 (2): 203–228.

Giegerich, Thomas. 2003. *Europäische Verfassung und deutsche Verfassung im transnationalen Konstitutionalisierungsprozeß: Wechselseitige Rezeption, konstitutionelle Evolution und föderale Verflechtung*. Berlin: Springer.

Glinitzer, Konstatin, und Nils Jungmann. 2019. Spitzenkandidaten. In *Zwischen Polarisierung und Beharrung: Die Bundestagswahl 2017*, Hrsg. Sigrid Roßteutscher, Rüdiger Schmitt-Beck, Harald Schoen, Bernhard Weßels, und Christian Wolf, 247–262. Baden-Baden: Nomos.

Gösele, Barbara, und Heiko Holste. 1995. Zur Frage des Umgangs mit Parteispenden von Personengesellschaften: Ein Beitrag zur Neuregelung der staatlichen Parteienfinanzierung. *Zeitschrift für Parlamentsfragen* 26 (3): 423–432.

Götz, Alexander. 2012. *Verwaltungspolitik der Länder im Vergleich: Empirische Untersuchung zu Strukturreformen und ihren Ressourceneffekten*. Lüneburg: Dissertation Leuphana Universität Lüneburg.

Grasl, Maximilian. 2016. Neue Möglichkeiten: Die Bundes- und Europapolitik der Länder. In *Die Politik der Bundesländer*, 2. Aufl., Hrsg. Achim Hildebrandt und Frieder Wolf, 161–181. Wiesbaden: Springer VS.

Greef, Samuel. 2014. Gewerkschaften im Spiegel von Zahlen, Daten und Fakten. In *Handbuch Gewerkschaften in Deutschland*, 2. Aufl., Hrsg. Wolfgang Schroeder, 659–755. Wiesbaden: Springer VS.

Greef, Samuel. 2017. *Netzpolitik – Entsteht ein Politikfeld für Digitalpolitik?* Kassel: kup.

Greenpeace. 2020. Greenpeace: Fragen & Antworten. https://www.greenpeace.de/themen/ueber-uns/fragen-antworten-zu-greenpeace. Zugegriffen: 1. März 2021.

Greive, Martin. 2018. Scholz' kleines Kanzleramt. *Politik & Kommunikation* 123: 30–33.

Grieß, Andreas. 2014. Springer-Funke Deal: Um Journalismus geht es niemandem. In *Medienwandel kompakt 2011–2013,* Hrsg. Christoph Kappes, Jan Krone, und Leonard Novy, 269–272. Wiesbaden: Springer VS.

Grigoleit, Klaus Joachim. 2015. Bundesverfassungsgericht und sozialliberale Koalition unter Willy Brandt. In *Handbuch Bundesverfassungsgericht im politischen System,* 2. Aufl., Hrsg. Robert Christian van Ooyen und Martin H. W. Möllers, 224–259. Wiesbaden: Springer VS.

Grimm, Dieter. 2009. Identität und Wandel – Das Grundgesetz 1949 und heute. *Leviathan* 37 (4): 603–616.

Grimm, Dieter. 2012. Der Bundespräsident. *Frankfurter Allgemeine Zeitung,* 19. Januar, 29.

Grimm, Dieter. 2018. Weimars Ende und Untergang. In *Das Wagnis der Demokratie,* Hrsg. Horst Dreier und Christian Waldhoff, 263–288. München: Beck.

Grimm, Dieter, Hrsg. 2019. *Vorbereiter – Nachbereiter? Studien zum Verhältnis von Verfassungsrechtsprechung und Verfassungsrechtswissenschaft.* Tübingen: Mohr Siebeck.

Grimm, Dieter. 2020. Jetzt war es so weit. *Frankfurter Allgemeine Zeitung,* 18. Mai, 9.

Groh, Christian. 2007. Neuanfänge der kommunalen Selbstverwaltung nach 1945. In *Handbuch der kommunalen Wissenschaft und Praxis,* 3. Aufl., Hrsg. Thomas Mann und Günter Püttner, 133–144. Berlin: Springer.

Gröpl, Christoph, Kay Windthorst, und Christian von Coelln. 2020. *Grundgesetz: Studienkommentar,* 4. Aufl. München: Beck.

Groß, Hermann, und Jörg Bohnefeld. 2010. Regieren aus der zweiten Reihe: Der Parlamentarische Staatssekretär im Bund. In *Analyse demokratischer Regierungssysteme,* Hrsg. Klemens H. Schrenk und Markus Soldner, 237–255. Wiesbaden: VS.

Große Hüttmann, Martin. 2006. Europapolitik: Spricht Deutschland mit einer Stimme? In *Wege aus der Krise?,* Hrsg. Roland Sturm und Heinrich Pehle, 203–220. Opladen: Budrich.

Große Hüttmann, Martin. 2007. Die Koordination der deutschen Europapolitik. *Aus Politik und Zeitgeschichte* 57 (B10): 39–45.

Große Hüttmann, Martin, und Michèle Knodt. 2003. „Gelegentlich die Notbremse ziehen…": Die deutschen Länder als politische Teilhaber und Ideengeber im europäischen Mehrebenensystem. *Österreichische Zeitschrift für Politikwissenschaft* 32 (3): 285–302.

Große Hüttmann, Martin, und Michèle Knodt. 2006. „Diplomatie mit Lokalkolorit": Die Vertretung der deutschen Länder in Brüssel und ihre Aufgabe im EU-Entscheidungsprozess. In *Jahrbuch des Föderalismus 2006,* Hrsg. Europäisches Zentrum für Föderalismus-Forschung, 595–605. Baden-Baden: Nomos.

Grosser, Alfred, und Jürgen Seifert. 1966. *Die Spiegel-Affäre: Die Staatsmacht und ihre Kontrolle.* Freiburg im Breisgau: Walter.

Grotz, Florian. 2000. Age of voting. In *International encyclopedia of elections,* Hrsg. Richard Rose, 14–15. Washington D.C.: Congressional Quarterly.

Grotz, Florian. 2005. Bundestagswahl 2005: Kontext, Ergebnisse, absehbare Konsequenzen. *Zeitschrift für Staats- und Europawissenschaften* 3 (3): 470–495.

Grotz, Florian. 2007. *Europäisierung und nationale Staatsorganisation: Institutionenpolitik in föderalen und unitarischen EU-Staaten.* Baden-Baden: Nomos.

Grotz, Florian. 2009a. „Semisouverän" und doch anpassungsfähig: Die bundesdeutsche Politik der siebziger und achtziger Jahre in vergleichender Sicht. In *Auf dem Weg in eine neue Moderne? Die Bundesrepublik Deutschland in den siebziger und achtziger Jahren,* Hrsg. Andreas Wirsching, Andreas Rödder, und Thomas Raithel, 151–163. München: Oldenbourg.

Grotz, Florian. 2009b. Verhältniswahl und Regierbarkeit. Das deutsche Wahlsystem auf dem Prüfstand. *Zeitschrift für Politikwissenschaft* 19 (Sonderheft): 155–181.

Grotz, Florian. 2013a. Vergleichende Regierungslehre: Institutionelle Bedingungen des Regierens im demokratischen Staat. In *Studienbuch Politikwissenschaft,* Hrsg. Manfred G. Schmidt, Frieder Wolf, und Stefan Wurster, 237–263. Wiesbaden: Springer VS.

Grotz, Florian. 2013b. Pfadabhängigkeit oder Wandel? Drei „große Anläufe" zur Reform des Föderalismus. In *Eine normale Republik?,* Hrsg. Eckhard Jesse, 327–346. Baden-Baden: Nomos.

Grotz, Florian. 2013c. Direkte Demokratie in der Bundesrepublik Deutschland. In *Deutsche Kontroversen,* Hrsg. Alexander Gallus, Thomas Schubert, und Tom Thieme, 321–332. Baden-Baden: Nomos.

Grotz, Florian. 2014. Happy End oder endloses Drama? Die Reform des Bundestagswahlsystems. In *Bilanz der Bundestagswahl 2013,* Hrsg. Eckhard Jesse und Roland Sturm, 113–140. Baden-Baden: Nomos.

Grotz, Florian. 2015a. Direkte Demokratie. In *Kleines Lexikon der Politik,* 6. Aufl., Hrsg. Dieter Nohlen und Florian Grotz, 109–113. München: Beck.

Grotz, Florian. 2015b. Kommunistische Parteien. In *Kleines Lexikon der Politik,* 6. Aufl., Hrsg. Dieter Nohlen und Florian Grotz, 323–328. München: Beck.

Grotz, Florian. 2019. The mixed-member proportional system: A model for electoral reform? *Revista Populus* 5:95–107.

Grotz, Florian, und Silvia Bolgherini. 2011. Im Schatten der großen Koalition? Bundespolitik und Landtagswahlen unter Merkel I und Merkel II. In *Die Parteien nach der Bundestagswahl 2009,* Hrsg. Oskar Niedermayer, 307–324. Wiesbaden: VS.

Grotz, Florian, und Angelika Kretschmer. 2015. Die Europäische Union. In *Regionale Integration,* Hrsg. Andreas Grimmel und Cord Jakobeit, 109–143. Baden-Baden: Nomos.

Grotz, Florian, und Ferdinand Müller-Rommel. 2011. Die Regierungssysteme der mittel- und osteuropäischen EU-Staaten als Gegenstand der Vergleichenden Demokratieforschung. In *Regierungssysteme in Mittel- und Osteuropa: Die neuen EU-Staaten im Vergleich,* Hrsg. Florian Grotz und Ferdinand Müller-Rommel, 11–24. Wiesbaden: VS.

Grotz, Florian, und Klaus Poier. 2010. Zwischen Gemeinschaftsprojekt, Tauschgeschäft und Symbolpolitik: Die Initiativen zu Bundesstaatsreformen in Deutschland, Österreich und der Schweiz. *Zeitschrift für Vergleichende Politikwissenschaft* 4 (2): 233–259.

Grotz, Florian, und Friedrich Pukelsheim. 2020. Fehlleistung Wahlrechtsreform. *Frankfurter Allgemeine Zeitung,* 7. September, 6.

Grotz, Florian, und Till Weber. 2016. New parties, information uncertainty, and government formation: Evidence from Central and Eastern Europe. *European Political Science Review* 8 (3): 449–472.

Grotz, Florian, und Till Weber. 2016. Wahlsysteme und Sitzverteilung im Europäischen Parlament. In *Wahlen und Wähler,* Hrsg. Harald Schoen und Bernhard Weßels, 493–515. Wiesbaden: Springer VS.

Grotz, Florian, Alexander Götz, Marcel Lewandowsky, und Henrike Wehrkamp. 2017. *Verwaltungsstrukturreformen in den deutschen Ländern: Die Entwicklung der staatlichen Kernverwaltung im Ländervergleich.* Wiesbaden: Springer VS.

Grotz, Florian, Ferdinand Müller-Rommel, Jan Berz, Corinna Kröber, und Marko Kukec. 2021. How political careers affect prime-ministerial performance: Evidence from Central and Eastern Europe. *Comparative Political Studies (online first).* https://doi.org/10.1177/0010414021997174.

Gruber, Andreas K. 2009. Die Karriere-Katalysatoren: Zur Karrierefunktion der Parteijugendorganisationen. *Zeitschrift für Parlamentsfragen* 40 (1): 109–122.

Grunden, Timo. 2009. *Politikberatung im Innenhof der Macht: Zu Einfluss und Funktion der persönlichen Berater deutscher Ministerpräsidenten*. Wiesbaden: VS.

Grunden, Timo. 2011. Das informelle Politikmanagement der Regierungszentrale: Vom Sekretariat der Regierung zum Machtzentrum der Regierungsformation. In *Regierungszentralen,* Hrsg. Martin Florack und Timo Grunden, 249–283. Wiesbaden: VS.

Grunden, Timo, Maximilian Janetzki, und Julian Salandi. 2017. *Die SPD: Anamnese einer Partei*. Baden-Baden: Nomos.

Gründiger, Wolfgang. 2016. Scheinargumente gegen das Kinderwahlrecht. In *Wahlen und Demokratie,* Hrsg. Tobias Mörschel, 243–254. Baden-Baden: Nomos.

Grünhage, Jan. 2007. *Entscheidungsprozesse in der Europapolitik Deutschlands: Von Konrad Adenauer bis Gerhard Schröder*. Baden-Baden: Nomos.

Gusy, Christoph. 2012. Der Reichspräsident in Verfassung und politischer Praxis der Weimarer Republik. In *Der Bundespräsident im politischen System,* Hrsg. Robert Christian van Ooyen und Martin H. W. Möllers, 21–33. Wiesbaden: Springer VS.

Gusy, Christoph. 2018. *100 Jahre Weimarer Verfassung: Eine gute Verfassung in schlechter Zeit*. Tübingen: Mohr Siebeck.

Hachmeister, Lutz, Justine Kenzler, und Fabian Granzeuer. 2018. Zum Zustand der deutschen und europäischen Medienpolitik. *Aus Politik und Zeitgeschichte* 68 (B40–41): 4–10.

Hacke, Constanze. 2012. Grundsätze der Steuerpolitik. *Informationen zur politischen Bildung* 288: 4–11.

Haftendorn, Helga. 2001. *Deutsche Außenpolitik zwischen Selbstbeschränkung und Selbstbehauptung, 1945–2000*. Stuttgart: Deutsche Verlags-Anstalt.

Hailbronner, Kai, und Anuscheh Farahat. 2015. *Country report on citizenship law: Germany*. Florenz: European University Institute, EUDO Citizenship Observatory.

Hailbronner, Michael. 2015. *Traditions and transformations: The rise of German constitutionalism*. Oxford: Oxford University Press.

Hall, Peter A., und Rosemary C. R. Taylor. 1996. Political science and the three new institutionalisms. *Political Studies* 44 (5): 936–957.

Haltern, Ulrich. 2017. *Europarecht. Dogmatik im Kontext Band I: Entwicklung – Institutionen – Prozesse,* 3. Aufl. Tübingen: Mohr Siebeck.

Harle, Isabella, und Christian Stecker. 2011. Die Initiativtätigkeit des Bundesrats im Lichte der Parteipolitisierungsthese. *Zeitschrift für Parlamentsfragen* 42 (2): 325–334.

Harnisch, Sebastian. 2014. Deutsche Führung in der internationalen Gesellschaft: Ein rollentheoretischer Ansatz. In *Deutsche Außenpolitik und internationale Führung,* Hrsg. Sebastian Harnisch und Joachim Schild, 17–55. Baden-Baden: Nomos.

Hartmann, Jürgen. 2004. *Das politische System der Bundesrepublik Deutschland im Kontext: Eine Einführung*. Wiesbaden: VS.

Hartwich, Hans-Hermann. 1977. *Sozialstaatspostulat und gesellschaftlicher status quo,* 2. Aufl. Opladen: Westdeutscher Verlag.

Häsing, Jens, und Aron Buzogany. 2015. Europäisierung des deutschen Landesparlamentarismus? Zur Rolle der Landtagsverwaltungen. *Zeitschrift für Parlamentsfragen* 46 (1): 136–150.

Hassel, Anke, und Christof Schiller. 2010. *Der Fall Hartz IV: Wie es zur Agenda 2010 kam und wie es weitergeht*. Frankfurt a. M.: Campus.

Haug, Sonja, Stephanie Müssig, und Anja Stichs. 2009. *Muslimisches Leben in Deutschland: im Auftrag der Deutschen Islam Konferenz*. https://www.bamf.de/SharedDocs/Anlagen/DE/Forschung/Forschungsberichte/fb06-muslimisches-leben.pdf. Zugegriffen: 20. Nov. 2020.

Haug, Volker. 2014. *Öffentliches Recht für den Bachelor: Eine Einführung in das Staats- und Verwaltungsrecht*. Heidelberg: Müller.

Haußner, Stefan, und Arndt Leininger. 2018. Die Erfolge der AfD und die Wahlbeteiligung: Gibt es einen Zusammenhang? *Zeitschrift für Parlamentsfragen* 49 (1): 69–90.

Hefty, Julia. 2005. *Die Parlamentarischen Staatssekretäre im Bund: Eine Entwicklungsgeschichte seit 1967.* Düsseldorf: Droste.

Hegele, Yvonne, und Nathalie Behnke. 2013. Die Landesministerkonferenzen und der Bund – Kooperativer Föderalismus im Schatten der Politikverflechtung. *Politische Vierteljahresschrift* 54 (1): 21–49.

Hegele, Yvonne, und Nathalie Behnke. 2017. Horizontal coordination in cooperative federalism: The purpose of ministerial conferences in Germany. *Regional & Federal Studies* 27 (5): 529–548.

Heinelt, Hubert, Björn Egner, Timo Alexander Richter, Angelika Vetter, Sabine Kuhlmann, und Markus Seyfried. 2018. *Bürgermeister in Deutschland: Problemsichten – Einstellungen – Rollenverständnis.* Baden-Baden: Nomos.

Heinemann, André W. 2017. Dauerhafter vertikaler Finanzstreit zwischen Bund und Ländern: Das Beispiel der Übertragung der Kfz-Steuer auf den Bund. *Wirtschaftsdienst* 97 (3): 207–212.

Heinig, Hans Michael, und Frank Schorkopf, Hrsg. 2019. *70 Jahre Grundgesetz. In welcher Verfassung ist die Bunderepublik?* Göttingen: Vandenhoeck & Ruprecht.

Heinisch, Reinhard, und Armin Mühlböck. 2016. Auf die Größe kommt es an! Neue empirische Evidenz zur Wahlbeteiligung in Gemeinden. *Zeitschrift für Vergleichende Politikwissenschaft* 10 (2): 165–190.

Heinz, Dominic. 2016. Coordination in budget policy after the second federal reform: Beyond unity and diversity. *German Politics* 25 (2): 286–300.

Heisterkamp, Ulrich. 2018. *Think Tanks der Parteien? Eine vergleichende Analyse der deutschen politischen Stiftungen,* 2. Aufl. Wiesbaden: Springer VS.

Helms, Ludger. 2002. *Politische Opposition: Theorie und Praxis in westlichen Regierungssystemen.* Opladen: Leske + Budrich.

Helms, Ludger. 2005. *Regierungsorganisation und politische Führung in Deutschland.* Wiesbaden: VS.

Helms, Ludger. 2007. *Die Institutionalisierung der liberalen Demokratie: Deutschland im internationalen Vergleich.* Frankfurt a. M.: Campus.

Hennette, Stéphanie, Thomas Piketty, Guillaume Sacriste, Antoine Vauchez, und Michael Bischoff. 2017. *Für ein anderes Europa: Vertrag zur Demokratisierung der Eurozone.* München: Beck.

Hepp, Andreas, Michael Brüggemann, Katharina Kleinen-von Königslöw, Swantje Lindenberg, und Johanna Möller. 2012. *Politische Diskurskulturen in Europa.* Wiesbaden: Springer VS.

Hermens, Ferdinand A. 1968. *Demokratie oder Anarchie? Untersuchung über die Verhältniswahl,* 2. Aufl. Opladen: Westdeutscher Verlag.

Herrmann, Dietrich. 2006. Akte der Selbstautorisierung als Grundstock institutioneller Macht von Verfassungsgerichten. In *Die Deutungsmacht der Verfassungsgerichtsbarkeit,* Hrsg. Hans Vorländer, 141–173. Wiesbaden: VS.

Hertner, Isabelle, und James Sloam. 2012. The Europeanisation of the German party system. In *Europeanisation and party politics,* Hrsg. Erol Külahci, 35–53. Colchester: ECPR Press.

Herz, Hans. 2008. Die Verwaltung der Parlamente: Stellung, Organisation und Funktionen der Landtagsverwaltungen und ihr Verhältnis zu den Landtagen. *Zeitschrift für Parlamentsfragen* 39 (3): 528–546.

Hesse, Konrad. 1962. *Der unitarische Bundesstaat.* Karlsruhe: Müller.

Hesse, Joachim Jens, und Arthur Benz. 1990. *Die Modernisierung der Staatsorganisation. Institutionspolitik im internationalen Vergleich: USA, Großbritannien, Frankreich, Bundesrepublik Deutschland.* Baden-Baden: Nomos.

Hesse, Joachim Jens, und Florian Grotz. 2005. *Europa professionalisieren: Kompetenzordnung und institutionelle Reform im Rahmen der Europäischen Union.* Berlin: Duncker & Humblot.

Hesse, Joachim Jens, und Klaus H. Goetz. 1992. Early administrative adjustment to the European communities. The case of the Federal Republic of Germany. *Jahrbuch für Europäische Verwaltungsgeschichte* 4: 181–205.

Hesse, Joachim Jens, und Alexander Götz. 2006. *Kooperation statt Fusion: Interkommunale Zusammenarbeit in den Flächenländern.* Baden-Baden: Nomos.

Hesse, Joachim Jens, und Thomas Ellwein. 2012. *Das Regierungssystem der Bundesrepublik Deutschland,* 10. Aufl. Baden-Baden: Nomos.

Hierlemann, Dominik, und Ulrich Sieberer. 2014. *Sichtbare Demokratie: Debatten und Fragestunden im Deutschen Bundestag.* Gütersloh: Bertelsmann-Stiftung.

Hildebrandt, Achim, und Frieder Wolf, Hrsg. 2016. *Die Politik der Bundesländer,* 2. Aufl. Wiesbaden: Springer VS.

Hildebrandt, Achim, und Frieder Wolf. 2016. Länderpolitik revisited. Zwei Föderalismusreformen und ihre Folgen. In *Die Politik der Bundesländer,* 2. Aufl., Hrsg. Achim Hildebrandt und Frieder Wolf, 391–399. Wiesbaden: Springer VS.

Hix, Simon, Abdul Noury, und Gérard Roland. 2005. Power to the parties: Cohesion and competition in the European parliament, 1979–2001. *British Journal of Political Science* 35 (2): 209–234.

Hix, Simon, Abdul G. Noury, und Gérard Roland. 2007. *Democratic politics in the European parliament.* Cambridge: Cambridge University Press.

Hodson, Dermot, und John Peterson, Hrsg. 2017. *The institutions of the European Union,* 4. Aufl. Oxford: Oxford University Press.

Hoffmann, Jürgen. 1998. *Die doppelte Vereinigung: Vorgeschichte, Verlauf und Auswirkungen des Zusammenschlusses von Grünen und Bündnis 90.* Opladen: Leske + Budrich.

Hoffmann, Peter. 2005. Direkte Demokratie in Niedersachsen. In *Direkte Demokratie in den deutschen Ländern,* Hrsg. Andreas Kost, 163–203. Wiesbaden: VS.

Hoffmann, Josef, und Michael Wisser. 2012. Sachverständige Rechtsetzung: Die Ausschüsse des Bundesrats in der Gesetzgebung des Bundes. *Zeitschrift für Parlamentsfragen* 43 (3): 598–608.

Hofmann, Hans. 2009. Zukunftsfähigkeit des deutschen Bundesstaats. In *Der deutsche Föderalismus 2020,* Hrsg. Ralf Thomas Baus, Henrik Scheller, und Rudolf Hrbek, 95–103. Baden-Baden: Nomos.

Hofmann, Hans. 2018. Die bundesstaatliche Architektur der inneren Sicherheit: Status und Reformoptionen im deutschen Mehrebenensystem der Sicherheitsarchitektur. In *Jahrbuch des Föderalismus 2018,* Hrsg. Europäisches Zentrum für Föderalismus-Forschung, 51–66. Baden-Baden: Nomos.

Hohn, Hans-Willy. 2016. Governance-Strukturen und institutioneller Wandel des außeruniversitären Forschungssystems Deutschlands. In *Handbuch Wissenschaftspolitik,* 2. Aufl., Hrsg. Dagmar Simon, Andreas Knie, Stefan Hornbostel, und Karin Zimmermann, 549–572. Wiesbaden: Springer VS.

Holtkamp, Lars. 2005. Reform der Kommunalverfassungen in den alten Bundesländern – Eine Ursachenanalyse. In *Bürgermeister in Deutschland,* Hrsg. Jörg Bogumil und Hubert Heinelt, 13–32. Wiesbaden: VS.

Holtkamp, Lars. 2008. *Kommunale Konkordanz- und Konkurrenzdemokratie: Parteien und Bürgermeister in der repräsentativen Demokratie.* Wiesbaden: VS.

Holtkamp, Lars. 2012. *Verwaltungsreformen: Problemorientierte Einführung in die Verwaltungswissenschaft.* Wiesbaden: Springer VS.

Holtkamp, Lars, und Jörg Bogumil. 2016. Ost- und westdeutsche Kommunen zwischen Konkordanz- und Konkurrenzdemokratie: Theoretische Annahmen. In *Kommunale Entscheidungsstrukturen in Ost- und Westdeutschland,* Hrsg. Jörg Bogumil und Lars Holtkamp, 7–47. Wiesbaden: Springer VS.

Holtmann, Everhard. 2013. Parteien auf der kommunalen Ebene. In *Handbuch Parteienforschung*, Hrsg. Oskar Niedermayer, 791–815. Wiesbaden: VS.

Holtmann, Everhard. 2020. Bund und Land im parteipolitischen Gleichschritt? Zur Eigenständigkeit und bundespolitischen Inklusion der Parteiensysteme der deutschen Bundesländer. In *Jahrbuch des Föderalismus 2020,* Hrsg. Europäisches Zentrum für Föderalismus-Forschung, 195–206. Baden-Baden: Nomos.

Holtmann, Everhard, und Christian Rademacher. 2015. Kommunalpolitik. In *Kleines Lexikon der Politik*, 6. Aufl., Hrsg. Dieter Nohlen und Florian Grotz, 317–322. München: Beck.

Holtmann, Everhard, Christian Rademacher, und Marion Reiser. 2017. *Kommunalpolitik: Eine Einführung*. Wiesbaden: Springer VS.

Holtz-Bacha, Christina. 2016. *Europäische Medienpolitik*. Bonn: Bundeszentrale für politische Bildung.

Holzapfel, Klaus-J., Hrsg. 2018. *Kürschners Volkshandbuch Deutscher Bundestag,* 2. Aufl. Rheinbreitbach: NDV.

Hönnige, Christoph, und Thomas Gschwend. 2010. Das Bundesverfassungsgericht im politischen System der BRD – ein unbekanntes Wesen? *Politische Vierteljahresschrift* 51 (3): 507–530.

Hönnige, Christoph, Sascha Kneip, und Astrid Lorenz. 2011. Formen, Ebenen, Interaktionen – eine erweiterte Analyse des Verfassungswandels. In *Verfassungswandel im Mehrebenensystem*, Hrsg. Christoph Hönnige, Sascha Kneip, und Astrid Lorenz, 8–20. Wiesbaden: VS.

Höreth, Marcus. 2008. *Die Selbstautorisierung des Agenten: Der Europäische Gerichtshof im Vergleich zum U.S. Supreme Court*. Baden-Baden: Nomos.

Höreth, Marcus. 2015. Vom „Kustos" zurück zum „Gestus": Die Bundespräsidenten unter der zweiten Regierung Merkel (2009–2013). In *Politik im Schatten der Krise,* Hrsg. Reimut Zohlnhöfer und Thomas Saalfeld, 303–326. Wiesbaden: Springer VS.

Hornung, Gerrit. 2015. *Grundrechtsinnovationen*. Tübingen: Mohr Siebeck.

Horst, Patrick. 2018. Die SPD vor dem Mitgliedervotum – was der Eintritt in eine neue Große Koalition der Partei abverlangt. *Gesellschaft. Wirtschaft. Politik.* 67 (1): 5–10.

Hrbek, Rudolf. 1986. Doppelte Politikverflechtung: Deutscher Föderalismus und Europäische Integration. Die deutschen Länder im EG-Entscheidungsprozeß. In *Die deutschen Länder und die Europäischen Gemeinschaften,* Hrsg. Rudolf Hrbek und Uwe Thaysen, 17–31. Baden-Baden: Nomos.

Hrbek, Rudolf. 2013. Deutsche Europawahlen künftig ohne Sperrklausel? Das Urteil des Bundesverfassungsgerichts vom November 2011 und seine Folgen. *Integration* 36 (4): 259–278.

Hrbek, Rudolf. 2016. Die Rolle der Länder und des Bundesrates in der deutschen Europapolitik. In *Handbuch zur deutschen Europapolitik,* Hrsg. Katrin Böttger und Mathias Jopp, 130–147. Baden-Baden: Nomos.

Huber, Peter M. 2014. *Verfassungsstaat und Finanzkrise*. Baden-Baden: Nomos.

Hufeld, Ulrich. 2018. Europäische Integration und Verfassungsänderung. In *Systematischer Kommentar zu den Lissabon-Begleitgesetzen,* 2. Aufl., Hrsg. Andreas von Arnauld und Ulrich Hufeld, 39–82. Baden-Baden: Nomos.

Hufeld, Ulrich. 2020. Das PSPP-Urteil des BVerfG und die Statik der Wirtschafts- und Währungsunion. *juris Die Monatszeitschrift* 9: 331–338.

Hünermund, Sebastian. 2018. Kleine Anfragen im Deutschen Bundestag: Zu den Funktionen des Frageinstruments am Beispiel der 17. Wahlperiode. *Zeitschrift für Parlamentsfragen* 49 (3): 455–476.

Hutter, Swen, und Hanspeter Kriesi. 2019. Politicizing Europe in times of crisis. *Journal of European Public Policy* 26 (7): 39–82.

Igel, Ralph, und Michael F. Feldkamp. 2013. Die Polizei des Bundestagspräsidenten in parlamentsgeschichtlicher Perspektive. *Zeitschrift für Parlamentsfragen* 44 (1): 126–136.

Ignazi, Piero. 2020. The four knights of intra-party democracy: A rescue for party delegitimation. *Party Politics* 26 (1): 9–20.

IMF. 2021. *World economic outlook: GDP, current prices.* https://www.imf.org/external/datamapper/NGDPD@WEO/OEMDC/ADVEC/WEOWORLD?year=2019. Zugegriffen: 21. Apr. 2021.

Infratest Dimap. 2019. *Das Grundgesetz: Ein Jubilar mit Bestnoten: Studie: 70 Jahre – die Bundesrepublik und ihr Grundgesetz.* https://www.infratest-dimap.de/umfragen-analysen/bundesweit/grundgesetzstudie/. Zugegriffen: 17. Mai 2019.

Inglehart, Ronald. 1977. *The silent revolution: Changing values and political styles among western publics.* Princeton: Princeton University Press.

Inglehart, Ronald, und Christian Welzel. 2005. *Modernization, cultural change, and democracy: The human development sequence.* Cambridge: Cambridge University Press.

Ipsen, Hans Peter. 1972. *Europäisches Gemeinschaftsrecht.* Tübingen: Mohr Siebeck.

Isensee, Josef. 2005. Budgetrecht des Parlaments zwischen Schein und Sein. *JuristenZeitung* 60 (20): 971–981.

Ismayr, Wolfgang. 2012. *Der Deutsche Bundestag*, 3. Aufl. Wiesbaden: Springer VS.

Ismayr, Wolfgang. 2018. Der Bundestag vor neuen Herausforderungen. In *Politikwissenschaft als Beruf,* Hrsg. Christoph Meißelbach, Jakob Lempp, und Stephan Dreischer, 23–34. Wiesbaden: Springer VS.

Jachtenfuchs, Markus. 2002. *Die Konstruktion Europas: Verfassungsideen und institutionelle Entwicklung.* Baden-Baden: Nomos.

Jakobs, Ilka, Tanjev Schultz, Christina Viehmann, Oliver Quiring, Nikolaus Jackob, Marc Ziegele, und Christian Schemer. 2021. Medienvertrauen in Krisenzeiten: Mainzer Langzeitstudie Medienvertrauen 2020. *Media Perspektiven* 3: 152–162.

Janisch, Wolfgang. 2020. Das könnt ihr besser. *Süddeutsche Zeitung.* 9. Oktober., 5.

Jarren, Otfried. 2019. Öffentliche Medien als neue Intermediäre der Gesellschaft: Von der Notwendigkeit der Neuinstitutionalisierung öffentlicher Medien. *Jahrbuch für Christliche Sozialwissenschaften* 60: 62–85.

Jeffery, Charlie. 1995. The non-reform of the German federal system after the unification. *West European Politics* 18 (2): 252–272.

Jeffery, Charlie, und Niccole M. Pamphilis. 2016. Myth and paradox of 'Uniform Living Conditions' in the German federal system. *German Politics* 25 (2): 176–192.

Jellinek, Georg. 1906. *Verfassungsänderung und Verfassungswandlung.* Berlin: Häring.

Jesse, Eckhard. 1985. *Wahlrecht zwischen Kontinuität und Reform: Eine Analyse der Wahlsystemdiskussion und der Wahlrechtsänderungen in der Bundesrepublik Deutschland 1949–1983.* Düsseldorf: Droste.

Jesse, Eckhard. 2004. Soll der Bundespräsident direkt gewählt werden? *Liberal* 46 (2): 16–19.

Jesse, Eckhard. 2017. Die deutsche Koalitionsdemokratie. *Der Bürger im Staat* 67: 107–115.

Jesse, Eckhard, und Sebastian Liebold. 2014. Politikwissenschaftler und Politikwissenschaft in Deutschland. In *Deutsche Politikwissenschaftler – Werk und Wirkung,* Hrsg. Eckhard Jesse und Sebastian Liebold, 7–84. Baden-Baden: Nomos.

Jörgens, Helge, und Barbara Saerbeck. 2016. Deutsche Interessen und Prioritäten in der europäischen Umweltpolitik. In *Handbuch zur deutschen Europapolitik,* Hrsg. Katrin Böttger und Mathias Jopp, 304–315. Baden-Baden: Nomos.

Jun, Uwe. 2013. Typen und Funktionen von Parteien. In *Handbuch Parteienforschung,* Hrsg. Oskar Niedermayer, 119–144. Wiesbaden: VS.

Jun, Uwe. 2015. Parteien und Parteiensystem der Bundesrepublik Deutschland. *Informationen zur politischen Bildung* (328).

Jun, Uwe. 2018. Direkte innerparteiliche Demokratie in der parlamentarischen Demokratie: Das Beispiel der Mitgliederpartei SPD. *Zeitschrift für Parlamentsfragen* 49 (4): 940–950.

Jun, Uwe, und Benjamin Höhne, Hrsg. 2012. *Parteienfamilien: Identitätsbestimmend oder nur noch Etikett?* Opladen: Budrich.

Jung, Matthias, Yvonne Schroth, und Andrea Wolf. 2019. Bedingt regierungsbereit – Eine Analyse der Bundestagswahl 2017. In *Die Bundestagswahl 2017,* Hrsg. Karl-Rudolf Korte und Jan Schoofs, 23–45. Wiesbaden: Springer VS.

Jungherr, Andreas. 2017. Das Internet in der politischen Kommunikation: Forschungsstand und Perspektiven. *Politische Vierteljahresschrift* 58 (2): 284–315.

Jürgens, Gunther, und Frank Rehmet. 2009. Direkte Demokratie in den Bundesländern: Ein Überblick. In *Mehr direkte Demokratie wagen,* 2. Aufl., Hrsg. Hermann K. Heußner und Otmar Jung, 197–233. München: Olzog.

Junkernheinrich, Martin. 2019. Kommunale Altschulden: Wie kann eine Lösung aussehen? *Wirtschaftsdienst* 99 (9): 602.

Jutzi, Siegfried. 2020. Aus für Thüringer Paritätsgesetz: Zum Urteil des Verfassungsgerichtshofs Thüringen vom 15. Juli 2020 – VerfGH 2/20. *Zeitschrift Für Parlamentsfragen* 51 (3): 639–649.

Kaarbo, Juliet. 2018. Prime minister leadership style and the role of parliament in security policy. *British Journal of Politics and International Relations* 20 (1): 35–51.

Karidi, Maria. 2018. Öffentlich-rechtlicher Rundfunk in der Schusslinie: Eine Differenzierung. *Aus Politik und Zeitgeschichte* 68 (B40–41): 17–22.

Kassim, Hussein. 2003. Meeting the demands of EU membership: The Europeanization of national administrative systems. In *The politics of Europeanization,* Hrsg. Kevin Featherstone und Claudio M. Radaelli, 83–111. Oxford: Oxford University Press.

Katz, Richard S., und Peter Mair. 1993. The evolution of party organizations in Europe: Three faces of party organization. *American Review of Politics* 14 (4): 593–617.

Katzenstein, Peter J. 1987. *Policy and politics in West-Germany: The growth of a semisovereign state.* Philadelphia: Temple University Press.

Keading, Michael, und Torsten J. Selck. 2005. Mapping out the political Europe: Coalition patterns in EU decision-making. *International Political Science Review* 26 (3): 271–290.

Keller, Eileen. 2018. *Städtepartnerschaften – den europäischen Bürgersinn stärken: Eine empirische Studie.* Gütersloh: Bertelsmann-Stiftung.

Kellmann, Klaus. 2005. Direkte Demokratie in Schleswig-Holstein. In *Direkte Demokratie in den deutschen Ländern,* Hrsg. Andreas Kost, 285–293. Wiesbaden: VS.

Kiefer, Marie Luise. 1996. Unverzichtbar oder überflüssig? Öffentlich-rechtlicher Rundfunk in der Multimedia-Welt. *Rundfunk und Fernsehen* 44 (1): 7–26.

Kielmansegg, Peter Graf. 2009. Lässt sich die Europäische Union demokratisch verfassen? In *Die Verfassung Europas,* Hrsg. Frank Decker und Marcus Höreth, 219–236. Wiesbaden: VS.

Kielmansegg, Peter Graf. 2019. Die Verfassung von Weimar – Versuch einer Neueinschätzung. In *Jahrbuch Extremismus & Demokratie (E & D): 31. Jahrgang,* Hrsg. Uwe Backes, Alexander Gallus, Eckhard Jesse, und Tom Thieme, 41–58. Baden-Baden: Nomos.

Kielmansegg, Peter Graf, und Thomas Gschwend. 2018. Die Verfassungsrichterwahl – Auch ein Fall für den Bundespräsidenten. *Frankfurter Allgemeine Zeitung*, 2. August, 7.

Kilper, Heiderose, und Roland Lhotta. 1996. *Föderalismus in der Bundesrepublik Deutschland: Eine Einführung.* Opladen: Leske + Budrich.

King, Anthony. 1975. Executives. In *Handbook of political science,* Hrsg. Fred I. Greenstein und Nelson W. Polsby, 173–245. Glenview: Addison-Wesley Publishing Company.

Kintz, Melanie, und Malte Cordes. 2019. Daten zur Berufsstruktur des Deutschen Bundestages in der 19. Wahlperiode. *Zeitschrift für Parlamentsfragen* 50 (1): 42–58.

Kirchheimer, Otto. 1965. Der Wandel des westeuropäischen Parteiensystems. *Politische Vierteljahresschrift* 6 (1): 20–41.

Kitschelt, Herbert. 1988. The rise of left-libertarian parties in western democracies: Explaining innovation in competitive party systems. *World Politics* 40 (2): 194–234.

Klaus, Elisabeth. 2006. Von der Beschränktheit unserer Öffentlichkeitstheorien im europäischen Kontext. In *Europäische Öffentlichkeit und medialer Wandel: Eine transdisziplinäre Perspektive,* Hrsg. Wolfgang R. Langenbucher und Michael Latzer, 93–106. Wiesbaden: VS.

Klein, Markus, Jan Ballowitz, und Per Holderberg. 2014. Die gesellschaftliche Akzeptanz einer gesellschaftlichen Wahlpflicht in Deutschland: Ergebnisse einer repräsentativen Bevölkerungsumfrage. *Zeitschrift für Parlamentsfragen* 45 (4): 812–824.

Klein, Markus, Philipp Becker, Lisa Czeczinski, Yvonne Lüdecke, Bastian Schmidt, und Frederik Springer. 2019. Die Sozialstruktur der deutschen Parteimitgliedschaften: Empirische Befunde der Deutschen Parteimitgliederstudien 1998, 2009 und 2017. *Zeitschrift für Parlamentsfragen* 50 (1): 81–98.

Klein, Markus, und Yvonne Lüdecke. 2018. Ent-Parteipolitisierung und faktischer Konkurrenzausschluss bei Bürgermeister- und Landratswahlen: Eine empirische Analyse für Hessen (1993–2017). *Zeitschrift für Politikwissenschaft* 28 (2): 125–146.

Klein, Markus, Ulrich von Alemann, und Tim Spier. 2011. Warum brauchen Parteien Mitglieder? In *Parteimitglieder in Deutschland,* Hrsg. Tim Spier, Markus Klein, Ulrich von Alemann, Hanna Hoffmann, Annika Laux, Alexandra Nonnenmacher, und Katharina Rohrbach, 19–29. Wiesbaden: VS.

Kleinfeld, Ralf. 2007. Die historische Entwicklung der Interessenverbände in Deutschland. In *Interessenverbände in Deutschland,* Hrsg. Thomas von Winter und Ulrich Willems, 51–83. Wiesbaden: VS.

Kleinfeld, Ralf. 2016. Interessengruppen in Niedersachsen. In *Politik und Regieren in Niedersachsen,* Hrsg. Teresa Nentwig und Christian Werwath, 327–355. Wiesbaden: Springer VS.

Kleinfeld, Ralf, und Ralf Löbler. 1993. *Verbände in Nordrhein-Westfalen: Eine Vorstudie zu Theorie und Empirie von Verbänden in der Landespolitik.* Hagen: FernUniversität.

Kleinnijenhuis, Jan, und Ewald M. Rietberg. 1995. Parties, media, the public and the economy: Patterns of societal agenda-setting. *European Journal of Political Research* 28 (1): 95–118.

Kleßmann, Christoph. 1982. *Die doppelte Staatsgründung: Deutsche Geschichte 1945–1955.* Göttingen: Vandenhoeck & Ruprecht.

Kleßmann, Christoph. 1993. Verflechtung und Abgrenzung: Aspekte der geteilten und zusammengehörigen deutschen Nachkriegsgeschichte. *Aus Politik und Zeitgeschichte* 43 (B 29–30): 30–41.

Klinger, Ulrike, und Jakob Svensson. 2015. The emergence of network media logic in political communication: A theoretical approach. *New Media & Society* 17 (8): 1241–1257.

Kloepfer, Michael. 2016. Herrschaft auf Zeit – das Amt des Bundeskanzlers, *Frankfurter Allgemeine Zeitung,* 18. Februar, 6.

Klotzbach, Kurt. 1982. *Der Weg zur Staatspartei: Programmatik, praktische Politik und Organisation der deutschen Sozialdemokratie 1945–1965.* Bonn: Dietz.

Klüver, Heike. 2012. *Interessenvermittlung in der Europäischen Union: Nationale Verbände auf dem Weg nach Brüssel.* Saarbrücken: AV Akademikerverlag.

Kneip, Sascha. 2007. Anschieber oder Bremser? Das Bundesverfassungsgericht und die Reformpolitik der rot-grünen Bundesregierung. In *Ende des rot-grünen Projektes,* Hrsg. Christoph Egle und Reimut Zohlnhöfer, 215–238. Wiesbaden: VS.

Kneip, Sascha. 2009. *Verfassungsgerichte als demokratische Akteure: Der Beitrag des Bundesverfassungsgerichts zur Qualität der bundesdeutschen Demokratie.* Baden-Baden: Nomos.

Kneip, Sascha. 2011. Gegenspieler, Vetospieler oder was? Demokratiefunktionales Agieren des Bundesverfassungsgerichts 1951–2005. *Politische Vierteljahresschrift* 52 (2): 220–247.
Kneip, Sascha, und Wolfgang Merkel. 2020. Demokratische Legitimität: Ein theoretisches Konzept in empirisch-analytischer Absicht. In *Legitimitätsprobleme,* Hrsg. Sascha Kneip, Wolfgang Merkel, und Bernhard Weßels, 25–55. Wiesbaden: Springer VS.
Kneip, Sascha, Wolfgang Merkel, und Bernhard Weßels, Hrsg. 2020. *Legitimitätsprobleme: Zur Lage der Demokratie in Deutschland.* Wiesbaden: Springer VS.
Knelangen, Wilhelm. 2005. Eine neue deutsche Europapolitik für eine andere EU? *Aus Politik und Zeitgeschichte* (B38–39): 24–30.
Knelangen, Wilhelm. 2018. Die öffentliche Meinung zur Europäischen Union in der Bundesrepublik Deutschland. In *Europa zwischen Hoffnung und Skepsis,* Hrsg. Anjo G. Harryvan, André Kause, und Hans Volaard, 115–133. Münster: Waxmann.
Knelangen, Wilhelm, und Friedhelm Boyken, Hrsg. 2019. *Politik und Regieren in Schleswig-Holstein: Grundlagen – politisches System – Politikfelder und Probleme.* Wiesbaden: Springer VS.
Knodt, Michèle. 2002. Europäisierung regionalen Regierens: Mit Sinatra „autonomieorientierten" Systemwechsel im deutschen Bundesstaat. *Politische Vierteljahresschrift* 43 (2): 211–234.
Knoll, Thomas. 2010. Das Bundeskanzleramt – Funktionen und Organisation. In *Analyse demokratischer Regierungssysteme,* Hrsg. Klemens H. Schrenk und Markus Soldner, 201–220. Wiesbaden: VS.
Koch, Thorsten. 2018. Das neue Recht der europäischen politischen Parteien. *Zeitschrift für Parteienwissenschaften* 24 (1): 71–78.
Kohler, Berthold. 2019. *Eine zeitlose Verfassung: 70 Jahre Grundgesetz.* www.faz.net/aktuell/politik/inland/70-jahre-grundgesetz-eine-zeitlose-verfassung-16201310.html. Zugegriffen: 15. Dez. 2020.
Kommission der Europäischen Gemeinschaften. 2006. *Weissbuch über eine Europäische Kommunikationspolitik.* https://europa.eu/documents/comm/white_papers/pdf/com2006_35_de.pdf. Zugegriffen: 2. Juli 2020.
Kommunale Gemeinschaftsstelle für Verwaltungsmanagement. 2013. *Das kommunale Steuerungsmodell.* Köln: KGSt.
König, Klaus, und Angelika Benz. 1997. *Privatisierung und staatliche Regulierung: Bahn, Post und Telekommunikation, Rundfunk.* Baden-Baden: Nomos.
Koole, Ruud. 1996. Cadre, catch-all or cartel? A comment on the notion of cartel party. *Party Politics* 2 (4): 507–523.
Korpi, Walter. 1978. *The working class in welfare capitalism: Work, unions and politics in Sweden.* London: Routledge & Kegan Paul.
Korte, Karl-Rudolf, Hrsg. 2002. *„Das Wort hat der Herr Bundeskanzler": Eine Analyse der Großen Regierungserklärungen von Adenauer bis Schröder.* Wiesbaden: Westdeutscher Verlag.
Korte, Karl-Rudolf. 2019. *Gesichter der Macht: Über die Gestaltungspotenziale der Bundespräsidenten.* Frankfurt a. M.: Campus.
Korte, Karl-Rudolf, und Jan Schoofs, Hrsg. 2019. *Die Bundestagswahl 2017.* Wiesbaden: Springer VS.
Korte, Karl-Rudolf., Dennis Michels, Jan Schoofs, Niko Switek, und Kristina Weissenbach. 2018. *Parteiendemokratie in Bewegung: Organisations- und Entscheidungsmuster der deutschen Parteien im Vergleich.* Baden-Baden: Nomos.
Koß, Michael. 2015. Die Parteienfinanzierung in Deutschland und Frankreich als Spiegel der Wahrnehmung der Parteifunktionen? In *Politische Parteien in Frankreich und Deutschland,* Hrsg. Ulrich von Alemann, Martin Morlok, und Sebastian Roßner, 133–159. Baden-Baden: Nomos.

Kost, Andreas. 2019. Bürgerbegehren und Bürgerentscheid. In *Lexikon Direkte Demokratie in Deutschland,* Hrsg. Andreas Kost und Marcel Solar, 39–48. Wiesbaden: Springer VS.

Kranenpohl, Uwe. 2010. *Hinter dem Schleier des Beratungsgeheimnisses: Der Willensbildungs- und Entscheidungsprozess des Bundesverfassungsgerichts.* Wiesbaden: Springer VS.

Kranenpohl, Uwe. 2013. Ist Karlsruhe „Europa" ausgeliefert? Die Gestaltungsmacht des Bundesverfassungsgerichts und die europäischen Gerichtsbarkeiten. *Zeitschrift für Politik* 60 (1): 90–103.

Krax, Michael. 2010. *Nationalstaatliche Koordination der europapolitischen Willensbildung: Politikformulierung in Deutschland, Frankreich und dem Vereinigten Königreich im Vergleich.* Opladen: Budrich.

Kretschmer, Gerald. 1989. Geschäftsordnungen deutscher Volksvertretungen. In *Parlamentsrecht und Parlamentspraxis in der Bundesrepublik Deutschland,* Hrsg. Hans-Peter Schneider und Wolfgang Zeh, 291–331. Berlin: De Gruyter Oldenbourg.

Kroll, Frank-Lothar. 2020. Christliche Demokratie – vom Glaubensbekenntnis zum politischen Programm? In *Christlich-Demokratische Union,* Hrsg. Norbert Lammert, 361–394. München: Siedler.

Kropp, Sabine. 2001. *Regieren in Koalitionen: Handlungsmuster und Entscheidungsbildung in deutschen Länderregierungen.* Wiesbaden: Westdeutscher Verlag.

Kropp, Sabine. 2008. Koalitionsregierungen. In *Die EU-Staaten im Vergleich,* 3. Aufl., Hrsg. Oscar W. Gabriel und Sabine Kropp, 514–549. Wiesbaden: VS.

Kropp, Sabine. 2010a. *Kooperativer Föderalismus und Politikverflechtung.* Wiesbaden: VS.

Kropp, Sabine. 2010b. Koalitionsbildungen und Koalitionsstabilität in Mittel- und Südosteuropa. Überlegungen und Ergebnisse zu einem wenig bestellten Forschungsfeld. In *Krise oder Wandel der Parteiendemokratie?,* Hrsg. David Gehne und Tim Spier, 190–209. Wiesbaden: VS.

Kropp, Sabine. 2020. Zerreißprobe für den Flickenteppich? Der deutsche Föderalismus in Zeiten von Covid-19. *Verfassungsblog.* https://verfassungsblog.de/zerreissprobe-fuer-den-flickenteppich/. Zugegriffen: 24. Juli 2020.

Kropp, Sabine, und Nathalie Behnke. 2016. Marble cake dreaming of layer cake: The merits and pitfalls of disentanglement in German federalism reform. *Regional & Federal Studies* 26 (5): 667–686.

Kropp, Sabine, und Roland Sturm. 2015. Reformperspektiven des föderalen Finanzausgleichs unter den Bedingungen der Politikverflechtung. In *Das Teilen beherrschen,* Hrsg. René Geißler, Felix Knüpling, Sabine Kropp, und Joachim Wieland, 95–120. Baden-Baden: Nomos.

Kuhlmann, Sabine, und Jörg Bogumil. 2019. *Kommunale Selbstverwaltung in Ost- und Westdeutschland.* https://www.bpb.de/geschichte/deutsche-einheit/lange-wege-der-deutschen-einheit/300962/kommunale-selbstverwaltung-in-ost-und-westdeutschland. Zugegriffen: 23. Mai 2020.

Kuhlmann, Sabine, Markus Seyfried, und John Siegel. 2018. *Wirkungen kommunaler Gebietsreformen: Stand der Forschung und Empfehlungen für Politik und Verwaltung.* Baden-Baden: Nomos.

Kultusministerkonferenz (KMK). 2015. *Ständige Konferenz der Kultusminister der Länder in der Bundesrepublik Deutschland* (Broschüre). https://www.kmk.org/fileadmin/Dateien/bilder/KMK/Aufgaben/kmk_Imagefolder_web.pdf. Zugegriffen: 19. Aug. 2020.

Kürschners Datenbank. 2020. *Internationaler Frauentag – Frauenanteil in Parlamenten.* https://kuerschners.com/verlag/aktuelles/thema/news/internationaler-frauentag-frauenanteil-in-parlamenten.html. Zugegriffen: 24. Nov. 2020.

Kwaschnik, Gerrit. 2018. Die Landesgruppen von SPD und CDU im Bundestag: Zum Stellenwert im innerfraktionellen Aushandlungs- und Entscheidungsprozess. *Zeitschrift für Parlamentsfragen* 49 (3): 498–511.

Laakso, Markku, und Rein Taagepera. 1979. "Effective" number of parties. A measure with application to West Europe. *Comparative Political Studies* 12 (1): 3–27.

Lahusen, Christian. 2020. *Europäisches Lobbying: Ein Berufsfeld zwischen Professionalismus und Aktivismus*. Frankfurt a. M.: Campus.

Lammert, Norbert, Hrsg. 2020. *Christlich-Demokratische Union: Beiträge und Positionen zur Geschichte der CDU*. München: Siedler.

Landfried, Christine 2015. Die Wahl der Bundesverfassungsrichter und ihre Folgen für die Legitimität der Verfassungsgerichtsbarkeit. In *Handbuch Bundesverfassungsgericht im politischen System*, 2. Aufl., Hrsg. Robert Christian van Ooyen und Martin H. W. Möllers, 369–387. Wiesbaden: Springer VS.

Landsberg, Gerd. 2007. Der Deutsche Städte- und Gemeindebund. In *Handbuch der kommunalen Wissenschaft und Praxis*, 3. Aufl., Hrsg. Thomas Mann und Günter Püttner, 963–980. Berlin: Springer.

Lang, Heinrich. 2007. *Gesetzgebung in eigener Sache: eine rechtstheoretische und rechtssystematische Untersuchung zum Spannungsverhältnis von Distanzgebot und Eigennutz*. Tübingen: Mohr Siebeck.

Laski, Harold. 1925. *A grammar of politics*. London: George Allen and Unwin.

Latzer, Michael, und Florian Saurwein. 2006. Europäisierung durch Medien: Ansätze und Erkenntnisse der Öffentlichkeitsforschung. In *Europäische Öffentlichkeit und medialer Wandel: Eine transdisziplinäre Perspektive*, Hrsg. Wolfgang R. Langenbucher und Michael Latzer, 10–44. Wiesbaden: VS.

Lau, Mariam. 2009. *Die letzte Volkspartei: Angela Merkel und die Modernisierung der CDU*. München: Deutsche Verlags-Anstalt.

Lehmbruch, Gerhard. 1967. *Proporzdemokratie: Politisches System und politische Kultur in der Schweiz und in Österreich*. Tübingen: Mohr.

Lehmbruch, Gerhard. 1976. *Parteienwettbewerb im Bundesstaat*. Stuttgart: Kohlhammer.

Lehmbruch, Gerhard. 1992. Konkordanzdemokratie. In *Die westlichen Länder*, Hrsg. Manfred G. Schmidt, 206–211. München: Beck.

Lehmbruch, Gerhard. 1996. Die korporative Verhandlungsdemokratie in Westmitteleuropa. *Swiss Political Science Review* 2 (4): 1–24.

Lehmbruch, Gerhard. 1998. „A-Länder" und „B-Länder": Eine Anmerkung zum Sprachgebrauch. *Zeitschrift für Parlamentsfragen* 29 (2): 348–350.

Lehmbruch, Gerhard. 2000. *Parteienwettbewerb im Bundesstaat: Regelsysteme und Spannungslagen im politischen System der Bundesrepublik Deutschland*, 3. Aufl. Wiesbaden: Westdeutscher Verlag.

Lehmbruch, Gerhard. 2002. Der unitarische Bundesstaat in Deutschland. Pfadabhängigkeit und Wandel. In *Föderalismus*, Hrsg. Arthur Benz und Gerhard Lehmbruch, 53–110. Wiesbaden: Westdeutscher Verlag.

Lehmbruch, Gerhard. 2003. *Verhandlungsdemokratie: Beiträge zur vergleichenden Regierungslehre*. Wiesbaden: Westdeutscher Verlag.

Lehmbruch, Gerhard. 2004. Strategische Alternativen und Spielräume bei der Reform des Bundesstaates. *Zeitschrift für Staats- und Europawissenschaften* 2 (1): 82–93.

Leibholz, Gerhard. 1957. Der Status des Bundesverfassungsgerichts: Bericht des Berichterstatters des Bundesverfassungsgerichts an das Plenum des Bundesverfassungsgerichts zur „Status"-Frage vom 21.3.1952. *Jahrbuch des öffentlichen Rechts der Gegenwart* 6: 109–221.

Leidinger, Adalbert. 1980. Die Mitwirkung der kommunalen Spitzenverbände an der Gesetzgebung im Bund und in den Ländern. In *Politik als gelebte Verfassung: Aktuelle Probleme des modernen Verfassungsstaates*, Hrsg. Jürgen Jekewitz, Michael Melzer, und Wolfgang Zeh, 162–181. Opladen: Westdeutscher Verlag.

Lembcke, Oliver. 2007. *Hüter der Verfassung: Eine institutionentheoretische Studie zur Autorität des Bundesverfassungsgerichts.* Tübingen: Mohr Siebeck.
Lembcke, Oliver. 2015. Das Bundesverfassungsgericht und die Regierung Adenauer – vom Streit um den Status zur Anerkennung der Autorität. In *Handbuch Bundesverfassungsgericht im politischen System,* 2. Aufl., Hrsg. Robert Christian van Ooyen und Martin H. W. Möllers, 231–243. Wiesbaden: Springer VS.
Lenk, Thomas, und Philipp Glinka. 2018. Daueraufgabe Deutsche Einheit – Die neuen Finanzregeln im Kontext bisheriger Konvergenzbestrebungen und -entwicklungen. *Jahrbuch für öffentliche Finanzen* 2–2018: 57–71.
Lenz, Christofer, und Ronald Hansel. 2015. *Bundesverfassungsgerichtsgesetz: Handkommentar,* 2. Aufl. Baden-Baden: Nomos.
Lenz, Christofer, und Simon Gollasch. 2021. *Staatliche Parteienfinanzierung in der Kritik: Warum sich aus der Verfassung keine absolute Obergrenze herleiten lässt. Verfassungsblog.*https://verfassungsblog.de/staatliche-parteienfinanzierung-in-der-kritik/. Zugegriffen: 12. März 2021.
Lepsius, Rainer M. 1966. Parteiensystem und Sozialstruktur: Zum Problem der Demokratisierung der deutschen Gesellschaft. In *Wirtschaft, Geschichte und Wirtschaftsgeschichte,* Hrsg. Wilhelm Abel, Knut Borchardt, Herrmann Kellenbenz, und Wolfgang Zorn, 371–393. Stuttgart: Fischer.
Leunig, Sven, Hrsg. 2009. *Handbuch Föderale Zweite Kammern.* Opladen: Budrich.
Leunig, Sven. 2012. *Die Regierungssysteme der deutschen Länder,* 2. Aufl. Wiesbaden: Springer VS.
Levitsky, Steven, und Daniel Ziblatt. 2018. *Wie Demokratien sterben: Und was wir dagegen tun können.* München: Deutsche Verlags-Anstalt.
Lewandowsky, Marcel. 2015. Eine rechtspopulistische Protestpartei? Die AfD in der öffentlichen und politikwissenschaftlichen Debatte. *Zeitschrift für Politikwissenschaft* 25 (1): 119–134.
Lewandowsky, Marcel. 2016. Die Verteidigung der Nation: Außen- und europapolitische Positionen der AfD im Spiegel des Rechtspopulismus. In *Die Alternative für Deutschland,* Hrsg. Alexander Häusler, 39–51. Wiesbaden: Springer VS.
Ley, Richard. 2010. Die Wahl der Ministerpräsidenten in den Bundesländern: Rechtslage und Staatspraxis. *Zeitschrift für Parlamentsfragen* 41 (2): 390–420.
Ley, Richard. 2015. Die Wahl von Ministerpräsidenten ohne Landtagsmandat: Fallbeispiele und Überlegungen zur geplanten Verfassungsänderung in NRW. *Zeitschrift für Parlamentsfragen* 46 (1): 100–116.
Lhotta, Roland. 1998. Der „lästige" Föderalismus: Überlegungen zum konsensuellen „deadlock" am Beispiel von Bundesstaat und Vermittlungsausschuss. In *Föderalismus zwischen Konsens und Konkurrenz,* Hrsg. Ursula Männle, 79–91. Baden-Baden: Nomos.
Lhotta, Roland. 2000. Konsens und Konkurrenz in der konstitutionellen Ökonomie bikameraler Verhandlungsdemokratie: Der Vermittlungsausschuß als effiziente Institution politischer Deliberation. In *Zwischen Wettbewerbs- und Verhandlungsdemokratie,* Hrsg. Everhard Holtmann und Helmut Voelzkow, 79–103. Wiesbaden: Westdeutscher Verlag.
Lhotta, Roland. 2012. Der Bundespräsident als Vetospieler? Gewaltenteilung und komplexe Repräsentation im deutschen Parlamentarismus. In *Der Bundespräsident im politischen System,* Hrsg. Robert Christian van Ooyen und Martin H. W. Möllers, 131–142. Wiesbaden: Springer VS.
Lhotta, Roland, und Jörn Ketelhut. 2015. Bundesverfassungsgericht und Europäische Integration. In *Handbuch Bundesverfassungsgericht im politischen System,* 2. Aufl., Hrsg. Robert Christian van Ooyen und Martin H. W. Möllers, 845–874. Wiesbaden: Springer VS.
Lianos, Manuel, und Rudolf Hetzel. 2003. Die Quadratur des Kreises. So arbeitet die Firmen-Lobby in Berlin. *politik & kommunikation* 3: 14–17.

Liesching, Marc. 2018. Lösungsmodell regulierter Selbstregulierung – Zur Übertragbarkeit der JMStV-Regelungen auf das NetzDG. In *Netzwerkrecht: Die Zukunft des NetzDG und seine Folgen für die Netzwerkkommunikation,* Hrsg. Martin Eifert und Tobias Gostomzyk, 135–152. Baden-Baden: Nomos.

Lietzau, Wolfgang. 2018. *Vielfalt der Verbände: Zahlen und Fakten zur Verbandslandschaft 2018.* https://www.verbaende.com/hintergruende/was_sind_verbaende.php. Zugegriffen: 9. Jan. 2019.

Lijphart, Arend. 2012. *Patterns of democracy: Government forms and performance in thirty-six countries,* 2. Aufl. New Haven: Yale University Press.

Limbach, Jutta. 2001. *Das Bundesverfassungsgericht.* München: Beck.

Linhart, Eric, Franz Urban Pappi, und Ralf Schmitt. 2008. Die proportionale Ministerienaufteilung in deutschen Koalitionsregierungen: Akzeptierte Norm oder das Ausnutzen strategischer Vorteile? *Politische Vierteljahresschrift* 49 (1): 46–67.

Lipset, Seymour Martin, und Stein Rokkan. 1967. Cleavage structures, party systems, and voter alignments: An introduction. In *Party systems and voter alignments,* Hrsg. Seymour Martin Lipset und Stein Rokkan, 1–64. New York: Free Press.

LobbyControl. o. J. Lobbyismus in der EU. https://www.lobbycontrol.de/schwerpunkt/lobbyismus-in-der-eu/. Zugegriffen: 11. Jan. 2019.

LobbyControl. 2020. Lobbyregister-Entwurf im internationalen Vergleich. https://www.lobbycontrol.de/2020/09/lobbyregister-entwurf-im-internationalen-vergleich/. Zugegriffen: 22. Dez. 2020.

Löhr, Meike. 2020. *Energietransitionen: Eine Analyse der Phasen und Akteurskoalitionen in Dänemark, Deutschland und Frankreich.* Wiesbaden: Springer VS.

Lorenz, Astrid. 2008. *Verfassungsänderungen in etablierten Demokratien: Motivlagen und Aushandlungsmuster.* Wiesbaden: VS.

Lösche, Peter. 1994. *Kleine Geschichte der deutschen Parteien,* 2. Aufl. Stuttgart: Kohlhammer.

Loth, Winfried. 1996. *Der Weg nach Europa: Geschichte der europäischen Integration 1939–1957,* 3. Aufl. Göttingen: Vandenhoeck & Ruprecht.

Lotter, Christina. 2018. Editorial. *Aus Politik und Zeitgeschichte* 68 (B40–41): 3.

Louis, Marco. 2014. *Die KEF und die Rundfunkfreiheit: Eine Untersuchung insbesondere der verfassungsprozessualen Stellung der Kommission zur Überprüfung und Ermittlung des Finanzbedarfs der Rundfunkanstalten.* Berlin: Duncker & Humblot.

Lucht, Jens. 2006. *Der öffentlich-rechtliche Rundfunk: Ein Auslaufmodell? Grundlagen – Analysen – Perspektiven.* Wiesbaden: VS.

Lutz, Burkart. 1989. *Der kurze Traum immerwährender Prosperität.* Frankfurt a. M.: Campus.

Majone, Giandomenico. 1994. The rise of the regulatory state in Europe. *West European Politics* 17 (3): 77–101.

Malycha, Andreas, und Peter Jochen Winters. 2009. *Geschichte der SED: Von der Gründung bis zur Linkspartei.* Bonn: Bundeszentrale für politische Bildung.

Mansbridge, Jane. 1999. Should blacks represent blacks and women represent women? A contingent "Yes". *Journal of Politics* 61 (3): 628–657.

Marks, Gary, Liesbet Hooghe, Moira Nelson, und Erica Edwards. 2006. Party competition and European integration in East and West: Different structure, same causality. *Comparative Political Studies* 39 (2): 155–175.

Marschall, Stefan. 2000. Deutscher Bundestag und Parlamentsreform. *Aus Politik und Zeitgeschichte* 50 (B28): 13–21.

Marschall, Stefan. 2014. *Das politische System Deutschlands,* 3. Aufl. Konstanz: UTB.

Marschall, Stefan. 2018. *Das politische System Deutschlands,* 4. Aufl. Konstanz: UTB.

Martens, Rolf. 2003. *Die Ministerpräsidentenkonferenz.* Würzburg: Ergon.

März, Peter. 2006. Ministerpräsidenten. In *Landespolitik in Deutschland,* Hrsg. Herbert Schneider und Hans-Georg Wehling, 148–206. Wiesbaden: VS.

Masing, Johannes. 2019. Entscheidung in unterschiedlichen Spruchkörpern: Einblicke in die innere Verfassung des Bundesverfassungsgerichts. In *Verfassungsentwicklung II,* Hrsg. Matthias Jestaedt und Hidemi Suzuki, 177–193. Tübingen: Mohr Siebeck.

Matthes, Jürgen. 2020. *EU-Wiederaufbaufonds: Wie die EU die Blockade von Ungarn und Polen umgehen kann.* https://www.focus.de/finanzen/experten/iwkoeln/gastbeitrag-eu-wiederaufbaufonds-wie-die-eu-die-blockade-von-ungarn-und-polen-umgehen-kann_id_12680825.html. Zugegriffen: 8. Dez. 2020.

Matzerath, Horst. 2007. Die Zeit des Nationalsozialismus. In *Handbuch der kommunalen Wissenschaft und Praxis,* 3. Aufl., Hrsg. Thomas Mann und Günter Püttner, 119–132. Berlin: Springer.

McCormick, John. 2015. *European union politics,* 2. Aufl. Basingstoke: Palgrave.

Mehr Demokratie. 2018. *Bürgerbegehren: Bericht 2018.* https://www.mehr-demokratie.de/fileadmin/pdf/2018-12-04_BB-Bericht2018.pdf. Zugegriffen: 22. Mai 2020.

Meier, Christian. 1999. *Die parlamentarische Demokratie: 50 Jahre Deutscher Bundestag.* München: Hanser.

Meinel, Florian. 2019. *Vertrauensfrage: Zur Krise des heutigen Parlamentarismus.* München: Beck.

Mende, Susann. 2010. *Kompetenzverlust der Landesparlamente im Bereich der Gesetzgebung: Eine empirische Analyse am Beispiel des Sächsischen Landtages.* Baden-Baden: Nomos.

Merkel, Wolfgang. 2003. Institutionen und Reformpolitik: Drei Fallstudien zur Vetospieler-Theorie. In *Das rot-grüne Projekt,* Hrsg. Christoph Egle, Tobias Ostheim, und Reimut Zohlnhöfer, 163–190. Wiesbaden: Westdeutscher Verlag.

Merkel, Wolfgang. 2013a. Vergleich politischer Systeme: Demokratien und Autokratien. In *Studienbuch Politikwissenschaft,* Hrsg. Manfred G. Schmidt, Frieder Wolf, und Stefan Wurster, 207–236. Wiesbaden: Springer VS.

Merkel, Wolfgang. 2013b. Die Krise der Demokratie als Forschungsprogramm. In *Staatstätigkeiten, Parteien und Demokratie,* Hrsg. Klaus Armingeon, 471–495. Wiesbaden: Springer VS.

Merkel, Wolfgang. 2017. Kosmopolitismus versus Kommunitarismus: Ein neuer Konflikt in der Demokratie. In *Parties, governments and elites: The comparative study of democracy,* Hrsg. Philipp Harfst, Ina Kubbe, und Thomas Poguntke, 9–23. Wiesbaden: Springer VS.

Merkel, Wolfgang, und Alexander Petring. 2012. Politische Partizipation und demokratische Inklusion. In *Demokratie in Deutschland,* Hrsg. Tobias Mörschel und Christian Krell, 93–119. Wiesbaden: VS.

Merkel, Wolfgang, Sascha Kneip, und Bernhard Weßels. 2020. Zusammenfassung und Ausblick: Die neue Zerbrechlichkeit der Demokratie. In *Legitimitätsprobleme,* Hrsg. Sascha Kneip, Wolfgang Merkel, und Bernhard Weßels, 389–407. Wiesbaden: Springer VS.

Merten, Heike. 2020. Parteienrecht im Spiegel der Rechtsprechung: Parteienfinanzierung. *Zeitschrift für Parteienwissenschaften* 26 (1): 75–79.

Meyer, Hans. 1975. Das parlamentarische Regierungssystem des Grundgesetzes: Anlage – Erfahrungen – Zukunftseignung. *VVDStRL* 33: 69–119.

Meyer, Hans. 2016. Grundgesetzliche Demokratie und Wahlrecht für ansässige Nichtdeutsche, oder: Über die Wirkung fixer Ideen in der Verfassungsrechtsprechung. In *Wahlen und Demokratie,* Hrsg. Tobias Mörschel, 203–221. Baden-Baden: Nomos.

Meyer, Thomas. 2001. *Mediokratie: Die Kolonisierung der Politik durch die Medien.* Frankfurt a. M.: Suhrkamp.

Meyer, Thomas. 2002. Mediokratie – Auf dem Weg in eine andere Demokratie? *Aus Politik und Zeitgeschichte* (B15–16): 7–14.

Meyer, Thomas, Rüdiger Ontrup, und Christian Schicha. 2000. *Die Inszenierung des Politischen: Zur Theatralität von Mediendiskursen.* Wiesbaden: Westdeutscher Verlag.

Michels, Dennis. 2019. Volksinitiative. In *Lexikon Direkte Demokratie in Deutschland,* Hrsg. Andreas Kost und Marcel Solar, 261–272. Wiesbaden: Springer VS.

Michels, Dennis, und Isabelle Borucki. 2021. Die Organisationsreform der SPD 2017–2019: Jung, weiblich und digital? *Politische Vierteljahresschrift* 62 (1): 121–148.

Mielke, Siegfried, und Werner Reutter. 2012. Landesparlamentarismus in Deutschland – Eine Bestandsaufnahme. In *Landesparlamentarismus,* 2. Aufl., Hrsg. Siegfried Mielke und Werner Reutter, 23–65. Wiesbaden: VS.

Miller, Bernhard. 2011. *Der Koalitionsausschuss: Existenz, Einsatz und Effekte einer informellen Arena des Koalitionsmanagements.* Baden-Baden: Nomos.

Mintzel, Alf. 1975. *Die CSU: Anatomie einer konservativen Partei 1945–1972.* Opladen: Westdeutscher Verlag.

Mion, Giordano, und Dominic Ponattu. 2019. *Estimating economic benefits of the single market for the European countries and regions. Policy paper.* Gütersloh: Bertelsmann-Stiftung.

Mittag, Jürgen, und Janosch Steuwer. 2010. *Politische Parteien in der EU.* Wien: facultas wuv.

Möllers, Christoph. 2011. Legalität, Legitimität und Legitimation des Bundesverfassungsgerichts. In *Das entgrenzte Gericht,* Hrsg. Matthias Jestaedt, Oliver Lepsius, Christoph Möllers, und Christoph Schönberger, 283–408. Berlin: Suhrkamp.

Möllers, Christoph. 2019. *Das Grundgesetz: Geschichte und Inhalt,* 3. Aufl. München: Beck.

Möllers, Martin H. W. 2012. Staats- und verfassungsrechtliche Aufgaben und Kompetenzen. In *Der Bundespräsident im politischen System,* Hrsg. Robert Christian van Ooyen und Martin H. W. Möllers, 75–98. Wiesbaden: Springer VS.

Mono, René. 2009. *Ein Politikraum, viele Sprachen, welche Öffentlichkeit? Fragen zu Potenzial und Restriktionen von Öffentlichkeit in transnationalen Politikräumen am Beispiel der Europäischen Union.* Münster: Lit.

Mooser, Josef. 1984. *Arbeiterleben in Deutschland 1900–1970.* Frankfurt a. M.: Suhrkamp.

Morlok, Martin, und Heike Merten. 2018. *Parteienrecht.* Tübingen: Mohr Siebeck.

Morsey, Peter. 1999. Die Rolle der Ministerpräsidenten bei der Entstehung der Bundesrepublik Deutschland 1948/49. In *50 Jahre Herrenchiemsser Verfassungskonvent – Zur Struktur des deutschen Föderalismus,* Hrsg. Bundesrat, 35–54. Berlin: Sekretariat des Bundesrates.

Möstl, Markus. 2005. Landesverfassungsrecht – zum Schattendasein verurteilt? Eine Positionsbestimmung im bundesstaatlichen und supranationalen Verfassungsverbund. *Archiv des öffentlichen Rechts* 130 (3): 350–391.

Mounk, Yascha. 2018. *Der Zerfall der Demokratie: Wie der Populismus den Rechtsstaat bedroht.* München: Droemer Knaur.

Müller, Albrecht. 1999. *Von der Parteiendemokratie zur Mediendemokratie: Beobachtungen zum Bundestagswahlkampf 1998 im Spiegel früherer Erfahrungen.* Opladen: Leske + Budrich.

Müller, Jochen, und Marc Debus. 2012. „Second order"-Effekte und Determinanten der individuellen Wahlentscheidung bei Landtagswahlen: Eine Analyse des Wahlverhaltens im deutschen Mehrebenensystem. *Zeitschrift für Vergleichende Politikwissenschaft* 6 (1): 17–47.

Müller, Markus M., Roland Sturm, Patrick Finke, und Antonios Souris. 2020. *Parteipolitik im Bundesrat: Der Bundesrat und seine Ausschüsse.* Baden-Baden: Nomos.

Müller Gómez, Johannes, und Wolfgang Wessels. 2016. *Die deutsche Verwaltung und die Europäische Union: Deutsche Beamte im EU-Mehrebenensystem.* Brühl: Bundesakademie für öffentliche Verwaltung im Bundesministerium des Innern.

Müller-Brandeck-Bocquet, Gisela, Corina Schuhkraft, Nicole Leuchtweis, und Ulrike Keßler. 2010. *Deutsche Europapolitik: Von Adenauer bis Merkel,* 2. Aufl. Wiesbaden: VS.

Müller-Rommel, Ferdinand. 1982. *Innerparteiliche Gruppierungen in der SPD.* Opladen: Westdeutscher Verlag.

Müller-Rommel, Ferdinand. 2015. Grüne Parteien. In *Kleines Lexikon der Politik,* 6. Aufl., Hrsg. Dieter Nohlen und Florian Grotz, 257–260. München: Beck.

Mußgnug, Reinhard. 2003. Zustandekommen des Grundgesetzes und Entstehen der Bundesrepublik Deutschland. In *Handbuch des Staatsrechts der Bundesrepublik Deutschland: Band I Historische Grundlagen,* 3. Aufl., Hrsg. Josef Isensee und Paul Kirchhof, 315–354. Heidelberg: Müller.

Nachtwey, Oliver, und Tim Spier. 2007. Günstige Gelegenheit? Die sozialen und politischen Entstehungshintergründe der Linkspartei. In *Die Linkspartei,* Hrsg. Tim Spier, Felix Butzlaff, Matthias Micus, und Franz Walter, 13–69. Wiesbaden: VS.

Neidhardt, Friedhelm. 2006. Europäische Öffentlichkeit als Prozess: Anmerkungen zum Forschungsstand. In *Europäische Öffentlichkeit und medialer Wandel: Eine transdisziplinäre Perspektive,* Hrsg. Wolfgang R. Langenbucher und Michael Latzer, 46–61. Wiesbaden: VS.

Neuberger, Christoph. 2009. Internet, Journalismus und Öffentlichkeit: Analyse des Medienumbruchs. In *Journalismus im Internet: Profession, Partizipation, Technisierung,* Hrsg. Christoph Neuberger, Christian Nuernbergk, und Melanie Rischke, 19–105. Wiesbaden: VS.

Neugebauer, Gero, und Richard Stöss. 1996. *Die PDS: Geschichte Organisation. Wähler. Konkurrenten.* Opladen: Leske + Budrich.

Newnham, Randall. 2007. Economic linkage and Willy Brandt's Ostpolitik: The case of the Warsaw treaty. *German Politics* 16 (2): 247–263.

Niclauß, Karlheinz. 2004. Gouvernementale Parlamentskontrolle in der Kanzlerdemokratie? In *Kampf der Gewalten?,* Hrsg. Everhard Holtmann und Werner J. Patzelt, 43–53. Wiesbaden: VS.

Niclauß, Karlheinz. 2006. Auflösung oder Selbstauflösung? Anmerkungen zur Verfassungsdiskussion nach der Vertrauensfrage des Bundeskanzlers 2005. *Zeitschrift für Parlamentsfragen* 37 (1): 40–46.

Niclauß, Karlheinz. 2012. Das Amt des Bundespräsidenten im Parlamentarischen Rat. In *Der Bundespräsident im politischen System,* Hrsg. Robert Christian van Ooyen und Martin H. W. Möllers, 35–45. Wiesbaden: Springer VS.

Niclauß, Karlheinz. 2015. *Kanzlerdemokratie: Regierungsführung von Konrad Adenauer bis Angela Merkel.* Wiesbaden: Springer VS.

Niedermayer, Oskar. 2013a. Das Parteiensystem der Bundesrepublik Deutschland. In *Handbuch Parteienforschung,* Hrsg. Oskar Niedermayer, 739–764. Wiesbaden: VS.

Niedermayer, Oskar. 2013b. Die Analyse von Parteiensystemen. In *Handbuch Parteienforschung,* Hrsg. Oskar Niedermayer, 83–117. Wiesbaden: VS.

Niedermayer, Oskar. 2013c. Die Parteiensysteme der Bundesländer. In *Handbuch Parteienforschung,* Hrsg. Oskar Niedermayer, 765–790. Wiesbaden: VS.

Niedermayer, Oskar. 2013d. Wahlsystem und Wählerverhalten. In *Studienbuch Politikwissenschaft,* Hrsg. Manfred G. Schmidt, Frieder Wolf, und Stefan Wurster, 265–288. Wiesbaden: Springer VS.

Niedermayer, Oskar. 2020a. *Mitgliederentwicklung der Parteien.* Bonn: Bundeszentrale für politische Bildung.

Niedermayer, Oskar. 2020b. Parteimitglieder in Deutschland: Version 2020: Arbeitshefte aus dem Otto-Stammer-Zentrum. FU Berlin (31).

Nohlen, Dieter. 2014. *Wahlrecht und Parteiensystem: Zur Theorie und Empirie der Wahlsysteme,* 7. Aufl. Opladen: Budrich.

Nohlen, Dieter. 2015a. Mehrheit/Mehrheitsprinzip. In *Kleines Lexikon der Politik,* 6. Aufl., Hrsg. Dieter Nohlen und Florian Grotz, 376–378. München: Beck.

Nohlen, Dieter. 2015b. Lobby/Lobbyismus. In *Kleines Lexikon der Politik*, 6. Aufl., Hrsg. Dieter Nohlen und Florian Grotz, 363–364. München: Beck.

Nohlen, Dieter. 2015c. Bundespräsident. In *Kleines Lexikon der Politik*, 6. Aufl., Hrsg. Dieter Nohlen und Florian Grotz, 54–57. München: Beck.

Nohlen, Dieter, und Bernhard Thibaut. 2015. Politisches System. In *Kleines Lexikon der Politik*, 6. Aufl., Hrsg. Dieter Nohlen und Florian Grotz, 510–513. München: Beck.

Nolte, Paul. 2020. Kontinuitäten und Brüche: Das Grundgesetz in der deutschen Verfassungsgeschichte. In *Deutschland in bester Verfassung? 70 Jahre Grundgesetz*, Hrsg. Lars Lüdicke, 11–38. Berlin: be.bra wissenschaft.

Nonnenmacher, Günther. 2008. Woran es scheitert, *Frankfurter Allgemeine Zeitung*, 22. November, 10.

Norris, Pippa. 2014. *Why electoral integrity matters*. Cambridge: Cambridge University Press.

Nullmeier, Frank. 1989. Institutionelle Innovationen und neue soziale Bewegungen. *Aus Politik und Zeitgeschichte* (B26): 3–16.

Oberreuter, Heinrich. 2013. Vertrauensfrage. In *Handwörterbuch des politischen Systems der Bundesrepublik Deutschland*, 7. Aufl., Hrsg. Uwe Andersen und Wichard Woyke, 719–721. Wiesbaden: Springer VS.

Oeter, Stefan. 1998. *Integration und Subsidiarität im deutschen Bundesstaatsrecht: Untersuchungen zu Bundesstaatstheorie unter dem Grundgesetz*. Tübingen: Mohr Siebeck.

Oettinger, Günther. H. 2009. Föderalismuskommission II: Ergebnisse und Bilanz. *Zeitschrift für Staats- und Europawissenschaften* 7 (1): 6–13.

Offe, Claus. 1971. Politische Herrschaft und Klassenstrukturen: Zur Analyse spätkapitalistischer Gesellschaftssysteme. In *Politikwissenschaft*, 3. Aufl., Hrsg. Giesela Kress und Dieter Senghaas, 155–189. Frankfurt a. M.: Europäische Verlagsanstalt.

Olson, Mancur. 1971. *The logic of collective action: Public goods and the theory of groups*. Cambridge: Harvard University Press.

Oppelland, Torsten. 2012. Die Wahl des Bundespräsidenten in der Parteiendemokratie: Kandidaten und Gegenkandidaten. In *Der Bundespräsident im politischen System*, Hrsg. Robert Christian van Ooyen und Martin H. W. Möllers, 63–73. Wiesbaden: Springer VS.

Oppelland, Torsten. 2020. Die CDU: Volkspartei am Ende der Ära Merkel. In *Die Parteien nach der Bundestagswahl 2017*, Hrsg. Uwe Jun und Oskar Niedermayer, 43–69. Wiesbaden: Springer VS.

Oppelland, Torsten, und Hendrik Träger. 2014. *Die Linke: Willensbildung in einer ideologisch zerstrittenen Partei*. Baden-Baden: Nomos.

Ossenbühl, Fritz. 1974. Die Zustimmung des Bundesrats beim Erlaß von Bundesrecht. *Archiv des öffentlichen Rechts* 99 (3): 369–436.

Paasch, Jana, und Christian Stecker. 2020. When Europe hits the subnational authorities: The transposition of EU directives in Germany between 1990 and 2018. *Journal of Public Policy (online First)*. https://doi.org/10.1017/S0143814X20000276.

Page, Benjamin I. 1996. The mass media as political actors. *Political Science & Politics* 28 (1): 20–24.

Panebianco, Angelo. 1988. *Political parties: Organisation and power*. Cambridge: Cambridge University Press.

Papier, Hans-Jürgen. 2007. Reformstau durch Föderalismus? In *Die Zukunft des Föderalismus in Deutschland und Europa*, Hrsg. Detlef Merten, 123–136. Berlin: Duncker & Humblot.

Papier, Hans-Jürgen, und Wolfgang Durner. 2003. Streitbare Demokratie. *Archiv des öffentlichen Rechts* 128 (3): 340–371.

Pappi, Franz Urban, und Jens Brandenburg. 2010. Sozialstrukturelle Interessenlage und Parteipräferenz in Deutschland. *Kölner Zeitschrift für Soziologie und Sozialpsychologie* 62 (3): 459–483.

Pappi, Franz Urban, und Thomas Bräuninger. 2018. Elektorale Responsivität als Kriterium zur Beurteilung des deutschen Bundestagswahlrechts. *Politische Vierteljahresschrift* 59 (2): 199–219.

Pappi, Franz Urban, Susumu Shikano, und Evelyn Bytzek. 2004. Der Einfluss politischer Ereignisse auf die Popularität von Parteien und Politikern und auf das Parteiensystem. *Kölner Zeitschrift für Soziologie und Sozialpsychologie* 56 (1): 51–70.

Passauer Neue Presse (pnp). 2019. *Verkehrsminister Scheuer räumt explodierende Beraterkosten ein*. https://www.pnp.de/nachrichten/politik/Minister-Scheuer-raeumt-explodierende-Beraterkosten-ein-3475680.html. Zugegriffen: 22. Juli 2020.

Patzelt, Werner J. 2003. Parlamente und ihre Funktionen. In *Parlamente und ihre Funktionen*, Hrsg. Werner J. Patzelt, 13–49. Wiesbaden: Westdeutscher Verlag.

Patzelt, Werner J. 2015. Warum mögen die Deutschen ihr Verfassungsgericht so sehr? In *Handbuch Bundesverfassungsgericht im politischen System*, 2. Aufl., Hrsg. Robert Christian van Ooyen und Martin H. W. Möllers, 313–331. Wiesbaden: Springer VS.

Pedersen, Mogens N. 1979. The dynamics of European party systems: Changing patterns of electoral volatility. *European Journal of Political Research* 7 (1): 1–26.

Pehle, Heinrich. 2018. *Die Finanzierung der Parteien in Deutschland*. Bonn: Bundeszentrale für politische Bildung.

Pestalozza, Christian. 2014. *Verfassungen der deutschen Bundesländer*, 10. Aufl. München: Beck.

Petersen, Sönke. 2000. *Manager des Parlaments: Parlamentarische Geschäftsführer im Deutschen Bundestag: Status, Funktion, Arbeitsweise*. Opladen: Leske + Budrich.

Petersen, Thomas, und Norbert Grube. 2017. Die Verlockung des Zentralismus: Paradoxe Einstellungen der Bevölkerung zum föderalen Staatswesen, seinen Institutionen und zur einheitlichen Bildungspolitik. In *Jahrbuch des Föderalismus 2017*, Hrsg. Europäisches Zentrum für Föderalismus-Forschung, 295–309. Baden-Baden: Nomos.

Pickel, Susanne. 2019. Die Wahl der AfD. Frustration, Deprivation, Angst oder Wertekonflikt? In *Die Bundestagswahl 2017*, Hrsg. Karl-Rudolf Korte und Jan Schoofs, 145–175. Wiesbaden: Springer VS.

Pickel, Susanne, und Gert Pickel. 2020. Ost- und Westdeutschland 30 Jahre nach dem Mauerfall – eine gemeinsame demokratische politische Kultur oder immer noch eine Mauer in den Köpfen? *Zeitschrift für Politikwissenschaft* 30 (3): 483–491.

Pieper, Stefan Ulrich. 2009. Das Gnadenrecht des Bundespräsidenten – Eine Bestandsaufnahme. In *Staatsrecht und Politik*, Hrsg. Matthias Herdegen, Hans Hugo Klein, Hans-Jürgen Papier und Rupert Scholz, 355–377. München: Beck.

Pieper, Stefan Ulrich, und Georg Schmid. 2012. Das Bundespräsidialamt. In *Der Bundespräsident im politischen System*, Hrsg. Robert Christian van Ooyen und Martin H. W. Möllers, 99–110. Wiesbaden: Springer VS.

Pitkin, Hanna Fenichel. 1967. *The concept of representation*. Berkeley: University of California Press.

Platzer, Hans-Wolfgang. 2017. Europäische Arbeitgeber- und Wirtschaftsverbände. In *Handbuch Arbeitgeber- und Wirtschaftsverbände in Deutschland*, 2. Aufl., Hrsg. Wolfgang Schroeder und Bernhard Weßels, 589–615. Wiesbaden: Springer VS.

Poguntke, Thomas. 2002. Parteiorganisation in der Bundesrepublik Deutschland: Einheit in der Vielfalt? In *Parteiendemokratie in Deutschland*, 2. Aufl., Hrsg. Oscar W. Gabriel, Oskar Niedermayer, und Richard Stöss, 253–273. Opladen: Westdeutscher Verlag.

Pollex, Jan. 2020. Deutsche und europäische Programme zur Europawahl – Europäisierung und nationale Profilierung im europäischen Mehrebenen-Wahlsystem. In *Die Europawahl 2019*,

Hrsg. Michael Kaeding, Manuel Müller und Julia Schmälter, 119–130. Wiesbaden: Springer VS.
Posselt, Christian. 2005. Direkte Demokratie in Berlin. In *Direkte Demokratie in den deutschen Ländern,* Hrsg. Andreas Kost, 60–74. Wiesbaden: VS.
Pöttker, Horst. 2012. Meilenstein der Pressefreiheit – 50 Jahre „Spiegel"-Affäre. *Aus Politik und Zeitgeschichte* 62 (B29–31): 39–46.
Pötzsch, Horst. 2009. *Die deutsche Demokratie.* Bonn: Bundeszentrale für politische Bildung.
Powell, G. Bingham. 2000. *Elections as instruments of democracy: Majoritarian and proportional visions.* New Haven: Yale University Press.
Poyet, Corentin, und Sven T. Siefken. 2018. Show or substance? The exchange between district and parliamentary activities. In *Political representation in France and Germany,* Hrsg. Oscar W. Gabriel, Eric Kerrouche, und Suzanne S. Schüttemeyer, 141–164. Cham: Palgrave Macmillan.
Preuß, Ulrich K. 1988. Die Wahl der Mitglieder des BVerfG als verfassungsrechtliches und -politisches Problem. *Zeitschrift für Rechtspolitik* 21 (10): 389–395.
Pukelsheim, Friedrich. 2019. Bundestag der Tausend – Berechnungen zu Reformvorschlägen für das Bundeswahlgesetz. *Zeitschrift für Parlamentsfragen* 50 (3): 469–477.
Raabe, Johannes, Roland Krifft, Josua Vogel, und Eric Linhart. 2014. Verdientes Vorbild oder Mythos? Eine vergleichende Analyse der personalisierten Verhältniswahl auf Länderebene. *Zeitschrift für Vergleichende Politikwissenschaft* 8 (3–4): 283–305.
Radkau, Joachim. 2011. *Die Ära der Ökologie: Eine Weltgeschichte.* München: Beck.
Rasch, Daniel. 2020. Lobbying-Regulierung in den deutschen Bundesländern – ein Vergleich. *der moderne staat* 13 (2): 344–362.
Raschke, Joachim. 2001. *Die Zukunft der Grünen: „So kann man nicht regieren".* Frankfurt a. M.: Campus.
Rath, Christian. 2013. *Der Schiedsrichterstaat: Die Macht des Bundesverfassungsgerichts.* Bonn: Bundeszentrale für politische Bildung.
Rath, Christian. 2015. Pressearbeit und Diskursmacht des Bundesverfassungsgerichts. In *Handbuch Bundesverfassungsgericht im politischen System,* 2. Aufl., Hrsg. Robert Christian van Ooyen und Martin H. W. Möllers, 403–412. Wiesbaden: Springer VS.
Rath, Christian. 2018. Werden die Grünen ausgebremst? *Legal Tribune Online* vom 12. Februar 2018.
Rath, Christian. 2020. Mehr Kooperation, weniger Konflikt. *Die Tageszeitung* vom 27. September 2020.
Rausch, Heinz. 1979. *Der Bundespräsident: Zugleich eine Darstellung des Staatsoberhauptes in Deutschland seit 1919.* München: Bayerische Landeszentrale für politische Bildungsarbeit.
Reckwitz, Andreas. 2017. *Die Gesellschaft der Singularitäten: Zum Strukturwandel der Moderne.* Berlin: Suhrkamp.
Rehmet, Frank, und Tim Weber. 2016. *Volksentscheidsranking 2016.* https://www.mehr-demokratie.de/fileadmin/pdf/volksentscheids-ranking_2016.pdf. Zugegriffen: 19. Aug. 2020.
Reif, Karlheinz, und Hermann Schmitt. 1980. Nine second-order national elections—A conceptual framework for the analysis of European election results. *European Journal of Political Research* 8 (1): 3–44.
Reiners, Markus. 2008. *Verwaltungsstrukturreformen in den deutschen Bundesländern: Radikale Reformen auf der Ebene der staatlichen Mittelinstanz.* Wiesbaden: VS.
Reiser, Marion. 2006. *Zwischen Ehrenamt und Berufspolitik: Professionalisierung der Kommunalpolitik in deutschen Großstädten.* Wiesbaden: VS.
Reithmeier, Michael. 2013. „Landesvater" oder „Alleinherrscher": Zwei Modelle bayerischer Ministerpräsidenten. In *Politik und Regieren in Bayern,* Hrsg. Manuela Glaab und Michael Weigl, 99–116. Wiesbaden: Springer VS.

Renger, Rudi. 2006. Populärer Journalismus. In *Kultur – Medien – Macht: Cultural Studies und Medienanalyse,* 3. Aufl., Hrsg. Andreas Hepp und Rainer Winter, 269–283. Wiesbaden: VS.

Renzsch, Wolfgang. 1991. *Finanzverfassung und Finanzausgleich: Die Auseinandersetzungen um ihre politische Gestaltung in der Bundesrepublik Deutschland zwischen Währungsreform und deutscher Vereinigung (1948–1990).* Bonn: Dietz.

Renzsch, Wolfgang. 1994. Föderative Problembewältigung: Zur Einbeziehung der neuen Länder in einen gesamtdeutschen Finanzausgleich ab 1995. *Zeitschrift für Parlamentsfragen* 25 (1): 116–138.

Renzsch, Wolfgang. 2004. Was kann und soll die Föderalismuskommission? *Zeitschrift für Staats- und Europawissenschaften* 2 (1): 94–105.

Reus, Iris, und Stephan Vogel. 2018. Policy-Vielfalt zwischen den Bundesländern nach der Föderalismusreform I: Art, Ausmaß und Akteure. *Zeitschrift für Vergleichende Politikwissenschaft* 12 (4): 621–642.

Reus, Iris, und Reimut Zohlnhöfer. 2015. Die christlich-liberale Koalition als Nutznießer der Föderalismusreform? Die Rolle des Bundesrates und die Entwicklung des Föderalismus unter der zweiten Regierung Merkel. In *Politik im Schatten der Krise,* Hrsg. Reimut Zohlnhöfer und Thomas Saalfeld, 245–272. Wiesbaden: Springer VS.

Reutter, Werner. 2001. Kommunale Spitzenverbände und Demokratie. In *Verbände und Demokratie in Deutschland,* Hrsg. Annette Zimmer und Bernhard Weßels, 135–157. Opladen: Leske + Budrich.

Reutter, Werner. 2008. *Föderalismus, Parlamentarismus und Demokratie: Landesparlamente im Bundesstaat.* Opladen: Budrich.

Reutter, Werner. 2012. Deutschland: Verbände zwischen Pluralismus, Korporatismus und Lobbyismus. In *Verbände und Interessengruppen in den Ländern der Europäischen Union,* 2. Aufl., Hrsg. Werner Reutter, 129–164. Wiesbaden: Springer VS.

Reutter, Werner. 2013. Transformation des „neuen Dualismus" in Landesparlamenten: Parlamentarische Kontrolle, Gewaltenteilung und Europäische Union. In *Parlamentarische Kontrolle und Europäische Union,* Hrsg. Birgit Eberbach-Born, Sabine Kropp, Andrej Stuchlik, und Wolfgang Zeh, 255–284. Baden-Baden: Nomos.

Reutter, Werner. 2016. Vizepräsidenten in Landesparlamenten: Eine Bestandsaufnahme aus Anlass einer Verfassungsänderung in Brandenburg. *Zeitschrift für Parlamentsfragen* 47 (3): 607–618.

Reutter, Werner. 2017. Landesverfassungsgerichte in der Bundesrepublik Deutschland. In *Landesverfassungsgerichte,* Hrsg. Werner Reutter, 1–26. Wiesbaden: Springer VS.

Reutter, Werner. 2019. Zur Größe von Landesparlamenten: Kriterien für eine sachliche Diskussion. *Zeitschrift für Parlamentsfragen* 50 (2): 263–275.

Reutter, Werner. 2020a. *Die deutschen Länder: Eine Einführung.* Wiesbaden: Springer VS.

Reutter, Werner. 2020b. Parlamentarische Opposition und Verfassungspolitik in den Bundesländern: Politische Minderheiten in einem konsensdemokratischen Politikfeld. In *Kritik, Kontrolle, Alternative: Was leistet die parlamentarische Opposition?,* Hrsg. Stephan Bröchler, Manuela Glaab, und Helmar Schöne, 219–246. Wiesbaden: Springer VS.

Reutter, Werner. 2020c. Verfassungsrichterinnen und Verfassungsrichter: Zur personalen Dimension der Verfassungsgerichtsbarkeit in den Bundesländern. In *Verfassungsgerichtsbarkeit in Bundesländern,* Hrsg. Werner Reutter, 203–233. Wiesbaden: Springer VS.

Riescher, Gisela, Sabine Ruß, und Christoph M. Haas, Hrsg. 2010. *Zweite Kammern,* 2. Aufl. München: Oldenbourg.

Rinke, Bernhard. 2009. Die Auslandseinsätze der Bundeswehr im Parteienstreit. In *Armee im Einsatz,* Hrsg. Hans J. Gießmann und Armin Wagner, 161–175. Baden-Baden: Nomos.

Robert Koch-Institut. 2016. *Gesundheit schützen, Risiken erforschen [Institutsbroschüre].* Berlin: Robert Koch-Institut.

Roik, Michael. 2006. *Die DKP und die demokratischen Parteien 1968–1984.* Paderborn: Schöningh.

Rokkan, Stein. 2000. *Staat, Nation und Demokratie in Europa.* Frankfurt a. M.: Suhrkamp.

Rolke, Lothar. 1987. *Protestbewegungen in der Bundesrepublik: Eine analytische Sozialgeschichte des politischen Widerspruchs.* Wiesbaden: Westdeutscher Verlag.

Römmele, Andrea. 2003. Political parties, party communication and new information and communication technologies. *Party Politics* 9 (1): 7–20.

Röper, Horst. 2020. Daten zur Konzentration der Tagespresse im I. Quartal 2020: Tageszeitungen 2020: Schrumpfender Markt und sinkende Vielfalt. *Media Perspektiven* (6): 331–352.

Rosenbrock, Rolf, und Thomas Gerlinger. 2012. *Lehrbuch Gesundheitspolitik: Eine systematische Einführung,* 3. Aufl. Bern: Huber.

Roßteutscher, Sigrid, Rüdiger Schmitt-Beck, Harald Schoen, Bernhard Weßels, und Christian Wolf, Hrsg. 2019. *Zwischen Polarisierung und Beharrung: Die Bundestagswahl 2017.* Baden-Baden: Nomos.

Roth, Roland. 2020. Bürgerhaushalte, Bürgerbudgets und Beteiligungsfonds als Formen direkter Demokratie auf kommunaler Ebene. In *Direkte Demokratie,* Hrsg. Stiftung Mitarbeit, 121–156. Bonn: Stiftung Mitarbeit.

Rudi, Tatjana, und Harald Schoen. 2014. Ein Vergleich von Theorien zur Erklärung von Wählerverhalten. In *Handbuch Wahlforschung,* 2. Aufl., Hrsg. Jürgen W. Falter und Harald Schoen, 405–433. Wiesbaden: VS.

Rudloff, Wilfried. 2007. Die kommunale Selbstverwaltung in der Weimarer Zeit. In *Handbuch der kommunalen Wissenschaft und Praxis,* 3. Aufl., Hrsg. Thomas Mann und Günter Püttner, 93–118. Berlin: Springer.

Rudolph, Steffen. 2019. *Digitale Medien, Partizipation und Ungleichheit: Eine Studie zum sozialen Gebrauch des Internets.* Wiesbaden: Springer VS.

Rudzio, Wolfgang. 2000. The federal presidency: parameters of presidential power in a parliamentary democracy. In *Institutions and institutional change in the Federal Republic of Germany,* Hrsg. Ludger Helms, 44–64. London: Macmillan.

Rudzio, Wolfgang. 2005. *Informelles Regieren: Zum Koalitionsmanagement in deutschen und österreichischen Regierungen.* Wiesbaden: VS.

Rudzio, Wolfgang. 2019. *Das politische System der Bundesrepublik Deutschland,* 10. Aufl. Wiesbaden: Springer VS.

Ruhose, Fedor. 2019. *Die AfD im Deutschen Bundestag: Zum Umgang mit einem neuen politischen Akteur.* Wiesbaden: Springer VS.

Ruiz-Soler, Javier. 2017. Gibt es eine europäische Öffentlichkeit? Forschungsstand, Befunde, Ausblicke. *Aus Politik und Zeitgeschichte* 67 (B37): 35–40.

Rütters, Peter. 2011. Worüber wir reden, wenn wir über den Bundespräsidenten reden. Oder: … auf dem Weg zur Präsidialisierung des Regierungssystems? *Zeitschrift für Parlamentsfragen* 42 (4): 863–885.

Rütters, Peter. 2013. Direktwahl des Bundespräsidenten: Sehnsucht nach präsidentieller Obrigkeit? *Zeitschrift für Parlamentsfragen* 44 (2): 276–295.

Saalfeld, Thomas. 2007. *Parteien und Wahlen.* Baden-Baden: Nomos.

Saalfeld, Thomas, Matthias Bahr, und Olaf Seifert. 2019a. Contractual arrangements, formal institutions and personalised crisis management: Coalition governance under chancellor Merkel (2013–2017). *German Politics* 28 (3): 371–391.

Saalfeld, Thomas, Matthias Bahr, und Olaf Seifert. 2019b. Koalitionsmanagement der Regierung Merkel III. In *Zwischen Stillstand, Politikwandel und Krisenmanagement,* Hrsg. Reimut Zohlnhöfer und Thomas Saalfeld, 257–289. Wiesbaden: Springer VS.

Sack, Detlef. 2009. *Governance und Politics: Die Institutionalisierung öffentlich-privater Partnerschaften in Deutschland*. Baden-Baden: Nomos.
Sack, Detlef, und Annette E. Töller. 2018. Einleitung: Policies in den deutschen Ländern. *Zeitschrift für Vergleichende Politikwissenschaft* 12 (4): 603–619.
Säcker, Horst. 2003. *Das Bundesverfassungsgericht*, 6. Aufl. Bonn: Bundeszentrale für politische Bildung.
Sarcinelli, Ulrich. 1991. Massenmedien und Politikvermittlung – eine Problem- und Forschungsskizze. *Rundfunk und Fernsehen* 39 (4): 469–486.
Sarcinelli, Ulrich. 2011. *Politische Kommunikation in Deutschland: Medien und Politikvermittlung im demokratischen System*, 3. Aufl. Wiesbaden: VS.
Sartori, Giovanni. 1976. *Parties and party systems: A framework for analysis*. Cambridge: Cambridge University Press.
Scarrow, Susan E. 2017. The changing nature of political party membership. *Oxford Research Encyclopedia of Politics*. https://doi.org/10.1093/acrefore/9780190228637.013.226.
Schaal, Gary S. 2015. Crisis! What crisis? Der „Kruzifix-Beschluss" und seine Folgen. In *Handbuch Bundesverfassungsgericht im politischen System*, 2. Aufl., Hrsg. Robert Christian van Ooyen und Martin H. W. Möllers, 261–280. Wiesbaden: Springer VS.
Schäfer, Armin. 2006. Nach dem permissiven Konsens. Das Demokratiedefizit der Europäischen Union. *Leviathan* 34 (4): 350–376.
Schäfer, Armin. 2012. Beeinflusst die sinkende Wahlbeteiligung das Wahlergebnis? Eine Analyse kleinräumiger Wahldaten in deutschen Großstädten. *Politische Vierteljahresschrift* 53 (2): 240–264.
Schäfer, Armin. 2013. Der Verlust politischer Gleichheit: Warum ungleiche Beteiligung der Demokratie schadet. In *Staatstätigkeiten, Parteien und Demokratie*, Hrsg. Klaus Armingeon, 547–566. Wiesbaden: Springer VS.
Schäfer, Armin. 2015. *Der Verlust politischer Gleichheit. Warum die sinkende Wahlbeteiligung der Demokratie schadet*. Frankfurt a. M.: Campus.
Schäfer, Axel, und Fabian Schulz. 2013. Der Bundestag wird europäisch – zur Reform des Beteiligungsgesetzes EUZBBG. *Integration* 36 (3): 199–212.
Schäller, Steven. 2006. Präjudizien als selbstreferenzielle Geltungsressource des Bundesverfassungsgerichts. In *Die Deutungsmacht der Verfassungsgerichtsbarkeit*, Hrsg. Hans Vorländer, 205–234. Wiesbaden: VS.
Scharpf, Fritz W. 1970. *Demokratietheorie zwischen Utopie und Anpassung*. Konstanz: Universitätsverlag Konstanz.
Scharpf, Fritz W. 1999a. *Föderale Politikverflechtung: Was muß man ertragen – was kann man ändern?* Köln: Max-Planck-Institut für Gesellschaftsforschung.
Scharpf, Fritz W. 1999b. *Regieren in Europa: Effektiv und demokratisch?* Frankfurt a. M.: Campus.
Scharpf, Fritz W. 2009. *Föderalismusreform: Kein Ausweg aus der Politikverflechtungsfalle?* Frankfurt a. M.: Campus.
Scharpf, Fritz W., Bernd Reissert, und Fritz Schnabel. 1976. *Politikverflechtung: Theorie und Empirie des kooperativen Föderalismus in der Bundesrepublik*. Kronberg: Scriptor.
Scheller, Henrik. 2017. Kommunale Infrastrukturpolitik: Zwischen Konsolidierung und aktiver Gestaltung. *Aus Politik und Zeitgeschichte* 67 (B16–17): 39–46.
Scheller, Henrik. 2019. „Digitalpakt Schule". Föderale Kulturhoheit zulasten der Zukunftsfähigkeit des Bildungswesens? *Aus Politik und Zeitgeschichte* 69 (B27–28): 11–17.
Schenderlein, Christiane. 2015. *Landesvertretungen im Entscheidungsprozess der Europäischen Union*. Marburg: Tectum.
Schiffers, Maximilian. 2013. Interessengruppen als Veto-Spieler und Kooperationspartner in der Politikgestaltung der Bayerischen Staatsregierung. In *Politik und Regieren in Bayern*, Hrsg. Manuela Glaab und Michael Weigl, 257–268. Wiesbaden: Springer VS.

Schimmelfennig, Frank, und Thomas Winzen. 2020. *Ever looser union? Differentiated European integration.* Oxford: Oxford University Press.

Schindler, Peter. 1987. Deutscher Bundestag 1949–1987: Parlaments- und Wahlstatistik. *Zeitschrift für Parlamentsfragen* 18 (2): 185–202.

Schindler, Peter. 1999. *Datenhandbuch zur Geschichte des Deutschen Bundestages 1949 bis 1999.* Baden-Baden: Nomos.

Schmedes, Hans-Jörg. 2010. Wahlen im Blick Europas. Die Beobachtung der Bundestagswahl 2009 durch die OSZE. *Zeitschrift für Parlamentsfragen* 41 (1): 77–91.

Schmedes, Hans-Jörg. 2017. Regieren im semi-souveränen Parteienbundesstaat: Die administrativen und politischen Koordinierungsstrukturen in der Praxis des deutschen Föderalismus. *Zeitschrift für Parlamentsfragen* 48 (4): 899–921.

Schmedes, Hans-Jörg. 2019. *Der Bundesrat in der Parteiendemokratie: Aufgabe, Struktur und Wirkung der Länderkammer im föderalen Gefüge.* Baden-Baden: Nomos.

Schmidt, Helmut. 1996. *Weggefährten: Erinnerungen und Reflexionen,* 3. Aufl. Berlin: Siedler.

Schmidt, Ute. 1997. *Von der Blockpartei zur Volkspartei? Die Ost-CDU im Umbruch 1989–1994.* Opladen: Westdeutscher Verlag.

Schmidt, Julia. 2006. Strukturelle Alternativen der Ausgestaltung des Bundesrats. *Die Öffentliche Verwaltung* 59 (9): 379–385.

Schmidt, Manfred G. 1992. *Regieren in der Bundesrepublik Deutschland.* Opladen: Leske + Budrich.

Schmidt, Manfred G. 2001. Thesen zur Reform des Föderalismus der Bundesrepublik Deutschland. *Politische Vierteljahresschrift* 42 (3): 474–491.

Schmidt, Manfred G. 2002. Germany: The grand coalition state. In *Comparative European politics,* Hrsg. Josep M. Colomer, 57–93. London: Routledge.

Schmidt, Manfred G. 2008. Germany: The grand coalition state. In *Comparative European Politics,* 3. Aufl., Hrsg. Josep M. Colomer, 58–93. London: Routledge.

Schmidt, Manfred G. 2016a. *Das politische System Deutschlands,* 3. Aufl. München: Beck.

Schmidt, Manfred G. 2016b. *Das politische System der Bundesrepublik Deutschland,* 3. Aufl. München: Beck.

Schmidt, Manfred G. 2019. *Demokratietheorien,* 6. Aufl. Wiesbaden: Springer VS.

Schmidt, Manfred G. 2021. *Das politische System Deutschlands,* 4. Aufl. München: Beck.

Schmidt-Jortzig, Edzard. 2018. Parlamentarismus im Zeitalter der Neuen Medien – oder: Digitalisierter Parlamentarismus. *Zeitschrift für Parlamentsfragen* 49 (4): 793–798.

Schmitt, Hermann, und Andreas Wüst. 2004. Direktkandidaten bei der Bundestagswahl 2002: Politische Agenda und Links-Rechts-Selbsteinstufung im Vergleich zu den Wählern. In *Die Bundestagswahl 2002,* Hrsg. Frank Brettschneider, Jan van Deth, und Edeltraud Roller, 303–325. Wiesbaden: VS.

Schmitt-Beck, Rüdiger, Hrsg. 2011. *Wählen in Deutschland.* Baden-Baden: Nomos.

Schmitter, Philippe C. 1979. Still the century of corporatism? In *Trends toward corporatist intermediation,* Hrsg. Philippe C. Schmitter und Gerhard Lehmbruch, 7–52. Beverly Hills: SAGE Publications.

Schmitz, Kurt Thomas. 2020. *Die IG Metall nach dem Boom: Herausforderungen und strategische Reaktionen.* Bonn: Dietz.

Schmuck, Otto. 2018. Die Europaministerkonferenz der deutschen Länder. In *Jahrbuch des Föderalismus 2018,* Hrsg. Europäisches Zentrum für Föderalismus-Forschung, 435–447. Baden-Baden: Nomos.

Schnapp, Kai-Uwe, und Roland Willner. 2013. Regierung und Bürokratie: Zum Einfluss der Ministerialbürokratie auf das Regierungshandeln. In *Handbuch Regierungsforschung,* Hrsg. Karl-Rudolf Korte und Timo Grunden, 247–256. Wiesbaden: Springer VS.

Schneider, Beate. 1998. Mediensystem. In *Politische Kommunikation in der demokratischen Gesellschaft*, Hrsg. Otfried Jarren, Ulrich Sarcinelli, und Ulrich Saxer, 422–430. Wiesbaden: Westdeutscher Verlag.

Schniewind, Aline. 2008. Regierungen. In *Die Demokratien der deutschen Bundesländer*, Hrsg. Markus Freitag und Adrian Vatter, 111–160. Opladen: Budrich.

Schniewind, Aline. 2012. *Die Parteiensysteme der Bundesländer im Vergleich: Bestandsaufnahme und Entwicklungen*. Berlin: Lit.

Schnücker, Hans Georg. 2011. Zukunft der Zeitung – Zeitung der Zukunft – Die Sicht der Verleger. In *Qualität unter Druck: Journalismus im Internet-Zeitalter*, Hrsg. Michael Schröder und Axel Schwanebeck, 61–69. Baden-Baden: Nomos.

Schoen, Harald. 2005. Wahlkampfforschung. In *Handbuch Wahlforschung*, Hrsg. Jürgen W. Falter und Harald Schoen, 503–542. Wiesbaden: VS.

Schoen, Harald. 2019. Wechselwähler. In *Zwischen Polarisierung und Beharrung: Die Bundestagswahl 2017*, Hrsg. Sigrid Roßteutscher, Rüdiger Schmitt-Beck, Harald Schoen, Bernhard Weßels, und Christian Wolf, 157–167. Baden-Baden: Nomos.

Schoen, Harald, und Bernhard Weßels, Hrsg. 2016. *Wahlen und Wähler*. Wiesbaden: Springer VS.

Scholz, Rupert. 2004. *Stellungnahme zur Thematik „Reform der bundesstaatlichen Ordnung und Europäische Union" zur Sitzung am 14.5.2004*. Berlin: Kommission von Bundestag und Bundesrat zur Modernisierung der bundesstaatlichen Ordnung, Kommissionsdrucksache 40.

Schönberger, Christoph. 2011. Anmerkungen zu Karlsruhe. In *Das entgrenzte Gericht*, Hrsg. Matthias Jestaedt, Oliver Lepsius, Christoph Möllers, und Christoph Schönberger, 9–76. Berlin: Suhrkamp.

Schönbohm, Wulf. 1979. *CDU: Porträt einer Partei*. München: Olzog.

Schönbohm, Wulf. 1985. *Die CDU wird moderne Volkspartei: Selbstverständnis, Mitglieder, Organisation und Apparat 1950–1980*. Stuttgart: Klett-Cotta.

Schöne, Helmar. 2009. Fraktionsmitarbeiter – Die unsichtbare Macht im Parlamentsalltag? In *Parlamentarismusforschung in Deutschland*, Hrsg. Helmar Schöne und Julia von Blumenthal, 155–174. Baden-Baden: Nomos.

Schöne, Helmar. 2010. *Alltag im Parlament: Parlamentskultur in Theorie und Empirie*. Baden-Baden: Nomos.

Schöne, Marie-Luise. 2018. *Die Europaministerkonferenz der Länder: Europapolitische Willensbildung zwischen den Ländern und Wahrnehmung von Länderinteressen in Angelegenheiten der Europäischen Union*. Baden-Baden: Nomos.

Schorkopf, Frank. 2016. Karlsruhe will Kommunikation, nicht Konfrontation. *Legal Tribune Online* vom 29. Januar 2016.

Schroeder, Wolfgang. 2000. *Das Modell Deutschland auf dem Prüfstand: Zur Entwicklung der industriellen Beziehungen in Ostdeutschland (1990–2000)*. Wiesbaden: Westdeutscher Verlag.

Schroeder, Wolfgang. 2001. Konzertierte Aktion und Bündnis für Arbeit: Zwei Varianten des deutschen Korporatismus. In *Verbände und Demokratie in Deutschland*, Hrsg. Annette Zimmer und Bernhard Weßels, 29–54. Opladen: Leske + Budrich.

Schroeder, Wolfgang, Hrsg. 2014a. *Handbuch Gewerkschaften in Deutschland*, 2. Aufl. Wiesbaden: Springer VS.

Schroeder, Wolfgang. 2014b. Gewerkschaften im Transformationsprozess: Herausforderungen, Strategien und Machtressourcen. In *Handbuch Gewerkschaften in Deutschland*, 2. Aufl., Hrsg. Wolfgang Schroeder, 13–45. Wiesbaden: Springer VS.

Schroeder, Wolfgang. 2016. Konfliktpartnerschaft – still alive: Veränderter Konfliktmodus in der verarbeitenden Industrie. *Industrielle Beziehungen* 23 (3): 374–392.

Schroeder, Wolfgang. 2017. Wozu noch Volksparteien? *Neue Gesellschaft/Frankfurter Hefte* 3: 29–32.

Schroeder, Wolfgang. 2018a. Deutsche Sozialpartner und Europa: Zwischen EU-Optimismus und EU-Pessimismus. In *Europa zwischen Hoffnung und Skepsis,* Hrsg. Anjo G. Harryvan, André Kause, und Hans Volaard, 159–180. Münster: Waxmann.
Schroeder, Wolfgang. 2018b. *Interessenvertretung in der Altenpflege: Zwischen Staatszentrierung und Selbstorganisation.* Wiesbaden: Springer VS.
Schroeder, Wolfgang. 2018c. Strategien der Tarifvertragsparteien zur Stärkung ihrer Mitgliederbasis. *Sozialer Fortschritt* 67 (10): 887–906.
Schroeder, Wolfgang, und Sebastian Geiger. 2016. Organisierte Interessen in Hessen. In *Politik und Regieren in Hessen,* Hrsg. Wolfgang Schroeder und Arijana Neumann, 181–206. Wiesbaden: Springer VS.
Schroeder, Wolfgang, und Samuel Greef. 2020. *Unternehmerverbände und Gewerkschaften – Mitgliederstand und verbandspolitische Reichweite.* https://www.bpb.de/geschichte/deutsche-einheit/lange-wege-der-deutschen-einheit/309846/unternehmerverbaende-und-gewerkschaften. Zugegriffen: 16. Febr. 2021.
Schroeder, Wolfgang, und Lukas Kiepe. 2020. Improvisierte Tarifautonomie in der Altenpflege: Zur Rolle von Gewerkschaften, Arbeitgeberverbänden und Staat. In *Pflege: Praxis – Geschichte – Politik,* Hrsg. APuZ-Edition, 214–226. Bonn: Bundeszentrale für politische Bildung.
Schroeder, Wolfgang, und Arijana Neumann, Hrsg. 2016. *Politik und Regieren in Hessen.* Wiesbaden: Springer VS.
Schroeder, Wolfgang, und Bernhard Weßels, Hrsg. 2017a. *Handbuch Arbeitgeber- und Wirtschaftsverbände in Deutschland,* 2. Aufl. Wiesbaden: Springer VS.
Schroeder, Wolfgang, und Bernhard Weßels. 2017b. Die deutsche Unternehmerverbändelandschaft: Vom Zeitalter der Verbände zum Zeitalter der Mitglieder. In *Handbuch Arbeitgeber- und Wirtschaftsverbände in Deutschland,* 2. Aufl., Hrsg. Wolfgang Schroeder und Bernhard Weßels, 3–28. Wiesbaden: Springer VS.
Schroeder, Wolfgang, und Bernhard Weßels, Hrsg. 2019. *Smarte Spalter: Die AfD zwischen Bewegung und Parlament.* Bonn: Dietz.
Schroeder, Wolfgang, Bernhard Weßels, und Alexander Berzel. 2018. Die AfD in den Landtagen: Bipolarität als Struktur und Strategie – zwischen Parlaments- und „Bewegungs"-Orientierung. *Zeitschrift für Parlamentsfragen* 49 (1): 91–110.
Schroeder, Wolfgang, Bernhard Weßels, Christian Neusser, und Alexander Berzel. 2017. *Parlamentarische Praxis der AfD in deutschen Landesparlamenten.* https://bibliothek.wzb.eu/pdf/2017/v17-102.pdf. Zugegriffen: 24. Nov. 2020.
Schröter, Nico. 2017. Richterwahl im Bundestag. *JuWissBlog.* https://doi.org/10.17176/20190517-153253-0.
Schuett-Wetschky, Eberhard. 2004. Gouvernementale Parlamentskontrolle? In *Kampf der Gewalten?,* Hrsg. Everhard Holtmann und Werner J. Patzelt, 17–42. Wiesbaden: VS.
Schultze, Rainer-Olaf. 2004. Bundesstaaten unter Reformdruck: Kann Deutschland von Kanada lernen? *Zeitschrift für Staats- und Europawissenschaften* 2 (2): 191–211.
Schulz, Florence. 2020. *Bundesrat nimmt neue Düngeverordnung durch Deal mit EU-Kommission an.* https://www.euractiv.de/section/landwirtschaft-und-ernahrung/news/bundesrat-nimmt-neue-duengeverordnung-durch-deal-mit-eu-kommission-an/https://www.euractiv.de/section/landwirtschaft-und-ernahrung/news/bundesrat-nimmt-neue-duengeverordnung-durch-deal-mit-eu-kommission-an/. Zugegriffen: 25. Mai 2020.
Schuppert, Gunnar Folke. 1995. Rigidität und Flexibilität von Verfassungsrecht. Überlegungen zur Steuerungsfunktion von Verfassungsrecht in normalen wie in „schwierigen Zeiten". *Archiv des Öffentlichen Rechts* 120 (1): 32–99.
Schuppert, Gunnar Folke. 2012. Föderalismus und Governance. In *Handbuch Föderalismus,* Hrsg. Ines Härtel, 223–250. Berlin: Springer.

Schüttemeyer, Suzanne S. 1998. *Fraktionen im Deutschen Bundestag 1949–1997: Empirische Befunde und theoretische Folgerungen.* Opladen: Westdeutscher Verlag.
Schüttemeyer, Suzanne S., und Sven T. Siefken. 2008. Parlamente in der EU: Gesetzgebung und Repräsentation. In *Die EU-Staaten im Vergleich,* 3. Aufl., Hrsg. Oscar W. Gabriel und Sabine Kropp, 482–513. Wiesbaden: VS.
Schwanholz, Julia, und Andreas Busch. 2016. „Like" Parlament? Die Nutzung von social media durch Unterhaus und Bundestag. *Zeitschrift für Vergleichende Politikwissenschaft* 10 (2): 15–39.
Schwarz, Hans-Peter. 2012a. *Helmut Kohl: Eine politische Biographie.* München: Deutsche Verlags-Anstalt.
Schwarz, Hans-Peter. 2012b. Von Heuss bis Köhler: Die Entwicklung des Amtes im Vergleich der Amtsinhaber. In *Der Bundespräsident im politischen System,* Hrsg. Robert Christian van Ooyen und Martin H. W. Möllers, 285–306. Wiesbaden: Springer VS.
Schwegmann, Friedrich G. 2015. Verfassung. In *Kleines Lexikon der Politik,* 6. Aufl., Hrsg. Dieter Nohlen und Florian Grotz, 692–693. München: Beck.
Sebaldt, Martin. 1992. *Die Thematisierungsfunktion der Opposition: Die parlamentarische Minderheit des Deutschen Bundestags als innovative Kraft im politischen System der Bundesrepublik Deutschland.* Frankfurt a. M.: Lang.
Sebaldt, Martin, und Alexander Straßner. 2004. *Verbände in der Bundesrepublik Deutschland: Eine Einführung.* Wiesbaden: Springer VS.
Seeger, Silke. 2017. *Organisationskonflikte und Tarifvertrag: Dargestellt am Beispiel der Tarifzuständigkeit der DGB-Gewerkschaften im industriellen Dienstleistungsbereich.* Herbolzheim: Centaurus.
Sendler, Horst. 1985. Abhängigkeiten der unabhängigen Abgeordneten. *Neue Juristische Wochenschrift* 38 (25): 1425–1433.
Sesselmeier, Werner. 2010. Interessenvermittlung im Wirtschafts- und Arbeitsleben: Gewerkschaften und Arbeitgeberinteressen in Rheinland-Pfalz. In *Politik in Rheinland-Pfalz,* Hrsg. Ulrich Sarcinelli, Jürgen. W. Falter, Gerd Mielke, und Bodo Benzner, 403–413. Wiesbaden: VS.
Seufert, Wolfgang. 2018. Medienkonzentration und Medienvielfalt. *Aus Politik und Zeitgeschichte* 68 (B40–41): 11–16.
Shugart, Matthew S., und Martin P. Wattenberg, Hrsg. 2001. *Mixed-member electoral systems: The best of both worlds?* Oxford: Oxford University Press.
Sieberer, Ulrich. 2010. *Parlamente als Wahlorgane: Parlamentarische Wahlbefugnisse und ihre Nutzung in 25 europäischen Demokratien.* Baden-Baden: Nomos.
Sieberer, Ulrich. 2015. Die Politik des Ressortzuschnitts zwischen Koalitionsarithmetik und thematischer Profilierung: Eine koalitionspolitische Erklärung für Kompetenzänderungen der Bundesministerien, 1957–2013. *Politische Vierteljahresschrift* 56 (1): 77–103.
Siefken, Sven T. 2007. *Expertenkommissionen im politischen Prozess: Eine Bilanz zur rot-grünen Bundesregierung 1998–2005.* Wiesbaden: VS.
Siefken, Sven T. 2018a. Plenum im Kleinen oder Ort der Verhandlung? Verständnisse und Forschungsbedarf zu den Fachausschüssen. *Zeitschrift für Parlamentsfragen* 49 (4): 777–792.
Siefken, Sven T. 2018b. Regierungsbildung „wider Willen" – der mühsame Weg zur Koalition nach der Bundestagswahl 2017. *Zeitschrift für Parlamentsfragen* 49 (2): 407–436.
Simon, Michael. 2017. *Das Gesundheitssystem in Deutschland: Eine Einführung in Struktur und Funktionsweise,* 6. Aufl. Bern: Hogrefe.
Sitsen, Michael. 2007. Anreiz für Bürger, Entlastung für Politiker? Zur Bündelung von Wahlterminen. *Zeitschrift für Parlamentsfragen* 38 (3): 602–617.
Sixtus, Frederick, Manuel Slupina, Sabine Sütterlin, Julia Amberger, und Reiner Klingholz. 2019. *Teilhabeatlas Deutschland: Ungleichwertige Lebensverhältnisse und wie die Menschen sie wahrnehmen.* Berlin: Berlin Institut für Bevölkerung und Entwicklung.

Solar, Marcel. 2015. *Regieren im Schatten der Volksrechte: Direkte Demokratie in Berlin und Hamburg*. Wiesbaden: Springer VS.
Solar, Marcel. 2019. Länderebene. In *Lexikon Direkte Demokratie in Deutschland*, Hrsg. Andreas Kost und Marcel Solar, 128–137. Wiesbaden: Springer VS.
Sontheimer, Kurt, Wilhelm Bleek, und Andrea Gawrich. 2007. *Grundzüge des politischen Systems Deutschlands*. München: Piper.
Speth, Rudolf, und Annette Zimmer. 2009. Verbändeforschung. In *Politische Soziologie: Ein Studienbuch*, Hrsg. Viktoria Kaina und Andrea Römmele, 267–309. Wiesbaden: VS.
Spiegel.de. 2006. *Ärzte mieteten Demonstranten: Rent a Protest.* https://www.spiegel.de/politik/deutschland/rent-a-protest-aerzte-mieteten-demonstranten-a-454936.html. Zugegriffen: 18. Febr. 2021.
Spier, Tim. 2012. Die Linke Parteienfamilie. In *Parteienfamilien*, Hrsg. Uwe Jun und Benjamin Höhne, 220–243. Opladen: Budrich.
Spier, Tim. 2013. Große Koalitionen in den deutschen Bundesländern 1949–2013. *Zeitschrift für Politikwissenschaft* 23 (4): 489–516.
Spier, Tim, und Ulrich von Alemann. 2013. Die Sozialdemokratische Partei Deutschlands (SPD). In *Handbuch Parteienforschung*, Hrsg. Oskar Niedermayer, 439–467. Wiesbaden: Springer VS.
Spohr, Kristina. 2019. *Wendezeit: Die Neuordnung der Welt nach 1989*. München: Deutsche Verlags-Anstalt.
Ständige Vertretung. 2017. *Aufbau und Arbeitsweise der Ständigen Vertretung bei der Europäischen Union.* https://bruessel-eu.diplo.de/eu-de/staendigevertretungeu/werwirsind/2122908. Zugegriffen: 11. Juni 2020.
Standing, Guy. 2011. *The precariat. The new dangerous class*. London: Bloomsbury Academic.
Stapf, Ingrid. 2005. Medienselbstkontrolle – Eine Einführung. In *Handbuch Medienselbstkontrolle*, Hrsg. Achim Baum, Wolfgang R. Langenbucher, Horst Pöttker, und Christian Schicha, 17–36. Wiesbaden: VS.
Starck, Christian. 2008. Verfassungsgerichtsbarkeit der Länder. In *Handbuch des Staatsrechts der Bundesrepublik Deutschland: Band VI Bundesstaat*, 3. Aufl., Hrsg. Josef Isensee und Paul Kirchhof, 317–382. Heidelberg: Müller.
Stark, Birgit. 2013. Fragmentierung Revisited: Eine theoretische und methodische Evaluation im Internetzeitalter. In *Langfristiger Wandel von Medienstrukturen: Theorie, Methoden, Befunde*, Hrsg. Felix Sattelberger und Wolfgang Seufert, 199–220. Baden-Baden: Nomos.
Statistisches Bundesamt. 2019a. *Finanzen und Steuern: Realsteuervergleich - Realsteuern, kommunale Einkommen- und Umsatzsteuerbeteiligungen 2018.* https://www.statistischebibliothek.de/mir/receive/DEHeft_mods_00124068. Zugegriffen: 14. Juli 2020.
Statistisches Bundesamt. 2019b. *Öffentlicher Dienst: Öffentlicher Gesamthaushalt und sonstige öffentliche Einrichtungen.* https://www.destatis.de/DE/Themen/Staat/Oeffentlicher-Dienst/Tabellen/gesamthaushalt-sonstige.html. Zugegriffen: 9. Apr. 2020.
Statistisches Bundesamt. 2019c. *Statistisches Jahrbuch Deutschland 2019*. Wiesbaden: Statistisches Bundesamt.
Statistisches Bundesamt. 2020a. *Bevölkerung in Deutschland nach Häufigkeit des Zeitunglesens in der Freizeit von 2016 bis 2020.* https://de.statista.com/statistik/daten/studie/171897/umfrage/haeufigkeit-zeitung-lesen-in-der-freizeit/. Zugegriffen: 15. Apr. 2020.
Statistisches Bundesamt. 2020b. *Steuereinnahmen durch Gemeindesteuern in Deutschland von 2005 bis 2019.* https://de.statista.com/statistik/daten/studie/1009694/umfrage/steuereinnahmen-durch-gemeindesteuern-in-deutschland/. Zugegriffen: 14. Juli 2020.
Steffani, Winfried. 1979. *Parlamentarische und präsidentielle Demokratie: Strukturelle Aspekte westlicher Demokratien*. Opladen: Westdeutscher Verlag.

Steffani, Winfried. 1991. Demokratische Offenheit bei der Wahl des Regierungschefs? *Jahrbuch für Politik* 1 (1): 25–40.

Steffani, Winfried. 1995. Das Demokratie-Dilemma in der Europäischen Union. Die Rolle der Parlamente nach dem Urteil des Bundesverfassungsgerichts vom 12. Oktober 1993. In *Demokratie in Europa,* Hrsg. Winfried Steffani und Uwe Thaysen, 33–49. Wiesbaden: Westdeutscher Verlag.

Stein, Tine. 2020. Sinnvollste Option oder verpasste Chance? Die Deutsche Einheit zwischen Verfassungskontinuität und Neubeginn. In *Deutschland in bester Verfassung? 70 Jahre Grundgesetz,* Hrsg. Lars Lüdicke, 61–73. Berlin: be.bra wissenschaft.

Steinbeis, Maximilian. 2019. Wie robust ist das Grundgesetz? Ein Gedankenexperiment. *Aus Politik und Zeitgeschichte* 69 (B16–17): 4–9.

Steinmeier, Frank-Walter. 2019. „Unsere Verantwortung kennt keinen Schlussstrich" [Interview], Der Spiegel vom 14. September 2019 (38), 24–27.

Sternberger, Dolf. 1964. *Die große Wahlreform.* Opladen: Westdeutscher Verlag.

Sternberg, Sebastian, Thomas Gschwend, Caroline Wittig, und Benjamin G. Engst. 2015. Zum Einfluss der öffentlichen Meinung auf Entscheidungen des Bundesverfassungsgerichts: Eine Analyse von abstrakten Normenkontrollen sowie Bund-Länder-Streitigkeiten 1974–2010. *Politische Vierteljahresschrift* 56 (4): 570–598.

Stolleis, Michael, Hrsg. 2011. *Herzkammern der Republik. Die Deutschen und das Bundesverfassungsgericht.* München: Beck.

Stone Sweet, Alec. 2000. *Governing with judges: Constitutional politics in Europe.* Oxford: Oxford University Press.

Storbeck, Daniel. 2016. *Grenzüberschreitende kommunale Zusammenarbeit.* Göttingen: Universitätsverlag Göttingen.

Stövsand, Lars-Christoph, und Sigrid Roßteutscher. 2019. Wahlbeteiligung. In *Zwischen Polarisierung und Beharrung: Die Bundestagswahl 2017,* Hrsg. Sigrid Roßteutscher, Rüdiger Schmitt-Beck, Harald Schoen, Bernhard Weßels, und Christian Wolf, 145–156. Baden-Baden: Nomos.

Strasser, Susanne, und Frank Sobolewski. 2018. *So arbeitet der Deutsche Bundestag: 19. Wahlperiode.* Rheinbreitbach: NDV.

Streeck, Wolfgang. 1987. Vielfalt und Interdependenz. Überlegungen zur Rolle von intermediären Organisationen in sich ändernden Umwelten. *Kölner Zeitschrift für Soziologie und Sozialpsychologie* 39 (3): 471–495.

Streinz, Rudolf. 2011. Wandlungen des Grundgesetzes unter dem Einfluss der Ebenen des Europarechts und des Völkerrechts. In *Verfassungswandel im Mehrebenensystem,* Hrsg. Christoph Hönnige, Sascha Kneip, und Astrid Lorenz, 130–157. Wiesbaden: VS.

Streinz, Rudolf. 2019. *Europarecht,* 11. Aufl. Heidelberg: Müller.

Strohmeier, Gerd. 2008. Der Bundespräsident: Was er kann, darf und muss bzw. könnte, dürfte, müsste. *Zeitschrift für Politik* 55 (2): 175–198.

Struve, Tanja. 2006. Die Bürogemeinschaft Europabüro der kommunalen Selbstverwaltung – Lobbyarbeit in Brüssel. In *Europafähigkeit der Kommunen,* Hrsg. Ulrich von Alemann und Claudia Münch, 339–355. Wiesbaden: VS.

Sturm, Roland. 1985. Entscheidungsstrukturen und Entscheidungsprozesse in der Haushaltspolitik: Zum Selbstverständnis des Haushaltsausschusses des Deutschen Bundestages. *Politische Vierteljahresschrift* 26 (3): 247–269.

Sturm, Roland. 2007. Von der Symmetrie zur Asymmetrie – Deutschlands neuer Föderalismus. In *Jahrbuch des Föderalismus 2007,* Hrsg. Europäisches Zentrum für Föderalismus-Forschung, 27–41. Baden-Baden: Nomos.

Sturm, Roland. 2009. Der Bundesrat im Grundgesetz: falsch konstruiert oder falsch verstanden? In *Jahrbuch des Föderalismus 2009*, Hrsg. Europäisches Zentrum für Föderalismus-Forschung, 137–148. Baden-Baden: Nomos.
Sturm, Roland. 2015. *Der deutsche Föderalismus: Grundlagen – Reformen – Perspektiven.* Baden-Baden: Nomos.
Sturm, Roland. 2016. Die Europäisierung des deutschen Regierungssystems. *Integration* 39 (3): 213–229.
Sturm, Roland, und Heinrich Pehle. 2012. *Das neue deutsche Regierungssystem: Die Europäisierung von Institutionen, Entscheidungsprozessen und Politikfeldern in der Bundesrepublik Deutschland*, 3. Aufl. Wiesbaden: Springer VS.
Sturm, Daniel Friedrich. 2005. Wandelnder Vermittlungsausschuß, *Die Welt*, 5. Oktober, 3.
Stüwe, Klaus. 2015. Bundesverfassungsgericht und Opposition. In *Handbuch Bundesverfassungsgericht im politischen System*, 2. Aufl., Hrsg. Robert Christian van Ooyen und Martin H. W. Möllers, 349–367. Wiesbaden: Springer VS.
Suhr, Oliver. 1998. *Europäische Presse-Selbstkontrolle.* Baden-Baden: Nomos.
Sunstein, Cass R. 2001. *Echo chambers: Bush v. Gore, impeachment, and beyond.* Princeton: Princeton University Press.
Sunstein, Cass R. 2007. *Republic.com 2.0.* Princeton: Princeton University Press.
Switek, Niko. 2013. Koalitionsregierungen: Kooperation unter Konkurrenten. In *Handbuch Regierungsforschung*, Hrsg. Karl-Rudolf Korte und Timo Grunden, 277–286. Wiesbaden: Springer VS.
Switek, Niko. 2015. *Bündnis 90/Die Grünen.* Baden-Baden: Nomos.
Switek, Niko. 2017. Die Grünen: Vom Bürgerschreck zur bürgerlichen Partei. In *Parteien und soziale Ungleichheit*, Hrsg. Elmar Wiesendahl, 145–168. Wiesbaden: Springer VS.
Tappe, Henning, und Rainer Wernsmann. 2019. *Öffentliches Finanzrecht*, 2. Aufl. Heidelberg: Müller.
Tenscher, Jens. 2011. Salto mediale? Medialisierung aus der Perspektive deutscher Landtagsabgeordneter. In *Politik als Beruf*, Hrsg. Michael Edinger und Werner J. Patzelt, 375–395. Wiesbaden: VS.
Thaysen, Uwe. 2004. Die Konventsbewegung zur Föderalismusreform in Deutschland: ein letztes Hurra der Landesparlamente zu Beginn des 21. Jahrhunderts? *Zeitschrift für Parlamentsfragen* 35 (3): 513–539.
Thiel, Markus, Hrsg. 2003. *Wehrhafte Demokratie: Beiträge über die Regelungen zum Schutze der freiheitlichen demokratischen Grundordnung.* Tübingen: Mohr Siebeck.
Thrun, Felix. 2019. Die AfD als Prüffall für den Verfassungsschutz. *JuWissBlog*. doi: https://doi.org/10.17176/20190125-165931-0.
Tiefenbach, Paul. 2015. Die Bremer Bürgerschaftswahlen in der Kritik. *Zeitschrift für Parlamentsfragen* 46 (3): 578–588.
Tiemann, Heinrich. 1993. Die SPD in den neuen Bundesländern – Organisation und Mitglieder. *Zeitschrift für Parlamentsfragen* 24 (3): 415–422.
Töller, Annette Elisabeth. 2004. Dimensionen der Europäisierung – Das Beispiel des Deutschen Bundestages. *Zeitschrift für Parlamentsfragen* 35 (1): 25–50.
Töller, Annette Elisabeth. 2008. Mythen und Methoden: Zur Messung der Europäisierung der Gesetzgebung des Deutschen Bundestages jenseits des 80-Prozent-Mythos. *Zeitschrift für Parlamentsfragen* 39 (1): 3–17.
Töller, Annette Elisabeth. 2010. Measuring and comparing the Europeanization of national legislation: A research note. *Journal of Common Market Studies* 48 (2): 417–444.
Töller, Annette Elisabeth. 2014. *Europäisierung der deutschen Gesetzgebung: Wissenschaftliches Kurzgutachten.* Hagen: FernUniversität.

Töller, Annette Elisabeth. 2020. Das Verbandsklagerecht der Umweltverbände in Deutschland: Effekte auf Rechtsanwendung, Umweltqualität und Machtverhältnisse. *der moderne staat* 13 (2): 280–299.

Töller, Annette Elisabeth, Sylvia Pannowitsch, Céline Kunschek, und Christian Mennrich. 2011. Direkte Demokratie und Schulpolitik. Lehren aus einer politikfeldanalytischen Betrachtung der Hamburger Schulreform. *Zeitschrift für Parlamentsfragen* 42 (3): 492–502.

Tömmel, Ingeborg. 2014. *Das politische System der EU,* 4. Aufl. München: De Gruyter Oldenbourg.

Träger, Hendrik. 2008. *Die Oppositionspartei SPD im Bundesrat: Eine Fallstudienanalyse zur parteipolitischen Nutzung des Bundesrates durch die SPD in den 1950er-Jahren und ein Vergleich mit der Situation in den 1990er-Jahren.* Frankfurt a. M.: Lang.

Träger, Hendrik. 2016. Die Parteipolitisierung des Bundesrates – mit besonderer Fokussierung auf die Zeit der Regierung Merkel II (2009–2013). In *Parteien in Staat und Gesellschaft,* Hrsg. Sebastian Bukow, Uwe Jun, und Oskar Niedermayer, 169–189. Wiesbaden: Springer VS.

Träger, Hendrik. 2019. Der DigitalPakt Schule als Auslöser einer neuen Föderalismusdebatte. In *Jahrbuch des Föderalismus 2019,* Hrsg. Europäisches Zentrum für Föderalismus-Forschung, 233–246. Baden-Baden: Nomos.

Trefs, Matthias. 2008. Die Wahlsysteme der Länder. In *Die Politik der Bundesländer,* Hrsg. Achim Hildebrandt und Frieder Wolf, 331–344. Wiesbaden: VS.

Treib, Oliver. 2008. Europäisches Recht und nationale Parteipolitik: Warum Deutschland zu den Schlusslichtern bei der Umsetzung der EU-Antirassismusrichtlinie gehörte. *Sozialer Fortschritt* 57 (7–8): 202–208.

Treib, Oliver. 2018. Deutsche Parteien und die EU: Traditioneller Integrationskonsens trotz zunehmend euroskeptischer Bürger. In *Europa zwischen Hoffnung und Skepsis,* Hrsg. Anjo G. Harryvan, André Kause, und Hans Volaard, 67–93. Münster: Waxmann.

Treibel, Jan. 2014. *Die FDP: Prozesse innerparteilicher Führung 2000–2012.* Baden-Baden: Nomos.

Ullmann, Hans-Peter. 1988. *Interessenverbände in Deutschland.* Frankfurt a. M.: Suhrkamp.

Ullmann, Hans-Peter. 2010. *Politik im deutschen Kaiserreich 1871–1918,* 2. Aufl. München: Oldenbourg.

van Bever, Eline, Herwig Reynaert, und Kristof Steyvers. 2011. The road to Europe: Main street or backward alley for local governments in Europe? In *The road to Europe,* Hrsg. Eline van Bever, Hernig Reynaert, und Kristof Steyvers, 13–30. Brugge: Vanden Broele.

van Ooyen, Robert Christian. 2015. *Das Amt des Bundespräsidenten: Fehldeutungen im parlamentarischen Regierungssystem.* Wiesbaden: Springer VS.

van Ooyen, Robert Christian. 2018. Verfassungsgerichtsbarkeit. In *Handbuch Staat,* Hrsg. Rüdiger Voigt, 917–928. Wiesbaden: Springer VS.

Vatter, Adrian. 2018. *Das politische System der Schweiz,* 3. Aufl. Baden-Baden: Nomos.

V-Dem Institute. 2021. *Autocratization turns viral: Democracy report 2021.* Gothenburg: University of Gothenburg, Department of Political Science.

Vehrkamp, Robert, Niklas Im Winkel, und Laura Konzelmann. 2015. *Wählen ab 16. Ein Beitrag zur nachhaltigen Steigerung der Wahlbeteiligung.* Gütersloh: Bertelsmann-Stiftung.

Vehrkamp, Robert, und Theres Matthieß. 2019. *Besser als ihr Ruf – Halbzeitbilanz der Großen Koalition zur Umsetzung des Koalitionsvertrages 2018.* Gütersloh: Bertelsmann-Stiftung.

Verba, Sidney, und Norman H. Nie. 1972. *Participation in America. Political democracy and social equality.* Chicago: University of Chicago Press.

Vetter, Angelika, und Uwe Remer-Bollow. 2017. *Bürger und Beteiligung in der Demokratie: Eine Einführung.* Wiesbaden: Springer VS.

Voigt, Rüdiger. 2015. Das Bundesverfassungsgericht in rechtspolitologischer Sicht. In *Handbuch Bundesverfassungsgericht im politischen System*, 2. Aufl., Hrsg. Robert Christian van Ooyen und Martin H. W. Möllers, 69–94. Wiesbaden: Springer VS.

Volkmann, Uwe. 1992. Verfassungsrecht und Parteienfinanzierung. *Zeitschrift für Rechtspolitik* 25 (9): 325–333.

von Alemann, Ulrich. 1989. *Organisierte Interessen in der Bundesrepublik Deutschland*, 2. Aufl. Wiesbaden: Leske + Budrich.

von Alemann, Ulrich. 2002. Parteien und Medien. In *Parteiendemokratie in Deutschland*, 2. Aufl., Hrsg. Oscar W. Gabriel, Oskar Niedermayer, und Richard Stöss, 467–483. Wiesbaden: Westdeutscher Verlag.

von Alemann, Ulrich, Philipp Erbentraut, und Jens Walther. 2018. *Das Parteiensystem der Bundesrepublik Deutschland: Eine Einführung*. Wiesbaden: Springer VS.

von Arnim, Hans Herbert. 1997. *Fetter Bauch regiert nicht gern: Die politische Klasse – selbstbezogen und abgehoben*. München: Kindler.

von dem Berge, Benjamin, und Thomas Poguntke. 2013. Die Europäisierung nationaler Parteien und europäische Parteien. In *Handbuch Parteienforschung*, Hrsg. Oskar Niedermayer, 875–897. Wiesbaden: VS.

von Beyme, Klaus. 1970. *Die parlamentarischen Regierungssysteme in Europa*. München: Piper.

von Beyme, Klaus. 1997. *Der Gesetzgeber: Der Bundestag als Entscheidungszentrum*. Opladen: Westdeutscher Verlag.

von Beyme, Klaus. 2002. Funktionenwandel der Parteien in der Entwicklung von der Massenmitgliederpartei zur Partei der Berufspolitiker. In *Parteiendemokratie in Deutschland*, 2. Aufl., Hrsg. Oscar W. Gabriel, Oskar Niedermayer, und Richard Stöss, 315–339. Opladen: Westdeutscher Verlag.

von Beyme, Klaus. 2017. *Das politische System der Bundesrepublik Deutschland: Eine Einführung*, 12. Aufl. Wiesbaden: Springer VS.

von Beyme, Klaus. 2019. *Hauptstadt Berlin: Von der Hauptstadtsuche zur Hauptstadtfindung*. Wiesbaden: Springer VS.

von Blumenthal, Julia. 2004. Freie und Hansestadt Hamburg: Das letzte Feierabendparlament. In *Länderparlamentarismus in Deutschland*, Hrsg. Siegfried Mielke und Werner Reutter, 195–221. Wiesbaden: VS.

von Blumenthal, Julia. 2010. Towards a new German federalism? How the 2006 constitutional reform did (not) change the dynamics of the federal system. In *Germany after the grand coalition*, Hrsg. Silvia Bolgherini und Florian Grotz, 31–48. Basingstoke: Palgrave.

von Blumenthal, Julia. 2012. Freie und Hansestadt Hamburg: Wie die „Bürgerschaft" regiert. In *Landesparlamentarismus*, 2. Aufl., Hrsg. Siegfried Mielke und Werner Reutter, 253–291. Wiesbaden: VS.

von Bogdandy, Armin, und Jürgen Bast, Hrsg. 2009. *Europäisches Verfassungsrecht*, 2. Aufl. Berlin: Springer.

von Bredow, Wilfried. 2008. *Militär und Demokratie in Deutschland: Eine Einführung*. Wiesbaden: VS.

von Krause, Ulf. 2019. *Das Zwei-Prozent-Ziel der NATO und die Bundeswehr*. Wiesbaden: Springer VS.

von Winter, Thomas und Ulrich Willems. 2000. Die politische Repräsentation schwacher Interessen: Anmerkungen zum Stand und zu den Perspektiven der Forschung. In *Politische Repräsentation schwacher Interessen*, Hrsg. Ulrich Willems und Thomas von Winter, 9–36. Opladen: Leske + Budrich.

Vorländer, Hans, Hrsg. 2006. *Die Deutungsmacht der Verfassungsgerichtsbarkeit*. Wiesbaden: VS.

Vorländer, Hans. 2009. *Die Verfassung*, 2. Aufl. München: Beck.

Vorländer, Hans. 2011. Regiert Karlsruhe mit? Das Bundesverfassungsgericht zwischen Recht und Politik. *Aus Politik und Zeitgeschichte* 61 (B35–36): 15–23.

Vorländer, Hans, und André Brodocz. 2006. Das Vertrauen in das Bundesverfassungsgericht. In *Die Deutungsmacht der Verfassungsgerichtsbarkeit,* Hrsg. Hans Vorländer, 259–295. Wiesbaden: VS.

Voßkuhle, Andreas. 2020. Karlsruhe Unlimited? Zu den (unsichtbaren) Grenzen der Verfassungsgerichtsbarkeit. *Frankfurter Allgemeine Zeitung*, 27. Februar, 8.

Wagschal, Uwe. 2018. Parteipolitik und Haushaltskonsolidierung in den Bundesländern (1992–2016). *Zeitschrift für Vergleichende Politikwissenschaft* 12 (4): 703–724.

Wagschal, Uwe, Georg Wenzelburger, Thieß Petersen, und Ole Wintermann. 2009. Determinanten der Staatsverschuldung in den deutschen Ländern. *Wirtschaftsdienst* 89 (3): 204–212.

Walli, Thomas. 2020. *Die Strategie der Vernetzung: Die interinstitutionellen und externen Beziehungen des Europäischen Wirtschafts- und Sozialausschusses.* Innsbruck: Innsbruck University Press.

Walter, Franz. 2011. Riskante Überbürgerlichkeit. In *Schwarz-Grün,* Hrsg. Volker Kronenberg und Christoph Weckenbrock, 134–143. Wiesbaden: VS.

Walter, Franz. 2018. *Die SPD: Biographie einer Partei von Ferdinand Lassalle bis Andrea Nahles.* Reinbek bei Hamburg: Rowolth.

Walter, Franz, Christian Werwath, und Oliver D'Antonio. 2014. *Die CDU: Entstehung und Verfall christdemokratischer Geschlossenheit,* 2. Aufl. Baden-Baden: Nomos.

Wambach, Manfred Max. 1971. *Verbändestaat und Parteienoligopol: Macht und Ohnmacht der Vertriebenenverbände.* Stuttgart: Enke.

Weber, Max. 1920 [1919]. Politik als Beruf. In *Gesammelte Politische Schriften,* Hrsg. Max Weber, 396–450. München: Drei Masken.

Weber, Max. 1985. *Wirtschaft und Gesellschaft: Grundriss der verstehenden Soziologie,* 5. Aufl. Tübingen: Mohr Siebeck.

Wehe, Dieter. 2017. Die Beteiligung der Bundesrepublik Deutschland an internationalen Polizeimissionen. In *Handbuch Polizeimanagement,* Hrsg. Jürgen Stierle, Dieter Wehe, und Helmut Siller, 1205–1233. Wiesbaden: Springer Gabler.

Wehling, Hans-Georg. 1991. Parteipolitisierung von lokaler Politik und Verwaltung? Zur Rolle der Parteien in der Kommunalpolitik. In *Brennpunkt Stadt,* Hrsg. Hubert Heinelt und Helmut Wollmann, 149–166. Basel: Birkhäuser.

Wehling, Hans-Georg. 2011. Kommunalpolitik. In *Kleines Lexikon der Politik,* 5. Aufl., Hrsg. Dieter Nohlen und Florian Grotz, 304–309. München: Beck.

Wehner, Markus. 2021. *Die aufschlussreiche Erfolglosigkeit der AfD.* https://www.faz.net/aktuell/politik/inland/afd-im-wahljahr-in-der-krise-spaltung-und-machtkampf-17199202.html. *Zugegriffen: 26. Apr. 2021.*

Wehrkamp, Henrike. 2020. *Leadership: Eine Frage der Persönlichkeit? Kanzlerin Angela Merkels Führungshandeln in Krisen.* Wiesbaden: Springer VS.

Wehrmann, Iris. 2007. Lobbying in Deutschland – Begriff und Trends. In *Lobbying,* Hrsg. Ralf Kleinfeld, Annette Zimmer, und Ulrich Willems, 36–64. Wiesbaden: VS.

Weichlein, Siegfried. 2012. Föderalismus und Bundesstaat zwischen dem Alten Reich und der Bundesrepublik Deutschland. In *Handbuch Föderalismus,* Hrsg. Ines Härtel, 101–127. Berlin: Springer.

Weidenfeld, Werner. 2020. *Die Europäische Union,* 5. Aufl. Stuttgart: UTB.

Weigl, Michael. 2019. Europäische Parteien. In *Jahrbuch der Europäischen Integration 2019,* Hrsg. Werner Weidenfeld und Wolfgang Wessels, 165–170. Baden-Baden: Nomos.

Weinmann, Philipp, und Florian Grotz. 2020. Reconciling parliamentary size with personalized proportional representation? *Frontiers of electoral reform for the German Bundestag. German Politics (online frst).* https://doi.org/10.1080/09644008.2020.1790531.

Weinmann, Philipp, und Florian Grotz. 2021. Seat enlargements in mixed-member proportional systems: Evidence from the German Länder. *West European Politics* 44 (4): 946–968.

Weiß, Wolfgang. 2017. Verfassungsgrundsätze, Kompetenzverteilung und die Finanzen der EU. *Zeitschrift für Europarechtliche Studien* 20 (3): 309–332.

Welti, Felix. 1998. *Die soziale Sicherung der Abgeordneten des Deutschen Bundestages, der Landtage und der deutschen Abgeordneten im Europäischen Parlament*. Berlin: Duncker & Humblot.

Wenzelburger, Georg. 2019. Die Europäisierung nationaler Policies: Divergenz oder Konvergenz? In *Europa jenseits des Konvergenzparadigmas,* Hrsg. Christian Scholz, H. Peter Dörrenbächer, und Anne Rennig, 51–72. Baden-Baden: Nomos.

Werle, Raymund. 2007. Pfadabhängigkeit. In *Handbuch Governance,* Hrsg. Arthur Benz, Susanne Lütz, Uwe Schimank, und Georg Simonis, 119–131. Wiesbaden: VS.

Wermser, Jürgen. 1984. *Der Bundestagspräsident: Funktion und reale Ausformung eines Amtes im Deutschen Bundestag*. Opladen: Leske + Budrich.

Weßels, Bernhard. 1991. *Erosion des Wachstumsparadigmas: Neue Konfliktstrukturen im politischen System der Bundesrepublik?* Opladen: Westdeutscher Verlag.

Weßels, Bernhard. 2002. Die Entwicklung des deutschen Korporatismus. *Aus Politik und Zeitgeschichte* 52 (B26–27): 16–21.

Weßels, Bernhard. 2004. *Das Verbändesystem der Bundesrepublik Deutschland: Lerneinheit*. Deutsche Vereinigung für Politische Wissenschaft.

Weßels, Bernhard. 2019. Wahlverhalten sozialer Gruppen. In *Zwischen Polarisierung und Beharrung: Die Bundestagswahl 2017,* Hrsg. Sigrid Roßteutscher, Rüdiger Schmitt-Beck, Harald Schoen, Bernhard Weßels, und Christian Wolf, 189–204. Baden-Baden: Nomos.

Weßels, Bernhard, Harald Schoen, und Oscar W. Gabriel. 2013. Die Bundestagswahl 2009 – Rückschau und Vorschau. In *Wahlen und Wähler,* Hrsg. Bernhard Weßels, Harald Schoen, und Oscar W. Gabriel, 13–29. Wiesbaden: Springer VS.

Wiedemann, Verena. 1992. *Freiwillige Selbstkontrolle der Presse: Eine länderübergreifende Untersuchung*. Gütersloh: Bertelsmann-Stiftung.

Wiesendahl, Elmar. 2006. *Mitgliederparteien am Ende? Eine Kritik der Niedergangsdiskussion*. Wiesbaden: VS.

Wiesendahl, Elmar. 2011. *Volksparteien: Aufstieg, Krise, Zukunft*. Opladen: Budrich.

Wiesendahl, Elmar. 2012. Partizipation und Engagementbereitschaft in Parteien. In *Demokratie in Deutschland,* Hrsg. Tobias Mörschel und Christian Krell, 121–157. Wiesbaden: Springer VS.

Wiesendahl, Elmar. 2015. Volkspartei. In *Kleines Lexikon der Politik,* 6. Aufl., Hrsg. Dieter Nohlen und Florian Grotz, 707–709. München: Beck.

Wiesendahl, Elmar. 2016. Der Kulturkonflikt um die Flüchtlingskrise und die politischen Folgen. *Zeitschrift für Staats- und Europawissenschaften* 14 (1): 53–79.

Wietschel, Wiebke. 1996. Unzulässige Parteiverbotsanträge wegen Nichtvorliegens der Parteieigenschaft. *Zeitschrift für Rechtspolitik* 29 (6): 208–211.

Wildschutz, Nicolas. 2021. *Lobbyregister soll Politik ein bisschen transparenter machen: Koalitionskompromiss*. https://www.spiegel.de/politik/deutschland/lobbyregister-soll-fuer-mehr-transparenz-in-der-politik-sorgen-a-5acc5d27-3e6f-499d-9fb6-5a2e9d267d76. Zugegriffen: 5. März 2021.

Wimmel, Andreas. 2019. Europa-Lager im deutschen Parteiensystem auf Basis des Wahl-O-Mat. *Zeitschrift für Parteienwissenschaften* 25 (2): 185–194.

Winkler, Heinrich August. 2015. *Geschichte des Westens: Die Zeit der Gegenwart*. München: Beck.

Winkler, Jürgen R. 1995. *Sozialstruktur, politische Traditionen und Liberalismus: Eine empirische Längsschnittstudie zur Wahlentwicklung in Deutschland 1871–1933*. Opladen: Westdeutscher Verlag.

Wirsching, Andreas. 2006. *Abschied vom Provisorium. Geschichte der Bundesrepublik Deutschland 1982–1990*. Stuttgart: Deutsche Verlags-Anstalt.

Wittrock, Karl. 1982. Möglichkeiten und Grenzen der Finanzkontrolle: Das Verhältnis des Bundesrechnungshofes zum Bundestag. *Zeitschrift für Parlamentsfragen* 13 (2): 209–219.

Wohlfahrt, Jürgen. 2005. Direkte Demokratie im Saarland. In *Direkte Demokratie in den deutschen Ländern,* Hrsg. Andreas Kost, 228–245. Wiesbaden: VS.

Wolfrum, Edgar. 2006. *Die geglückte Demokratie: Geschichte der Bundesrepublik Deutschland von ihren Anfängen bis zur Gegenwart*. Stuttgart: Klett-Cotta.

Wonka, Arndt. 2008. Decision-making dynamics in the European Commission: Partisan, national or sectoral? *Journal of European Public Policy* 15 (8): 1145–1163.

Zabel, Gerhard. 1985. Die Entwicklung des Länderfinanzausgleichs in der Bundesrepublik Deutschland. In *Räumliche Aspekte des kommunalen Finanzausgleichs,* Hrsg. Akademie für Raumforschung und Landesplanung, 353–392. Hannover: Vincentz.

Zerr, Michael. 2006. Staatskanzleien. In *Landespolitik in Deutschland,* Hrsg. Herbert Schneider und Hans-Georg Wehling, 185–206. Wiesbaden: VS.

Zimmer, Annette. 1996. *Vereine – Basiselement der Demokratie: Eine Analyse aus der Dritte-Sektor-Perspektive*. Wiesbaden: Leske + Budrich.

Zimmer, Annette. 2007. Verbände als Dienstleister und Träger öffentlicher Aufgaben. In *Interessenverbände in Deutschland,* Hrsg. Thomas von Winter und Ulrich Willems, 393–412. Wiesbaden: VS.

Zimmer, Annette, und Rudolf Speth. 2015a. Von Interessenvertretung zu „Lobby Work". In *Lobby Work: Interessenvertretung als Politikgestaltung,* Hrsg. Rudolf Speth und Annette Zimmer, 9–27. Wiesbaden: Springer VS.

Zimmer, Annette, und Rudolf Speth. 2015b. Von der Hierarchie zum Markt – Zur Koordination von Interessenvertretung heute. In *Lobby Work: Interessenvertretung als Politikgestaltung,* Hrsg. Rudolf Speth und Annette Zimmer, 31–52. Wiesbaden: Springer VS.

Zimmermann, Karsten. 2016. Regionalpolitik und Stadtentwicklungspolitik. In *Die Politik der Bundesländer,* 2. Aufl., Hrsg. Achim Hildebrandt und Frieder Wolf, 315–337. Wiesbaden: Springer VS.

Zolleis, Udo, und Josef Schmid. 2013. Die Christlich Demokratische Union Deutschlands (CDU). In *Handbuch Parteienforschung,* Hrsg. Oskar Niedermayer, 415–437. Wiesbaden: Springer VS.

Zolleis, Udo, und Josef Schmid. 2015. Die CDU unter Angela Merkel – der neue Kanzlerwahlverein? In *Die Parteien nach der Bundestagswahl 2013,* Hrsg. Oskar Niedermayer, 25–48. Wiesbaden: Springer VS.

ZSE-Redaktion. 2008. Die „Finanzthemen" im Reformprozess: Kommissionsauftrag, Optionen, politische Diskussion. *Zeitschrift für Staats- und Europawissenschaften* 6 (3): 381–398.

Zuck, Rüdiger. 2015. Die Wissenschaftlichen Mitarbeiter des Bundesverfassungsgerichts. In *Handbuch Bundesverfassungsgericht im politischen System,* 2. Aufl., Hrsg. Robert Christian van Ooyen und Martin H. W. Möllers, 443–457. Wiesbaden: Springer VS.

Zürn, Michael. 2006. Zur Politisierung der Europäischen Union. *Politische Vierteljahresschrift* 47 (2): 242–251.